634

07/08 Benjamin Schwarz K12 neu!
08/09 Uwa Neukirchner K12 gut

Verstehen und Gestalten B 12

Arbeitsbuch für Gymnasien
Sprache und Literatur
Ausgabe B
Band 12 (12. Jahrgangsstufe)

Herausgegeben von Dieter Mayer
und Gerhard Schoebe
Bearbeitet von Roland Jost, Dieter Mayer,
Maximilian Nutz

Oldenbourg

Das Papier ist aus chlorfrei gebleichtem Zellstoff hergestellt, ist säurefrei und recyclingfähig.

Das Verfasserteam wurde beraten von Gerhart Lippert, Horgau.

Die mit * gekennzeichneten Überschriften stammen nicht vom Autor des entsprechenden Textes, sondern sind von den Lehrbuchverfassern aus didaktischen Gründen geändert oder neu hinzugefügt worden.

© 1993 R. Oldenbourg Verlag GmbH, München

Das Werk und seine Teile sind urheberrechtlich geschützt. Jede Verwertung in anderen als den gesetzlich zugelassenen Fällen bedarf deshalb der vorherigen schriftlichen Einwilligung des Verlages.

1. Auflage 1993

Die Rechtschreibreform berüchsichtigender Druck 1998

Unveränderter Nachdruck   09   08   07   R

Umschlagkonzept: Mendell & Oberer, München
Lektorat: Annette Herre, Sabine Schuster (Assistenz)
Herstellung: Eva Fink
Satz und Reproduktion: Franzis print & media GmbH, München
Druck und Bindung: R. Oldenbourg Graph. Betriebe GmbH, München

ISBN 978-3-486-**88952**-9
ISBN 978-3-637-**88952**-1 (ab 1.1.2009)

Inhalt

Literatur und ihre Geschichte

1. Klassik und Romantik 5
1.1 Deutschlands klassische Zeit 8
1.2 Bildung und Humanität 13
1.3 Anspruch und Scheitern des Ich ... 26
1.4 Auseinandersetzung mit der
    Französischen Revolution 36
1.5 Natur und Kunst 43
1.6 Die Macht der Fantasie 55
1.7 Kulturnation und Volksgeist 69
1.8 Das Erbe der „Klassiker" 78

2. Realistische Strömungen
   im 19. Jahrhundert 86
2.1 Die Hinwendung zur sozialen
    Wirklichkeit im Vormärz 89
2.2 Innen- und Außenwelt in der Lyrik
    des 19. Jahrhunderts 105
2.3 Theoretischer Entwurf und
    dichterische Praxis 112
2.4 Erzählen
    im Realismus – Novellenanfänge .. 122
2.5 Industrienation und Kulturanspruch 134
2.6 Realismus-Definitionen 143

3. Drama – von der Klassik
   zur Moderne 147
3.1 Das antike Muster 150
3.2 Das klassische Drama 156
3.3 Gegenmodelle – Das Drama im
    19. und 20. Jahrhundert 174

4. Faust – ein deutsches Thema 190

5. Kunst und Künstlertum – Aspekte
   eines literarischen Motivs 211
5.1 Kunst und Leben 213
5.2 Apotheose und Reflexion 220

Umgang mit Texten – Erörterung

1. Arbeitstechniken 226
1.1 Referieren 226
1.2 Facharbeit 227
1.3 Diskutieren 241

2. Textanalyse und Texterörterung ... 243
2.1 Der Text und seine Kernaussagen
    – einen Text verstehen 244
2.2 Argumentationsstrukturen
    sind Textstrukturen 246
2.3 Argumentationstechniken 248
2.4 Satzbau und Wortwahl 249
2.5 Denotationen – Konnotationen
    – Assoziationen 251
2.6 Von der Textanalyse
    zur Texterörterung 254

3. Die Problemerörterung 258
3.1 Die Themenstellung untersuchen
    und Begriffe klären 261
3.2 Erschließen der Sachverhalte
    und Probleme: Stoffsammlung 262
3.3 Gedanklicher Aufbau
    und Gliederung 263
3.4 Die Ausführung einer Erörterung . 266

4. Texterschließung und
   Interpretation 271
4.1 Erschließen und Interpretieren
    einer Szene aus einem Drama 271
4.2 Erschließen und Interpretieren
    von Ausschnitten aus Erzähltexten . 288

5. Methoden der Interpretation 294

6. Die literarische Erörterung 306
6.1 Erschließung des Themas 307
6.2 Von der themenbezogenen
    Erschließung zur Stoffsammlung ... 308
6.3 Gliederung 309
6.4 Zur Ausführung 311

Sprechen und Sprache

1. Miteinander reden 313
1.1 Verstehen von
 Kommunikationsvorgängen 313
1.2 Rede und Rhetorik 325

2. Reflexion über Sprache 337
2.1 Aspekte der Sprachgeschichte 337
2.2 Tendenzen der Gegenwartssprache . 345

Anhang

Glossar 353
Rhetorische Figuren 372
Verfasserverzeichnis 374
Register 377
Textquellenverzeichnis 380
Bildquellenverzeichnis 383

Literatur und ihre Geschichte

1. Klassik und Romantik

Titelkupfer des „Wunderhorns", 2. Band 1808

Das Goethe-Schiller-Denkmal in Weimar

„Die Klassiker wußten gar nichts davon, daß sie ‚Klassiker' waren." In dieser zugespitzten Formulierung des Journalisten und Publizisten Rudolf Walter Leonhard wird deutlich, dass die Intentionen und die zeitgenössische Wirkung von Autoren mit ihrem Nachruhm nicht immer identisch sind. Die Vorstellung von einer deutschen Klassik ist das Ergebnis einer **Rezeptions- und Wirkungsgeschichte** des 19. Jahrhunderts, die geprägt ist von der Suche nach nationaler Identität und politischen Sehnsüchten. In der Hoffnung auf nationale Einheit und politische Freiheit entstand eine Literaturgeschichtsschreibung, welche in den Werken *Goethes* und *Schillers* die Blütezeit und Vollendung einer kulturellen Entwicklung sah, die in der Macht und Größe der geeinten Nation ihre Ergänzung finden sollte. Nach der Reichsgründung wurden die Klassiker zunehmend als geistiger Besitz betrachtet, der als kulturelles Aushängeschild des nach Weltgeltung strebenden deutschen Reiches benutzt wurde.

In der Stilisierung Goethes und Schillers zu Klassikern wurde dabei lange Zeit die Vielfalt und Widersprüchlichkeit ausgeblendet, welche für das geistige und kulturelle Leben dieser Epoche charakteristisch ist. Was man später als **Weimarer Klassik** (1786–1805) bezeichnete, ist nicht einfach das Produkt einer organischen Vervollkommnung der Werke Goethes und Schillers, sondern entstand auch als kulturpolitisches Programm gegen die Tendenzen der Zeit. Die Entwicklung des literarischen Marktes hatte zu einer ersten Welle trivialer Erfolgsromane geführt, die das Publikum nicht erziehen, sondern Stoff für Fantasie und Gefühl bieten wollten. Schriftsteller der Spätaufklärung bemühten sich um eine Popularisierung wissenschaftlicher Erkenntnisse und eine politische Erziehung des breiteren Publikums, und die so genannten Jakobiner unterstützten mit ihren Schriften die Französische Revolution und einen Umsturz der herrschenden Ordnung in Deutschland. In der Opposition gegen die zeitgenössische Trivialliteratur und die Politisierung der Dichtung entwickelten die Klassiker das Konzept einer Ästhetik, in der durch die strenge Form der Geschmack gebildet und der Charakter veredelt wird. Während sie mit ihren Sturm-und-Drang-Werken zum Teil ein breites Lesepublikum erreichten, blieb die Wirkung ihrer klassischen Werke auf einen kleinen Kreis von Gebildeten beschränkt.

Ihren Höhepunkt fand die Weimarer Klassik in der Zusammenarbeit Goethes und Schillers, die von der gemeinsamen Ablehnung der Französischen Revolution geprägt war. Enttäuscht von dem Durchbruch der „tierischen" Natur des Menschen nach dem Zerbrechen der Fesseln der bisherigen Ordnung, suchten sie in der Kunst eine Möglichkeit **durch Bildung des Einzelnen zur Humanität** die gesellschaftlichen Verhältnisse zu verbessern. In der Humanität sollte eine Einheit wiederhergestellt werden, die der Zivilisationsprozess zerstört hatte: die Einheit von Verstand und Gefühl, von individueller Entfaltung und Einordnung in Gesellschaft und Natur. Skeptisch und distanziert standen sie deshalb Autoren gegenüber, denen eine solche Harmonie nicht gelang, wie *Hölderlin* oder *Kleist*, oder die, wie die Frühromantiker, die poetische Fantasie nicht den Gesetzen einer klassischen Form unterordnen wollten.

Wie Goethe und Schiller erlebten auch die **Romantiker** die Französische Revolution als Ausdruck einer epochalen gesellschaftlichen und kulturellen Krise. Auf die Trennungen und Spaltungen der modernen Kultur antworteten aber die **Frühromantiker** mit einer Verabsolutierung des Subjekts, der Macht des Bewusstseins und der Fantasie, während die späteren Romantiker das Poetische in einem Volksgeist suchten, der für sie in Märchen, Sagen und Volksliedern zum Ausdruck kam. Nacht, Traum und Mythos wurden Erfahrungsbereiche, in denen man die geheime Sprache einer tieferen Harmonie der Welt wahrzunehmen glaubte. Im Vorstoßen zu neuen Bewusstseins- und Gefühlsdimensionen überschritten die Romantiker die Grenzen des klassischen Menschenbildes und machten die Gefährdungen moderner Subjektivität sichtbar.

Während die Ästhetik der Frühromantik oft als Vorläufer der Kunstauffassung der Moderne angesehen wurde, beurteilte man die Betonung der gewachsenen Ordnungen von Volk, Staat und Religion in der **Spätromantik** teilweise als reaktionär, als Unterstützung der politischen Restauration. Die Hinwendung der Romantik zum „Volk" ist aber auch vor dem Hintergrund der napoleonischen Kriege und ihrer Folgen für das nationale Selbstwertgefühl der Deutschen zu sehen. Mit der Erforschung von Sprache und Kultur durch die Wissenschaft wollten die Romantiker das Bewusstsein einer nationalen Identität stärken. Sie antworteten damit auch auf die Enttäuschungen durch den Wiener Kongress und das Metternich'sche System, die in den Forderungen der Liberalen nach Einheit und Freiheit ihren politischen Ausdruck fanden.

Zur Wirkungsgeschichte der Klassik gehört auch die klare Abgrenzung von der Romantik, wie sie die Epochengliederung der Literaturgeschichtsschreibung teilweise bis heute bestimmt. Sieht man die Aktualität dieses Zeitraums allerdings, wie bereits Nietzsche gefordert hat, weniger in den Lösungen, sondern in den Fragen und Problemen, mit denen sich die Autoren auseinander gesetzt haben, dann zeigt sich durchaus die Fragwürdigkeit solcher Grenzziehungen. Goethe, Schiller, Hölderlin, die Brüder Schlegel, Kleist u.a. lebten in einer Epoche des politisch-gesellschaftlichen Umbruchs, in der sich alte Ordnungen und Denkformen auflösten und das Individuum mit einem „modernen Orientierungsbedarf" konfrontiert wurde, wie es der Münchener Germanist Karl Eibl formulierte. Im idealisierenden Blick auf die Antike und ihre scheinbar ganzheitliche Kultur und Lebensform wurden sich die Schriftsteller der Trennungen, Spaltungen und Entfremdungen des modernen Menschen bewusst und suchten nach Möglichkeiten durch ästhetische Konzepte die kulturelle Krise zu überwinden. Vor allem in der Kanonisierung Goethes und Schillers als Schulklassiker wurde dieser geschichtliche Ort der Klassik ausgeblendet, sodass die Botschaft der Humanität zum überzeitlichen Menschenbild wurde. Wenn in diesem Buch Klassik und Romantik in einem Kapitel behandelt werden, soll der Blick auf die epochentypischen Fragen gelenkt werden, welche die Aktualität dieses Zeitraums ausmachen.

Berliner Kaffee- und Lesestube. Gemälde von G. Taubert, 1832

1.1 Deutschlands klassische Zeit

Text 1

HEINZ PIONTEK: Um 1800 (1975)

Zierlich der Kratzfuß
der Landeskinder,

während wer fürstlich
aufstampft.

Gedichtzeilen.   5
Stockschläge.

Viele träumen,
daß man sie verkauft.

Die Tinte leuchtet.

Deutschlands   10
klassische Zeit.

Aus: Heinz Piontek: Gesammelte Gedichte. Hamburg 1975.

Text 2

KARL LUDWIG VON KNEBEL: Der Adel und das „Glück des Staates" * (1787)

Dass die politische und gesellschaftliche Ordnung des deutschen Absolutismus nicht dem Gemeinwohl, dem „Glück Aller" dient, war auch die Auffassung mancher aufgeklärter Adeligen. Zu diesen gehörte auch Karl Ludwig von Knebel (1744–1834), ehemaliger preußischer Offizier, Prinzenerzieher am Weimarer Hof, Vertrauter und Gesprächspartner Goethes, der in populär-philosophischen Aufsätzen für Reformen eintrat.

Es ist doch ungeheuer, wie groß die Anzahl der Menschen in Deutschland ist, die zu dem Besten des Staats nichts beitragen, und doch das Beste von ihm verzehren. Prinzen, Hofleute, Militär, Jagd, und noch außerdem so viele Zivil- und andere Bedienten, deren Anzahl, zu dem von ihnen gemachten Gebrauch, auf ein viel
5 Geringeres herunterzusetzen wäre. (...)
Welches Land in der Welt hält eine gleiche Anzahl zum Teil ganz unnützer und schädlicher, zum Teil immer nur halbtauglicher Menschen im Staate, die seine besten Früchte und Ehren genießen, als Deutschland? Ich sage weiter nichts, denn die Sache fällt von selbst zu sehr in die Augen; aber wo ist bei der Anzahl unserer
10 Hofleute (und Hofleute sind fast alle unsere Edelleute, denn der Edelmann schämt sich bei uns, nicht zum Hof zu gehören), wo ist da, sage ich, Patriotismus, Liebe zur Ehre und zum Besten des Vaterlandes, ein Gedanke von uneigennütziger Aufopferung für dasselbe? Sind sie es nicht vielmehr beinahe überall, die der Aufklärung Hindernisse setzen, die dem guten Fürsten selbst zur Fortschreitung in derselben so
15 viel möglich die Hände binden, die die nützlichsten Stände und die brauchbarsten Glieder heruntersetzen? Man forsche unter dem Volke, und man wird gewiß eher zehn Männer finden, die mit Aufopferung für das allgemeine Wohl ihres Landes, ihres Fürsten, des Staates fühlen, denken und arbeiten, als Einen unter dem Adel. Was ist aber für Deutschland zu hoffen, so lange diese Klasse von Menschen, die
20 billig die Erste sein sollte, statt der Ehre höchstens nur der Eitelkeit opfert, und kein Gefühl für angeborne Würde, Rechte und Freiheit der Menschen hat?

Ich schweige von dem Übrigen, aber das sage ich; wenn Verbesserung für Deutschland zu hoffen ist, wie sich doch die Notwendigkeit täglich mehr zeigt und einzelne edlere Fürsten-Gemüter selbst sie fühlen: so muß sie da anfangen, wo jede gute Sache anfängt, beim Wahren, oder wenigstens beim eifrigsten Verlangen nach demselben. Wahres Verdienst, wahrer Wille muß vor allem andern geschätzt werden. Es findet keine Convenienz[1] hier statt, daß man diesen nur in seinen Geschäften billigt, übrigens aber vernachlässigt. Es muß nur *ein* Geschäft sein, und dieses ist das Glück des Staats, das Glück *aller,* jedes nach seinem Vermögen. Jeder kann und muß beitragen, und wo noch ein unbebauter Acker, wo noch ein Mensch ist, der unter der Macht der Vorurteile, der Gesetze oder des Herkommens leidet, der nicht im Stande ist, seine Fähigkeiten nach dem Vermögen des Staats zu äußern, da ist Beschäftigung genug für den Staat, für Menschen, die sich unter einander lieben, und die den besten Genuß des Lebens nach dem Verhältnisse, wie es ihr Erdstrich erlaubt, sich zugeschworen haben.

Das wäre ein Staat – der unter uns für ein leeres Hirngespinst anerkannt werden müßte, wenn nicht sein Grund im innersten Gefühl des wahrhaft gesellschaftlichen Menschen läge, und es vor alten Zeiten etwas Ähnliches schon gegeben hätte! Was sollte uns hindern, wenigstens auf das Ideal hiervon zuzuarbeiten?

Aus: Karl Ludwig von Knebel: Briefe populairen Inhalts. in: K. A. Varnhagen v. Ense/Th. Mundt (Hrsg.): K. L. Knebels literarischer Nachlaß und Briefwechsel. Bd. 3. Leipzig 1835.

Text 3

JOSEF RÜCKERT: Weimar – das „deutsche Athen"?* (1799)

Die kleine Residenzstadt des Herzogtums Sachsen-Weimar zog schon zu Lebzeiten Goethes und Schillers viele Besucher an, welche die Stadt der Musen kennen lernen wollten. In einem Reisebericht hat der Historiker und Philosoph Joseph Rückert (1771–1813) seine Eindrücke geschildert.

Diese Geisterstadt gehört seit mehreren Jahren unter die merkwürdigsten und anziehendsten Städte Deutschlands. Sie bildet den Gipfel des deutschen Parnasses[2] mit seinen obersten Göttern, die sich hier zu einem glänzenden Kreis versammelt haben. Fast alle Musen wohnen an diesem schönen Ort einheimisch, wie auf ihrem mütterlichen Boden, und haben sich, und ihren Freunden, hier gegen die Barbarei der Zeit und ihrer Feinde längst ein schützendes, jetzt vielbesuchtes Asyl erbaut. (…)

Man hat bisher so mancher ausgezeichneten Stadt den stolzen Namen des deutschen Athens beigelegt. Weimar, dem es nie einfiel, sich ihn zuzueignen, ist dieses Ehrentitels in mehr als einer Rücksicht würdig. – Eben die Kunst-Freiheit, eben den Kunst-Enthusiasmus, eben die Kunst-Schule und eben jene feinere Bildung bis zum Manne herab, der am Tor sitzt –, eben jenen Geister-Andrang, eben die zahlreichen Wallfahrten aus fernen Gegenden und Ländern und endlich eben den feinern Luxus, eben den fantastischen fröhlichen Sinn des Volks, wie in dem alten Athen, findest du in dieser kleinen Stadt.

Die Stadt selbst, das innere Weimar, zeichnet sich weder durch Größe noch durch den Geschmack aus, der es bewohnt. Weimar erscheint in diesem Stücke wie seine Genies, die wenig auf das Äußere halten. Doch erblickt das Auge hier allenthalben Reinlichkeit und Ordnung; und wenn auch der Geschmack durch die Gestalt dieser

1 Convenienz: Übereinkunft, Übereinstimmung
2 Parnass: Gebirgszug in Mittelgriechenland; in der griech. Mythologie Heimat Apolls und der Musen

20 kleinen Stadt eben nicht erfreut wird, so stößt er doch auch nirgend auf etwas, das ihn beleidigen könnte. Dem wallfahrtenden Kunstjünger, dem enthusiastischen Freunde der Musen geht bei seinem Eintritt in diese Stadt eine Zauberin voran. Ihm erscheint Weimar herrlich, wie das schöne Heiligtum der Musen, wie ein strahlender Tempel des Ruhms, aus dem ihm Göttergestalten entgegenschweben, in
25 deren Glanz er geblendet geht. Aber daran haben, wie gesagt, Bauart, Häuser, Straßen und Verzierungen keinen Teil; dies ist das *körperliche,* jenes das *poetische* Weimar, das der Eintretende im Geist anschaut.

Doch fehlt es nicht an gewissen äußeren Zeichen, wodurch diese Stadt der Muse sich dem aufmerksamen Fremden gleich bei seinem Eintritte ankündigt. Fast aus
30 jedem Fenster betrachtet ihn ein *Feiertags-Gesicht* mit neugierig musternden, aber freundlichen Blicken. Ein liberales, gefälliges gastfreundliches Wesen, ein schöner Gesang aus einem oft unansehnlichen Häuschen, die Töne verschiedener musikalischen Instrumente daher und dorther sagen dir, daß du in Weimar bist. – Bei allem dem wirst du wohl tun, wenn du wohlgekleidet und mit einer imposanten Miene
35 erscheinst. Der Weimaraner ist gebildet aber *kleinstädtisch*. Man bemerkt eine Neigung an ihm, jeden Fremden zu bewundern und der Person desselben zu huldigen, wenn diese ihm nur zu imponieren versteht. Er hält viel auf kleine eingebildete Ehren und auf eine gewisse Auszeichnung, die du ihm durch deinen Besuch, durch dein Vertrauen, durch dein Gespräch erweisest, und bezahlt sie dir teuer. Der
40 Grund dieser Eitelkeit an ihm mag wohl folgender sein. Der Bürgerliche wird hier, wie in jeder Residenzstadt, durch den Adel gedrückt und niedergehalten; oder jener bildet sich das wenigstens ein. Daraus entsteht in seinem Herzen eine Wertschätzung jener kleinen Ehren, die er erzeigen muß, ohne daß man sie erwidert. Seinem eifersüchtigen Auge erscheint etwas als wahre Ehre, was in der Tat bloß Zeremonie
45 und bei Vernünftigen keiner Rede wert ist. Er bestrebt sich jetzt, das durch Freundlichkeit und durch ein gefälliges Wesen zu gewinnen, was ihm sein politischer Stand versagt. – Doch, ich bin weit entfernt, dem liebenswürdigen Weimaraner durch diese Reflexion über ihn das Verdienst einer Humanität zu rauben, das er in der Tat besitzt. Nur ist auf der andern Seite auch nicht wieder alles Gold, was glänzt.
50 Der gewöhnliche Teil des Adels erscheint desto steifer und geblähter. Er sieht unter dem Schuhe des Fürsten den Bürger tief unter sich – zum Ersatz für die Demütigung, die er selbst in der Nähe des Fürsten empfindet. Er wird, wie fast allenthalben auch hier, von dem Bürger bitter gehaßt. Zwischen beiden stehn der *Gelehrte* und *Künstler,* als der unschuldige Teil, der aber beiden nur wenig interessant ist, weil er
55 nicht in ihre Kreise taugt, den einen meidet, den andern verachtet und, ihnen nah entfernt, gleichsam auf einer unzugänglichen Insel unter ihnen lebt. Aber eben diese strenge, äußere Isolierung von allem Fremdartigen, eben dieser politische Bann der Kunst wird dieser letzten hier wieder überaus wohltätig und erhebt Weimar zu einem wahren Museum des Geistes. Daher das Sprichwort: in Weimar studiert man,
60 in andern Städten zerstreut man sich.

Aus: Joseph Rückert: Bemerkungen über Weimar. In: Heinrich Pleticha (Hrsg.): Das klassische Weimar. Texte und Zeugnisse. München 1983.

Arbeitsvorschläge zu Text 1

1. Formulieren Sie den Zusammenhang von Literatur und politisch-gesellschaftlichen Verhältnissen, auf den Piontek aufmerksam macht.

2. Mit welchen Gestaltungsmitteln provoziert Piontek einen kritischen Blick auf Deutschlands klassische Zeit?

zu Text 2
1. Skizzieren Sie das Ideal eines Staates, das Knebels Adelskritik zugrunde liegt.
2. Welche Reformvorstellungen deutet Knebel selbst an? Diskutieren Sie über die Grenzen der Auffassung durch solche Reformen die politischen und gesellschaftlichen Verhältnisse in Deutschland zu verbessern.

zu Text 3
1. Fassen Sie die Gründe zusammen, die nach Rückert dafür sprechen, Weimar als deutsches Athen zu bezeichnen.
2. Erläutern Sie die Stellung des Künstlers in der Weimarer Gesellschaft. Wie beurteilt Rückert die Folgen dieser Situation für die Kunst?

Text 4

JOHANN WOLFGANG GOETHE: Wann und wo entsteht ein klassischer Nationalautor?* (1795)

In einem Beitrag zu der von Schiller herausgegebenen Zeitschrift „Die Horen" setzte sich Goethe 1795 mit einem Aufsatz auseinander, der auf den Mangel an wirklich klassischen deutschen Prosaschriftstellern hingewiesen hatte.

Wer mit den Worten, deren er sich im Sprechen oder Schreiben bedient, bestimmte Begriffe zu verbinden für eine unerläßliche Pflicht hält, wird die Ausdrücke: *klassischer* Autor, *klassisches* Werk höchst selten gebrauchen. Wann und wo entsteht ein klassischer Nationalautor? Wenn er in der Geschichte seiner Nation große Begebenheiten und ihre Folgen in einer glücklichen und bedeutenden Einheit vorfindet; wenn er in den Gesinnungen seiner Landsleute Größe, in ihren Empfindungen Tiefe und in ihren Handlungen Stärke und Konsequenz nicht vermißt; wenn er selbst, vom Nationalgeiste durchdrungen, durch ein einwohnendes Genie sich fähig fühlt, mit dem Vergangenen wie mit dem Gegenwärtigen zu sympathisieren; wenn er seine Nation auf einem hohen Grade der Kultur findet, so daß ihm seine eigene Bildung leicht wird; wenn er viele Materialien gesammelt, vollkommene oder unvollkommene Versuche seiner Vorgänger vor sich sieht und so viel äußere und innere Umstände zusammentreffen, daß er kein schweres Lehrgeld zu zahlen braucht, daß er in den besten Jahren seines Lebens ein großes Werk zu übersehen, zu ordnen und in einem Sinne auszuführen fähig ist.

Man halte diese Bedingungen, unter denen allein ein klassischer Schriftsteller, besonders ein prosaischer, möglich wird, gegen die Umstände, unter denen die besten Deutschen dieses Jahrhunderts gearbeitet haben, so wird, wer klar und billig denkt, dasjenige, was ihnen gelungen ist, mit Ehrfurcht bewundern und das, was ihnen mißlang, anständig bedauern.

Eine bedeutende Schrift ist, wie eine bedeutende Rede, nur Folge des Lebens; der Schriftsteller so wenig als der handelnde Mensch bildet die Umstände, unter denen er geboren wird und unter denen er wirkt. Jeder, auch das größte Genie, leidet von seinem Jahrhundert in einigen Stücken, wie er von andern Vorteil zieht, und einen vortrefflichen Nationalschriftsteller kann man nur von der Nation fordern.

Aber auch der deutschen Nation darf es nicht zum Vorwurfe gereichen, daß ihre geographische Lage sie eng zusammenhält, indem ihre politische sie zerstückelt. Wir wollen die Umwälzungen nicht wünschen, die in Deutschland klassische Werke vorbereiten könnten.

Und so ist der ungerechteste Tadel derjenige, der den Gesichtspunkt verrückt. Man sehe unsere Lage wie sie war und ist; man betrachte die individuellen Verhältnisse, in denen sich deutsche Schriftsteller bildeten, so wird man auch den Standpunkt,

aus dem sie zu beurteilen sind, leicht finden. Nirgends in Deutschland ist ein Mittelpunkt gesellschaftlicher Lebensbildung, wo sich Schriftsteller zusammenfänden und
35 nach *einer* Art, in *einem* Sinne, jeder in seinem Fache sich ausbilden könnten. Zerstreut geboren, höchst verschieden erzogen, meist nur sich selbst und den Eindrücken ganz verschiedener Verhältnisse überlassen; von der Vorliebe für dieses oder jenes Beispiel einheimischer oder fremder Literatur hingerissen; zu allerlei Versuchen, ja Pfuschereien genötigt, um ohne Anleitung seine eigenen Kräfte zu
40 prüfen; erst nach und nach durch Nachdenken von dem überzeugt, was man machen soll; durch Praktik unterrichtet, was man machen kann; immer wieder irre gemacht durch ein großes Publikum ohne Geschmack, das das Schlechte nach dem Guten mit eben demselben Vergnügen verschlingt; dann wieder ermuntert durch Bekanntschaft mit der gebildeten, aber durch alle Teile des großen Reichs zerstreuten Men-
45 ge; gestärkt durch mitarbeitende, mitstrebende Zeitgenossen – so findet sich der deutsche Schriftsteller endlich in dem männlichen Alter, wo ihn Sorge für seinen Unterhalt, Sorge für eine Familie sich nach außen umzusehen zwingt, und wo er oft mit dem traurigsten Gefühl durch Arbeiten, die er selbst nicht achtet, sich die Mittel verschaffen muß, dasjenige hervorbringen zu dürfen, womit sein ausgebildeter
50 Geist sich allein zu beschäftigen strebt. Welcher deutsche geschätzte Schriftsteller wird sich nicht in diesem Bilde erkennen, und welcher wird nicht mit bescheidener Trauer gestehen, daß er oft genug nach Gelegenheit geseufzt habe, früher die Eigenheiten seines originellen Genius einer allgemeinen Nationalkultur, die er leider nicht vorfand, zu unterwerfen? Denn die Bildung der höheren Klassen durch
55 fremde Sitten und ausländische Literatur, so viel Vorteil sie uns auch gebracht hat, hinderte doch den Deutschen, als Deutscher sich früher zu entwickeln.

Johann Wolfgang Goethe: Literarischer Sansculottismus. In: Ders.: Werke. Hamburger Ausgabe. Bd. 12. Hamburg 1963.

Text 5 WALTER BENJAMIN: Literarische Klassik und gesellschaftliche Wirklichkeit* (1932)

In einem „Hörmodell" mit dem Titel „Was die Deutschen lasen, während ihre Klassiker schrieben", das 1932 im Rundfunk gesendet wurde, zeichnete der Schriftsteller, Essayist und Literaturkritiker Walter Benjamin (1892–1940) ein Bild des literarischen Lebens zur Zeit der Klassik, indem er die unterschiedlichen Positionen der Zeitgenossen durch verschiedene „Stimmen" in einem Berliner Kaffeehaus zu Wort kommen ließ. Am Ende des Hörmodells charakterisiert ein „Sprecher" die gesellschaftlichen und wirtschaftlichen Verhältnisse dieser Zeit.

DER SPRECHER Nun habe ich ein paar Worte von dem Deutschland zu sagen, aus dem ich Ihnen die Stimmen heraufholte. (…) es sind nicht nur berlinische, sondern deutsche Stimmen. Aber sie wußten es nicht, eben weil Deutschland schlief, und je tiefer die Schichten seiner Bewohner, um so tiefer ihr Schlaf. Der deutsche
5 Mensch stand noch fast gänzlich unter dem Zeichen der Manufaktur, der Hausindustrie und der Landwirtschaft: alles oder doch alles Notwendige wurde im Bereiche des eigenen Wohnbezirkes erzeugt. Daher die Enge des Gesichtskreises, seelischer Abgeschlossenheit, geistiger Schwerbeweglichkeit, aber auch eine warme Intimität und edle Selbstgenügsamkeit. Die Bevölkerung lebte zu drei Vierteln
10 gänzlich auf dem Lande, aber auch die meisten Städte waren nicht viel mehr als große Dörfer, Ackerstädte, und Großstädte von der Art wie Paris, London oder Rom gab es überhaupt noch nicht. Ferner gab es keine Maschinen oder auch nur

den Maschinen ähnliche Geräte, und das heißt keine exakte reichliche und wohlfeile Gütererzeugung und keinen leichten, schnellen und ausgedehnten Verkehr. Der Unsicherheit des Transports, des Welthandels, der politischen Verhältnisse stand aber eine große Stetigkeit des kleinen Besitzes und Kleinhandels gegenüber, gegründet auf die Festigkeit des Absatzgebietes, den Mangel an Konkurrenz, die Einförmigkeit der Produktionsmittel und des Kundenkreises. Zum Spintisieren und Phantasieren wurde der damalige Mensch durch seine ganze Lebensform ebenso aufgefordert, wie er heute daran verhindert wird. Aus diesem Zustande erstand das klassische Zeitalter der deutschen Literatur. Während andere schwitzten und rannten, England sich mit Goldbarren und Pfeffersäcken abkeuchte, Amerika im Begriff stand, sich in den öden Riesentrust zu verwandeln, der es heute ist, Frankreich die politischen Grundlagen für den Sieg des Bürgertums auf dem europäischen Festland legte, schlief Deutschland einen ehrlichen, gesunden, erfrischenden Schlaf.

Aus: Walter Benjamin: Was die Deutschen lasen, während ihre Klassiker schrieben. In: Ders.: Gesammelte Schriften. Bd. IV, 2. Frankfurt/M. 1972.

Arbeitsvorschläge zu Text 4

1. Informieren Sie sich in einem Sachwörterbuch über die Bedeutungen des Begriffs „klassisch". In welchem Sinn verwendet ihn Goethe in diesem Aufsatz?

2. Fassen Sie mit eigenen Worten die Faktoren zusammen, die nach Goethes Auffassung das Entstehen einer klassischen Literatur in Deutschland erschweren.

3. Welche Umwälzungen hätten in Deutschland klassische Werke vorbereiten können? Diskutieren Sie Goethes Einstellungen gegenüber solchen Veränderungen.

zu Text 5

1. Skizzieren Sie die gesellschaftlichen und politischen Verhältnisse, auf die der Sprecher aufmerksam macht.

2. Welcher Zusammenhang besteht nach Auffassung Benjamins zwischen diesen Verhältnissen und der Entstehung des „klassischen Zeitalters der deutschen Literatur"?

3. Die Goethefeiern des Jahres 1932 wurden teilweise auch als Mittel nationaler Selbstdarstellung benutzt. Was wollte Benjamin in dieser Situation wohl mit seinem Hörmodell erreichen?

1.2 Bildung und Humanität

Text 1

JOHANN WOLFGANG GOETHE: Warum gabst du uns die tiefen Blicke (1776)

Warum gabst du uns die tiefen Blicke,
Unsre Zukunft ahndungsvoll zu schaun,
Unsrer Liebe, unserm Erdenglücke
Wähnend selig nimmer hinzutraun?
Warum gabst uns, Schicksal, die Gefühle,
Uns einander in das Herz zu sehn,
Um durch all' die seltenen Gewühle,
Unser wahr Verhältnis auszuspähn?

Ach, so viele tausend Menschen kennen,
Dumpf sich treibend, kaum ihr eigen Herz,
Schweben zwecklos hin und her und rennen
Hoffnungslos in unversehnem Schmerz;
Jauchzen wieder, wenn der schnellen Freuden
Unerwart'te Morgenröte tagt.
Nur uns armen liebevollen beiden
Ist das wechselseit'ge Glück versagt,
Uns zu lieben, ohn' uns zu verstehen,
In dem andern sehn, was er nie war,
Immer frisch auf Traumglück auszugehen
Und zu schwanken auch in Traumgefahr.

Glücklich, den ein leerer Traum beschäftigt!
Glücklich, dem die Ahndung eitel wär'!
Jede Gegenwart und jeder Blick bekräftigt
Traum und Ahndung leider uns noch mehr.
Sag', was will das Schicksal uns bereiten?
Sag', wie band es uns so rein genau?
Ach, du warst in abgelebten Zeiten
Meine Schwester oder meine Frau;

Kanntest jeden Zug in meinem Wesen,
Spähtest, wie die reinste Nerve klingt,
Konntest mich mit einem Blicke lesen,
Den so schwer ein sterblich Aug' durchdringt.
Tropftest Mäßigung dem heißen Blute,
Richtetest den wilden irren Lauf,
Und in deinen Engelsarmen ruhte
Die zerstörte Brust sich wieder auf;

Hieltest zauberleicht ihn angebunden
Und vergaukeltest ihm manchen Tag.
Welche Seligkeit glich jenen Wonnestunden,
Da er dankbar dir zu Füßen lag,
Fühlt' sein Herz an deinem Herzen schwellen,
Fühlte sich in deinem Auge gut,
Alle seine Sinnen sich erhellen
Und beruhigen sein brausend Blut.

Und von allem dem schwebt ein Erinnern
Nur noch um das ungewisse Herz,
Fühlt die alte Wahrheit ewig gleich im Innern,
Und der neue Zustand wird ihm Schmerz.
Und wir scheinen uns nur halb beseelet,
Dämmernd ist um uns der hellste Tag.
Glücklich, daß das Schicksal, das uns quälet,
Uns doch nicht verändern mag.

Aus: Johann Wolfgang Goethe: Werke. Bd. 1. Hamburg ⁶1962.

Klassik und Romantik 15

Arbeitsvorschläge zu Text 1

1. Goethe schickte dieses Gedicht am 14. April an Charlotte von Stein; es wurde erst nach Goethes Tod zum ersten Mal gedruckt. Worin sieht Goethe hier das Besondere seiner Beziehung zu dieser Frau?

2. Goethe hat selbst den Einfluss Frau von Steins auf seine Entwicklung im ersten Weimarer Jahrzehnt betont. Untersuchen Sie, wie im Gedicht dieser Einfluss dargestellt wird.

3. „Ich kann mir die Bedeutsamkeit", schrieb Goethe im April 1776 an Wieland, „die Macht, die diese Frau auf mich ausübt, anders nicht erklären als durch Seelenwanderung. – Ja, wir waren einst Mann und Weib! – Nun wissen wir von uns – verhüllt, in Geisterduft. – Ich habe keine Namen für uns – die Vergangenheit – die Zukunft – das All." Zeigen Sie, wie im Gedicht der Zusammenhang von Vergangenheit, Gegenwart und Zukunft in dieser Beziehung dargestellt wird.

Text 2

JOHANN GOTTFRIED HERDER: Ideen zu einer Philosophie der Geschichte der Menschheit (1784)

„Soll die Philosophie den Menschen nützlich werden, so mache sie den Menschen zu ihrem Mittelpunkt." Mit diesem Satz hat der Theologe, Schriftsteller und Literaturkritiker Johann Gottfried Herder (1744–1803) die leitende Idee seines Denkens und Wirkens formuliert, das einen großen Einfluss auf das Humanitätsideal der Klassik, den Volksbegriff der Romantik und das geschichtliche Denken des 19. Jahrhunderts hatte. In seinem unvollendet gebliebenen Werk „Ideen zu einer Philosophie der Geschichte der Menschheit" (1784–91) rückt er den Menschen in den Mittelpunkt der Schöpfungsordnung vom „Bau des Weltgebäudes" bis zur Organisation der Tier- und Pflanzenwelt. Anders als die Aufklärung stellt Herder die Vernunft der unvernünftigen Natur nicht schroff gegenüber, sondern sieht in der menschlichen Vernunft das Ergebnis eines gattungsgeschichtlichen und individuellen Entwicklungs- und Bildungsprozesses.

Das menschliche Kind kommt schwächer auf die Welt als keins der Tiere; offenbar weil es zu einer Proportion gebildet ist, die im Mutterleibe nicht ausgebildet werden konnte. Das vierfüßige Tier nahm in seiner Mutter vierfüßige Gestalt an und gewann, ob es gleich anfangs ebenso unproportioniert am Kopf ist wie der Mensch, zuletzt völliges Verhältnis; oder bei nervenreichen Tieren, die ihre Jungen schwach gebären, erstattet sich doch das Verhältnis der Kräfte in einigen Wochen und Tagen. Der Mensch allein bleibt lange schwach, denn sein Gliederbau ist, wenn ich so sagen darf, d e m H a u p t z u e r s c h a f f e n worden, das übermäßig groß im Mutterleibe zuerst ausgebildet ward und also auf die Welt tritt. Die andern Glieder, die zu ihrem Wachstum irdische Nahrungsmittel, Luft und Bewegung brauchen, kommen ihm lange nicht nach, ob sie gleich durch alle Jahre der Kindheit und Jugend zu ihm und nicht das Haupt verhältnismäßig zu ihnen wächst. Das schwache Kind ist also, wenn man will, ein Invalide seiner obern Kräfte, und die Natur bildet diese unablässig und am frühesten weiter. Ehe das Kind gehen lernt, lernt es sehen, hören, greifen und die feinste Mechanik und Meßkunst dieser Sinne üben. Es übt sie so instinktmäßig als das Tier, nur auf eine feinere Weise. Nicht durch angeborne Fertigkeiten und Künste, denn alle Kunstfertigkeiten der Tiere sind Folgen gröberer Reize, und wären diese von Kindheit an herrschend da, so bliebe der Mensch ein Tier, so würde er, da er schon alles kann, ehe er's lernte, nichts Menschliches lernen. Entweder mußte ihm also die Vernunft als Instinkt angeboren werden, welches sogleich als

Widerspruch erhellen wird, oder er mußte, wie es jetzt ist, schwach auf die Welt kommen, um Vernunft zu lernen.

Von Kindheit auf lernet er diese und wird, wie zum künstlichen Gange, so auch zu ihr, zur Freiheit und menschlichen Sprache durch Kunst gebildet. Der Säugling wird an die Brust der Mutter über ihrem Herzen gelegt: die Frucht ihres Leibes wird der Zögling ihrer Arme. Seine feinsten Sinne, Auge und Ohr, erwachen zuerst und werden durch Gestalten und Töne geleitet; wohl ihm, wenn sie glücklich geleitet werden! Allmählich entfaltet sich sein Gesicht und hangt am Auge der Menschen um ihn her, wie sein Ohr an der Sprache der Menschen hangt und durch ihre Hülfe die ersten Begriffe unterscheiden lernet. Und so lernt seine Hand allmählich greifen; nun erst streben seine Glieder nach eigner Übung. Er war zuerst ein Lehrling der zwei feinsten Sinne; denn der künstliche Instinkt, der ihm angebildet werden soll, ist Vernunft, Humanität, menschliche Lebensweise, die kein Tier hat und lernet. Auch die gezähmten Tiere nehmen nur tierisch einiges von Menschen an, aber sie werden nicht Menschen.

Hieraus erhellet, was menschliche Vernunft sei: ein Name, der in den neuen Schriften so oft als ein angeborenes Automat[1] gebraucht wird und als solches nichts als Mißdeutung gibet. Theoretisch und praktisch ist Vernunft nichts als etwas Vernommenes, eine gelernte Proportion und Richtung der Ideen und Kräfte, zu welcher der Mensch nach seiner Organisation und Lebensweise gebildet worden. Eine Vernunft der Engel kennen wir nicht, so wenig als wir den innern Zustand eines tiefern Geschöpfs unter uns innig einsehn; die Vernunft des Menschen ist menschlich. Von Kindheit auf vergleicht er Ideen und Eindrücke seiner zumal feinern Sinne nach der Feinheit und Wahrheit, in der sie ihm diese gewähren, nach der Anzahl, die er empfängt, und nach der innern Schnellkraft, mit der er sie verbinden lernet. Das hieraus entstandne Eins ist sein Gedanke, und die mancherlei Verknüpfungen dieser Gedanken und Empfindungen zu Urteilen von dem, was wahr und falsch, gut und böse, Glück und Unglück ist, das ist seine Vernunft, das fortgehende Werk der Bildung des menschlichen Lebens. (...)

Um die Hoheit dieser Bestimmung zu fühlen, lasset uns bedenken, was in den großen Gaben Vernunft und Freiheit liegt, und wieviel die Natur gleichsam wagte, da sie dieselbe einer so schwachen, vielfach gemischten Erdorganisation, als der Mensch ist, anvertraute. Das Tier ist nur ein gebückter Sklave, wenngleich einige edlere derselben ihr Haupt emporheben oder wenigstens mit vorgerecktem Halse sich nach Freiheit sehnen. Ihre noch nicht zur Vernunft gereifte Seele muß notdürftigen Trieben dienen und in diesem Dienst sich erst zum eignen Gebrauch der Sinne und Neigungen von fern bereiten. Der Mensch ist der erste Freigelassene der Schöpfung: er stehet aufrecht. Die Wage des Guten und Bösen, des Falschen und Wahren hängt in ihm; er kann forschen, er soll wählen. Wie die Natur ihm zwo freie Hände zu Werkzeugen gab und ein überblickendes Auge, seinen Gang zu leiten, so hat er auch in sich die Macht, nicht nur die Gewichte zu stellen, sondern auch, wenn ich so sagen darf, selbst Gewicht zu sein auf der Waage. Er kann dem trüglichsten Irrtum Schein geben und ein freiwillig Betrogener werden; er kann die Ketten, die ihn, seiner Natur entgegen, fesseln, mit der Zeit lieben lernen und sie mit mancherlei Blumen bekränzen. Wie es also mit der getäuschten Vernunft ging, gehet's auch mit der mißbrauchten oder gefesselten Freiheit: sie

---

1 Automat: etwas von selbst Tätiges, Wirkendes

ist bei den meisten das Verhältnis der Kräfte und Triebe, wie Bequemlichkeit oder Gewohnheit sie festgestellet haben. Selten blickt der Mensch über diese hinaus und kann oft, wenn niedrige Triebe ihn fesseln und abscheuliche Gewohnheiten ihn binden, ärger als ein Tier werden.

Indessen ist er, auch seiner Freiheit nach und selbst im ärgsten Mißbrauch derselben, ein König. Er darf doch wählen, wenn er auch das Schlechteste wählte; er kann über sich gebieten, wenn er sich auch zum Niedrigsten aus eigner Wahl bestimmte. Vor dem Allsehenden, der diese Kräfte in ihn legte, ist freilich sowohl seine Vernunft als seine Freiheit begrenzt, und sie ist glücklich begrenzt, weil, der die Quelle schuf, auch jeden Ausfluß derselben kennen, vorhersehen und so zu lenken wissen mußte, daß der ausschweifendste Bach seinen Händen nimmer entrann; in der Sache selbst aber und in der Natur des Menschen wird dadurch nichts geändert. Er ist und bleibt für sich ein freies Geschöpf, obwohl die allumfassende Güte ihn auch in seinen Torheiten umfasset und diese zu seinem und dem allgemeinen Besten lenket. (…)

Fast unglaublich wäre es, wenn es uns die Geschichte nicht sagte, in welche Höhen sich der menschliche V e r s t a n d gewagt und der schaffenden, erhaltenden Gottheit nicht nur nachzuspähen, sondern auch ordnend nachzufolgen bemüht hat. Im Chaos der Wesen, das ihm die Sinne zeigen, hat er Einheit und Verstand, Gesetze der Ordnung und Schönheit gesucht und gefunden. Die verborgensten Kräfte, die er von innen gar nicht kennt, hat er in ihrem äußern Gange belauscht und der Bewegung, der Zahl, dem Maß, dem Leben, sogar dem Dasein nachgespürt, wo er dieselbe im Himmel und auf Erden nur wirken sah. Alle seine Versuche hierüber, selbst wo er irrte oder nur träumen konnte, sind Beweise seiner Majestät, einer gottähnlichen Kraft und Hoheit. Das Wesen, das alles schuf, hat wirklich einen Strahl seines Lichts, einen Abdruck der ihm eigensten Kräfte in unsre schwache Organisation gelegt, und so niedrig der Mensch ist, kann er zu sich sagen: „Ich habe etwas mit Gott gemein; ich besitze Fähigkeiten, die der Erhabenste, den ich in seinen Werken kenne, auch haben muß; denn er hat sie rings um mich offenbaret." Augenscheinlich war diese Ä h n l i c h k e i t   m i t   i h m   s e l b s t die Summe aller seiner Erdeschöpfung. Er konnte auf diesem Schauplatz nicht höher hinauf; er unterließ aber auch nicht, bis zu ihr hinaufzusteigen und die Reihe seiner Organisationen zu diesem höchsten Punkt hinaufzuführen. Deswegen ward auch der Gang zu ihm bei aller Verschiedenheit der Gestalten so einförmig.

Gleicherweise hat auch die F r e i h e i t im Menschengebilde edle Früchte getragen und sich sowohl in dem, was sie verschmähte, als was sie unternahm, ruhmwürdig gezeiget. Daß Menschen dem unsteten Zuge blinder Triebe entsagten und freiwillig d e n   B u n d   d e r   E h e, einer geselligen Freundschaft, Unterstützung und Treue auf L e b e n   u n d   T o d knüpften; daß sie ihrem eignen Willen entsagten und Gesetze über sie herrschen lassen wollten, also den immer unvollkommenen Versuch einer Regierung durch M e n s c h e n   ü b e r   M e n s c h e n feststellten und ihn mit eigenem Blut und Leben schützten; daß edle Männer für ihr Vaterland sich hingaben und nicht nur in einem stürmischen Augenblick ihr Leben, sondern, was weit edler ist, die ganze Mühe ihres Lebens durch lange Nächte und Tage, durch Lebensjahre und Lebensalter unverdrossen für nichts hielten, um einer blinden, undankbaren Menge, wenigstens nach ihrer Meinung, Wohlsein und Ruhe zu schenken; daß endlich gotterfüllte Weise aus edlem Durst für die W a h r h e i t ,   F r e i h e i t und G l ü c k s e l i g k e i t unsers Geschlechts Schmach und Verfolgung, Armut und Not

115 willig übernahmen und an dem Gedanken festhielten, daß sie ihren Brüdern das edelste Gut, dessen sie fähig wären, verschafft oder befördert hätten – wenn dieses alles nicht große Menschentugenden und die kraftvollsten Bestrebungen der S e l b s t b e s t i m m u n g sind, die in uns lieget, so kenne ich keine andre. Zwar waren nur immer wenige, die hierin dem großen Haufen vorgingen und ihm als
120 Ärzte heilsam aufzwangen, was dieser noch nicht selbst zu erwählen wußte; eben diese wenigen aber waren die Blüte des Menschengeschlechts; unsterbliche freie Göttersöhne auf Erden. Ihre einzelnen Namen gelten statt Millionen.

Aus: Herders Werke. Bd. 4. Leipzig und Wien o. J.

Text 3

IMMANUEL KANT: Das moralische Gesetz* (1788)

„Alles Interesse meiner Vernunft", schrieb der Königsberger Philosoph Immanuel Kant (1724–1804), „vereinigt sich in folgenden Fragen:
1. Was kann ich wissen?
2. Was soll ich tun?
3. Was darf ich hoffen?"

Die erste Frage glaubte er mit seiner bahnbrechenden Schrift „Kritik der reinen Vernunft" (1781) beantwortet zu haben, in der er die Grenzen menschlicher Erkenntnis nachwies. Eine Antwort auf die zweite und dritte Frage gab er 1788 mit seiner Schrift „Kritik der praktischen Vernunft". Als körperliches Wesen ist der Mensch für Kant zwar dem in der Natur herrschenden Gesetz der Kausalität unterworfen, als Vernunftwesen aber hat er einen freien Willen, der moralisches Handeln möglich macht.

P f l i c h t ! du erhabener großer Name, der du nichts Beliebtes, was Einschmeichelung bei sich führt, in dir fassest, sondern Unterwerfung verlangst, doch auch nichts drohest, was natürliche Abneigung im Gemüte erregte und schreckte, um den Willen zu bewegen, sondern bloß ein Gesetz aufstellst, welches von selbst im Gemüte
5 Eingang findet, und doch sich selbst wider Willen Verehrung (wenn gleich nicht immer Befolgung) erwirbt, vor dem alle Neigungen verstummen, wenn sie gleich in Geheim ihm entgegen wirken, welches ist der deiner würdige Ursprung, und wo findet man die Wurzel deiner edlen Abkunft, welche alle Verwandtschaft mit Neigungen stolz ausschlägt und von welcher Wurzel abzustammen die unnachlaßliche
10 Bedingung desjenigen Werts ist, den sich Menschen allein selbst geben können?
Es kann nichts Minderes sein, als was den Menschen über sich selbst (als einen Teil der Sinnenwelt) erhebt, was ihn an eine Ordnung der Dinge knüpft, die nur der Verstand denken kann, und die zugleich die ganze Sinnenwelt, mit ihr das empirisch-bestimmbare Dasein des Menschen in der Zeit und das Ganze aller Zwecke (wel-
15 ches allein solchen unbedingten praktischen Gesetzen, als das moralische, angemessen ist) unter sich hat. Es ist nichts anders als die P e r s ö n l i c h k e i t, d. i. die Freiheit und Unabhängigkeit von dem Mechanism der ganzen Natur, doch zugleich als ein Vermögen eines Wesens betrachtet, welches eigentümlichen, nämlich von seiner eigenen Vernunft gegebenen reinen praktischen Gesetzen, die Per-
20 son also, als zur Sinnenwelt gehörig, ihrer eigenen Persönlichkeit unterworfen ist, so fern sie zugleich zur intelligiblen Welt gehört; da es denn nicht zu verwundern ist, wenn der Mensch, als zu beiden Welten gehörig, sein eigenes Wesen, in Beziehung auf seine zweite und höchste Bestimmung, nicht anders, als mit Verehrung und die Gesetze derselben mit der höchsten Achtung betrachten muß.

Auf diesen Ursprung gründen sich nun manche Ausdrücke, welche den Wert der Gegenstände nach moralischen Ideen bezeichnen. Das moralische Gesetz ist **heilig** (unverletzlich). Der Mensch ist zwar unheilig genug, aber die **Menschheit** in seiner Person muß ihm heilig sein. In der ganzen Schöpfung kann alles, was man will, und worüber man etwas vermag, auch **bloß als Mittel** gebraucht werden; nur der Mensch, und mit ihm jedes vernünftige Geschöpf, ist **Zweck an sich selbst**. Er ist nämlich das Subjekt des moralischen Gesetzes, welches heilig ist, vermöge der **Autonomie** seiner Freiheit. Eben um dieser willen ist jeder Wille, selbst jeder Person ihr eigener auf sie selbst gerichteter Wille, auf die Bedingung der Einstimmung mit der Autonomie des vernünftigen Wesens eingeschränkt, es nämlich keiner Absicht zu unterwerfen, die nicht nach einem Gesetze, welches aus dem Willen des leidenden Subjekts selbst entspringen könnte, möglich ist; also dieses niemals bloß als Mittel, sondern zugleich selbst als Zweck zu gebrauchen. Diese Bedingung legen wir mit Recht sogar dem göttlichen Willen, in Ansehung der vernünftigen Wesen in der Welt, als seiner Geschöpfe, bei, indem sie auf der **Persönlichkeit** derselben beruht, dadurch allein sie Zwecke an sich selbst sind.

Diese Achtung erweckende Idee der Persönlichkeit, welche uns die Erhabenheit unserer Natur (ihrer Bestimmung nach) vor Augen stellt, indem sie uns zugleich den Mangel der Angemessenheit unseres Verhaltens in Ansehung derselben bemerken läßt, und dadurch den Eigendünkel niederschlägt, ist selbst der gemeinsten Menschenvernunft natürlich und leicht bemerklich. Hat nicht jeder auch nur mittelmäßig ehrlicher Mann bisweilen gefunden, daß er eine sonst unschädliche Lüge, dadurch er sich entweder selbst aus einem verdrießlichen Handel ziehen, oder wohl gar einem geliebten und verdienstvollen Freunde Nutzen schaffen konnte, bloß darum unterließ, um sich in Geheim in seinen eigenen Augen nicht verachten zu dürfen? Hält nicht einen rechtschaffenen Mann im größten Unglücke des Lebens, das er vermeiden konnte, wenn er sich nur hätte über die Pflicht wegsetzen können, noch das Bewußtsein aufrecht, daß er die Menschheit in seiner Person doch in ihrer Würde erhalten und geehrt habe, daß er sich nicht vor sich selbst zu schämen und den inneren Anblick der Selbstprüfung zu scheuen Ursache habe? Dieser Trost ist nicht Glückseligkeit, auch nicht der mindeste Teil derselben. Denn niemand wird sich die Gelegenheit dazu, auch vielleicht nicht einmal ein Leben in solchen Umständen wünschen. Aber er lebt, und kann es nicht erdulden, in seinen eigenen Augen des Lebens unwürdig zu sein. Diese innere Beruhigung ist also bloß negativ, in Ansehung alles dessen, was das Leben angenehm machen mag; nämlich sie ist die Abhaltung der Gefahr, im persönlichen Wert zu sinken, nachdem der seines Zustandes von ihm schon gänzlich aufgegeben worden. Sie ist die Wirkung von einer Achtung für etwas ganz anderes als das Leben, womit in Vergleichung und Entgegensetzung das Leben vielmehr, mit aller seiner Annehmlichkeit, gar keinen Wert hat. Er lebt nur noch aus Pflicht, nicht weil er am Leben den mindesten Geschmack findet. So ist die echte Triebfeder der reinen praktischen Vernunft beschaffen; sie ist keine andere, als das reine moralische Gesetz selber, so fern es uns die Erhabenheit unserer eigenen übersinnlichen Existenz spüren läßt, und subjektiv, in Menschen, die sich zugleich ihres sinnlichen Daseins und der damit verbundenen Abhängigkeit von ihrer so fern sehr pathologisch affizierten Natur bewußt sind, Achtung für ihre höhere Bestimmung wirkt.

Aus: Immanuel Kant: Werke in 10 Bänden. Bd. 6. Darmstadt 1968.

Text 4 — JOHANN WOLFGANG GOETHE: Das Göttliche (ca. 1783)

Edel sei der Mensch,
Hilfreich und gut!
Denn das allein
Unterscheidet ihn
Von allen Wesen, 5
Die wir kennen.

Heil den unbekannten
Höhern Wesen,
Die wir ahnen!
Ihnen gleiche der Mensch! 10
Sein Beispiel lehr' uns
Jene glauben.

Denn unfühlend
Ist die Natur:
Es leuchtet die Sonne 15
über Bös' und Gute,
Und dem Verbrecher
Glänzen wie dem Besten
Der Mond und die Sterne.

Wind und Ströme, 20
Donner und Hagel
Rauschen ihren Weg
Und ergreifen
Vorüber eilend
Einen um den andern. 25

Auch so das Glück
Tappt unter die Menge,
Faßt bald des Knaben
Lockige Unschuld,
Bald auch den kahlen 30
Schuldigen Scheitel.

Nach ewigen, ehrnen,
Großen Gesetzen
Müssen wir alle
Unseres Daseins 35
Kreise vollenden.

Nur allein der Mensch
Vermag das Unmögliche:
Er unterscheidet,
Wählet und richtet; 40
Er kann dem Augenblick
Dauer verleihen.

Er allein darf
Den Guten lohnen,
Den Bösen strafen, 45
Heilen und retten,
Alles Irrende, Schweifende
Nützlich verbinden.

Und wir verehren
Die Unsterblichen, 50
Als wären sie Menschen,
Täten im großen,
Was der Beste im kleinen
Tut oder möchte.

Der edle Mensch 55
Sei hilfreich und gut!
Unermüdet schaff' er
Das Nützliche, Rechte,
Sei uns ein Vorbild
Jener geahneten Wesen! 60

Aus: Johann Wolfgang Goethe: Werke. Bd. 1. Hamburg ⁶1962.

Text 5 — FRIEDRICH SCHILLER: Die Worte des Wahns (1800)

Drei Worte hört man, bedeutungsschwer,
    Im Munde der Guten und Besten;
Sie schallen vergeblich, ihr Klang ist leer,
    Sie können nicht helfen und trösten.
Verscherzt ist dem Menschen des Lebens Frucht, 5
    Solang er die Schatten zu haschen sucht.

Solang er glaubt an die Goldene Zeit,
    Wo das Rechte, das Gute wird siegen, –
Das Rechte, das Gute führt ewig Streit,
    Nie wird der Feind ihm erliegen,
Und erstickst du ihn nicht in den Lüften frei,
    Stets wächst ihm die Kraft auf der Erde neu.

Solang er glaubt, daß das buhlende Glück
    Sich dem Edeln vereinigen werde –
Dem Schlechten folgt es mit Liebesblick,
    Nicht dem Guten gehöret die Erde.
Er ist ein Fremdling, er wandert aus
    Und suchet ein unvergänglich Haus.

Solang er glaubt, daß dem irdischen Verstand
    Die Wahrheit je wird erscheinen,
Ihren Schleier hebt keine sterbliche Hand,
    Wir können nur raten und meinen.
Du kerkerst den Geist in ein tönend Wort,
    Doch der freie wandelt im Sturme fort.

Drum, edle Seele, entreiß dich dem Wahn
    Und den himmlischen Glauben bewahre!
Was kein Ohr vernahm, was die Augen nicht sahn,
    Es ist dennoch, das Schöne, das Wahre!
Es ist nicht draußen, da sucht es der Tor,
    Es ist *in* dir, du bringst es ewig hervor.

Aus: Friedrich Schiller: Sämtliche Werke. Bd. 1. München 1959.

Arbeitsvorschläge zu Text 2

1. Erläutern Sie Herders These: „Die Vernunft des Menschen ist menschlich" (Z. 42), und zeigen Sie auf, wie er diese begründet.

2. Formulieren Sie thesenartig, was Herder unter Humanität versteht. Wie hängt diese mit der Natur des Menschen zusammen?

3. Diskutieren Sie über die möglichen Konsequenzen, die sich für den Einzelnen und die Gesellschaft aus Herders Humanitätsbegriff ergeben.

zu Text 3

1. Welchen beiden Welten gehört der Mensch nach Kant an? Klären Sie den wesentlichen Unterschied zwischen dieser Auffassung und dem Menschenbild Herders.

2. Legen Sie dar, wie Kant den Zusammenhang zwischen der Unterwerfung des Individuums unter das moralische Gesetz und seiner Freiheit sieht.

3. Schiller hat in einem seiner Xenien Kants Pflichtethik parodiert:

    „Gewissensskrupel
Gerne dien ich den Freunden, doch tu ich es leider mit Neigung,
Und so wurmt es mich oft, daß ich nicht tugendhaft bin."

Worin sieht Schiller die Problematik von Kants Ethik? Wie beurteilen Sie seine Kritik?

zu Text 4

1. Was unterscheidet den Menschen von der Natur? Vergleichen Sie Goethes Auffassung mit Herders Menschenbild (Text 2).

2. Goethes Gedicht erschien zum ersten Mal 1783 anonym und ohne Titel im „Tiefurter Jornal", das der kulturellen Unterhaltung der Weimarer Hofgesellschaft diente. Welche Bedeutung erhält die Botschaft des Gedichts in diesem Kontext?

3. Untersuchen Sie, wie hier das Verhältnis zwischen dem Menschen und dem Göttlichen gesehen wird.

4. Zeigen Sie, inwiefern sich dieses Gedicht in Sprache und Stil von den Sturm- und-Drang-Hymnen Goethes unterscheidet.

zu Text 5

1. Formulieren Sie mit eigenen Worten die „Wahnvorstellungen", die Schiller bewusst machen möchte. Mit welchen Auffassungen seiner Zeit setzt er sich dabei auseinander?

2. Untersuchen Sie, welche Bedeutung der Aufbau des Gedichts für die Kommunikation mit dem Leser hat. Welche Absicht verfolgt Schiller damit?

3. Friedrich Nietzsche hat Schiller einmal abschätzig den „Moraltrompeter von Säckingen" genannt. Mit welchen Gestaltungsmitteln will hier Schiller auf den Leser einwirken? Diskutieren Sie über Nietzsches Urteil.

Text 6

JOHANN WOLFGANG GOETHE: Mich selbst, ganz wie ich da bin, auszubilden*
(1795/96)

In seinem Roman „Wilhelm Meisters Lehrjahre" (1795/96) stellt Goethe den Bildungsgang eines jungen Mannes bürgerlicher Herkunft dar, der zunächst in der Welt des Theaters seine Individualität verwirklichen möchte, dann aber unter dem Einfluss einer adeligen Geheimgesellschaft lernt „um anderer willen zu leben und seiner selbst in der pflichtgemäßen Tätigkeit zu vergessen".

Daß ich Dir's mit *einem* Worte sage: mich selbst, ganz wie ich da bin, auszubilden, das war dunkel von Jugend auf mein Wunsch und meine Absicht. Noch hege ich eben diese Gesinnungen, nur daß mir die Mittel, die mir es möglich machen werden, etwas deutlicher sind. Ich habe mehr Welt gesehen, als Du glaubst, und sie besser
5 benutzt, als Du denkst. Schenke deswegen dem, was ich sage, einige Aufmerksamkeit, wenn es gleich nicht ganz nach Deinem Sinne sein sollte.
Wäre ich ein Edelmann, so wäre unser Streit bald abgetan; da ich aber nur ein Bürger bin, so muß ich einen eigenen Weg nehmen, und ich wünsche, daß Du mich verstehen mögest. Ich weiß nicht, wie es in fremden Ländern ist, aber in Deutschland ist
10 nur dem Edelmann eine gewisse allgemeine, wenn ich sagen darf, personelle Ausbildung möglich. Ein Bürger kann sich Verdienst erwerben und zur höchsten Not seinen Geist ausbilden; seine Persönlichkeit geht aber verloren, er mag sich stellen, wie er will. Indem es dem Edelmann, der mit den Vornehmsten umgeht, zur Pflicht wird, sich selbst einen vornehmen Anstand zu geben, indem dieser Anstand,
15 da ihm weder Tür noch Tor verschlossen ist, zu einem freien Anstand wird, da er mit seiner Figur, mit seiner Person, es sei bei Hofe oder bei der Armee, bezahlen muß, so hat er Ursache, etwas auf sie zu halten und zu zeigen, daß er etwas auf sie hält. Eine gewisse feierliche Grazie bei gewöhnlichen Dingen, eine Art von leicht-

sinniger Zierlichkeit bei ernsthaften und wichtigen kleidet ihn wohl, weil er sehen läßt, daß er überall im Gleichgewicht steht. Er ist eine öffentliche Person, und je ausgebildeter seine Bewegungen, je sonorer seine Stimme, je gehaltner und gemessener sein ganzes Wesen ist, desto vollkommner ist er. Wenn er gegen Hohe und Niedre, gegen Freunde und Verwandte immer ebenderselbe bleibt, so ist nichts an ihm auszusetzen, man darf ihn nicht anders wünschen. Er sei kalt, aber verständig; verstellt, aber klug. Wenn er sich äußerlich in jedem Momente seines Lebens zu beherrschen weiß, so hat niemand eine weitere Forderung an ihn zu machen, und alles übrige, was er an und um sich hat, Fähigkeit, Talent, Reichtum, alle scheinen nur Zugaben zu sein.

Nun denke Dir irgendeinen Bürger, der an jene Vorzüge nur einigen Anspruch zu machen gedächte; durchaus muß es ihm mißlingen, und er müßte desto unglücklicher werden, je mehr sein Naturell ihm zu jener Art zu sein Fähigkeit und Trieb gegeben hätte.

Wenn der Edelmann im gemeinen Leben gar keine Grenzen kennt, wenn man aus ihm Könige oder königähnliche Figuren erschaffen kann, so darf er überall mit einem stillen Bewußtsein vor seinesgleichen treten; er darf überall vorwärts dringen, anstatt daß dem Bürger nichts besser ansteht, als das reine, stille Gefühl der Grenzlinie, die ihm gezogen ist. Er darf nicht fragen: ‚Was bist du?', sondern nur: ‚Was hast du? welche Einsicht, welche Kenntnis, welche Fähigkeit, wieviel Vermögen?' Wenn der Edelmann durch die Darstellung seiner Person alles gibt, so gibt der Bürger durch seine Persönlichkeit nichts und soll nichts geben. Jener darf und soll scheinen; dieser soll nur sein, und was er scheinen will, ist lächerlich oder abgeschmackt. Jener soll tun und wirken, dieser soll leisten und schaffen; er soll einzelne Fähigkeiten ausbilden, um brauchbar zu werden, und es wird schon vorausgesetzt, daß in seinem Wesen keine Harmonie sei noch sein dürfe, weil er, um sich auf *eine* Weise brauchbar zu machen, alles übrige vernachlässigen muß.

An diesem Unterschiede ist nicht etwa die Anmaßung der Edelleute und die Nachgiebigkeit der Bürger, sondern die Verfassung der Gesellschaft selbst schuld; ob sich daran einmal etwas ändern wird und was sich ändern wird, bekümmert mich wenig; genug, ich habe, wie die Sachen jetzt stehen, an mich selbst zu denken, und wie ich mich selbst und das, was mir ein unerläßliches Bedürfnis ist, rette und erreiche.

Ich habe nun einmal gerade zu jener harmonischen Ausbildung meiner Natur, die mir meine Geburt versagt, eine unwiderstehliche Neigung. Ich habe, seit ich Dich verlassen, durch Leibesübung viel gewonnen; ich habe viel von meiner gewöhnlichen Verlegenheit abgelegt und stelle mich so ziemlich dar. Ebenso habe ich meine Sprache und Stimme ausgebildet, und ich darf ohne Eitelkeit sagen, daß ich in Gesellschaften nicht mißfalle. Nun leugne ich Dir nicht, daß mein Trieb täglich unüberwindbar wird, eine öffentliche Person zu sein, und in einem weitern Kreise zu gefallen und zu wirken. Dazu kömmt meine Neigung zur Dichtkunst und zu allem, was mit ihr in Verbindung steht, und das Bedürfnis, meinen Geist und Geschmack auszubilden, damit ich nach und nach auch bei dem Genuß, den ich nicht entbehren kann, nur das Gute wirklich für gut und das Schöne für schön halte. Du siehst wohl, daß das alles für mich nur auf dem Theater zu finden ist, und daß ich mich in diesem einzigen Elemente nach Wunsch rühren und ausbilden kann. Auf den Brettern erscheint der gebildete Mensch so gut persönlich in seinem Glanz als in den oberen Klassen; Geist und Körper müssen bei jeder Bemühung gleichen Schritt gehen, und ich werde da so gut sein und scheinen können als irgend anderswo. Suche ich daneben noch Beschäftigungen, so gibt es dort mechanische Quälereien genug, und ich kann meiner Geduld tägliche Übung verschaffen.

Aus: Johann Wolfgang Goethe: Wilhelm Meisters Lehrjahre. In: Werke. Bd. 7. Hamburg ⁶1962.

Text 7

Amalia Holst: Über die Bestimmung des Weibes zur höheren Geistesbildung (1802)

„Mühsames Lernen oder peinliches Grübeln, wenn es gleich ein Frauenzimmer darin hoch bringen sollte, vertilgen die Vorzüge, die ihrem Geschlechte eigentümlich sind", schrieb Kant 1764. Er formulierte damit jene Vorstellung von einem natürlichen Unterschied zwischen Mann und Frau als Ursache ihrer verschiedenen gesellschaftlichen Rollen, an dem auch die Goethezeit weit gehend festhielt. Die Schriftstellerin Amalia Holst (1758–1829) setzte sich als eine der ersten Kämpferinnen für die geistige Emanzipation der Frau mit der Frage auseinander, ob „die höhere Ausbildung des Geistes mit dem nähern Beruf des Weibes als Gattin, Mutter und Hausfrau im Widerspruch stehe".

Ehe wir, Mann oder Weib, Staatsbürger oder Staatsbürgerin, Gatte oder Gattin sind, sind wir Mensch. Und was gibt dem Menschen den Vorrang vor Tieren? Allein seine Perfektibilität.¹ Der Biber baut sein Haus, die Biene ihre Zelle, der Vogel sein Nest, der Dachs gräbt seine unterirdischen Gänge, die Ameise ihre Vorratskammer
5 immer noch nach demselben Typus, den die Natur mit unveränderlicher Schrift ihnen eingedrückt hat. Der Mensch allein ist bloß Anlage, alles soll sich in ihm erst entwickeln, sein Verstand das Werk vollenden, er selbst soll sein moralischer und geistiger Schöpfer sein, soll sich zum humanen Menschen hinaufbilden. Sind wir von dieser Verbindlichkeit ausgeschlossen, sind wir es, weil wir Weiber sind? Und wenn
10 nicht, wer will unsers Geistes Flügel lähmen? Oder uns durch irgend einen untergeordneten Zweck abhalten, Mensch im eigentlichsten Sinne des Wortes zu sein? (…) Wenn nun aber die Männer, welche über die weibliche Bestimmung geschrieben haben, uns nur einen gewissen Grad der Bildung, nur so viel, als zur Unterhaltung geistreicher Männer, zur Erziehung der Kinder und zur Führung des Hauswesens
15 nötig ist, erlauben, und unsern Geist, wenn er die Kräfte in sich fühlt, weiter zu gehen, zurückweisen wollen: so frage ich, wo ist der Richterstuhl, vor welchem dies entschieden werden muß, und wo sind die Grenzen der Wissenschaften, welche diese, nur diese hierzu erforderlichen Kenntnisse bestimmen? (…) Wenn die Weiber einmal angefangen haben, ihren Geist zu bilden, wenn alle Wissenschaften durch ihr
20 Aneinandergrenzen sich berühren, und wie gesagt es nur eine Wissenschaft gibt, wer kann, wer darf bestimmen, wie weit sie gehen sollen? Wollen wir nun aber bei jener Klassifikation stehen bleiben? Soll und darf ein jeder von den Wissenschaften sich nur so viel zu eigen machen, als er zu seinem besondern Beruf bedarf? So haben die Weiber, als gleich freigeborene Menschen, dasselbe Recht, die Männer
25 nur auf die Wissenschaften und Kenntnisse hinzuweisen, welche zu dem von ihnen sich gewidmeten Fache erfordert werden. Der Arzt, der Prediger, der Jurist, der Kaufmann, der Staatsbeamte, der Künstler und Handwerker lerne ein jeder nur so viel, als er grade zur Erfüllung seiner Berufspflichten bedarf; das Übrige ist schädlich für ihn, und hindert ihn nur in der genauen und gewissenhaften Ausübung die-
30 ser Verbindlichkeiten. Wenn die Weiber diese Ansprüche sich erlaubten, die Männer so beschränken wollten, würde das nicht sehr kühn sein? Und ist es minder

1 Perfektibilität: Fähigkeit sich zu vervollkommnen

kühn von seiten der Männer, uns so beschränken zu wollen? Würde der menschliche Geist bei einer solchen elenden Klassifikation und kleinlichen Absonderung nicht gänzlich verkümmern? (...)

O ihr Männer! Wann werdet ihr es einsehen lernen, daß ihr bei der zweckmäßigen Ausbildung unseres Verstandes nur gewinnen, nie verlieren könnt! Ich habe oft darüber nachgedacht, die Ehe ist das größte Meisterstück in der Natur. Es gehört unendlich viel dazu, zwei Wesen, die jede ihre Persönlichkeit haben und erhalten müssen, so in eins zu verschmelzen, daß nur ein schönes Ganzes daraus wird. Die Ehe muß die wahre Zweieinigkeit sein. Nur innige Freundschaft, wahre Achtung, unverbrüchliches Vertrauen, ungeheuchelte Offenheit können dies größte, natürlichste aller Wunder bewirken.

Wohl dem Manne, der ein ihm gleich gestimmtes Weib hat, wohl dem Weibe, das dem Gatten begegnet, der mit ihr auf einer gleichen Stufe der Kultur steht! Und je höher sie beide stehen, je größer wird ihre Glückseligkeit sein; sie erschöpfen das Maß irdischer Wonne.

Wie aber, wenn Konvention, wenn irgend eine Täuschung das gebildete Weib mit einem Gatten von minderer Kultur zusammenführt? Auch dann verliert ihr Gatte nicht, er gewinnt im Gegenteil. Je höher des Weibes Verstand ausgebildet ist, je weniger wird sie sich in dieser Hinsicht des traurigen Vorrechtes rühmen. Sie wird sich gezwungen sehen, das Steuerruder der häuslichen Regierung zu ergreifen, aber bescheiden dieses Vorrecht aller Welt verbergen. Denn Bescheidenheit geht immer mit wahrem Verdienst. Dies ist die evidenteste aller Wahrheiten. Sie wird die schönste aller Glückseligkeiten entbehren, mit einem gleich gestimmten Wesen verbunden zu sein, und es ihren Gatten nicht empfinden lassen; sie wird Mangel leiden, er nicht.

Wenn ich mir je Raphaels Pinsel oder Demosthenes' Redekunst wünschte, so ist es dann, wenn ich es den Männern gern so lebhaft darstellen möchte, wie sie alles bei unserer höchsten Ausbildung gewinnen, nichts, gar nichts dabei verlieren können.

Und den Weibern, möchte ich es ihnen doch mit Flammenschrift ins Herz zu graben vermögen; daß wir nur dann auf gebildeter Männer Achtung Anspruch machen dürfen, wenn wir in der harmonischen zweckmäßigen Ausbildung aller unserer Kräfte uns zu humanen, edlen Menschen empor zu heben streben. Daß Trägheit, Wahn und Dünkel keine aus unserer Mitte länger von diesem großen Ziele abhalte, ist der innigste Wunsch meines Herzens.

Amalia Holst: Über die Bestimmung des Weibes zur höheren Geistesbildung. Berlin 1802. In: H. Blinn (Hrsg.): Emanzipation und Literatur. Frankfurt 1984.

Arbeitsvorschläge zu Text 6

1. Was versteht Wilhelm Meister unter der „harmonischen Ausbildung" seiner Persönlichkeit? Halten Sie ein solches Ziel heute noch für zeitgemäß?

2. Wie begründet Wilhelm seine Auffassung, dass ihm seine Herkunft eine solche Ausbildung versagt?

3. *Diskutieren* Sie Wilhelms Auffassung, dass man sich als Bürger nur auf dem Theater „nach Wunsch rühren und ausbilden kann".

zu Text 7

1. Wie begründet Holst ihre Forderung nach einer „höheren Geistesbildung" der Frau? Mit welchen Argumenten haben wohl Männer damals eine solche Forderung abgelehnt?

2. Untersuchen Sie, mit welchen rhetorischen Mitteln Holst den männlichen Leser für ihre Vorstellungen gewinnen möchte.

3. Die Forderung Holsts war zur Zeit Goethes revolutionär. Welche Rolle spielt diese in der heutigen Diskussion um die Emanzipation der Frau?

1.3 Anspruch und Scheitern des Ich

Text 1

JOHANN GOTTLIEB FICHTE: Über die Bestimmung des Menschen (1794)

Als Johann Gottlieb Fichte (1762–1814), Sohn eines Bandwebers in der Oberlausitz, 1794 Professor für Philosophie in Jena wurde, waren viele Studenten, darunter auch Hölderlin, von seinen Vorlesungen begeistert. Er hatte sich bereits durch seine Rede „Zurückforderung der Denkfreiheit von den Fürsten Europens" und seinen „Beitrag zur Berichtigung der Urteile des Publikums über die Französische Revolution" den Ruhm erworben ein mutiger Verfechter der Menschenrechte zu sein. „Jeder Mensch ist von Natur frei, und niemand hat das Recht, ihm ein Gesetz aufzuerlegen, als er selbst", hatte er unmissverständlich formuliert. In den „Vorlesungen über die Bestimmung des Gelehrten" (1794) leitete er die Bestimmung des Menschen aus dessen „Vernunft" ab.

So gewiß der Mensch Vernunft hat, ist er sein eigner Zweck, d. h. er ist nicht, weil etwas anderes sein soll, sondern er ist schlechthin, weil Er sein soll: sein bloßes Sein ist der letzte Zweck seines Seins, oder, welches ebensoviel heißt, man kann ohne Widerspruch nach keinem Zwecke seines Seins fragen. (…)

5 Der Mensch soll stets einig mit sich selbst sein; er soll sich nie widersprechen. – Nämlich das reine Ich kann nie im Widerspruche mit sich selbst stehen, denn es ist in ihm gar keine Verschiedenheit, sondern es ist stets ein und ebendasselbe: aber das empirische, durch äußere Dinge bestimmte und bestimmbare Ich kann sich widersprechen; – und so oft es sich widerspricht, so ist das ein sicheres Merkmal, daß es
10 nicht nach der Form des reinen Ich, nicht durch sich selbst, sondern durch äußere Dinge bestimmt ist. Und so soll es nicht sein; denn der Mensch ist selbst Zweck; er soll sich selbst bestimmen und nie durch etwas Fremdes sich bestimmen lassen; er soll sein, was er ist, weil er es sein will, und wollen soll. Das empirische Ich soll so gestimmt werden, wie es ewig gestimmt sein könnte. Ich würde daher, – was ich bloß
15 im Vorbeigehen und zur Erläuterung hinzufüge, – den Grundsatz der Sittenlehre in folgender Formel ausdrücken: Handle so, daß du die Maxime deines Willens als ewiges Gesetz für dich denken könntest.
(…)
Alles Vernunftlose sich zu unterwerfen, frei und nach seinem eigenen Gesetze es zu
20 beherrschen, ist letzter Endzweck des Menschen; welcher letzte Endzweck völlig unerreichbar ist und ewig unerreichbar bleiben muß, wenn der Mensch nicht aufhören soll, Mensch zu sein, und wenn er nicht Gott werden soll. Es liegt im Begriffe des Menschen, daß sein letztes Ziel unerreichbar, sein Weg zu demselben unendlich sein muß. Mithin ist es nicht die Bestimmung des Menschen, dieses Ziel zu errei-
25 chen. Aber er kann und soll diesem Ziele immer näher kommen: und daher ist die

Annäherung ins unendliche zu diesem Ziele seine wahre Bestimmung als Mensch, d. i. als vernünftiges, aber endliches, als sinnliches, aber freies Wesen. – Nennt man nun jene völlige Übereinstimmung mit sich selbst Vollkommenheit, in der höchsten Bedeutung des Worts, wie man sie allerdings nennen kann: so ist Vollkommenheit das höchst unerreichbare Ziel des Menschen; Vervollkommnung ins unendliche aber ist seine Bestimmung. Er ist da, um selbst immer sittlich besser zu werden, und alles rund um sich herum sinnlich, und wenn er in der Gesellschaft betrachtet wird, auch sittlich besser, und dadurch sich selbst immer glückseliger zu machen.

Aus: Johann Gottlieb Fichte: Einige Vorlesungen über die Bestimmung des Gelehrten. In: Werke. Bd. 1. Darmstadt 1962.

Text 2

FRIEDRICH SCHILLER: Wallensteins Tod (1799)

Wallenstein, der erfolgreiche und ehrgeizige Feldherr Kaiser Ferdinands II., möchte einen Frieden in dem vom langen Krieg verwüsteten Deutschland, der ihm zugleich die böhmische Krone sichert. Eigenmächtig nimmt er deshalb Verhandlungen mit dem schwedischen Gegner auf und sichert sich den unbedingten Gehorsam seiner Offiziere durch eine Treueerklärung. Der junge Max Piccolomini, dessen Vater durch geschickte Intrigen den Sturz Wallensteins vorbereitet, ist an Wallenstein durch seine Liebe zu dessen Tochter und seine Verehrung des Feldherrn gebunden.

      Zweiter Aufzug. Zweiter Auftritt
      Wallenstein. Max Piccolomini
MAX *(nähert sich ihm)*: Mein General –
WALLENSTEIN: Der bin ich nicht mehr,
  Wenn du des Kaisers Offizier dich nennst.
MAX: So bleibts dabei, du willst das Heer verlassen?
WALLENSTEIN: Ich hab des Kaisers Dienst entsagt.
MAX: Und willst das Heer verlassen?
WALLENSTEIN: Vielmehr hoff ich,
  Mirs enger noch und fester zu verbinden. *(Er setzt sich)*
  Ja, Max. Nicht eher wollt ich dirs eröffnen,
  Als bis des Handelns Stunde würde schlagen.
  Der Jugend glückliches Gefühl ergreift
  Das Rechte leicht, und eine Freude ists,
  Das eigne Urteil prüfend auszuüben,
  Wo das Exempel rein zu lösen ist.
  Doch, wo von zwei gewissen Übeln eins
  Ergriffen werden muß, wo sich das Herz
  Nicht *ganz* zurückbringt aus dem Streit der Pflichten,
  Da ist es Wohltat, keine Wahl zu haben,
  Und eine Gunst ist die Notwendigkeit.
  – Die ist vorhanden. Blicke nicht zurück.
  Es kann dir nichts mehr helfen. Blicke vorwärts!
  Urteile nicht! Bereite dich, zu handeln.
  – Der Hof hat meinen Untergang beschlossen,
  Drum bin ich willens, ihm zuvorzukommen.
  – Wir werden mit den Schweden uns verbinden.

Sehr wackre Leute sinds und gute Freunde.
(Hält ein, Piccolominis Antwort erwartend)
– Ich hab dich überrascht. Antwort mir nicht.
Ich will dir Zeit vergönnen, dich zu fassen.
(Er steht auf, und geht nach hinten. Max steht lange unbeweglich,
in den heftigsten Schmerz versetzt, wie er eine Bewegung macht,
kömmt Wallenstein zurück und stellt sich vor ihn)
MAX: Mein General! – Du machst mich heute mündig.
Denn bis auf diesen Tag war mirs erspart,
Den Weg mir selbst zu finden und die Richtung.
Dir folgt ich unbedingt. Auf dich nur braucht ich
Zu sehn und war des rechten Pfads gewiß.
Zum ersten Male heut verweisest du
Mich an mich selbst und zwingst mich, eine Wahl
Zu treffen zwischen dir und meinem Herzen.
WALLENSTEIN: Sanft wiegte dich bis heute dein Geschick,
Du konntest spielend deine Pflichten üben,
Jedwedem schönen Trieb Genüge tun,
Mit ungeteiltem Herzen immer handeln.
So kanns nicht ferner bleiben. Feindlich scheiden
Die Wege sich. Mit Pflichten streiten Pflichten.
Du mußt Partei ergreifen in dem Krieg,
Der zwischen deinem Freund und deinem Kaiser
Sich jetzt entzündet.
MAX: Krieg! Ist das der Name?
Der Krieg ist schrecklich, wie des Himmels Plagen,
Doch er ist gut, ist ein Geschick, wie sie.
Ist das ein guter Krieg, den du dem Kaiser
Bereitest mit des Kaisers eignem Heer?
O Gott des Himmels! was ist das für eine
Veränderung! Ziemt solche Sprache mir
Mit dir, der wie der feste Stern des Pols
Mir als die Lebensregel vorgeschienen!
O! welchen Riß erregst du mir im Herzen!
Der alten Ehrfurcht eingewachsnen Trieb
Und des Gehorsams heilige Gewohnheit
Soll ich versagen lernen deinem Namen?
Nein! wende nicht dein Angesicht zu mir,
Es war mir immer eines Gottes Antlitz,
Kann über mich nicht gleich die Macht verlieren;
Die Sinne sind in deinen Banden noch,
Hat gleich die Seele blutend sich befreit!
WALLENSTEIN: Max, hör mich an.
MAX: O! tu es nicht! Tus nicht!
Sieh! deine reinen, edeln Züge wissen
Noch nichts von dieser unglückselgen Tat.
Bloß deine Einbildung befleckte sie,
Die Unschuld will sich nicht vertreiben lassen

Aus deiner hoheitblickenden Gestalt.
Wirf ihn heraus, den schwarzen Fleck, den Feind. 75
Ein böser Traum bloß ist es dann gewesen,
Der jede sichre Tugend warnt. Es mag
Die Menschheit solche Augenblicke haben,
Doch siegen muß das glückliche Gefühl.
Nein, du wirst *so* nicht endigen. Das würde 80
Verrufen bei den Menschen jede große
Natur und jedes mächtige Vermögen,
Recht geben würd es dem gemeinen Wahn,
Der nicht an Edles in der Freiheit glaubt,
Und nur der Ohnmacht sich vertrauen mag. 85

WALLENSTEIN: Streng wird die Welt mich tadeln, ich erwart es.
Mir selbst schon sagt ich, was du sagen kannst.
Wer miede nicht, wenn ers umgehen kann,
Das Äußerste! Doch hier ist keine Wahl,
Ich muß Gewalt ausüben oder leiden – 90
So steht der Fall. Nichts anders bleibt mir übrig.

MAX: Seis denn! Behaupte dich in deinem Posten
Gewaltsam, widersetze dich dem Kaiser,
Wenns sein muß, treibs zur offenen Empörung,
Nicht loben werd ichs, doch ich kanns verzeihn, 95
Will, was ich nicht gutheiße, mit dir teilen.
Nur – zum *Verräter* werde nicht! Das Wort
Ist ausgesprochen. Zum Verräter nicht!
Das ist kein überschrittnes Maß! Kein Fehler,
Wohin der Mut verirrt in seiner Kraft. 100
O! das ist ganz was anders – das ist schwarz,
Schwarz, wie die Hölle!

WALLENSTEIN *(mit finsterm Stirnfalten, doch gemäßigt)*:
Schnell fertig ist die Jugend mit dem Wort,
Das schwer sich handhabt, wie des Messers Schneide, 105
Aus ihrem heißen Kopfe nimmt sie keck
Der Dinge Maß, die nur sich selber richten.
Gleich heißt ihr alles schändlich oder würdig,
Bös oder gut – und was die Einbildung
Phantastisch schleppt in diesen dunklen Namen, 110
Das bürdet sie den Sachen auf und Wesen.
Eng ist die Welt, und das Gehirn ist *weit,*
Leicht beieinander wohnen die Gedanken,
Doch hart im Raume stoßen sich die Sachen,
Wo *eines* Platz nimmt, muß das *andre* rücken, 115
Wer nicht vertrieben sein will, muß vertreiben,
Da herrscht der Streit, und nur die Stärke siegt.
– Ja, wer durchs Leben gehet ohne Wunsch,
Sich jeden Zweck versagen kann, der wohnt
Im leichten Feuer mit dem Salamander, 120
Und hält sich rein im reinen Element.

Mich schuf aus gröberm Stoffe die Natur,
Und zu der Erde zieht mich die Begierde.
Dem bösen Geist gehört die Erde, nicht
Dem guten. Was die Göttlichen uns senden 125
Von oben, sind nur allgemeine Güter,
Ihr Licht erfreut, doch macht es keinen reich,
In ihrem Staat erringt sich kein Besitz.
Den Edelstein, das allgeschätzte Gold
Muß man den falschen Mächten abgewinnen, 130
Die unterm Tage schlimmgeartet hausen.
Nicht ohne Opfer macht man sie geneigt,
Und keiner lebet, der aus ihrem Dienst
Die Seele hätte rein zurückgezogen.
(…)

Aus: Friedrich Schiller: Wallensteins Tod. In: Sämtliche Werke. Bd. 2. München 1959.

Arbeitsvorschläge zu Text 1

1. Erläutern Sie Fichtes Unterscheidung zwischen einem „reinen" und einem „empirischen" Ich.

2. Worin sehen Sie den Unterschied zwischen Kants kategorischem Imperativ („Handle so, daß die Maxime deines Willens jederzeit zugleich als Prinzip einer allgemeinen Gesetzgebung gelten könne") und Fichtes „ Grundsatz der Sittenlehre"?

3. Fichtes Lehre von der absoluten Autonomie des Ich fand begeisterte Anhänger. Wie lässt sich diese Wirkung aus den politisch-gesellschaftlichen Verhältnissen seiner Zeit erklären?

zu Text 2

1. Zeigen Sie die Konfliktsituation auf, in die Max durch Wallensteins Entscheidung gedrängt wird. Inwiefern könnte man diese als tragisch bezeichnen?

2. Mit welchen Argumenten versucht Wallenstein sein Handeln verständlich zu machen? Welches Bild der geschichtlichen Wirklichkeit menschlichen Handelns zeichnet er dabei?

3. Erörtern Sie, ob man Wallensteins Menschenbild als Kritik am Idealismus auffassen kann.

Text 3

FRIEDRICH HÖLDERLIN: Hälfte des Lebens (1803)

Mit gelben Birnen hänget
Und voll mit wilden Rosen
Das Land in den See,
Ihr holden Schwäne,
Und trunken von Küssen 5
Tunkt ihr das Haupt
Ins heilignüchterne Wasser.

Weh mir, wo nehm ich, wenn
Es Winter ist, die Blumen, und wo
Den Sonnenschein, 10
Und Schatten der Erde?
Die Mauern stehn
Sprachlos und kalt, im Winde
Klirren die Fahnen.

Aus: Friedrich Hölderlin: Werke und Briefe. Bd. 1. Frankfurt/M. 1969.

Text 4

SUSETTE GONTARD an Hölderlin (1799)

Vom Neujahr 1796 bis zum Herbst 1798 war Friedrich Hölderlin Hofmeister bei dem Frankfurter Bankier J. Fr. Gontard. Zeugnis von der intensiven Liebesbeziehung zwischen Hölderlin und Susette, der Frau des Bankiers, geben die Gedichte an „Diotima" und die erhaltenen Briefe.

Susette Gontard.
Marmorbüste von
L. Ohnmacht,
um 1800

Wie oft tadle ich Dich und mich, daß wir so stolz alle Beziehungen uns ohnmöglich gemacht, uns nur auf uns selbst verlassen haben wir müssen jetzt vom Schicksal betteln, und durch tausend Umwege einen Faden zu leiten suchen, der uns zusammen führt. Was wird aus uns werden, wenn wir für einander verschwinden sollten? – – –
Noch könnte ich mich nie beruhigen, wenn ich denken müßte daß ich Dich ganz der Wirklichkeit entrückt, Du Dich mit meinen Schatten begnügen wolltest, daß Du durch mich vielleicht Deine Bestimmung verfehlst, wenn ich von Dir, darüber gar nichts mehr hörte und beruhigt würde. Wann es *sein muß* daß wir dem Schicksal zum Opfer werden, *dann* versprich mir Dich frei von mir zu machen, und ganz zu leben wie es Dich noch glücklich machen, Du nach Deiner Erkenntnis Deine Pflichten für diese Welt am besten erfüllen kannst, und laß mein Bild kein Hindernis sein, nur dieses Versprechen kann mir Ruhe, und Zufriedenheit mit mir selbst geben. – –
– *So lieben wie ich Dich*, wird Dich nichts mehr, *so lieben wie Du mich*, wirst Du nichts mehr, (verzeihe mir diesen eigennützigen Wunsch) aber verstocke Dein Herz nicht tue ihm keine Gewalt, was ich nicht haben kann, darf ich nicht neidisch vernichten wollen. Denke nur ja nicht Bester, daß ich für mich spreche, mit mir ist das ganz anders, ich habe meine Bestimmung zum Teil erfüllt, habe genug zu tun in der Welt, habe durch Dich mehr bekommen als ich noch erwarten durfte meine Zeit war schon vorbei, aber Du solltest jetzt erst anfangen zu leben, zu handeln, zu wirken, laß mich kein Hindernis sein, und verträume nicht Dein Leben in hoffnungsloser Liebe. Die Natur die Dir alle edeln Kräfte hohen Geist, und tiefes Gefühl gab, hat Dich bestimmt ein edler vortrefflicher glücklicher Mann zu werden, und es in allen Deinen Handlungen zu beweisen.

Aus: Friedrich Hölderlin: Werke und Briefe. Bd. 2. Frankfurt/M. 1969.

Text 5

KAROLINE VON GÜNDERRODE: Die eine Klage (1806)

Wer die tiefste aller Wunden
Hat in Geist und Sinn empfunden
Bittrer Trennung Schmerz;
Wer geliebt was er verloren,
Lassen muß was er erkoren,
Das geliebte Herz,

Der versteht in Lust die Tränen
Und der Liebe ewig Sehnen
Eins in Zwei zu sein,
Eins im Andern sich zu finden,
Daß der Zweiheit Grenzen schwinden
Und des Daseins Pein.

Wer so ganz in Herz und Sinnen
Konnt' ein Wesen liebgewinnen
O! den tröstet's nicht
Daß für Freuden, die verloren,
Neue werden neu geboren:
Jene sind's doch nicht.

Das geliebte, süße Leben,
Dieses Nehmen und dies Geben,
Wort und Sinn und Blick,
Dieses Suchen und dies Finden,
Dieses Denken und Empfinden
Gibt kein Gott zurück.

Aus: Karoline von Günderrode: Der Schatten eines Traums. Gedichte. Prosa. Briefe. Zeugnisse von Zeitgenossen. Hrsg. von Christa Wolf. Darmstadt/Neuwied 1979.

Text 6

KAROLINE VON GÜNDERRODE an Karl Daub (Mitte Oktober 1805)

Im Freundeskreis von Clemens Brentano, Bettina Brentano und Friedrich von Savigny lernte Karoline von Günderrode (1780–1806) den Heidelberger Altphilologen und Mythenforscher Friedrich Creuzer kennen. Zwischen beiden entwickelte sich eine intensive Liebesbeziehung, die aber durch das Schwanken Creuzers zwischen seiner Frau und der Geliebten belastet war. Freunde der beiden haben diese Beziehung unterschiedlich beurteilt und, wie der Heidelberger Theologe Karl Daub, offensichtlich einen Verzicht Karolines auf Creuzer erwartet. Als Creuzer nach schmerzlichen Gefühlskonflikten im Juli 1806 die Beziehung zu Karoline beendete, nahm sich diese das Leben.

Ihr Brief, lieber Daub, hat mir mehrere Stunden des peinlichsten Kampfes bereitet, aber verzeihen Sie mir, aus diesem ist die der Ihren entgegengesetzte Ansicht wieder neu und kräftig hervorgegangen. Ist das eine rechte Ehe, wenn zwei Wesen sich gänzlich verstehen und lieben, sich besitzen und besessen werden, wenn das innerste, heiligste Leben des Einen sich nur von dem Anderen entzündet und nährt? und wenn das eine rechte Ehe ist, so ist die eine Sünde an der Natur, die zwei Gemüther, die sich einander nicht genügen, nicht verstehen und lieben, in eine peinigende Fessel schlägt, in welcher das Herz des Einen sich in unbefriedigter Sehnsucht qualvoll verzehrt; und warum, weil es einmal irrte, mag es verschmachten, wer fragt nach dem heimlichen Ächzen des gemißhandelten Herzens, wenn nur der Mensch nicht gleich darüber stirbt, so beruhigen sich alle, meinend, es werde sich schon geben; aber es gibt sich nicht, und viel schlimmer ist es, so leben als sterben. Können Sie glauben, die Frau würde nun glücklich sein wenn ich entsagt hätte? wahrlich es kann ihr nicht wohl sein im Bewußtsein, daß sie einen Mann zwinge, ihr zu bleiben, dessen ganzes Wesen sich weg sehnt von ihr, und selbst dann, wenn sie ihn so behaupten wollte, besäße sie ihn nicht, denn man besitzt nur, wenn man geliebt wird, oder sie besäße ihn wie der Kerker den Gefangenen; und wenn es so schwer ist, einen solchen Besitz aufzugeben, ihr, die doch noch einer andern schönen Zukunft in ihren Kindern entgegen sieht, muß da nicht das Herz zerbrechen, das dem Einzigen entsagen soll, das geliebt wird und liebt? Aber vielleicht würde er sie nachher wieder lieb gewinnen? – C. hat mir oft heilig versichert, daß schon lange ehe er mich gekannt habe, eine öde Leere, ein Sehnen nach einer Liebe, wie sie ihm

gezieme, ihm bewußt gewesen sei; und nun, nachdem er die Liebe hat kennen lernen, nun sollte er lieben, was ihm vorher nicht genügte?
– Es ist mir deutlich geworden, daß durch mein Entsagen keinem gründlich geholfen würde, wohl aber mehrere unglücklich würden. Daß wir uns lieben mußten, wie wir uns kennen lernten, das war notwendig, ich mache mir keinen Vorwurf darüber; ich habe gefehlt, als ich ihm das erste Mal erlaubte zu hoffen; nun aber, da ich ihn und mich mit dieser Hoffnung so vertraut gemacht habe und Entsagen wäre keine gute Tat, wenn ich denn auch sündige, so will ich wenigstens gegen ihn rein bleiben, ihm leben oder sterben, ich lasse mir selbst keine andere Wahl mehr. Und wenn Hoffen so frevelhaft wäre, so würde er es nicht können; er hat den heiligsten Sinn, ich kann nicht vortrefflicher sein wollen, als er ist; tun was ihn erfreut, das ist mir Tugend, Pflicht und Recht, das gibt mir frohes Bewußtsein; aber tun was ihn quält, das ist ewiger Vorwurf und nagende Pein und würde mir den Himmel vergiften.
Sind Sie unzufrieden über mich, so lassen Sie es unsern Freund nicht entgelten, bleiben Sie ihm immer gut, man kann der Liebe und Freundschaft nicht würdiger sein als er ist.
Leben Sie wohl.

Aus: Karoline von Günderrode: Der Schatten eines Traums. Darmstadt/Neuwied 1979.

Text 7

HEINRICH VON KLEIST an Marie von Kleist (1811)

Elf Tage vor seinem Freitod mit Henriette Vogel schrieb Heinrich v. Kleist an seine Kusine und Vertraute Marie von Kleist einen Brief, in dem er ihr seinen „Entschluß zu sterben" mitteilt.

(Berlin), den 10. Nov. 1811

Deine Briefe haben mir das Herz zerspalten, meine teuerste Marie, und wenn es in meiner Macht gewesen wäre, so versichre ich Dich, ich würde den Entschluß zu sterben, den ich gefaßt habe, wieder aufgegeben haben. Aber ich schwöre Dir, es ist mir ganz unmöglich länger zu leben; meine Seele ist so wund, daß mir, ich möchte fast sagen, wenn ich die Nase aus dem Fenster stecke, das Tageslicht wehe tut, das mir darauf schimmert. Das wird mancher für Krankheit und überspannt halten; nicht aber Du, die fähig ist, die Welt auch aus andern Standpunkten zu betrachten als aus dem Deinigen. Dadurch daß ich mit Schönheit und Sitte, seit meiner frühsten Jugend an, in meinen Gedanken und Schreibereien, unaufhörlichen Umgang gepflogen, bin ich so empfindlich geworden, daß mich die kleinsten Angriffe, denen das Gefühl jedes Menschen nach dem Lauf der Dinge hienieden ausgesetzt ist, doppelt und dreifach schmerzen. So versichre ich Dich, wollte ich doch lieber zehnmal den Tod erleiden, als noch einmal wieder erleben, was ich das letztemal in Frankfurt an der Mittagstafel zwischen meinen beiden Schwestern, besonders als die alte Wackern dazukam, empfunden habe; laß es Dir nur einmal gelegentlich von Ulriken erzählen. Ich habe meine Geschwister immer, zum Teil wegen ihrer gutgearteten Persönlichkeiten, zum Teil wegen der Freundschaft, die sie für mich hatten, von Herzen lieb gehabt; so wenig ich davon gesprochen habe, so gewiß ist es, daß es einer meiner herzlichsten und innigsten Wünsche war, ihnen einmal, durch meine Arbeiten und Werke, recht viel Freude und Ehre zu machen. Nun ist es zwar wahr, es war in den letzten Zeiten, von mancher Seite her, gefährlich, sich mit mir einzulassen, und ich klage sie desto weniger an, sich von mir zurückgezogen zu haben, je mehr ich die Not des Ganzen bedenke, die zum Teil auch auf ihren Schultern ruhte;

Heinrich von Kleist. Kreidezeichnung von seiner Braut Wilhelmine von Zenge

25 aber der Gedanke, das Verdienst, das ich doch zuletzt, es sei nun groß oder klein, habe, gar nicht anerkannt zu sehn, und mich von ihnen als ein ganz nichtsnutziges Glied der menschlichen Gesellschaft, das keiner Teilnahme mehr wert sei, betrachtet zu sehn, ist mir überaus schmerzhaft, wahrhaftig, es raubt mir nicht nur die Freuden, die ich von der Zukunft hoffte, sondern es vergiftet mir auch die Vergangen-
30 heit. – Die Allianz, die der König jetzt mit den Franzosen schließt, ist auch nicht eben gemacht mich im Leben festzuhalten. Mir waren die Gesichter der Menschen schon jetzt, wenn ich ihnen begegnete, zuwider, nun würde mich gar, wenn sie mir auf der Straße begegneten, eine körperliche Empfindung anwandeln, die ich hier nicht nennen mag. Es ist zwar wahr, es fehlte mir sowohl als ihnen an Kraft, die Zeit
35 wieder einzurücken; ich fühle aber zu wohl, daß der Wille, der in meiner Brust lebt, etwas anderes ist, als der Wille derer, die diese witzige Bemerkung machen: dergestalt, daß ich mit ihnen nichts mehr zu schaffen haben mag. Was soll man doch, wenn der König diese Allianz abschließt, länger bei ihm machen? Die Zeit ist ja vor der Tür, wo man wegen der Treue gegen ihn der Aufopferung und Standhaftigkeit
40 und aller andern bürgerlichen Tugenden, von ihm selbst gerichtet, an den Galgen kommen kann.

Aus: Heinrich von Kleist: Sämtliche Werke und Briefe. Bd. 2. München 1965.

Arbeitsvorschläge zu Text 3

1. Untersuchen Sie, auf welche Weise die Situation des lyrischen Ich im Titel und Aufbau des Gedichts deutlich wird.

2. Hölderlins Dichten war geprägt von dem schmerzlich-sehnsüchtigen Wunsch der innigen Verbundenheit mit allem Dasein. Welche Problematik des Dichtertums wird in diesem Gedicht deutlich?

3. Vergleichen Sie die Bildlichkeit in Hölderlins „Hälfte des Lebens" und in Goethes „Das Göttliche". Welche Unterschiede in der Symbolsprache lassen sich erkennen?

zu Text 4

1. Worin sieht Susette Gontard die „Bestimmung" Hölderlins?

2. Untersuchen Sie, auf welche Weise Gontard Hölderlin bei der Verwirklichung seiner Bestimmung unterstützen möchte.

3. Hölderlin ist nicht der „glückliche Mann" geworden, von dem Gontard am Schluss des Briefes spricht. Auf die Frage nach den Ursachen seines Scheiterns haben Literaturwissenschaftler unterschiedliche Antworten gegeben. Stellen Sie in einem *Referat* vor, welche Antwort Peter Härtling in seinem Roman „Hölderlin" (1976) gibt.

zu Text 5

1. Welche Glücksvorstellungen und Erwartungen liegen der „Klage" über den Trennungsschmerz zugrunde? Diskutieren Sie über eine solche Auffassung von Liebe.

2. Untersuchen Sie, wie die Liebesvorstellung in der Wortwahl und Bildlichkeit zum Ausdruck kommt. Wie beurteilen Sie die dichterische Qualität dieser Darstellungsweise?

3. Den biografischen Hintergrund dieses Gedichts bildet die Liebesbeziehung zwischen Karoline von Günderrode und Friedrich Creuzer (vgl. Vorspann zu

Text 6), in welcher der geistige Austausch über Kunst und Wissenschaft eine wichtige Rolle spielte. In einem Brief an Karoline vom 30. 6. 1806 betonte Friedrich, wie sehr er „wünsche auch dem Geiste nach und in (seinen) Arbeiten, (wo es geht)" mit ihr „eins zu werden" und er zitierte zwei Verszeilen aus diesem Gedicht.
Diskutieren Sie über Chancen und Gefahren solcher Liebesauffassung und berücksichtigen Sie dabei die Stellung und Rolle der Frau in der damaligen Gesellschaft.

zu Text 6

1. Wie begründet Karoline ihren Entschluss, nicht zu entsagen?

2. Daubs Brief, auf den Günderrode hier antwortet, ist nicht erhalten. Schreiben Sie einen Brief an Karoline von Günderrode, in dem Karl Daub eine Trennung der Liebenden fordert und mit Kants Pflichtethik begründet.

3. In ihrem Essay „Der Schatten eines Traums" hat Christa Wolf versucht Selbstverwirklichungsansprüche und Scheitern der Karoline von Günderrode im Kontext der gesellschaftlichen Verhältnisse aufzuhellen. Stellen Sie den Essay in einem Kurzreferat in Ihrem Kurs vor.

zu Text 7

1. Wie versucht Kleist seiner Briefpartnerin seinen Entschluss zum Freitod verständlich zu machen?

2. Ludwig Tieck, der erste Herausgeber von Kleists Werken, hat später folgende knappe Antwort auf die Frage nach den Gründen des Freitods gegeben: „Er konnte im Leben die Stelle nicht finden, die ihm zusagte, und die Phantasie vermochte ihm den Verlust der Wirklichkeit auf keine Weise zu ersetzen." Nehmen Sie Tiecks Wort als Motto für ein *Referat* über das Leben Kleists.

Text 8

JOSEPH VON EICHENDORFF: Die zwei Gesellen (1818)

Es zogen zwei rüstge Gesellen
zum erstenmal von Haus,
so jubelnd recht in die hellen,
klingenden, singenden Wellen
des vollen Frühlings hinaus.   5

Die strebten nach hohen Dingen,
die wollten, trotz Lust und Schmerz,
was Rechts in der Welt vollbringen,
und wem sie vorüber gingen,
dem lachten Sinnen und Herz. –   10

Der erste, der fand ein Liebchen,
die Schieger kauft' Hof und Haus;
der wiegte gar bald ein Bübchen,
und sah aus heimlichem Stübchen
behaglich ins Feld hinaus.   15

Dem zweiten sangen und logen
die tausend Stimmen im Grund,
verlockend' Sirenen, und zogen
ihn in der buhlenden Wogen
farbig klingenden Schlund.   20

Und wie er auftaucht' vom Schlunde,
da war er müde und alt,
sein Schifflein das lag im Grunde,
so still wars rings in die Runde,
und über die Wasser wehts kalt.   25

Es singen und klingen die Wellen
des Frühlings wohl über mir;
und seh ich so kecke Gesellen,
die Tränen im Auge mir schwellen –
ach Gott, führ uns liebreich zu Dir!   30

Aus: Joseph v. Eichendorff: Werke. München 1966.

Arbeitsvorschläge zu Text 8

1. Stellen Sie die Lebenswege der beiden „Gesellen" vergleichend gegenüber. Diskutieren Sie, ob und inwieweit beide ihren Anspruch „was Rechts in der Welt (zu) vollbringen" verfehlt haben.

2. Welche zeittypischen Lebensauffassungen macht Eichendorff in diesem Gedicht zum Thema? Beschreiben Sie die sprachlichen Mittel, mit denen diese charakterisiert werden.

3. Eichendorff gab dem Gedicht zunächst den Titel „Frühlingsfahrt". Zeigen Sie auf, wie das lyrische Ich dem Frühling gegenübersteht.

4. Robert Schumann hat das Gedicht 1840 unter dem Titel „Frühlingsfahrt" vertont. Bitten Sie Ihren Musiklehrer Ihnen diese Vertonung vorzuspielen und sprechen Sie über die Wirkung der musikalischen Umsetzung des Themas.

1.4 Auseinandersetzung mit der Französischen Revolution

Letzter Ruf der frey gewordenen Franken an die unterdrückten Deutschen.

Im Monat Augst 1791. des dritten Jahrs der Freyheit.

Fühlet eure Sclaverey, edle Deutsche! sehet es endlich ein, daß euch Fürsten zu unglücklichen Werkzeugen des Mordes gegen uns Franken brauchen wollen, — Franken, die euch Freundschaft angelobten; eure Verfassungen nie stören wollen, die euch nachbarlich lieben, und die dem ohngeachtet von euren Despoten nur um deswillen bekriegt werden sollen, weil sie die eisernen Ketten abschüttelten, die ihr noch traget.

Wir Franken wollen für diese unsre Freyheit

Kämpfen, siegen, — oder sterben.

Und ihr, verblendete Deutsche, wollt für eure Fürsten, die euer Mark aussaugen, euer Söhne, Gatten und Freunde Blut aufopfern, um nach zweydeutigem Siege euch in vestere Ketten schmieden zu lassen?

Ha! welch Unternehmen!

Wir stecken euch die Fackel der Freyheit auf; wir gaben euren Fürsten einen Wink, was Tyrannen vermag

Aufruf an die Deutschen zum Anschluß an die französische Revolution. (Flugblatt. [Straßburg]. 1791 — Bürstl. Thurn und Cariches Centralarchiv, Regensburg.)

Flugblatt (1. Seite) mit Aufruf zum Anschluss an die Französische Revolution, 1791

Text 1

FRIEDRICH SCHILLER: Rückfall in die Barbarei* (1793)

Wie viele deutsche Schriftsteller und Intellektuelle hatte Schiller zunächst in der Französischen Revolution einen wichtigen Schritt zur Humanisierung der gesellschaftlichen Verhältnisse gesehen. Unter dem Eindruck der politischen Radikalisierung wendeten sich viele aber enttäuscht ab: „Die Deutschen sehen bloß diese Greuel", schrieb Klopstock am 19. Nov. 1792 an den französischen Minister Roland, „und verschlungen in diesen herzzerfleischenden Betrachtungen, vergessen sie alles, was sie in der französischen Revolution verzaubert hatte." In einem Brief an den Herzog von Augustenburg, von dem er 1791 ein dreijähriges Stipendium erhalten hatte, setzte sich Schiller kritisch mit dem Ereignis der Revolution auseinander.

Wäre das Faktum wahr, – wäre der außerordentliche Fall wirklich eingetreten, daß die politische Gesetzgebung der Vernunft übertragen, der Mensch als Selbstzweck respektiert und behandelt, das Gesetz auf den Thron erhoben, und wahre Freiheit zur Grundlage des Staatsgebäudes gemacht worden, so wollte ich auf ewig von den Musen Abschied nehmen, und dem herrlichsten aller Kunstwerke, der Monarchie der Vernunft, alle meine Tätigkeit widmen. Aber dieses Faktum ist es eben, was ich zu bezweifeln wage. Ja, ich bin so weit entfernt, an den Anfang einer Regeneration im Politischen zu glauben, daß mir die Ereignisse der Zeit vielmehr alle Hoffnungen dazu auf Jahrhunderte benehmen.

Ehe diese Ereignisse eintraten, Gnädigster Prinz, konnte man sich allenfalls mit dem lieblichen Wahne schmeicheln, daß der unmerkliche aber ununterbrochene Einfluß denkender Köpfe, die seit Jahrhunderten ausgestreuten Keime der Wahrheit, der aufgehäufte Schatz von Erfahrung die Gemüter allmählich zum Empfang des Bessern gestimmt und so eine Epoche vorbereitet haben müßten, wo die Philosophie den moralischen Weltbau übernehmen, und das Licht über die Finsternis siegen könnte. So weit war man in der theoretischen Kultur vorgedrungen, daß auch die ehrwürdigsten Säulen des Aberglaubens zu wanken anfingen, und der Thron tausendjähriger Vorurteile schon erschüttert ward. Nichts schien mehr zu fehlen, als das *Signal* zur großen Veränderung und eine Vereinigung der Gemüter. Beides ist nun gegeben – aber wie ist es ausgeschlagen?

Der Versuch des französischen Volks, sich in seine heiligen Menschenrechte einzusetzen, und eine politische Freiheit zu erringen, hat bloß das Unvermögen und die Unwürdigkeit desselben an den Tag gebracht, und nicht nur dieses unglückliche Volk, sondern mit ihm auch einen beträchtlichen Teil Europas, und ein ganzes Jahrhundert, in Barbarei und Knechtschaft zurückgeschleudert. Der Moment war der günstigste, aber er fand eine verderbte Generation, die ihn nicht wert war, und weder zu würdigen noch zu benutzen wußte. Der Gebrauch, den sie von diesem großen Geschenk des Zufalls macht und gemacht hat, beweist unwidersprechlich, daß das Menschengeschlecht der vormundschaftlichen Gewalt noch nicht entwachsen ist, daß das liberale Regiment der Vernunft da noch zu frühe kommt, wo man kaum damit fertig wird, sich der brutalen Gewalt der Tierheit zu erwehren, und daß derjenige noch nicht reif ist zur *bürgerlichen* Freiheit, dem noch so vieles zur *menschlichen* fehlt.

Aus: Friedrich Schiller: Brief an den Herzog von Augustenburg, 13. Juli 1793. In: Fritz Jonas (Hrsg.): Schillers Briefe. Bd. 3. Stuttgart [18]1992/96.

Text 2

FRIEDRICH SCHILLER: Ankündigung. Die Horen, eine Monatsschrift (1794)

In der Auseinandersetzung mit den Folgen der Französischen Revolution gelangte Schiller zu der Überzeugung, man müsse erst „für die Verfassung Bürger (…) erschaffen, ehe man den Bürgern eine Verfassung geben kann". Welche Rolle die Kunst dabei spielen sollte, legte er vor allem in der Schrift „Über die ästhetische Erziehung des Menschen in einer Reihe von Briefen" (1794) dar. Als Forum der Veredelung des Geschmacks und der Revolution der „Denkungsart" gab er seit Januar 1795 die Monatsschrift „Die Horen"[1] heraus.

---

1 Horen: Töchter des Zeus; Eunomia: die Göttin der Ordnung und der guten Regierung; Dike: die Göttin der Gerechtigkeit; Irene: die Göttin des Friedens

Zu einer Zeit, wo das nahe Geräusch des Kriegs das Vaterland ängstigt, wo der Kampf politischer Meinungen und Interessen diesen Krieg beinahe in jedem Zirkel erneuert und nur allzuoft Musen[1] und Grazien[2] daraus verscheucht, wo weder in den Gesprächen noch in den Schriften des Tages vor diesem allverfolgenden Dämon der Staatskritik Rettung ist, möchte es ebenso gewagt als verdienstlich sein, den so sehr zerstreuten Leser zu einer Unterhaltung von ganz entgegengesetzter Art einzuladen. In der Tat scheinen die Zeitumstände einer Schrift wenig Glück zu versprechen, die sich über das Lieblingsthema des Tages ein strenges Stillschweigen auferlegen und ihren Ruhm darin suchen wird, durch etwas anders zu gefallen, als wodurch jetzt alles gefällt. Aber je mehr das beschränkte Interesse der Gegenwart die Gemüter in Spannung setzt, einengt und unterjocht, desto dringender wird das Bedürfnis, durch ein allgemeines und höheres Interesse an dem, was *rein menschlich* und über allen Einfluß der Zeiten erhaben ist, sie wieder in Freiheit zu setzen und die politisch geteilte Welt unter der Fahne der Wahrheit und Schönheit wieder zu vereinigen.

Dies ist der Gesichtspunkt, aus welchem die Verfasser dieser Zeitschrift dieselbe betrachtet wissen möchten. Einer heitern und leidenschaftsfreien Unterhaltung soll sie gewidmet sein, und dem Geist und Herzen des Lesers, den der Anblick der Zeitbegebenheiten bald entrüstet, bald niederschlägt, eine fröhliche Zerstreuung gewähren. Mitten in diesem politischen Tumult soll sie für Musen und Charitinnen[3] einen engen vertraulichen Zirkel schließen, aus welchem alles verbannt sein wird, was mit einem unreinen Parteigeist gestempelt ist. Aber indem sie sich alle Beziehungen auf den *jetzigen* Weltlauf und auf die *nächsten* Erwartungen der Menschheit verbietet, wird sie über die vergangene Welt die Geschichte und über die kommende die Philosophie befragen, wird sie zu dem Ideale veredelter Menschheit, welches durch die Vernunft aufgegeben, in der Erfahrung aber so leicht aus den Augen gerückt wird, einzelne Züge sammeln und an dem stillen Bau beßrer Begriffe, reinerer Grundsätze und edlerer Sitten, von dem zuletzt alle wahre Verbesserung des gesellschaftlichen Zustandes abhängt, nach Vermögen geschäftig sein. Sowohl spielend als ernsthaft wird man im Fortgange dieser Schrift dieses einige Ziel verfolgen, und so verschieden auch die Wege sein mögen, die man dazu einschlagen wird, so werden doch alle, näher oder entfernter, dahin gerichtet sein, wahre Humanität zu befördern. Man wird streben, die Schönheit zur Vermittlerin der Wahrheit zu machen und durch die Wahrheit der Schönheit ein dauerndes Fundament und eine höhere Würde zu geben. Soweit es tunlich ist, wird man die Resultate der Wissenschaft von ihrer scholastischen Form zu befreien und in einer reizenden, wenigstens einfachen, Hülle dem Gemeinsinn verständlich zu machen suchen. Zugleich aber wird man auf dem Schauplatze der Erfahrung nach neuen Erwerbungen für die Wissenschaft ausgehen und da nach Gesetzen forschen, wo bloß der Zufall zu spielen und die Willkür zu herrschen scheint. Auf diese Art glaubt man zu Aufhebung der Scheidewand beizutragen, welche die *schöne* Welt von der *gelehrten* zum Nachteile beider trennt, gründliche Kenntnisse in das gesellschaftliche Leben und Geschmack in die Wissenschaft einzuführen.

Aus: Friedrich Schiller: Sämtliche Werke. Bd. 5. München 1959.

1 Musen: griech. Göttinnen der Künste
2 Grazien: lat. Göttinnen der Anmut und Schönheit
3 Charitinnen: Göttinnen der Anmut

Text 3 FRIEDRICH CHRISTIAN LAUKHARD: Kritik der „ästhetischen Erziehung"* (1799)

Die kunstprogrammatische Zielsetzung der Klassik, wie sie Schiller in der Ankündigung der „Horen" formulierte, blieb nicht ohne Widerspruch. Zu den schärfsten Kritikern gehörte Laukhard (1758–1822), der sich als freier Schriftsteller, Privatlehrer und Soldat durchgeschlagen hatte, bis er als Pfarrvikar eine feste Anstellung fand.

(…) Ich hoffe, alle einsichtigen Ärzte, Gesetzkundige, Erzieher, Philosophen, Prediger und Fürsten werden mir hier beistimmen und dann einsehen: (…)
Keine Regierung könne die Völker *bürgerlich* frei machen, bevor diese sich nicht selbst *moralisch* frei gemacht hätten. Dies ist wahrlich eben so viel, als wenn man behaupten wollte, man müsse keinem erlauben, eher gehen zu lernen, bis er tanzen gelernt hätte, oder sich nicht eher ins Wasser zu wagen, bis er schwimmen könnte; oder einen Fieberkranken kurieren zu wollen, ohne für die Wegschaffung der pestilenzialischen Luft und erhitzender Nahrungsmittel gesorgt zu haben; oder einer Taube die Flügel festzuhalten und doch zu fordern, sie solle fliegen! (…)
Auf eben diesem verkehrten und der Natur widersprechenden Wege finden wir auch den Herausgeber und die Verfasser der Horen. Beide sprechen, laut der Ankündigung, von dem *allverfolgenden Dämon der Staatskritik* – von einem *Lieblingsthema* des Tages, und von den Horen, als von einer Schrift, die sich ein strenges Stillschweigen darüber auferlegen und ihren Ruhm darin suchen wird, durch etwas anderes zu gefallen, als wodurch jetzt alles gefalle. Je mehr das beschränkte Interesse der Gegenwart die Gemüter in Spannung setze, einenge und unterjoche, desto dringender werde das Bedürfnis, durch ein allgemeineres und höheres Interesse an dem, was rein menschlich und über allen Einfluß der Zeiten erhaben sei, sie wieder in Freiheit zu setzen, und die politisch-geteilte Welt unter der Fahne der Wahrheit und Schönheit wieder zu vereinigen (…)
Alles recht gut und löblich! Aber wie dies zu Stande bringen? Wie irgend Leute zum Tanze oder Ball bestimmen, in deren Nachbarschaft es brennt? oder denen es an dem *Nötigen* fehlt, um an dem *Angenehmen* Teil nehmen zu können? Wie ein Haus oder Garten verschönern, wenn man weder Haus noch Garten eigentümlich besitzt, oder wenigstens nichts dazu übrig hat? Necessaria utilibus, utilia iucundis praeferenda sunt (Man muß das Notwendige dem Nützlichen, und das Nützliche dem Angenehmen vorziehn) sagt *Cicero*. Und eben die Vindicierung[1] des Notwendigen und Nützlichen ist das Lieblingsthema des Tages, und der Gegenstand für den allverfolgenden Dämon der Staatskritik. Dies ignorieren und die Menschen durch ein höheres Interesse in Freiheit setzen wollen, ist, wie vorzeiten das Lieblingsthema aller Kreuzfahrer und Ordensstifter war. Da mußte das gegenwärtige Irdische verachtet und bloß das zukünftige Höhere gesucht und geachtet werden. Man folgte haufenweise, aber was erwarb man? Hirngespinste, asketische Faselei und Ketzermorde. –
Unser Magen ist nicht rein menschlich, noch weniger über allen Einfluß der Zeiten erhaben: er fordert reelle Befriedigung für den Darmsinn; und hat er die zur Genüge und sicher, dann erst hat unser Kopf und Herz Zeit und Geschmack für Ideenspeise. Sonst hat der hungrige Bauch keine Ohren weder für Logik, noch für Ästhetik, noch für Moral; wohl aber Fäuste zum Zugreifen; (…)

1 Vindicierung: Herausgabeforderung des Eigentümers einer Sache gegen deren Besitzer

40 Patriotische Gelehrte sollten also als Vermittler zwischen dem Volk und dem Fürsten auftreten, die Sache beider unparteiisch untersuchen, und dadurch glimpflich das bewirken helfen, was zur allgemeinen Abspannung der Gemüter, durch gegenseitige Befriedigung nach Recht und Pflicht dienet.

Hört erst alle Usurpation, aller Despotismus auf, eröffnet oder erweitert man die
45 Brotquellen durch verbesserten Ackerbau, Manufakturen, Fabriken, Kommerz, Pressefreiheit u. d. gl., werden die Rechte auch des Geringsten erst allgemein beachtet, erhält jeder Würdige ohne Unterschied der Geburt freien Zutritt zu Dienststellen und Pachtungen, hebt man die Fronen, übertriebene Steuern, Wildhegungen, kurz alles das auf, was die Menschen zur Sklaven-Arbeit zwingt, ohne die
50 Früchte ihrer Arbeit je in Ruhe zu genießen – dann bedarf es nur eines Winkes durch Beispiel, um sie dahin zu bringen, wohin *Die Horen* es sollen. Geschieht das nicht, wie werden *Die Horen* es erreichen, die politisch-geteilte Welt unter der Fahne der Wahrheit und Schönheit wieder zu vereinigen? Wie gesagt, der hungrige Bauch hat keine Ohren, keine Augen! Daher bei uns der Mangel an Kunstgefühl,
55 Kunstachtung, Schändung der öffentlichen Denkmäler, Baumgänge, u.s.w.

Aus: Friedrich Christian Laukhard: Zuchtspiegel für Adliche. Paris 1799. In: Peter Stein (Hrsg.): Theorie der politischen Dichtung. München 1973.

Arbeitsvorschläge
zu Text 1

1. Wie beurteilt Schiller nach vier Jahren die Ereignisse der Französischen Revolution? Warum ist er so enttäuscht?

2. Für Schiller sind die „Ereignisse der Zeit" ein Beweis dafür, dass die „bloß theoretische Kultur" der Aufklärung versagt hat. Setzen Sie sich in einem Antwortbrief mit dieser Auffassung auseinander.

zu Text 2

1. Welche Ziele verfolgt Schiller mit der Gründung der Monatsschrift „Die Horen"? Wie hängen diese mit seiner Beurteilung der Französischen Revolution zusammen?

2. Nehmen Sie in einem Leserbrief zu Programm und Ziel dieser Monatsschrift Stellung.

zu Text 3

1. Fassen Sie die Einwände zusammen, die Laukhard gegen die Zielsetzung Schillers vorbringt.

2. Von welchen Vorstellungen der Entwicklung in Natur und Gesellschaft geht er dabei aus?

3. Nehmen Sie zu den Reformkonzepten Schillers und Laukhards aus heutiger Sicht Stellung.

Text 4

ERNST MORITZ ARNDT: Die Folgen der Freiheit* (1815/20)

Zu den leidenschaftlichsten Kämpfern gegen die napoleonische Herrschaft, die er als Folge der Französischen Revolution auffasste, gehörte der Historiker und Publizist Ernst Moritz Arndt (1769–1860). In seiner Schrift „Geist der Zeit" (in vier Bänden 1806 bis 1818 erschienen) stellte er die Tendenzen des Zeitalters dar und forderte eine nationale Erneuerung aus den Kräften des Volks.

Unser Zeitalter ist ein Saturnus[1], der seine eigenen Kinder auffrißt und sich dann im Taumel seines blutigen Rausches an den dicken Bauch schlägt und den Leuten zuruft: *Seht hier die Folgen der Freiheit! seht hier das von Wahn und Knechtschaft erlöste Menschengeschlecht!* Die Franzosen haben damit angefangen, sie haben das Kapital von Jahrhunderten in einem Vierteljahrhundert aufgefressen; andere Regierungen haben es ihnen in manchen Ländern aus Not nachmachen müssen; hie und da haben sie es ihnen in verblendeter Torheit nachgemacht. Alle Verhältnisse wurden aufgehoben, alle Bande zersprengt, gute und böse, nützliche und schädliche; die Sachen wurden so freigegeben wie die Personen, und die Stürme und Vulkane der Zeit weheten und sprützten beide wie Funken und Aschen umher. Und das ist noch das Schlimmste – was freilich vor fünfzig und sechzig Jahren schon in einigen Ländern galt, daß diese ungebührliche Freilassung die verwünschte Fabriksüchtigkeit und Fabrikflüchtigkeit in die Menschen und in ihre Einrichtungen gebracht hat, und daß die ganze Erde und der Staat selbst von vielen Staatsverwaltern und Staatseinrichtern fast nur wie eine Fabrikanstalt gewürdigt und verwaltet wird. Was man heute bedarf, was ein Mensch und ein Ding morgen einträgt, das fragt man mit hungriger Gier, und deswegen kann man mit den kurzen Augen nicht sehen, was die künftige Zeit bedürfen wird und was die künftigen Menschen sein und tragen werden, ja was sie in aller ewigen Zeit sein und tragen sollen. Es gibt gewisse natürliche Verhältnisse in der Verwaltung und Einrichtung der Erde und des Staates und unter den verschiedenen Klassen der Staatsgesellschaft, welche nimmer hätten gestört und gebrochen werden sollen, und für deren Erhaltung und Wiederbelebung der Staat sorgen muß, wenn er selbst sicher und lebendig bleiben will. Wir wollen die Fertigkeit und Geschicklichkeit der Menschen immer loben, welche durch künstliche Geräte und Maschinen *einem* Menschenarm die Kraft von hundert Armen und *einer* Hand die Verrichtung von fünfzig Händen geben können; aber wir sagen es geradezu: lieber wollen wir keine einzige Maschine als die Gefahr, daß dieses Maschinenwesen uns die ganze gesunde Ansicht vom Staate und die alle Tugend, Kraft und Redlichkeit erhaltenden einfachen und natürlichen Klassen und Geschäfte der Gesellschaft zerrütte. Wenn alle Handwerker Fabrikanten werden, wenn der Ackerbau selbst endlich wie eine Fabrik angesehen und betrieben wird, kurz, wenn das Einfältige, Stetige und Feste aus den menschlichen Einrichtungen weicht, dann steht es schlecht um das Glück und die Herrlichkeit unseres Geschlechts. Wenn wir dahin kämen, daß Axt, Säge und Senkblei von selbst Häuser zuschnitten und aufrichtete, daß der Pflug und die Sense von selbst den Acker pflügten und abernteten, wenn wir endlich auf Dampfmaschinen über Berg und Tal fahren und auf Luftbällen in die Schlacht reiten könnten, kurz wenn wir neben unsern künstlichen Maschinen, die alle Arbeit für uns täten, nur so hinzuschlendern brauchten – dann würden wir ein so entartetes, nichtiges und elendiges Geschlecht werden, daß die Geschichte ihre Bücher auf ewig von uns schließen würde.

Aus: Ernst Moritz Arndt: Erinnerungen aus dem äußeren Leben. Leipzig 1840.

1 Saturn (Kronos): Vater des Zeus

Text 5

JOHANN WOLFGANG GOETHE: Geschichte als Evolution*
Gespräch mit Eckermann am 4. Januar 1824

(…) Es ist wahr, ich konnte kein Freund der Französischen Revolution sein, denn ihre Greuel standen mir zu nahe und empörten mich täglich und stündlich, während ihre wohltätigen Folgen damals noch nicht zu ersehen waren. Auch konnte ich nicht gleichgültig dabei sein, daß man in Deutschland *künstlicherweise* ähnliche Szenen
5 herbeizuführen trachtete, die in Frankreich Folge einer großen Notwendigkeit waren.
Ebensowenig war ich Freund herrischer Willkür. Auch war ich vollkommen überzeugt, daß irgendeine große Revolution nie Schuld des Volkes ist, sondern der Regierung. Revolutionen sind ganz unmöglich, sobald die Regierungen fort-
10 während gerecht und fortwährend wach sind, so daß sie ihnen durch zeitgemäße Verbesserungen entgegenkommen und sich nicht so lange sträuben, bis das Notwendige von unten her erzwungen wird.
Weil ich nun aber die Revolution haßte, so nannte man mich einen *Freund des Bestehenden*. Das ist aber ein zweideutiger Titel, den ich mir verbitten möchte.
15 Wenn das Bestehende alles vortrefflich, gut und gerecht wäre, so hätte ich gar nichts dawider. Da aber neben vielem Guten zugleich viel Schlechtes, Ungerechtes und Unvollkommenes besteht, so heißt ein Freund des Bestehenden oft nicht viel weniger als ein Freund des Veralteten und Schlechten.
Die Zeit aber ist in ewigem Fortschreiten begriffen, und die menschlichen Dinge
20 haben alle fünfzig Jahre eine andere Gestalt, so daß eine Einrichtung, die im Jahre 1800 eine Vollkommenheit war, schon im Jahre 1850 vielleicht ein Gebrechen ist. Und wiederum ist für eine Nation nur das gut, was aus ihrem eigenen Kern und ihrem eigenen allgemeinen Bedürfnis hervorgegangen ist, ohne Nachäffung einer anderen.

Aus: Johann Peter Eckermann: Gespräche mit Goethe in den letzten Jahren seines Lebens. Zürich o. J.

Arbeitsvorschläge zu Text 4

1. Skizzieren Sie thesenartig die negativen Auswirkungen, die für Arndt die Französische Revolution hatte.

2. Welche „natürlichen Verhältnisse" wurden durch die „Fabriksüchtigkeit" gestört?

3. Arndt zeichnet ein negatives Bild des beginnenden modernen Zeitalters. Diskutieren Sie aus heutiger Sicht seine Auffassung.

zu Text 5

1. Worin sieht Goethe die Ursache einer Revolution? Informieren Sie sich in einem Sachwörterbuch über heutige Erklärungsmöglichkeiten für Revolutionen und *diskutieren* Sie auf dieser Grundlage über Goethes Auffassung.

2. Mit welchen Vorwürfen setzt sich Goethe auseinander? Wie schätzt er selbst seine Position ein?

1.5 Natur und Kunst

Text 1 JOHANN JOACHIM WINCKELMANN: Von der Kunst der Griechen (1764)

Die Vorstellungen von der Vorbildlichkeit der antiken Kunst wurden im 18. Jahrhundert vor allem durch die Schriften des Archäologen und Kunsthistorikers Johann Joachim Winckelmann (1717–1768) beeinflusst. Berühmt wurde seine Auffassung, „eine edle Einfalt und eine stille Größe" sei das „vorzügliche Kennzeichen der griechischen Meisterstücke", die er in der Deutung einer Marmor-Plastik entwickelt hat, die den Tod des Priesters Laokoon und seiner Söhne darstellt.

Die Ursache und der Grund von dem Vorzuge, welchen die Kunst unter den Griechen erlangt hat, ist teils dem Einflusse des Himmels, teils der Verfassung und Regierung und der dadurch gebildeten Denkungsart, wie nicht weniger der Achtung der Künstler und dem Gebrauche und der Anwendung der Kunst unter den Griechen zuzuschreiben. 5
Der Einfluss des Himmels muss den Samen beleben, aus welchem die Kunst soll getrieben werden, und zu diesem Samen war Griechenland der auserwählte Boden; und das Talent zur Philosophie, welches Epicurus[1] den Griechen allein beilegen wollen, könnte mit mehrerem Rechte von der Kunst gelten.

Homer singt den Griechen. A. J. Carstens (1754–1798), Maler in Berlin und Rom, Zeichnung, undatiert

1 Epikur (341–270 v. Ch): griechischer Philosoph

10 Vieles, was wir uns als idealisch vorstellen möchten, war die Natur bei ihnen. Die Natur, nachdem sie stufenweise durch Kälte und Hitze gegangen, hat sich in Griechenland, wo eine zwischen Winter und Sommer abgewogene Witterung ist, wie in ihrem Mittelpunkte gesetzt, und je mehr sie sich demselben nähert, desto heiterer und fröhlicher wird sie und desto allgemeiner ist ihr Wirken in geistreichen witzigen
15 Bildungen und in entschiedenen und vielversprechenden Zügen. Wo die Natur weniger in Nebeln und in schweren Dünsten eingehüllt ist, gibt sie dem Körper zeitiger eine reifere Form. Sie erhebt sich in mächtigen, sonderlich weiblichen Gewächsen, und in Griechenland wird sie ihre Menschen auf das feinste vollendet haben.
20 Die Griechen waren sich dieses und überhaupt, wie Polybius[1] sagt, ihres Vorzugs vor andern Völkern bewußt, und unter keinem Volke ist die Schönheit so hoch als bei ihnen geachtet worden; deswegen blieb nichts verborgen, was dieselbe erheben konnte, und die Künstler sahen die Schönheit täglich vor Augen. (…)
In Absicht der Verfassung und Regierung von Griechenland ist die Freiheit die vor-
25 nehmste Ursache des Vorzugs der Kunst. Die Freiheit hat in Griechenland alle Zeit den Sitz gehabt, auch neben dem Throne der Könige, welche väterlich regierten, ehe die Aufklärung der Vernunft ihnen die Süßigkeit einer völligen Freiheit schmecken ließ, und Homerus[2] nennt den Agamemnon[3] einen Hirten der Völker, dessen Liebe für dieselben und Sorge für ihr Bestes anzudeuten. Ob sich gleich
30 nachher Tyrannen aufwarfen, so waren sie es nur in ihrem Vaterlande, und die ganze Nation hat niemals ein einziges Oberhaupt erkannt. Daher ruhte nicht auf einer Person allein das Recht, groß in seinem Volke zu sein und sich mit Ausschließung anderer verewigen zu können. (…)
Durch die Freiheit erhob sich, wie ein edler Zweig aus einem gesunden Stamme, das
35 Denken des ganzen Volks. Denn wie der Geist eines zum Denken gewöhnten Menschen sich höher zu erheben pflegt im weiten Felde oder auf einem offenen Gange, auf der Höhe eines Gebäudes als in einer niedrigen Kammer und in jedem eingeschränkten Orte, so muß auch die Art zu denken unter den freien Griechen gegen die Begriffe beherrschter Völker sehr verschieden gewesen sein. Herodot[4] zeigt,
40 daß die Freiheit allein der Grund gewesen von der Macht und Hoheit, zu welcher Athen gelangt ist, da diese Stadt vorher, wenn sie einen Herrn über sich hat erkennen müssen, ihren Nachbarn nicht hat gewachsen sein können. Die Redekunst fing an aus ebendem Grunde allererst in dem Genusse der völligen Freiheit unter den Griechen zu blühen; daher legten die Sizilianer dem Gorgias[5] die Erfindung der
45 Redekunst bei. Die Griechen waren in ihrer besten Zeit denkende Wesen, welche zwanzig und mehr Jahre schon gedacht hatten, ehe wir insgemein aus uns selbst zu denken anfangen, und die den Geist in seinem größten Feuer, von der Munterkeit des Körpers unterstützt, beschäftigten, welcher bei uns, bis er abnimmt, unedel ernährt wird. Der unmündige Verstand, welcher wie eine zarte Rinde den Ein-
50 schnitt behält und erweitert, wurde nicht mit bloßen Tönen ohne Begriffe unterhalten, und das Gehirn, gleich einer Wachstafel, die nur eine gewisse Anzahl Worte oder Bilder fassen kann, war nicht mit Träumen erfüllt, wenn die Wahrheit Platz

1 Polybius (ca. 200–120 v. Chr.): griechischer Geschichtsschreiber
2 Homerus: lat. Form von Homeros (= Homer)
3 Agamemnon: König von Mykene, Führer der Griechen vor Troja
4 Herodot (um 490–425 v. Chr.): griech. Geschichtsschreiber
5 Gorgias (um 480–380 v. Chr.): griech. Philosoph und Rhetor

nehmen will. Gelehrt sein, das ist, zu wissen, was andere gewußt haben, wurde später gesucht. Gelehrt im heutigen Verstande zu sein war in ihrer besten Zeit leicht, und weise konnte ein jeder werden. Denn es war eine Eitelkeit weniger in der Welt, nämlich viel Bücher zu kennen, da allererst nach der einundsechzigsten Olympiade die zerstreuten Glieder des größten Dichters gesammelt wurden. Diesen lernte das Kind; der Jüngling dachte wie der Dichter, und wenn er etwas Würdiges hervorgebracht hatte, so war er unter die ersten seines Volks gerechnet.

Aus: Johann Joachim Winckelmann: Geschichte der Kunst des Altertums. In: Ders.: Winckelmanns Werke. Berlin 1969.

Text 2

JOHANN WOLFGANG GOETHE: Italienische Reise (1786/1816)

Goethes Reise nach Italien vom Sept. 1786 bis zum Juni 1788, die sowohl eine Flucht aus der Lebensweise in Weimar als auch die Erfüllung eines lang gehegten Bildungswunsches war, hat sein persönliches Leben, seine Denkweise und seine künstlerische und wissenschaftliche Arbeit entscheidend beeinflusst. Er berichtete von seinen Eindrücken und Erfahrungen in Briefen an die Weimarer Freunde, vor allem an Frau von Stein. In den Jahren 1814 bis 1817 bearbeitete er dieses Briefmaterial und veröffentlichte es unter dem Titel „Italienische Reise".

Den 10. November 1786.

Ich lebe nun hier mit einer Klarheit und Ruhe, von der ich lange kein Gefühl hatte. Meine Übung, alle Dinge, wie sie sind, zu sehen und abzulesen, meine Treue, das Auge licht sein zu lassen, meine völlige Entäußerung von aller Prätention[1] kommen mir einmal wieder recht zustatten und machen mich im stillen höchst glücklich. Alle Tage ein neuer merkwürdiger Gegenstand, täglich frische, große, seltsame Bilder und ein Ganzes, das man sich lange denkt und träumt, nie mit der Einbildungskraft erreicht.

Heute war ich bei der Pyramide des Cestius[2] und abends auf dem Palatin, oben auf den Ruinen der Kaiserpaläste, die wie Felsenwände dastehn. Hiervon läßt sich nun freilich nichts überliefern! Wahrlich, es gibt hier nichts Kleines, wenn auch wohl hier und da etwas Scheltenswertes und Abgeschmacktes; doch auch ein solches hat teil an der allgemeinen Großheit genommen.

Kehr' ich nun in mich selbst zurück, wie man doch so gern tut bei jeder Gelegenheit, so entdecke ich ein Gefühl, das mich unendlich freut, ja, das ich sogar auszusprechen wage. Wer sich mit Ernst hier umsieht und Augen hat zu sehen, muß solid werden, er muß einen Begriff von Solidität fassen, der ihm nie so lebendig ward.

Der Geist wird zur Tüchtigkeit gestempelt, gelangt zu einem Ernst ohne Trockenheit, zu einem gesetzten Wesen mit Freude. Mir wenigstens ist es, als wenn ich die Dinge dieser Welt nie so richtig geschätzt hätte als hier. Ich freue mich der gesegneten Folgen auf mein ganzes Leben.

Und so laßt mich aufraffen, wie es kommen will, die Ordnung wird sich geben. Ich bin nicht hier, um nach meiner Art zu genießen; befleißigen will ich mich der großen Gegenstände, lernen und mich ausbilden, ehe ich vierzig Jahre alt werde.

Aus: Johann Wolfgang Goethe: Werke. Bd. 11. Hamburg [6]1962.

1 Prätention: Anspruch, Anmaßung
2 Grabmal des röm. Prätors Gaius Cestius († 12 v. Chr.)

Text 3   JOHANN WOLFGANG GOETHE: Römische Elegien V (1788–1790/1795)

Froh empfind' ich mich nun auf klassischem Boden begeistert,
    Vor- und Mitwelt spricht lauter und reizender mir.
Hier befolg' ich den Rat, durchblättre die Werke der Alten
    Mit geschäftiger Hand, täglich mit neuem Genuß.
Aber die Nächte hindurch hält Amor mich anders beschäftigt;
    Werd' ich auch halb nur gelehrt, bin ich doch doppelt beglückt.
Und belehr' ich mich nicht, indem ich des lieblichen Busen
    Formen spähe, die Hand leite die Hüften hinab?
Dann versteh' ich den Marmor erst recht: ich denk' und vergleiche,
    Sehe mit fühlendem Aug', fühle mit sehender Hand.
Raubt die Liebste denn gleich mir einige Stunden des Tages,
    Gibt sie Stunden der Nacht mir zur Entschädigung hin.
Wird doch nicht immer geküßt, es wird vernünftig gesprochen;
    Überfällt sie der Schlaf, lieg' ich und denke mir viel.
Oftmals hab' ich auch schon in ihren Armen gedichtet
    Und des Hexameters Maß leise mit fingernder Hand
Ihr auf den Rücken gezählt. Sie atmet in lieblichem Schlummer,
    Und es durchglühet ihr Hauch mir bis ins Tiefste die Brust.
Amor schüret die Lamp' indes und denket der Zeiten,
    Da er den nämlichen Dienst seinen Triumvirn[1] getan.

Aus: Johann Wolfgang Goethe: Werke. Bd. 1. Hamburg 1962.

Arbeitsvorschläge

zu Text 1

1. *Referieren* Sie über das Leben Winckelmanns und seinen Einfluss auf die Kunstauffassung im 18. Jahrhundert.

2. Unter welchen Voraussetzungen ist für Winckelmann die Kunst der Griechen entstanden? Vergleichen Sie diese mit den Bedingungen, die Goethe für das Entstehen eines „klassischen" Nationalautors nennt (vgl. S. 11 f.).

3. „Der einzige Weg für uns, groß, ja, wenn es möglich ist, unnachahmlich zu werden, ist die Nachahmung der Alten", schrieb Winckelmann in einer Abhandlung im Jahre 1755. *Diskutieren* Sie über diese Auffassung.

zu Text 2

1. Was „lernt" Goethe bei der Betrachtung der antiken Kunstwerke während seines Romaufenthalts?

2. Nach Goethes Auffassung fehlte den deutschen Schriftstellern „ein Mittelpunkt gesellschaftlicher Lebensbildung" (vgl. S. 12). Welche Bedeutung hatte deshalb für ihn die Reise nach Italien?

3. Goethe schildert in seinem Reisebericht, wie er nach der Überquerung des Brennerpasses zum ersten Mal Italien gesehen hat. Stellen Sie das zweite Kapitel des Berichts („Vom Brenner bis Verona") in Ihrem Kurs vor.

---

[1] Triumvirn: gemeint sind die römischen Liebeslyriker Catull, Tibull und Properz

4. Von der Sehnsucht nach dem Süden singt auch das Mädchen Mignon in einem Lied aus dem Roman „Wilhelm Meisters Lehrjahre", das mit der berühmten Verszeile „Kennst du das Land, wo die Zitronen blühn" beginnt. Schreiben Sie eine *Interpretation* dieses Gedichts.

zu Text 3

1. Untersuchen Sie den Zusammenhang von Liebe und Kunst, den Goethe in diesem Gedicht darstellt.

2. Als der Zyklus dieser Elegien unter dem Titel „Erotica Romana" in Schillers Zeitschrift „Die Horen" veröffentlicht wurde, fanden manche zeitgenössischen Leser die Darstellung der Erotik ärgerlich und anstößig. Schiller dagegen rechtfertigte die Veröffentlichung mit dem Hinweis auf die „hohe poetische Schönheit". Beschreiben Sie die Gestaltungsmittel, mit denen Goethe hier ein klassisches Formideal verwirklicht. Wie wirkt diese Formensprache heute auf Sie?

Text 4

Beginn der Freundschaft und Zusammenarbeit zwischen Goethe und Schiller (1794)

Nach einem Gespräch über Goethes Auffassung von der Entwicklung der Pflanzen bei einer Tagung der Naturforschenden Gesellschaft in Jena am 20. Juli 1794 kam es zu einem intensiven geistigen Austausch zwischen Goethe und Schiller, die einander vorher als „Geistesantipoden" (Goethe) betrachtet hatten. Sie erörterten in ihrem Briefwechsel grundsätzliche ästhetische und gattungspoetische Fragen und begleiteten kritisch ihre literarischen Arbeiten, entwickelten in Aufsätzen für die von ihnen herausgegebenen Zeitschriften ihre klassische Literaturkonzeption und setzten sich zum Teil polemisch mit den zeitgenössischen Autoren auseinander.

Schiller an Goethe

Jena, den 23. August 1794.

(…) Die neulichen Unterhaltungen mit Ihnen haben meine ganze Ideenmasse in Bewegung gebracht, denn sie betrafen einen Gegenstand, der mich seit etlichen Jahren lebhaft beschäftigt. Über so manches, worüber ich mit mir selbst nicht recht einig werden konnte, hat die Anschauung Ihres Geistes (denn so muß ich den Totaleindruck Ihrer Ideen auf mich nennen) ein unerwartetes Licht in mir angesteckt. Mir fehlte das Objekt, der Körper, zu mehreren spekulativischen Ideen, und Sie brachten mich auf die Spur davon. Ihr beobachtender Blick, der so still und rein auf den Dingen ruht, setzt Sie nie in Gefahr, auf den Abweg zu geraten, in den sowohl die Spekulation als die willkürliche und bloß sich selbst gehorchende Einbildungskraft sich so leicht verirrt. In Ihrer richtigen Intuition liegt alles und weit vollständiger, was die Analysis mühsam sucht, und nur weil es als ein Ganzes in Ihnen liegt, ist Ihnen ihr eigener Reichtum verborgen; denn leider wissen wir nur das, was wir scheiden. Geister Ihrer Art wissen daher selten, wie weit sie gedrungen sind, und wie wenig Ursache sie haben, von der Philosophie zu borgen, die nur von Ihnen lernen kann. (…)

Lange schon habe ich, obgleich aus ziemlicher Ferne, dem Gang Ihres Geistes zugesehen, und den Weg, den Sie sich vorgezeichnet haben, mit immer erneuter Bewunderung bemerkt. Sie suchen das Notwendige der Natur, aber Sie suchen es auf dem schwersten Weg, vor welchem jede schwächere Kraft sich wohl hüten wird. Sie nehmen die ganze Natur zusammen, um über das Einzelne Licht zu bekommen; in der Allheit ihrer Erscheinungsarten suchen Sie den Erklärungsgrund für das Individuum auf. Von der einfachen Organisation steigen Sie, Schritt vor Schritt, zu der mehr

verwickelten hinauf, um endlich die verwickeltste von allen, den Menschen, gene-
tisch aus den Materialien des ganzen Naturgebäudes zu erbauen. Dadurch, daß Sie
ihn der Natur gleichsam nacherschaffen, suchen Sie in seine verborgene Technik
einzudringen. Eine große und wahrhaft heldenmäßige Idee, die zur Genüge zeigt,
wie sehr Ihr Geist das reiche Ganze seiner Vorstellungen in einer schönen Einheit
zusammenhält. Sie können niemals gehofft haben, daß Ihr Leben zu einem solchen
Ziele zureichen werde, aber einen solchen Weg auch nur einzuschlagen, ist mehr
wert, als jeden andern zu endigen. (…)

Beim ersten Anblicke scheint es, als könnte es keine größeren Gegensätze geben,
als den spekulativen Geist, der von der Einheit, und den intuitiven, der von der
Mannigfaltigkeit ausgeht. Sucht aber der erste mit keuschem und treuem Sinn die
Erfahrung, und sucht der letzte mit selbsttätiger freier Denkkraft das Gesetz, so
kann es gar nicht fehlen, daß nicht beide einander auf halbem Wege begegnen werden. (…)

Aber ich bemerke, daß ich anstatt eines Briefes eine Abhandlung zu schreiben im
Begriff bin – verzeihen Sie es dem lebhaften Interesse, womit dieser Gegenstand
mich erfüllt hat; und sollten Sie Ihr Bild in diesem Spiegel nicht erkennen, so bitte
ich sehr, fliehen Sie ihn darum nicht. (…)

Meine Freunde so wie meine Frau empfehlen sich Ihrem gütigen Andenken, und ich
verharre hochachtungsvoll

Ihr gehorsamster Diener Friedrich Schiller

Aus: Johann Wolfgang Goethe/Friedrich Schiller: Briefwechsel. Hrsg. von Emil Staiger. Frankfurt/M. 1961.

Text 5 *Goethe an Schiller, 27. August 1794*

Zu meinem Geburtstage, der mir diese Woche erscheint, hätte mir kein angeneh-
mer Geschenk werden können als Ihr Brief, in welchem Sie mit freundschaftlicher
Hand die Summe meiner Existenz ziehen und mich durch Ihre Teilnahme zu einem
emsigern und lebhaftern Gebrauch meiner Kräfte aufmuntern.

Reiner Genuß und wahrer Nutzen kann nur wechselseitig sein, und ich freue mich,
Ihnen gelegentlich zu entwickeln: was mir Ihre Unterhaltung gewährt hat, wie ich
von jenen Tagen an auch eine Epoche rechne, und wie zufrieden ich bin, ohne sonderliche Aufmunterung, auf meinem Wege fortgegangen zu sein, da es nun scheint,
als wenn wir, nach einem so unvermuteten Begegnen, miteinander fortwandern
müßten. Ich habe den redlichen und so seltenen Ernst, der in allem erscheint, was
Sie geschrieben und getan haben, immer zu schätzen gewußt, und ich darf nunmehr
Anspruch machen, durch Sie selbst mit dem Gange Ihres Geistes, besonders in den
letzten Jahren bekannt zu werden. Haben wir uns wechselseitig die Punkte klarge-
macht, wohin wir gegenwärtig gelangt sind, so werden wir desto ununterbrochener
gemeinschaftlich arbeiten können.

Alles was an und in mir ist, werde ich mit Freuden mitteilen. Denn da ich sehr lebhaft fühle, daß mein Unternehmen das Maß der menschlichen Kräfte und ihre irdische Dauer weit übersteigt, so möchte ich manches bei Ihnen deponieren, und
dadurch nicht allein erhalten, sondern auch beleben.

Wie groß der Vorteil Ihrer Teilnehmung für mich sein wird, werden Sie bald selbst
sehen, wenn Sie, bei näherer Bekanntschaft, eine Art Dunkelheit und Zaudern bei
mir entdecken, über die ich nicht Herr werden kann, wenn ich mir ihrer gleich deut-

lich bewußt bin. Doch dergleichen Phänomene finden sich mehr in unserer Natur, von der wir uns doch gerne regieren lassen, wenn sie nur nicht gar zu tyrannisch ist. Ich hoffe bald einige Zeit bei Ihnen zuzubringen, und dann wollen wir manches durchsprechen. (…)
Leben Sie recht wohl und gedenken mein in Ihrem Kreise.
Ettersburg, den 27. August 1794   Goethe

Aus: Johann Wolfgang Goethe/Friedrich Schiller: Briefwechsel.

Text 6   FRIEDRICH SCHILLER: Über naive und sentimentalische Dichtung (1795)

Für Schiller war die moderne Kultur geprägt durch den Gegensatz zwischen unmittelbarer Erfahrung und Reflexion, Fantasie und Vernunft, Sinnlichkeit und Moral. Aus dem Nachdenken darüber, worin sich seine eigene Dichtung von dem Vorbild der Antike, aber auch von der Goethes unterschied, entstand die Schrift „Über naive und sentimentalische Dichtung" (1795), die er in den „Horen" publizierte.

Es gibt Augenblicke in unserm Leben, wo wir der Natur in Pflanzen, Mineralien, Tieren, Landschaften, sowie der menschlichen Natur in Kindern, in den Sitten des Landvolks und der Urwelt, nicht weil sie unsern Sinnen wohltut, auch nicht weil sie unsern Verstand oder Geschmack befriedigt (von beiden kann oft das Gegenteil stattfinden), sondern bloß *weil sie Natur ist,* eine Art von Liebe und von rührender Achtung widmen. Jeder feinere Mensch, dem es nicht ganz und gar an Empfindung fehlt, erfährt dieses, wenn er im Freien wandelt, wenn er auf dem Lande lebt oder sich bei den Denkmälern der alten Zeiten verweilet, kurz, wenn er in künstlichen Verhältnissen und Situationen mit dem Anblick der einfältigen Natur überrascht wird. Dieses nicht selten zum Bedürfnis erhöhte Interesse ist es, was vielen unsrer Liebhabereien für Blumen und Tiere, für einfache Gärten, für Spaziergänge, für das Land und seine Bewohner, für manche Produkte des fernen Altertums u. dgl. zum Grund liegt; vorausgesetzt, daß weder Affektation[1] noch sonst ein zufälliges Interesse dabei im Spiele sei. Diese Art des Interesses an der Natur findet aber nur unter zwei Bedingungen statt. Fürs erste ist es durchaus nötig, daß der Gegenstand, der uns dasselbe einflößt, *Natur* sei oder doch von uns dafür gehalten werde; zweitens, daß er (in weitester Bedeutung des Worts) *naiv* sei; d. h. daß die Natur mit der Kunst im Kontraste stehe und sie beschäme. Sobald das letzte zu dem ersten hinzukommt, und nicht eher, wird die Natur zum Naiven.

Natur in dieser Betrachtungsart ist uns nichts anders als das freiwillige Dasein, das Bestehen der Dinge durch sich selbst, die Existenz nach eigenen und unabänderlichen Gesetzen.

Diese Vorstellung ist schlechterdings nötig, wenn wir an dergleichen Erscheinungen Interesse nehmen sollen. Könnte man einer gemachten Blume den Schein der Natur mit der vollkommensten Täuschung geben, könnte man die Nachahmung des Naiven in den Sitten bis zur höchsten Illusion treiben, so würde die Entdeckung, daß es Nachahmung sei, das Gefühl, von dem die Rede ist, gänzlich vernichten. Daraus erhellet, daß diese Art des Wohlgefallens an der Natur kein ästhetisches, sondern ein moralisches ist; denn es wird durch eine Idee vermittelt, nicht unmittelbar durch Betrachtung erzeugt; auch richtet es sich ganz und gar nicht nach der Schönheit der Formen. Was hätte auch eine unscheinbare Blume, eine Quelle, ein

1 Affektation: Getue, Ziererei

bemooster Stein, das Gezwitscher der Vögel, das Summen der Bienen usw. für sich selbst so Gefälliges für uns? Was könnte ihm gar einen Anspruch auf unsere Liebe geben? Es sind nicht diese Gegenstände, es ist eine durch sie dargestellte Idee, was wir in ihnen lieben. Wir lieben in ihnen das stille schaffende Leben, das ruhige Wirken aus sich selbst, das Dasein nach eignen Gesetzen, die innere Notwendigkeit, die ewige Einheit mit sich selbst.

Sie *sind,* was wir *waren;* sie sind, was wir wieder *werden sollen.* Wir waren Natur wie sie, und unsere Kultur soll uns, auf dem Wege der Vernunft und der Freiheit, zur Natur zurückführen. Sie sind also zugleich Darstellung unserer verlorenen Kindheit, die uns ewig das Teuerste bleibt; daher sie uns mit einer gewissen Wehmut erfüllen. Zugleich sind sie Darstellungen unserer höchsten Vollendung im Ideale, daher sie uns in eine erhabene Rührung versetzen.

Aber ihre Vollkommenheit ist nicht ihr Verdienst, weil sie nicht das Werk ihrer Wahl ist. Sie gewähren uns also die ganz eigene Lust, daß sie, ohne uns zu beschämen unsere Muster sind. Eine beständige Göttererscheinung, umgeben sie uns, aber mehr erquickend als blendend. Was ihren Charakter ausmacht, ist gerade das, was dem unsrigen zu seiner Vollendung mangelt; was uns von ihnen unterscheidet, ist gerade das, was ihnen selbst zur Göttlichkeit fehlt. Wir sind frei, und sie sind notwendig; wir wechseln, sie bleiben eins. Aber nur, wenn beides sich miteinander verbindet – wenn der Wille das Gesetz der Notwendigkeit frei befolgt und bei allem Wechsel der Phantasie die Vernunft ihre Regel behauptet, geht das Göttliche oder das Ideal hervor. Wir erblicken *in ihnen* also ewig das, was uns abgeht, aber wornach wir aufgefordert sind zu ringen, und dem wir uns, wenn wir es gleich niemals erreichen, doch in einem unendlichen Fortschritte zu nähern hoffen dürfen. Wir erblicken *in uns* einen Vorzug, der ihnen fehlt, aber dessen sie entweder überhaupt niemals, wie das Vernunftlose, oder nicht anders als indem sie *unsern* Weg gehen, wie die Kindheit, teilhaftig werden können. Sie verschaffen uns daher den süßesten Genuß unserer Menschheit als Idee, ob sie uns gleich in Rücksicht auf jeden *bestimmten Zustand* unserer Menschheit notwendig demütigen müssen.

Friedrich Schiller: Über naive und sentimentalische Dichtung. In: Sämtliche Werke. Bd. 5. München 1960.

Arbeitsvorschläge zu den Texten 4 und 5

1. Was bewundert Schiller an Goethes Geist? Wie charakterisiert er dessen Arbeitsweise und Methode?

2. Schillers Brief ist ein wichtiger Schritt auf dem Weg zur Zusammenarbeit und späteren Freundschaft mit Goethe. Welche philosophische Begründung dafür liefert Schiller mit diesem Brief?

3. Worin sieht Goethe die Vorteile einer Zusammenarbeit?

4. Schiller und Goethe verwenden den Begriff „Natur". Was verstehen sie jeweils darunter?

5. Dem Freund Körner berichtete Schiller am 1. September 1794 von „einem sehr herzlichen Brief von Goethe, der mir nun endlich mit Vertrauen entgegenkommt". Untersuchen Sie, in welcher Weise Goethe auf Schillers Brief eingeht. Inwiefern schuf dieser Brief die Basis für eine Zusammenarbeit, in der mit Schillers Worten, „ein jeder dem andern etwas geben konnte, was ihm fehlte"?

Klassik und Romantik

zu Text 6

1. Legen Sie den Unterschied zwischen einer „ästhetischen" und einer „moralischen" Betrachtungsweise der Natur dar.

2. Was leistet nach Schillers Auffassung die Betrachtung der Natur für das Verständnis der Bestimmung des Menschen?

3. Schiller sah sich selbst als einen sentimentalischen, Goethe dagegen als einen naiven Dichter. Vergleichen Sie diese Auffassung mit der Charakterisierung des Goetheschen Geistes im Geburtstagsbrief vom 23. August 1794 (vgl. S. 47 f.).

4. Thomas Mann hat die rhetorische Kunst der Argumentation in Schillers Abhandlung gerühmt. Untersuchen Sie die Wirkungsmittel von Schillers Stil und zeigen Sie deren Funktion auf.

Text 7

JOHANN WOLFGANG GOETHE: Natur und Kunst* (1800/1802)

Natur und Kunst, sie scheinen sich zu fliehen
Und haben sich, eh' man es denkt, gefunden;
Der Widerwille ist auch mir verschwunden,
Und beide scheinen gleich mich anzuziehen.

Es gilt wohl nur ein redliches Bemühen! 5
Und wenn wir erst in abgemeßnen Stunden
Mit Geist und Fleiß uns an die Kunst gebunden,
Mag frei Natur im Herzen wieder glühen.

So ist's mit aller Bildung auch beschaffen:
Vergebens werden ungebundne Geister 10
Nach der Vollendung reiner Höhe streben.

Wer Großes will, muß sich zusammenraffen;
In der Beschränkung zeigt sich erst der Meister,
Und das Gesetz nur kann uns Freiheit geben.

Aus: Johann Wolfgang Goethe: Werke. Bd. 1. Hamburg⁶ 1962.

Text 8

FRIEDRICH SCHILLER: Die Kunst des Ideals* (1803)

In der Auseinandersetzung mit den Folgen der Französischen Revolution und der Beschäftigung mit den Schriften Kants gelangte Schiller in den 90er Jahren zu der Überzeugung, dass eine wahre Humanität nur möglich sei, wenn es gelinge, die Spaltung des Menschen in Vernunft und Sinnlichkeit, Pflicht und Neigung, Freiheit und Notwendigkeit zu überwinden. Nur in der Kunst sah er die Möglichkeit durch die „ästhetische Erziehung" eine solche Versöhnung zu leisten. In der Vorrede zu seinem Drama „Die Braut von Messina", die den „Gebrauch des Chors in der Tragödie" erläuterte, hat er noch einmal dargelegt, wie eine Kunst beschaffen sein muss um diese Aufgabe erfüllen zu können.

Alle Kunst ist der Freude gewidmet, und es gibt keine höhere und keine ernsthaftere Aufgabe, als die Menschen zu beglücken. Die rechte Kunst ist nur diese, welche den höchsten Genuß verschafft. Der höchste Genuß aber ist die Freiheit des Gemütes in dem lebendigen Spiel aller seiner Kräfte.

Jeder Mensch zwar erwartet von den Künsten der Einbildungskraft eine gewisse Befreiung von den Schranken des Wirklichen, er will sich an dem Möglichen ergötzen und seiner Phantasie Raum geben. Der am wenigsten erwartet, will doch sein Geschäft, sein gemeinsames Leben, sein Individuum vergessen, er will sich in außerordentlichen Lagen fühlen, sich an den seltsamen Kombinationen des Zufalls weiden, er will, wenn er von ernsthafter Natur ist, die moralische Weltregierung, die er im wirklichen Leben vermißt, auf der Schaubühne finden. Aber er weiß selbst recht gut, daß er nur ein leeres Spiel treibt, daß er im eigentlichen Sinne sich nur an Träumen weidet, und wenn er von dem Schauplatz wieder in die wirkliche Welt zurückkehrt, so umgibt ihn diese wieder mit ihrer ganzen drückenden Enge, er ist ihr Raub, wie vorher, denn sie selbst ist geblieben, was sie war, und an ihm ist nichts verändert worden. Dadurch ist also nichts gewonnen, als ein gefälliger Wahn des Augenblicks, der beim Erwachen verschwindet.

Und eben darum, weil es hier nur auf eine vorübergehende Täuschung abgesehen ist, so ist auch nur ein Schein der Wahrheit oder die beliebte Wahrscheinlichkeit nötig, die man so gern an die Stelle der Wahrheit setzt.

Die wahre Kunst aber hat es nicht bloß auf ein vorübergehendes Spiel abgesehen, es ist ihr Ernst damit, den Menschen nicht bloß in einen augenblicklichen Traum von Freiheit zu versetzen, sondern ihn wirklich und in der Tat frei zu *machen,* und dieses dadurch, daß sie eine Kraft in ihm erweckt, übt und ausbildet, die sinnliche Welt, die sonst nur als ein roher Stoff auf uns lastet, als eine blinde Macht auf uns drückt, in eine objektive Ferne zu rücken, in ein freies Werk unsers Geistes zu verwandeln und das Materielle durch Ideen zu beherrschen.

Und eben darum weil die wahre Kunst etwas Reelles und Objektives will, so kann sie sich nicht bloß mit dem Schein der Wahrheit begnügen; auf der Wahrheit selbst, auf dem festen und tiefen Grunde der Natur errichtet sie ihr ideales Gebäude.

Wie aber nun die Kunst zugleich ganz ideell und doch im tiefsten Sinne reell sein – wie sie das Wirkliche ganz verlassen und doch auf's genaueste mit der Natur übereinstimmen soll und kann, das ist's, was wenige fassen, was die Ansicht poetischer und plastischer Werke so schielend macht, weil beide Forderungen einander im gemeinen Urteil geradezu aufzuheben scheinen. (...)

Beide Forderungen stehen so wenig im Widerspruch miteinander, daß sie vielmehr – eine und dieselbe sind; daß die Kunst nur dadurch wahr ist, daß sie das Wirkliche ganz verläßt und rein ideell wird. Die Natur selbst ist nur eine Idee des Geistes, die nie in die Sinne fällt. Unter der Decke der Erscheinungen liegt sie, aber sie selbst kommt niemals zur Erscheinung. Bloß der Kunst des Ideals ist es verliehen, oder vielmehr, es ist ihr aufgegeben, diesen Geist des Alls zu ergreifen und in einer körperlichen Form zu binden. Auch sie selbst kann ihn zwar nie vor die Sinne, aber doch durch ihre schaffende Gewalt vor die Einbildungskraft bringen und dadurch wahrer sein als alle Wirklichkeit und realer als alle Erfahrung. Es ergibt sich daraus von selbst, daß der Künstler kein einziges Element aus der Wirklichkeit brauchen kann, wie er es findet, daß sein Werk in *allen* seinen Teilen ideell sein muß, wenn es als ein Ganzes Realität haben und mit der Natur übereinstimmen soll.

Aus: Friedrich Schiller: Sämtliche Werke. Bd. 2. München 1959.

Text 9 JOHANN WOLFGANG GOETHE: Früh, wenn Tal, Gebirg und Garten (1828/1833)

Dornburg. September 1828

Früh, wenn Tal, Gebirg und Garten
Nebelschleiern sich enthüllen,
Und dem sehnlichsten Erwarten
Blumenkelche bunt sich füllen,

Wenn der Äther, Wolken tragend, 5
Mit dem klaren Tage streitet,
Und ein Ostwind, sie verjagend,
Blaue Sonnenbahn bereitet,

Dankst du dann, am Blick dich weidend,
Reiner Brust der Großen, Holden, 10
Wird die Sonne, rötlich scheidend,
Rings den Horizont vergolden.

Aus: Johann Wolfgang Goethe: Werke. Bd. 1. Hamburg ⁶1962.

Text 10 JOHANN WOLFGANG GOETHE: Tagebuchaufzeichnungen in Dornburg* (1828)

Nach dem Tod seines Herzogs und Freundes Carl August am 14. Juni 1828 zog sich Goethe, nach Vorbereitungsarbeiten zu den Trauerfeierlichkeiten, vom 7. Juli bis zum 11. September in eines der drei Schlösser auf dem Saalehochufer bei Dornburg zurück. Er wollte, wie er dem Freund Zelter schrieb, „bei dem schmerzlichsten Zustand des Innern (…) wenigstens (seine) äußern Sinne schonen" und durch Beobachtung der Natur und geistige Tätigkeit sein Gleichgewicht wiederherstellen. Die Tagebuchaufzeichnungen, aus denen hier Auszüge abgedruckt sind, vermitteln ein Bild von seinen meteorologischen Studien und sie zeigen zugleich den engen Zusammenhang zwischen seinen naturwissenschaftlichen Beobachtungen und seiner späten Naturlyrik.

8. 7. Früh in der Morgendämmerung das Tal und dessen aufsteigende Nebel gesehen (…) Ganz reiner Himmel, schon zeitig steigende Wärme (…) Abends vollkommen klar. Heftiger Ostwind.

12. 7. Gegen fünf Uhr allgemein dichter, hoch in die Atmosphäre verbreiteter Nebel. (Er war, wie ich hörte, seit zwei Uhr aus der Saale aufgestiegen.) Erst gegen 5
sieben Uhr ward die untere Straße, der Fluß und die nächsten Wiesen, sodann, als der Nebel weiter sank, die gegenüber sich hinziehenden Bergrücken sichtbar. Nach und nach hatte er sich ganz nieder gesenkt, doch schwebte noch ein merklicher Duft ausgebreitet über dem Tale. Der Himmel war ganz heiter geworden, schön blau, besonders an der Abendseite. 10

18. 8. Vor Sonnenaufgang aufgestanden. Vollkommene Klarheit des Tales. Der Ausdruck des Dichters: h e i l i g e F r ü h e ward empfunden. Nun fing das Nebelspiel im Tale seine Bewegung an, welches mit Südwestwind wohl eine Stunde dauerte, und sich außer wenigen Streifwolken in völlige Klarheit auflöste (…)

15 5. 9. Starker Nebel schwankend zwischen Niedergehen und Aufsteigen, sich gegen ersteres hinneigend. Der ober Himmel mit Cirrus besäet, die untere Atmosphäre besonders gegen Osten mit Cumulus besetzt, welche nach und nach ihren Character verloren und in Regen drohende Wolken übergingen. Barometer 27″ 7½‴; Nordwind, der die Atmosphäre nicht aufzuklären vermochte.

20 7. 9. Starker Nebel; als er sich verteilte, ging ich auf die Terrasse.

8. 9. Diktierte einiges Meteorologische für Zelter. Abends auf der Terrasse. Hoher Barometerstand, schöner Tag.

Aus: Johann Wolfgang Goethe: Goethes Werke. Weimarer Ausgabe. Bd. III/11. Weimar 1887–1919.

Arbeitsvorschläge zu Text 7

1. Worin besteht der „scheinbare" Gegensatz zwischen Natur und Kunst? Welchen Zusammenhang macht Goethe in seinem programmatischen Gedicht deutlich?

2. Erklären Sie die Aussage der letzten Verszeile. Von welchen Auffassungen (Menschenbild, Gesellschaft, Kunst) grenzt sich Goethe damit ab?

3. Goethe greift hier auf eine traditionsreiche Gedichtform zurück. Erläutern Sie den Zusammenhang zwischen der programmatischen Aussage und der Wahl dieser Form.

zu Text 8

1. Was erwarten nach Schillers Auffassung die Menschen von der Kunst? Vergleichen Sie damit Ihre eigenen Bedürfnisse als Leser heute.

2. Welche Aufgabe hat für Schiller die „wahre Kunst"? Von welchem Menschenbild geht er dabei aus?

3. Erläutern Sie, wie Schiller den scheinbaren Gegensatz zwischen den Forderungen nach Wahrheit und Wirklichkeit der Kunst auflöst. Diskutieren Sie über seine Lösung.

zu den Texten 9 und 10

1. Vergleichen Sie die im Gedicht dargestellten Naturvorgänge mit Goethes meteorologischen Beobachtungen, die er im Tagebuch festgehalten hat. Worin unterscheiden sich Tagebuchaufzeichnungen und dichterisches Bild?

2. Untersuchen Sie, in welcher Weise das lyrische Ich in die Naturvorgänge einbezogen ist. Welche Beziehung zwischen Mensch und Natur wird hier deutlich?

3. „Das Wahre", schrieb Goethe 1825 in seinem „Versuch einer Witterungslehre", „läßt sich niemals von uns direkt erkennen, wir schauen es nur im Abglanz, im Beispiel, Symbol". Welche symbolische Bedeutung haben in diesem Gedicht die Naturvorgänge?

4. Beschreiben Sie Satzbau und Wortwahl und zeigen Sie, auf welche Weise dadurch die Symbolik verdeutlicht wird.

Klassik und Romantik   55

1.6 Die Macht der Fantasie

Zwei Männer in Betrachtung des Mondes. Gemälde von Caspar David Friedrich, 1819

Text 1   NOVALIS: Hyazinth und Rosenblütchen (1798)

Vor langen Zeiten lebte weit gegen Abend ein blutjunger Mensch. Er war sehr gut, aber auch über die Maßen wunderlich. Er grämte sich unaufhörlich um nichts und wieder nichts, ging immer still für sich hin, setzte sich einsam, wenn die andern spielten und fröhlich waren, und hing seltsamen Dingen nach. Höhlen und Wälder waren sein liebster Aufenthalt, und dann sprach er immer fort mit Tieren und 5
Vögeln, mit Bäumen und Felsen, natürlich kein vernünftiges Wort, lauter närrisches Zeug zum Totlachen. Er blieb aber immer mürrisch und ernsthaft, ungeachtet sich das Eichhörnchen, die Meerkatze, der Papagei und der Gimpel alle Mühe gaben, ihn zu zerstreuen, und ihn auf den richtigen Weg zu weisen. Die Gans erzählte Märchen, der Bach klimperte eine Ballade dazwischen, ein großer dicker Stein machte 10
lächerliche Bockssprünge, die Rose schlich sich freundlich hinter ihm herum, kroch durch seine Locken, und der Efeu streichelte ihm die sorgenvolle Stirn. Allein der Mißmut und Ernst waren hartnäckig. Seine Eltern waren sehr betrübt, sie wußten nicht, was sie anfangen sollten. Er war gesund und aß, nie hatten sie ihn beleidigt, er war auch bis vor wenig Jahren fröhlich und lustig gewesen wie keiner; bei allen 15
Spielen voran, von allen Mädchen gern gesehn. Er war recht bildschön, sah aus wie

gemalt, tanzte wie ein Schatz. Unter den Mädchen war eine, ein köstliches, bildschönes Kind, sah aus wie Wachs, Haare wie goldne Seide, kirschrote Lippen, wie ein Püppchen gewachsen, brandrabenschwarze Augen. Wer sie sah, hätte mögen
20 vergehn, so lieblich war sie. Damals war Rosenblüte, so hieß sie, dem bildschönen Hyazinth, so hieß er, von Herzen gut, und er hatte sie lieb zum Sterben. Die andern Kinder wußten's nicht. Ein Veilchen hatte es ihnen zuerst gesagt, die Hauskätzchen hatten es wohl gemerkt, die Häuser ihrer Eltern lagen nahe beisammen. Wenn nun Hyazinth die Nacht an seinem Fenster stand und Rosenblüte an ihrem, und die
25 Kätzchen auf den Mäusefang da vorbeiliefen, da sahen sie die beiden stehn und lachten und kicherten oft so laut, daß sie es hörten und böse wurden. Das Veilchen hatte es der Erdbeere im Vertrauen gesagt, die sagte es ihrer Freundin, der Stachelbeere, die ließ nun das Sticheln nicht, wenn Hyazinth gegangen kam; so erfuhr's denn bald der ganze Garten und der Wald, und wenn Hyazinth ausging, so rief's von
30 allen Seiten: ,Rosenblütchen ist mein Schätzchen!' Nun ärgerte sich Hyazinth und mußte doch auch wieder aus Herzensgrunde lachen, wenn das Eidechschen geschlüpft kam, sich auf einen warmen Stein setzte, mit dem Schwänzchen wedelte und sang:

Rosenblütchen, das gute Kind,
35 Ist geworden auf einmal blind,
Denkt, die Mutter sei Hyazinth,
Fällt ihm um den Hals geschwind;
Merkt sich aber das fremde Gesicht,
Denkt nur an, da erschrickt sie nicht,
40 Fährt, als merkte sie kein Wort,
Immer nur mit Küssen fort.

Ach! wie bald war die Herrlichkeit vorbei. Es kam ein Mann aus fremden Landen gegangen, der war erstaunlich weit gereist, hatte einen langen Bart, tiefe Augen, entsetzliche Augenbrauen, ein wunderliches Kleid mit vielen Falten und seltsamen
45 Figuren hineingewebt. Er setzte sich vor das Haus, das Hyazinths Eltern gehörte. Nun war Hyazinth sehr neugierig und setzte sich zu ihm und holte ihm Brot und Wein. Da tat er seinen weißen Bart voneinander und erzählte bis tief in die Nacht, und Hyazinth wich und wankte nicht und wurde auch nicht müde zuzuhören. Soviel man nachher vernahm, so hat er viel von fremden Ländern, unbekannten Gegen-
50 den, von erstaunlich wunderbaren Sachen erzählt und ist drei Tage dageblieben und mit Hyazinth in tiefe Schachten hinuntergekrochen. Rosenblütchen hat genug den alten Hexenmeister verwünscht, denn Hyazinth ist ganz versessen auf seine Gespräche gewesen und hat sich um nichts bekümmert; kaum daß er ein wenig Speise zu sich genommen. Endlich hat jener sich fortgemacht, doch dem Hyazinth
55 ein Büchelchen dagelassen, das kein Mensch lesen konnte. Dieser hat ihm noch Früchte, Brot und Wein mitgegeben und ihn weit weg begleitet. Und dann ist er tiefsinnig zurückgekommen und hat einen ganz neuen Lebenswandel begonnen. Rosenblütchen hat recht zum Erbarmen um ihn getan, denn von der Zeit an hat er sich wenig aus ihr gemacht und ist immer für sich geblieben. Nun begab sich's, daß
60 er einmal nach Hause kam und war wie neugeboren. Er fiel seinen Eltern um den Hals und weinte. ,Ich muß fort in fremde Lande', sagte er, ,die alte wunderliche Frau im Walde hat mir erzählt, wie ich gesund werden müßte, das Buch hat sie ins

Feuer geworden und hat mich getrieben, zu euch zu gehn und euch um euren Segen zu bitten. Vielleicht komme ich bald, vielleicht nie wieder. Grüßt Rosenblütchen. Ich hätte sie gern gesprochen, ich weiß nicht, wie mir ist, es drängt mich fort; wenn ich an die alten Zeiten zurückdenken will, so kommen gleich mächtigere Gedanken dazwischen, die Ruhe ist fort, Herz und Liebe mit, ich muß sie suchen gehn. Ich wollt euch gern sagen, wohin, ich weiß selbst nicht, dahin wo die Mutter der Dinge wohnt, die verschleierte Jungfrau. Nach der ist mein Gemüt entzündet. Lebt wohl.'
Er riß sich los und ging fort. Seine Eltern wehklagten und vergossen Tränen, Rosenblütchen blieb in ihrer Kammer und weinte bitterlich. Hyazinth lief nun, was er konnte, durch Täler und Wildnisse, über Berge und Ströme, dem geheimnisvollen Lande zu. Er fragte überall nach der heiligen Göttin (Isis) Menschen und Tiere, Felsen und Bäume. Manche lachten, manche schwiegen, nirgends erhielt er Bescheid. Im Anfange kam er durch rauhes, wildes Land, Nebel und Wolken warfen sich ihm in den Weg, es stürmte immerfort; dann fand er unabsehliche Sandwüsten, glühenden Staub, und wie er wandelte, so veränderte sich auch sein Gemüt, die Zeit wurde ihm lang, und die innre Unruhe legte sich, er wurde sanfter und das gewaltige Treiben in ihm allgemach zu einem leisen, aber starken Zuge, in den sein ganzes Gemüt sich auflöste. Es lag wie viele Jahre hinter ihm. Nun wurde die Gegend auch wieder reicher und mannigfaltiger, die Luft lau und blau, der Weg ebener, grüne Büsche lockten ihn mit anmutigen Schatten, aber er verstand ihre Sprache nicht, sie schienen auch nicht zu sprechen, und doch erfüllten sie auch sein Herz mit grünen Farben und kühlem, stillem Wesen. Immer höher wuchs jene süße Sehnsucht in ihm, und immer breiter und saftiger wurden die Blätter, immer lauter und lustiger die Vögel und Tiere, balsamischer die Früchte, dunkler der Himmel, wärmer die Luft, und heißer seine Liebe, die Zeit ging immer schneller, als sähe sie sich nahe am Ziele. Eines Tages begegnete er einem kristallnen Quell und einer Menge Blumen, die kamen in ein Tal herunter zwischen schwarzen himmelhohen Säulen. Sie grüßten ihn freundlich mit bekannten Worten. ‚Liebe Landsleute', sagte er, ‚wo find' ich wohl den geheiligten Wohnsitz der Isis? Hier herum muß er sein, und ihr seid vielleicht hier bekannter als ich.' – ‚Wir gehn auch nur hier durch', antworteten die Blumen; ‚eine Geisterfamilie ist auf der Reise, und wir bereiten ihr Weg und Quartier, indes sind wir vor kurzem durch eine Gegend gekommen, da hörten wir ihren Namen nennen. Gehe nur aufwärts, wo wir hergekommen, so wirst du schon mehr erfahren.' Die Blumen und die Quelle lächelten, wie sie das sagten, boten ihm einen frischen Trunk und gingen weiter. Hyazinth folgte ihrem Rat, frug und frug und kam endlich zu jener längst gesuchten Wohnung, die unter Palmen und andern köstlichen Gewächsen versteckt lag. Sein Herz klopfte in unendlicher Sehnsucht, und die süßeste Bangigkeit durchdrang ihn in dieser Behausung der ewigen Jahreszeiten. Unter himmlischen Wohlgedüften entschlummerte er, weil ihn nur der Traum in das Allerheiligste führen durfte. Wunderlich führte ihn der Traum durch unendliche Gemächer voll seltsamer Sachen auf lauter reizenden Klängen und in abwechselnden Akkorden. Es dünkte ihm alles so bekannt und doch in niegesehener Herrlichkeit, da schwand auch der letzte irdische Anflug wie in Luft verzehrt, und er stand vor der himmlischen Jungfrau, da hob er den leichten, glänzenden Schleier, und Rosenblütchen sank in seine Arme. Eine ferne Musik umgab die Geheimnisse des liebenden Wiedersehns, die Ergießungen der Sehnsucht, und schloß alles Fremde von diesem entzückenden Orte aus. Hyazinth lebte noch lange mit Rosenblütchen

110 unter seinen frohen Eltern und Gespielen, und unzählige Enkel dankten der alten wunderlichen Frau für ihren Rat und ihr Feuer, denn damals bekamen die Menschen so viel Kinder, als sie wollten.

Aus: Novalis: Werke. Tagebücher und Briefe Friedrich von Hardenbergs. Bd. 1. München und Wien 1978.

Arbeitsvorschläge zu Text 1

1. Skizzieren Sie die Stationen des Handlungsverlaufs und die Personenkonstellation. Auf welche literarische Gattung weisen diese hin?

2. Novalis hat hier auf das Motiv des verschleierten Bildes der Göttin Isis zurückgegriffen, das Schiller in einer Ballade behandelt hat. Dort übertritt ein Jüngling, „den des Wissens heißer Durst" zu den Geheimlehren der Priester von Sais getrieben hat, das Verbot den Schleier zu heben und wird dafür mit tiefem Gram und frühem Tod bestraft. Zeigen Sie, welche Veränderungen Novalis in seinem Text vornimmt. Worin besteht für Novalis die Erkenntnis Hyazinths?

3. „In einem echten Märchen muß alles wunderbar – geheimnisvoll und unzusammenhängend sein – alles belebt. (…) Die ganze Natur muß auf eine wunderliche Art mit der ganzen Geisterwelt vermischt sein", notierte Novalis in einem seiner Fragmente. Untersuchen Sie, inwieweit dieser Text Novalis' Vorstellungen von einem echten Märchen entspricht.

4. Novalis war der Auffassung, dass es die Aufgabe der Poesie sei, an den verlorenen ursprünglichen Zustand einer Einheit von Mensch und Natur zu erinnern und auf eine Wiederherstellung einer solchen Einheit in der Zukunft hinzuwirken. Welches Modell des Wegs zu einer solchen Zukunft zeigt dieser Text?

Text 2

FRIEDRICH SCHLEGEL: Universalpoesie* (1798)

Der junge Friedrich Schlegel (1772–1839) gehörte zu den Bewunderern der Dichtungen Goethes, vor allem des Romans „Wilhelm Meisters Lehrjahre". Unter dem Einfluss der Philosophie Fichtes entwickelte er literaturkritische und ästhetische Auffassungen, in denen die Differenzen zum klassischen Kunstprogramm deutlich wurden. Seine aphoristischen Reflexionen, die er in der Zeitschrift „Athenäum" publizierte, die er zusammen mit seinem Bruder August Wilhelm herausgab, formulierten den Anspruch einer romantischen Poesie.

Die romantische Poesie ist eine progressive Universalpoesie. Ihre Bestimmung ist nicht bloß, alle getrennten Gattungen der Poesie wieder zu vereinigen und die Poesie mit der Philosophie und Rhetorik in Berührung zu setzen. Sie will und soll auch Poesie und Prosa, Genialität und Kritik, Kunstpoesie und Naturpoesie bald
5 mischen, bald verschmelzen, die Poesie lebendig und gesellig und das Leben und die Gesellschaft poetisch machen, den Witz poetisieren und die Formen der Kunst mit gediegnem Bildungsstoff jeder Art anfüllen und sättigen und durch die Schwingungen des Humors beseelen. Sie umfaßt alles, was nur poetisch ist, vom größten wieder mehrere Systeme in sich enthaltenden Systeme der Kunst bis zu dem Seufzer,
10 dem Kuß, den das dichtende Kind aushaucht in kunstlosen Gesang. Sie kann sich so in das Dargestellte verlieren, daß man glauben möchte, poetische Individuen jeder Art zu charakterisieren, sei ihr Eins und Alles; und doch gibt es noch keine Form, die so dazu gemacht wäre, den Geist des Autors vollständig auszudrücken: so daß

manche Künstler, die nur auch einen Roman schreiben wollten, von ungefähr sich selbst dargestellt haben. Nur sie kann gleich dem Epos ein Spiegel der ganzen umgebenden Welt, ein Bild des Zeitalters werden. Und doch kann auch sie am meisten zwischen dem Dargestellten und dem Darstellenden, frei von allem realen und idealen Interesse, auf den Flügeln der poetischen Reflexion in der Mitte schweben, diese Reflexion immer wieder potenzieren und wie in einer endlosen Reihe von Spiegeln vervielfachen. Sie ist der höchsten und der allseitigsten Bildung fähig; nicht bloß von innen heraus, sondern auch von außen hinein; indem sie jedem, was ein Ganzes in ihren Produkten sein soll, alle Teile ähnlich organisiert, wodurch ihr die Aussicht auf eine grenzenlos wachsende Klassizität eröffnet wird. Die romantische Poesie ist unter den Künsten, was der Witz der Philosophie, und die Gesellschaft, Umgang, Freundschaft und Liebe im Leben ist. Andre Dichtarten sind fertig und können nun vollständig zergliedert werden. Die romantische Dichtart ist noch im Werden; ja das ist ihr eigentliches Wesen, daß sie ewig nur werden, nie vollendet sein kann. Sie kann durch keine Theorie erschöpft werden, und nur eine divinatorische Kritik dürfte es wagen, ihr Ideal charakterisieren zu wollen. Sie allein ist unendlich, wie sie allein frei ist und das als ihr erstes Gesetz anerkennt, daß die Willkür des Dichters kein Gesetz über sich leide. Die romantische Dichtart ist die einzige, die mehr als Art und gleichsam die Dichtkunst selbst ist: denn in einem gewissen Sinn ist oder soll alle Poesie romantisch sein.

Aus: Friedrich Schlegel: Kritische Schriften. Hrsg. von Wolfdietrich Rasch. München 1964.

Text 3

NOVALIS: Wenn nicht mehr Zahlen und Figuren (1800)

Wenn nicht mehr Zahlen und Figuren
Sind Schlüssel aller Kreaturen
Wenn die so singen, oder küssen,
Mehr als die Tiefgelehrten wissen,
Wenn sich die Welt ins freie Leben
Und in die Welt wird zurückgegeben,
Wenn dann sich wieder Licht und Schatten
Zu echter Klarheit wieder gatten,
Und man in Märchen und Gedichten
Erkennt die wahren Weltgeschichten,
Dann fliegt vor Einem geheimen Wort
Das ganze verkehrte Wesen fort.

Aus: Novalis: Werke. Tagebücher und Briefe Friedrich von Hardenbergs. Bd. 1. München und Wien 1978

Arbeitsvorschläge zu Text 2

1. Stellen Sie die für Schlegel charakteristischen Merkmale der romantischen Poesie zusammen. Informieren Sie sich in Sachwörterbüchern darüber, was man im 18. Jahrhundert unter romantisch verstanden hat. Worin liegt das Neue in Schlegels Verwendung des Begriffs?

2. Warum kann es für Schlegel keine Theorie – im Sinne Lessings oder Schillers – der romantischen Poesie geben? Welche Konsequenzen ergeben sich daraus für die Darstellungsform seiner Überlegungen?

3. Erläutern Sie, worin die Universalität der romantischen Poesie für Schlegel besteht. Worin sehen Sie Gemeinsamkeiten und Unterschiede zur Kunstauffassung der Klassik?

zu Text 3

1. Beschreiben Sie die Gegensätze, mit denen Novalis das Verhältnis von Poesie und zeitgenössischer Wirklichkeit zum Ausdruck bringt.

2. „Der Poet versteht die Natur besser, als der wissenschaftliche Kopf", schrieb Novalis in einem seiner zahlreichen Fragmente. Diskutieren Sie über Anspruch und Gefahren einer solchen Kunstauffassung.

3. In seinem Roman „Heinrich von Ofterdingen" (vgl. S. 220 ff.), der in der kritischen Auseinandersetzung mit Goethes „Wilhelm Meister" entstand, fordert Novalis eine „Romantisierung" der Welt durch die Poesie. Informieren Sie in einem *Referat* Ihren Kurs über die Funktion der Poesie für den Bildungsgang des Helden.

Text 4

CLEMENS BRENTANO: Sprich aus der Ferne (1798/1800)

    Sprich aus der Ferne
    Heimliche Welt,
    Die sich so gerne
    Zu mir gesellt.

Wenn das Abendrot niedergesunken,   5
Keine freudige Farbe mehr spricht,
Und die Kränze stilleuchtender Funken
Die Nacht um die schattige Stirne flicht:

    Wehet der Sterne
    Heiliger Sinn   10
    Leis durch die Ferne
    Bis zu mir hin.

Wenn des Mondes still lindernde Tränen
Lösen der Nächte verborgenes Weh;
Dann wehet Friede. In goldenen Kähnen   15
Schiffen die Geister im himmlischen See.

    Glänzender Lieder
    Klingender Lauf
    Ringelt sich nieder
    Wallet hinauf.   20

Wenn der Mitternacht heiliges Grauen
Bang durch die dunklen Wälder hinschleicht,
Und die Büsche gar wundersam schauen,
Alles sich finster tiefsinnig bezeugt:

    Wandelt im Dunkeln   25
    Freundliches Spiel,
    Still Lichter funkeln
    Schimmerndes Ziel.

Alles ist freundlich wohlwollend verbunden,
Bietet sich tröstend und trauernd die Hand,
Sind durch die Nächte die Lichter gewunden,
Alles ist ewig im Innern verwandt.

    Sprich aus der Ferne
    Heimliche Welt,
    Die sich so gerne
    Zu mir gesellt.

Aus: Clemens von Brentano: Werke. Bd. 1. München 1968.

Text 5

JOSEPH VON EICHENDORFF: Nachtzauber (1846)

Hörst du nicht die Quellen gehen
zwischen Stein und Blumen weit
nach den stillen Waldesseen,
wo die Marmorbilder stehen
in der schönen Einsamkeit?
Von den Bergen sacht hernieder,
weckend die uralten Lieder,
steigt die wunderbare Nacht,
und die Gründe glänzen wieder,
wie dus oft im Traum gedacht.

Kennst die Blume du, entsprossen
in dem mondbeglänzten Grund?
Aus der Knospe, halb erschlossen,
junge Glieder blühend sprossen,
weiße Arme, roter Mund,
und die Nachtigallen schlagen,
und rings hebt es an zu klagen,
ach, vor Liebe todeswund,
von versunknen schönen Tagen –
komm, o komm zum stillen Grund!

Aus: Joseph v. Eichendorff: Werke. München 1966.

Arbeitsvorschläge

zu Text 4

1. Welche Wirkung üben Brentanos Verse auf Sie aus?

2. Novalis nannte die romantische Poesie eine „Gemüterregungskunst". Beschreiben Sie, wie durch Rhythmus, Klanggestalt und Wortwahl eine einheitliche Stimmung beim Leser erzeugt werden soll.

3. Untersuchen Sie, auf welche Weise die beiden Strophenformen thematisch, in ihrer Bildlichkeit und syntaktisch aufeinander bezogen sind.

4. Bei seinem Versuch einer Wesensbestimmung des Lyrischen betonte Emil Staiger den fehlenden Abstand zwischen Gedicht und Leser: „Es ist nicht möglich, sich mit dem Lyrischen eines Gedichts ‚auseinander-zu-setzen'. Es spricht uns an oder läßt uns kühl. Wir werden davon bewegt, sofern wir uns in der gleichen Stimmung befinden. Dann klingen die Verse in uns auf, als kämen sie aus der eigenen Brust." (Grundbegriffe der Poetik, Zürich [5]1961, S. 51 f.) Setzen Sie sich am Beispiel von Brentanos Gedicht mit dieser Auffassung auseinander.

zu Text 5

1. Worin besteht der Zauber, den die hereinbrechende Nacht bewirkt?

2. Untersuchen Sie die Kommunikationsstruktur des Gedichts und deuten Sie diese unter Berücksichtigung der Entstehungszeit des Gedichts.

3. Zeigen Sie auf, welche für die Romantik typischen Bilder hier heraufbeschworen werden.

4. Untersuchen Sie die lyrischen Gestaltungsmittel Metrum und Reim und zeigen Sie, wie dadurch die Sprechhaltung des lyrischen Ichs und die Komposition verdeutlicht werden.

Text 6

JOSEPH VON EICHENDORFF: Das Marmorbild (1819)

Auf einer Reise nach Lucca begegnet der junge Dichter Florio, der Italien als Befreiung und Erfüllung lang gehegter Wünsche erlebt, dem Sänger Fortunato, der ihn zu einem Fest mitnimmt, auf dem er das Mädchen Bianka und einen geheimnisvollen, dämonisch wirkenden Ritter namens Donati kennen lernt. Als Florio, verwirrt von den Eindrücken, in seiner Herberge nicht einschlafen kann und die Gegend durchstreift, entdeckt er einen Weiher mit einer Marmorstatue der Göttin Venus, die in ihm Sehnsucht und Verlangen auslöst. Auf der Suche nach diesem Weiher trifft er am nächsten Tag in einem Lustgarten eine schöne Dame, die ihm wie das lebendig gewordene Marmorbild erscheint. Immer mehr gerät er nun in den Bannkreis dieser verlockenden Frau, die ihm auf einem Maskenfest in der Gestalt Biankas erscheint. Eines Abend führt ihn Donati endlich zum Schloss der Dame.

Die Nacht hatte indes schon angefangen, zwischen die fliegenden Abendlichter hinein zu dunkeln, das lustige Schallen im Garten wurde nach und nach zum leisen Liebesgeflüster, der Mondschein legte sich zauberisch über die schönen Bilder. Da erhob sich die Dame von ihrem blumigen Sitze und faßte Florio freundlich bei der
5 Hand, um ihn in das Innere ihres Schlosses zu führen, von dem er bewundernd gesprochen. Viele von den andern folgten ihnen nach. Sie gingen einige Stufen auf und nieder, die Gesellschaft zerstreute sich inzwischen lustig, lachend und scherzend durch die vielfachen Säulengänge, auch Donati war im Schwarme verloren, und bald befand sich Florio mit der Dame allein in einem der prächtigsten
10 Gemächer des Schlosses.
Die schöne Führerin ließ sich hier auf mehrere am Boden liegende seidene Kissen nieder. Sie warf dabei, zierlich wechselnd, ihren weiten, blütenweißen Schleier in die mannigfaltigen Richtungen, immer schönere Formen bald enthüllend, bald lose verbergend. Florio betrachtete sie mit flammenden Augen. Da begann auf einmal
15 draußen in dem Garten ein wunderschöner Gesang. Es war ein altes frommes Lied, das er in seiner Kindheit oft gehört und seitdem über den wechselnden Bildern der Reise fast vergessen hatte. Er wurde ganz zerstreut, denn es kam ihm zugleich vor, als wäre es Fortunatos Stimme. – Kennt Ihr den Sänger? fragte er rasch die Dame. Diese schien ordentlich erschrocken und verneinte es verwirrt. Dann saß sie lange
20 im stummen Nachsinnen da.
Florio hatte unterdes Zeit und Freiheit, die wunderlichen Verzierungen des Gemaches genau zu betrachten. Es war nur matt durch einige Kerzen erleuchtet, die von zwei ungeheuren, aus der Wand hervorragenden Armen gehalten wurden. Hohe, ausländische Blumen, die in künstlichen Krügen umherstanden, verbreiteten einen
25 berauschenden Duft. Gegenüber stand eine Reihe marmorner Bildsäulen, über deren reizende Formen die schwankenden Lichter lüstern auf und nieder schweiften. Die übrigen Wände füllten köstliche Tapeten mit in Seide gewirkten lebensgroßen Historien von ausnehmender Frische.
Mit Verwunderung glaubte Florio, in allen den Damen, die er in diesen letzteren
30 Schildereien erblickte, die schöne Herrin des Hauses deutlich wiederzuerkennen. Bald erschien sie, den Falken auf der Hand, wie er sie vorhin gesehen hatte, mit einem jungen Ritter auf die Jagd reitend, bald war sie in einem prächtigen Rosen-

garten vorgestellt, wie ein anderer schöner Edelknabe auf den Knien zu ihren Füßen lag.

Da flog es ihn plötzlich wie von den Klängen des Liedes draußen an, daß er zu Hause in früher Kindheit oftmals ein solches Bild gesehen, eine wunderschöne Dame in derselben Kleidung, einen Ritter zu ihren Füßen, hinten einen weiten Garten mit vielen Springbrunnen und künstlich geschnittenen Alleen, gerade so wie vorhin der Garten draußen erschienen. Auch Abbildungen von Lucca und anderen berühmten Städten erinnerte er sich dort gesehen zu haben.

Er erzählte es nicht ohne tiefe Bewegung der Dame. Damals, sagte er in Erinnerungen verloren, wenn ich so an schwülen Nachmittagen in dem einsamen Lusthause unseres Gartens vor den alten Bildern stand und die wunderlichen Türme der Städte, die Brücken und Alleen betrachtete, wie da prächtige Karossen fuhren und stattliche Kavaliers einherritten, die Damen in den Wagen begrüßend – da dachte ich nicht, daß das alles einmal lebendig werden würde um mich herum. Mein Vater trat dabei oft zu mir und erzählte mir manch lustiges Abenteuer, das ihm auf seinen jugendlichen Heeresfahrten in der und jener von den abgemalten Städten begegnet. Dann pflegte er gewöhnlich lange Zeit nachdenklich in dem stillen Garten auf und ab zu gehen. – Ich aber warf mich in das tiefste Gras und sah stundenlang zu, wie Wolken über die schwüle Gegend hinwegzogen. Die Gräser und Blumen schwankten leise hin und her über mir, als wollten sie seltsame Träume weben, die Bienen summten dazwischen so sommerhaft und in einem fort – ach! das ist alles wie ein Meer von Stille, in dem das Herz vor Wehmut untergehen möchte! – Laßt nur das! sagte hier die Dame wie in Zerstreuung, ein jeder glaubt mich schon einmal gesehen zu haben, denn mein Bild dämmert und blüht wohl in allen Jugendträumen mit herauf. Sie streichelte dabei beschwichtigend dem schönen Jüngling die braunen Locken aus der klaren Stirn. – Florio aber stand auf, sein Herz war zu voll und tiefbewegt, er trat ans offne Fenster. Da rauschten die Bäume, hin und her schlug eine Nachtigall, in der Ferne blitzte es zuweilen. Über den stillen Garten weg zog immerfort der Gesang wie ein klarer kühler Strom, aus dem die alten Jugendträume heraustauchten. Die Gewalt dieser Töne hatte seine ganze Seele in tiefe Gedanken versenkt, er kam sich auf einmal hier so fremd und wie aus sich selber verirrt vor. Selbst die letzten Worte der Dame, die er sich nicht recht zu deuten wußte, beängstigten ihn sonderbar – da sagte er leise aus tiefstem Grunde der Seele: Herr Gott, laß mich nicht verloren gehen in der Welt! Kaum hatte er die Worte innerlichst ausgesprochen, als sich draußen ein trüber Wind, wie von dem herannahenden Gewitter, erhob und ihn verwirrend anwehte. Zu gleicher Zeit bemerkte er an dem Fenstergesimse Gras und einzelne Büschel von Kräutern wie auf altem Gemäuer. Eine Schlange fuhr zischend daraus hervor und stürzte mit dem grünlichgoldenen Schweife sich ringend in den Abgrund hinunter.

Erschrocken verließ Florio das Fenster und kehrte zu der Dame zurück. Diese saß unbeweglich still, als lauschte sie. Dann stand sie rasch auf, ging ans Fenster und sprach mit anmutiger Stimme scheltend in die Nacht hinaus. Florio konnte aber nichts verstehen, denn der Sturm riß die Worte gleich mit sich fort. – Das Gewitter schien indes immer näher zu kommen, der Wind, zwischen dem noch immerfort einzelne Töne des Gesanges herzzerreißend heraufflogen, strich pfeifend durch das ganze Haus und drohte die wild hin und her flackernden Kerzen zu verlöschen. Ein langer Blitz erleuchtete soeben das dämmernde Gemach. Da fuhr Florio plötzlich einige Schritte zurück, denn es war ihm, als stünde die Dame starr mit geschlossenen Augen und ganz weißem Anlitz und Armen vor ihm. – Mit dem flüchtigen Blitzesscheine jedoch verschwand das schreckliche Gesicht wieder, wie es entstanden. Die alte Dämmerung füllte wieder das Gemach, die Dame sah ihn wieder lächelnd an wie vorhin, aber stillschweigend und wehmütig, wie mit schwerverhaltenen Tränen.

Florio hatte indes, im Schreck zurücktaumelnd, eines von den steinernen Bildern, die an der Wand herumstanden, angestoßen. In demselben Augenblicke begann dasselbe sich zu rühren, die Regung teilte sich schnell den andern mit, und bald erhoben sich alle die Bilder mit furchtbarem Schweigen von ihrem Gestelle. Florio zog seinen Degen und warf einen ungewissen Blick auf die Dame. Als er aber bemerkte, daß dieselbe, bei den indes immer gewaltiger werdenden Tönen des Gesanges im Garten, immer bleicher und bleicher wurde, gleich einer versinkenden Abendröte, worin endlich auch die lieblich spielenden Augensterne unterzugehen schienen, da erfaßte ihn ein tödliches Grauen. Denn auch die hohen Blumen in den Gefäßen fingen an, sich wie buntgefleckte bäumende Schlangen gräßlich durcheinander zu winden, alle Ritter auf den Wandtapeten sahen auf einmal aus wie er und lachten ihn hämisch an; die beiden Arme, welche die Kerzen hielten, rangen und reckten sich immer länger, als wolle ein ungeheurer Mann aus der Wand sich hervorarbeiten, der Saal füllte sich mehr und mehr, die Flammen des Blitzes warfen gräßliche Scheine zwischen die Gestalten, durch deren Gewimmel Florio die steinernen Bilder mit solcher Gewalt auf sich losdringen sah, daß ihm die Haare zu Berge standen. Das Grausen überwältigte alle seine Sinne, er stürzte verworren aus dem Zimmer durch die öden, widerhallenden Gemächer und Säulengänge hinab.

Unten im Garten lag seitwärts der stille Weiher, den er in jener ersten Nacht gesehen, mit dem marmornen Venusbilde. – Der Sänger Fortunato, so kam es ihm vor, fuhr abgewendet und hoch aufrecht stehend im Kahne mitten auf dem Weiher, noch einzelne Akkorde in seine Gitarre greifend. – Florio aber hielt auch diese Erscheinung für ein verwirrendes Blendwerk der Nacht und eilte fort und fort, ohne sich umzusehen, bis Weiher, Garten und Palast weit hinter ihm versunken waren. Die Stadt ruhte, hell vom Monde beschienen, vor ihm. Fernab am Horizonte verhallte nur ein leichtes Gewitter, es war eine prächtig klare Sommernacht.

Aus: Joseph v. Eichendorff: Werke. München 1966.

Arbeitsvorschläge zu Text 6

1. Florio hält am Ende alles „für ein verwirrendes Blendwerk der Nacht". Zeigen Sie, durch welche Mittel des Erzählens der Autor das Verhältnis von Schein und Wirklichkeit gestaltet.

2. Untersuchen Sie das Spannungsverhältnis zwischen Verführung und Rettung im Handlungsverlauf des Novellenausschnitts.

3. Welche Rolle spielt die Kindheit sowohl für die Sehnsucht als auch die Befreiung Florios vom Zauber?

4. Gefährdung und Rettung Florios sind in der Literaturwissenschaft unterschiedlich gedeutet worden, u. a. als Auseinandersetzung mit den Gefahren poetischer Fantasie oder als Aufdecken der Macht unbewusster Wünsche. Welcher der beiden Deutungsansätze scheint Ihnen für diesen Textausschnitt ergiebig und plausibel?

Text 7 ERNST THEODOR AMADEUS HOFFMANN: Macht des Unbewussten* (1816)

In der Erzählung „Der Sandmann" schildert der Student Nathanael in einem Brief an seinen Freund Lothar, dass er in einem „Wetterglashändler", der ihm seine Ware angeboten hatte, den alten Advokaten Coppelius erkannt habe, den er seit seiner Kindheit in schrecklicher Erinnerung hat. Als er einmal das „unheimliche Treiben" bei den nächtlichen Besuchen des Coppelius bei seinem Vater beobachten wollte, wurde er entdeckt und misshandelt. Er gibt Coppelius die Schuld an dem Tod seines Vaters, der nach einem dieser Besuche „vor dem dampfenden Herde auf dem Boden lag … mit schwarzverbranntem gräßlich verzerrtem Gesicht". Weil Nathanael den Brief irrtümlich an Clara, Lothars Schwester, adressiert, erfährt sie von seiner „zerissenen Stimmung" und versucht ihn in einem Brief von seinen Ängsten zu befreien.

Geradeheraus will ich es Dir nur gestehen, daß, wie ich meine, alles Entsetzliche und Schreckliche, wovon Du sprichst, nur in Deinem Innern vorging, die wahre wirkliche Außenwelt aber daran wohl wenig teilhatte. Widerwärtig genug mag der alte Coppelius gewesen sein, aber daß er Kinder haßte, das brachte in Euch Kindern wahren Abscheu gegen ihn hervor.
Natürlich verknüpfte sich nun in Deinem kindischen Gemüt der schreckliche Sandmann aus dem Ammenmärchen mit dem alten Coppelius, der Dir, glaubtest Du auch nicht an den Sandmann, ein gespenstischer, Kindern vorzüglich gefährlicher, Unhold blieb. Das unheimliche Treiben mit Deinem Vater zur Nachtzeit war wohl nichts anders, als daß beide insgeheim alchimistische Versuche machten, womit die Mutter nicht zufrieden sein konnte, da gewiß viel Geld unnütz verschleudert und obendrein, wie es immer mit solchen Laboranten der Fall sein soll, des Vaters Gemüt ganz von dem trügerischen Drange nach hoher Weisheit erfüllt, der Familie abwendig gemacht wurde. Der Vater hat wohl gewiß durch eigene Unvorsichtigkeit seinen Tod herbeigeführt, und Coppelius ist nicht schuld daran: Glaubst Du, daß ich den erfahrnen Nachbar Apotheker gestern frug, ob wohl bei chemischen Versuchen eine solche augenblicklich tötende Explosion möglich sei? Der sagte: „Ei allerdings" und beschrieb mir nach seiner Art gar weitläufig und umständlich, wie das zugehen könne, und nannte dabei so viel sonderbar klingende Namen, die ich gar nicht zu behalten vermochte. – Nun wirst Du wohl unwillig werden über Deine Clara, Du wirst sagen: „In dies kalte Gemüt dringt kein Strahl des Geheimnisvollen, das den Menschen oft mit unsichtbaren Armen umfaßt; sie erschaut nur die bunte Oberfläche der Welt und freut sich, wie das kindische Kind über die goldgleißende Frucht, in deren Innerm tödliches Gift verborgen."
Ach mein herzgeliebter Nathanael! glaubst Du denn nicht, daß auch in heitern – unbefangenen – sorglosen Gemütern die Ahnung wohnen könne von einer dunklen Macht, die feindlich uns in unserm eigenen Selbst zu verderben strebt? – Aber verzeih es mir, wenn ich einfältig Mädchen mich unterfange, auf irgend eine Weise anzudeuten, was ich eigentlich von solchem Kampfe im Innern glaube. – Ich finde wohl gar am Ende nicht die rechten Worte und Du lachst mich aus, nicht, weil ich was Dummes meine, sondern weil ich mich so ungeschickt anstelle, es zu sagen.
Gibt es eine dunkle Macht, die so recht feindlich und verräterisch einen Faden in unser Inneres legt, woran sie uns dann festpackt und fortzieht auf einem gefahrvollen verderblichen Wege, den wir sonst nicht betreten haben würden – gibt es eine solche Macht, so muß sie in uns sich, wie wir selbst gestalten, ja unser Selbst werden; denn nur *so* glauben wir an sie und räumen ihr den Platz ein, dessen sie bedarf, um jenes geheime Werk zu vollbringen. Haben wir festen, durch das heitere Leben

gestärkten, Sinn genug, um fremdes feindliches Einwirken als solches stets zu erkennen und den Weg, in den uns Neigung und Beruf geschoben, ruhigen Schrittes zu verfolgen, so geht wohl jene unheimliche Macht unter in dem vergeblichen Ringen nach der Gestaltung, die unser eignes Spiegelbild sein sollte. Es ist auch gewiß, fügt Lothar hinzu, daß die dunkle physische Macht, haben wir uns durch uns selbst ihr hingegeben, oft fremde Gestalten, die die Außenwelt uns in den Weg wirft, in unser Inneres hineinzieht, so, daß wir selbst nur den Geist entzünden, der, wie wir in wunderlicher Täuschung glauben, aus jener Gestalt spricht. Es ist das Phantom unseres eigenen Ichs, dessen innige Verwandtschaft und dessen tiefe Einwirkung auf unser Gemüt uns in die Hölle wirft, oder in den Himmel verzückt. – Du merkst, mein herzlieber Nathanael! daß wir, ich und Bruder Lothar uns recht über die Materie von dunklen Mächten und Gewalten ausgesprochen haben, die mir nun, nachdem ich nicht ohne Mühe das Hauptsächlichste aufgeschrieben, ordentlich tiefsinnig vorkommt. Lothars letzte Worte verstehe ich nicht ganz, ich ahne nur, was er meint, und doch ist es mir, als sei alles sehr wahr. Ich bitte Dich, schlage Dir den häßlichen Advokaten Coppelius und den Wetterglasmann Guiseppe Coppola ganz aus dem Sinn. Sei überzeugt, daß diese fremden Gestalten nichts über Dich vermögen; nur der Glaube an ihre feindliche Gewalt kann sie Dir in der Tat feindlich machen. Spräche nicht aus jeder Zeile Deines Briefes die tiefste Aufregung Deines Gemüts, schmerzte mich nicht Dein Zustand recht in innerster Seele, wahrhaftig, ich könnte über den Advokaten Sandmann und den Wetterglashändler Coppelius scherzen. Sei heiter – heiter! – Ich habe mir vorgenommen, bei Dir zu erscheinen, wie Dein Schutzgeist, und den häßlichen Coppola, sollte er es sich etwa beikommen lassen, Dir im Traum beschwerlich zu fallen, mit lautem Lachen fortzubannen. Ganz und gar nicht fürchte ich mich vor ihm und vor seinen garstigen Fäusten, er soll mir weder als Advokat eine Näscherei, noch als Sandmann die Augen verderben.

Aus: E. T. A. Hoffmann: Der Sandmann. In: Ders.: Phantasie- und Nachtstücke. München 1960.

Arbeitsvorschläge zu Text 7

1. Auf welche Weise versucht Clara, Nathanael von seinen Ängsten vor den dämonischen Mächten zu befreien? Formulieren Sie mit eigenen Worten die psychologischen Erkenntnisse, die E.T.A. Hoffmann der Figur der Clara in den Mund gelegt hat.

2. Es gelingt Clara nicht, als „Schutzgeist" über Nathanaels Leben zu wachen. Stellen Sie E.T.A. Hoffmanns Erzählung vor und zeigen Sie auf, wie Nathanael an der Macht des Unbewussten scheitert.

Text 8 WILHELM EMRICH: Romantik und modernes Bewußtsein (1964)

Was also, fragen wir, war die Romantik?
Die Geburtsstunde der deutschen Romantik ist das letzte Jahrzehnt des 18. Jahrhunderts, d. h. die Jahre unmittelbar nach dem Ausbruch der Französischen Revolution. Es sind zugleich die Jahre, in denen die deutsche Klassik ihren Höhepunkt erreicht hatte, es sind die Jahre der Freundschaft zwischen Goethe und Schiller. Damals werden in Jena von Friedrich Schlegel und August Wilhelm Schlegel die entscheidenden Programme der romantischen Bewegung geschrieben. Es ist jedoch entscheidend, daß dieser erste romantische Kreis sich ursprünglich nicht etwa in

Opposition gegen die Klassik befand. Im Gegenteil, Goethe wurde von ihm als sein
großes Ideal verehrt und gefeiert. Novalis nannte ihn enthusiastisch den eigentlichen großen Statthalter der Poesie auf Erden. Sein Roman „Wilhelm Meister", der damals erschien, wurde begeistert aufgenommen und wurde dann das immer wieder nachgeahmte Vorbild fast aller romantischen Romane. Ebenso stand der romantische Kreis ursprünglich positiv zur Französischen Revolution. Friedrich Schlegel nannte noch im „Athenäum" die Französische Revolution, Fichtes Wissenschaftslehre und Goethes „Wilhelm Meister" die drei großen Tendenzen des Zeitalters, die es in einem positiven Sinne weiterzuführen gelte. Durch die Französische Revolution sei die politische Freiheit des Geistes zum Durchbruch gekommen. Durch Fichte habe sich die Philosophie zur absoluten Freiheit des Geistes erhoben. Und durch Goethes „Wilhelm Meister" habe die Poesie erst ihre eigene innere Freiheit gefunden, sei Poesie aller Poesie geworden, nämlich eine Poesie, die im freien Spiel zugleich die inneren ewigen Elemente aller Poesie darstelle, z. B. in Mignon den Genius der Poesie selbst.

Das politische, philosophische und dichterische Leben sollen sich nun wechselseitig durchdringen. An einer anderen Stelle im „Athenäum" schreibt Friedrich Schlegel, die höchste Bestimmung und Würde der Französischen Revolution bestehe darin, daß sie das heftigste Incitament[1] der schlummernden Religion sei. D. h. also: Die Französische Revolution erscheint hier als die Erweckerin einer noch schlummernden Religion, die nun bald zum Durchbruch kommen müsse, einer Religion, in der der Mensch zur vollen Verwirklichung seiner inneren und äußeren Freiheit gelangt. (...)

Eine grenzenlose Hoffnung, eine fast religiös-eschatologische Erwartung und Hochstimmung erfüllte die junge romantische Generation. Die Menschheit werde nun wiedergeboren. Es sei nahe an der Zeit, Europa nahe sich einem goldenen Zeitalter. Alles, was in Jahrhunderten erstrebt worden sei, gelange nun zur Erfüllung. Solche enthusiastischen Wendungen finden sich immer wieder in den frühen romantischen Schriften und Briefen. Alle Geheimnisse des Geistes und der Natur würden nun offenbar. Man muß sich klarmachen, daß die Romantik ja damals wirklich auf einem geistigen Gipfelpunkt Deutschlands stand. Die Philosophie hatte durch Kant eine nie wieder erreichte Höhe gewonnen. Die Dichtung stand durch Goethe und Schiller im Zenith. Die Französische Revolution kündigte auch eine politische Erneuerung an.

Was aber war das Neue dieser romantischen Bewegung? Friedrich Schlegel spricht einmal von dem Phänomen aller Phänomene, daß die Menschheit mit aller Kraft darum ringe, wieder ihr Zentrum zu finden. Dieses Wort trifft in der Tat in die innersten Ziele der Romantik. Es ging ihr darum, dem Abendland wieder seine geistige Einheit zu geben. Seit dem Beginn der Neuzeit, seit dem 16. Jahrhundert, klaffe ein Riß durch Europa. Vernunft und Glaube stehen im Widerspruch. Aufklärung und Religion bekämpfen sich gegenseitig. Christentum und moderne Naturwissenschaft seien im 18. Jahrhundert unversöhnliche Feinde geworden. Durch das Christentum selbst laufe der Riß zwischen Protestantismus und Katholizismus. Europa also sei geistig zerspalten. Diese Zerspaltung gehe aber auch durch die Kunst und Philosophie, durch die weltliche Kultur. Die Vernunftgesetze, die die Philosophie aufdeckte, stimmten nicht mit der geschichtlichen Wirk-

---

1 Incitament: Anreiz, Antrieb

55 lichkeit überein, in der Willkür, Unordnung, Unvernunft herrschen. So hatte z. B. Lessing verzweifelt davon gesprochen, daß zwischen den Vernunftwahrheiten und der geschichtlichen Wirklichkeit ein garstiger, breiter Graben liege, den er nicht überspringen könne, da sich aus den historischen Wahrheiten keine verbindlichen Vernunftwahrheiten ableiten lassen.

60 Durch den Sturm und Drang, vor allem durch Hamann und Herder, wurde zwar die konkrete geschichtliche Wirklichkeit als sinnvoll erfahren und gewertet. Man betonte wieder die Kräfte des Gefühls, der Phantasie, auch der großen sinnlichen Leidenschaften. Dadurch entstand aber wieder eine Kluft zwischen dem Irrationalen und Rationalen, was etwa im Kampf zwischen Herder und Kant zum Ausdruck 65 kam, die einseitig und unversöhnlich eines gegen das andere ausspielen. Die Klassik hatte zwar diesen Gegensatz zu überbrücken versucht. Schiller wollte die sittlichen Vernunftforderungen Kants mit den sinnlichen Neigungen und Leidenschaften, die er im Sturm und Drang positiv gewertet hatte, versöhnen. Aber es gelang ihm nur in der Sphäre des Ästhetischen, im schönen Schein und Spiel. Im ganzen bleibt die 70 Kluft auch bei ihm bestehen, weshalb er ein durch und durch tragischer, dualistisch gespaltener Mensch blieb. Nur bei Goethe schien die Versöhnung gelungen zu sein. Nur bei ihm schienen das Sinnliche und Vernünftige zur Harmonie und Einheit gelangt zu sein. Darum hatte die Romantik einen positiven Zugang zu Goethe. Sie bewunderte an ihm vor allem auch die Einheit zwischen dem Dichter und Naturfor-
75 scher Goethe.

Aber die Romantik wollte auch über Goethe hinausgelangen, die große Synthese auf allen Gebieten des Geistes und des Lebens erreichen. Goethe, so schien es, beschränkte sich vor allem auf Kunst und Natur. Die Romantik aber will auch die Religion, die Geschichte, die Politik, ja sämtliche Sphären des Daseins zu einer 80 großen, universalen geistigen Synthese bringen. Dies war ihr weitgespanntes Ziel, und dies erklärt auch die ungeheure Wirkung auf alle Lebenskreise, die die Romantik ausgelöst hat.

Aus: Wilhelm Emrich: Romantik und modernes Bewußtsein. In: Ders.: Geist und Widergeist. Wahrheit und Lüge der Literatur. Studien. Frankfurt/M. 1965.

Arbeitsvorschläge zu Text 8

1. Worin sieht Emrich das Neue der romantischen Bewegung?

2. Zeigen Sie Gemeinsamkeiten zwischen Schiller und den Frühromantikern in der Analyse der „modernen" gesellschaftlichen und kulturellen Verhältnisse auf.

3. *Diskutieren* Sie die Vorstellungen der Romantik von einer „universellen geistigen Synthese". Ist diese Vorstellung Ihrer Meinung nach Ausdruck eines modernen Bewusstseins?

zum Schaubild

1. Informieren Sie sich in einem geeigneten Nachschlagewerk über die Zusammenhänge zwischen den Orten der Romantik und ihren Phasen (vgl. Karte, Seite 69).

2. Stellen Sie die in diesem Buch abgedruckten Texte der Romantiker nach den literarischen Zentren zusammen. Lassen sich charakteristische Gemeinsamkeiten und Vorlieben für Themen oder Gattungen erkennen?

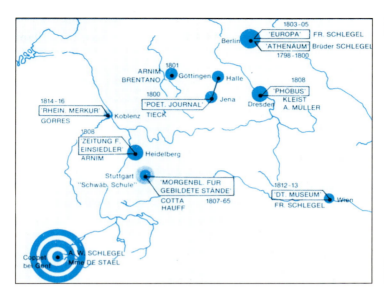

Zentren der Romantik

Aus: dtv-Atlas zur Literatur, München 1983.

1.7 Kulturnation und Volksgeist

Text 1

JOHANN WOLFGANG GOETHE/FRIEDRICH SCHILLER: Xenien (1796)

In den „Xenien"[1], die anonym in Schillers „Musen-Almanach für das Jahr 1797" erschienen, setzten sich Goethe und Schiller polemisch mit den Kritikern ihres klassischen Kunstprogramms sowie mit zeitgenössischen Denkweisen und dem literarischen Leben auseinander.

Das Deutsche Reich
Deutschland? aber wo liegt es? Ich weiß das Land nicht zu finden.
Wo das gelehrte beginnt, hört das politische auf.

Deutscher Nationalcharakter
Zur *Nation* euch zu bilden, ihr hoffet es, Deutsche, vergebens;
Bildet, ihr könnt es, dafür freier zu Menschen euch aus.

Aus: Friedrich Schiller: Sämtliche Werke. Bd. 1. München 1959.

Text 2

FRIEDRICH HÖLDERLIN: Leiden an Deutschland* (1799)

In seinem Roman „Hyperion oder der Eremit in Griechenland" (1797–1799) setzte sich Friedrich Hölderlin intensiv mit der geistig-kulturellen Situation in Deutschland auseinander. Hyperion, der Sohn eines griechischen Kaufmanns, nimmt in seiner Jugend am Freiheitskampf gegen die Türken (1770) teil, muss aber einsehen, dass sich dabei seine Vorstellungen von einer Welt der Schönheit und Gerechtigkeit nicht verwirklichen lassen. Als er später von einer Reise nach Deutschland zurückkehrt, berichtet er in seinen Briefen an seinen Freund Bellarmin von seiner Enttäuschung.

1 Xenien: Im Altertum Gastgeschenke; Titel eines Buches mit Epigrammen des röm. Dichters Martial (ca. 40 – ca. 100 n. Chr.).

So kam ich unter die Deutschen. Ich forderte nicht viel und war gefaßt, noch weniger zu finden. Demütig kam ich, wie der heimatlose blinde Oedipus zum Tore von Athen, wo ihn der Götterhain empfing; und schöne Seelen ihm begegneten –
Wie anders ging es mir!
Barbaren von alters her, durch Fleiß und Wissenschaft und selbst durch Religion barbarischer geworden, tiefunfähig jedes göttlichen Gefühls, verdorben bis ins Mark zum Glück der heiligen Grazien, in jedem Grad der Übertreibung und der Ärmlichkeit beleidigend für jede gutgeartete Seele, dumpf und harmonielos, wie die Scherben eines weggeworfenen Gefäßes – das, mein Bellarmin! waren meine Tröster.

Es ist ein hartes Wort und dennoch sag ichs, weil es Wahrheit ist: ich kann kein Volk mir denken, das zerrißner wäre, wie die Deutschen. Handwerker siehst du, aber keine Menschen, Denker, aber keine Menschen, Priester, aber keine Menschen, Herrn und Knechte, Jungen und gesetzte Leute, aber keine Menschen – ist das nicht, wie ein Schlachtfeld, wo Hände und Arme und alle Glieder zerstückelt untereinander liegen, indessen das vergoßne Lebensblut im Sande zerrinnt?

Ein jeder treibt das Seine, wirst du sagen, und ich sag es auch. Nur muß er es mit ganzer Seele treiben, muß nicht jede Kraft in sich ersticken, wenn sie nicht gerade sich zu seinem Titel paßt, muß nicht mit dieser kargen Angst, buchstäblich heuchlerisch das, was er heißt, nur sein, mit Ernst, mit Liebe muß er das sein, was er ist, so lebt ein Geist in seinem Tun, und ist er in ein Fach gedrückt, wo gar der Geist nicht leben darf, so stoß ers mit Verachtung weg und lerne pflügen! Deine Deutschen aber bleiben gerne beim Notwendigsten, und darum ist bei ihnen auch so viele Stümperarbeit und so wenig Freies, Echterfreuliches. Doch das wäre zu verschmerzen, müßten solche Menschen nur nicht fühllos sein für alles schöne Leben, ruhte nur nicht überall der Fluch der gottverlaßnen Unnatur auf solchem Volke. –

Die Tugenden der Alten sei'n nur glänzende Fehler, sagt' einmal, ich weiß nicht, welche böse Zunge; und es sind doch selber ihre Fehler Tugenden, denn da noch lebt' ein kindlicher, ein schöner Geist, und ohne Seele war von allem, was sie taten, nichts getan. Die Tugenden der Deutschen aber sind ein glänzend Übel und nichts weiter; denn Notwerk sind sie nur, aus feiger Angst, mit Sklavenmühe, dem wüsten Herzen abgedrungen, und lassen trostlos jede reine Seele, die von Schönem gern sich nährt, ach! die verwöhnt vom heiligen Zusammenklang in edleren Naturen, den Mißlaut nicht erträgt, der schreiend ist in all der toten Ordnung dieser Menschen.

(...)

Es ist auch herzzerreißend, wenn man eure Dichter, eure Künstler sieht, und alle, die den Genius noch achten, die das Schöne lieben und es pflegen. Die Guten! Sie leben in der Welt, wie Fremdlinge im eigenen Hause, sie sind so recht, wie der Dulder Ulyß, da er in Bettlersgestalt an seiner Türe saß, indes die unverschämten Freier im Saale lärmten und fragten, wer hat uns den Landläufer gebracht?

Voll Lieb und Geist und Hoffnung wachsen seine Musenjünglinge dem deutschen Volk heran; du siehst sie sieben Jahre später, und sie wandeln, wie die Schatten, still und kalt, sind, wie ein Boden, den der Feind mit Salz besäete, daß er nimmer einen Grashalm treibt; und wenn sie sprechen, wehe dem! der sie versteht, der in der stürmenden Titanenkraft, wie in ihren Proteuskünsten den Verzweiflungskampf nur sieht, den ihr gestörter schöner Geist mit den Barbaren kämpft, mit denen er zu tun hat.

Es ist auf Erden alles unvollkommen, ist das alte Lied der Deutschen. Wenn doch einmal diesen Gottverlaßnen einer sagte, daß bei ihnen nur so unvollkommen alles ist, weil sie nichts Reines unverdorben, nichts Heiliges unbetastet lassen mit den plumpen Händen, daß bei ihnen nichts gedeiht, weil sie die Wurzel des Gedeihns, die göttliche Natur nicht achten, daß bei ihnen eigentlich das Leben schal und sorgenschwer und übervoll von kalter stummer Zwietracht ist, weil sie den Genius verschmähn, der Kraft und Adel in ein menschlich Tun, und Heiterkeit ins Leiden und Lieb und Brüderschaft den Städten und den Häusern bringt.

Und darum fürchten sie auch den Tod so sehr, und leiden, um des Austernlebens willen, alle Schmach, weil Höhers sie nicht kennen, als ihr Machwerk, das sie sich gestoppelt.

O Bellarmin! wo ein Volk das Schöne liebt, wo es den Genius in seinen Künstlern ehrt, da weht, wie Lebensluft, ein allgemeiner Geist, da öffnet sich der scheue Sinn, der Eigendünkel schmilzt, und fromm und groß sind alle Herzen und Helden gebiert die Begeisterung. Die Heimat aller Menschen ist bei solchem Volk und gerne mag der Fremde sich verweilen. Wo aber so beleidigt wird die göttliche Natur und ihre Künstler, ach! da ist des Lebens beste Lust hinweg, und jeder andre Stern ist besser, denn die Erde. Wüster immer, öder werden da die Menschen, die doch alle schöngeboren sind; der Knechtsinn wächst, mit ihm der grobe Mut, der Rausch wächst mit den Sorgen, und mit der Üppigkeit der Hunger und die Nahrungsangst; zum Fluche wird der Segen jedes Jahrs und alle Götter fliehn.

Und wehe dem Fremdling, der aus Liebe wandert, und zu solchem Volke kömmt, und dreifach wehe dem, der, so wie ich, von großem Schmerz getrieben, ein Bettler meiner Art, zu solchem Volke kömmt!

Genug! du kennst mich, wirst es gut aufnehmen, Bellarmin! Ich sprach in deinem Namen auch, ich sprach für alle, die in diesem Lande sind und leiden, wie ich dort gelitten.

Aus: Friedrich Hölderlin: Hyperion oder der Eremit in Griechenland. In: Ders.: Werke und Briefe. Bd. 1. Frankfurt/M. 1969.

Arbeitsvorschläge zu Text 1

1. Erläutern Sie, wie Goethe und Schiller das Verhältnis von politischer und kultureller Identität der deutschen Nation sehen.

2. *Diskutieren* Sie die Forderung der beiden Klassiker in dem Distichon „Deutscher Nationalcharakter".

zu Text 2

1. Aus Hyperions Brief spricht Hölderlins eigene Enttäuschung über sein „barbarisches" Deutschland. Formulieren Sie mit eigenen Worten die zentralen Vorwürfe.

2. Warum kann dieses Deutschland für Hölderlin seinen Künstlern keine Heimat bieten?

3. *Diskutieren* Sie, welche Aspekte von Hölderlins Kritik weniger den deutschen „Nationalcharakter" als Symptome des modernen Zivilisationsprozesses treffen.

Text 3 FRIEDRICH HEINRICH VON DER HAGEN: Der Nibelungen Lied (1807)

Das romantische Interesse an der altdeutschen Kunst und Literatur des Mittelalters hat das Entstehen einer wissenschaftlichen Erforschung dieser Denkmäler einer nationalen Kultur wesentlich beeinflusst. Der Germanist Friedrich Heinrich von der Hagen (1780–1856), Professor in Berlin und Breslau, machte viele mittelhochdeutsche Dichtungen in Textausgaben zugänglich und veröffentlichte 1807 das Nibelungenlied in neuhochdeutscher Übersetzung.

Wie man zu des Tacitus Zeiten die altrömische Sprache der Republik wieder hervorzurufen strebte: so ist auch jetzt, mitten unter den zerreißendsten Stürmen, in Deutschland die Liebe zu der Sprache und den Werken unserer ehrenfesten Altvordern rege und tätig, und es scheint, als suche man in der Vergangenheit und Dich-
5 tung, was in der Gegenwart schmerzlich untergeht. Es ist aber dies tröstliche Streben noch allein die lebendige Urkunde des unvertilgbaren deutschen Charakters, der über alle Dienstbarkeit erhaben, jede fremde Fessel über kurz oder lang immer wieder zerbricht, und dadurch nur belehrt und geläutert, seine angestammte Natur und Freiheit wieder ergreift. Ja es ist diese Liebe, zum sicheren Pfande solcher Ver-
10 heißung, ohne Zweifel der Ausfluß einer weit größeren, gründlicheren und auch unschuldigeren Revolution, als jene äußere unserer Tage; welche geräuschlos und still, wie das Licht, die deutsche Erde zwar nur erst berührte, aber ebenso allmächtig und unaufhaltsam einst mit vollem Tage hereinbrechen wird.

Unterdessen aber möchte einem deutschen Gemüte wohl nichts mehr zum Trost
15 und zur wahrhaften Erbauung vorgestellt werden können, als der unsterbliche alte Heldengesang, der hier aus langer Vergessenheit lebendig und verjüngt wieder hervorgeht: das Lied der Nibelungen, unbedenklich eins der größten und wunderwürdigsten Werke aller Zeiten und Völker, durchaus aus deutschem Leben und Sinne erwachsen und zur eigentümlichen Vollendung gediehen, und als das erhabenste
20 und vollkommenste Denkmal einer so lange verdunkelten Nationalpoesie, unter den übrigen, zwar auch nicht unbedeutenden und geringen Resten derselben, doch ganz einzig und unerreicht dastehend, – dem kolossalen Wunderbau Erwins von Steinbach[1] vergleichbar. Kein anderes Lied mag ein vaterländisches Herz so rühren und ergreifen, so ergötzen und stärken, als dieses, worin die wunderbaren Märchen
25 der Kindheit wiederkommen und ihre dunkelen Erinnerungen und Ahnungen nachklingen, worin dem Jünglinge die Schönheit und Anmut jugendlicher Heldengestalten, kühner, ritterlicher Scherz, Übermut, Stolz und Trutz, männliche und minnigliche Jungfrauen in des Frühlings und des Schmuckes Pracht, holde Zucht, einfache, fromme und freundliche Sitte, zarte Scheu und Scham, und liebliches,
30 wonniges Minnespiel, und über alles eine unvergeßliche, ewige Liebe sich darstellen, und worin endlich ein durch dieselbe graunvoll zusammengeschlungenes Verhängnis eine andere zarte Liebe in der Blüte zerstört und alles unaufhaltsam in den Untergang reißt, aber eben in diesem Sturze die herrlichsten männlichen Tugenden offenbart: Gastlichkeit, Biederkeit, Redlichkeit, Treue und Freundschaft bis in den
35 Tod, Menschlichkeit, Milde und Großmut in des Kampfes Not, Heldensinn, unerschütterlichen Standmut, übermenschliche Tapferkeit, Kühnheit, willige Opferung für Ehre, Pflicht und Recht; Tugenden, die in der Verschlingung mit den wilden Leidenschaften und düstern Gewalten der Rache, des Zornes, des Grimmes, der Wut und der grausen Todeslust nur noch glänzender und mannigfaltiger erscheinen, und

---

1 Erwin von Steinbach († 1318): Baumeister des Straßburger Münsters

uns, zwar trauernd und klagend, doch auch getröstet und gestärkt zurücklassen, uns 40
mit Ergebung in das Unabwendliche, doch zugleich mit Mut zu Wort und Tat, mit
Stolz und Vertrauen auf Vaterland und Volk, mit Hoffnung auf dereinstige Wiederkehr deutscher Glorie und Weltherrlichkeit erfüllen.

Friedrich Heinrich von der Hagen: Der Nibelungen Lied. Berlin 1807. In: Die deutsche Literatur. Texte und Zeugnisse, Bd. V/2. Hrsg. von Hans-Egon Hass. München 1966.

Text 4

JOSEPH GÖRRES: Volkslied und Volkssage* (1807)

Die Begeisterung für die „Volkspoesie", in der man den Urgrund der Dichtung sah, führte vor allem in der so genannten Heidelberger Romantik zur Sammlung von „alten deutschen Liedern" (Arnim u. Brentano), von Märchen und Sagen (Brüder Grimm) und „Volksbüchern" (Görres). In der Einleitung zu seiner Sammlung der „teutschen Volksbücher" (1807) erläuterte Joseph Görres (1776–1848), zu dieser Zeit Privatdozent in Heidelberg, worin er das Wesen der Volkspoesie sah.

Auf zwiefach verschiedene Weise hat jene innere, im Volke wach gewordene Poesie sich im Volke selbst geäußert. Einmal im Volkslied, in dem die jugendliche Menschenstimme zuerst tierischem Gebell entblüht, wie der Schmetterling der Chrysalide[1], in ungekünstelten Intonationen die Tonleiter auf- und niedersteigend freudig sich versuchte und in dem die ersten Naturakzente klangen, in die das verlangende, 5
freudige, sehnende, in innerem Lebensmut begeisterte Gemüt sich ergossen. Eintretend in die Welt, wie der Mensch selbst in sie tritt, ohne Vorsatz, ohne Überlegung und willkürliche Wahl, das Dasein ein Geschenk höherer Mächte, sind sie keineswegs Kunstwerke, sondern Naturwerke, wie die Pflanzen; oft aus dem Volke hinaus, oft auch in dasselbe hineingesungen, bekunden sie in jedem Falle eine ihm inne- 10
wohnende Genialität, dort produktiv sich äußernd und durch die Naivität, die sie in der Regel charakterisiert, die Unschuld und die durchgängige Verschlungenheit aller Kräfte in der Masse, aus der sie aufgeblüht, verkündigend; hier aber durch ihre innere Trefflichkeit den feinen Takt und den geraden Sinn gewährend, der schon so tief unten wohnt, und nur von dem Besseren gerührt, nur allein das Bessere sich 15
aneignet und bewahrt. Wie aber in diesen Liedern der im Volke verborgene lyrische Geist in fröhlichen Lauten zuerst erwacht und in wenig kunstlosen Formen die innere Begeisterung sich offenbart und bald gegen das Überirdische hin gerichtet, vom Heiligen spricht und singt, so gut die schwere, wenig gelenke Zunge dem innern Enthusiasmus Worte geben kann; dann aber wieder der Umgebung zugewendet, 20
von dem Leben und seinen mannigfaltigen Beziehungen dichtet, jubelt oder klagt und scherzt: so muß auf gleiche Weise auch der epische Naturgeist sich bald ebenfalls dichtend und bildend zu erkennen geben und auch mit seinen Gestaltungen den ihm in dieser Region gezogenen Kreis anfüllen. Jenen religiösen und profanen Gesängen, in denen des Volkes Gemüt sein Inneres ausspricht, werden daher auch 25
bald andere Gedichte im Charakter jenes ruhigen Naturgeistes sich gegenüberstellen, in denen das Gemüt, was es durch seine Anschauung in der Welt gesehen, malt und verkündigt, und gleichfalls bald als heilige Geschichte das Überirdische bedeutsam bezeichnet, bald als romantische dem unmittelbar Menschlichen nähergerückt, durch Schönheit, Lebendigkeit, Größe, Kraft, Zauber oder treffenden Witz ergötzt. 30

1 Chrysalide: mit goldglänzenden Flecken bedeckte Puppe mancher Schmetterlinge

Die Brüder Grimm bei einer Märchenfrau

Diese Dichtungen sind die Volkssagen, die die Tradition von Geschlecht zu Geschlecht fortpflanzt, indem sie zugleich mit jenen Liedern durch die Gesangweise, die sich dem Organe eingeprägt, einmal gebildet, vor dem Untergange sich bewahrten. In den frühesten Zeiten entstanden die meisten dieser Sagen, da wo die Nationen, klare frische Brunnen, der quellenreichen, jungen Erde eben erst entsprudelt waren; da wo der Mensch gleich jugendlich wie die Natur mit Enthusiasmus und liebender Begeisterung sie anschaute und von ihr wieder die gleiche Liebe und die gleiche Begeisterung erfuhr; wo beide noch nicht alltäglich sich geworden; Großes übten und Großes anerkannten; in dieser Periode, wo der Geist noch keine Ansprüche auf die Umgebung machte, sondern allein die Empfindung; wo es daher nur eine Naturpoesie und keine Naturgeschichte gab, mußten notwendig in diesem lebendigen Naturgefühle die vielfältig verschiedenen Traditionen der mancherlei Nationen hervorgehen, die kein Lebloses anerkannten und überall ein Heldenleben, große gigantische Kraft in allen Wesen sahen, überall nur großes, heroisches Tun in allen Erscheinungen erblickten und die ganze Geschichte zur großen Legende machten.

Aus: Joseph Görres: Ausgewählte Werke. Bd. 1. Kempten u. München 1911.

Klassik und Romantik

Arbeitsvorschläge

zu Text 3

1. Erläutern Sie, inwiefern für von der Hagen das Nibelungenlied das „vollkommenste Denkmal" einer „Nationalpoesie" ist.

2. Welche Zielsetzung verbindet er mit der Edition des Nibelungenliedes?

3. Wie andere Romantiker geht auch von der Hagen von der Vorstellung eines Nationalcharakters aus. *Diskutieren* Sie, ausgehend von der Vorrede, die Problematik einer solchen Vorstellung.

zu Text 4

1. Erläutern Sie Görres' Auffassung, Volkslieder und Volkssagen seien „keineswegs Kunstwerke, sondern Naturwerke".

2. In den Volksbüchern glaubte Görres den „echten inneren Geist des deutschen Volkes" zu entdecken, den er den Zeitgenossen wieder vor Augen führen wollte. Setzen Sie sich mit der Verwendung der Begriffe „Natur" und „Volk" bei Görres kritisch auseinander.

Text 5

HEINRICH VON KLEIST: Prinz Friedrich von Homburg (1811 Erstdruck; Uraufführung 1821)

Während der Feldmarschall des Kurfürsten in einer Lagebesprechung den Schlachtplan gegen die Schweden diktiert, sinnt Prinz Friedrich von Homburg noch träumerisch darüber nach, welcher Hofdame der Handschuh gehören könnte, den er seit dem Erwachen aus seinem Traum in der Hand hält. Als er bemerkt, dass die von ihm geliebte Prinzessin Natalie einen Handschuh vermisst, sieht er darin eine Vorausdeutung von Glück und Ruhm.
Entgegen dem Plan des Kurfürsten stürzt er sich in seinem Glücksgefühl mit der Reiterei in die Schlacht. Obwohl die Armee des Kurfürsten dadurch einen glänzenden Sieg erringt, stellt der Kurfürst den Prinzen vor ein Kriegsgericht, das ihn zum Tode verurteilt.

Vierter Akt. Erste Szene

Szene: Zimmer des Kurfürsten

ERSTER AUFTRITT

Der Kurfürst steht mit Papieren an einem mit Lichtern besetzten Tisch. – Natalie tritt durch die mittlere Tür auf und läßt sich in einiger Entfernung vor ihm nieder. Pause.

NATALIE *(knieend)*: Mein edler Oheim, Friedrich von der Mark!
DER KURFÜRST*(legt die Papiere weg)*:
    Natalie!
    (Er will sie erheben.)
NATALIE: Laß, laß! 5
DER KURFÜRST: Was willst du, Liebe?
NATALIE: Zu deiner Füße Staub, wies mir gebührt,
    Für Vetter Homburg dich um Gnade flehn!
    Ich will ihn nicht für mich erhalten wissen –
    Mein Herz begehrt sein und gesteht es dir; 10
    Ich will ihn nicht für mich erhalten wissen –
    Mag er sich welchem Weib er will vermählen;
    Ich will nur, daß er da sei, lieber Onkel,
    Für sich, selbständig, frei und unabhängig,
    Wie eine Blume, die mir wohlgefällt: 15

       Dies fleh ich dich, mein höchster Herr und Freund,
       Und weiß, solch Flehen wirst du mir erhören.
DER KURFÜRST *(erhebt sie)*:
       Mein Töchterchen! Was für ein Wort entfiel dir?
       – Weißt du, was Vetter Homburg jüngst verbrach? 20
NATALIE: O lieber Onkel!
DER KURFÜRST: Nun? Verbrach er nichts?
NATALIE: O dieser Fehltritt, blond mit blauen Augen,
       Den, eh er noch gestammelt hat: ich bitte!
       Verzeihung schon vom Boden heben sollte: 25
       Den wirst du nicht mit Füßen von dir weisen!
       Den drückst du um die Mutter schon ans Herz,
       Die ihn gebar, und rufst: komm, weine nicht;
       Du bist so wert mir, wie die Treue selbst!
       Wars Eifer nicht, im Augenblick des Treffens, 30
       Für deines Namens Ruhm, der ihn verführt,
       Die Schranke des Gesetzes zu durchbrechen:
       Und ach! die Schranke jugendlich durchbrochen,
       Trat er dem Lindwurm männlich nicht aufs Haupt?
       Erst, weil er siegt', ihn kränzen, dann enthaupten, 35
       Das fordert die Geschichte nicht von dir;
       Das wäre so erhaben, lieber Onkel,
       Daß man es fast unmenschlich nennen könnte:
       Und Gott schuf noch nichts Milderes als dich.
DER KURFÜRST: Mein süßes Kind! Seh! Wär ich ein Tyrann, 40
       Dein Wort, das fühl ich lebhaft, hätte mir
       Das Herz schon in der erznen Brust geschmelzt.
       Dich aber frag ich selbst: darf ich den Spruch
       Den das Gericht gefällt, wohl unterdrücken? –
       Was würde wohl davon die Folge sein? 45
NATALIE: Für wen? Für dich?
DER KURFÜRST: Für mich; nein! – Was? Für mich!
       Kennst du nichts Höhres, Jungfrau, als nur mich?
       Ist dir ein Heiligtum ganz unbekannt,
       Das in dem Lager Vaterland sich nennt? 50
NATALIE: O Herr! Was sorgst du doch? Dies Vaterland!
       Das wird, um dieser Regung deiner Gnade,
       Nicht gleich, zerschellt in Trümmern, untergehn.
       Vielmehr, was du, im Lager aufgezogen,
       Unordnung nennst; die Tat, den Spruch der Richter, 55
       In diesem Fall, willkürlich zu zerreißen,
       Erscheint mir als die schönste Ordnung erst:
       Das Kriegsgesetz, das weiß ich wohl, soll herrschen,
       Jedoch die lieblichen Gefühle auch.
       Das Vaterland, das du uns gründetest, 60
       Steht, eine feste Burg, mein edler Ohm:
       Das wird ganz andre Stürme noch ertragen,
       Fürwahr, als diesen unberufnen Sieg;

Das wird sich ausbaun herrlich, in der Zukunft,
Erweitern, unter Enkels Hand, verschönern, 65
Mit Zinnen, üppig, feenhaft, zur Wonne
Der Freunde, und zum Schrecken aller Feinde:
Das braucht nicht dieser Bindung, kalt und öd,
Aus eines Freundes Blut, um Onkels Herbst,
Den friedlich prächtigen, zu überleben. (...) 70

Aus: Heinrich von Kleist: Sämtliche Werke und Briefe. Bd. 1. München 1965.

Text 6

HEINRICH HEINE: Die romantische Schule (1835)

Heinrich Heine hat in seiner Schrift „Die romantische Schule" (1835) an den Romantikern vor allem „die Wiedererweckung der Poesie des Mittelalters" kritisiert, die mit der Betonung des Unendlichen, dem Hang zum christlichen Spiritualismus der Gegenwart das „rote Leben aus der Brust" sauge und den Kampf für demokratische Verhältnisse blockiere. Er deckte den Zusammenhang zwischen der romantischen Bewegung und der napoleonischen Herrschaft auf und distanzierte sich von einem falschen Patriotismus.

Der politische Zustand Deutschlands war der christlich altdeutschen Richtung noch besonders günstig. Not lehrt beten, sagt das Sprichwort, und wahrlich nie war die Not in Deutschland größer, und daher das Volk dem Beten, der Religion, dem Christentum, zugänglicher als damals. Kein Volk hegt mehr Anhänglichkeit für seine Fürsten wie das deutsche, und mehr noch als der traurige Zustand worin das Land 5 durch den Krieg und die Fremdherrschaft geraten, war es der jammervolle Anblick ihrer besiegten Fürsten, die sie zu den Füßen Napoleons kriechen sahen, was die Deutschen aufs unleidlichste betrübte; das ganze Volk glich jenen treuherzigen alten Dienern in großen Häusern die alle Demütigungen, welche ihre gnädige Herrschaft erdulden muß, noch tiefer empfinden als diese selbst, und die im Verborge- 10 nen ihre kummervollsten Tränen weinen wenn etwa das herrschaftliche Silberzeug verkauft werden soll, und die sogar ihre ärmlichen Ersparnisse heimlich dazu verwenden, daß nicht bürgerliche Talglichter statt adliger Wachskerzen auf die herrschaftliche Tafel gesetzt werden; wie wir solches, mit hinlänglicher Rührung, in den alten Schauspielen sehen. Die allgemeine Betrübnis fand Trost in der Religion, und 15 es entstand ein pietistisches Hingeben in den Willen Gottes, von welchem allein die Hülfe erwartet wurde. Und in der Tat, gegen den Napoleon konnte auch gar kein anderer helfen als der liebe Gott selbst. Auf die weltlichen Heerscharen war nicht mehr zu rechnen, und man mußte vertrauungsvoll den Blick nach dem Himmel wenden. 20

Wir hätten auch den Napoleon ganz ruhig ertragen. Aber unsere Fürsten, während sie hofften durch Gott von ihm befreit zu werden, gaben sie auch zugleich dem Gedanken Raum, daß die zusammengefaßten Kräfte ihrer Völker dabei sehr mitwirksam sein möchten: man suchte in dieser Absicht den Gemeinsinn unter den Deutschen zu wecken, und sogar die allerhöchsten Personen sprachen jetzt von 25 deutscher Volkstümlichkeit, vom gemeinsamen deutschen Vaterlande, von der Vereinigung der christlich germanischen Stämme, von der Einheit Deutschlands. Man befahl uns den Patriotismus und wir wurden Patrioten; denn wir tun alles was uns unsere Fürsten befehlen. Man muß sich aber unter diesem Patriotismus nicht dasselbe Gefühl denken, das hier in Frankreich diesen Namen führt. Der Patriotismus 30 des Franzosen besteht darin daß sein Herz erwärmt wird, durch diese Wärme sich

ausdehnt, sich erweitert, daß es nicht mehr bloß die nächsten Angehörigen, sondern ganz Frankreich, das ganze Land der Zivilisation, mit seiner Liebe umfaßt; der Patriotismus des Deutschen hingegen besteht darin daß sein Herz enger wird, daß
35 es sich zusammenzieht wie Leder in der Kälte, daß er das Fremdländische haßt, daß er nicht mehr Weltbürger, nicht mehr Europäer, sondern nur ein enger Deutscher sein will. Da sahen wir nun das idealische Flegeltum, das Herr Jahn[1] in System gebracht; es begann die schäbige, plumpe ungewaschene Opposition gegen eine Gesinnung die eben das Herrlichste und Heiligste ist, was Deutschland hervorge-
40 bracht hat, nämlich gegen jene Humanität, gegen jene allgemeine Menschen-Verbrüderung, gegen jenen Kosmopolitismus, dem unsere großen Geister, Lessing, Herder, Schiller, Goethe, Jean Paul, dem alle Gebildeten in Deutschland immer gehuldigt haben.

Was sich bald darauf in Deutschland ereignete, ist Euch allzuwohl bekannt. Als
45 Gott, der Schnee und die Kosaken die besten Kräfte des Napoleon zerstört hatten, erhielten wir Deutsche den allerhöchsten Befehl uns vom fremden Joche zu befreien, und wir loderten auf in männlichem Zorn ob der allzulang ertragenen Knechtschaft, und wir begeisterten uns durch die guten Melodien und schlechten Verse der Körnerschen Lieder,[2] und wir erkämpften die Freiheit; denn wir tun alles was uns
50 von unseren Fürsten befohlen wird.

Aus: Heinrich Heine: Die romantische Schule. In: Werke. Bd. 4. Frankfurt/M. 1968.

Arbeitsvorschläge zu Text 5

1. Untersuchen Sie, welche Vorstellungen Natalie mit dem Begriff „Vaterland" verbindet. Wie erklärt sich daraus ihre Haltung gegenüber dem Fehltritt des Prinzen Homburg?

2. Stellen Sie in Ihrem Kurs Kleists Schauspiel vor und erläutern Sie die Haltung des Kurfürsten. Stellen Sie Ihre Beurteilung dieser Haltung zur Diskussion.

3. Kleists Drama entstand in einer Zeit, in der durch Reformversuche der preußische Staat gerettet werden sollte. Inwiefern könnte es als Diskussionsbeitrag zu dieser Rettung aufgefasst werden?

zu Text 6

1. Fassen Sie thesenartig zusammen, wie Heine den Kampf gegen die napoleonische Herrschaft und den deutschen Patriotismus beurteilt.

2. Untersuchen Sie die Stilmittel von Heines Kritik.

1.8 Das Erbe der „Klassiker"

Text 1

HERMAN GRIMM: Schiller und Goethe (1859)

In der ersten Hälfte des 19. Jahrhunderts hat man noch nicht jene gemeinsame Leistung Goethes und Schillers betont, wie sie dann im Denkmal vor dem Weimarer Nationaltheater symbolischen Ausdruck gefunden hat. Viele politisch engagierte Schriftsteller des Jungen Deutschland und des Vormärz betonten gerade den Gegensatz zwischen dem „Fürsten-

---

1 Friedrich Ludwig Jahn (1778–1852): Erfinder des Geräteturnens, das er in den Dienst vaterländischer Ertüchtigung stellte, und Verfasser patriotischer Schriften.
2 Karl Theodor Körner (1791–1813): wurde vor allem im 19. Jahrhundert als Freiheitskämpfer gegen Napoleon und als Dichter patriotischer Lieder verehrt.

knecht" Goethe und dem idealistischen Freiheitskämpfer Schiller, und vor allem die Feiern zum hundertsten Geburtstag Schillers nützte man für eine Demonstration patriotischen Nationalgefühls. In seinem Essay „Schiller und Goethe" wollte der Kunst- und Literaturhistoriker Herman Grimm (1821–1901), der Sohn des Sprachforschers Wilhelm Grimm, gerade angesichts solcher Schillerbegeisterung das gemeinsame Erbe der beiden Klassiker betonen.

Die wahre Geschichte Deutschlands ist die Geschichte der geistigen Bewegungen im Volke. Nur da, wo die Begeisterung für einen großen Gedanken die Nation erregte und die erstarrten Kräfte ins Fließen brachte, geschehen Taten, die groß und leuchtend sind. Wo es sich um gemeineren Vorteil handelt, überragen uns die andern Völker an Energie und an Leichtigkeit.

Man kann die Geschichte der französischen Könige und Kaiser diejenige Frankreichs nennen: die Namen der deutschen Kaiser und Könige aber sind keine Meilensteine für den Fortschritt des Volkes. Die Geschichte der englischen Staatsverfassung enthält die Englands, aber die Kämpfe auf deutschen Reichstagen und Ständeversammlungen stehen außer Zusammenhang mit der Entwicklung des Ganzen, selbst die Kriege, die Friedensschlüsse, die Spaltungen des Landes spielen eine untergeordnete Rolle; es fragt sich immer zuerst, welcher Gedanke ergriff die gesamte Nation, welche Männer waren es, die ihn zuerst empfanden, welche, die ihm freie Bahn brachen und nach welcher Richtung riß er das Schicksal Deutschlands mit sich vorwärts? (…)

Nur in Deutschland konnte die ideale Macht eines Schriftstellers so tief die Gemüter ergreifen. Seit Luthers Zeiten ist die Geschichte der Literatur die innerste Geschichte des Volkes. Alles andere spiegelt sich in ihr und ordnet sich unter. In diesem Sinne bekannte Friedrich der Große in hohem Alter, als er alle seine Schlachten geschlagen, Preußen zu einer Macht ersten Ranges erhoben und die Erbärmlichkeit aller Handwerke kennengelernt hatte, der Ruhm eines großen Schriftstellers erscheine ihm bedeutender als der des größten Fürsten. So schrieb er an Voltaire zu einer Zeit, wo er es aufgegeben hatte, diesem Manne Schmeicheleien zu sagen, oder seinen Versicherungen Glauben zu schenken, daß er selber einmal als großer Schriftsteller genannt werden würde.

Wenn wir von unsern großen Dichtern sprechen, so reden wir davon wie die Franzosen von ihrer Gloire und die Engländer von ihrem Reichtum. Goethe und Schiller sind nicht bloß Männer, deren Arbeiten uns ergötzen oder momentan rühren, sondern wir betrachten sie als die Schöpfer der geistigen Höhe, auf der wir uns befinden. An ihrem Ruhme haben wir alle Anteil und zehren von ihm. Keiner von uns, der nicht ein ganz besonderes, persönliches Verhältnis zu ihnen hätte und seine eigene Meinung über ihre Schriften und ihren Charakter. Darin ändert er sich nicht und nimmt keine Belehrung an; denn diese Meinung wuchs in ihm selber langsam auf und hat teil an seinen Fehlern und seinen Tugenden. (…)

Schillers und Goethes Briefwechsel ist ein Besitz, wie ihn kein anderes Volk aufweisen kann. Wenn wir die Dichtungen der beiden Männer als die edelsten Geschenke betrachten, welche Deutschland jemals dargeboten wurden, so kann man diesen Briefwechsel als das reichste Vermächtnis bezeichnen, das uns zufiel. Man hat die Bemerkung gemacht, daß ungebildete Menschen, wenn sie durch Langeweile auf Reisen getrieben wurden und nach Rom kommen, wo sie nur zur Befriedigung ihrer Neugier und Eitelkeit die dort angehäuften Reliquien der Jahrhunderte betrachten, unwillkürlich von einem heiligen Respekt vor der Kunst und ihrer idealen Macht erfüllt werden; ebenso müssen die, welche Schillers und Goethes Briefe lesen, von

dem Werte des Lebens ergriffen werden, das diese beiden, jeder für sich, wie
gemeinsam, führten; mitten unter der Übermacht der materiellen Ansprüche unsrer
Zeit muß ihnen die Ahnung aufdämmern von einer Existenz, deren Arbeit wertvoller als jene den augenblicklichen, sichtbaren Gewinn fördernde Tätigkeit der Hände oder des Geistes ist, die heute allein mit dem ehrenvollen Namen Arbeit belegt
wird. Jahre hindurch verfolgen wir hier das Streben zweier Geister, die sich über das
Treiben der Menschen rings um sie herum erhoben hatten. Wir sehen, wie sie das
Große und das Gemeine beurteilen und behandeln, wir erblicken die Früchte ihres
Dranges nach wahrer Arbeit, wie sie es sich sauer werden ließen, die eigenen hohen
Ansprüche an sich selbst zu befriedigen, wie sie ohne Innehalten sich abmühten,
höher zu steigen, zu lernen, zu verbessern und an neuen Schöpfungen das zu verwerten, was die abgetanen, vollendeten sie gelehrt hatten.

Aus: Herman Grimm: Schiller und Goethe. In: Karl Robert Mandelkow (Hrsg.): Goethe im Urteil seiner Kritiker. Dokumente zur Wirkungsgeschichte Goethes in Deutschland. Teil II. 1832–1870. München 1977.

Text 2

BERTOLT BRECHT: Gespräch über Klassiker (1929)

Im Bewusstsein des gebildeten Bürgertums blieben die Klassiker neben der kanonischen Schullektüre, den Standbildern und den Dichterjubiläen vor allem durch Theateraufführungen präsent. In seinem „Gespräch über Klassiker" (1929) setzte sich Bertolt Brecht mit dem Problem der Aktualität der Klassiker in einem fiktiven Gespräch mit dem Theaterkritiker Herbert Jhering (1888–1977) auseinander.

BRECHT: Richtig, die Klassiker wirken nicht mehr. Ich will gleich zugeben, daß nicht nur die Klassiker daran schuld zu sein brauchen, wenn ihre Wirkung aufhört, daran können wir auch zum Teil schuld haben. Die Lust am Denken ist verkümmert, sogar am Mitdenken.
Aber wir wollen hier weniger von uns, dem Publikum der Klassiker, und mehr von den Klassikern reden, also auch von der Schuld, die die Klassiker am Aufhören ihrer Wirkung haben.
Sie meinen also, die Klassiker sind aus einem geistigen zu einem wirtschaftlichen Problem geworden. Unsere Theater sind an ihm wirtschaftlich interessiert. Aber was ist denn aus den *geistigen* Interessen geworden? Die Freunde der Klassik werden sagen, die sind eben verschwunden, die geistigen Interessen fehlen unserer Zeit eben überhaupt. Das ist auch, wir müssen es zugeben, schwer völlig zu widerlegen. Das Bürgertum mußte seine rein geistigen Bemühungen so ziemlich liquidieren in einer Zeit, wo die Lust am Denken eine direkte Gefährdung seiner wirtschaftlichen Interessen bedeuten konnte. Wo das Denken nicht ganz eingestellt wurde, wurde es immer kulinarischer. Man machte zwar Gebrauch von den Klassikern, aber nur mehr kulinarischen Gebrauch.
JHERING: Ja, Mißbrauch. Im Bildungszeitalter, im neunzehnten Jahrhundert, galten die Klassiker als geistiges Mobiliar des gutsituierten Bürgertums. Sie waren Schmuck seiner guten Stube, gehörten zu ihm wie die Plüschmöbel, waren anwendbar und zur Hand in allen Lebenslagen. Das klassische Drama diente zur Bestätigung einer Welt, *gegen* die es entstanden war. Mit klassischen Versen verlobte man sich, erzog man seine Kinder, kannegießerte[1] und kegelte man. „Das ist das Los des Schönen auf der Erde",[2] rief der Vollbart und zwickte die Kellnerin.

1 kannegießern: politische Plattheiten von sich geben; nach dem Lustspiel „Der politische Kannegießer" des norwegisch-dänischen Aufklärers Ludwig Holberg
2 V. 3180 aus Schillers Drama „Wallensteins Tod"

BRECHT: Schön, das war ein Mißbrauch, der mit den Klassikern getrieben wurde. Man hätte sie nicht so überanstrengen sollen und sie nicht zu jeder Hochzeit und Kindtaufe zuziehen sollen.

JHERING: Man brachte es fertig, revolutionäre Werke wie „Die Räuber" und „Kabale und Liebe" in eine ungefährliche Ideologie umzulügen. Der Spießer entgiftete alle rebellischen Gedanken, indem er sich mit ihnen identifizierte. Der Banause usurpierte die Revolution und konnte deshalb im Leben um so selbstzufriedener auf sie verzichten. Man plünderte den Inhalt und nutzte die Klassiker ab. Es gab keine Tradition, nur Verbrauch. Aber dieser ganze Verbrauch war nur der Ausdruck für eine falsche, geistig unfruchtbare, konservative Verehrung.

BRECHT: Diese ehrerbietige Haltung hat sich an den Klassikern sehr gerächt, sie wurden durch Ehrerbietung ramponiert und durch Weihrauch geschwärzt. Es wäre ihnen besser bekommen, wenn man ihnen gegenüber eine freiere Haltung eingenommen hätte, wie die Wissenschaft sie zu den Entdeckungen, auch zu großen, eingenommen hat, die sie doch immerfort korrigierte oder sogar wieder verwarf, nicht aus Oppositionslust, sondern der Notwendigkeit entsprechend.

JHERING: Ja, das verhinderte der Besitzkomplex. Fast das ganze neunzehnte Jahrhundert war auf ein geistiges Besitzgefühl eingestellt. Schiller und Goethe gehörten dem einzelnen. Jeder sprach von Barbarei, wenn die Klassiker nicht so aufgeführt wurden, wie er es sich gedacht hatte. Jeder empörte sich, wenn Verse, die er nicht kannte, gestrichen waren. Jeder hielt die Nation für beleidigt, wenn sein Lieblingsautor zurückgesetzt wurde. Niemand identifizierte sich mit dem Volke; jeder das Volk mit sich.

BRECHT: Der Besitzfimmel hinderte den Vorstoß zum Materialwert der Klassiker, der doch dazu hätte dienen können, die Klassiker noch einmal nutzbar zu machen, der aber immer verhindert wurde, weil man fürchtete, daß durch ihn die Klassiker vernichtet werden sollten.

(…)

Bertolt Brecht: Gespräch über Klassiker. In: Ders.: Gesammelte Werke. Bd. 15. Frankfurt/M. 1967.

Arbeitsvorschläge zu Text 1

1. Welche Bedeutung hat laut Grimm die literarische Tradition für die nationale Identität der Deutschen im Unterschied zu anderen Völkern?

2. Untersuchen Sie, auf welche Weise Grimm den deutschen Lesern die gemeinsame Leistung Goethes und Schillers bewusst machen möchte.

3. *Diskutieren* Sie Grimms Auffassung, „alle Deutschen hätten Anteil am Ruhm ihrer Klassiker".

zu Text 2

1. Welcher Missbrauch wurde nach Brechts Auffassung mit den Klassikern getrieben?

2. In seiner Kritik an den „Bildungsphilistern" in den „Unzeitgemäßen Betrachtungen" (vgl. S. 140 ff.) hatte Nietzsche bemerkt, man habe die Klassiker „einfach als Findende" genommen und vergessen, dass sich diese selbst „nur als Suchende fühlten". Welche Haltung hält Brecht für sinnvoll?

3. *Diskutieren* Sie über die Konsequenzen für den Umgang mit den Klassikern, die sich aus Brechts Auffassung ergeben.

Text 3

CHRISTA WOLF: Die Aktualität der Romantik* (1982)

Für die marxistische Literaturwissenschaft war die Romantik lange Zeit eine reaktionäre Bewegung. Einer ihrer führenden Vertreter, Georg Lukàcs, kritisierte ihre Subjektivität, den Bruch mit der Aufklärung, die Unterstützung der Restauration. Die Schriftstellerin Christa Wolf hat sich nach den Erfahrungen bei der Ausbürgerung Biermanns intensiv mit Leben und Werk jener Autoren beschäftigt, welche die Kulturpolitik der DDR nicht zu ihrem Erbe rechnen wollte. Über die Gründe spricht sie in dem folgenden Interview-Ausschnitt.

Was mich interessiert hat, war die Frage: Wie kommt es, daß nach der Generation der Klassiker eine solche Menge von jungen Autoren auftaucht, die mit ihrer Zeit, mit ihrem Talent, mit der Literatur, mit ihrem persönlichen Leben offensichtlich nie „fertigwerden". Die, nach bürgerlichem Verständnis und auch nach dem Urteil
5 einer bestimmten Richtung marxistischer Literaturtheorie, „scheitern". (...) Die in der deutschen Literaturgeschichte nach den Klassikern und zum Teil gleichzeitig mit ihnen gelebt und diese klassische Vollendung, die Verzicht und Entsagung einschließt, nicht erreicht hatten. Da waren dann: Lenz, Kleist, Günderrode, Grabbe, Büchner, Hölderlin. (...)
10 Was mich dann in zunehmendem Maße interessiert hat, als ich mich damit beschäftigte, war ihr, der Romantiker, Versuch eines Lebensexperiments. Es ging nicht mehr um Literatur allein, nicht mal mehr in erster Linie, sondern darum, was diese damals jungen Leute versucht haben: in Gruppen lebend, da es in der Gesellschaft nicht ging, am Rande der Gesellschaft, aber, literarisch gesehen, in ihrem Zentrum.
15 Das ist merkwürdig; sie konnten als Literaten zentral wirksam sein, während sie doch zugleich am Rande der bürgerlichen Gesellschaft lebten mit ihren verschiedenen Experimenten. Wie sie das gemacht haben, da sie es mit am meisten brauchten – wie sie das durchgehalten haben auch über die ungeheuren gesellschaftlichen und persönlichen Konflikte hin und alle möglichen Arten von materiellen Schwierigkei-
20 ten – das hat mich brennend interessiert. Das eigentlich ist für mich dann unter dem Begriff „Romantik" zusammengeflossen. Der Begriff hat sich für mich ganz verändert. All das, was er hatte, als ich noch Germanistik studierte, und was heute vielleicht noch manche darin sehen: Mondscheinromantik, Liebesschmerz, Herzensweh, romantisiertes Mittelalter, Klerikalismus – das alles ist er jetzt nicht mehr für
25 mich. Sondern die frühe Romantik ist der Versuch eines gesellschaftlichen Experiments einer kleinen progressiven Gruppe, die dann, nachdem die Gesellschaft sich ihr gegenüber totalitär und ablehnend verhalten hat, restriktiv in jeder Hinsicht, unter diesem Druck auseinanderbricht und in verschiedene Richtungen hin sich zurückzieht. Da entsteht dann alles Mögliche, da entsteht Klerikalismus, da entsteht
30 dieses Zurück-zum-Mittelalter, alles, was man will. Aber es gab eine Zeit, da war das progressiv, und das hat mich interessiert.

Aus: Christa Wolf: Kultur ist, was gelebt wird. Gespräch mit Frauke Meyer-Gosau. In: Klaus Sauer (Hrsg.): Christa Wolf. Materialienbuch. Darmstadt u. Neuwied 1983.

Text 4

KARL EIBL: Die Modernität Goethes* (1987)

Neben der Hochschätzung seines Werks galt die Bewunderung der Goetheverehrer seit dem 19. Jahrhundert vor allem dem Leben des Dichters, das man als ein Kunstwerk betrachtete. Der Germanist Karl Eibl, Mitherausgeber einer neuen Goethe-Ausgabe, die auch die Briefe, Tagebücher und Gespräche bietet, fragte nach der Bedeutung dieses Lebens für die heutige Zeit.

Kein deutscher Dichter, wahrscheinlich überhaupt kein Dichter der letzten zweihundert Jahre, ist Gegenstand so vieler und vielfaltiger biographischer Bemühungen geworden wie Goethe. Dies nicht etwa nur, weil man aus dem Leben Aufschluß über die Werke zu gewinnen hoffte. Vielmehr galt dieses Leben auch immer wieder selbst als Gegenstand von besonderer Dignität.
Sogar die Gegner jeden Goethe-Kults steigerten ihre Gegnerschaft gelegentlich bis zum ganz persönlichen Haß und bestätigten damit, daß es mit diesem Leben etwas Besonderes auf sich habe. Was ist dieses Besondere? Auf den ersten Blick erscheint die Antwort heute einfach: Es begegneten sich ein Angebot und ein Bedürfnis. Das *Angebot* bestand in Goethes zahlreichen „Bekenntnissen", seinen autobiographischen Schriften, in denen er – scheinbar – auskunftsfreudig wie kaum ein anderer Autor über sein Leben berichtete; und auch die Werke hatte er zu biographistischer Deutung freigegeben, mit dem Hinweis nämlich, sie seien allesamt „Bruchstücke einer großen Konfession". Das *Bedürfnis* war das nach einem „Klassiker", und zwar nicht nur nach einem literarischen, sondern nach einer Art von Lebens- „Klassiker", der als Maß und Vorbild der individuellen Lebensgestaltung dienen konnte. (Für die nationale Identität auf breiter Basis war eher Schiller zuständig.) 1922 schrieb Julius Bab[1] in seinem Büchlein „Das Leben Goethes" (mit dem Untertitel: „Eine Botschaft"): „An die Gestalt Goethes aber knüpft sich das Gefühl, als wenn hier ein Vorbild aufgerichtet, ein Beispiel gegeben, ein Mythos gefunden sei, Kunde einer Möglichkeit zu leben, die auf eine neue, unmittelbare, keiner alten Dogmatik verpflichtete Art den wirkenden Tag wieder mit religiöser Kraft erfüllt ... Goethes Leben ist die höchste Ganzheit – ist seine eigentliche Hinterlassenschaft, für diese Ganzheit ist alles andere als nur einzelnes Dokument." Zitate dieser Art ließen sich zu Dutzenden beibringen.
Sie belegen einen Orientierungsbedarf, der spezifisch modern ist. Die Orientierung an exemplarischen Lebensläufen ist ja nicht neu, ist vielleicht eine Konstante menschlicher Selbstdeutung. Aber gerade in dieser Hinsicht steht Goethe an einer Umbruchstelle: Die Biographien des Jesus von Nazareth und seiner Heiligen, die aus der heidnischen Antike überlieferten Exempla, die Programmierung der Lebensläufe durch den „Stand" – all das verliert seine Tragfähigkeit.
Nicht Goethes Lösungen verknüpfen uns mit ihm, sondern seine Probleme. Denn er ist einer der ersten Menschen, deren Auseinandersetzung mit diesem modernen Orientierungsbedarf bis ins Detail dokumentiert ist. Die alten dogmatischen Gehäuse lösen sich auf und entlassen die Individuen in die Selbstbestimmung und damit auch in die Vorbildlosigkeit. Das zukunftsoffene Denken der Moderne schafft ein Bewußtsein des Nochniedagewesenen, in dem allenfalls noch ein Eklektizismus der Vorbilder angebracht ist. Als Symbolfigur des 18. Jahrhunderts wird immer wieder einmal Prometheus genannt, der gegen den Willen des Zeus das Feuer vom Himmel geholt hat; man müßte ihm Münchhausen zugesellen, der sich am eigenen Schopf aus dem Sumpf gezogen hat. Das Individuum erhält Verfügungsgewalt über sich, Verantwortung für sich. Für Goethe und für viele andere Zeitgenossen bedeutet dies eine Verurteilung zur Autonomie, die Möglichkeit, in einer einzigartigen Welt ein einzigartiges Leben zu gestalten. Die immer wieder geäußerte Vorstellung, daß Goethes Leben selbst eine Art Kunstwerk gewesen sei, ist keineswegs abwegig; denn es wurde von ihm ganz bewußt als Gestaltungsauftrag, als Ver-

---

1 Julius Bab (1880–1955): Schriftsteller und Dramaturg

pflichtung zu Entwurf und Realisierung, angenommen: „Diese Begierde, die Pyramide meines Daseyns, deren Basis mir angegeben und gegründet ist, so hoch als möglich in die Lufft zu spizzen, überwiegt alles andre und läßt kaum Augenblickliches Vergessen zu. Ich darf mich nicht säumen, ich bin schon weit in Jahren vor, und vielleicht bricht mich das Schicksal in der Mitte, und der Babilonische Thurm bleibt stumpf unvollendet. Wenigstens soll man sagen es war kühn entworfen und wenn ich lebe, sollen wills Gott die Kräfte bis hinauf reichen." (An Lavater, etwa 20. 9. 1780) Selbst Lavater,[2] gewiß kein Vertreter der Nüchternheit, verstummte vor solchem Lebensentwurf: „Vor dem bloßen in dir stehenden Gedanken der *Pyramide* neige ich mein Haupt – und *glaube,* eh' ich sehe." (30. 9. 1780)

Wir sind heute scheinbar wieder ein Stück entfernt von diesem pathetischen Gedanken eines Auftrags zu autonomer Lebensgestaltung, haben wieder soziale Routinen und Institutionen entwickelt, die uns von dem Druck der ständigen Verantwortung für unser Leben entlasten: Laufbahnen, Bürokratien, Versicherungen, Berufsorganisationen, Tarifverträge usw. Anders wäre Leben in einer komplexen Welt kaum möglich; auch Goethe hat sich natürlich immer wieder einmal zurückgelehnt. Aber die neuen Routinen sind gebrechlich, krisenanfällig, kontingent, nicht mehr aufgehoben in einem Gesamtsystem der Weltdeutung, sondern deutlich als Konstruktionen erkennbar. Sie stehen immer wieder zur Disposition, und so ist hinter ihnen noch immer der Auftrag zur Autonomie sichtbar, dem Goethe unmittelbar gegenüberstand. Insofern ist Goethes Leben tatsächlich eine Botschaft, nicht in seinen einzelnen Inhalten, nicht in den zuweilen fragwürdigen Lösungsversuchen, sondern in der Kontinuität des Problems der Selbstbestimmung, das sich ihm noch fast unverstellt und uns in leichter Verschleierung darbietet.

Karl Eibl: Der ganze Goethe. In: Klassiker Magazin 2. Frankfurt/M. o. J.

Arbeitsvorschläge zu Text 3

1. Wolf nennt bei der Erläuterung ihrer Vorstellung von der Romantik auch Namen von Autoren, die in der Literaturgeschichtsschreibung in der Regel nicht zu dieser Epoche gerechnet werden. Wie hängt das mit ihrem Verständnis der Romantik zusammen?

2. Worin sieht Wolf die „Progressivität" der Romantik und deren Bedeutung für heute?

3. Auch in ihrem eigenen Werk hat sich Wolf mit der Romantik auseinander gesetzt. Stellen Sie Ihrem Kurs die Erzählung „Kein Ort. Nirgends" (vgl. S. 217f.) vor.

zu Text 4

1. Was hat die Goetheverehrer immer wieder an dem Leben dieses Dichters fasziniert?

2. Untersuchen Sie, worin Eibl die Relevanz des Goethe'schen Lebens für die heutige Zeit sieht und wie er dies begründet.

3. „Nicht Goethes Lösungen verknüpfen uns mit ihm, sondern seine Probleme." Setzen Sie sich am Beispiel eines Werkes, das Sie gelesen haben, in einer *Erörterung* mit der These des Germanisten Eibl auseinander.

2 Johann Kaspar Lavater (1741–1801): Theologe und Schriftsteller, vertrat die Auffassung, dass sich die Seele in Gesichtsmerkmalen zeigt („Physiognomische Fragmente ...", 1775–78)

Klassik und Romantik

DAS „KLASSISCHE" ZEITALTER – EPOCHENPROBLEMATIK

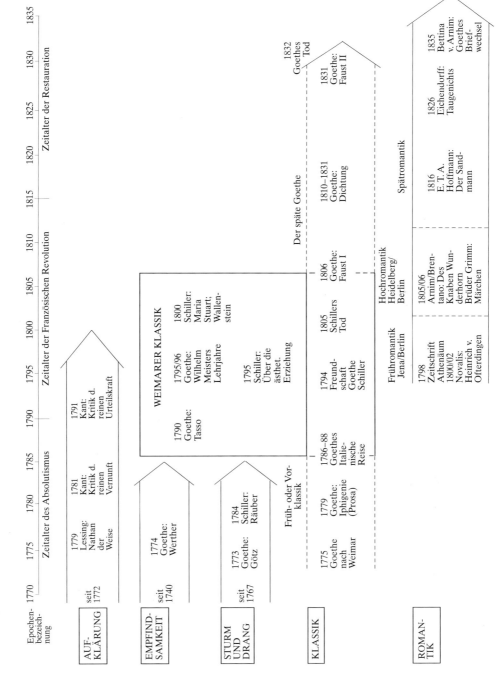

Arbeitsvorschläge

1. Informieren Sie sich in einer Literaturgeschichte über den Beginn der Romantik und ordnen Sie ihre Frühwerke in das Schaubild ein.
2. Welche hier nicht dargestellten literarischen Strömungen und wichtige Werke, die Sie kennen, wären noch zu ergänzen?

2. Realistische Strömungen im 19. Jahrhundert

Das Eisenwalzwerk, Gemälde von Adolf Menzel, 1875

Das Ende der napoleonischen Herrschaft durch die so genannten **Befreiungskriege** brachte Deutschland nicht die von breiten Kreisen des Bürgertums erhoffte nationalstaatliche Einheit, sondern führte zu einer Restauration des Fürstenpartikularismus – mithilfe der Vereinbarungen des Wiener Kongresses (1815). Der **Erneuerung**
5 **absolutistischer Verhältnisse** mit strengen Zensurbestimmungen (Karlsbader Beschlüsse 1819) standen allerdings im Bereich des Wirtschaftslebens Veränderungen entgegen, die rasch aus dem Spätmerkantilismus mit seinen auf die Wirtschaftskraft der Landesherren gerichteten Zielen in ein bürgerliches, kapitalorientiertes Wirtschaftssystem im Geiste des Liberalismus führten.
10 Die **Industrielle Revolution** mit Landflucht und Verstädterung, wachsenden Klassengegensätzen und drängenden sozialen Problemen war die Folge. Dies schärfte seit den Dreißigerjahren des 19. Jahrhunderts den Blick der Schriftsteller für wirtschaftliche und gesellschaftliche Probleme. Die Schriftsteller des **Biedermeier** (dieser Begriff geht auf eine satirische Zeitschrift zurück, in der die naive oder auch

spießbürgerliche Abwehr neuer gesellschaftlicher und literarischer Tendenzen kritisiert wurde) zogen sich zunehmend aus der politischen Tagesdiskussion zurück, während die des **Jungen Deutschland** und des **Vormärz** (d. h. die Zeit vor der Märzrevolution des Jahres 1848) sich ausdrücklich für die Forderungen der liberalen und nationalen Bewegung (Aufhebung der Zensur, Herstellung eines Nationalstaates mit demokratischer Verfassung) einsetzten. Sie nutzten hierfür auch die Möglichkeiten des modernen Journalismus (Flugblatt, Feuilleton, Plakat, Reiseliteratur, Briefe, Essays, parodistisch-satirische Darstellungsformen verschiedener Art). Viele von ihnen gerieten in massive Konflikte mit den Bestimmungen der restaurativen Fürstenstaaten, ihre Schriften wurden verboten und sie selbst wurden verfolgt oder sahen sich gezwungen ins Ausland zu fliehen. So stellt sich die nachromantische **Zeit vor 1848** dem heutigen Betrachter nicht als geschlossene Epoche dar, sondern als ein Zeitabschnitt, in dem so genannte regressive und progressive Tendenzen, resignativer Rückzug aus der Öffentlichkeit im Verein mit privatistischen Haltungen und unverhüllte Politisierung der Kunst (Tendenzpoesie) zur Verbreitung bürgerlich-demokratischer oder frühsozialistischer Ideen, nebeneinander zu finden sind.

Nach dem politischen Schwung der Vormärzzeit und dem Verfassungsentwurf der Nationalversammlung in der Frankfurter Paulskirche endete die Revolution von 1848 in dem erneuten Erstarken der alten politischen Kräfte. Die Fürsten verjagten mit ihren Heeren die Volksvertreter, die Freiheitsbewegung wurde mit Strafaktionen der alten Mächte belegt, viele Demokraten wanderten aus. Die politische Ernüchterung in dieser restaurativen Situation blieb nicht ohne Wirkung auf die Arbeit der Künstler nach 1848. Zum einen erwartete man von ihnen den sachlichen Blick für die Realitäten, zum anderen sah man es als ihre Aufgabe an, mit den Mitteln künstlerischer Erfindungskraft eine andere, bessere Welt zu entwerfen. Der Schriftsteller Otto *Ludwig* (1813–1865) hat für die Art und Weise, wie die Dichter zwischen 1850 und 1890 sich und ihre Umwelt sahen und das Beobachtete künstlerisch gestalteten, den Begriff **poetischer Realismus** geprägt:

„Es handelt sich hier von einer Welt, die von der schaffenden Phantasie vermittelt ist, nicht von der gemeinen; sie schafft die Welt noch einmal, keine sogenannte phantastische Welt, d. h. keine zusammenhanglose, im Gegenteil, eine, in der der Zusammenhang sichtbarer ist als in der wirklichen, nicht ein Stück Welt, sondern eine ganze, geschlossene, die alle ihre Bedingungen, alle ihre Folgen in sich selbst hat."

Der Schriftsteller sollte sich zwar intensiv auf das Gesehene und Erfahrene einlassen, beanspruchte dabei aber auch das Recht auf eine individuelle Perspektive, auf Überhöhung, Stilisierung, oft auch Harmonisierung der beobachteten Wirklichkeit. Das menschliche Leben und die vielfältigen sozialen Beziehungen und Bedingungen, in die es eingebettet ist, wurden zum wichtigsten Thema realistischer Dichtung. Noch sahen die Schriftsteller eine Möglichkeit, die sich in der Industriellen Revolution rasch verändernde und unübersichtlich werdende gesellschaftliche Wirklichkeit als Ganzheit zu erfassen. Je nach Temperament und Blickwinkel wurde dabei einmal das „gute" Alte (z. B. in der Heimatkunst, in der Dorfnovelle, in der lyrischen Idylle), dann wieder das Fortschrittliche, der rasche Wandel Deutschlands vom Agrar- zum Industriestaat, die Verstädterung, der technische Fortschritt im Allgemeinen betont.

Der Denkerklub. Karikatur auf die Unterdrückung der Meinungsfreiheit

Man hat diese Kunst in der zweiten Hälfte des 19. Jahrhunderts auch als **bürgerlichen Realismus** bezeichnet. Gemeint ist damit weniger die Standeszugehörigkeit der Schriftsteller als der Geist des politischen Liberalismus, der dem Individuum sein Eigenrecht (Anspruch auf Individualität) bewahren wollte, und zwar gegen die Gleichheitsforderungen des 4. Standes der Industriearbeiter. Bei allem Willen zur Genauigkeit und zur Sachlichkeit der Wirklichkeitsbeobachtung gestalteten die Realisten die erfahrene Welt aus ihrer individuellen Innenschau. Deshalb reichen die unterschiedlichen Sichtweisen der Realisten von tiefem Pessimismus bis zu einer humorvollen Distanz gegenüber der Wirklichkeit, von Resignation gegenüber dem Neuen bis zur euphorischen Begeisterung für den wirtschaftlichen und politischen Aufstieg Deutschlands nach 1850 und in der Gründerzeit nach 1870.

Der außerordentliche Aufschwung der Naturwissenschaften im 19. Jahrhundert beeinflusste auch Philosophie und Kunst: Der philosophische **Positivismus** des Franzosen *Comte* ließ nur noch das als Gegenstand der Erkenntnis zu, was mit den Sinnen erfassbar ist; metaphysische Fragestellungen wurden ausgeklammert. Diese strikte Zuwendung zum Diesseits wurde für die Literatur des Realismus von besonderer Bedeutung; unter dem Einfluss der materialistischen Philosophie *Ludwig Feuerbachs* (1804–1872) haben viele Lyriker und Epiker dieser Zeit die Schönheit der erfahrbaren Wirklichkeit immer wieder beschworen.

Diese Beschränkung auf das in der Wirklichkeit Erfahrbare finden wir auch bei jenen Schriftstellern, die man seit den Achtzigerjahren **Naturalisten** genannt hat. Auch sie wurden durch den Positivismus *Comtes* beeinflusst, aber auch durch die Ansicht *Taines,* dass der Einzelmensch durch Vererbung und Milieu in seinem Lebensablauf festgelegt sei. *Darwins* weit verbreitete Schrift „*Die Entstehung der Arten*" (1859) untermauerte die Vorstellung von der evolutionsgeschichtlichen Vorprägung des Einzelwesens. *Zola* hat in einem Zyklus von Gesellschaftsromanen

(*Les Rougon-Macquart,* 1871–1893) diese positivistische Ansicht dichterisch umgesetzt. Unter seinem Einfluss und dem der nordischen Dramatiker *Ibsen* und *Strindberg* entwickelte *Arno Holz* sein Kunstprogramm, das dem Schriftsteller das Recht absprach, in Erfindung, Auswahl und Anordnung des Stoffes frei zu verfahren, und mit dem Sekundenstil eine Möglichkeit zu detailgenauem Beschreiben der beobachteten Abläufe entwickelte. Was die fotografische Reproduktionstechnik seit den Vierzigerjahren des 19. Jahrhunderts geschaffen und vervollkommnet hatte, eine möglichst unversehrte Übertragung des Gesehenen in das Abbild, sollte der Schriftsteller nun mit den Mitteln der Sprache versuchen. Während *Fontane* sich noch geweigert hatte den Arbeiteralltag und das Hinterhofmilieu seiner Stadt Berlin zu gestalten, weil sie ihm nicht als poetisch darstellenswert erschienen, wandten sich die *Naturalisten* gerade solchen bisher kaum beachteten Bereichen zu: dem Leben in den modernen Großstädten des Industriezeitalters, der schwierigen Existenz der Arbeiter und Heimarbeiter, dem Imponiergehabe der Neureichen und auch dem sozialen und persönlichen Elend der Frauen.

Arbeitsvorschläge

1. Welche unterschiedlichen künstlerischen Richtungen dominierten in der Zeit zwischen dem Wiener Kongress und der Märzrevolution von 1848? Wie erklären sich diese aus den politischen und gesellschaftlichen Verhältnissen?

2. Der Begriff Biedermeier ist uns vor allem aus der Mode und den Wohnungseinrichtungen des frühen 19. Jahrhunderts geläufig. Lesen Sie hierüber in einer kulturgeschichtlichen Darstellung nach und informieren Sie den Kurs in einem *Referat*.

3. Wie unterschieden sich die dichterischen Programme des poetischen Realismus und des Naturalismus?

4. Der Begriff „Realismus" wird hier als Epochenbezeichnung gebraucht. Welche weiteren Bedeutungen der Begriffe „Realist", „realistisch" kennen Sie?

5. Als typische Maler des französischen bzw. deutschen Realismus gelten Gustave *Courbet* (1819–1877) und Wilhelm *Leibl* (1844–1900). Stellen Sie Ihrem Kurs diese beiden Künstler und einige ihrer wichtigen Gemälde vor.

2.1 Die Hinwendung zur sozialen Wirklichkeit im Vormärz

Text 1

LUDWIG BÖRNE: Schilderungen aus Paris (1823)

Der Rechtsgelehrte und politische Journalist Ludwig Börne (1786–1837) gründete während der Restaurationszeit die Zeitschrift „Die Waage" (1818). Wegen ihrer nationalen und republikanischen Grundhaltung und auch wegen wiederholter Angriffe auf Metternich wurde sie bereits 1821 verboten. Der Bundestagsbeschluss von 1835 (vgl. S. 99) richtete sich auch gegen die Schriften Börnes. Dieser hatte nach der Verbüßung einer „Demagogenhaft" 1822/23 ausgedehnte Reisen nach Paris unternommen; später lebte Börne auf Dauer in der französischen Hauptstadt, deren politische Kultur er als beispielhaft schilderte.
Die „Schilderungen aus Paris" zählen heute zu den klassischen Dokumenten des frühen deutschen Journalismus und des so genannten „Reiseberichts".

Im Jahre 1789 hatte Paris nur ein einziges Lesekabinett; jetzt gibt es kaum eine Straße von Bedeutung, in der man nicht wenigstens eines fände. Gut, daß sie in den freien Tagen dafür gesorgt, der Volksbildung Brunnen genug zu graben; denn bei dem Belagerungszustande, worin sich diese jetzt befindet, wären sie verloren, wenn es nur eine Quelle abzuleiten gäbe. Das Lesen überhaupt, besonders das Lesen der politischen Zeitungen, hat in der Volkssitte tiefe Wurzeln geschlagen und man müßte den französischen Boden vom Grunde aufwühlen, wollte man die allgemeine Teilnahme an bürgerlichen Angelegenheiten wieder ausrotten. Man muß es ihnen zum Ruhme nachsagen, daß es nicht bloß eitle Neugierde ist, die sie zu den Zeitungen lockt; denn wenn es dieses wäre, könnten ihnen die Blätter, die öfter Betrachtungen als Geschichten enthalten, wenig Befriedigung geben. Alles liest, jeder liest. Der Mietkutscher auf seinem Bocke zieht ein Buch aus der Tasche, sobald sein Herr ausgestiegen ist; die Obsthökerin läßt sich von ihrer Nachbarin den Constitutionel[1] vorlesen, und der Portier liest alle Blätter, die im Hotel für die Fremden abgegeben werden. Der Abonnent mag sich jeden Morgen die Arme müde klingeln, der Portier bringt ihm nicht eher sein Blatt, als bis er es selbst gelesen. Für einen Sittenmaler gibt es keinen reichern Anblick, als der Garten des Palais-Royal in den Vormittagsstunden. Tausend Menschen halten Zeitungen in der Hand und zeigen sich in den mannigfaltigsten Stellungen und Bewegungen. Der eine sitzt, der andere steht, der dritte geht, bald langsamern bald schnellern Schrittes. Jetzt zieht eine Nachricht seine Aufmerksamkeit stärker an, er vergißt den zweiten Fuß hinzustellen, und steht einige Sekunden lang wie ein Säulenheiliger, auf einem Beine. Andere stehen an Bäume gelehnt, andere an den Geländern, welche die Blumenbeete einschließen, andere an den Pfeilern der Arkaden. Der Metzgerknecht wischt sich die blutigen Hände ab, die Zeitung nicht zu röten, und der ambulierende Pastetenbäcker läßt seine Kuchen kalt werden über dem Lesen. Wenn einst Paris auf gleiche Weise unterginge, wie Herkulanum und Pompeji untergegangen, und man deckte den Palais-Royal und die Menschen darin auf, und fände sie in derselben Stellung, worin sie der Tod überrascht – die Papierblätter in den Händen wären zerstäubt – würden die Altertumsforscher sich die Köpfe zerbrechen, was alle diese Menschen eigentlich gemacht hatten, als die Lava über sie kam.

Kein Markt, kein Theater war da, das zeigt die Örtlichkeit. Kein sonstiges Schauspiel hatte die Aufmerksamkeit angezogen, denn die Köpfe sind nach verschiedenen Seiten gerichtet, und der Blick war zur Erde gesenkt. Was haben sie denn getan? wird man fragen, und keiner wird darauf antworten: sie haben Zeitungen gelesen.

In den Lesekabinetten abonniert man sich monatlich, oder man bezahlt für jeden Besuch oder auch für jede einzelne Zeitung. Man findet dort alle Pariser, und in den bessern auch alle ausländischen Blätter. In dem Kabinette, welches der Buchhändler Galignani hält, das meistens von Engländern besucht wird, finden sich nicht bloß alle englischen, schottischen und irländischen Zeitungen, sondern auch die aus den ost- und westindischen Kolonien. Der lange Tisch, worauf die englischen Zeitungen liegen, gleicht mit seinen Riesenblättern einer aufgehobenen Speisetafel, die mit hingeworfenen Servietten in Unordnung bedeckt ist. An Größe übertreffen die englischen Zeitungen alle übrigen europäischen; nach ihnen kommen die spanischen, dann die französischen, auf diese folgen die deutschen, und die italienischen kom-

---

1 Constitutionel: Pariser Tageszeitung

men zuletzt. Ich wollte schon den Satz aufstellen, daß man an dem Format der politischen Blätter den Umfang der bürgerlichen Freiheit jedes Landes abmessen könne, als mich die Frankfurter Ober-Postamts-Zeitung, die in Folio[1] erscheint, von dieser falschen Theorie noch zeitig abhielt. In mehreren Lesekabinetten fehlt es auch nicht an deutschen Blättern; man nimmt aber einiges daran wahr, was einen Deutschen nicht wenig schmerzt. Die Allgemeine Zeitung etwa ausgenommen, werden keine deutschen Blätter in den Lesekabinetten eigens gehalten, sondern sie werden von den Pariser Zeitungsredaktoren, nachdem sie ihren Gebrauch davon gemacht, den folgenden Tag dahin abgegeben. Alle andern ausländischen Zeitungen werden den französischen gleich geachtet, jeden Morgen gefalzt, angenäht und gehörig aufgelegt. Die deutschen aber werden als verschmähte Aschenbrödels behandelt und in einen dunklen Winkel oder packweise in eine Mappe gesteckt. Diese so gutmütigen, stillen und bescheidenen Zeitungen, die ihr letztes Stückchen Brot jedem hingeben, der es fordert und lieber verhungern, als versagen – wird der Himmel gewiß noch einst für ihre Demut belohnen! (...)
Es herrscht in diesen Lesekabinetten die feierlichste Stille. Nicht das leiseste Wörtchen vernimmt man, obzwar dort nicht, wie in musterhaften deutschen Lesegesellschaften, der Paragraph der Statuten, der das Sprechen verbietet, an die Wand genagelt ist, noch eine Schelle auf dem Tische steht, die Störenden zu mahnen. Wenn Franzosen schweigen, so ist dieses ein unwiderleglicher Beweis, daß ihre Aufmerksamkeit eifrig und ernst beschäftigt ist; denn bei den andern Gelegenheiten, wie an Speisetischen, machen vier Franzosen einen größern Lärm, als der ganze weiße Schwan in Frankfurt am Main während der zweiten Meßwoche mit allen seinen Gästen. Die Zeitungskabinette sind gewöhnlich mit Bibliotheken verbunden, die von den Besuchenden mit wahrhaft jugendlichem Schulfleiße benutzt werden. Es ist dieses für unbemittelte Studierende und Literaturfreunde, oder für solche, denen es an Bequemlichkeit häuslicher Einrichtung fehlt, eine sehr wohltätige Anstalt. Man bezahlt monatlich sechs Franken, und für diese geringe Summe kann man den ganzen Tag in einem solchen Kabinett arbeiten, hat im Winter Feuerung und Licht unentgeltlich und alle nötigen Bücher bei der Hand. Viele sind dort einheimisch und verlassen das Kabinett bloß, wenn sie zu Bette gehen. Auch sieht man da manche ehrwürdige, narbenvolle Veteranen, die ernst, stolz und wehmütig auf die Erbärmlichkeit der Zeit herabsehen und, weil ihr Mund zu schmeicheln und ihr Atem zu drohen verschmäht, die Waffen mit den Wissenschaften vertauschen und, sei es um Brot oder um Beschäftigung zu finden, den ganzen Tag emsig lesen, Auszüge machen und schreiben.

Aus: Ludwig Börne: Gesammelte Schriften. Bd. III. Hamburg 1862.

Arbeitsvorschläge zu Text 1

1. Börne will in diesem Zeitungsartikel den deutschen Lesern die neuartige Einrichtung der Lesekabinette in Paris nahe bringen. Welche Mittel der Veranschaulichung setzt er ein, wie bewertet er die Neuerung?

2. Welcher Zusammenhang zwischen Lesekultur und politischem Bewusstsein wird vom Autor hergestellt?

1 Folio: Format eines halben Druckbogens

3. Die Reiseliteratur, die einen ersten Höhepunkt der Beliebtheit im Zeitalter der Aufklärung erreicht hatte, wurde im Vormärz zunehmend für politische Zwecke eingesetzt. Wo wird dies auch im vorliegenden Reisebericht deutlich?

Text 2   GEORG BÜCHNER: Der hessische Landbote (1834)

Erste Botschaft

Darmstadt, im Juli 1834.

Vorbericht

Dieses Blatt soll dem hessischen Lande die Wahrheit melden, aber wer die Wahrheit sagt, wird gehenkt, ja sogar der, welcher die Wahrheit liest, wird durch meineidige Richter vielleicht gestraft. Darum haben die, welchen dies Blatt zukommt, folgendes zu beobachten:
1) Sie müssen das Blatt sorgfältig außerhalb ihres Hauses vor der Polizei verwahren;
2) sie dürfen es nur an treue Freunde mittheilen;
3) denen, welchen sie nicht trauen, wie sich selbst, dürfen sie es nur heimlich hinlegen;
4) würde das Blatt dennoch bei Einem gefunden, der es gelesen hat, so muß er gestehen, daß er es eben dem Kreisrath habe bringen wollen;
5) wer das Blatt nicht gelesen hat, wenn man es bei ihm findet, der ist natürlich ohne Schuld.

Steckbrief Büchners, Frankfurter Journal, 18. 7. 1855   Georg Büchner. A. Hoffmann, um 1835

Friede den Hütten! Krieg den Pallästen!

Im Jahr 1834 siehet es aus, als würde die Bibel Lügen gestraft. Es sieht aus, als hätte Gott die Bauern und Handwerker am 5ten Tage, und die Fürsten und Vornehmen am 6ten gemacht, und als hätte der Herr zu diesen gesagt: Herrschet über alles Gethier, das auf Erden kriecht, und hätte die Bauern und Bürger zum Gewürm gezählt. Das Leben der Vornehmen ist ein langer Sonntag, sie wohnen in schönen Häusern, sie tragen zierliche Kleider, sie haben feiste Gesichter und reden eine eigne Sprache; das Volk aber liegt vor ihnen wie Dünger auf dem Acker. Der Bauer geht hinter dem Pflug, der Vornehme aber geht hinter ihm und dem Pflug und treibt ihn mit den Ochsen am Pflug, er nimmt das Korn und läßt ihm die Stoppeln. Das Leben des Bauern ist ein langer Werktag; Fremde verzehren seine Aecker vor seinen Augen, sein Leib ist eine Schwiele, sein Schweiß ist das Salz auf dem Tische des Vornehmen.

Im Großherzogthum Hessen sind 718,373 Einwohner, die geben an den Staat jährlich an 6,363,364 Gulden als

1)	Direkte Steuern	2,128,131 fl.
2)	Indirecte Steuern	2,478,264 ,
3)	Domänen[1]	1,547,394 ,
4)	Regalien[2]	46,938 ,
5)	Geldstrafen	98,511 ,
6)	Verschiedene Quellen	64,198 ,
		6,363,363 fl.

Dies Geld ist der Blutzehnte, der von dem Leib des Volkes genommen wird. An 700.000 Menschen schwitzen, stöhnen und hungern dafür. Im Namen des Staates wird es erpreßt, die Presser berufen sich auf die Regierung und die Regierung sagt, das sey nöthig die Ordnung im Staat zu erhalten. Was ist denn nun das für gewaltiges Ding: der Staat? Wohnt eine Anzahl Menschen in einem Land und es sind Verordnungen oder Gesetze vorhanden, nach denen jeder sich richten muß, so sagt man, sie bilden einen Staat. Der Staat also sind *Alle;* die Ordner im Staate sind die Gesetze, durch welche das Wohl *Aller* gesichert wird, und die aus dem Wohl *Aller* hervorgehen sollen. – Seht nun, was man in dem Großherzogthum aus dem Staat gemacht hat; seht was es heißt: die Ordnung im Staate erhalten! 700.000 Menschen bezahlen dafür 6 Millionen, d.h. sie werden zu Ackergäulen und Pflugstieren gemacht, damit sie in Ordnung leben. In Ordnung leben heißt hungern und geschunden werden.

Wer sind denn die, welche diese Ordnung gemacht haben, und die wachen, diese Ordnung zu erhalten? Das ist die Großherzogliche Regierung. Die Regierung wird gebildet von dem Großherzog und seinen obersten Beamten. Die andern Beamten sind Männer, die von der Regierung berufen werden, um jene Ordnung in Kraft zu erhalten. Ihre Anzahl ist Legion: Staatsräthe und Regierungsräthe, Landräthe und Kreisräthe, Geistliche Räthe und Schulräthe, Finanzräthe und Forsträthe u.s.w. mit allem ihrem Heer von Secretären u.s.w. Das Volk ist ihre Heerde, sie sind seine Hirten, Melker und Schinder; sie haben die Häute der Bauern an, der Raub der Armen ist in ihrem Hause; die Thränen der Wittwen und Waisen sind das Schmalz auf ihren Gesichtern; sie herrschen frei und ermahnen das Volk zur Knechtschaft.

Aus: Georg Büchner: Der hessische Landbote (Erste Fassung). In: Sämtliche Werke und Briefe. Hrsg. von Werner R. Lehmann. Bd. II. Hamburg 1971.

1 Domäne: landesherrlicher Grundbesitz
2 Regalie: Hoheitsrecht, z. B. Münzrecht

Arbeitsvorschläge zu Text 2

1. Wo setzt Büchner im Hessischen Landboten den Hebel für eine Gesellschaftsveränderung an? Untersuchen Sie dazu Inhalt, Sprache und Gedankenführung des Textausschnittes.

2. Ordnen Sie den Hessischen Landboten einer Textsorte zu. Warum ist er wohl nicht handschriftlich überliefert?

3. Wie hätten Sie als Untersuchungsrichter die Gefährlichkeit des Landboten beurteilt? Verfassen Sie ein Gutachten.

4. Lesen Sie in einer Büchner-Biografie nach, welche Folgen die Publikation des Hessischen Landboten für seinen Autor hatte, und *referieren* Sie darüber in Ihrem Kurs.

Text 3

BETTINA VON ARNIM: In der Armenkolonie (1843)

Bettina von Arnim (1785–1859), die zunächst auf dem Adelsgut ihres Mannes Achim von Arnim in Wiepersdorf (Brandenburg) gelebt hatte, zog nach seinem Tode in die preußische Hauptstadt Berlin (1831) und erlebte dort den Wandel von einer Fürstenresidenz zu einer Geschäfts- und Industriestadt. Mit ihrer Schrift „Dies Buch gehört dem König" (1843) wollte sie den preußischen König Friedrich Wilhelm IV. für das soziale Elend der Armen in den Vorstädten interessieren.

Vor dem Hamburger Tore[1], im sogenannten *Vogtland*, hat sich eine förmliche Armenkolonie gebildet. Man lauert sonst jeder unschuldigen Verbindung auf. Das aber scheint gleichgültig zu sein, daß die Ärmsten in *eine* große Gesellschaft zusammengedrängt werden, sich immer mehr abgrenzen gegen die übrige Bevölkerung
5 und zu einem furchtbaren Gegengewichte anwachsen. Am leichtesten übersieht man einen Teil der Armengesellschaft in den sogenannten „Familienhäusern". Sie sind in viele kleine Stuben abgeteilt, von welchen jede einer Familie zum Erwerb, zum Schlafen und Küche dient. In vierhundert Gemächern wohnen zweitausendfünfhundert Menschen. Ich besuchte daselbst viele Familien und verschaffte mir
10 Einsicht in ihre Lebensumstände.
In der Kellerstube Nr. 3 traf ich einen Holzhacker mit einem kranken Bein. Als ich eintrat, nahm die Frau schnell die Erdäpfelhäute vom Tische, und eine sechzehnjährige Tochter zog sich verlegen in einen Winkel des Zimmers zurück, da mir ihr Vater zu erzählen anfing. Dieser wurde arbeitsunfähig beim Bau der neuen Bau-
15 schule. Sein Gesuch um Unterstützung blieb lange Zeit unberücksichtigt. Erst als er ökonomisch völlig ruiniert war, wurden ihm monatlich fünfzehn Silbergroschen zuteil. Er mußte sich ins Familienhaus zurückziehen, weil er die Miete für eine Wohnung in der Stadt nicht mehr bestreiten konnte. Jetzt erhält er von der Armendirektion zwei Taler monatlich; die Frau verdient das Doppelte, die Tochter erübrigt
20 anderthalben Taler. Die Gesamteinnahme beträgt also sechseinhalb Taler im Monat. Dagegen kostet die Wohnung zwei Taler, eine „Mahlzeit Kartoffeln" einen Silbergroschen neun Pfennig; auf zwei tägliche Mahlzeiten berechnet beträgt die Ausgabe für das Hauptnahrungsmittel dreieinhalb Taler im Monat. Es bleibt also noch ein Taler übrig zum Ankaufen des Holzes und alles dessen, was eine Familie
25 neben rohen Kartoffeln zum Unterhalte bedarf. (…)

1 Hamburger Tor: Stadttor im Norden Berlins

Ich hätte die Untersuchungen gerne noch weiter fortgesetzt. Sowie es aber bekannt war, daß ich das Gesehene notiere und mitunter einige Groschen schenke, verfolgten mich Weiber und Kinder und wollten mich in ihre Wohnung führen. Um nicht das ganze Vogtland in Auflauf zu bringen, blieb ich weg. Es sind indessen die angeführten Beispiele weder ausgesucht noch ausgemalt, so daß sich leicht auf die übrigen Bewohner der Familienhäuser schließen läßt; und für einmal ist deutlich genug nachgewiesen, wie man die Leute durch alle Stufen des Elendes in den Zustand hinabsinken läßt, aus welchem sie sich, selbst mit erlaubten Mitteln, nicht wieder herausarbeiten können; und daß mit den als Almosen hingeworfenen Zinsen der Armengüter keinem aufgeholfen wird. (...)

Aus: Bettina von Arnim: Dies Buch gehört dem König. Bd. II. Berlin 1843. In: Hans-Magnus Enzensberger: Klassenbuch. Bd. I. Darmstadt u. Neuwied 1980.

Text 4   CHARLES DICKENS: Oliver Twist (1838)

1. Kapitel
Handelt von dem Ort, wo Oliver Twist geboren wurde, und von den Umständen, die seine Geburt begleiteten

Unter den öffentlichen Gebäuden einer Stadt, die ich aus mancherlei Gründen lieber nicht nennen und noch weniger mit einem erfundenen Namen bezeichnen will, ist auch eins, wie es ehedem die meisten Städte, große und kleine, besaßen: ein Armen- und Waisenhaus. In diesem Haus wurde an einem Tag und Datum, die ich nicht zu erwähnen brauche, da sie für den Leser keinesfalls Bedeutung erlangen können, jener Sterbliche geboren, dessen Name diesem Kapitel voransteht.
Noch lange, nachdem er durch den Wunderarzt des Kirchenspiels in diese Welt der Sorgen und Mühen eingeführt war, blieb es recht zweifelhaft, ob das Kind lang genug leben werde, um überhaupt einen Namen zu erhalten. In diesem Fall wäre höchstwahrscheinlich die vorliegende Lebensbeschreibung gar nicht erschienen, oder sie hätte, auf wenige Seiten zusammengedrängt, das unschätzbare Vergnügen gehabt, die knappste und getreueste Biographie in der Literatur aller Zeiten und Länder zu sein.
Ich will nicht sagen, daß der Umstand, in einem Armenhaus geboren zu werden, zu den glücklichsten und beneidenswertesten gehört, die einem menschlichen Wesen zustoßen können; aber ich wage zu behaupten, daß es in diesem besonderen Fall das Beste war, was Oliver Twist begegnen konnte. Es kostete beträchtliche Mühe, Oliver zu veranlassen, die Arbeit des Atmens auf sich zu nehmen – ein beschwerliches Geschäft, das jedoch die Gewohnheit für unser Wohlbefinden unentbehrlich gemacht hat –, und er lag geraume Zeit schnappend auf einer kleinen Wollmatratze, schwankend zwischen dem Diesseits und dem Jenseits; aber die Waagschale neigte sich entschieden dem zweiten zu. Wäre Oliver in dieser kurzen Zeitspanne von sorgfältigen Großmüttern, ängstlichen Tanten, erprobten Wärterinnen und hochweisen Ärzten umgeben gewesen, so wäre er unvermeidlich in kürzester Frist dem Tod verfallen. Da aber niemand bei ihm war als eine zerlumpte Armenhäuslerin, die von einer ungewohnten Bierration ziemlich benebelt war, und ein Armenarzt, der solche Geschäfte kontraktmäßig abtat, fochten Oliver und die Natur die Sache unter sich allein aus. Das Ergebnis war, daß Oliver nach einigen Anstrengun-

gen atmete und nieste und dann daran ging, den Bewohnern des Armenhauses die
Ankunft einer neuen Bürde für das Kirchspiel durch ein so lautes Schreien anzukündigen, wie es sich vernünftigerweise von einem männlichen Kind erwarten ließ, das die ungemein nützliche Beigabe einer Stimme erst seit dreiviertel Minuten besaß.

Als Oliver diese erste Probe der freien und richtigen Tätigkeit seiner Lungen ablegte, raschelte die aus tausend Flicken zusammengestückelte Decke, die nachlässig über die eiserne Bettstelle gebreitet war; das bleiche Gesicht eines jungen Weibes erhob sich mühsam aus den Kissen, und eine schwache Stimme formte undeutlich die Worte: „Laßt mich das Kind sehen und sterben."

Der Arzt saß dem Feuer zugekehrt. Er hielt seine Hände darüber oder suchte sie durch Reiben zu erwärmen. Als das junge Weib sprach, stand er auf, trat an das Kopfende des Bettes und sagte mit mehr Freundlichkeit, als man von ihm erwartet hätte: „Oh! Sie müssen noch nicht vom Sterben reden."

„Du lieber Himmel nein", fiel die Wärterin ein, indem sie hastig eine grüne Flasche in ihre Tasche versenkte, deren Inhalt sie mit sichtlichem Behagen in einem Winkel des Zimmers gekostet hatte, „Gott steh ihr bei! Wenn sie einmal so alt ist wie ich und dreizehn Kinder zur Welt gebracht hat, und alle sind tot bis auf zwei, die mit mir im Arbeitshaus leben, dann wird sie's besser zu nehmen wissen. Denk doch, was es heißt, Mutter zu sein; du Schäfchen, du!"

Diese tröstliche Aussicht auf künftige Mutterfreuden verfehlten offenkundig die beabsichtige Wirkung. Die Kranke schüttelte den Kopf und streckte die Hand nach dem Kind aus. Der Arzt legte es ihr in die Arme. Sie drückte ihre kalten, weißen Lippen inbrünstig auf seine Stirn, fuhr sich mit den Händen über das Gesicht, blickte wirr um sich, schauderte, sank zurück – und starb. Sie rieben ihr Brust, Hände und Schläfen, aber das Blut war für immer erstarrt. Sie sprachen noch von Hoffnung und Trost, aber die waren ihr schon allzulang fremd.

„Alles vorüber, Mrs. Thingummy", sagte endlich der Arzt. „Ach, die Ärmste, wahrhaftig!" versetzte die Wärterin indem sie den Stöpsel der grünen Flasche aufhob, der aufs Kissen gefallen war, als sie sich bückte, um das Kind wegzunehmen. „Das arme Ding!"

„Ihr braucht nicht nach mir zu schicken, wenn das Kind schreit", fuhr der Arzt fort und zog bedächtig seine Handschuhe an. „Wahrscheinlich wird es unruhig sein. Gebt ihm dann ein wenig Haferschleim." Er setzte seinen Hut auf, blieb auf dem Weg zur Tür noch bei der Bettstelle stehen und fügte hinzu: „War ein hübsches Mädchen! Woher kam sie?"

„Sie wurde gestern abend auf Befehl des Aufsehers hereingebracht", antwortete die alte Frau. „Man fand sie auf der Straße liegen. Sie muß weit gelaufen sein, denn ihre Schuhe waren ganz zerrissen; aber woher sie kam oder wohin sie wollte, weiß niemand."

Der Arzt beugte sich über die Tote und hob ihre linke Hand empor. „Die alte Geschichte", sagte er kopfschüttelnd, „kein Trauring, wie ich sehe. Hm! – Gute Nacht."

Der Doktor ging zum Essen, und die Wärterin setzte sich, nachdem sie noch einmal ihrer grünen Flasche zugesprochen hatte, auf einen Schemel vor dem Feuer und begann das Kind einzuwickeln.

Welch ein treffliches Beispiel für die Macht der Kleider war doch der kleine Oliver Twist! In der Decke, die bisher seine einzige Hülle gewesen war, hätte er ebenso das

Kind eines Edelmannes wie das eines Bettlers sein können; es wäre selbst dem stolzesten Fremden schwer geworden, seinen Rang in der Gesellschaft anzugeben. Aber jetzt, in dem alten Kattunkleidchen, das im stets gleichen Dienst gelb geworden war, war er gezeichnet und gestempelt; jetzt nahm er seine Stellung ein: ein Gemeindekind – eine Waise des Armenhauses –, ein demütiges, halb verhungertes Lasttier, bestimmt, durch die Welt gepufft und geknufft zu werden, von allen verachtet, bedauert von keinem.

Oliver schrie lustig. Hätte er wissen können, daß er eine Waise war, der zärtlichen Sorgfalt von Kirchenvorstehern und Aufsehern überlassen, vielleicht hätte er noch lauter geschrien.

Aus: Charles Dickens: Oliver Twist. München 1957.

„Bitt' schön, wenn der Herr Hund
vielleicht nicht alles aufessen kann ...".
Th. Th. Heine, 1896

Arbeitsvorschläge

zu Text 3

1. Erläutern Sie das Untersuchungs- und Darstellungsverfahren der Bettina von Arnim.

2. Der Text ist ein Ausschnitt aus einem umfangreicheren Buch, das Bettina von Arnim dem preußischen König Friedrich Wilhelm IV widmete. Was beabsichtigte sie mit ihrer Darstellung?

3. Erika Runge hat in den Bottroper Protokollen (Frankfurt 1968) ebenfalls über soziale Verhältnisse berichtet. Vergleichen Sie an einem Ausschnitt die Darstellungsmethoden Runges und von Arnims.

zu Text 4

1. Was erfahren Sie über die sozialen Verhältnisse, in die Oliver Twist hineingeboren wird?

2. Welche Rolle nimmt der Erzähler in diesem Romanbeginn ein? Welche Wirkung erzielt Dickens damit?

3. Lesen Sie in einer literaturgeschichtlichen Darstellung über Werk und Bedeutung von Charles Dickens für die Geschichte des englischen Romans im 19. Jahrhundert nach. Informieren Sie den Kurs darüber in einem Kurzreferat.

Text 5   ADOLF GLASSBRENNER: Bittbrief an den König* (1847)

Lieber König Wohlgeboren!
Magesteht!
Aus unterteenjen Herzen schreibe ich an Ihn, mit mein Blut und Tränen, denn ich bin ein janz Armer Mann, der nicht weis, wo er Haupt herkriechen soll, un wo Er
⁵ sein Brod hinlegen soll. Sie sind wohlhabend und kennen Ein unterstizen, der ein untertan von Ihn ist, und der in elend ist wie viele sind, die nich König Magesteht sind, was nich Jeder sein kann, sondern sich so lange rechtschaffen ernehren muß biß er nich mehr kann. Dann muß Er sich an den juten König Magesteht wenden, weil er sich nicht mehr ernehren kann, un weil so viel Unjlick is, deß die meisten
¹⁰ Arbeiter nichts zu essen haben, und doch Jeden Menschen sein Brod zukommt, weil er sonst nicht Untertan seind kann und seine kinder von den Staat ernehren kann. Eier Wohljebohren König Magesteht sind so jut ein Mensch wie ich, und wenn Sie nichts zu eßen hätten, dann wirde ich auch hungern, und dann wirden Sie auch klagen, daß Sie Ihre Prinzen nicht ernehren kennten, wehrend sie jetzt zu leben haben.
¹⁵ Ich war früher Weber und habe es orndtlich jelernt, und habe meine Abjaben orndlich jezahlt, was von so einen armen Mann viel is un ich nich einsehe, warum solche arme Menschen noch was abjeben müßen. Aber nu kann ich keine arbeit mehr kriejen un habe Unjlick, un nu möchte ich den lieben König Wohljeboren Magesteht bitten, daß er mir allens das Jeld wiederjibbt, was ich vor den Staat jejeben habe,
²⁰ weil der Staat niescht von mir jedhan hat un das Betteln nich erlaubt is. Vielleicht is es möglich, daß ein paar Mann Soldaten entbehrt wern können, wovon ich denn mit meine Familche janz jut leben kennte, un wollte jerne arbeiten. In Erwartung einer schnellen jehorsamen Antwort un jütigen Bescheid, herzlich grüßend.

Ihr, König Magesteht Wohljeboren
²⁵ mit Respekt
Gottlieb Kreese, früher Weber

An König Magesteht Wohljeboren
ins Paleeh, Schildwache vor de Türe,
Zeughaus jejenüber.

Aus: Adolf Glaßbrenner: Berliner Volksleben II. Leipzig 1847.

Arbeitsvorschläge zu Text 5

1. Untersuchen Sie Textsorte, Sprache, Stilmittel und Wirkungsabsicht.
2. Erläutern Sie, wo eine kritische Haltung gegenüber dem preußischen Königsstaat erkennbar wird.

Reiche und Arme. Gemälde von William Powell Frith, 1880

Text 6
Der Beschluß des Bundestages (1835)

Auf Antrag des österreichischen Gesandten beschloss der Bundestag in Frankfurt am Main am 10. 12. 1835 ein Verbot der „jungdeutschen Schule".

Nachdem sich in Deutschland in neuerer Zeit, und zuletzt unter der Benennung „das junge Deutschland" oder „die junge Literatur" eine literarische Schule gebildet hat, deren Bemühungen unverhohlen dahin gehen, in belletristischen, für alle Klassen von Lesern zugänglichen Schriften die christliche Religion auf die frechste Weise anzugreifen, die bestehenden sozialen Verhältnisse herabzuwürdigen und alle Zucht und Sittlichkeit zu zerstören: so hat die deutsche Bundesversammlung – in Erwägung, daß es dringend notwendig sei, diesen verderblichen, die Grundpfeiler aller gesetzlichen Ordnung untergrabenen Bestrebungen durch Zusammenwirken aller Bundesregierungen sofort Einhalt zu tun, und unbeschadet weiterer, vom Bunde oder von den einzelnen Regierungen zur Erreichung des Zweckes nach Umständen zu ergreifenden Maßregeln – sich zu nachstehenden Bestimmungen vereiniget:
1. Sämtliche deutschen Regierungen übernehmen die Verpflichtung, gegen die Verfasser, Verleger, Drucker und Verbreiter der Schriften aus der unter der Bezeichnung „das junge Deutschland" oder „die junge Literatur" bekannten literarischen Schule, zu welcher namentlich Heinr. Heine, Karl Gutzkow, Heinr. Laube, Ludolf Wienbarg und Theodor Mundt gehören, die Straf- und Polizei-Gesetze ihres Landes, sowie die gegen den Mißbrauch der Presse bestehenden Vorschriften, nach ihrer vollen Strenge in Anwendung zu bringen, auch die Verbreitung dieser Schriften, sei es durch den Buchhandel, durch Leihbibliotheken oder auf sonstige Weise, mit allen ihnen gesetzlich zu Gebot stehenden Mitteln zu verhindern.

2. Die Buchhändler werden hinsichtlich des Verlags und Vertriebs der oben erwähnten Schriften durch die Regierungen in angemessener Weise verwarnt, und es wird ihnen gegenwärtig gehalten werden, wie sehr es in ihrem wohlverstandenen eigenen Interesse liege, die Maßregeln der Regierungen gegen die zerstörende Tendenz jener literarischen Erzeugnisse auch ihrerseits, mit Rücksicht auf den von ihnen in Anspruch genommenen Schutz des Bundes, wirksam zu unterstützen.
3. Die Regierung der freien Stadt Hamburg wird aufgefordert, in dieser Beziehung insbesondere der Hoffmann und Campeschen Buchhandlung zu Hamburg, welche vorzugsweise Schriften obiger Art in Verlag und Vertrieb hat, die geeignete Verwarnung zugehen zu lassen.

Der Beschluß des Bundestages (1835). In: Das Junge Deutschland. Texte und Dokumente. Hrsg. von Jost Hermand. Stuttgart 1966.

Text 7

LEVIN SCHÜCKING: Rückblicke auf die schöne Literatur seit 1830 (1839)

Nun aber gebührt unsrer schönen Literatur seit 1830 der Ruhm, erkannt zu haben, wie der höhere und eigentliche Beruf der Kunst sei, wohltätig wirkend auch in das Leben selbst einzugreifen, die Revolution der Wahrheit gegen das Vorurteil, der Vernunft gegen lang geheiligte Unvernunft in dem großen Geistesstaate der gebildeten Welt zu bewerkstelligen – die politische, unzulässige Revolution vermittelst des Terrorismus der Empörung, durch die Revolution des nur milde und ruhige Übergänge veranlassenden Kunstreizes zu ersetzen. Diese Erkenntnis wies der Literatur eine ganz neue Richtung an. Von 1830 datiert sich der Untergang der Romantik als herrschender Potenz, jenes Streben, die alleinseligmachende Kirche des Schönen in einer Region zu suchen, woraus die praktische Wahrheit als bindendes, sichtbares Oberhaupt verbannt ist, eine Kirche, welche nicht auf Felsen gebaut ist, sondern auf Nebelschichten und Wolkenzügen, die von der untergehenden Sonne oft schön, ja unendlich prachtvoll verklärt sein können, aber keine Dauer haben und uns unnahbar fern liegen mit all ihrem Glanze und Himmelsschmelz, die zu wenig wesenhaft und erfaßbar sind, wenn wir uns auch noch zu ihnen aufschwingen könnten, für unsre durch Fabrikarbeit vergröberten Hände. Deshalb aber war auch das Einschlagen der neuen Richtung durchaus nicht ein willkürliches oder aus der Überzeugung allein geflossen, daß die Hirngespinste der Phantasie, welche so lange gegen die Klassizität reagiert hatten, nach deren Untergang jetzt unnütz seien und uns nicht weiter zu fördern vermöchten. Man fühlte auch, wie die ganze Zeit eine praktische Richtung genommen habe, wie materielle Tendenzen zur alleinigen Herrschaft gekommen seien, man fühlte die Notwendigkeit, dieser Richtung zu folgen, ihr Zugeständnisse zu machen und, um nicht in die Gefahr gänzlichen Verdrängtwerdens zu geraten, das Unpraktischeste von allem, die Poesie, praktisch machen zu müssen. So ist die jetzt herrschende Literatur pragmatisch geworden (…).
Man ist nun in jugendlichem Übermute, berauscht von dem stolzen Bewußtsein des: Heureka[1]! auf mehr als einer Seite zu weit gegangen, hat die Besonnenheit verloren bei dem angestrengten Betrachten der Gegenwart, deren toller Wirbelschwung und

1 Heureka: freudiger Ausruf bei Lösung eines schweren Problems

rastloses Räderkreisen schwindlig machte, so daß man mit dem Wahren einen Kampf begann, statt zu suchen, es mit dem Schönen in Harmonie zu bringen; man hat die Zeit überflügeln wollen, statt ihr gemessenen Schrittes nachzufolgen; aber das Extrem ist nun einmal der Fluch jedes menschlichen Beginnens, und die Rückkehr aus diesem ist uns deutlich und schnell bezeichnet worden. – Man wird nicht allein erkennen, daß es keine eigentlich didaktische Poesie gibt, keine mit ausgesprochenen Tendenzen, als einzigen, überall sich verschiebenden Trägern des Ganzen, und daß das Schöne sich selbst zum Hauptzweck habe; sondern auch, daß die Poesie wohl Kränze flicht, aber keine Waffen schmiedet, daß sie nur tröstend die Kerkermauern, welche uns von dem ersehnten, aber die dem Menschen hienieden schon verliehenen Ziele der Freiheit ohne Schranken trennen, ausschmücken und mit Illusionen verhüllen kann, aber nicht sie zu durchbrechen oder zu sprengen vermag.

Levin Schücking: Rückblicke auf die schöne Literatur seit 1830. In: Das junge Deutschland. Texte und Dokumente. Hrsg. von Jost Hermand. Stuttgart 1966.

Text 8

GEORG HERWEGH: Die Literatur im Jahre 1840

Ich wollte über Literatur schreiben und habe mit der Politik angefangen. Natürlich! Das Abzeichen der modernen Literatur ist es eben, daß sie ein Kind der Politik, deutscher gesprochen, ein Kind der Juliusrevolution ist. Das sind nun zehn Jahre her, und sie hat bei keinem der besseren Schriftsteller ihre Mutter verleugnet. Selbst das industrielle Element, das in den jüngsten Tagen so überwiegend in ihr geworden ist, beweist durch unverfälschte Aktenstücke diese ihre Abkunft. Man möge unbesorgt sein: dieser literarische Krämersinn wird in Deutschland so gut seine Endschaft erleben, wie der politische in Frankreich. Die Freiheit hat in dem letzten Dezennium nur Studien gemacht, die Literatur vielleicht auch. Die Irrfahrten, die Odysseen werden bald aufhören; die Zeit war eine Penelope, die bei Nacht das Gewebe immer wieder auftrennte, das sie bei Tage gefertigt; ihre unverschämten Freier werden sie nicht lange mehr umlagern; der Erwählte wird kommen und das Gewebe vollendet werden. Was sie darauf sticken wird? Ein Schwert oder eine Feder? Auch das weiß ich nicht. Und wüßt' ich's, würde ich es nicht verraten, noch einmal: die neue Literatur ist ein Kind der Juliusrevolution. (...)
Durchgängig und zuerst machte sich die literarische Revolution im *Stil* bemerklich. Es ist eine ganz neue Sprache, die man im letzten Jahrzehend geschrieben. Sie ist rasch, wie der Gang der Zeit, schneidend, wie ein Schwert, schön wie die Freiheit und der Frühling. Die Sätze verraten eine beinahe ängstliche Hast, sie sind kurz; was man behauptet, für das steht man auch ein; die Rezensenten haben das *Wir* abgeschafft und das kecke *Ich* an seine Stelle gesetzt. (...)
Das Schwert der Revolution wird in der Literatur immer zunächst zum kritischen Messer.

Aus: Georg Herwegh: Die Literatur im Jahre 1840. In: Die deutsche Literatur. Texte und Zeugnisse. Bd. VI: Hrsg. von Benno von Wiese. München 1965.

Arbeitsvorschläge

zu Text 6

1. Weswegen wurde das Verbot des Bundestages von 1835 erlassen, wie sollte es durchgesetzt werden?

2. Überprüfen Sie am Grundgesetz, wie heute das Publikationsrecht der Autoren gesichert ist. Welche gesetzlichen Beschränkungen dieser Freiheit gibt es?

3. Informieren Sie sich über die im Beschluss genannten inkriminierten Schriftsteller in einem Schriftstellerlexikon und überprüfen Sie, inwiefern man sie aus heutiger Sicht als eine literarische Schule bezeichnen kann.

zu Text 7

1. Welche Veränderungen in der Zielsetzung und der Gestaltungsmittel der Dichtung stellt Schücking in der Literatur nach 1830 gegenüber der romantischen Literatur fest? Wie schätzt er diese ein?

2. *Erörtern* Sie die Behauptung, „daß die Poesie wohl Kränze flicht, aber keine Waffen schmiedet", an selbst gewählten Beispielen aus der Geschichte der deutschen Literatur seit dem 18. Jahrhundert.

zu Text 8

1. Vergleichen Sie die jeweilige Einschätzung der Literatur ihrer Zeit durch Schücking und Herwegh.

Text 9

LUDWIG FEUERBACH: Vorlesungen über das Wesen der Religion (1851)

Der Theologe und Philosoph Ludwig Feuerbach (1804–1872) war ein Hauptvertreter des philosophischen Materialismus in Deutschland und veröffentlichte mehrere Schriften zur Religionskritik. In einem seiner Hauptwerke, den „Vorlesungen über das Wesen der Religion" (1851), untersuchte er die christliche Gottesvorstellung. In seinen späten Schriften interpretierte er ethische Normen als Ausfluss des menschlichen Egoismus und die menschliche Vernunft als Produkt materieller Umstände: „Der Mensch ist, was er ißt" (1866).

Das Christentum hat sich die Erfüllung der unerfüllbaren Wünsche des Menschen zum Ziel gesetzt, aber eben deswegen die erreichbaren Wünsche des Menschen außer Acht gelassen; es hat den Menschen durch die Verheißung des ewigen Lebens um das zeitliche Leben, durch das Vertrauen auf Gottes Hilfe um das Vertrauen zu seinen eigenen Kräften, durch den Glauben an ein besseres Leben im Himmel um den Glauben an ein besseres Leben auf Erden und das Bestreben, ein solches zu verwirklichen, gebracht. Das Christentum hat dem Menschen gegeben, was er in seiner Einbildung wünscht, aber eben deswegen nicht gegeben, was er in Wahrheit und Wirklichkeit verlangt und wünscht. In seiner Einbildung verlangt er ein himmlisches, überschwängliches, in Wahrheit aber ein irdisches, ein mäßiges Glück. Zum irdischen Glück gehört freilich nicht Reichtum, Luxus, Üppigkeit, Pracht, Glanz und anderer Tand, sondern nur das Notwendige, nur das, ohne was der Mensch nicht menschlich existieren kann. Aber wie unzählig viele Menschen ermangeln des Notwendigsten! Aus diesem Grunde erklären es die Christen für frevelhaft oder unmenschlich, das Jenseits zu leugnen und eben damit den Unglücklichen, Elenden dieser Erde den einzigen Trost, die Hoffnung eines besseren Jenseits zu rauben. Eben hierin finden sie auch jetzt noch die sittliche Bedeutung des Jenseits, die Einheit desselben mit der Gottheit; denn ohne Jenseits sei keine Vergeltung, keine Gerechtigkeit, welche den hier, wenigstens ohne ihre Schuld Leidenden und Unglücklichen ihr Elend im Himmel vergelten müsse. Allein dieser Verteidigungsgrund des Jenseits ist nur ein Vorwand, denn aus diesem Grunde folgt nur ein Jenseits, eine Unsterblichkeit für die Unglücklichen; aber nicht für die, welche auf Erden schon so glücklich waren, die für die Befriedigung und Ausbildung ihrer menschlichen Bedürfnisse und Anlagen notwendigen Mittel zu finden. Für diese ergibt sich aus dem angeführten Grunde nur die Notwendigkeit, daß sie entweder mit dem Tode aufhören, weil sie schon das Ziel der menschlichen Wünsche erreicht haben, oder daß es ihnen im Jenseits schlechter geht als im Diesseits, daß sie im Himmel die Stelle einnehmen, welche ihre Brüder einst auf Erden einnahmen. So glauben die Kamtschadalen[1] wirklich, daß diejenigen, welche hier arm waren, in der anderen Welt reich, die Reichen hingegen arm sein werden, damit zwischen den beiden Zuständen in dieser und jener Welt eine gewisse Gleichheit bestehe. Aber das wollen und glauben die christlichen Herren nicht, die aus dem angeführten Grunde das Jenseits verteidigen; sie wollen dort ebensogut leben, wie die Unglücklichen, die Armen.

Es ist mit diesem Grunde für das Jenseits ebenso wie mit dem Grunde für den Gottesglauben, welchen viele Gelehrte im Munde führen, indem sie sagen, der Atheismus sei zwar richtig, sie selbst seien Atheisten, aber der Atheismus sei nur eine Sache der gelehrten Herren, nicht der Menschen überhaupt, gehöre nicht für das allgemeine Publikum, nicht für das Volk; es sei daher unschicklich, unpraktisch, ja frevelhaft, den Atheismus öffentlich zu lehren. Allein die Herren, die so reden, verstecken hinter dem unbestimmten, weitschichtigen Wort: Volk oder Publikum nur ihre eigene Unentschiedenheit, Unklarheit und Ungewißheit; das Volk ist ihnen nur ein Vorwand. Wovon der Mensch wahrhaft überzeugt ist, das scheut er sich nicht nur nicht, sondern das muß er auch öffentlich aussprechen. Was nicht den Mut hat, ans Licht hervorzutreten, das hat auch nicht die Kraft, das Licht zu vertragen. Der lichtscheue Atheismus ist daher ein ganz nichtswürdiger und hohler Atheismus. Er hat nichts zu sagen, darum traut er sich auch nicht, sich auszusprechen. Der Privat- oder Kryptoatheist[2] sagt oder denkt nämlich nur bei sich: es ist kein Gott, sein Atheismus faßt sich nur in diesen verneinenden Satz zusammen und dieser Satz steht obendrein bei ihm vereinzelt da, so daß trotz seines Atheismus alles bei ihm beim Alten bleibt. Und allerdings, wenn der Atheismus nichts weiter wäre, als eine Verneinung, ein bloßes Leugnen ohne Inhalt, so taugte er nicht für das Volk, d. h. nicht für den Menschen, nicht für das öffentliche Leben; aber nur, weil er selbst nichts taugte. Allein der Atheismus, wenigstens der wahre, der nicht lichtscheue, ist zugleich Bejahung, der Atheismus verneint nur das vom Menschen abgezogene Wesen, welches eben Gott ist und heißt, um das wirkliche Wesen des Menschen an die Stelle desselben als das wahre zu setzen.

Der Theismus, der Gottesglaube dagegen ist verneinend; er verneint die Natur, die Welt und Menschheit: *vor Gott ist die Welt und der Mensch Nichts,* Gott ist und war, ehe Welt und Menschen waren; er *kann ohne* sie sein; er ist das Nichts der Welt und des Menschen; Gott kann die Welt, so glaubt der strenge Gottesgläubige wenigstens, jeden Augenblick zu Nichts machen; für den wahren Theisten gibt es keine Macht und Schönheit der Natur, keine Tugend des Menschen; alles nimmt der gottesgläubige Mensch dem Menschen und der Natur, nur um damit seinen Gott auszuschmücken und zu verherrlichen. *„Nur Gott allein ist zu lieben",* sagt z. B. der heili-

---

[1] Kamtschadalen: Volksgruppe in NO-Sibirien (Kamtschatka)
[2] Kryptoatheist: gemeint ist der Atheist im Geheimen

ge Augustin, „diese ganze Welt aber, d. h. alles Sinnliche, *ist zu verachten.*" „Gott", sagt Luther in einem lateinischen Briefe, „will entweder *allein* oder *kein* Freund sein." „Gott allein", sagt er in einem anderen Briefe, „gebührt Glaube, Hoffnung, Liebe, daher sie auch die theologischen Tugenden heißen." Der Theismus ist daher „negativ und destruktiv"; nur auf die Nichtigkeit der Welt und des Menschen, d. h. des wirklichen Menschen baut er seinen Glauben. Nun ist aber Gott nichts anderes, als das abgezogene, phantastische, durch die Einbildungskraft verselbständigte Wesen des Menschen und der Natur; der Theismus opfert daher das wirkliche Leben und Wesen der Dinge und Menschen einem bloßen Gedanken- und Phantasiewesen auf. Der Atheismus dagegen opfert das Gedanken- und Phantasiewesen dem wirklichen Leben und Wesen auf. Der Atheismus ist daher positiv, bejahend; er gibt der Natur und Menschheit die Bedeutung, die Würde wieder, die ihr der Theismus genommen; er belebt die Natur und Menschheit, welchen der Theismus die besten Kräfte ausgesogen. Gott ist eifersüchtig auf die Natur, auf den Menschen, wie wir früher sahen; er allein will verehrt, geliebt, bedient sein; er allein will Etwas, alles Andere soll Nichts sein, d. h. der Theismus ist neidisch auf den Menschen und die Welt; er gönnt ihnen nichts Gutes. Neid, Mißgunst, Eifersucht sind zerstörende, verneinende Leidenschaften. Der Atheismus aber ist liberal, freigebig, freisinnig; er gönnt jedem Wesen seinen Willen und sein Talent; er erfreut sich von Herzen an der Schönheit der Natur und an der Tugend des Menschen: die Freude, die Liebe zerstören nicht, sondern beleben, bejahen.

Aus: Ludwig Feuerbach: Vorlesungen über das Wesen der Religion. Stuttgart 1908.

Arbeitsvorschläge zu Text 9

1. Welche Zielsetzungen hat nach Feuerbachs Ansicht die christliche Lehre, wie hat sie auf die Lebensverhältnisse der Menschen reagiert und dann auf diese wieder zurückgewirkt?

2. Welche Formen des Atheismus werden im Text unterschieden?

3. Untersuchen Sie, welche Argumente der Autor für seine Hauptthese einsetzt, welche Beispiele er hierfür benutzt.

4. Feuerbachs Philosophie hat erhebliche Wirkung auf das Denken Gottfried Kellers gehabt. Interpretieren Sie das Gedicht „Abendlied" (S. 109) von Feuerbachs Religionskritik aus.

2.2 Innen- und Außenwelt in der Lyrik des 19. Jahrhunderts

Text 1

JOSEPH VON EICHENDORFF: Der Einsiedler (1835)

Komm, Trost der Welt, du stille Nacht!
Wie steigst du von den Bergen sacht,
Die Lüfte alle schlafen,
Ein Schiffer nur noch, wandermüd,
Singt übers Meer sein Abendlied   5
Zu Gottes Lob im Hafen.

Die Jahre wie die Wolken gehn
Und lassen mich hier einsam stehn,
Die Welt hat mich vergessen,
Da tratst du wunderbar zu mir,   10
Wenn ich beim Waldesrauschen hier
Gedankenvoll gesessen.

O Trost der Welt, du stille Nacht!
Der Tag hat mich so müd gemacht,
Das weite Meer schon dunkelt,   15
Laß ausruhn mich von Lust und Not,
Bis daß das ewge Morgenrot
Den stillen Wald durchfunkelt.

Joseph von Eichendorff: Der Einsiedler. In: Werke. München 1977.

Text 2

ANNETTE VON DROSTE-HÜLSHOFF: Der Weiher (1841)

Er liegt so still im Morgenlicht,
So friedlich, wie ein fromm Gewissen;
Wenn Weste seinen Spiegel küssen,
Des Ufers Blume fühlt es nicht;
Libellen zittern über ihn,   5
Blaugoldne Stäbchen und Karmin[1],
Und auf des Sonnenbildes Glanz
Die Wasserspinne führt den Tanz;
Schwertlilienkranz am Ufer steht
Und horcht des Schilfes Schlummerliede;   10
Ein lindes Säuseln kommt und geht,
Als flüstre's: Friede! Friede! Friede! –

Annette von Droste-Hülshoff: Der Weiher. In: Werke in einem Band. Hrsg. von Clemens Heselhaus. München 1984.

1 Karmin: leuchtend roter Farblack

Text 3 THEODOR STORM: Abseits (1847)

Es ist so still; die Heide liegt
Im warmen Mittagssonnenstrahle,
Ein rosenroter Schimmer fliegt
Um ihre alten Gräbermale;
Die Kräuter blühn; der Heideduft 5
Steigt in die blaue Sommerluft.

Laufkäfer hasten durchs Gesträuch
In ihren goldnen Panzerröckchen,
Die Bienen hängen Zweig und Zweig
Sich an der Edelheide Glöckchen, 10
Die Vögel schwirren aus dem Kraut –
Die Luft ist voller Lerchenlaut.

Ein halbverfallen niedrig Haus
Steht einsam hier und sonnbeschieden;
Der Kätner lehnt zur Tür hinaus, 15
Behaglich blinzelnd nach den Bienen;
Sein Junge auf dem Stein davor
Schnitzt Pfeifen sich aus Kälberrohr.

Kaum zittert durch die Mittagsruh
Ein Schlag der Dorfuhr, der entfernten; 20
Dem Alten fällt die Wimper zu,
Er träumt von seinen Honigernten.
– Kein Klang der aufgeregten Zeit
Drang noch in diese Einsamkeit.

Theodor Storm: Abseits. In: Werke. Bd. 1. Frankfurt/M. 1975.

Arbeitsvorschläge zu Text 1

1. Wie wird bei Eichendorff die Beziehung zwischen lyrischem Ich und Welt gesehen? Wofür stehen die Tageszeiten?

2. Untersuchen Sie Rhythmik, Vers- und Strophenbau des Gedichts und erläutern Sie den Zusammenhang zwischen Form und Thematik.

zu Text 2

1. Wie wirkt das Naturbild, das Droste-Hülshoff entwirft, auf Sie? Welche Beziehung zwischen Natur und Menschenwelt wird hergestellt?

2. Diese Verse bilden das Eingangsgedicht zu einem fünfteiligen Zyklus „Der Weiher". Lesen Sie ihn in einer Droste-Hülshoff-Ausgabe nach und untersuchen Sie, inwieweit die Eindrücke und Untersuchungsergebnisse, die Sie am Eingangsgedicht gewonnen haben, hierdurch bestätigt oder modifiziert werden.

zu Text 3

1. Beschreiben Sie mit Ihren eigenen Worten Stimmung und Atmosphäre, die in Storms Gedicht gestaltet werden. In welchem Verhältnis stehen diese zur „aufgeregten Zeit"?

2. Mit welchen Formelementen gestaltet der Schriftsteller diese Atmosphäre? Welche Absicht liegt Ihrer Ansicht nach dieser Gestaltung zugrunde? Versuchen Sie die Grundstimmung des Gedichts beim Vortrag den Zuhörern zu vermitteln.

3. Wie wird hier das Verhältnis zwischen Mensch und Natur gesehen? In welcher geschichtlichen Situation wird gesprochen?

zu den Texten 1–3

Vergleichen Sie Thematik und Gestaltung der Gedichte. Kennzeichnen und notieren Sie epochentypische Merkmale; benutzen Sie hierzu die Informationen aus dem Einführungstext (S. 86 ff.).

Text 4

GEORG HERWEGH: Aufruf (1841)

Reißt die Kreuze aus der Erden!
Alle sollen Schwerter werden,
Gott im Himmel wird's verzeihn,
Laßt, o laßt das Verseschweißen!
Auf den Amboß legt das Eisen! 5
Heiland soll das Eisen sein.

Eure Tannen, eure Eichen –
Habt die grünen Fragezeichen
Deutscher Freiheit ihr gewahrt?
Nein, sie soll nicht untergehen! 10
Doch ihr fröhlich Auferstehen
Kostet eine Höllenfahrt.

Deutsche, glaubet euren Sehern,
Unsre Tage werden ehern,
Unsre Zukunft klirrt in Erz; 15
Schwarzer Tod ist unser Sold nur,
Unser Gold ein Abendgold nur,
Unser Rot ein blutend Herz!

Reißt die Kreuze aus der Erden!
Alle sollen Schwerter werden, 20
Gott im Himmel wird's verzeihn.
Hört er unsre Feuer brausen
Und sein heilig Eisen sausen,
Spricht er wohl den Segen drein.

Vor der Freiheit sei kein Frieden, 25
Sei dem Mann kein Weib beschieden
Und kein golden Korn dem Feld;
Vor der Freiheit, vor dem Siege
Seh' kein Säugling aus der Wiege
Frohen Blickes in die Welt! 30

In den Städten sei nur Trauern,
Bis die Freiheit von den Mauern
Schwingt die Fahnen in das Land;
Bis du, Rhein, durch *freie* Bogen
Donnerst, laß die letzten Wogen 35
Fluchend knirschen in den Sand.

Reißt die Kreuze aus der Erden!
Alle sollen Schwerter werden,
Gott im Himmel wird's verzeihn.
Gen Tyrannen und Philister! 40
Auch das Schwert hat seine Priester,
Und wir wollen Priester sein!

Georg Herwegh: Aufruf. In: Gedichte und Prosa. Hrsg. von Peter Hasubek. Stuttgart 1975.

Text 5

HEINRICH HEINE: Zur Beruhigung (1844)

Wir schlafen ganz wie Brutus schlief –
Doch jener erwachte und bohrte tief
In Cäsars Brust das kalte Messer;
Die Römer waren Tyrannenfresser.

Wir sind keine Römer, wir rauchen Tabak. 5
Ein jedes Volk hat seinen Geschmack,
Ein jedes Volk hat seine Größe;
In Schwaben kocht man die besten Klöße.

Wir sind Germanen, gemütlich und brav,
Wir schlafen gesunden Pflanzenschlaf, 10
Und wenn wir erwachen pflegt uns zu dürsten,
Doch nicht nach dem Blute unserer Fürsten.

Wir sind so treu wie Eichenholz,
Auch Lindenholz, drauf sind wir stolz;
Im Land der Eichen und der Linden 15
Wird niemals sich ein Brutus finden.

Und wenn auch ein Brutus unter uns wär,
Den Cäsar fänd er nimmermehr,
Vergeblich würd er den Cäsar suchen;
Wir haben gute Pfefferkuchen. 20

Wir haben sechsunddreißig Herrn,
(Ist nicht zu viel!) und einen Stern
Trägt jeder schützend auf seinem Herzen,
Und er braucht nicht zu fürchten die Iden des Märzen.

Wir nennen sie Väter, und Vaterland 25
Benennen wir dasjenige Land,
Das erbeigentümlich gehört den Fürsten;
Wir lieben auch Sauerkraut mit Würsten.

Wenn unser Vater spazierengeht,
Ziehn wir den Hut mit Pietät; 30
Deutschland, die fromme Kinderstube,
Ist keine römische Mördergrube.

Heinrich Heine: Zur Beruhigung. In: Sämtliche Werke. Bd. I. Hrsg. von Werner Vordtriede. München 1969.

Arbeitsvorschläge zu Text 4

1. Untersuchen Sie Wirkungsabsicht und Gestaltungsmittel dieses Gedichts.

2. „Gen Tyrannen und Philister" ruft der Autor zum Kampf auf. Welchen Zusammenhang sehen Sie zwischen diesen beiden Gruppen?

3. „Gedichte eines Lebendigen" nannte Herwegh die Sammlung, in der er das vorliegende Gedicht veröffentlicht hat. Welches poetische Programm wird aus dem Text erkennbar?

zu Text 5

1. „Deutschland ist von neuem eingeschlafen", schrieb Heine im Vorwort zur französischen Ausgabe seines Versepos „Deutschland. Ein Wintermärchen." Wodurch sieht er in dem hier abgedruckten Gedicht das Volk „eingelullt"?

2. Fassen Sie die politische Botschaft zusammen, die Heine verkündet. Wie ordnen Sie den Standort des Verfassers politisch ein?

3. Untersuchen Sie, mit welchen Gestaltungsmitteln Heine politische Wirkung erreichen möchte. Halten Sie diese Mittel für wirksam?

4. Man hat der so genannten Tendenzpoesie immer wieder vorgeworfen, dass sie ästhetisch wertlos sei. Beurteilen Sie unter dieser Fragestellung die Gedichte von Herwegh und Heine.

Text 6 — GOTTFRIED KELLER: Abendlied (1872)

Augen, meine lieben Fensterlein,
Gebt mir schon so lange holden Schein,
Lasset freundlich Bild um Bild herein:
Einmal werdet ihr verdunkelt sein!

Fallen einst die müden Lider zu, 5
Löscht ihr aus, dann hat die Seele Ruh;
Tastend streift sie ab die Wanderschuh,
Legt sich auch in ihre finstre Truh.

Noch zwei Fünklein sieht sie glimmend stehn,
Wie zwei Sternlein innerlich zu sehn, 10
Bis sie schwanken und dann auch vergehn,
Wie von eines Falters Flügelwehn.

Doch noch wandl ich auf dem Abendfeld,
Nur dem sinkenden Gestirn gesellt;
Trinkt, o Augen, was die Wimper hält, 15
Von dem goldnen Überfluß der Welt!

Gottfried Keller: Abendlied. In: Sämtliche Werke und ausgewählte Briefe. Hrsg. von Clemens Heselhaus. Bd. III. München 1958.

Text 7 — CONRAD FERDINAND MEYER: Schwarzschattende Kastanie (1873)

Schwarzschattende Kastanie,
Mein windgeregtes Sommerzelt
Du senkst zur Flut dein weit Geäst,
Dein Laub, es durstet und es trinkt,
Schwarzschattende Kastanie! 5
Im Porte badet junge Brut
Mit Hader oder Lustgeschrei,
Und Kinder schwimmen leuchtend weiß
Im Gitter deines Blätterwerks,
Schwarzschattende Kastanie! 10
Und dämmern See und Ufer ein
Und rauscht vorbei das Abendboot,
So zuckt aus roter Schiffslatern
Ein Blitz und wandert auf dem Schwung
Der Flut, gebrochnen Lettern gleich, 15
Bis unter deinem Laub erlischt
Die rätselhafte Flammenschrift,
Schwarzschattende Kastanie!

Conrad Ferdinand Meyer: Schwarzschattende Kastanie. In: Gesammelte Werke. Bd. 4. München 1985.

Arbeitsvorschläge zu Text 6

1. Das lyrische Ich spricht seine Augen an. Welche Bedeutung haben sie hier für die Beziehung des Ich zur umgebenden Welt?

2. Verfolgen Sie den gedanklichen Weg in den vier Strophen des „Abendlieds".

3. Im Vortrag eines Gedichts sollte stets die Einheit von Form, Sprache und Gehalt zum Ausdruck gebracht werden. *Diskutieren* Sie im Kurs die für Sie „richtige" Vortragsweise dieses Gedichts. Sprechen Sie nun das Gedicht so, dass die verschiedenen Farbklänge deutlich werden.

4. Vergleichen Sie das Weltverständnis Kellers in diesem Gedicht mit dem in Gedichten aus anderen Epochen (Klassik, Romantik, Naturalismus).

zu Text 7

1. Untersuchen Sie das Gedicht Meyers im Hinblick auf die vom Autor eingesetzten Farbwerte. Interpretieren Sie die Symbolik dieser Farben.

2. Welches Gesamtbild des Lebens entwirft der Autor? Vergleichen Sie dieses auch mit der Lebensauffassung im Gedicht Storms.

3. Stimmung und Symbolgehalt der Seelandschaft spielen immer wieder eine wichtige Rolle in Meyers Gedichten (Im Spätboot, Eingelegte Ruder, Die toten Freunde, Lethe). Wählen Sie aus einer Werkausgabe Conrad Ferdinand Meyers eines dieser Gedichte und fertigen Sie eine *Interpretation* an.

Text 8

FRIEDRICH NIETZSCHE: Vereinsamt (1884)

Die Krähen schrein
Und ziehen schwirren Flugs zur Stadt:
Bald wird es schnein, –
Wohl dem, der jetzt noch – Heimat hat!

Nun stehst du starr,
Schaust rückwärts ach! wie lange schon!
Was bist du Narr
Vor Winters in die Welt entflohn?

Die Welt – ein Tor
Zu tausend Wüsten stumm und kalt!
Wer das verlor,
Was du verlorst, macht nirgends halt!

Nun stehst du bleich,
Zur Winter-Wanderschaft verflucht,
Dem Rauche gleich,
Der stets nach kältern Himmel sucht.

Flieg, Vogel, schnarr
Dein Lied im Wüsten-Vogel-Ton! –
Versteck, du Narr,
Dein blutend Herz in Eis und Hohn!

Die Krähen schrein
Und ziehen schwirren Flugs zur Stadt:
Bald wird es schnein, –
Weh dem, der keine Heimat hat!

Friedrich Nietzsche: Vereinsamt. In: Das große deutsche Gedichtbuch. Hrsg. von Karl Otto Conrady. Kronberg 1977.

Text 9

ARNO HOLZ: Erinnerung (1893)

Rote Dächer.
Aus den Schornsteinen, hier und da, Rauch,
Oben, hoch, in sonniger Luft, ab und zu, Tauben.
Es ist Nachmittag.
Aus Mohdrikers Garten hergackert eine Henne 5
Die ganze Stadt riecht nach Kaffee.

Ich bin ein kleiner, achtjähriger Junge
Und liege, das Kinn in beide Fäuste,
Platt auf dem Bauch
Und gucke durch die Bodenluke. 10
Unter mir, steil, der Hof,
Hinter mir, weggeworfen, ein Buch.
Franz Hoffman.
„Die Sklavenjäger"

Wie still das ist?! 15

Nur drüben, in Knorrs Regenrinne,
Zwei Spatzen, die sich um einen Strohhalm zanken,
Ein Mann, der sägt,
Und dazwischen, deutlich von der Kirche her,
In kurzen Pausen, regelmäßig, hämmernd, 20
Der Kupferschmied Thiel.

Wenn ich unten runtersehe,
Sehe ich grade auf Mutters Blumenbrett:
Ein Topf Goldlack, zwei Töpfe Levkoyen, eine Geranie
Und mittendrin, zierlich in einem Zigarrenkistchen, 25
Ein Hümpelchen Reseda.

Wie das riecht?
Bis zu mir rauf!!

Und die Farben!
Jetzt! Wie der Wind drüber weht! 30
Die wunder, *wunder*schönen Farben!!
Ich schließe die Augen.
Ich seh sie noch immer. ...

Arno Holz: Erinnerung. In: Die deutsche Literatur. Texte und Zeugnisse. Bd. VII. München 1967.

Arbeitsvorschläge zu Text 8

1. Friedrich Nietzsche gibt bereits im Titel Situation und Grundstimmung seines Gedichtes an. Wie wirkt der Text nach dem ersten Lesen auf Sie? Untersuchen Sie nun im Detail an Metaphorik, Rhythmus und am gedanklichen Fortschreiten, wie es zu diesem Gesamteindruck kommt.

2. In welchem Zusammenhang mit den geschichtlichen und gesellschaftlichen Verhältnissen zur Entstehungszeit des Gedichts steht die Situation des Sprechers?

3. Friedrich Nietzsches Gedichte sind immer wieder als Beginn der Lyrik unseres Jahrhunderts angesehen worden. Was wirkt modern an diesem Gedicht?

4. Die Entstehungsdaten der Gedichte Storms und Nietzsches kennzeichnen in etwa Beginn und Ende der Epoche des Realismus. Welche Veränderungen in Natursicht und Weltverständnis des Menschen stellen Sie fest?

zu Text 9

1. Dieses Gedicht aus dem Phantasus-Zyklus ist ein Stück Rollenlyrik: Ein armer Dichter in einer Berliner Dachkammer erlebt noch einmal seine Jugendzeit. Welche Grundempfindung wird im Gedicht ausgedrückt? Weisen Sie Ihre Auffassung an einzelnen Textstellen nach.

2. Arno Holz hat den Phantasus-Gedichten folgendes Programm beigegeben:
„Kein rückwärts schauender Prophet,
geblendet durch unfaßliche Idole,
modern sei der Poet,
modern vom Scheitel bis zur Sohle!"
Untersuchen Sie Bildlichkeit, Sprache und Formgestalt des Gedichts im Hinblick auf diesen Anspruch. Ziehen Sie zum Vergleich auch die programmatischen Äußerungen von Arno Holz (Kapitel 2.3, Text 5) heran.

3. Sprechen Sie das Gedicht laut. Bemühen Sie sich dabei, den Charakter des Gedichts zu verdeutlichen.

2.3 Theoretischer Entwurf und dichterische Praxis

Text 1

GEORG BÜCHNER: Brief an die Familie vom 28. Juli 1835

(...) der dramatische Dichter ist in meinen Augen nichts, als ein Geschichtsschreiber, steht aber *über* Letzterem dadurch, daß er uns die Geschichte zum zweiten Mal erschafft und uns gleich unmittelbar, statt eine trockne Erzählung zu geben, in das Leben einer Zeit hinein versetzt, uns statt Charakteristiken Charaktere, und statt
5 Beschreibungen Gestalten gibt. Seine höchste Aufgabe ist, der Geschichte, wie sie sich wirklich begeben, so nahe als möglich zu kommen. Sein Buch darf weder *sittlicher* noch *unsittlicher* sein, als die *Geschichte selbst;* aber die Geschichte ist vom lieben Herrgott nicht zu einer Lectüre für junge Frauenzimmer geschaffen worden, und da ist es mir auch nicht übel zu nehmen, wenn mein Drama ebensowenig dazu
10 geeignet ist. Ich kann doch aus einem Danton und den Banditen der Revolution nicht Tugendhelden machen! Wenn ich ihre Liederlichkeit schildern wollte, so mußte ich sie eben liederlich sein, wenn ich ihre Gottlosigkeit zeigen wollte, so mußte ich sie eben wie Atheisten sprechen lassen. Wenn einige unanständige Ausdrücke vorkommen, so denke man an die weltbekannte, obscöne Sprache der damaligen Zeit,
15 wovon das, was ich meine Leute sagen lasse, nur ein schwacher Abriß ist. Man könnte mir nur noch vorwerfen, daß ich einen solchen Stoff gewählt hätte. Aber der Einwurf ist längst widerlegt. Wollte man ihn gelten lassen, so müßten die größten Meisterwerke der Poesie verworfen werden. Der Dichter ist kein Lehrer der Moral, er erfindet und schafft Gestalten, er macht vergangene Zeiten wieder aufleben, und

die Leute mögen dann daraus lernen, so gut, wie aus dem Studium der Geschichte und der Beobachtung dessen, was im menschlichen Leben um sie herum vorgeht. Wenn man *so* wollte, dürfte man keine Geschichte studieren, weil sehr viele unmoralische Dinge darin erzählt werden, müßte mit verbundenen Augen über die Gasse gehen, weil man sonst Unanständigkeiten sehen könnte, und müßte über einen Gott Zeter schreien, der eine Welt erschaffen, worauf so viele Liederlichkeiten vorfallen. Wenn man mir übrigens noch sagen wollte, der Dichter müsse die Welt nicht zeigen wie sie ist, sondern wie sie sein solle, so antworte ich, daß ich es nicht besser machen will, als der liebe Gott, der die Welt gewiß gemacht hat, wie sie sein soll. Was noch die sogenannten Idealdichter anbetrifft, so finde ich, daß sie fast nichts als Marionetten mit himmelblauen Nasen und affectirtem Pathos, aber nicht Menschen von Fleisch und Blut gegeben haben, deren Leid und Freude mich mitempfinden macht, und deren Thun und Handeln mir Abscheu oder Bewunderung einflößt. Mit einem Wort, ich halte viel auf Goethe oder Shakespeare, aber sehr wenig auf Schiller. Daß übrigens noch die ungünstigsten Kritiken erscheinen werden, versteht sich von selbst; denn die Regierungen müssen doch durch ihre bezahlten Schreiber beweisen lassen, daß ihre Gegner Dummköpfe oder unsittliche Menschen sind. Ich halte übrigens mein Werk keineswegs für vollkommen, und werde jede wahrhaft ästhetische Kritik mit Dank annehmen. – (…)

Georg Büchner: Brief an die Familie. In: Sämtliche Werke und Briefe. Hrsg. von Werner R. Lehmann. Bd. II. Hamburg 1971.

Text 2

GEORG BÜCHNER: Dantons Tod (1835), I/6

Die Veröffentlichung der Flugschrift „Der hessische Landbote" (1834) führte zur polizeilichen Verfolgung Georg Büchners (1813–1837) (vgl. S. 92). In dieser Zeit beschäftigte er sich intensiv mit dem Studium der Französischen Revolution und schrieb im Januar und Februar 1835 sein Drama „Dantons Tod". Dargestellt wird die Situation im Frühjahr 1794, als die mit der Parole Gleichheit, Freiheit, Brüderlichkeit angetretene revolutionäre Befreiung vom Ancien Régime in eine Diktatur umschlägt. Danton, der zunächst gemeinsam mit Robespierre für die Durchsetzung der Revolution gekämpft hat, ist nun dessen Gegner. Trotz aller Warnungen, Robespierre, der den Wohlfahrtsausschuss hinter sich hat, offen entgegenzutreten, sucht Danton die Aussprache mit dem früheren Verbündeten.

EIN ZIMMER
Robespierre. Danton. Paris.

ROBESPIERRE: Ich sage Dir, wer mir in den Arm fällt, wenn ich das Schwert ziehe, ist mein Feind, seine Absicht thut nichts zur Sache; wer mich verhindert mich zu vertheidigen, tödtet mich so gut, als wenn er mich angriffe.

DANTON: Wo die Nothwehr aufhört fängt der Mord an, ich sehe keinen Grund, der uns länger zum Tödten zwänge.

ROBESPIERRE: Die sociale Revolution ist noch nicht fertig, wer eine Revolution zur Hälfte vollendet, gräbt sich selbst sein Grab. Die gute Gesellschaft ist noch nicht todt, die gesunde Volkskraft muß sich an die Stelle dießer nach allen Richtungen abgekitzelten Klasse setzen. Das Laster muß bestraft werden, die Tugend muß durch den Schrecken herrschen.

DANTON: Ich verstehe das Wort Strafe nicht.

Mit deiner Tugend Robespierre! Du hast kein Geld genommen, du hast keine Schulden gemacht, du hast bey keinem Weibe geschlafen, du hast immer einen

anständigen Rock getragen und dich nie betrunken. Robespierre du bist empörend
rechtschaffen. Ich würde mich schämen dreißig Jahre lang mit der nämlichen
Moralphysiognomie zwischen Himmel und Erde herumzulaufen bloß um des elenden Vergnügens willen Andre schlechter zu finden, als mich.
Ist denn nichts in dir, was dir nicht manchmal ganz leise, heimlich sagte, du lügst, du lügst!

ROBESPIERRE: Mein Gewissen ist rein.

DANTON: Das Gewissen ist ein Spiegel vor dem ein Affe sich quält; jeder puzt sich wie er kann, und geht auf seine eigne Art auf seinen Spaß dabey aus. Das ist der Mühe werth sich darüber in den Haaren zu liegen. Jeder mag sich wehren, wenn ein Andrer ihm den Spaß verdirbt. Hast du das Recht aus der Guillotine einen Waschzuber für die unreine Wäsche anderer Leute und aus ihren abgeschlagnen Köpfen Fleckkugeln für ihre schmutzigen Kleider zu machen, weil du immer einen sauber gebürsteten Rock trägst? Ja, du kannst dich wehren, wenn sie dir drauf spucken oder Löcher hineinreißen, aber was geht es dich an, so lang sie dich in Ruhe lassen? Wenn sie sich nicht geniren so herumzugehn, hast du deßwegen das Recht sie in's Grabloch zu sperren? Bist du der Policeysoldat des Himmels? Und kannst du es nicht eben so gut mit ansehn, als dein lieber Herrgott, so halte dir dein Schnupftuch vor die Augen.

ROBESPIERRE: Du leugnest die Tugend?

DANTON: Und das Laster. Es giebt nur Epicuräer und zwar grobe und feine, Christus war der feinste; das ist der einzige Unterschied, den ich zwischen den Menschen herausbringen kann. Jeder handelt seiner Natur gemäß d. h. er thut, was ihm wohlthut.
Nicht wahr Unbestechlicher, es ist grausam dir die Absätze so von den Schuhen zu treten?

ROBESPIERRE: Danton, das Laster ist zu gewissen Zeiten Hochverrath.

DANTON: Du darfst es nicht proscribiren¹, um's Himmelswillen nicht, das wäre undankbar, du bist ihm zu viel schuldig, durch den Contrast nämlich.
Uebrigens, um bey deinen Begriffen zu bleiben, unsere Streiche müssen der Republik nützlich seyn, man darf die Unschuldigen nicht mit den Schuldigen treffen.

ROBESPIERRE: Wer sagt dir denn, daß ein Unschuldiger getroffen worden sey?

DANTON: Hörst du Fabricius? Es starb kein Unschuldiger! *(Er geht, im Hinausgehn zu Paris)* Wir dürfen keinen Augenblick verlieren, wir müssen uns zeigen! *(Danton und Paris ab.)*

ROBESPIERRE *(allein):* Gehe nur! Er will die Rosse der Revolution am Bordell halten machen, wie ein Kutscher seine dressirten Gäule; sie werden Kraft genug haben, ihn zum Revolutionsplatz zu schleifen.
Mir die Absätze von den Schuhen treten! Um bey deinen Begriffen zu bleiben! Halt! Halt! Ist's das eigentlich? Sie werden sagen seine gigantische Gestalt hätte zuviel Schatten auf mich geworfen, ich hätte ihn deßwegen aus der Sonne gehen heißen. Und wenn sie Recht hätten?
Ist's denn so nothwendig? Ja, ja, die Republik! Er muß weg. Es ist lächerlich wie meine Gedanken einander beaufsichtigen. Er muß weg. Wer in einer Masse, die vorwärts drängt, stehen bleibt, leistet so gut Widerstand als trät' er ihr entgegen; er wird zertreten.

---

1 proscribiren: (lat.) ächten

Wir werden das Schiff der Revolution nicht auf den seichten Berechnungen und den Schlammbänken dießer Leute stranden lassen, wir müssen die Hand abhauen, die es zu halten wagt und wenn er es mit den Zähnen packte!

Weg mit einer Gesellschaft, die der todten Aristocratie die Kleider ausgezogen und ihren Aussatz geerbt hat.

Keine Tugend! Die Tugend ein Absatz meiner Schuhe! Bey meinen Begriffen! Wie das immer wieder kommt.

Warum kann ich den Gedanken nicht los werden? Er deutet mit blutigem Finger immer da, da hin! Ich mag so viel Lappen darum wickeln als ich will, das Blut schlägt immer durch. – *(Nach einer Pause)* Ich weiß nicht, was in mir das Andere belügt.

(Er tritt ans Fenster.) Die Nacht schnarcht über der Erde und wälzt sich im wüsten Traum, Gedanken, Wünsche kaum geahnt, wirr und gestaltlos, die scheu sich vor des Tages Licht verkrochen, empfangen jetzt Form und Gewand und stehlen sich in das stille Haus des Traums. Sie öffnen die Thüren, sie sehen aus den Fenstern, sie werden halbwegs Fleisch, die Glieder strecken sich im Schlaf, die Lippen murmeln. – Und ist nicht unser Wachen ein hellerer Traum, sind wir nicht Nachtwandler, ist nicht unser Handeln, wie das im Traum, nur deutlicher, bestimmter, durchgeführter? Wer will uns darum schelten? In einer Stunde verrichtet der Geist mehr Thaten des Gedankens, als der träge Organismus unsres Leibes in Jahren nachzuthun vermag. Die Sünde ist im Gedanken. Ob der Gedanke That wird, ob ihn der Körper nachspielt, das ist Zufall.

Aus: Georg Büchner: Dantons Tod. In: Sämtliche Werke und Briefe. Hrsg. von Werner R. Lehmann. Bd. I. Hamburg 1971.

Arbeitsvorschläge

zu Text 1

1. Georg Büchner hat für die Niederschrift seines Geschichtsdramas Originalquellen der Französischen Revolution gelesen und sie auch zitierend benutzt. In welchem Verhältnis stehen für ihn Geschichtsschreibung und Dichtung?

2. *Erörtern* Sie anhand geeigneter literarischer Beispiele Büchners Feststellung: „Der Dichter ist kein Lehrer der Moral, er erfindet und schafft Gestalten."

zu Text 2

1. Stellen Sie thesenartig zusammen, wie Robespierre im Gespräch mit Danton den revolutionären Terror begründet und was Danton dagegen vorbringt.

2. Welche Lebens- und Geschichtsauffassung vertritt Danton? Untersuchen Sie bei der Lektüre des Dramas, in welcher Weise die Titelfigur ihr Programm verwirklicht.

3. Büchner bezeichnet in seinem Brief die politischen Führerfiguren als „Banditen der Revolution". Wie stellt er sie in seinem Stück dar?

Text 3

ADALBERT STIFTER: Vorrede zu „Bunte Steine" (1853)

Es ist einmal gegen mich bemerkt worden, daß ich nur das Kleine bilde, und daß meine Menschen stets gewöhnliche Menschen seien. Wenn das wahr ist, bin ich heute in der Lage, den Lesern ein noch Kleineres und Unbedeutenderes anzubieten, nämlich allerlei Spielereien für junge Herzen. Es soll sogar in denselben nicht einmal Tugend und Sitte gepredigt werden, wie es gebräuchlich ist, sondern sie sollen nur durch das wirken, was sie sind. Wenn etwas Edles und Gutes in mir ist, so wird es von selber in meinen Schriften liegen; wenn aber dasselbe nicht in meinem Gemüte ist, so werde ich mich vergeblich bemühen, Hohes und Schönes darzustellen, es wird doch immer das Niedrige und Unedle durchscheinen. Großes oder Kleines zu bilden hatte ich bei meinen Schriften überhaupt nie im Sinne, ich wurde von ganz anderen Gesetzen geleitet (…).

Weil wir aber schon einmal von dem Großen und Kleinen reden, so will ich meine Ansichten darlegen, die wahrscheinlich von denen vieler anderer Menschen abweichen. Das Wehen der Luft, das Rieseln des Wassers, das Wachsen der Getreide, das Wogen des Meeres, das Grünen der Erde, das Glänzen des Himmels, das Schimmern der Gestirne halte ich für groß: das prächtig einherziehende Gewitter, den Blitz, welcher Häuser spaltet, den Sturm, der die Brandung treibt, den feuerspeienden Berg, das Erdbeben, welches Länder verschüttet, halte ich nicht für größer als obige Erscheinungen, ja ich halte sie für kleiner, weil sie nur Wirkungen viel höherer Gesetze sind. Sie kommen auf einzelnen Stellen vor und sind die Ergebnisse einseitiger Ursachen. Die Kraft, welche die Milch im Töpfchen der armen Frau emporschwellen und übergehen macht, ist es auch, die die Lava in dem feuerspeienden Berge emportreibt, und auf den Flächen der Berge hinabgleiten läßt. Nur augenfälliger sind diese Erscheinungen, und reißen den Blick des Unkundigen und Unaufmerksamen mehr an sich, während der Geisteszug des Forschers vorzüglich auf das Ganze und Allgemeine geht, und nur in ihm allein Großartigkeit zu erkennen vermag, weil es allein das Welterhaltende ist. (…)

So wie es in der äußeren Natur ist, so ist es auch in der inneren, in der des menschlichen Geschlechtes. Ein ganzes Leben voll Gerechtigkeit, Einfachheit, Bezwingung seiner selbst, Verstandesgemäßheit, Wirksamkeit in seinem Kreise, Bewunderung des Schönen verbunden mit einem heiteren gelassenen Sterben halte ich für groß: mächtige Bewegungen des Gemütes, furchtbar einherrollenden Zorn, die Begier nach Rache, den entzündeten Geist, der nach Tätigkeit strebt, umreißt, ändert, zerstört und in der Erregung oft das eigene Leben hinwirft, halte ich nicht für größer, sondern für kleiner, da diese Dinge so gut nur Hervorbringungen einzelner und einseitiger Kräfte sind, wie Stürme, feuerspeiende Berge, Erdbeben. Wir wollen das sanfte Gesetz zu erblicken suchen, wodurch das menschliche Geschlecht geleitet wird. Es gibt Kräfte, die nach dem Bestehen des Einzelnen zielen. Sie nehmen alles und verwenden es, was zum Bestehen und zum Entwickeln desselben notwendig ist. Sie sichern den Bestand des einen und dadurch den aller. Wenn aber jemand jedes Ding unbedingt an sich reißt, was sein Wesen braucht, wenn er die Bedingungen des Daseins eines anderen zerstört, so ergrimmt etwas Höheres in uns, wir helfen dem Schwachen und Unterdrückten, wir stellen den Stand wieder her, daß er ein Mensch neben dem andern bestehe, und seine menschliche Bahn gehen könne, und wenn wir das getan haben, so fühlen wir uns befriedigt, wir fühlen uns noch viel höher und inniger als wir uns als Einzelne fühlen, wir fühlen uns als ganze Menschheit. Es gibt daher Kräfte, die nach dem Bestehen der gesamten Menschheit hinwirken, die durch die Einzelkräfte nicht beschränkt werden dürfen, ja im Gegenteile beschränkend auf sie selber einwirken. Es ist das Gesetz dieser Kräfte, das Gesetz der Gerechtigkeit, das Gesetz der Sitte, das Gesetz, das will, daß jeder geachtet, geehrt und ungefährdet neben dem andern bestehe, daß er seine höhere menschliche Laufbahn gehen könne, sich Liebe und Bewunderung seiner Mitmenschen erwerbe, daß er als Kleinod gehütet werde, wie jeder Mensch ein Kleinod für alle andern Menschen ist. Dieses Gesetz liegt überall, wo Menschen neben Menschen wohnen.

Aus: Adalbert Stifter: Bunte Steine und Erzählungen, München 1951.

Der Sarstein bei Altaussee. Adalbert Stifter, um 1836

Text 4   ADALBERT STIFTER: Das Dorf und sein Berg* (1853)

In den hohen Gebirgen unseres Vaterlandes steht ein Dörfchen mit einem kleinen, aber sehr spitzigen Kirchturme, der mit seiner roten Farbe, mit welcher die Schindeln bemalt sind, aus dem Grün vieler Obstbäume hervorragt, und wegen derselben roten Farbe in dem duftigen und blauen Dämmern der Berge weithin ersichtlich ist. Das Dörfchen liegt gerade mitten in einem ziemlich weiten Tale, das fast wie ein länglicher Kreis gestaltet ist. Es enthält außer der Kirche eine Schule, ein Gemeindehaus und noch mehrere stattliche Häuser, die einen Platz gestalten, auf welchem vier Linden stehen, die ein steinernes Kreuz in ihrer Mitte haben. Diese Häuser sind nicht bloße Landwirtschaftshäuser, sondern sie bergen auch noch diejenigen Handwerke in ihrem Schoße, die dem menschlichen Geschlechte unentbehrlich sind, und die bestimmt sind, den Gebirgsbewohnern ihren einzigen Bedarf an Kunsterzeugnissen zu decken. Im Tale und an den Bergen herum sind noch sehr viele zerstreute Hütten, wie das in Gebirgsgegenden sehr oft der Fall ist, welche alle nicht nur zur Kirche und Schule gehören, sondern auch jenen Handwerken, von denen gesprochen wurde, durch Abnahme der Erzeugnisse ihren Zoll entrichten. Es gehören sogar noch weitere Hütten zu dem Dörfchen, die man von dem Tale aus gar nicht sehen kann, die noch tiefer in den Gebirgen stecken, deren Bewohner selten zu ihren Gemeindemitbrüdern herauskommen, und die im Winter oft ihre Toten aufbewahren müssen, um sie nach dem Wegschmelzen des Schnees zum Begräbnis bringen zu können. Der größte Herr, den die Dörfler im Laufe des Jahres zu sehen bekommen, ist der Pfarrer. Sie verehren ihn sehr, und es geschieht gewöhnlich, daß derselbe durch längeren Aufenthalt im Dörfchen ein der Einsamkeit gewöhnter Mann wird, daß er nicht ungerne bleibt, und einfach fortlebt. Wenigstens hat man seit Menschengedenken nicht erlebt, daß der Pfarrer des Dörfchens ein auswärtssüchtiger oder seines Standes unwürdiger Mann gewesen wäre.

Es gehen keine Straßen durch das Tal, sie haben ihre zweigleisigen Wege, auf denen sie ihre Felderzeugnisse mit einspännigen Wäglein nach Hause bringen, es kommen daher wenig Menschen in das Tal, unter diesen manchmal ein einsamer Fußreisender, der ein Liebhaber der Natur ist, eine Weile in der bemalten Oberstube des Wirtes wohnt, und die Berge betrachtet, oder gar ein Maler, der den kleinen spitzen Kirchturm und die schönen Gipfel der Felsen in seine Mappe zeichnet. Daher bilden die Bewohner eine eigene Welt, sie kennen einander alle mit Namen und mit den einzelnen Geschichten von Großvater und Urgroßvater her, trauern alle, wenn einer stirbt, wissen, wie er heißt, wenn einer geboren wird, haben eine Sprache, die von der der Ebene draußen abweicht, haben ihre Streitigkeiten, die sie schlichten, stehen einander bei, und laufen zusammen, wenn sich etwas Außerordentliches begibt.

Sie sind sehr stetig und es bleibt immer beim alten. Wenn ein Stein aus einer Mauer fällt, wird derselbe wieder eingesetzt, die neuen Häuser werden wie die alten gebaut, die schadhaften Dächer werden mit gleichen Schindeln ausgebessert, und wenn in einem Hause scheckige Kühe sind, so werden immer mehr solche Kälber aufgezogen, und die Farbe bleibt bei dem Hause.

Gegen Mittag sieht man von dem Dorfe einen Schneeberg, der mit seinen glänzenden Hörnern fast oberbalb der Hausdächer zu sein scheint, aber in der Tat doch nicht so nahe ist. Er sieht das ganze Jahr, Sommer und Winter, mit seinen vorstehenden Felsen und mit seinen weißen Flächen in das Tal herab. Als das Auffallendste, was sie in ihrer Umgebung haben, ist der Berg der Gegenstand der Betrachtung der Bewohner, und er ist der Mittelpunkt vieler Geschichten geworden. Es lebt kein Mann und Greis in dem Dorfe, der nicht von den Zacken und Spitzen des Berges, von seinen Eisspalten und Höhlen, von seinen Wässern und Geröllströmen etwas zu erzählen wüßte, was er entweder selbst erfahren, oder von andern erzählen gehört hat. (…)

Wenn man auf die Jahresgeschichte des Berges sieht, so sind im Winter die zwei Zacken seines Gipfels, die sie Hörner heißen, schneeweiß, und stehen, wenn sie an hellen Tagen sichtbar sind, blendend in der finstern Bläue der Luft; alle Bergfelder, die um diese Gipfel herum lagern, sind dann weiß; alle Abhänge sind so; selbst die steilrechten Wände, die die Bewohner Mauern heißen, sind mit einem angeflogenen weißen Reife bedeckt, und mit zarten Eise wie mit einem Firnisse belegt, so daß die ganze Masse wie ein Zauberpalast aus dem bereiften Grau der Wälderlast emporragt, welche schwer um ihre Füße herum ausgebreitet ist. Im Sommer, wo Sonne und warmer Wind den Schnee von den Steilseiten wegnimmt, ragen die Hörner nach dem Ausdrucke der Bewohner schwarz in den Himmel, und haben nur schöne weiße Äderchen und Sprenkeln auf ihrem Rücken, in der Tat aber sind sie zart fernblau, und was sie Äderchen und Sprenkeln heißen, das ist nicht weiß, sondern hat das schöne Milchblau des fernen Schnees gegen das dunklere der Felsen. Die Bergfelder um die Hörner aber verlieren, wenn es recht heiß ist, an ihren höheren Teilen wohl den Firn nicht, der gerade dann recht weiß auf das Grün der Talbäume herab sieht, aber es weicht von ihren unteren Teilen der Winterschnee, der nur einen Flaum machte, und es wird das unbestimmte Schillern von Bläulich und Grünlich sichtbar, das das Geschiebe von Eis ist, das dann bloß liegt, und auf die Bewohner unten hinab grüßt.

Aus: Adalbert Stifter: Bunte Steine und Erzählungen. München 1951.

Arbeitsvorschläge zu den Texten 3 und 4

1. Welche Bedeutung gibt Stifter in seinen theoretischen Ausführungen (Text 3) den Begriffen „groß" und „klein"? Suchen Sie im Text die Begründungen, die er für seine Sicht anführt.

2. Welche Naturbeobachtungen weisen für Stifter auf das „sanfte Gesetz" hin? Welche sittlichen Maßstäbe leitet er daraus ab?

3. Untersuchen Sie an dem Ausschnitt aus der Erzählung „Bergkristall" (Text 4), inwieweit die theoretischen Forderungen Stifters seine Darstellung des Dorfs und der umgebenden Natur bestimmen.

4. Wie wird die Beziehung Mensch – Natur gesehen? Vergleichen Sie diese Sichtweise mit derjenigen, die in den Gedichten von Eichendorff, Droste-Hülshoff und Storm (S. 105f.) zum Ausdruck kommt.

Text 5

ARNO HOLZ: Die Kunst. Ihr Wesen und ihre Gesetze (1891)

Die Idee der Entwicklung, die unsre ganze Zeit beherrscht, die endliche Erkenntnis der Wesenseinheit der höheren und niederen Formen jedoch machte mir glücklicherweise die Auffindung dieser einfachen Tatsachen zu einer spielend leichten. Auf ihr als Basis war ich gezwungen, die Kritzeleien eines kleinen Jungen auf seiner Schiefertafel für nichts mehr und nichts weniger als ein Ergebnis genau derselben Tätigkeit anzusehn, die einen Rubens seine „Kreuzabnahme" und einen Michelangelo sein „jüngstes Gericht" schaffen ließ und die wir, zum Unterschiede von gewissen andern, eben als die „künstlerische" bezeichnen. Es fragte sich jetzt also nur noch, ob es mir möglich sein würde, eine dieser Tatsachen einer hinreichenden Analyse zu unterziehen. Ich war gezwungen, zu folgern, ich hätte dann tatsächlich gegründete Aussicht, mein Problem zu lösen.
Und ich wagte den Versuch!
Ich grabe ihn hier aus aus meinen Papieren:
„Vor mir auf meinem Tisch liegt eine Schiefertafel. Mit einem Steingriffel ist eine Figur auf sie gemalt, aus der ich absolut nicht klug werde. Für ein Dromedar hat sie nicht Beine genug, und für ein Vexierbild: „Wo ist die Katz?" kommt sie mir wieder zu primitiv vor. Am ehesten möchte ich sie noch für eine Schlingpflanze oder für den Grundriß einer Landkarte halten. Ich würde sie mir vergeblich zu erklären versuchen, wenn ich nicht wüßte, daß ihr Urheber ein kleiner Junge ist. Ich hole ihn mir also von draußen aus dem Garten her, wo der Bengel eben auf einem Kirschbaum geklettert ist, und frage ihn: „Du, was ist das hier?"
Und der Junge sieht mich ganz verwundert an, daß ich das überhaupt noch fragen kann, und sagt: „Ein Suldat!"
Ein „Suldat"! Richtig! Jetzt erkenne ich ihn deutlich! Dieser unfreiwillige Klumpen hier soll sein Bauch, dieser Mauseschwanz sein Säbel sein, und schräg über seinen Rücken hat er sogar noch so eine Art von zerbrochenem Schwefelholz zu hängen, das natürlich nur seine Flinte sein kann. In der Tat! Ein „Suldat"! Und ich schenke dem Jungen einen schönen, blankgeputzten Groschen, für den er sich nun wahrscheinlich Knallerbsen, Zündhütchen oder Malzzucker kaufen wird, und er zieht befriedigt ab.
Dieser „Suldat" ist das, was ich suchte.

Nämlich eine jener einfachen künstlerischen Tatsachen, deren Bedingungen ich kontrollieren kann. Mein Wissen sagt mir, zwischen ihm und der Sixtinischen Madonna in Dresden besteht kein Art-, sondern nur ein Gradunterschied. Um ihn in die Außenwelt treten zu lassen und ihn so und nicht beliebig anders zu gestalten als er jetzt hier auf diesem kleinen Schieferviereck, tatsächlich vor mir liegt, ist genau dasselbe Gesetz tätig gewesen, nach dem die Sixtinische Madonna eben die Sixtinische Madonna geworden ist (…).

Ich habe also bis jetzt konstatiert, daß zwischen dem Ziel, das sich der Junge gestellt hatte, und dem Resultat, das er in Wirklichkeit, hier auf dem kleinen schwarzen Täfelchen vor mir, erreicht hat, eine Lücke klafft, die grauenhaft groß ist. Ich wiederhole: daß diese Lücke nur für mir klafft, nicht aber auch bereits für ihn existierte, davon sehe ich einstweilen noch ganz ab.

Schiebe ich nun für das Wörtchen Resultat das sicher auch nicht ganz unbezeichnende „Schmierage" unter, für Ziel „Soldat" und für Lücke „x", so erhalte ich hieraus die folgende niedliche kleine Formel: Schmierage = Soldat − x. Oder weiter, wenn ich für Schmierage „Kunstwerk" und für Soldat das beliebte „Stück Natur" setze: Kunstwerk = Stück Natur − x. Oder noch weiter, wenn ich für Kunstwerk vollends „Kunst" und für Stück Natur „Natur" selbst setze: Kunst = Natur − x.

Bis hierher war unzweifelhaft alles richtig und die Rechnung stimmte. Nur, was „erklärte" mir das? (…) Und ich sagte mir:

„Kunst = Natur − x. Damit locke ich noch keinen Hund hinterm Ofen vor! Gerade um dieses x handelt es sich ja! Aus welchen Elementen es zusammengesetzt ist! (…) Woran, in meinem speziellen Falle, hatte es gelegen, daß das x entstanden war? Ja, daß es einfach hatte entstehen müssen! Mit andern Worten also, daß mein Suldat kein Soldat geworden?"

Und ich mußte mir antworten:

„Nun, offenbar, in erster Linie wenigstens, doch schon an seinem Material. An seinen Reproduktionsbedingungen rein als solchen. Ich kann unmöglich aus einem Wassertropfen eine Billardkugel formen. Aus einem Stück Ton wird mir das schon eher gelingen, aus einem Block Elfenbein vermag ich's vollends."

Immerhin, mußte ich mir aber wieder sagen, wäre es doch möglich gewesen, auch mit diesen primitiven Mitteln, diesem Stift und dieser Schiefertafel hier, ein Resultat zu erzielen, das das vorhandene so unendlich weit hätte hinter sich zurücklassen können, daß ich gezwungen gewesen wäre, das Zugeständnis zu machen: ja, auf ein denkbar noch geringeres Minimum läßt sich mit diesen lächerlich unvollkommenen Mitteln hier das verdammte x in der Tat nicht reduzieren! Und ich durfte getrost die Hypothese aufstellen, einem Menzel[1] beispielsweise wäre dies ein spielend leichtes gewesen. Woraus sich denn sofort ergab, daß die jedesmalige Größe der betreffenden Lücke x bestimmt wird nicht bloß durch die jedesmaligen Reproduktionsbedingungen der Kunst rein als solche allein, sondern auch noch durch deren jedesmalige dem immanenten Ziel dieser Tätigkeit mehr oder minder entsprechende Handhabung.

Und damit, schien es, hatte ich auch bereits mein Gesetz gefunden; wenn freilich vorderhand auch nur im ersten und gröbsten Umriß; aber das war ja wohl nur selbstverständlich. Und auf Grund der alten, weisen Regel Mills:[2] „Alle ursächli-

---

[1] Adolph Menzel (1815–1905): deutscher Maler
[2] John Stuart Mill (1806–1873); britischer Philosoph

chen Gesetze müssen infolge der Möglichkeit, daß sie eine Gegenwirkung erleiden (und sie erleiden alle eine solche!), in Worten ausgesprochen werden, die nur Tendenzen und nicht wirkliche Erfolge behaupten", hielt ich es für das beste, es zu formulieren wie folgt:
„Die Kunst hat die Tendenz, wieder die Natur zu sein. Sie wird sie nach Maßgabe ihrer jeweiligen Reproduktionsbedingungen und deren Handhabung."
Ich zweifle zwar keinen Augenblick daran, daß mit der Zeit auch eine bessere, präzisere Fassung möglich sein würde, aber den Kern wenigstens enthielt ja auch dies bereits, und das genügte mir.
„Die Kunst hat die Tendenz, wieder die Natur zu sein. Sie wird sie nach Maßgabe ihrer Reproduktionsbedingungen und deren Handhabung."
Ja! Das war es! Das hatte mir vorgeschwebt, wenn auch nur dunkel, schon an jenem ersten Winterabend! Und ich sagte mir:
Ist dieser Satz wahr, d. h. ist das Gesetz, das er aussagt, ein wirkliches, ein in der Realität vorhandenes, und nicht bloß eins, das ich mir töricht einbilde, eins in meinem Schädel, dann stößt er die ganze bisherige „Ästhetik" über den Haufen. Und zwar rettungslos.

Aus: Arno Holz: Das Werk. Bd. 10. Berlin 1925.

Text 6

Drama im Hinterhaus. Radierung von Max Klinger aus seinem Zyklus „Dramen", 1883

ARNO HOLZ: Ein Bild (1884)

Fünf wurmzernagte Stiegen geht's hinauf
Ins letzte Stockwerk einer Miethskaserne;
Hier hält der Nordwind sich am liebsten auf,
Und durch das Dachwerk schaun des Himmels Sterne.
Was sie erspähn, o, es ist grad genug.
Um mit dem Elend brüderlich zu weinen:
Ein Stückchen Schwarzbrod und ein Wasserkrug.
Ein Werktisch und ein Schemel mit drei Beinen!

Das Fenster ist vernagelt durch ein Brett,
Und doch durchpfeift der Wind es hin und wieder,
Und dort auf jenem strohgestopften Bett
Liegt fieberkrank ein junges Weib darnieder.
Drei kleine Kinder stehn um sie herum,
Die stieren Blicks an ihren Zügen hangen;
Vor vielem Weinen ward ihr Mündlein stumm
Und keine Träne mehr netzt ihre Wangen.

Ein Stümpfchen Talglicht giebt nur trüben Schein,
Doch horch, es klopft, was mag das nur bedeuten?
Es klopft und durch die Tür tritt nun herein
Ein junger Herr, geführt von Nachbarsleuten.
Der Armenhilfsarzt is't's aus dem Revier,
Den sie geholt aus Mitleid mit der Kranken,
Indeß ihr Mann bei Branntwein oder Bier
Sich selbst betäubt und seine Wuthgedanken.

Der junge Doctor aber nimmt das Licht 25
Und tritt mit ihm ans Bett des armen Weibes;
Doch gelb wie Wachs und spitz ist ihr Gesicht
Und kalt und starr die Glieder ihres Leibes.
Da schluchzt sein Herz, indeß das Licht verkohlt,
Von niegekannter Wehmuth überschlichen; 30
Weint Kinder weint, ich bin zu spät geholt,
Denn eure Mutter ist bereits – verblichen!

Arno Holz: Ein Bild. In: Das Buch der Zeit. Lieder eines Modernen. Zürich 1886.

Arbeitsvorschläge zu den Texten 5 und 6

1. Wie geht Holz (Text 5) in seiner theoretischen Darlegung vor? Aus welchem Grund wählt er diesen methodischen Weg?

2. Wie erklären Sie sich, dass im Naturalismus für die Beziehung zwischen gesehener Natur und künstlerischer Darstellung ein ursächliches Gesetz gesucht wurde? Umschreiben Sie das Gesetz, das Holz gefunden hat, mit eigenen Worten und *diskutieren* Sie die sich daraus ergebenden künstlerischen Konsequenzen.

3. Was ist das Thema des Gedichts von Arno Holz (Text 6), wie wird es künstlerisch gestaltet?

4. Prüfen Sie, ob Holz seinen theoretischen Forderungen in der künstlerischen Praxis gefolgt ist.

5. Das soziale Elend der industriellen Revolution des 19. Jahrhunderts ist von Schriftstellern und bildenden Künstlern dieser Zeit immer wieder als Thema aufgegriffen worden. Informieren Sie sich in einer Literatur- bzw. Kunstgeschichte darüber und *referieren* Sie zum Thema „Beispiele der Auseinandersetzung mit der sozialen Frage in der Literatur (bildenden Kunst) des 19. Jahrhunderts".

2.4 Erzählen im Realismus – Novellenanfänge

Text 1

JEREMIAS GOTTHELF: Der Besenbinder von Rychiswyl (1850)

Jeremias Gotthelf (d. i. Albert Bitzius, 1797–1854), Pfarrer im Berner Land, verstand sich als Volkserzieher, der mit seinen Romanen und Novellen die bäuerlich-patriarchalische Welt seiner Heimat vor dem aufkommenden Kapitalismus in den Städten warnen wollte. Ausführlich und mit Sympathie schildert er die bäuerlichen Verhältnisse und die Tugenden dörflichen Zusammenlebens. Gotthelf gilt daher als Begründer der realistischen Dorfnovelle.

Glücklich möchten alle Menschen werden. Wenn sie reich wären, würden sie auch glücklich sein, meinen die meisten, meinen, Glück und Geld verhielten sich zusammen wie die Kartoffel zur Kartoffelstaude, die Wurzel zur Pflanze. Wie irren sie sich doch gröblich, wie wenig verstehen sie sich auf das Wesen der Menschen und haben
5 es doch täglich vor Augen!
Die Heilige Schrift sagt, denen, die Gott lieben, täten alle Dinge zum Besten dienen, und so ist es auch. Geld ist und bleibt Geld, aber die Herzen, mit denen es zusam-

Jeremias Gotthelf
(1797–1854)

menkommt, sind so gar verschieden; daher erwächst aus den verschiedenen Ehen von Herz und Geld ein so verschiedenes Leben, und je nach diesem Leben bringt das Geld Glück oder Unglück. Aufs Herz kommt es an, ob man durch Geld glücklich oder unglücklich werde. Klar hat Gott eigentlich dies an die Sonne gelegt, aber leider sehen die Menschen gar selten klar die klarsten Dinge, machen sie vielmehr dunkel mit ihrer selbstgemachten Weisheit. Am Besenbinder von Rychiswyl greifen wir aus den hundert Exempeln, an welchen wir die obige Wahrheit angeschaut, eins heraus, welches ein Herz zeigen soll, dem Geld Glück brachte.

Besen sind bekanntlich ein schreiendes Bedürfnis der Zeit und waren das freilich schon seit langen Zeiten. Derartige Bedürfnisse, die täglich und wöchentlich befriedigt sein wollen, gibt es viele in jedem Haus und allenthalben Menschen, welche es sich freiwillig zur angenehmen Pflicht machen, diese Bedürfnisse zu befriedigen. Immer weniger achtet man der Personen, welche dieses tun, wenn man nur das Nötige kriegt und so wohlfeil als möglich. Ehedem war es nicht so: ehedem ward das Besenmannli, das Eierfraueli, das Tuft- oder Sandmeitschi[1] usw. so gleichsam zur Familie gerechnet; es war ein festes Verhältnis, man kannte die Tage, an welchen die Personen erschienen, je nachdem sie in Hulden standen, ward ihnen etwas Absonderliches verabreicht, und fehlten sie um einen Tag, so entschuldigten sie sich das nächste Mal, als hätten sie eine Sünde begangen, und sprachen von ihrem Kummer, man möchte vielleicht geglaubt haben, sie kämen nicht mehr, und sich daher anderweitig versorgt. Sie betrachteten ihre Häuser als die Sterne an ihrem Himmel, gaben sich alle Mühe, sie gut zu bedienen, und wenn sie mit diesem Gewerbe aufhörten oder sich selbst auf einen höheren Zweig beförderten, so gaben sie sich alle Mühe, einem Kinde, einer Base, einem Vetter oder sonst so wem zu ihrer Stelle zu verhelfen. Es war da ein gegenseitig Band von Anhänglichkeit und Vertrauen, welches leider in unserer kalten Zeit, wo alle Familienwärme sich immer mehr verflüchtigt, immer lockerer und loser wird.

Ein solcher Hausfreund war der Besenmann von Rychiswyl, der viel in Bern zu sehen, so recht eigentlich aber in Thun angesehen und beliebt war. An kleineren Orten gestalten sich alle Verhältnisse viel inniger, einzelne Persönlichkeiten werden mehr bemerkt und gelten auch mehr. Eher hätte der Samstag im Kalender gefehlt als an einem Samstag das Besenmannli in Thun. Er war nicht immer das Besenmannli gewesen, sondern lange, lange nur der Besenbub, bis man dahinterkam, daß der Besenbub Kinder hatte, die an seinem Karren stoßen konnten. Sein Vater war ein alter Soldat gewesen und früh gestorben; er war jung, seine Mutter kränklich, Vermögen hatten sie nicht, und betteln gingen sie nicht gerne. Eine ältere Schwester war schon früher ausgewandert, barfuß, und hatte bei einer Frau, welche Tannenzapfen und Sägemehl nach Bern trug, ein Unterkommen gefunden. Als sie sich ihre Sporen, das heißt Schuhe und Strümpfe verdient hatte, beförderte sie sich und ward Hühnermagd bei einem Pächter auf einem herrschaftlichen Gute in der Nähe der Stadt. Mutter und Bruder waren stolz auf sie und redeten mit Respekt von dem vornehmen Bäbeli. Hansli konnte die Mutter nicht verlassen, die mußte jemand haben, der ihr für Holz sorgte und sonst half. Sie lebten von Gott und guten Leuten, aber bös.

Da sagte einmal der Bauer, bei dem sie im Haus waren, zu Hansli: „Bub, es dünkt mich, du solltest was verdienen, wärst groß und listig genug." „Wollte gerne", sagte

1 Tuft- oder Sandmeitschi: Verkäuferin von Scheuersand

Hansli, „wenn ich nur wüßte, wie?" „Ich wüßte dir was, worin ein schöner Kreuzer Geld wäre; fange an, mir Besen zu machen! In meiner Weide ist Besenreis genug, es wird mir nur gestohlen, und kosten soll es dich nichts als alle Jahre ein paar Besen." „Ja, das wäre wohl gut, aber wo soll ich das Besenmachen lernen?" sagte Hansli. „Das ist kein Hexenwerk", sagte der Bauer, „das will ich dich schon lehren, machte viele Jahre alle Besen, welche wir brauchten, selbst und wills mit allen Besenbindern probieren. Das Werkzeug ist eine geringe Sache, und bis dus selbst anzuschaffen vermagst, kannst das meine brauchen."

So geschah es auch, und Glück und Gottes Segen war dabei. Hansli hatte großen Trieb zur Sache und der Bauer große Freude an Hansli. „Spar nicht, mach dSach recht! Mußt machen, daß du das Zutrauen bekommst; hast das einmal, so ist der Handel gewonnen", mahnte der Bauer immer, und Hansli tat darnach. Natürlich ging es im Anfang langsam zu, aber er setzte doch immer sein Fabrikat ab, und im Verhältnis, als es ihm besser von der Hand ging, nahm auch der Absatz zu. Es hieß bald, es habe niemand so brave Besen wie der Besenbub von Rychiswyl. Je augenscheinlicher der gute Erfolg wurde, desto größer ward auch Hanslis Eifer. Seine Mutter lebte sichtbar auf. Jetzt sei es gewonnen, sagte sie; sobald man sein ehrlich Brot verdienen könne, habe man Ursache, zufrieden zu sein, was wolle man mehr? Sie hatte nun alle Tage genug zu essen, gewöhnlich noch was übrig für den folgenden Tag, konnte alle Tage Brot essen, wenn sie wollte. Ja es war schon geschehen, daß Hansli ihr ein weißes Mütschli[1] heimgebracht aus der Stadt. Wie sie so wohl dran lebte, und wie sie Gott dankte, daß er ihr in ihren alten Tagen ein solches Guthaben geordnet!

(...)

Aus: Jeremias Gotthelf: Der Besenbinder von Rychiswyl. In: Erzählungen. Hrsg. von Heinz Helmerking. München 1960.

Arbeitsvorschläge zu Text 1

1. Ein zentrales Thema Gotthelfs war der Gegensatz von früher und heute. Welche Entwicklung sieht der Autor und wie bewertet er sie?

2. Wo gibt sich der geistliche Autor als Volkserzieher zu erkennen? Welche Lehren will er verbreiten?

3. Welche Erzählperspektive wählt der Dichter aus diesem Grund? Welche erzählerischen Mittel setzt er ein?

4. Informieren Sie sich im Glossar und in einem Sachwörterbuch zur Literatur über die epische Form der „Dorfnovelle" und ihre Geschichte. *Referieren* Sie darüber in Ihrem Kurs.

Text 2

CONRAD FERDINAND MEYER: Das Amulett (1873)

Bereits in seiner ersten Novelle wählte der Autor einen von ihm mehrfach gestalteten Stoff, die Religionskriege im Frankreich des 16. Jahrhunderts, welche ihren schrecklichen Höhepunkt im Blutbad unter den Hugenotten in der Bartholomäusnacht (1572) gefunden hatten. Zur geschichtlichen Beglaubigung der Ich-Erzählung von der Jugendzeit des Schweizers Hans Schadau, der in diese Religionsauseinandersetzung gerät, wählt Meyer ein in der historischen Novelle des 19. Jahrhunderts beliebtes Kunstmittel, indem er in der Form eines Rahmens die Umstände der Niederschrift seiner Erzählung vorab mitteilt.

1 Mütschli: Brötchen, Semmel

Conrad Ferdinand Meyer (1825–1898)

Alte vergilbte Blätter liegen vor mir mit Aufzeichnungen aus dem Anfange des siebzehnten Jahrhunderts. Ich übersetze sie in die Sprache unserer Zeit.

Erstes Kapitel

Heute am vierzehnten März 1611 ritt ich von meinem Sitze am Bieler See hinüber nach Courtion zu dem alten Boccard, den Handel um eine mir gehörige mit Eichen und Buchen bestandene Halde in der Nähe von Münchweiler abzuschließen, der sich schon eine Weile hingezogen hatte. Der alte Herr bemühte sich in langwierigem Briefwechsel um eine Preiserniedrigung. Gegen den Wert des fraglichen Waldstreifens konnte kein ernstlicher Widerspruch erhoben werden, doch der Greis schien es für seine Pflicht zu halten mir noch etwas abzumarkten. Da ich indessen guten Grund hatte, ihm alles Liebe zu erweisen, und überdies Geldes benötigt war, um meinem Sohn, der im Dienste der Generalstaaten steht und mit einer blonden runden Holländerin verlobt ist, die erste Einrichtung seines Hausstandes zu erleichtern, entschloß ich mich, ihm nachzugeben und den Handel rasch zu beenden.

Ich fand ihn auf seinem altertümlichen Sitze einsam und in vernachlässigtem Zustande. Sein graues Haar hing ihm unordentlich in die Stirn und hinunter in den Nacken. Als er meine Bereitwilligkeit vernahm, blitzten seine erloschenen Augen auf bei der freudigen Nachricht. Rafft und sammelt er doch in seinen alten Tagen, uneingedenk, daß sein Stamm mit ihm verdorren und er seine Habe lachenden Erben lassen wird.

Er führte mich in ein kleines Turmzimmer, wo er in einem wurmstichigen Schranke seine Schriften verwahrt, hieß mich Platz nehmen und bat mich den Kontrakt schriftlich aufzusetzen. Ich hatte meine kurze Arbeit beendigt und wandte mich zu dem Alten um, der unterdessen in den Schubladen gekramt hatte, nach seinem Siegel suchend, das er verlegt zu haben schien. Wie ich ihn alles hastig durcheinanderwerfen sah, erhob ich mich unwillkürlich, als müßt ich ihm helfen. Er hatte eben wie in fieberischer Eile ein geheimes Schubfach geöffnet, als ich hinter ihn trat, einen Blick hineinwarf und – tief aufseufzte.

In dem Fache lagen nebeneinander zwei seltsame, beide mir nur zu wohl bekannte Gegenstände: ein durchlöcherter Filzhut, den einst eine Kugel durchbohrt hatte, und ein großes rundes Medaillon von Silber mit dem Bilde der Muttergottes von Einsiedeln in getriebener, ziemlich roher Arbeit.

Der Alte kehrte sich um, als wollte er meinen Seufzer beantworten, und sagte in weinerlichem Tone:

„Jawohl, Herr Schadau, mich hat die Dame von Einsiedeln noch behüten dürfen zu Haus und im Felde; aber seit die Ketzerei in die Welt gekommen ist und auch unsre Schweiz verwüstet hat, ist die Macht der guten Dame erloschen, selbst für die Rechtgläubigen! Das hat sich an Wilhelm gezeigt – meinem lieben Jungen." Und eine Träne quoll unter seinen grauen Wimpern hervor.

Mir war bei diesem Auftritte weh ums Herz und ich richtete an den Alten ein paar tröstende Worte über den Verlust seines Sohnes, der mein Altersgenosse gewesen und an meiner Seite tödlich getroffen worden war. Doch meine Rede schien ihn zu verstimmen, oder er überhörte sie, denn er kam hastig wieder auf unser Geschäft zu reden, suchte von neuem nach dem Siegel, fand es endlich, bekräftigte die Urkunde und entließ mich dann bald ohne sonderliche Höflichkeit.

Ich ritt heim. Wie ich in der Dämmerung meines Weges trabte, stiegen mit den Düften der Frühlingserde die Bilder der Vergangenheit vor mir auf mit einer so drängenden Gewalt, in einer solchen Frische, in so scharfen und einschneidenden Zügen, daß sie mich peinigten.

Das Schicksal Wilhelm Boccards war mit dem meinigen aufs engste verflochten, zuerst auf eine freundliche, dann auf eine fast schreckliche Weise. Ich habe ihn in den Tod gezogen. Und doch, sosehr mich dies drückt, kann ich es nicht bereuen und müßte wohl heute im gleichen Falle wieder so handeln, wie ich es mit zwanzig Jahren tat. Immerhin setzte mir die Erinnerung der alten Dinge so zu, daß ich mit mir einig wurde, den ganzen Verlauf dieser wundersamen Geschichte niederzulegen und so mein Gemüt zu erleichtern.

Zweites Kapitel

Ich bin im Jahre 1553 geboren und habe meinen Vater nicht gekannt, der wenige Jahre später auf den Wällen von St. Quentin fiel. Ursprünglich ein thüringisches Geschlecht, hatten meine Vorfahren von jeher in Kriegsdienst gestanden und waren manchem Kriegsherrn gefolgt. Mein Vater hatte sich besonders dem Herzog Ulrich von Württemberg verpflichtet, der ihm für treu geleistete Dienste ein Amt in seiner Grafschaft Mümpelgard anvertraute und eine Heirat mit einem Fräulein von Bern vermittelte, deren Ahn einst sein Gastfreund gewesen war, als Ulrich sich landesflüchtig in der Schweiz umtrieb. Es duldete meinen Vater jedoch nicht lange auf diesem ruhigen Posten, er nahm Dienst in Frankreich, das damals die Picardie gegen England und Spanien verteidigen mußte. Dies war sein letzter Feldzug.

Meine Mutter folgte dem Vater nach kurzer Frist ins Grab.

Aus: C. F. Meyer: Das Amulett. In: Gesammelte Werke. Bd. I: Novellen. München 1985.

Arbeitsvorschläge zu Text 2

1. Was erfährt der Leser in diesem Beginn einer historischen Novelle von dem alten und jungen Boccard? In welchem Verhältnis steht der Ich-Erzähler zu beiden?

2. Welche Mittel setzt der Autor ein um den Leser für die Lebensgeschichte des Wilhelm Boccard zu interessieren? Welche Erzählperspektive wird gewählt?

3. Im Schubfach des alten Schlossherrn erkennt der Erzähler zwei ihm wohl bekannte Gegenstände. Lesen Sie in der Novelle Meyers nach, was es damit auf sich hat, und stellen Sie den Inhalt der Erzählung dem Kurs vor.

Text 3

GUSTAVE FLAUBERT: Ein schlichtes Herz (1877)

Gustave Flaubert (1821–1880) schrieb diese Erzählung, die er zusammen mit zwei weiteren Geschichten im Jahr 1877 unter dem Titel „Trois Contes" (drei Erzählungen) veröffentlichte, im Sommer 1876. Er greift in ihr ein beliebtes Thema der französischen Realisten auf, die Darstellung der Lebensumstände von Bediensteten in Adels- und Bürgerhäusern. Das Landmädchen Félicité tritt nach einer Liebesenttäuschung in den Dienst der Witwe Aubain. Anspruchslos in ihren Lebensgewohnheiten, sorgt sie liebevoll für die Kinder ihrer Herrin und ihren Neffen Victor. Nach dem Tode der Witwe lebt die alte Magd, inzwischen taub und erblindet, weiterhin in dem immer mehr verfallenden Haus; ihr einziger Hausgenosse bis zum Tode ist der Papagei Loulou.

Ein halbes Jahrhundert lang beneideten die Bürgerinnen von Pont-l'Evêque Madame Aubain um ihre Magd Félicité.

Für hundert Francs im Jahr besorgte sie Küche und Haushalt, nähte, wusch, plättete, konnte ein Pferd anschirren, das Geflügel mästen, Butter machen, und blieb ihrer Herrin treu – die indessen keine angenehme Person war.

Gustave Flaubert
(1821–1880)

Diese hatte einen schönen Menschen ohne Vermögen geheiratet, der zu Anfang des Jahres 1809 starb und ihr zwei ganz kleine Kinder bei einer Unmenge Schulden hinterließ. Da verkaufte sie ihren Grundbesitz, außer den Gütern Toucques und Gefosses, deren Ertrag sich höchstens auf fünftausend Franken belief, und sie verließ ihr Haus in Saint-Melaine, um ein anderes, das weniger Ausgaben verursachte, zu bewohnen; es hatte ihren Vorfahren gehört und lag hinter den Hallen.

Dieses Haus, das mit Schiefer bekleidet war, lag zwischen einem Durchgang und einer Gasse, die zum Fluß herablief. Die Böden im Innern des Hauses waren uneben, was zum Stolpern Anlaß gab. Ein enger Flur trennte die Küche von dem Saal, in dem Madame Aubain sich in der Nähe des Fensters, in einem Strohsessel sitzend, den ganzen Tag über aufhielt. Acht Mahagonistühle reihten sich an der weißgestrichenen Täfelung entlang. Ein altes Klavier trug, unterhalb des Barometers, einen pyramidenartigen Haufen von Schachteln und Kartons. Zwei gestickte Lehnsessel standen auf beiden Seiten des Kamins aus gelbem Marmor und im Stil Louis XV. Die Uhr in der Mitte stellte einen Vestatempel dar – und das ganze Zimmer hatte einen etwas modrigen Geruch, denn der Fußboden lag tiefer als der Garten.

Im ersten Stock lag zunächst das Zimmer von „Madame", das sehr groß und mit einer blaßblumigen Tapete bespannt war und das Porträt von „Monsieur" in der Kleidung eines Dandys enthielt. Es stand mit einem kleineren Zimmer in Verbindung, in dem man zwei Kinderbettstellen ohne Matratzen erblickte. Dann kam der Salon, immer verschlossen und voller Möbel, die mit Überzügen bedeckt waren. Endlich führte ein Gang zu einem Studierzimmer; Bücher und Papierkram füllten die Fächer einer Bibliothek, deren drei Teile einen großen Schreibtisch aus schwarzem Holz umgaben. Die beiden Rückwände verschwanden unter Federzeichnungen, Landschaften in Gouache[1] und Stichen von Audran, Erinnerungen an eine bessere Zeit und entschwundene Pracht. Im zweiten Stock erhellte eine Luke das Zimmer der Félicité mit Aussicht auf die Wiesen.

Sie erhob sich mit der Morgenröte, um die Messe nicht zu versäumen, und arbeitete ohne Unterlaß bis zum Abend; wenn dann das Mahl beendigt, das Geschirr an seinem Platz und die Tür gut verschlossen war, verscharrte sie die glühende Holzkohle unter der Asche und schlief vor dem Herd ein, den Rosenkranz in der Hand. Beim Einkaufen war niemand hartnäckiger im Feilschen. Was ihre Sauberkeit betraf, so brachte der Glanz ihrer Pfannen die anderen Mägde zur Verzweiflung. Sparsam wie sie war, aß sie langsam und las mit dem Finger auf dem Tisch die Krumen ihres Brotes auf – eines zwölfpfündigen Brotes, das eigens für sie gebacken wurde und zwanzig Tage ausreichte.

Zu jeder Jahreszeit trug sie ein Tuch aus feinem Kattun, das im Rücken von einer Nadel festgehalten wurde, eine Haube, die ihre Haare verbarg, graue Strümpfe, einen roten Rock, und über ihrer Jacke eine Latzschürze wie die Krankenpflegerinnen im Krankenhaus.

Ihr Gesicht war mager, und ihre Stimme spitz. Mit fünfundzwanzig Jahren wurde sie für vierzig gehalten. Vom fünfzigsten an schien sie alterslos – und bei ihrer beständigen Schweigsamkeit, mit ihrer geraden Haltung und ihren gemessenen Bewegungen glich sie einer Frau aus Holz, die automatisch ihre Handlungen verrichtet.

Aus: Gustave Flaubert: Ein schlichtes Herz. In: Drei Geschichten. Zürich 1979.

1 Gouache: Malerei in Wasserfarb-Technik

| Arbeits-vorschläge zu Text 3 | 1. Auf welche Weise und mit welchen erzählerischen Mitteln gibt der Autor dem Leser Einblicke in die Lebenswelt der Witwe Aubain und ihres Dienstmädchens?
2. Gustave Flauberts Meisterwerk, der Roman „Madame Bovary", hat den Autor weltberühmt gemacht. Dieses Werk gilt als zentrales Werk des französischen Realismus. Informieren Sie sich in einem geeigneten Nachschlagewerk über Autor und Roman. |
|---|---|

Text 4

THEODOR STORM: Hans und Heinz Kirch (1882)

Heinz Kirch liebt ein armes Mädchen, die kleine Wieb. Sein Vater Hans Kirch, Kapitän und Schiffseigner, verbietet dem Sohn das nicht standesgemäße Verhältnis. Verzweifelt heuert Heinz auf einem Schiff an und bleibt viele Jahre verschollen. Als er schließlich doch nach Hause zurückkommt, verstößt ihn der unversöhnliche Vater. Heinz zieht für immer fort und bleibt verschollen.

Theodor Storm
(1817–1888)

Auf einer Uferhöhe der Ostsee liegt hart am Wasser hingelagert eine kleine Stadt, deren stumpfer Turm schon über ein Halbjahrtausend auf das Meer hinausschaut. Ein paar Kabellängen vom Lande streckt sich quervor ein schmales Eiland, das sie dort den „Warder" nennen, von wo aus im Frühling unablässiges Geschrei der
5 Strand- und Wasservögel nach der Stadt herübertönt. Bei hellem Wetter tauchen auch wohl drüben auf der Insel, welche das jenseitige Ufer des Sundes bildet, rotbraune Dächer und die Spitze eines Turmes auf, und wenn die Abenddämmerung das Bild verlöscht hat, entzünden dort zwei Leuchttürme ihre Feuer und werfen über die dunkle See einen Schimmer nach dem diesseitigen Strand herüber. Gleich-
10 wohl, wer als Fremder durch die auf- und absteigenden Straßen der Stadt wandert, wo hie und da roh gepflasterte Stufen über die Vorstraße zu den kleinen Häusern führen, wird sich des Eindrucks abgeschlossener Einsamkeit wohl kaum erwehren können, zumal wenn er von der Landseite über die langgestreckte Hügelkette hier herabgekommen ist. In einem Balkengestelle auf dem Markte hing noch vor kurz-
15 em, wie seit Jahrhunderten, die sogenannte Bürgerglocke; um zehn Uhr abends, sobald es vom Kirchturme geschlagen hatte, wurde auch dort geläutet, und wehe dem Gesinde oder auch dem Haussohn, der diesem Ruf nicht Folge leistete; denn gleich danach konnte man straßab und -auf sich alle Schlüssel in den Haustüren drehen hören.
20 Aber in der kleinen Stadt leben tüchtige Menschen, alte Bürgergeschlechter, unabhängig von dem Gelde und dem Einfluß der umwohnenden großen Grundbesitzer; ein kleines Patriziat ist aus ihnen erwachsen, dessen stattlichere Wohnungen, mit breiten Beischlägen hinter mächtig schattenden Linden, mitunter die niedrigen Häuserreihen unterbrechen. Aber auch aus diesen Familien mußten bis vor dem
25 letzten Jahrzehnt die Söhne den Weg gehen, auf welchem Eltern und Vorfahren zur Wohlhabenheit und bürgerlichen Geltung gelangt waren; nur wenige ergaben sich den Wissenschaften, und kaum war unter den derzeitig noch studierten Bürgermeistern jemals ein Eingeborener dagewesen; wenn aber bei den jährlichen Prüfungen in der Rektorschule der Propst den einen oder andern von den Knaben frug: „Mein
30 Junge, was willst du werden?" dann richtete der sich stolz von seiner Bank empor, der mit der Antwort: „Schiffer!" herauskommen durfte. Schiffsjunge, Kapitän auf einem Familien-, auf einem eigenen Schiffe, dann mit etwa vierzig Jahren Reeder

und bald Senator in der Vaterstadt, so lautete der Stufengang der bürgerlichen Ehren.

Auf dem Chor der von einem Landesherzog im dreizehnten Jahrhundert erbauten Kirche befand sich der geräumige Schifferstuhl, für den Abendgottesdienst mit stattlichen Metalleuchtern an den Wänden prangend, durch das an der Decke schwebende Modell eines Barkschiffes in vollem Takelwerke kenntlich. Auf diesen Raum hatte jeder Bürger ein Recht, welcher das Steuermannsexamen gemacht hatte und ein eigenes Schiff besaß; aber auch die schon in die Kaufmannschaft Übergetretenen, die ersten Reeder der Stadt, hielten, während unten in der Kirche ihre Frauen saßen, hier oben unter den anderen Kapitänen ihren Gottesdienst; denn sie waren noch immer und vom allem meerbefahrene Leute, und das kleine schwebende Barkschiff war hier ihre Hausmarke.

Es ist begreiflich, daß auch manchen jungen Matrosen oder Steuermann aus dem kleinen Bürgerstande beim Eintritt in die Kirche statt der Andacht ein ehrgeiziges Verlangen anfiel, sich auch einmal den Platz dort oben zu erwerben, und daß er trotz der eindringlichen Predigt darin statt mit gottseligen Gedanken mit erregten weltlichen Entschlüssen in sein Quartier oder auf sein Schiff zurückkehrte.

Zu diesen strebsamen Leuten gehörte Hans Adam Kirch. Mit unermüdlichem Tun und Sparen hatte er sich vom Setzschiffer zum Schiffseigentümer hinaufgearbeitet; freilich war es nur eine kleine Jacht, zu der seine Mittel gereicht hatten, aber rastlos und in den Winter hinein, wenn schon alle anderen Schiffer daheim hinter ihrem Ofen saßen, befuhr er mit seiner Jacht die Ostsee, und nicht nur Frachtgüter für andere, bald auch für eigne Rechnung brachte er die Erzeugnisse der Umgegend, Korn und Mehl, nach den größeren und kleineren Küstenplätzen; erst wenn bereits außen vor den Buchten das Wasser fest zu werden drohte, band auch er sein Schiff an den Pfahl und saß beim Sonntagsgottesdienst droben im Schifferstuhl unter den Honoratioren seiner Vaterstadt. Aber lang vor Frühlingsanfang war er wieder auf seinem Schiffe; an allen Ostseeplätzen kannte man den kleinen hageren Mann in der blauen, schlotternden Schifferjacke, mit dem gekrümmten Rücken und dem vornüberhängenden dunkelhaarigen Kopfe; überall wurde er aufgehalten und angeredet, aber er gab nur kurze Antworten, er hatte keine Zeit; in einem Tritte, als ob er an der Fallreepstreppe[1] hinauflaufe, sah man ihn eilfertig durch die Gassen wandern. Und diese Rastlosigkeit trug ihre Früchte; bald wurde zu dem aus der väterlichen Erbschaft übernommenen Hause ein Stück Wiesenland erworben, genügend für die Sommer- und Winterfütterung zweier Kühe; denn während das Schiff zu Wasser, sollten diese zu Lande die Wirtschaft vorwärtsbringen. Eine Frau hatte Hans Kirch sich im stillen vor ein paar Jahren schon genommen; zu der Hökerei[2], welche diese bisher betrieben, kam nun noch eine Milchwirtschaft; auch ein paar Schweine konnten jetzt gemästet werden, um das Schiff auf seinen Handelsfahrten zu verproviantieren; und da die Frau, welche er im Widerspruch mit seinem sonstigen Tun aus einem armen Schulmeisterhause heimgeführt hatte, nur seinen Willen kannte und überdies aus Furcht vor dem bekannten Jähzorn ihres Mannes sich das Brot am Munde sparte, so pflegte dieser bei jeder Heimkehr auch zu Hause einen hübschen Haufen Kleingeld vorzufinden.

---

1 Fallreepstreppe: an der Bordwand herablassbare Treppe
2 Hökerei: Verkaufsstand

In dieser Ehe wurde nach ein paar Jahren ein Knabe geboren und mit derselben Sparsamkeit erzogen. „All wedder 'n Dreling umsünst utgeb'n!"[1], dies geflügelte Wort lief einmal durch die Stadt; Hans Adam hatte es seiner Frau zugeworfen, als sie ihrem Jungen am Werktag einen Sirupskuchen gekauft hatte. Trotz dieser dem Geize recht nahe verwandten Genauigkeit war und blieb der Kapitän ein zuverlässiger Geschäftsmann, der jeden ungeziemenden Vorteil von sich wies; nicht nur infolge einer angeborenen Rechtschaffenheit, sondern ebensosehr seines Ehrgeizes. Den Platz im Schifferstuhle hatte er sich errungen; jetzt schwebten höhere Würden, denen er nichts vergeben durfte, vor seinen Sinnen; denn auch die Sitze im Magistratskollegium, wenn sie auch meist den größeren Familien angehörten, waren mitunter von dem kleinen Bürgerstande aus besetzt worden. Jedenfalls, seinem Heinz sollte der Weg dazu gebahnt werden; sagten die Leute doch, er sei sein Ebenbild: die fest auslugenden Augen, der Kopf voll schwarzbrauner Locken seien väterliche Erbschaft, nur statt des krummen Rückens habe er den schlanken Wuchs der Mutter.

Was Hans Kirch an Zärtlichkeit besaß, das gab er seinem Jungen; bei jeder Heimkehr lugte er schon vor dem Warder[2] durch sein Glas, ob er am Hafenplatz ihn nicht gewahren könne; kamen dann nach der Landung Mutter und Kind auf Deck, so hob er zuerst den kleinen Heinz auf seinen Arm, bevor er seiner Frau die Hand zum Willkommen gab.

Als Heinz das sechste Jahr erreicht hatte, nahm ihn der Vater zum ersten Male mit sich auf die Fahrt, als „Spielvogel", wie er sagte; die Mutter sah ihnen mit besorgten Augen nach; der Knabe aber freute sich über sein blankes Hütchen und lief jubelnd über das schmale Brett an Bord; er freute sich, schon jetzt ein Schiffer zu werden wie sein Vater, und nahm sich im stillen vor, recht tüchtig mitzuhelfen. Frühmorgens waren sie ausgelaufen; nun beschien sie die Mittagssonne auf der blauen Ostsee, über die ein lauer Sommerwind das Schiff nur langsam vorwärts trieb. Nach dem Essen, bevor der Kapitän zur Mittagsruhe in die Kajüte ging, wurde Heinz dem Schiffsjungen anvertraut, der mit dem Spleißen zerrissener Taue auf dem Deck beschäftigt war; auch der Knabe erhielt ein paar Tauenden, die er eifrig ineinander zu verflechten strebte.

Nach einer Stunde etwa stieg Hans Kirch wieder aus seiner Kajüte und rief, noch halb im Taumel: „Heinz! Komm her, Heinz; wir wollen Kaffee trinken!" Aber weder der Knabe selbst noch eine Antwort kam auf diesen Ruf; statt dessen klang drüben vom Bugspriet[3] her der Gesang einer Kinderstimme. Hans Kirch wurde blaß wie der Tod; denn dort, fast auf der äußersten Spitze hatte er seinen Heinz erblickt. Auf der Luvseite, behaglich an das matt geschwellte Segel lehnend, saß der Knabe, als ob er hier von seiner Arbeit ruhe. Als er seinen Vater gewahrte, nickte er ihm freundlich zu; dann sang er unbekümmert weiter, während am Bug das Wasser rauschte; seine großen Kinderaugen leuchteten, sein schwarzbraunes Haar wehte in der sanften Brise.

Hans Kirch aber stand unbeweglich, gelähmt von der Ratlosigkeit der Angst; nur er wußte, wie leicht bei der schwachen Luftströmung das Segel flattern und vor seinen Augen das Kind in die Tiefe schleudern konnte. Er wollte rufen; aber noch zwischen den Zähnen erstickte er den Ruf; Kinder, wie Nachtwandler, muß man ja

---

1 wieder einen Dreier (= Münze) umsonst ausgegeben
2 Warder: vorgelagerte Insel
3 Bugspriet: über den Bug hinausragender Mastbaum

gewähren lassen; dann wieder wollte er das Boot aussetzen und nach dem Bug des Schiffes rudern; aber auch das verwarf er. Da kam von dem Knaben selbst die Entscheidung; das Singen hatte er satt, er wollte jetzt zu seinem Vater und dem seine Taue zeigen. Behutsam, entlang dem unteren Rande des Segels, das nach wie vor sich ihm zur Seite blähte, nahm er seinen Rückweg; eine Möwe schrie hoch oben in der Luft, er sah empor und kletterte dann ruhig weiter. Mit stockendem Atem stand Hans Kirch noch immer neben der Kajüte; seine Augen folgten jeder Bewegung seines Kindes, als ob er es mit seinen Blicken halten müsse. Da plötzlich, bei einer kaum merklichen Wendung des Schiffes fuhr er mit dem Kopf herum: „Backbord!" schrie er nach der Steuerseite; „Backbord!" als ob es ihm die Brust zersprengen solle. Und der Mann am Steuer folgte mit leisem Druck der Hand, und die eingesunkene Leinewand des Segels füllte sich aufs neue.

Im selben Augenblicke war der Knabe fröhlich aufs Verdeck gesprungen; nun lief er mit ausgebreiteten Armen auf den Vater zu. Die Zähne des gefahrgewohnten Mannes schlugen noch aneinander: „Heinz, Heinz, das tust du mir nicht wieder!" Krampfhaft preßte er den Knaben an sich; aber schon begann die überstandene Angst dem Zorne gegen ihren Urheber Platz zu machen. „Das tust du mir nicht wieder!" Noch einmal sagte er es; aber ein dumpfes Grollen klang jetzt in seiner Stimme; seine Hand hob sich, als wolle er sie auf den Knaben fallen lassen, der erstaunt und furchtsam zu ihm aufblickte.

Es sollte für diesmal nicht dahin kommen; der Zorn des Kapitäns sprang auf den Schiffsjungen über, der eben in seiner lässigen Weise an ihnen vorüberschieben wollte; aber mit entsetzten Augen mußte der kleine Heinz es ansehen, wie sein Freund Jürgen, er wußte nicht weshalb, von seinem Vater auf das grausamste gezüchtigt wurde.

Aus: Theodor Storm: Hans und Heinz Kirch. In: Sämtliche Werke. Bd. II. München ⁷1982.

Hinweis: Im Abschnitt „Erschließen und Interpretieren von Ausschnitten aus Erzähltexten" des Kapitels „Erschließen und Interpretieren poetischer Texte" (S. 288 ff.) erhalten Sie detaillierte Hinweise zur Textuntersuchung am Beispiel des Anfangs der Storm-Novelle.

Arbeitsvorschläge zu Text 4

1. Welche Lebenswelt zeichnet Storm am Beginn seiner Novelle? Vergleichen Sie unter diesem Aspekt die Novellenanfänge von Storm, Gotthelf, Meyer und Flaubert, auch im Hinblick auf die jeweils verwendeten erzählerischen Mittel.

2. Welche Figurenkonstellation entwirft der Autor? Wie charakterisiert er seine Figuren?

Text 5 PAUL HEYSE: Die Novelle im Realismus* (1871)

(…) Wie sehr auch die kleinste Form großer Wirkungen fähig sei, beweist unseres Erachtens gerade die Novelle, die im Gegensatz zum Roman den Eindruck eben so verdichtet, auf einen Punkt sammelt und dadurch zur höchsten Gewalt zu steigern vermag, wie es der Ballade, dem Epos gegenüber, vergönnt ist, mit einem raschen
5 Schlage uns das innerste Herz zu treffen. Es kann hier nicht unsere Aufgabe sein, das Kapitel der Ästhetik über Roman und Novelle zu schreiben, so wenig wir mit den einleitenden Notizen eine Geschichte der deutschen Novellistik zu geben dachten. So viel aber muß noch zu vorläufiger Verständigung gesagt werden, daß wir allerdings den Unterschied beider Gattungen nicht in das Längenmaß setzen,
10 wonach ein Roman eine mehrbändige Novelle, eine Novelle ein kleiner Roman wäre. (…)
Wenn der Roman ein Kultur- und Gesellschaftsbild im Großen, ein Weltbild im Kleinen entfaltet, bei dem es auf ein gruppenweites Ineinandergreifen oder ein concentrisches Sichumschlingen verschiedener Lebenskreise recht eigentlich abgesehen
15 ist, so hat die Novelle in einem einzigen Kreise einen einzelnen Conflict, eine sittliche oder Schicksals-Idee oder ein entschieden abgegrenztes Charakterbild darzustellen und die Beziehung der darin handelnden Menschen zu dem große Ganzen des Weltlebens nur in andeutender Abbreviatur durchschimmern zu lassen.
Die Geschichte, nicht die Zustände, das Ereignis, nicht die sich in ihm spiegelnde
20 Weltanschauung, sind hier die Hauptsache; denn selbst der tiefste ideelle Gehalt des einzelnen Falles wird wegen seiner Einseitigkeit und Abgetrenntheit – der Isolierung des Experiments, wie die Naturforscher sagen – nur einen relativen Wert behalten, während es in der Breite des Romans möglich wird, eine Lebens- und Gewissensfrage der Menschheit erschöpfend von allen Seiten zu beleuchten.

Aus: Paul Heyse/Herrmann Kurz (Hrsg.): Deutscher Novellenschatz. Bd. I. München 1871.

Text 6 THEODOR STORM: Verteidigung der Novelle* (1881)

Nach einer Zeitungsnotiz hat neuerdings einer unserer gelesensten Romanschriftsteller bei Gelegenheit einer kürzeren, von ihm als „Novelle" bezeichneten Prosadichtung *die Novelle* als ein Ding bezeichnet, welches ein Verfasser dreibändiger Romane sich wohl einmal am Feierabend und gleichsam zur Erholung erlauben
5 könne, an das man aber ernstere Ansprüche eigentlich nicht stellen dürfe.
Ob die so eingeleitete Arbeit einer solchen Herabsetzung ihrer Gattung bedurfte, vermag ich nicht zu sagen. Indessen sei es mir gestattet, (…) hier zur *Novellistik,* als der Dichtungsart, welche die spätere Hälfte meines Lebens begleitet hat, auch meinerseits ein Wort zu sagen.
10 Die *Novelle,* wie sie sich in neuerer Zeit, besonders in den letzten Jahrzehnten, ausgebildet hat und jetzt in einzelnen Dichtungen in mehr oder minder vollendeter Durchführung vorliegt, eignet sich zur Aufnahme auch des bedeutendsten Inhalts, und es wird nur auf den Dichter ankommen, auch in dieser Form das Höchste der Poesie zu leisten. Sie ist nicht mehr, wie einst, „die kurzgehaltene Darstellung einer
15 durch ihre Ungewöhnlichkeit fesselnden und einen überraschenden Wendepunkt darbietenden Begebenheit"; die heutige Novelle ist die Schwester des Dramas und

die strengste Form der Prosadichtung. Gleich dem Drama behandelt sie die tiefsten Probleme des Menschenlebens; gleich diesem verlangt sie zu ihrer Vollendung einen im Mittelpunkte stehenden Konflikt, von welchem aus das Ganze sich organisiert, und demzufolge die geschlossenste Form und die Ausscheidung alles Unwesentlichen; sie duldet nicht nur, sie stellt auch die höchsten Forderungen der Kunst. Daß die epische Prosadichtung sich in dieser Weise gegipfelt und gleichsam die Aufgabe des Dramas übernommen hat, ist nicht eben schwer erklärlich. Der Bruchteil der Nation, welchem die Darstellung der Bühne zugute kommt, wird mit jedem Tage kleiner, hinter dem wachsenden Bedürfnis bleibt die Befriedigung immer mehr zurück; dazu kommt, daß gerade die poetisch wertvollen neueren Dramen nur selten die Bühne erreichen oder nach dem ersten Versuche wieder davon verschwinden (…).

Im übrigen geht es mit der Novellistik wie mit der Lyrik; alle meinen es zu können, und nur bei wenigen ist das Gelingen, und auch dort nur in glücklicher Stunde.

Aus: Theodor Storm: Sämtliche Werke. Bd. 4. Berlin 1978.

Arbeitsvorschläge zu den Texten 5 und 6

1. Worin unterscheiden sich nach Heyse Roman und Novelle? Vertiefen Sie die im Text gefundenen Aussagen hierzu, indem Sie die Stichwörter „Erzählung", „Roman" und „Novelle" in einem Sachwörterbuch der Literatur nachschlagen und die wichtigsten Angaben *exzerpieren*.

2. Wie erklärt Storm, dass seiner Ansicht nach die Novelle die Führungsrolle vom Drama übernommen hat?

3. Welche Darstellungsabsicht des Autors wird erkennbar?

4. Storm zitiert eine Definition der Novelle („die kurzgehaltene Darstellung einer durch ihre Ungewöhnlichkeit fesselnden und einen überraschenden Wendepunkt darbietenden Begebenheit") und setzt seine Auffassung dagegen. Informieren Sie sich in einer zusammenfassenden Darstellung über Geschichte und Theorie der Novelle (z. B. in Hugo Aust: Novelle. Stuttgart 1990; Karl K. Polheim: Theorie und Kritik der deutschen Novelle von Wieland bis Musil. Tübingen 1970).

zur Textreihe

Umfang und Gattungsform der Novelle zwingen den Autor mehr als im Roman zu strenger Perspektivierung, zu symbolhaften Verweisen und Vorausdeutungen und auch zu geraffter Darstellung des Stoffes. Vergleichen Sie unter diesen Aspekten die hier abgedruckten Novellenanfänge.

2.5 Industrienation und Kulturanspruch

Der Leipziger Marktplatz. Carl Benjamin Schwarz, 1790

Text 1

THEODOR FONTANE: Diner bei Kommerzienrat Treibel* (1892)

Der Meister des Berliner Gesellschaftsromans, Theodor Fontane (1819–1898), deutet bereits im Titel seines Romans „Frau Jenny Treibel oder ‚Wo sich Herz zum Herzen findt'" an, dass er im Text einen distanziert-ironischen Standpunkt zur verlogenen Sentimentalität und Phrasenhaftigkeit der so genannten guten Gesellschaft einnimmt.
Jenny, Tochter eines Kolonialwarenhändlers, ist durch die Heirat mit dem Fabrikanten und Kommerzienrat Treibel in der Gründerzeit zu Geld und Ansehen gekommen. Ihre Hauptaufgabe sieht sie darin, für Leopold, den zweiten Sohn der Familie, eine begüterte Frau zu finden. Da gehört es sich, in der neuen und repräsentativen Villa der Treibels bei passender Gelegenheit glänzende Empfänge zu veranstalten. Ein solcher Empfang wird im 2. Kapitel des Romans dargestellt.

Die Treibelsche Villa lag auf einem großen Grundstück, das, in bedeutender Tiefe, von der Köpnicker Straße bis an die Spree reichte. Früher hatten hier in unmittelbarer Nähe des Flusses nur Fabrikgebäude gestanden, in denen alljährlich ungezählte Zentner von Blutlaugensalz und später, als sich die Fabrik erweiterte, kaum
5 geringere Quantitäten von Berliner Blau hergestellt worden waren. Als aber nach dem siebziger Kriege die Milliarden ins Land kamen und die Gründeranschauungen selbst die nüchternsten Köpfe zu beherrschen anfingen, fand auch Kommerzienrat Treibel sein bis dahin in der Alten Jakobstraße gelegenes Wohnhaus, trotzdem es von Gontard[1], ja nach einigen sogar von Knobelsdorff[2] herrühren sollte, nicht mehr
10 zeit- und standesgemäß, und baute sich auf seinem Fabrikgrundstück eine modische Villa mit kleinem Vorder- und parkartigem Hintergarten. Diese Villa war ein Hoch-

1, 2 Gontard, Knobelsdorff: Baumeister Friedrichs des Großen

parterrebau mit aufgesetztem ersten Stock, welcher letztere jedoch, um seiner niedrigen Fenster willen, eher den Eindruck eines Mezzanin[1] als einer Beletage[2] machte. Hier wohnte Treibel seit sechzehn Jahren und begriff nicht, daß er es, einem noch dazu bloß gemutmaßten friderizianischen Baumeister zuliebe, so lange Zeit hindurch in der unvornehmen und aller frischen Luft entbehrenden Alten Jakobstraße ausgehalten habe; Gefühle, die von seiner Frau Jenny mindestens geteilt wurden. Die Nähe der Fabrik, wenn der Wind ungünstig stand, hatte freilich auch allerlei Mißliches im Geleite; Nordwind aber, der den Qualm herantrieb, war notorisch selten, und man brauchte ja die Gesellschaften nicht gerade bei Nordwind zu geben. Außerdem ließ Treibel die Fabrikschornsteine mit jedem Jahre höher hinaufführen und beseitigte damit den anfänglichen Übelstand immer mehr.

Das Diner war zu sechs Uhr festgesetzt; aber bereits eine Stunde vorher sah man Hustersche[3] Wagen mit runden und viereckigen Körben vor dem Gittereingange halten. Die Kommerzienrätin, schon in voller Toilette, beobachtete von dem Fenster ihres Boudoirs aus all diese Vorbereitungen und nahm auch heute wieder, und zwar nicht ohne eine gewisse Berechtigung, Anstoß daran, „Daß Treibel es auch versäumen mußte, für einen Nebeneingang Sorge zu tragen! Wenn er damals nur ein vier Fuß breites Terrain von dem Nachbargrundstück zukaufte, so hätten wir einen Eingang für derart Leute gehabt. Jetzt marschiert jeder Küchenjunge durch den Vorgarten, gerade auf unser Haus zu, wie wenn er miteingeladen wäre. Das sieht lächerlich aus und auch anspruchsvoll, als ob die ganze Köpnicker Straße wissen solle: Treibels geben heut' ein Diner. Außerdem ist es unklug, dem Neid der Menschen und dem sozialdemokratischen Gefühl so ganz nutzlos neue Nahrung zu geben."

Sie sagte sich das ganz ernsthaft, gehörte jedoch zu den Glücklichen, die sich nur weniges andauernd zu Herzen nehmen, und so kehrte sie denn vom Fenster zu ihrem Toilettentisch zurück, um noch einiges zu ordnen und den Spiegel zu befragen, ob sie sich neben ihrer Hamburger Schwiegertochter auch werde behaupten können. (…)

Das erste Coupé das vorfuhr, war das seines ältesten Sohnes Otto, der sich selbständig etabliert und ganz am Ausgange der Köpnicker Straße, zwischen dem zur Pionierkaserne gehörigen Pontonhaus und dem Schlesischen Tor, einen Holzhof errichtet hatte, freilich von der höheren Observanz, denn es waren Farbehölzer, Fernambuk- und Campecheholz[4], mit denen er handelte. Seit etwa acht Jahren war er auch verheiratet. Im selben Augenblicke, wo der Wagen hielt,

„… es soll Euch anheimeln in unserer Gartenlaube …"

1 Mezzanin: Zwischengeschoss
2 Beletage: erster Stock
3 Huster: Berliner Hotelier und Lieferant
4 Fernambuk- und Campecheholz: Holzarten, die zur Herstellung von Farben verwendet wurden

55 zeigte er sich seiner jungen Frau beim Aussteigen behilflich, bot ihr verbindlich den Arm und schritt, nach Passierung des Vorgartens, auf die Freitreppe zu, die zunächst zu einem verandaartigen Vorbau der väterlichen Villa hinaufführte. Der alte Kommerzienrat stand schon in der Glastür und empfing die Kinder mit der ihm eigenen Jovialität. Gleich darauf erschien auch die Kommerzienrätin aus dem seit-
60 wärts angrenzenden und nur durch eine Portiere von dem großen Empfangssaal geschiedenen Zimmer und reichte der Schwiegertochter die Backe, während ihr Sohn Otto ihr die Hand küßte. „Gut, daß du kommst, Helene", sagte sie mit einer glücklichen Mischung von Behaglichkeit und Ironie, worin sie, wenn sie wollte, Meisterin war. „Ich fürchtete schon, du würdest dich auch vielleicht behindert
65 sehen." „Ach, Mama, verzeih ... Es war nicht bloß des Plättags halber; unsere Köchin hat zum ersten Juni gekündigt, und wenn sie kein Interesse mehr haben, so sind sie so unzuverlässig; und auf Elisabeth ist nun schon gar kein Verlaß mehr. Sie ist ungeschickt bis zur Unschicklichkeit und hält die Schüsseln immer so dicht über den Schultern, besonders des Herren, als ob sie sich ausruhen wollte..."
70 Die Kommerzienrätin lächelte halb versöhnt, denn sie hörte gern dergleichen. (...)

Aus: Theodor Fontane: Frau Jenny Treibel. In: Sämtliche Werke. Romane, Erzählungen, Gedichte. Bd. 4. Hrsg. von Walter Keitel. München 1963.

Arbeitsvorschläge zu Text 1

1. Informieren Sie sich über die wirtschaftliche Situation und Bewusstseinslage in der Gründerzeit. Inwieweit ist das Leben und Denken der Eheleute Treibel davon geprägt?

2. Aus welcher Perspektive stellt Fontane das Leben der Treibels dar? Untersuchen Sie Darstellungstechnik und Wirkungsabsicht.

3. Man hat immer wieder auf die doppelte Moral des deutschen Bürgertums in dieser Zeit hingewiesen. Wie sieht Fontane dieses Problem?

Text 2

MAX KRETZER: Am Schlesischen Bahnhof* (1888)

Der Drechslermeister Johannes Timpe in Max Kretzers (1854–1941) sozialem Roman aus dem Jahre 1888 fühlt sich dem Handwerksgewerbe seines Vaters verpflichtet und versucht trotz wachsender industrieller Konkurrenz in den Gründerjahren die traditionelle handwerkliche Fertigungsqualität seiner Werkstatt zu erhalten. Letztlich freilich unterliegt er einer Massenproduktion, wie sie sein Nachbar, der Fabrikant und Spekulant Urban, auf den Markt wirft. Zwar folgt Kretzer noch den frührealistischen erzählerischen Darstellungsmustern eines Dickens (vgl. Kapitel 2.1, Text 4), doch ist ihm in einzelnen beschreibenden Abschnitten bereits ein genauer darstellerischer Blick auf das Bild einer Stadt gelungen, die sich im Kaiserreich rasch von einer Fürstenresidenz zur größten Industriemetropole Deutschlands gewandelt hat.

Über die Dächer der niedrigen Häuser hinweg konnte der Meister seinen Blick in die Ferne schweifen lassen. Wendete er den Rücken, so schaute er in das Treiben der Holzmarktstraße hinein, die sich längs der Spree hinzog. Rechts am diesseitigen Ufer tauchte das langgestreckte schwarze Gebäude einer Eisengießerei auf; links
5 davon in einiger Entfernung die Riesengasometer einer Gasanstalt, die sich wie Festungsbollwerke ausnahmen, und hinter ausgedehnten Holzplätzen eine Zementfabrik, deren ewig aufwirbelnde weiß-gelbe Staubwolken die Luft durchzogen und einen scharfen Kontrast zu den sich auftürmenden Kohlenbergen der Gasanstalt bildeten.

Und geradeüber, jenseits des Wassers, zeigte sich ein großes Mörtelwerk, im Hintergrunde begrenzt von den Rückseiten hoher Mietskasernen, die, aus der Entfernung betrachtet, den Eindruck riesiger Bauklötze machten, an denen schwarzgemalte Fenster prangen.
Das ganze Bett der Spree aufwärts lag zwischen einem bunten Panorama aneinandergeketteter Bilder: Lange Reihen Wohnhäuser, deren Gärten bis zur Spree hinunterliefen und kleine Oasen bildeten, wechselten mit Zimmer- und Holzplätzen, Abladestellen der Flußkähne und Färbereien ab, deren Waschkasten wie schwimmende Holzhäuser im Wasser lagen. Hin und wieder zeigte sich eine Schiffswerft, die langgestreckte Halle einer Badeanstalt und eine auf Pfählen gebaute, in den Fluß ragende Landungsbrücke. Dann die Stätteplätze der Ziegeleibesitzer mit ihrem rotgefärbten Boden, der wie blutgetränkt erschien, die Trockenplätze mit ihren frisch gefallenem Schnee gleichenden Bleichen und die alles überragenden Schornsteine der Fabriken, die den Rauch immer schwächer und schwächer entsteigen ließen, bis sie gleich „Obelisken der Arbeit" dunkel und schweigsam zum Himmel starrten. (…)
War die Luft besonders rein, so erlangte Timpes Blick eine unbegrenzte Weite. Über die Schillingsbrücke hinweg, auf welcher in der Feierabendstunde, begleitet von den vorüberrollenden Pferdebahnwagen und hundert anderen Gefährten, Ameisen gleich ein Strom von Menschen sich bewegte, da, wo das Wasser der Spree wie ein gewundener Silberbarren sich dahinzog, erreichte sein Auge die Oberbaumbrücke und hinter ihr die ersten Pappeln der Chaussee, die nach Stralau führte. Und über diese weltstädtische Szenerie, die in Zickzacklinien ins Unendliche sich zu verlagern schien, breitete sich das letzte matte Rot der herniedergesunkenen Sonne aus und hüllte Natur und Menschen in einen warmen, zarten Purpurflimmer.
Wie oft hatte sein Auge sich an diesem Bilde gelabt, und wie oft waren die Eindrücke gleich Schemen entschwunden, wenn er sein Gesicht dem Nachbargrundstück zugewendet hatte.

Siemens-Werke Charlottenburg, 1901

Dort der lachende Sonnenschein, die unbegrenzte Freiheit des Blickes, der Reiz einer eigentümlichen Landschaft, und hier Hand in Hand mit dem Zerstörungswerk
40 der Menschen der Aufbau steiler Wände, die das Licht des Himmels nahmen.
Im Juli ragte bereits das Fundament der neuen Fabrik über den Erdboden empor. Baum auf Baum war gefallen, und mit dem Sturze eines jeden und dem Krachen seiner Äste, das sich in die Phantasie Timpes wie das Ächzen eines Sterbenden angehört hatte, war den Meister die Empfindung überkommen, als schwände jedes
45 zurückgelegte Jahr seines Lebens nochmals dahin.
Was dort fiel, war das alte Berlin, der stete Anblick seiner Kindheit, der Märchenduft seiner Knabenjahre. Und jeder Spatenstich, jeder Axthieb und Hammerschlag bereitete seinem Herzen eine Wunde, die ihm brennende Schmerzen verursachte.
Es schien fast, als wäre Meister Timpe der eigentliche Besitzer der neu entstehen-
50 den Welt dort drüben – so lebhaft war der Anteil, den er an dem Wachsen und Werden der Fabrik nahm. Mit der Zeit überkam ihn eine Art Idee: Er bildete sich ein, daß seine ganze Zukunft von der Vollendung des Riesengebäudes abhängen werde, er fürchtete, die Mauern würden, je höher sie rückten, ihn, seine ganze Familie und das Häuschen nach und nach erdrücken. Öfters befiel ihn eine große, ihn untätig hin
55 und her treibende Unruhe. Er vermochte die Zeit nicht zu erwarten, wo die Feierabendstunde schlug und er seinen Auslugplatz auf dem Baume einnehmen konnte. Und schließlich drehte sich den ganzen Tag über, sobald seine Gedanken nicht mit Gewalt von anderen Dingen in Anspruch genommen wurden, sein Interesse nur um den Bau Ferdinand Friedrich Urbans.
60 Die Fabrik, die Fabrik und immer wieder die Fabrik!

Aus: Max Kretzer: Meister Timpe. Stuttgart 1976

Arbeitsvorschläge zu Text 2

1. Inwieweit entspricht Kretzers Darstellung des Stadtbilds dem künstlerischen Programm der Naturalisten (vgl. A. Holz, S. 119 ff.)?

2. Welche Beobachtungen vermittelt der Autor aus der Perspektive seiner Romanfigur? Wie beeinflusst das Gesehene Denken und Handeln des Handwerkers?

3. Informieren Sie sich in einer sozialgeschichtlichen Darstellung über die Situation des Handwerks seit der Industriellen Revolution. *Referieren* Sie darüber im Kurs.

Text 3

HEINRICH VON TREITSCHKE: Über den Charakter der Deutschen (1886)

Zum fünfundzwanzigjährigen Regierungsjubiläum des preußischen Königs und deutschen Kaisers Wilhelm hielt Treitschke eine Festansprache am 4. Januar 1886.

Zweihundert Jahre ehrlicher nationaler Arbeit, das sind die starken Wurzeln der Kraft unseres neuen Reiches. Und auch seine Verfassung ist alt und jung zugleich. Sie hat das Heerwesen und viele andere der Institutionen, denen das moderne Preußen seine Größe dankt, in sich aufgenommen, und sie wirkt zugleich mit dem
5 uralten Zauber des Namens Kaiser und Reich auf die deutschen Herzen, am stärksten vielleicht auf jene oberdeutschen Stämme, welche dem Norden am längsten entfremdet waren und jetzt mit Stolz sich sagen, daß wieder wie in den Tagen Barbarossas ein Herrscherhaus aus schwäbischem Stamme die mächtigste der Kronen trägt. Wieder wie vor alters empfindet die Nation die Wirksamkeit der alten Würde
10 des Reichskanzlers in Germanien. Aber seine Macht kann nie mehr, wie vormals so

oft, der kaiserlichen Majestät bedrohlich werden; gemäß dem monarchischen Charakter des neuen Reiches ist er heute ein kaiserlicher Beamter und darf keinen anderen Willen haben als den des Kaisers. Wieder wie vor alters stützt sich unser Kaisertum auf eine starke Hausmacht. Doch dies Kernland des neuen Reiches, dies Preußen ist deutsch von Grund aus und so mächtig, daß es keinen der kleinen Reichsgenossen mehr durch Begehrlichkeit erschrecken kann. Wieder wie vor alters schart sich der deutsche Fürstenstand um seinen Kaiser, und es ist nicht die letzte unter den heilvollen Wandlungen der Gegenwart, daß dieser erlauchteste Adel der Welt, der die Mehrzahl der europäischen Throne mit seinen tapfern Söhnen besetzt hat, wieder seine Ehre darin sucht, dem Reiche zu dienen. (...)
Der historische Sinn der Deutschen glaubt nicht an politische Dogmen, weder an die Ideen von 1789 noch an irgendeine andere politische Heilswahrheit, die für alle Zeiten und für alle Völker gelten soll. Wir wähnen nicht die allein wahre Form des konstitutionellen Systems gefunden zu haben; aber die für Deutschland allein mögliche, das lehrte die Geschichte dieses Jahrhunderts auf jedem Blatte, ist eine freie Volksvertretung, die sich mit einer freien Krone zu verständigen sucht und nicht den Anspruch erhebt, das Königtum ihrem Willen zu unterwerfen. In dem Gewirr der unser vielgestaltiges Leben erfüllenden zentrifugalen Kräfte kann ein politischer Wille, ein großer Entschluß nur gefunden werden durch eine höchste Staatsgewalt, die, ihres selbständigen Rechtes sicher, gerecht über den Parteien und den Ständen steht und jedem Ehrgeiz eine letzte unübersteigliche Schranke setzt. Wenn wir die drei Heldenkreise der Krieger und Staatsmänner betrachten, die sich nacheinander um Friedrich den Großen, um Friedrich Wilhelm III., um Kaiser Wilhelm als treue Diener der Monarchie scharten, so dürfen wir freudig sagen: edlere und freiere Bürgertugend hat keine Republik des Altertums gesehen. Darum hat sich das heranwachsende Geschlecht im Verlaufe dieser Regierung wieder ganz den monarchischen Idealen zugewendet. Die Jugend denkt immer freier als das Alter, sie lebt mehr in der Zukunft als in der Gegenwart; sie fühlt, daß eine starke Krone für uns Deutsche noch auf lange hinaus eine Macht der Freiheit, der Bewegung bleiben wird. Und mit der alten preußischen Königstreue ist auch die christliche Gesinnung in unserem Volke neu erstarkt durch die Erfahrungen dieser Jahre. Die Not lehrt beten, sagt ein altes Wort. Es gibt aber auch eine Fülle des Glückes und der Ehren, welche die Völker zur Andacht stimmt. Wer das erlebt hat, wie die Blüte unserer Jugend auf den Schlachtfeldern an der Mosel gleich gemähten Halmen dahinsank und dann mit einem Male dies zersplitterte Volk an die Spitze der europäischen Staaten emporstieg, der mußte sich im Gewissen gepackt, sich gemahnt fühlen an die göttliche Führung der Menschengeschicke. Wie wirr auch noch der Kampf der Meinungen in unserem religiösen Leben durcheinander wogt, die Zeit ist doch vorüber, da es für geistreich galt, des Heiligen zu spotten. (...)
Der reiche, aus grüblerischem Tiefsinn, und herzhafter Lebenslust so seltsam gemischte Charakter unseres Volkes hat nicht immer verstanden, das rechte Gleichgewicht zu halten zwischen der Welt des Denkens und der Welt des Handelns. Gleich nach den schönheitsfrohen Tagen, da der süße Liedermund unserer ritterlichen Dichter seine lieblichen Weisen ertönen ließ, folgten jene gewaltigen zwei Jahrhunderte der ersten deutschen Kolonisation, welche diese Gebiete jenseits der Elbe unserer Nation eroberten, aber auch in ihren wirtschaftlichen und politischen Erfolgen, in der Üppigkeit des Genusses der idealen Güter des Lebens fast ganz vergaßen. So folgt jetzt wieder auf die goldenen Tage unserer klassischen Literatur

Germania auf der Wacht am Rhein. Ausschnitt aus dem Gemälde von Lorenz Clasen, 1860

eine Zeit der politischen Größe und der wirtschaftlichen Machtentfaltung. Die
Kunst wie die Forschung muß heute alle ihre Kräfte zusammenraffen, um nicht zu
erröten vor dem Gedankenreichtum des handelnden Lebens. Um so schöner ist
gerade in solcher Zeit die Aufgabe der Wissenschaft. Es ist an uns, der Welt zu zeigen, daß die Deutschen fähig sind, das Glück zu ertragen, was allezeit schwerer war
als das Erdulden des Unglücks, daß sie auch in diesem Jahrhundert der Macht und
des Reichtums nicht aufgehört haben, das Volk des Liberalismus zu sein. Die Generationen, die großen Jahresringe des Völkerlebens, sind durch einen Familienzug
gemeinsamer Charakterbildung unter sich verbunden. Möge jeden von uns dereinst
der Nachruf werden: Auch er war ein echter Sohn jenes tapferen pflichtgetreuen
Geschlechtes, das dem Kaiser Wilhelm geholfen hat, das neue Deutsche Reich zu
bauen, zu festigen und mit dem Adel reiner Menschenbildung zu schmücken!

Aus: Heinrich von Treitschke: Aufsätze, Reden und Briefe. Meersburg 1929.

Text 4 — Friedrich Nietzsche: Unzeitgemäße Betrachtungen (1873)

Friedrich Nietzsche (1844–1900) reagierte auf gründerzeitliche Euphorie und auftrumpfenden Nationalismus nach dem Sieg im Deutsch-Französischen Krieg von 1870/71 und der Errichtung des Wilhelminischen Kaiserreichs mit einer Reihe von Streitschriften, die er unter dem Titel „Unzeitgemäße Betrachtungen" zwischen 1873 und 1876 veröffentlichte.
Im ersten Stück „David Strauß, der Bekenner und Schriftsteller" zeigt er am Beispiel dieses Philosophen und Theologen (1808–1874), dass die Kultur der Gebildeten, die sich der französischen Kultur unter Berufung auf die deutsche Klassik überlegen glaubt, zunehmend ins gesellschaftliche Abseits gerät und den Charakter des bloßen Bildungsbesitzes annimmt, auf den die Bildungsphilister stolz sind.

Die öffentliche Meinung in Deutschland scheint es fast zu verbieten, von den schlimmen und gefährlichen Folgen des Krieges, zumal eines siegreich beendeten Krieges zu reden: um so williger werden aber diejenigen Schriftsteller angehört, welche keine wichtigere Meinung als jene öffentliche kennen und deshalb wetteifernd beflissen sind, den Krieg zu preisen und den mächtigen Phänomenen seiner Einwirkung auf Sittlichkeit, Kultur und Kunst jubilierend nachzugehen. Trotzdem sei es gesagt: ein großer Sieg ist eine Gefahr. Die menschliche Natur erträgt ihn schwerer als eine Niederlage; ja es scheint selbst leichter zu sein, einen solchen Sieg zu erringen, als ihn so zu ertragen, daß daraus keine schwere Niederlage entsteht. Von allen schlimmen Folgen aber, die der letzte mit Frankreich geführte Krieg hinter sich dreinzieht, ist vielleicht die schlimmste ein weitverbreiteter, ja allgemeiner Irrtum: der Irrtum der öffentlichen Meinung und aller öffentlich Meinenden, daß auch die deutsche Kultur in jenem Kampfe gesiegt habe und deshalb jetzt mit den Kränzen geschmückt werden müsse, die so außerordentlichen Begebnissen und Erfolgen gemäß seien. Dieser Wahn ist höchst verderblich: nicht etwa, weil er ein Wahn ist – denn es gibt die heilsamsten und segensreichsten Irrtümer – sondern weil er imstande ist, unseren Sieg in eine völlige Niederlage zu verwandeln: *in die Niederlage, ja Exstirpation*[1] *des deutschen Geistes zugunsten des „deutschen Reiches".* (…)

Es kann nur eine Verwechslung sein, wenn man von dem Siege der deutschen Bildung und Kultur spricht, eine Verwechslung, die darauf beruht, daß in Deutschland der reine Begriff der Kultur verlorengegangen ist.

Kultur ist vor allem Einheit des künstlerischen Stiles in allen Lebensäußerungen eines Volkes. Vieles Wissen und Gelernthaben ist aber weder ein notwendiges Mittel der Kultur, noch ein Zeichen derselben und verträgt sich nötigenfalls auf das beste mit dem Gegensatze der Kultur, der Barbarei, das heißt: der Stillosigkeit oder dem chaotischen Durcheinander aller Stile.

In diesem chaotischen Durcheinander aller Stile lebt aber der Deutsche unserer Tage: und es bleibt ein ernstes Problem, wie es ihm doch möglich sein kann, dies bei aller seiner Belehrtheit nicht zu merken und sich noch dazu seiner gegenwärtigen „Bildung" recht von Herzen zu freuen. Alles sollte ihn doch belehren: ein jeder Blick auf seine Kleidung, seine Zimmer, sein Haus, ein jeder Gang durch die Straßen seiner Städte, eine jede Einkehr in den Magazinen der Kunstmodehändler: inmitten des geselligen Verkehrs sollte er sich des Ursprunges seiner Manieren und Bewegungen, inmitten unserer Kunstanstalten, Konzert-, Theater- und Musenfreuden sich des grotesken Neben- und Übereinander aller möglichen Stile bewußt werden. Die Formen, Farben, Produkte und Kuriositäten aller Zeiten und aller Zonen häuft der Deutsche um sich auf und bringt dadurch jene moderne Jahrmarkts-Buntheit hervor, die seine Gelehrten nun wiederum als das „Moderne an sich" zu betrachten und zu formulieren haben; er selbst bleibt ruhig in diesem Tumult aller Stile sitzen. (…)

Wenn aber unser öffentliches und privates Leben so ersichtlich nicht mit dem Gepräge einer produktiven und stilvollen Kultur bezeichnet ist, wenn noch dazu unsere großen Künstler diese ungeheure und für ein begabtes Volk tief beschämende Tatsache mit dem ernstesten Nachdruck und mit der Ehrlichkeit, die der Größe zu eigen ist, eingestanden haben und eingestehen, wie ist es dann doch möglich, daß

---

1 Exstirpation: vollständige Entfernung, Abtötung

unter den deutschen Gebildeten trotzdem die größte Zufriedenheit herrscht: eine Zufriedenheit, die, seit dem letzten Kriege, sogar fortwährend sich bereit zeigt, in übermütiges Jauchzen auszubrechen und zum Triumphe zu werden.

50 Man lebt jedenfalls in dem Glauben, eine echte Kultur zu haben: der ungeheure Kontrast dieses zufriedenen, ja triumphierenden Glaubens und eines offenkundigen Defekts scheint nur noch den Wenigsten und Seltensten überhaupt bemerkbar zu sein. Denn alles, was mit der öffentlichen Meinung meint, hat sich die Augen verbunden und die Ohren verstopft – jener Kontrast soll nun einmal nicht dasein. Wie
55 ist dies möglich? Welche Kraft ist so mächtig, ein solches „soll nicht" vorzuschreiben? Welche Gattung von Menschen muß in Deutschland zur Herrschaft gekommen sein, um so starke und einfache Gefühle verbieten oder doch ihren Ausdruck verhindern zu können? Diese Macht, diese Gattung von Menschen will ich beim Namen nennen – es sind die Bildungsphilister.

Aus: Friedrich Nietzsche: Unzeitgemäße Betrachtungen. In: Werke. Hrsg. von Karl Schlechta. Bd. 1. München ⁶1969.

Arbeitsvorschläge zu den Texten 3 und 4

1. Welche Aufgabe weist der Historiker Treitschke (Text 3) der Wissenschaft im Wilhelminischen Kaiserreich zu? Untersuchen Sie den Text daraufhin, wie diese Aufgabe von Treitschke selbst bewältigt wird.

2. Worin liegt für ihn das Besondere des deutschen Charakters? Nehmen Sie – auch im Hinblick auf die geschichtliche Entwicklung im 20. Jahrhundert – aus Ihrer Sicht dazu Stellung.

3. Erschließen Sie aus den hier abgedruckten Textausschnitten, vor welchem Publikum und mit welcher Absicht Treitschke gesprochen hat. Welche rhetorischen Mittel setzt er dabei ein?

4. Welche Gefahren sieht Nietzsche (Text 4) nach dem deutschen Sieg über Frankreich?

5. Was versteht Nietzsche unter einem Bildungsphilister? Warum bezeichnet er seinen Essay als „Unzeitgemäße Betrachtungen"?

6. Man hat Nietzsche den wichtigsten Kulturkritiker des späten 19. Jahrhunderts genannt. Von welchem Kulturbegriff wird dabei ausgegangen? Nehmen Sie Stellung dazu.

7. Untersuchen Sie die Darstellungsmittel, die Nietzsche in seinem Essay einsetzt.

2.6 Realismus-Definitionen

Text 1

THEODOR FONTANE: Unsere lyrische und epische Poesie seit 1848 (1853)

Was unsere Zeit nach allen Seiten hin charakterisiert, das ist ihr *Realismus*. Die Ärzte verwerfen alle Schlüsse und Kombinationen, sie wollen Erfahrungen; die Politiker (aller Parteien) richten ihr Auge auf das wirkliche Bedürfnis und verschließen ihre Vortrefflichkeitsschablonen ins Pult; Militärs zucken die Achsel über unsere preußische Wehrverfassung und fordern „alte Grenadiere" statt „junger Rekruten"; vor allem aber sind es die materiellen Fragen, nebst jenen tausend Versuchen zur Lösung des sozialen Rätsels, welche so entschieden in den Vordergrund treten, daß kein Zweifel bleibt: die Welt ist des Spekulierens müde und verlangt nach jener „frischen grünen Weide", die so nah lag und doch so fern.

Dieser Realismus unserer Zeit findet in der *Kunst* nicht nur sein entschiedenstes Echo, sondern äußert sich vielleicht auf keinem Gebiet unsers Lebens so augenscheinlich wie gerade in ihr. (...)

Der Realismus in der Kunst ist so alt als die Kunst selbst, ja, noch mehr: *er ist die Kunst.* Unsere moderne Richtung ist nichts als eine Rückkehr auf den einzig richtigen Weg, die Wiedergenesung eines Kranken, die nicht ausbleiben konnte, solange sein Organismus noch überhaupt ein lebensfähiger war. Der unnatürlichen Geschraubtheit *Gottscheds* mußte, nach einem ewigen Gesetz, der schöne, noch unerreicht gebliebene Realismus *Lessings* folgen, und der blühende Unsinn, der während der dreißiger Jahre dieses Jahrhunderts sich aus verlogener Sentimentalität und gedankenlosem Bilderwust entwickelt hatte, mußte als notwendige Reaktion eine Periode ehrlichen Gefühls und gesunden Menschenverstandes nach sich ziehen, von der wir kühn behaupten: sie ist da. Aus dem Gesagten ergibt sich von selbst eine nahe Verwandtschaft zwischen der Kunstrichtung unserer Zeit und jener vor beinahe hundert Jahren, und, in der Tat, die Ähnlichkeiten sind überraschend. Das Frontmachen gegen die Unnatur, sie sei nun Lüge oder Steifheit, die Shakespeare-Bewunderung, das Aufhorchen auf die Klänge des Volksliedes – unsere Zeit teilt diese charakteristischen Züge mit den sechziger und siebziger Jahren des vorigen Jahrhunderts, und es sollte uns nicht schwerfallen, die Persönlichkeiten zu bezeichnen, welche die *Herder* und *Bürger* unserer Tage sind oder zu werden versprechen. (...)

Vor allen Dingen verstehen wir *nicht* darunter (unter dem Realismus; D. M.) das nackte Wiedergeben alltäglichen Lebens, am wenigsten seines Elends und seiner Schattenseiten. Traurig genug, daß es nötig ist, derlei sich von selbst verstehende Dinge noch erst versichern zu müssen. Aber es ist noch nicht allzulange her, daß man (namentlich in der Malerei) *Misere* mit Realismus verwechselte und bei Darstellung eines sterbenden Proletariers, den hungernde Kinder umstehen, oder gar bei Produktionen jener sogenannten Tendenzbilder (schlesische Weber, das Jagdrecht u. dgl. m.) sich einbildete, der Kunst eine glänzende Richtung vorgezeichnet zu haben. Diese Richtung verhält sich zum echten Realismus wie das rohe Erz zum Metall: die Läuterung fehlt. Wohl ist das Motto des Realismus der Goethesche Zuruf:

> Greif nur hinein ins volle Menschenleben,
> Wo du es packst, da ist's interessant,

aber freilich, die Hand, die diesen Griff tut, muß eine künstlerische sein. Das Leben ist doch immer nur der Marmorsteinbruch, der den Stoff zu unendlichen Bildwerken in sich trägt; sie schlummern darin, aber nur dem Auge des Geweihten sichtbar und nur durch seine Hand zu erwecken. Der Block an sich, nur herausgerissen aus einem größern Ganzen, ist noch kein Kunstwerk, und dennoch haben wir die Erkenntnis als einen unbedingten Fortschritt zu begrüßen, daß es zunächst des Stoffes, oder sagen wir lieber des *Wirklichen,* zu allem künstlerischen Schaffen bedarf. Diese Erkenntnis, sonst nur im einzelnen mehr oder minder lebendig, ist in einem Jahrzehnt zu fast universeller Herrschaft in den Anschauungen und Produktionen unserer Dichter gelangt und bezeichnet einen abermaligen Wendepunkt in unserer Literatur.

(...)

Wenn wir in Vorstehendem – mit Ausnahme eines einzigen Kernspruchs – uns lediglich negativ verhalten und überwiegend hervorgehoben haben, was der Realismus nicht ist, so geben wir nunmehr unsere Ansicht über das, was er ist, mit kurzen Worten dahin ab: Er ist die Widerspiegelung alles wirklichen Lebens, aller wahren Kräfte und Interessen im Elemente der Kunst; er ist, wenn man uns diese scherzhafte Wendung verzeiht, eine *Interessenvertretung* auf seine Art. Er umfängt das ganze Leben, das Größte wie das Kleinste: den Kolumbus, der der Welt eine neue zum Geschenk machte, und das Wassertierchen, dessen Weltall der Tropfen ist; den höchsten Gedanken, die tiefste Empfindung zieht er in seinen Bereich, und die Grübeleien eines Goethe wie Lust und Leid eines Gretchen sind sein Stoff. Denn alles das ist *wirklich.* Der Realismus will nicht die bloße Sinnenwelt und nichts als diese; er will am allerwenigsten das bloß Handgreifliche, aber er will das Wahre. Er schließt nichts aus als die Lüge, das Forcierte, das Nebelhafte, das Abgestorbene – vier Dinge, mit denen wir glauben, eine ganze Literaturepoche bezeichnet zu haben.

Aus: Theodor Fontane: Unsere lyrische und epische Poesie seit 1848. In: Sämtliche Werke. Aufsätze, Kritiken, Erinnerungen. Bd. 1. Hrsg. von Jürgen Kolbe. München 1969.

Text 2

1850

Realismus, 1) (Philos.), diejenige philos. Denkweise, welche etwas Reales (Seyendes, Wirkliches) annimmt, d. h. nicht wie der Idealismus die Erscheinungswelt als bloßes Produkt unserer Vorstellung ohne eigne Selbständigkeit betrachtet, sondern den Dingen außer unserm Geiste Realität beilegt. Geschieht letzteres in dem Sinne, daß die Dinge allein als das Reale angesehen werden und der Geist entweder als etwas Seyendes gar nicht anerkannt, oder mit der Materie identificirt und nur als eine besondere Modifikation derselben angesehen wird, so ist der R. nichts anderes als Materialismus und Mechanismus. Wird aber behauptet, daß der Geist aus sich selbst nichts erzeuge, aprioristische Vorstellungen und Begriffe nicht besitze, sondern alle seine Ideen ihm erst durch sinnliche Eindrücke aus der Außenwelt zugeführt werden, so muß der R. zum Sensualismus und Empirismus sich gestalten, oder, wofern er auch jenen Eindrücken keine objektive Wahrheit beilegt, in Skepticismus ausarten. Wird dagegen neben der Realität der Dinge außer uns auch dem erkennenden Geiste ein selbständiges Seyn beigelegt und ihm eine Reihe eigner, aprioristischer Vorstellungen vindicirt, mit denen er an die Dinge, welche er erkennen will, herantritt, so entsteht die Frage: in welchem Verhältniß stehen das erkennende Subjekt und das erkannte Objekt zu einander und ist letzteres so, wie es dem Subjekt

erscheint, auch das wahrhaftige Ding, oder nur ein mehr oder weniger entstelltes Abbild desselben? Hier gilt es zu vermitteln und eine versöhnende Ausgleichung zwischen der materiellen und der geistigen Welt herbeizuführen. Dies ist das Wesen des Synthetismus, der bald als Real-Idealismus, bald als Ideal-Realismus bezeichnet worden ist, je nachdem das Reale oder das Ideale als das Prius angesehen wurde. Hier ist aber auch die Grenze des R.; denn sobald nun der Geist als das einzige Reale gesetzt wird, so beginnt das Reich des Idealismus. (…)
– 3) (Pol.), dasjenige politische System, welches mit Hintansetzung der Vernunftideen, die der politische Idealismus als maßgebend betrachtet, sich nur nach der Erfahrung richten will und das gemeine Nützliche bezweckt; – 4) (Aesth.), Kunsttheorie, welche die bloße Nachahmung der Natur als das höchste Ziel der Kunst betrachtet, Gegensatz zum ästhetischen Idealismus.

Aus: Joseph Meyer (Hrsg.): Großes Konversationslexikon für die gebildeten Stände, Zweite Abteilung. Bd. 5. Hildburghausen 1850.

Text 3

1889
Realismus, (lat.), im allgemeinen diejenige Welt- und Lebensauffassung, welche, von der äußern sinnlichen Wahrnehmung ausgehend, bei dieser und den sich in ihr offenbarenden Gesetzen des ursächlichen Zusammenhangs, als dem allein Seienden, weil Wirkenden und daher Wirklichen, beharrt, im Gegensatz zum Idealismus (f. d.) oder derjenigen Welt- und Lebensauffassung, die sich der Geist aus Ideen, d. h. ihm selbst vor und unabhängig von aller Erfahrung eignen Begriffen, entwickelt. Jener schätzt die Dinge nach der Bedeutung, die sie im ursächlichen Zusammenhang, also ihren Wirkungen nach haben, dieser nach dem Grad, in welchem sie seinen Ideen entsprechen, oder nach der Bedeutung, die er ihnen durch diese verleiht. Jener wählt seine Zwecke aus der wirklichen Welt, dieser schreibt sie der letzteren vor nach dem Vorbild seiner Ideen. In so entschiedenem Gegensatz beide zu einander im Leben, in der Kunst und Wissenschaft stehen, sind sie doch innerlich verbunden und aufeinander angewiesen. Den Bestrebungen des R. würde es ohne Antriebe von seiten der Ideen an Schwungkraft und Tragweite, dem Idealismus ohne Kenntnis des ursächlichen Zusammenhangs der Dinge an der Möglichkeit fehlen, seine Ziele zu erreichen. Daß beide getrennt sich in Extreme verirren können, hat den Worten Realist und Idealist eine üble Nebenbedeutung gegeben. – Unter R. in der Kunst versteht man im allgemeinen diejenige Darstellungsweise, welche vorzugsweise auf Naturnachahmung ausgeht und in der Naturwahrheit ihr vornehmstes Ziel erkennt, daher auch vorzugsweise die künstlerische Technik begünstigt. Der R. muß daher bei denjenigen Künsten am stärksten hervortreten, welche auf Naturnachahmung angewiesen und an diese gebunden sind, wie die Plastik, die Malerei, die Poesie und die mimischen Künste, am meisten die Schauspielkunst. Derselbe sinkt zum Naturalismus (s.d.) herab, wenn er die Naturwahrheit in einseitiger Weise verfolgt, und die der Kunst eigentümlichen (ästhetischen) Wirkungen dabei aus dem Augen verliert, um mit dem Schein der bloßen Natürlichkeit zu täuschen.

Aus: Hermann Joseph Meyer (Hrsg.): Neues Konversationslexikon. Bd. 13. Hildburghausen ²1872.

Arbeits-vorschläge zu den Texten 1–3

1. Erläutern Sie anhand einer genauen Textuntersuchung den Realismusbegriff Fontanes. Was unterscheidet ihn vom Kunstverständnis eines Arno Holz (vgl. S. 119 ff.)?

2. Welche Parallelen sieht Fontane zwischen den Kunstprinzipien seiner Zeit und den Sechziger- und Siebzigerjahren des 18. Jahrhunderts?

3. Untersuchen Sie anhand der Lexikonartikel, wie sich der Realismus-Begriff im 19. Jahrhundert verändert hat.

4. Stellen Sie zusammen, wie jeweils „Realismus" und „Naturalismus" definiert wird und in welchem Verhältnis zueinander diese Periodenbegriffe gesehen werden.

zum Gesamt-kapitel

1. Der Begriff „Realismus" ist, wie auch die Lexikontexte zeigen (S. 144 f.), innerhalb des 19. Jahrhunderts unterschiedlich verstanden worden.
Erläutern Sie, ausgehend von den Ausführungen Büchners (S. 112 f.), Fontanes (S. 143 f.) und Holz' (S. 119 ff.), die inhaltliche Spannweite des Begriffs.

2. Ein wichtiges Erzählmittel des Realismus im 19. Jahrhundert war die Psychologisierung der Handlung. Untersuchen Sie anhand einiger Roman- und Novellenausschnitte im vorliegenden Kapitel, wie Geschehen, Denken und Verhalten der dargestellten Personen psychologisch motiviert werden.

3. Drama – von der Klassik zur Moderne

Markgräfliches Opernhaus Bayreuth (1744–1748)

Stadttheater Ingolstadt (1966)

Seinen Beginn und zugleich seinen ersten Höhepunkt hatte das abendländische Drama in den dreitägigen Tragödienaufführungen anlässlich der städtischen Dionysien in Athen: die Tragödie des *Aischylos* „Die Perser", 472 v. Chr. aufgeführt, ist die älteste uns erhaltene Tragödie aus der klassischen Zeit Griechenlands. Doch der eigentliche Ursprung der **griechischen Tragödie** liegt im Dunkeln; die Riten und Bräuche, welche die dramatische Form, den Gebrauch von Maske, Tanz und Chor hervorgebracht haben, sind bis heute nicht im Einzelnen bekannt. Sicher ist jedoch, dass die Dramenaufführungen beim Dionysosfest, die erstmals im Jahre 534 v. Chr. bezeugt sind, bereits eine differenzierte Kult- und Kunstform voraussetzten, welche die Anfänge dramatischer Spiele weit hinter sich gelassen hatten. So bleiben für uns die Tragödien des *Aischylos* (525–455), *Sophokles* (497–406) und *Euripides* (ca. 480–406) wichtige Zeugnisse einer hoch entwickelten Kultur im Stadtstaat Athen. In ihnen wurde das Leben der Polis, wurden die Themen und Probleme ihrer Menschen mitgestaltet, auch dann, wenn einzelne Tragödien sich vollständig in ein mythologisches Gewand hüllten.

Die erste und zugleich bedeutendste **Dramentheorie** des Abendlands, die „Poetik" des *Aristoteles* (384–321), ist hauptsächlich eine Theorie der klassischen **Tragödie**, auch dort, wo sie – wie in den verloren gegangenen Teilen der „Poetik" – die **Komödie** als gleichsam antiklassische Dramenform in die Betrachtung einbezog. Die Begriffe, die Aristoteles für Darstellungszweck, Darstellungsmittel und Darstellungsarten gefunden hat, haben die europäische Theoriediskussion zum Drama bis ins 20. Jahrhundert immer wieder beschäftigt, obwohl mit der venezianischen Neuausgabe der „Poetik" (1506) die Auseinandersetzung um Form und Aufgabe des Dramas lange Zeit auf Fragen der Wirklichkeitsnachahmung (Mimesis) und damit auf die Verbindlichkeit der Einheiten und der Ständeklausel eingeengt wurde. Dennoch kann bereits die antike Tragödie nicht ausschließlich aus der aristotelischen Theorie einer Läuterung der Affekte (Katharsis) erklärt werden, weil der religiöse Hintergrund und Sinn der Tragödie, der gerade bei Aischylos und Sophokles stets spürbare kultisch-theologische Geist, in der ‚aufklärerisch bestimmten Analyse' des griechischen Philosophen wenig Aufmerksamkeit gefunden hat. Denn die Tragik der antiken Dramenfiguren resultiert nicht so sehr aus ihrem Denken und Tun, vielmehr aus der Verkettung von Eigenverantwortlichkeit und Determiniertheit, von sich selbst bestimmender Aktivität und unwissendem Vollziehen des göttlichen Willens. In der antiken Tragödie greifen die Götter immer wieder in das Geschehen ein, schlagen die Menschen mit Wahnsinn, lassen sie von Erinnyen[1] hetzen, verhindern Gräueltaten durch Momente der Hellsicht und des Wiedererkennens und beenden den Menschen unauflösbar erscheinende tragische Konflikte durch ihr überraschendes Tun.

Dies gilt auch noch für Euripides, den am meisten säkularisierten Dramatiker der drei, der die bereits bei Sophokles erkennbare stärkere individualisierende Gestaltung und Psychologisierung der Dramenfiguren weiter verfeinert hat. Diese gleichsam moderne und emanzipatorische Gestaltung der Dramenfiguren durch Euripides hat *Goethe* (1749–1832), der sich unter dem Einfluss eines verstärkten Interesses für die antike Kunst in der Aufklärung *(Winckelmann,* 1717–1768) lebenslang mit der klassischen Antike auseinander gesetzt hat, in besonderer Weise angezogen. Er radikalisierte die bereits bei Euripides zu findenden Ansätze, die dar-

---

1 Erinnyen: griech. Rachegöttinnen

gestellten Menschen als selbstverantwortlich darzustellen, indem er seine Iphigenie die Frage diskutieren lässt, ob die Menschen der göttlichen Willkür ausgeliefert sind oder ob sich die Menschen die Götter dadurch verpflichten können, dass sie ein eigenes Bild der Götter entwerfen und in Entscheidungssituationen daran festhalten (vgl. Parzenlied der Iphigenie, Szene V,1: „Rettet mich, und rettet euer Bild in meiner Seele"). So verändert sich hier das **Drama der klassischen Antike** im **Drama der deutschen Klassik** zu einem Frauendrama, wie es in der Zeit des Euripides undenkbar gewesen wäre.

Eine solche weit gehende Umgestaltung und auch Umdeutung eines antiken Stoffes wäre nicht möglich gewesen ohne eine grundlegende Veränderung der Vorstellungen über Form und Gehalt des Dramas im 18. Jahrhundert. Während *Gottsched* (1700–1766) daran festhielt, die Wiederbelebung der antiken Dramenform durch *Racine* (1633–1699) in Frankreich auch auf dem deutschen Theater durchzusetzen, etablierte *Lessing* (1729–1781) mit dem Hinweis auf die Dramatik *Shakespeares* (1564–1616) und mit der Umdeutung des antiken Katharsis-Begriffs die neue Gattung des **bürgerlichen Trauerspiels**. Es ging Lessing hierbei weniger um die Durchsetzung des bürgerlichen Helden auf der Bühne, um die Überwindung der Ständeklausel also, als vielmehr um die theatergemäße Darstellung einer bürgerlichen Innerlichkeit, die die Grenzen ihrer ethischen Lauterkeit in der Welt der höfischen Intrige und moralischen Unbedenklichkeit erfahren muss (vgl. Lessing „Emilia Galotti", Schiller „Kabale und Liebe"). Von hier zur Mischung von Tragödie und Komödie in den Sturm-und-Drang-Dramen eines Jakob Michael Reinhold *Lenz* (1751–1792) war es nur noch ein kleiner Schritt. Die bürgerlichen Helden und Heldinnen seiner **Tragikomödien** stehen dem Realismus der Komödie bereits denkbar nahe; ein halbes Jahrhundert später, in den **sozialen Dramen** Hebbels (1813–1863), wurde ihr Bewusstsein bereits als so weit reduziert gezeigt, dass sie – wie Meister Anton in Hebbels „Maria Magdalena" – die eigene Tragik nur noch unzureichend wahrnehmen und reflektieren können.

Zuvor aber hatte sich Goethes klassisches Drama die aristotelische Dramenform noch einmal als Muster genommen. Am Beispiel der Tantaliden[1] konnte der Autor zeigen, wie die gleichsam unendliche Kette der Deformationen zwischenmenschlicher Beziehungen in einer Familie, im Staate oder auch im Verhältnis der Griechen und Skythen zueinander durch das Wagnis des Humanen durchbrochen werden kann. Wo bisher stets Taten die Verhältnisse bestimmt haben, ist es nun „der reinen Schwester Segenswort", das den Bruder heilt und neuen Betrug verhindert – die „Stimme der Wahrheit und der Menschlichkeit" führt, diesmal ohne das Eingreifen der Götter, eine gewaltfreie Lösung des Konflikts herbei.

In dieser Weise herausgehobene Dramenfiguren, wie sie in der deutschen Klassik als Symbolfiguren wahren Menschseins der gesellschaftlichen Wirklichkeit im Spätabsolutismus entgegengestellt und in den Bearbeitungen des Iphigenie-Dramas auch immer stärker in eine idealische, entindividualisierte Sprachwelt hineingerückt wurden, waren bereits in den Dramen *Kleists* (1777–1811) nicht mehr möglich. Die Figuren dieses Dramatikers gelangen weniger durch Selbstreflexion und bewusstes Handeln zu sich, sie fühlen mehr als sie wissen, was ihre Bestimmung ist. Glück und Tragik sind hier weit gehend vom Unbewussten gesteuert. Kleist hat – darin hat

---

1 Tantaliden: Nachkommen des Tantalus in der griechischen Mythologie

unsere Zeit die Modernität seiner Dramen erkannt – den Traum zu einem bestimmenden Element seiner Dramaturgie gemacht. Nicht handeln, sich im Traum verlieren, dies sind ebenso Wesenszüge der Personen in den Dramen *Grillparzers* (1791–1872) und z. T. auch *Büchners* (1813–1837). Elemente der Tragödie und der Komödie verbanden sich von nun an zu verschiedenartigen Dramenformen. Im österreichischen Sprachraum entwickelten sich aus dem Volkstheater des 18. Jahrhunderts spezifische Formen des Zauberstücks (Ferdinand *Raimund*, 1790–1836) und der Gesellschaftskomödie (Johann *Nestroy*, 1801–1862). Gattungsüberschreitungen ins Epische und Lyrische wurden für das **Drama der Moderne** seit der Jahrhundertwende kennzeichnend, bei *Ibsen* (1828–1906) und Gerhart *Hauptmann* (1862–1946) ebenso wie in der dramatischen Reihungstechnik Arthur *Schnitzlers* (1862–1931) und schließlich im epischen Theater Bertolt *Brechts* (1898–1956), das der Schriftsteller ausdrücklich als nichtaristotelisch bezeichnet hat. **Satiren, Parodien, absurde Grotesken**, aber auch späte Formen des mimetischen[1] Theaters in den **Dokumentarstücken** der Nachkriegszeit kennzeichnen den Pluralismus dramatischer Formen und Gattungen in der Gegenwart. Friedrich *Dürrenmatt* hat die klassische Tragödie ebenso wie das Drama der Klassik verabschiedet:

„Uns kommt nur noch die Komödie bei. Unsere Welt hat ebenso zur Groteske geführt wie zur Atombombe."

3.1 Das antike Muster

Text 1

SOPHOKLES: Antigone (um 442 v. Chr.)

Eteokles und Polyneikes, die Söhne des Ödipus, haben vereinbart die Herrschaft in Theben zu teilen und sich jährlich auf dem Thron abzulösen. Eteokles weigert sich jedoch dem Bruder die Herrschaft zu übergeben; dieser zieht daraufhin mit sechs verbündeten Fürsten gegen die Vaterstadt; im Kampf töten sich die beiden Brüder. Kreon, der Onkel, übernimmt nun die Königsherrschaft. Er befiehlt, Polyneikes die Bestattung zu verweigern und seinen Leichnam den Hunden und Vögeln zum Fraß zu überlassen. Antigone, die Schwester der Toten, widersetzt sich dem Verbot und bestattet in der Dunkelheit den Bruder. Man bringt sie vor Kreon, der sie verhört.

KREON:
   Dich frag ich, dich, die ihren Kopf zu Boden senkt,
   Bekennst du oder leugnest du, daß du's getan?
ANTIGONE:
   Ich geb es zu, ich tat es, und verleugn' es nicht.
KREON *(zu dem Wächter)*:
   Du siehst nun, daß du weiterkommst, wohin du willst;
   Von dem Verdacht, dem schweren, bist du ja befreit.
(zu Antigone)
   Du sag in kurzen Worten ohne Umschweif mir:
   War die Verkündigung dir bekannt, die dies verbot?

1 mimetisch: Nachahmung der Natur, von griech. Mimesis

Antikes Theater in Epidauros

ANTIGONE:
    Bekannt; wie sollt sie's nicht sein? Denn vernehmlich wars.
KREON:
    Und wagtest doch zu übertreten dies Gesetz?
ANTIGONE:
    Es war ja Zeus nicht, der mir das verkünden ließ,
    Noch Dike[1] wars, die bei den unteren Göttern wohnt,
    Die solch Gesetz den Menschen haben aufgestellt.
    Und nicht von solcher Kraft, glaubt ich, sei dein Gebot,
    Das sterbliche, daß es das ungeschriebene
    Und ewige Gesetz der Götter überträf.
    Denn nicht bloß heut und gestern, nein, in Ewigkeit
    Lebt dies, und keiner weiß, wann und woher es kam.
    Und vor *dem* schuldig werden nach der Götter Spruch,
    Das wollt ich, keines Menschen Hochmut fürchtend, nicht!

1 Dike: Tochter des Zeus, Verkörperung der guten Rechtsordnung

Denn daß ich sterben werde, wußt ich – wie auch nicht? –
Eh du es hast ausrufen lassen. Sterb ich nun
Vor meiner Zeit, so nenn ich's nur Gewinn für mich.
Denn wem so vielfach bittres Leid das Leben kränkt   30
Wie mir, bedeutet solchem nicht der Tod Gewinn?
So macht denn, daß sich mein Geschick nun so erfüllt,
Mir keine Schmerzen; doch wenn meiner Mutter Sohn
Im Tod ich unbestattet liegen wissen müßt,
Das wäre schmerzlich; jenes andre schmerzt mich nicht.   35
Und schein ich Törin dir zu sein in meinem Tun,
Wird mich ein Tor der Torheit wohl beschuldigen.

CHORFÜHRER:
Vom wilden Vater wilde Art zeigt sich am Kind:
Dem Unheil aus dem Weg zu gehn, versteht sie nicht.   40

KREON:
Doch du mußt wissen, allzu starre Sinnesart,
Sie stürzt am ehesten, und den allerstärksten Stahl,
Der aus des Schmiedes Feuer allzu spröde kommt,
Wirst du am leichtesten brechen und zersplittern sehn.   45
Auch weiß ich, daß der Rosse eigenwilligen Trotz
Ein kleiner Zügel meistert; so ist Eigensinn
Dem nicht erlaubt, der nur ein Knecht der andern ist.
Doch die verstand erst sich zu frechem Tun damit
Daß sie erlassene Gesetze übertrat;   50
Und nach der Tat ist ihre andre Hochmutsschuld,
Sich hoch zu rühmen dieser Tat, zu höhnen noch!
Ich wäre wahrlich nicht ein Mann, sie wäre Mann,
Wenn ungestraft ihr solcher Frevelmut geläng.
Nein, mag sie meiner Schwester Kind sein, näher mir   55
Verwandt als alle, die der Zeus des Hauses schirmt,
Sie soll doch nicht dem schlimmsten Los entgehn, sie nicht,
Noch ihre Schwester: denn der geb ich gleichviel Schuld,
Daß sie am Plan zu diesem Grab beteiligt war.
Ruft sie mir auch her! Denn ich sah sie eben noch   60
Im Hause, nicht der Sinne mächtig, ganz verstört.
So wird die Seele selbst zuerst Verräterin
Des Unrechts, das im Dunkel ausgesonnen wird;
Doch den auch haß ich, der, auf böser Tat ertappt,
Aus ihr nachher noch etwas Edles machen will.   65

ANTIGONE:
Gedenkst du mehr mir anzutun noch als den Tod?

KREON:
Nein, mehr nicht; hab ich dieses, hab ich auch genug.

ANTIGONE: 70
Was also säumst du? Wie von deinen Worten mir
Nicht eins gefällt – und mir auch nie gefallen soll –,
Grad ebenso mißfallen dir die meinen auch.
Und doch, wodurch wohl konnt ich rühmlicheren Ruhm

      Erringen, als indem ich meines Bruders Grab 75
      Besorgte? Die hier würden alle wohlgetan
      Es nennen, schlösse Furcht nicht ihre Zungen ein.
      Doch hat Tyrannis, wie sie manchen Vorteil hat,
      Auch den, daß tun sie darf und reden, wie sie will.
KREON: 80
      Das siehst allein du unter Kadmos'[1] Volke hier.
ANTIGONE:
      Auch diese sehn es; doch vor dir verstummt ihr Mund.
KREON:
      Erfüllt nicht Scham dich, andern Sinns als die zu sein? 85
ANTIGONE:
      Nicht schänden kanns doch, wenn man ehrt das eigene Blut.
KREON:
      War deines Bluts nicht, der ihm gegenüber fiel?
ANTIGONE: 90
      Vom selben Vater, von derselben Mutter, ja!
KREON:
      Und frevelst gegen den doch, wenn du jenen ehrst?
ANTIGONE:
      Nicht gelten lassen wird der Tote dieses Wort! 95
KREON:
      Doch, wenn du diesen Frevler grad so ehrst wie ihn.
ANTIGONE:
      Kein Knecht, der Bruder wars ja, der zu Tode kam.
KREON: 100
      Dies Land verheerte er, der andre schirmte es.
ANTIGONE:
      Dennoch will Hades nun für beide gleiches Recht.
KREON:
      Doch will der Gute nicht dem Bösen gleichstehn dort. 105
ANTIGONE:
      Wer weiß, ob das den Toten drunten gilt als fromm?
KREON:
      Nie wird der Feind zum Freunde, selbst im Tode nicht.
ANTIGONE: 110
      Nicht mitzuhassen, mitzulieben bin ich da.
KREON:
      Wenn du hinabkommst, liebe, wenn du lieben mußt,
      Die dort! Mich, der ich lebe, zwingt ein Weib wohl nicht!

Aus: Sophokles: Antigone. In: Griechische Tragödien. Hrsg. und erl. von Hans Jürgen Meinerts. München o. J.

1 Kadmos: mythischer Gründer Thebens

Arbeitsvorschläge zu Text 1

1. Welche Rechtspositionen vertreten Kreon und Antigone?

2. Informieren Sie sich in einem Lexikon der griechischen Mythologie über die Vorgeschichte dieses Streitgesprächs und die sich daraus ergebenden Handlungen. Mit welchem Recht sieht auch Kreon die Götter auf seiner Seite?

3. Welche Position nimmt im Streit der Frau mit dem König der Chor ein? Verfolgen Sie die Haltung des Chors im weiteren Fortgang des Dramas.

4. Ausgehend von Antigones Bekenntnis „Nicht mitzuhassen, mitzulieben bin ich da" hat man dieses um 442 vor Christus in Athen uraufgeführte Drama immer wieder auf aktuelle Zeitverhältnisse unseres Jahrhunderts bezogen. Bertolt Brecht hat eine eigene Bearbeitung, das „Antigone-Modell 1948", geschrieben. Erläutern Sie nach der Lektüre dieses Stücks, was der moderne Dramatiker verändert hat und welche Absicht dahinter stehen mag.

5. Setzen Sie sich in einer *literarischen Erörterung* mit der Ansicht des Literaturkritikers Alfred Polgar auseinander, bei diesem Drama des Sophokles handele es sich um eine „demokratische Dichtung".

Text 2

ARISTOTELES: Poetik (ca. 430 v. Chr.)

Mit Sicherheit hat es bereits im 5. Jahrhundert vor Christus poetologische Schriften gegeben, die sich mit Ursprung, Wesen und Ziel der Dichtung sowie mit den Dichtungsgattungen und ihren poetischen Mitteln beschäftigten. Allerdings ist uns erst die „Poetik" des Aristoteles (384–321) überliefert, vermutlich als Fragment eines Manuskripts, da wir lediglich über die Tragödie und das Epos informiert werden. Die unmittelbare Wirkung dieser Poetik auf die Spätantike (Horaz) war groß, größer noch die vermittelte, die sie seit der Renaissance auf die europäischen Literaturen ausgeübt hat, insbesondere auf die Theorie des Dramas.

6. (…) Die Tragödie ist die Nachahmung einer edlen und abgeschlossenen Handlung von einer bestimmten Größe in gewählter Rede, derart, daß jede Form solcher Rede in gesonderten Teilen erscheint und daß gehandelt und nicht berichtet wird und daß mit Hilfe von Mitleid und Furcht eine Reinigung von eben derartigen Affekten bewerkstelligt wird. (…)

Da ferner die Nachahmung einer Handlung gemeint ist, jede Handlung aber von Handelnden geführt wird, welche hinsichtlich ihres Charakters und ihrer Gedanken von einer bestimmten Qualität sind (denn diese bewirken, daß auch die Handlungen selbst von bestimmter Qualität sind, und eben in den Handlungen haben alle Glück oder Unglück), also ist die Nachahmung der Handlung der Mythos. Ich verstehe hier unter Mythos die Zusammensetzung der Handlungen, unter Charakter aber das, was macht, daß wir die Handelnden so oder so nennen, unter Absicht das, worin sie etwas aussagen oder eine Meinung äußern. (…)

Das Wichtigste davon ist der Aufbau der Handlungen. Denn die Tragödie ist nicht die Nachahmung von Menschen, sondern von Handlungen und Lebensweisen, von Glück und Unglück. (Glück und Unglück beruhen aber in Handlungen, und das Ziel der Tragödie ist eine Handlung, keine charakterliche Qualität. Qualifiziert sind die Menschen je nach ihrem Charakter, glücklich oder unglücklich sind sie aber auf Grund ihrer Handlungen.) Sie handeln also nicht, um die Charaktere darzustellen, sondern in den Handlungen sind auch die Charaktere eingeschlossen. Darum sind Handlung und Mythos Ziel der Tragödie. Das Ziel ist aber das Wichtigste von allem.

Es könnte ja auch ohne Handlung gar keine Tragödie entstehen, dagegen wohl ohne Charaktere. (...)
7. Nachdem wir dies unterschieden haben, müssen wir nun sagen, wie der Aufbau der Handlungen sein soll, da ja dies das erste und wichtigste Stück der Tragödie ist. Vorausgesetzt ist, daß die Tragödie die Nachahmung einer vollständigen und ganzen Handlung ist, und zwar von einer bestimmten Länge; es gibt ja auch ein Ganzes, das keine Länge hat. Ganz ist, was Anfang, Mitte und Ende besitzt. Anfang ist, was selbst nicht notwendig auf ein anderes folgt, aus dem aber ein anderes natürlicherweise wird oder entsteht. Ende umgekehrt ist, was selbst natürlicherweise aus anderem wird oder entsteht, aus Notwendigkeit oder in der Regel, ohne daß aus ihm etwas weiteres mehr entsteht. Mitte endlich, was nach anderem und vor anderem ist. Es dürfen also Handlungen, die gut aufgebaut sein sollen, weder an einem beliebigen Punkte beginnen noch an einem beliebigen Punkte aufhören, sondern müssen sich an die angegebenen Prinzipien halten. (...)
9. Es ergibt sich auch aus dem Gesagten, daß es nicht die Aufgabe des Dichters ist, zu berichten, was geschehen ist, sondern vielmehr, was geschehen könnte und was möglich wäre nach Angemessenheit oder Notwendigkeit. Denn der Geschichtsschreiber und der Dichter unterscheiden sich nicht dadurch, daß der eine Verse schreibt und der andere nicht (denn man könnte ja die Geschichte Herodots[1] in Verse setzen und doch bliebe es gleich gut Geschichte, mit oder ohne Verse); sie unterscheiden sich vielmehr darin, daß der eine erzählt, was geschehen ist, der andere, was geschehen könnte. Darum ist die Dichtung auch philosophischer und bedeutender als die Geschichtsschreibung. Denn die Dichtung redet eher vom Allgemeinen, die Geschichtsschreibung vom Besonderen. Das Allgemeine besteht darin, was für Dinge Menschen von bestimmter Qualität reden oder tun nach Angemessenheit oder Notwendigkeit; darum bemüht sich die Dichtung und gibt dann die Eigennamen bei. Das Besondere ist, was Alkibiades[2] tat oder erlebte. (...)
Da nun aber nicht nur eine vollkommene Handlung nachgeahmt wird, sondern auch eine solche, die Furcht und Mitleid erregt, so geschieht dies vorzugsweise, wenn es gegen die Erwartung und so, daß in einem Handlungsablauf Großes gestürzt und Niedriges erhöht wird, geschieht; denn so wird das Geschehen erstaunlicher, als wenn es sich von selbst oder durch den Zufall abwickelte. (...)

Aus: Aristoteles: Poetik. Übersetzt und erl. von Olaf Gigon. Stuttgart 1961.

Arbeitsvorschläge zu Text 2

1. Geben Sie die Grundgedanken dieses Textausschnittes mit eigenen Worten wieder. Gehen Sie dabei besonders auf das Verhältnis von Handlung und Charakter der Figuren ein.

2. Wie unterscheidet Aristoteles Dichter und Geschichtsschreiber? Vergleichen Sie seine Auffassung mit der Georg Büchners (siehe S. 112 f.).

3. Die Auffassung des Aristoteles, die Tragödie solle beim Zuschauer Furcht (phobos) und Mitleid (eleos) hervorrufen, hat die Dramentheorie im Zeitalter der Aufklärung immer wieder beschäftigt. Besprechen Sie im Kurs, wie Gottsched und Lessing die aristotelische Wirkungsvorstellung aufgenommen und interpretiert haben (vgl. Verstehen und Gestalten, Band 11).

1 Herodot (um 490 bis 425): Begründer der griech. Geschichtsschreibung. Im Mittelpunkt seines Geschichtswerkes steht die Beschreibung der Perserkriege
2 Alkibiades (um 450 bis 404): athenischer Staatsmann und Feldherr

3.2 Das klassische Drama

Text 1

JOHANN WOLFGANG GOETHE: Iphigenie auf Tauris (1787)

Die Tochter Agamemnons, die in Aulis von ihrem Vater der Diana geopfert werden sollte, um diese gnädig zu stimmen, ist von dieser Göttin nach Tauris gebracht und dort als Priesterin im Dianatempel eingesetzt worden. Iphigenie hat dort den alten Brauch abgeschafft, dass jeder Fremdling der Göttin geopfert wird. König Thoas von Taurien wirbt um Iphigenie und droht die Menschenopfer wieder einzuführen, falls ihn die Griechin abweist. An zwei Fremden, die Iphigenie als ihren Bruder Orest und dessen Freund Pylades erkennt, will Thoas seine Drohung wahrmachen.

Orest, mit Wahnsinn geschlagen, weil er die eigene Mutter getötet hat, soll nach einem Spruch Apollos dann geheilt sein, wenn er aus Taurien die „Schwester" nach Griechenland bringt. Die beiden Griechen beziehen den Spruch des Gottes auf das Bild der Diana (Schwester Apolls) im Tempel und wollen Iphigenie überreden beim Diebstahl zu helfen und dann aus dem Lande zu fliehen. Iphigenie, die diesen Plan zunächst unterstützt, bringt es schließlich doch nicht über sich den König zu betrügen. Dieser ist erzürnt, weil die befohlenen Menschenopfer noch immer nicht vollzogen sind.

5. Akt
Dritte Szene
Iphigenie, Thoas.

IPHIGENIE: Du forderst mich! Was bringt dich zu uns her?
THOAS: Du schiebst das Opfer auf, sag' an, warum?
IPHIGENIE: Ich hab' an Arkas alles klar erzählt.
THOAS: Von dir möcht' ich es weiter noch vernehmen.
IPHIGENIE: Die Göttin gibt dir Frist zur Überlegung. 5
THOAS: Sie scheint dir selbst gelegen, diese Frist.
IPHIGENIE: Wenn dir das Herz zum grausamen Entschluß
    Verhärtet ist; so solltest du nicht kommen!
    Ein König, der Unmenschliches verlangt,
    Find't Diener g'nug, die gegen Gnad' und Lohn 10
    Den halben Fluch der Tat begierig fassen;
    Doch seine Gegenwart bleibt unbefleckt.
    Er sinnt den Tod in einer schweren Wolke,
    Und seine Boten bringen flammendes
    Verderben auf des Armen Haupt hinab; 15
    Er aber schwebt durch seine Höhen ruhig,
    Ein unerreichter Gott, im Sturme fort.
THOAS: Die heil'ge Lippe tönt ein wildes Lied.
IPHIGENIE: Nicht Priesterin! nur Agamemnons Tochter.
    Der Unbekannten Wort verehrtest du, 20
    Der Fürstin willst du rasch gebieten? Nein!
    Von Jugend auf hab' ich gelernt gehorchen,
    Erst meinen Eltern und dann einer Gottheit,
    Und folgsam fühlt' ich immer meine Seele
    Am schönsten frei; allein dem harten Worte, 25
    Dem rauhen Ausspruch eines Mannes mich
    Zu fügen, lernt' ich weder dort noch hier.

THOAS: Ein alt Gesetz, nicht ich, gebietet dir.
IPHIGENIE: Wir fassen ein Gesetz begierig an,
  Das unsrer Leidenschaft zur Waffe dient. 30
  Ein andres spricht zu mir, ein älteres,
  Mich dir zu widersetzen, das Gebot,
  Dem jeder Fremde heilig ist.
THOAS: Es scheinen die Gefangnen dir sehr nah
  Am Herzen: denn für Anteil und Bewegung 35
  Vergissest du der Klugheit erstes Wort,
  Daß man den Mächtigen nicht reizen soll.
IPHIGENIE:
  Red' oder schweig' ich; immer kannst du wissen,
  Was mir im Herzen ist und immer bleibt. 40
  Lös't die Erinnerung des gleichen Schicksals
  Nicht ein verschloßnes Herz zum Mitleid auf?
  Wie mehr denn meins! In ihnen seh' ich mich.
  Ich habe vorm Altare selbst gezittert,
  Und feierlich umgab der frühe Tod 45
  Die Knieende; das Messer zuckte schon
  Den lebenvollen Busen zu durchbohren;
  Mein Innerstes entsetzte wirbelnd sich,
  Mein Auge brach, und – ich fand mich gerettet.
  Sind wir, was Götter gnädig uns gewährt, 50
  Unglücklichen nicht zu erstatten schuldig?
  Du weißt es, kennst mich, und du willst mich zwingen!
THOAS: Gehorche deinem Dienste, nicht dem Herrn.
IPHIGENIE: Laß ab! beschönige nicht die Gewalt,
  Die sich der Schwachheit eines Weibes freut. 55
  Ich bin so frei geboren als ein Mann.
  Stünd' Agamemnons Sohn dir gegenüber,
  Und du verlangtest was sich nicht gebührt:
  So hat auch Er ein Schwert und einen Arm,
  Die Rechte seines Busens zu verteidigen. 60
  Ich habe nichts als Worte, und es ziemt
  Dem edlen Mann, der Frauen Wort zu achten.
THOAS: Ich acht' es mehr als eines Bruders Schwert.
IPHIGENIE: Das Los der Waffen wechselt hin und her:
  Kein kluger Streiter hält den Feind gering. 65
  Auch ohne Hülfe gegen Trutz und Härte
  Hat die Natur den Schwachen nicht gelassen.
  Sie gab zur List ihm Freude, lehrt' ihn Künste;
  Bald weicht er aus, verspätet und umgeht.
  Ja der Gewaltige verdient, daß man sie übt. 70
THOAS: Die Vorsicht stellt der List sich klug entgegen.
IPHIGENIE: Und eine reine Seele braucht sie nicht.
THOAS: Sprich unbehutsam nicht dein eigen Urteil.
IPHIGENIE: O sähest du wie meine Seele kämpft,
  Ein bös Geschick, das sie ergreifen will, 75

Im ersten Anfall mutig abzutreiben!
So steh' ich denn hier wehrlos gegen dich?
Die schöne Bitte, den anmut'gen Zweig,
In einer Frauen Hand gewaltiger
Als Schwert und Waffe, stößest du zurück: 80
Was bleibt mir nun mein Inn'res zu verteid'gen?
Ruf' ich die Göttin um ein Wunder an?
Ist keine Kraft in meiner Seele Tiefen?
THOAS: Es scheint, der beiden Fremden Schicksal macht
Unmäßig dich besorgt. Wer sind sie? Sprich! 85
Für die dein Geist gewaltig sich erhebt.
IPHIGENIE: Sie sind – sie scheinen – für Griechen halt' ich sie.
THOAS: Landsleute sind es? und sie haben wohl
Der Rückkehr schönes Bild in dir erneut?
IPHIGENIE *(nach einigem Stillschweigen)*: 90
Hat denn zur unerhörten Tat der Mann
Allein das Recht? Drückt denn Unmögliches
Nur Er an die gewalt'ge Heldenbrust?
Was nennt man groß? Was hebt die Seele schaudernd
Dem immer wiederholenden Erzähler? 95
Als was mit unwahrscheinlichem Erfolg
Der Mutigste begann. Der in der Nacht
Allein das Heer des Feindes überschleicht,
Wie unversehn eine Flamme wütend
Die Schlafenden, Erwachenden ergreift, 100
Zuletzt gedrängt von den Ermunterten
Auf Feindes Pferden, doch mit Beute kehrt,
Wird der allein gepriesen? der allein,
Der einen sichern Weg verachtend kühn
Gebirg' und Wälder durchzustreifen geht, 105
Daß er von Räubern eine Gegend säub're?
Ist uns nichts übrig? Muß ein zartes Weib
Sich ihres angebornen Rechts entäußern,
Wild gegen Wilde sein, wie Amazonen
Das Recht des Schwerts euch rauben und mit Blute 110
Die Unterdrückung rächen? Auf und ab
Steigt in der Brust ein kühnes Unternehmen:
Ich werde großem Vorwurf nicht entgehn,
Noch schwerem Übel wenn es mir mißlingt;
Allein Euch leg' ich's auf die Kniee! Wenn 115
Ihr wahrhaft seid, wie ihr gepriesen werdet;
So zeigt's durch euern Beistand und verherrlicht
Durch mich die Wahrheit! – Ja, vernimm, o König,
Es wird ein heimlicher Betrug geschmiedet;
Vergebens fragst du den Gefangnen nach; 120
Sie sind hinweg und suchen ihre Freunde,
Die mit dem Schiff' am Ufer warten, auf.
Der älteste, den das Übel hier ergriffen

    Und nun verlassen hat – es ist Orest,
    Mein Bruder, und der andre sein Vertrauter,   125
    Sein Jugendfreund, mit Namen Pylades.
    Apoll schickt sie von Delphi diesem Ufer
    Mit göttlichen Befehlen zu, das Bild
    Dianens wegzurauben und zu ihm
    Die Schwester hinzubringen, und dafür   130
    Verspricht er dem von Furien Verfolgten,
    Des Mutterblutes Schuldigen, Befreiung.
    Uns beide hab' ich nun, die Überbliebnen
    Von Tantals Haus', in deine Hand gelegt:
    Verdirb uns – wenn du darfst.   135
THOAS: Du glaubst, es höre
    Der rohe Scythe, der Barbar, die Stimme
    Der Wahrheit und der Menschlichkeit, die Atreus[1],
    Der Grieche, nicht vernahm?
IPHIGENIE: Es hört sie jeder,   140
    Geboren unter jedem Himmel, dem
    Des Lebens Quelle durch den Busen rein
    Und ungehindert fließt. – Was sinnst du mir,
    O König, schweigend in der tiefen Seele?
    Ist es Verderben? so töte mich zuerst!   145
    Denn nun empfind' ich, da uns keine Rettung
    Mehr übrig bleibt, die gräßliche Gefahr,
    Worein ich die Geliebten übereilt
    Vorsätzlich stürzte. Weh! ich werde sie
    Gebunden vor mir sehn! Mit welchen Blicken   150
    Kann ich von meinem Bruder Abschied nehmen,
    Den ich ermorde? Nimmer kann ich ihm
    Mehr in die vielgeliebten Augen schaun!
THOAS: So haben die Betrüger künstlich-dichtend
    Der lang' Verschloßnen, ihre Wünsche leicht   155
    Und willig Glaubenden, ein solch Gespinst
    Ums Haupt geworfen!
IPHIGENIE: Nein! o König, nein!
    Ich könnte hintergangen werden; diese
    Sind treu und wahr. Wirst du sie anders finden,   160
    So laß sie fallen und verstoße mich,
    Verbanne mich zur Strafe meiner Torheit
    An einer Klippen-Insel traurig Ufer.
    Ist aber dieser Mann der langerflehte,
    Geliebte Bruder: so entlaß uns, sei   165
    Auch den Geschwistern wie der Schwester freundlich.
    Mein Vater fiel durch seiner Frauen Schuld,
    Und sie durch ihren Sohn. Die letzte Hoffnung
    Von Atreus Stamme ruht auf ihm allein.

---

1 Atreus: Stammvater der Atriden, also auch Iphigenies Vorfahr

Laß mich mit reinem Herzen, reiner Hand, 170
Hinübergehn und unser Haus entsühnen.
Du hältst mir Wort! – Wenn zu den Meinen je
Mir Rückkehr zubereitet wäre, schwurst
Du mich zu lassen; und sie ist es nun.
Ein König sagt nicht, wie gemeine Menschen, 175
Verlegen zu, daß er den Bittenden
Auf einen Augenblick entferne; noch
Verspricht er auf den Fall den er nicht hofft:
Dann fühlt er erst die Höhe seiner Würde,
Wenn er den Harrenden beglücken kann 180

THOAS: Unwillig, wie sich Feuer gegen Wasser
Im Kampfe wehrt und gischend seinen Feind
Zu tilgen sucht, so wehret sich der Zorn
In meinem Busen gegen deine Worte.

IPHIGENIE: O laß die Gnade, wie das heil'ge Licht 185
Der stillen Opferflamme, mir umkränzt
Von Lobgesang und Dank und Freude lodern.

THOAS: Wie oft besänftigte mich diese Stimme!

IPHIGENIE:
O reiche mir die Hand zum Friedenszeichen. 190

THOAS: Du forderst viel in einer kurzen Zeit.

IPHIGENIE:
Um Gut's zu tun braucht's keiner Überlegung.

THOAS: Sehr viel! denn auch dem Guten folgt das Übel.

IPHIGENIE: 195
Der Zweifel ist's, der Gutes böse macht.
Bedenke nicht; gewähre wie du's fühlst.

Aus: Johann Wolfgang Goethe: Iphigenie auf Tauris. In: Sämtliche Werke. Bd. 3.1. München 1990.

Arbeitsvorschläge zu Text 1

1. Informieren Sie sich in einem Schauspielführer über die gesamte Handlung des Dramas und klären Sie die dramaturgische Stellung der hier abgedruckten Szene.

2. Durch welche Normen rechtfertigen Iphigenie und Thoas in ihrer Auseinandersetzung jeweils ihr Tun?

3. Iphigenie stellt ihre Aufgabe als Frau gegen die Forderungen der Männerwelt, wie sie Thoas vertritt. Zeigen Sie am Text auf, wo Iphigenie von ihrer Frauenrolle spricht und wie sie diese versteht.

4. Als „ganz verteufelt human" hat Goethe im Rückblick sein Drama bezeichnet. *Diskutieren* Sie, vom vorliegenden Text ausgehend, welches humane Ideal er durch den Mund der griechischen Priesterin verkündet.

5. Goethes Gestaltung des antiken Mythos geht vom Drama des Euripides „Iphigenie bei den Tauern" aus, weicht davon jedoch im Schlussteil deutlich ab. Informieren Sie sich darüber und untersuchen Sie, wie jeweils das Verhältnis Mensch – Götter gesehen wird.

Text 2 JOHANN WOLFGANG GOETHE: Antik und modern* (1805)

Der Mensch vermag gar Manches durch zweckmäßigen Gebrauch einzelner Kräfte, er vermag das Außerordentliche durch Verbindung mehrerer Fähigkeiten; aber das Einzige, ganz Unerwartete leistet er nur, wenn sich die sämtlichen Eigenschaften gleichmäßig in ihm vereinigen. Das letzte war das glückliche Los der Alten, besonders der Griechen in ihrer besten Zeit; auf die beiden ersten sind wir Neuern vom Schicksal angewiesen.

Wenn die gesunde Natur des Menschen als ein Ganzes wirkt, wenn er sich in der Welt als in einem großen, schönen, würdigen und werten Ganzen fühlt, wenn das harmonische Behagen ihm ein reines, freies Entzücken gewährt; dann würde das Weltall, wenn es sich selbst empfinden könnte, als an sein Ziel gelangt aufjauchzen und den Gipfel des eigenen Werdens und Wesens bewundern. Denn wozu dient alle der Aufwand von Sonnen und Planeten und Monden, von Sternen und Milchstraßen, von Kometen und Nebelflecken, von gewordenen und werdenden Welten, wenn sich nicht zuletzt ein glücklicher Mensch unbewußt seines Daseins erfreut?

Wirft sich der Neuere, wie es uns eben jetzt ergangen, fast bei jeder Betrachtung ins Unendliche, um zuletzt, wenn es ihm glückt, auf einen beschränkten Punkt wieder zurückzukehren, so fühlten die Alten, ohne weitern Umweg, sogleich ihre einzige Behaglichkeit innerhalb der lieblichen Grenzen der schönen Welt. Hieher waren sie gesetzt, hiezu berufen, hier fand ihre Tätigkeit Raum, ihre Leidenschaft Gegenstand und Nahrung.

Warum sind ihre Dichter und Geschichtschreiber die Bewunderung des Einsichtigen, die Verzweiflung des Nacheifernden, als weil jene handelnden Personen, die ausgeführt werden, an ihrem eigenen Selbst, an dem engen Kreise ihres Vaterlandes, an der bezeichneten Bahn des eigenen sowohl als des mitbürgerlichen Lebens einen so tiefen Anteil nahmen, mit allem Sinn, aller Neigung, aller Kraft auf die Gegenwart wirkten; daher es einem gleichgesinnten Darsteller nicht schwer fallen konnte, eine solche Gegenwart zu verewigen.

Das, was geschah, hatte für sie den einzigen Wert, so wie für uns nur dasjenige, was gedacht oder empfunden worden, einigen Wert zu gewinnen scheint.

Nach einerlei Weise lebte der Dichter in seiner Einbildungskraft, der Geschichtschreiber in der politischen, der Forscher in der natürlichen Welt. Alle hielten sich am Nächsten, Wahren, Wirklichen fest, und selbst ihre Phantasiebilder haben Knochen und Mark. Der Mensch und das Menschliche wurden am wertesten geachtet, und alle seine innern, seine äußern Verhältnisse zur Welt mit so großem Sinne dargestellt als angeschaut. Noch fand sich das Gefühl, die Betrachtung nicht zerstückelt, noch war jene kaum heilbare Trennung in der gesunden Menschenkraft nicht vorgegangen.

Aus: Johann Wolfgang Goethe: Winckelmann und sein Jahrhundert. In: Sämtliche Werke. Bd. 6.2. München 1989.

Arbeitsvorschläge zu Text 2

1. Goethe entwirft hier seine Grundvorstellung des Menschen in der antiken Welt. Geben Sie mit eigenen Worten wieder, wie er diese Lebenswelt sieht und interpretiert.

2. Was unterscheidet die gegenwärtige Menschheit nach den Vorstellungen Goethes von der der Antike?

Text 3 | DIETER MAYER: Zur Entstehung und Rezeption von Goethes Drama „Iphigenie auf Tauris"

Sein Drama „Iphigenie auf Tauris", eines der bedeutendsten literarischen Zeugnisse der Weimarer Klassik, hatte Goethe aller Wahrscheinlichkeit nach zunächst als höfisches Festspiel für das herzogliche Liebhabertheater in Weimar konzipiert: Mehrfach schon hatte Goethe zu Geburtstagen der Herzogin Gelegenheitsstücke
5 geschrieben, diesmal sollte es eine Aufmerksamkeit zur Geburt der ersten Tochter im Frühjahr 1779 werden. Möglicherweise erklärt dies die Wahl einer weiblichen Hauptfigur, doch hat sich das Drama mit zunehmendem Fortgang der Arbeit immer weiter vom ursprünglichen Anlass gelöst und es spricht einiges dafür, dass Goethe hier wie in einer Reihe weiterer Werke dieser Zeit, die Begegnung mit Charlotte
10 von Stein, der „Schwester im Geist", künstlerisch verarbeitet und in das mythologische Gewand des Geschwisterverhältnisses Iphigenie – Orest gehüllt hat. Mit der Atriden-Sage hatte sich der Dichter bereits Jahre zuvor beschäftigt und mit Sicherheit kannte er Glucks Reformoper „Iphigenie auf Tauris" aus dem Jahre 1774.

Lady Hamilton als Iphigenie, ihren Bruder Orest erkennend. Wilhelm Tischbein, 1786

Innerhalb von fünf Wochen, zwischen dem 24. Februar und dem 28. März 1779, hatte Goethe eine erste, in Prosa gehaltene Fassung niedergeschrieben, unterbrochen von zahlreichen beruflichen Verpflichtungen in seinem Ministeramt (berühmt geworden ist hierzu eine Stelle aus einem Brief an Charlotte von Stein am 6. März: „Der König von Tauris soll reden als wenn kein Strumpfwürker in Apolda hungerte"). Sogleich begann man mit der Einstudierung für das Liebhabertheater. Corona Schröter (die einzige Berufsschauspielerin im Ensemble) übernahm die Hauptrolle, Goethe selbst spielte den Orest, sein Freund Knebel den Thoas.

In diesem Zusammenhang ist darauf hinzuweisen, dass Goethe, der viele Jahre später selbst die Leitung der eigentlichen Bühne Weimars, des Hoftheaters, übernahm, mit dem Liebhaberensemble seit seiner Übersiedlung nach Weimar im Jahre 1775 als Autor, Regisseur und Schauspieler bereits einige Erfahrungen gesammelt hatte. Davon spricht u. a. ein Gedicht „Auf Miedings Tod" (1782), mit dem Goethe eines Kunsttischlers gedachte, der die Bühnendekorationen für das Weimarer Liebhabertheater geschaffen hatte und für die Theatermaschinerie verantwortlich war.

Die Uraufführung der ersten Fassung des Dramas, noch mit dem Titel „Iphigenie in Tauris", fand schließlich am 6. April im Hauptmannischen Hause in Weimar statt. Augenzeugenberichte schwärmen von Goethes Darstellung des Orest, so auch die zum Musenhof der Herzoginmutter gehörende Luise von Göchhausen, die in einem Brief an Goethes Mutter äußerte, „daß er seinen Orest musterhaft gespielt hat. Sein Kleid (...) war griechisch, und ich hab ihn in meinem Leben noch nicht so schön gesehn". Bei der zweiten Aufführung spielte dann Herzog Carl August selbst mit, und zwar als Pylades.

Von diesem Theaterereignis, das Goethe in seinem Tagebuch als „gar gute Würkung davon besonders auf reine Menschen" festhielt, wurde bald in ganz Deutschland gesprochen, doch lehnte es Goethe ab, Abschriften des Stückes aus der Hand zu geben, weil er sich darüber im Klaren war, dass der mythologische Stoff noch mehr „Harmonie im Stil" (Goethe an Lavater, 13.10.1780) brauchte, weil das Stück „viel zu nachlässig geschrieben" sei, „als daß es von dem gesellschaftlichen Theater sich sobald in die freire Welt wagen dürfte" (Goethe an Karl Theodor Dalberg, 21.7.1779). In den Jahren 1780 und 1781 versuchte er gelegentlich eine Übertragung der „Skizze" in eine stärker rhythmisierte Prosa, doch erst 1786, als im Verlag Göschen eine Werkausgabe vorbereitet wurde, machte er sich ernsthaft an die Arbeit und schrieb das Stück in jambische Verse um. Er nahm die Arbeit mit auf die italienische Reise (1786–1788). Dort arbeitete er während der Reisepausen intensiv daran weiter und vollendete es schließlich während seines römischen Aufenthaltes im Januar 1787. Am 13. Januar bereits schickte er eine Abschrift an Herder nach Weimar.

In Weimar ist die Jambenfassung des Dramas dann allerdings erst 1802 im Hoftheater und unter Leitung Schillers aufgeführt worden, kurz danach folgte eine Inszenierung im Berliner Nationaltheater. Als Goethe am 19. Januar 1802 Schiller von Jena aus eine Abschrift als Textgrundlage für die Weimarer Aufführung zusandte, schrieb er:

> „Hiebei kommt die Abschrift des gräzisierenden Schauspiels. Ich bin neugierig, was Sie ihm abgewinnen werden. Ich habe hie und da hineingesehen, es ist ganz verteufelt human. Geht es halbwegs, so wollen wir's versuchen: denn wir haben schon öfters gesehen, daß die Wirkungen eines solchen Wagestücks für uns und das Ganze inkalkulabel sind."

Auf Goethes Bedenken ging Schiller in seinem Antwortbrief vom folgenden Tag ein:

„Ich werde nunmehr die Iphigenia mit der gehörigen Hinsicht auf ihre neue Bestimmung lesen und jedes Wort vom Theater herunter, und mit dem Publikum zusammen, hören, das, was Sie das Humane darin nennen, wird diese Probe besonders gut aushalten, und davon, rate ich, nichts wegzunehmen."

Goethes Drama, obwohl – wie Schiller an anderer Stelle feststellt – mehr episch als dramatisch, ist auf den Bühnen bis heute heimisch geblieben. Freilich stellt sich die Frage nach der Bedeutung des von Goethe apostrophierten „Humanen" bei jeder Bühnenrealisierung stets neu und bedeutet für Regisseur und Schauspieler eine besondere Herausforderung. Davon zeugen auch die Notizen und Protokolle, die bei der Inszenierung der „Iphigenie auf Tauris" am Württembergerischen Staatstheater in Stuttgart 1977 entstanden und in einem eigenen Programmbuch zur Aufführung veröffentlicht wurden.

Zitate aus: Johann Wolfgang Goethe: Sämtliche Werke. Bd. 2.1. München 1987 und Bd. 3.1. München 1990.

Text 4 Zeitgenössische Stimmen (1782–1802)

a) Justus Möser an seine Tochter Jenny von Voigts. Osnabrück, 20. 7. 1782
„Es ist nach meiner Empfindung eine so genaue griechische Sitte, Tugend und Denkungsart drinne (in der *Iphigenie*), daß ich mich erst einige Zeit wieder in dem alten Griechenlande aufhalten müßte, um den wahren Wert davon zu fühlen und danach zu urteilen. Die Verbindung des Simpeln und Hohen, des Wahren und Großen, sowohl in den Taten als in den Gedanken, die Herr G. so glücklich getroffen hat, habe ich beim Durchlesen mächtig gefühlet, aber ich vermag sie so wenig deutlich zu denken als auszudrücken. (…) Ich zweifle indessen doch, daß die Iphigenie bei der Vorstellung unser deutsches Publikum rühren werde. Dieses ist zu sehr von jenen Zeiten entfernt und durch die französische Zärtlichkeit zu verwöhnt, um sich zu ihr hinaufempfinden zu können. Es scheint mir durchaus ein Stück für Kenner zu sein, und wie wenig gibt es derer?"

b) August Wilhelm Iffland an Wolfgang Heribert von Dalberg. Hannover, 2. 10. 1785
„Ich habe denn auch in Hannover den 1ten, 3ten und 5ten Akt von G.s Iphigenie gelesen. Denn ich bekam sie nur auf eine Stunde, da G. sehr geheimnisvoll damit ist – aber ich finde nicht, was man davon sagte! Sein sollende griechische Simplizität, die oft in Trivialität ausartet – sonderbare Wortfügung, seltsame Wortschaffung, und statt Erhabenheit oft solche Kälte als die, womit die Ministerialrede beim Bergbau zu Ilmenau geschrieben ist."

c) Schiller in einer umfangreichen, aber nicht zu Ende geführten Besprechung der „Iphigenie"
„Man kann dieses Stück nicht lesen, ohne sich von einem gewissen Geiste des Altertums angeweht zu fühlen, der für eine bloße, auch die gelungenste Nachahmung viel zu wahr, viel zu lebendig ist. Man findet hier die imponierende große *Ruhe*, die jede Antike so unerreichbar macht, die Würde, den schönen Ernst, auch in den höchsten

Ausbrüchen der Leidenschaft – dies allein rückt dieses Produkt aus der gegenwärtigen Epoche hinaus, daß der Dichter gar nicht nötig gehabt hätte, die Illusion noch auf eine andere Art – die fast an Kunstgriffe grenzt – zu suchen, nämlich durch den Geist der Sentenzen, durch eine Überladung des Dialogs mit Epitheten[1], durch eine oft mit Fleiß schwerfällig gestellte Wortfolge und dergleichen mehr – die freilich auch an Altertum und oft allzustark an seine Muster erinnern, deren Er aber um so eher hätte entübrigt sein können, da sie wirklich nichts zur Vortrefflichkeit des Stücks beitragen und ihm ohne Notwendigkeit den Verdacht zuziehen, als wenn er sich mit den Griechen in ihrer ganzen Manier hätte messen wollen. (…)"

d) Schiller an Körner. 21. Januar 1802
„Hier wollen wir im nächsten Monat Goethens Iphigenia aufs Theater bringen: Bei diesem Anlaß habe ich sie aufs neue mit Aufmerksamkeit gelesen, weil Goethe die Notwendigkeit fühlt, einiges darin zu verändern. Ich habe mich sehr gewundert, daß sie auf mich den günstigen Eindruck nicht mehr gemacht hat wie sonst, ob es gleich immer ein seelenvolles Produkt bleibt. Sie ist aber so erstaunlich modern und ungriechisch daß man nicht begreift, wie es möglich war, sie jemals einem griechischen Stücke zu vergleichen. Sie ist ganz nur sittlich, aber die sinnliche Kraft, das Leben, die Bewegung und alles was ein Werk zu einem echten dramatischen spezifiziert, geht ihr sehr ab. Goethe selbst hat mir schon längst zweideutig davon gesprochen, aber ich hielt es nur für eine Grille, wo nicht gar für Ziererei; bei näherm Ansehen aber hat es sich mir auch so bewährt. Indessen ist dieses Produkt in dem Zeitmoment, wo es entstand, ein wahres Meteor gewesen, und das Zeitalter selbst, die Majorität der Stimmen, kann es auch jetzt noch nicht übersehen; auch wird es durch die allgemeinen hohen poetischen Eigenschaften, die ihm ohne Rücksicht auf seine dramatische Form zukommen, bloß als ein poetisches Geisteswerk betrachtet, in allen Zeiten unschätzbar bleiben."

e) Körner an Schiller. Dresden, 30. Januar 1802
„Was Du über Goethens Iphigenia schreibst, ist mir aus dem Gang, den Deine eigene poetische Ausbildung genommen hat, sehr begreiflich. Dies Werk von Goethe hat dadurch eben etwas Merkwürdiges, daß es sich *Deiner* frühern Manier nähert. Es fehlt ihm allerdings das Sinnliche, was wir in den Griechen finden, und nach dem Du jetzt strebst. Verstand und Gefühl finden reichen Genuß, aber die Phantasie wird vielleicht nicht befriedigt. Wohl dem Zeitalter, wenn es unsern Dichtern gelingt, mit einem solchen sittlichen und geistigen Gehalt das höchste sinnliche Leben zu verbinden. Opfer von einer oder der andern Art werden wohl unvermeidlich sein, und es möchte immer zweierlei Kunstwerke nebeneinander geben, wo entweder das Griechische oder das Moderne das Übergewicht hätte."

f) Rezension der Berliner Aufführung im Nationaltheater, Dezember 1802.
Berlin, 4. Januar 1803
„Am 31. December wiederholte man Iphigenia von Göthe. (…) Der Beurtheiler hat versprochen, etwas über das Verhältniß dieser bewundernswürdigen Dichtung zu den wirklichen Dramen zu sagen. Er hatte die Absicht, darüber ausführlich zu reden; aber da schon bei der zweiten Aufführung das Haus ziemlich leer war, muß

---

1 Epitheten (Sg. Epitheton, gr.): adjektivierende Beifügungen

er befürchten, einem großen Theil des Publikums durch weitläuftige Erörterung einer abgemachten Sache, lästig zu werden. Er begnügt sich also, eine einzige Bemerkung aufzustellen.

Es ist gar keine Leidenschaft in dem ganzen Stück: denn dem gelassenen, kaltblütigen Wunsch des Königs, Iphigenien zu heirathen, wenn sie keine Gelegenheit finden sollte, nach Hause zu reisen, gebührt dieser Name nicht; und die einzige Verwickelung, was nehmlich über die Bildsäule Dianens zu beschließen sey, fließt nicht aus einer Leidenschaft, sondern aus einem Mißverständnisse her, und wird den Augenblick durch die Entdeckung gelöst, daß das Orakel wieder einmal ein schlechter Stiliste gewesen, *die* Schwester, statt *deine* Schwester gesagt habe. – Die ganze Ökonomie des Stücks ist darauf berechnet, eine Reihe hinreißender schöner Erzählungen und Reden einzuleiten und sie ohne zu ermüden, mittheilen, und halten zu lassen. Sie sind entzückend, diese Erzählungen und Reden: aber ihr Gewebe bildet kein Drama."

Aus: Joachim August/Fritz Hackert (Hrsg.): Erläuterungen und Dokumente zu Johann Wolfgang Goethe: Iphigenie auf Tauris. Stuttgart 1969.

Text 5 Zur Aufführung der Württembergischen Staatstheater Stuttgart (1977)

a) Aus dem Programmbuch
Vorgesehen ist keine Textsammlung zum Thema Klassik und Humanität. Das Buch hat die Chance, festzuhalten, wie die Wirklichkeit eine Theaterarbeit einholt, noch unklare Punkte plötzlich erhellt, Akzente verschiebt; auch, wie die Wirklichkeit Theaterarbeit fast unmöglich macht; außerdem könnte man versuchen, die ohnehin vorhandenen Notizen und Protokolle den Zuschauern zugänglich zu machen; nicht etwa als Anleitung, wie denn nun die Aufführung gefälligst zu verstehen ist, sondern zu zeigen wäre, daß die Beteiligten alle am gleichen Punkt begonnen haben, und ihre Fragestellung an den Stoff auch noch nicht abgeschlossen haben, daß die Ergebnisse, die einmal bei der Premiere da sein werden, in dauernden Gesprächen und immer erneutem Ausprobieren entstanden sind; es gab kein scharfes Ziel, das stracks angesteuert wurde.

Juni/Juli
Wo kann man sich einhaken: Gibt es einfach den Wunsch, gegen die Brutalität unserer Zeit, ihre lautstarken Phrasen etwas Zartes, Leises zu setzen?
Oder: Ergibt sich ein Ansatz aus Goethes Lebenssituation, die Zeit als er das Stück schrieb, am Weimarer Hof, das Tasso-Problem.
Oder: Interessiert uns das, was da ganz psychologisch auf Familiengeschichte hinweist, der Wunsch nach Harmonie, die Krankheitserscheinungen einer Familie, die Trauer, der Abschied. Oder: Eigene Erfahrungen beim Gehen von einem Land ins andere (DDR – Bundesrepublik), Fluchterinnerungen, die daraus entstehende Abgeschlossenheit, Iphigenie verschweigt ihren Namen, auch die Verklärung, die mit der Vergangenheit passiert (Iphigenies Vaterbild), Mißtrauen gegen die Gegenwart.
Was sind das für Menschen, die sich immer wieder ihre Geschichte erzählen, stundenlang, wie andere Leute immer ihre Dokumentenköfferchen bei sich haben?

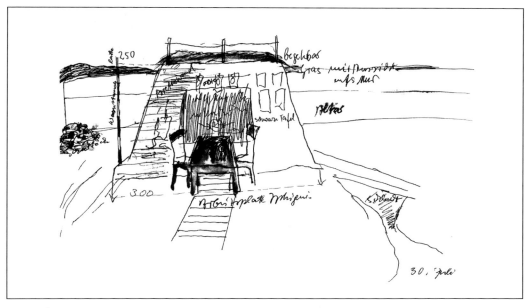

Bühnenentwurf zu „Iphigenie auf Tauris", Stuttgart 1977

August

Wer ist Iphigenie bei uns, für uns?
Was ist unser Griechenland?
Was nennt man eigentlich barbarisch?
Wahrscheinlich wird die Arbeit an Iphigenie ein ganz persönlicher Vorgang für alle Beteiligten; nur abschließen darf er sich nicht, in der Auseinandersetzung mit den Zuständen und Konflikten der Personen im Stück und unseren eigenen.
Wir machen uns auf die Suche nach dem konkreten Einstieg in das Stück, bisher haben wir ja nur darüber gesprochen, was uns alles interessiert, stört, bewegt an den Figuren und ihren Situationen, jetzt geht es um Punkte, die man vermitteln muß.

Unsere Fragen: Was ist human? Wo sind die Widersprüche der Humanität? Man weiß immer besser, was inhuman ist. Ist das Stück und unsere Arbeit ein Beitrag zur Debatte um Gewalt und Menschlichkeit?

Wenn man es schafft, der angeblich so harmonischen Form des Stückes (in Versen) immer wieder in die Quere zu kommen, die wirklich schönen Jamben nicht zur Oper, sondern ganz zu einer konkreten Ausdrucksweise für Situationen und Zustände von Figuren zu benutzen, kann man auch die Angst vor der Sentenzenhaftigkeit der Sprache ablegen, das Wortgeklingel vermeiden.

Die strenge Form (Vers) hat Vorteile; sie gerät oft sehr stark in Kollision zu den chaotischen Seelenverhältnissen der Personen des Stückes, diese Zusammenstöße interessieren uns doch stärker als eine Beschäftigung mit der Prosafassung.

Außerdem: starke künstlerische Herausforderung, mit den Bildern und dem Bau der Versfassung fertig zu werden; die persönliche Herausforderung für jeden von uns:
50 Jamben in unseren Tagen?
Nicht beabsichtigt: sich auf die Schönheit des Stückes zu verlassen nach dem Motto: die prominenten Stellen werden schon für sich sprechen.
Die Form des Stücks ist auch ganz als sein Inhalt zu begreifen. (Harmonie als Ziel und den Weg dorthin, oder die Unmöglichkeit?)
55 Wir müssen auf die Situation der Iphigenie eingehen: abgeschnitten in ihrer Entwicklung, seit Jahren bei den „Barbaren", eine Griechin, die versucht, mit ihrer Lage fertig zu werden; daran arbeitet sie.
Sie arbeitet aber auch an der Verhinderung von Gewalt bei den Skythen.

September

60 Was stellen wir uns unter dem Skythen vor?
Was nennen wir denn hierzulande „barbarisch"?
Ist es wirklich das Fremde, Wilde, oder ist es die Zerstörung der Städte durch die Planer, oder die Verschmutzung der Umwelt, oder der Bau von Atomkraftwerken. Alles ganz normale Sachen bei uns. Barbarisch auch: die Zerstörung fremder Kultu-
65 ren der Dritten Welt durch unser Zivilisationsgehabe; was ist mit den Menschenrechten, die nicht eingehalten werden, fast überall?
Barbarisch an Thoas: daß er seine Fremdenfurcht, seinen Fremdenhaß gleich in Mord umsetzt.
Ungelöste Frage: Irgendwie stehen sich die Griechen und Skythen in Sachen
70 Gewalt in nichts nach (wenn man so die Tantalidengeschichte bedenkt, fällt es einigermaßen schwer, von den „rauhen Barbaren" zu sprechen).

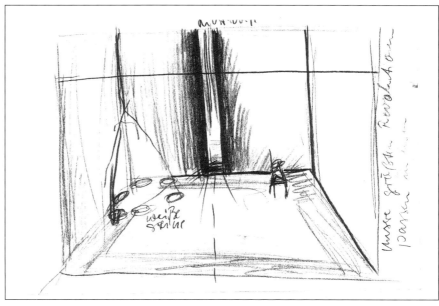

Bühnenentwurf zu „Iphigenie auf Tauris", Stuttgart 1977

Iphigenie ist nicht nur Liebesobjekt, sondern auch ein politischer Faktor für Thoas,
denn mit ihr ist die Nachfolge wahrscheinlich gesichert.
Die große Schwierigkeit ist: auch Thoas kommt aus Weimar.
Ist der Thoas nur naiver, direkter als die hochkomplizierten Griechen?
Hat die Iphigenie dem Thoas vielleicht nur gute Tischmanieren beigebracht?
Oder ist Iphigenie als Missionsschwester im Busch zu verstehen? Mit welchem
Recht eigentlich hält sie die Skythen von ihrem alten Opferbrauch ab? Hat denn
der Thoas wirklich was gelernt oder hat er sich nur beeinflussen lassen?

Bei Thoas denkt man natürlich auch immer schon an den Schluß des Stückes: ist der
unversöhnlich? Entlarvt man das Ganze aus der Sicht des Thoas als Humanitäts-
duselei? Oder ist er doch versöhnlich?

Oktober

Goethes Idee von der „Fürstenerziehung", hat die etwas mit dem Stück zu tun?
Immer wieder beginnen wir morgens mit Debatten über die politische Situation,
über Gewalt, Terror, Vernunft. Die Schauspieler haben immer mehr das Gefühl,
daß die Arbeit an Iphigenie eine Möglichkeit ist, für *sie* eine Möglichkeit, sich mit
dieser aktuellen Wirklichkeit auseinanderzusetzen, etwas zur Debatte beizutragen,
an gesellschaftlicher Problematik teilzunehmen.
Wie könnte man am Schluß quasi das Stück zusammenfassend oder weiterführend
noch mal auf die Widersprüche hinweisen; Widersprüche: das heißt, wie sieht es
denn aus mit der Humanität der Iphigenie, was tut sie für die einen, die Griechen,
und für sich selbst damit, was gegen die anderen, die Barbaren?
Wo sitzen die Konflikte der Gerechtigkeit?
Die Überlegungen zum Schluß sollen ganz einfach verhindern, daß man mit dem
Stück und der Aufführung etwas Abgepacktes mit nach Hause nimmt, ein süffig
konsumierbares Rezept für humanes Verhalten, sondern, daß man beides als einen
Beitrag zur Debatte um Menschlichkeit, Gewalt, Vernunft begreift.

Aus: Württembergische Staatstheater Stuttgart (Hrsg.): Programmbuch Nr. 30 Stuttgart 1978.

b) Gespräch mit dem Regisseur Claus Peymann (1977)

Ein sehnsüchtiges Modell der Menschlichkeit
„Wir wollen dem Zuschauer nicht von vornherein eine griechische Tür vor die Nase
knallen!"

Herr Peymann, was ist das Zeitgenös-sische an Goethes „Iphigenie"?
Das ist praktisch der Versuch, mit den Mitteln des Theaters einen Diskussionsbeitrag zu der bei uns zu Recht stattfindenden Gewaltdebatte zu leisten. Das ist das Generalthema dieser Arbeit.
(...)

Ist Iphigenie für Sie eine Widerstandsfigur?
Ich halte das für einen nötigen und politischen Versuch, einer lärmenden, ungenau werdenden Gegenwart eine maßgebliche ernste Stimme der Menschlichkeit gegenüberzustellen.

Die Aktualität haben Sie im Text gelassen oder haben Sie szenische Hinweise auf die gegenwärtige Aktualität gegeben?
Das mach ich nie im Leben. Ich finde es langweilig, so etwas zu machen. Wenn plötzlich Leute mit Sturzhelmen auftreten, das hat mich noch nie interessiert.
Die Aktualität wirkt also allein durch den Text?
Wir hatten uns bei der Arbeit zum Faust sehr mit den Fragen der Utopie beschäftigt, vor allem am Ende von Faust II. Wir hatten dann resigniert in der Darstellung und haben den Kunstgriff angewandt, diese Utopie nicht mehr zu spielen, sondern zu verlesen. Die Iphigenie fängt nun dort an, wo Faust II aufhört. Da wird also die Nagelprobe gestellt: Ist der Gewaltverzicht die einzige Möglichkeit, zur Humanität zu kommen? Uns hat dann interessiert, ohne dämliche Aktualisierung, ohne falsche Verformung des Stückes, unsere Sehnsüchte und unsere Hoffnungen mit Hilfe dieses einmaligen humanistischen Modellfalls Iphigenie auszudrücken.
Wo ist das Dramatische in dieser Humanitätslösung?
Das Ganze ist auch eine Kriminalgeschichte. Wir versuchen, aus einer ständigen Bewegtheit durch die aktuellen Prozesse, durch die aktuellen Erscheinungen, Ereignisse, Katastrophen und Veränderungen dieses Stück zu lesen und zu spielen. Und die Iphigenie macht ja einen Prozeß durch. Sie ist eine Figur, die am Schluß auf die Götter verzichtet, auch auf die männliche politische Gewalt, verzichtet auf das festgelegte Rollenspiel der Frau, und sie nimmt ihr Schicksal selbst in die Hand. Das Tolle daran: daß der Mensch des Menschen Schicksal selber ist. Das ist für mich ein ganz aufklärerisches, kühnes, groß dimensioniertes Werk.

„Iphigenie auf Tauris". Szenenfoto (Kirsten Dene), Stuttgart 1977

Das Schöne, das Leise, das Zarte in der Iphigenie, könnte das nicht als eine Form des politischen Rückzuges gedeutet werden?
Vielleicht ist auch ein gewisser Rückzug nötig, um ganz konzentriert den seelischen Zustand noch ernster nehmen zu können als bisher. Ich halte Konzentration nicht für eine Flucht, sie ist eine der schärfsten Waffen.
Was ist das Griechische an „Iphigenie"?
Es kommt zwar ungeheuerlich viel Reizstoff aus unseren heutigen Erlebnissen mit hinein, trotzdem ist es ganz griechisch. Wir wollen dem Zuschauer nicht von vornherein eine griechische Tür vor die Nase knallen. Griechenland soll nicht als geographische Wirklichkeit oder historische Möglichkeit, sondern als ein geistiger Bezugspunkt dienen. Mir kommt's ganz griechisch vor, aber eben als Seelenlandschaft.
Das Gespräch führte Hans Fröhlich

Aus: Stuttgarter Nachrichten vom 11.11.1977.

c) Rezensionen (1977/1978)
Claus Peymann inszenierte in Stuttgart Goethes „Iphigenie auf Tauris" als Emanzipationsdrama

1. König Thoas kam im Zylinder
Alte Stücke sind Freiwild. Mal werden sie als komödiantische Zirkusshow, mal als kitzelnder Horrortrip, mal denunziatorisch gegen den Strich gespielt – das sind wir längst gewöhnt. Und so regt es auch niemand mehr auf, wenn jetzt in Peymanns Stuttgarter Inszenierung Goethes Iphigenie im schmuddeligen Malerkittel und schwarzen Hosen auftritt, ihre private Wohnecke mit Büchern, Briefen, Bildern und Schreibmaschine ausstaffiert und bemüht unjambisch über Exil und Frauenprobleme ins Publikum hineinmeditiert. Gelassenheit auch angesichts eines Brautwerbers Thoas, der anfangs im Zylinderhut und Mantel, mit Juwelen an den nackten Zehen und einem Schwung Gladiolen im Arm auftritt und sich eine Zigarre anzündet, dann aber enttäuscht in die archaische Maske zurückschlüpft und im Tempel, einem Bohnenstangengerüst mit einer Vogelschwinge und einer Segelflugtragfläche als Giebel, ein kultisches Getrampel und äffisches Gebrüll zelebriert. Das Publikum spendet Szenenapplaus.
Auffällig ist etwas anderes. Iphigenie soll keine klassizistische Hoheit verkörpern, sondern wie eine exilierte und unterdrückte Frau von heute agieren. Das sieht dann so aus: Kirsten Dene wird als verquere, verärgerte, bockige Kleinbürgerin aufgebaut, deren Ratlosigkeit und Sorge durch Kopfkratzen, Kopfschütteln, zuckende Armbewegungen, Herumrennen und unentwegte leere Geschäftigkeit und Betulichkeit dargetan wird, und zwar unverändert von Anfang bis Ende, gleichgültig, was da passiert. Für die gläubige Diana-Priesterin, die trotzdem vorausgesetzt bleibt, ist da nicht viel übrig, das sieht mehr nach ungeliebtem Job aus, und Orests Heilung ist eine Art psychotherapeutische Kraft der Schwester. Branko Samarovski, der bei seinem ersten komischen Auftritt als Brautwerber vom Publikum wie ein dummer August belacht wird, füllt die Rolle alsbald mit furchtbarer Größe. Martin Schwab als todessüchtiger

Muttermörder kann auf Umdeutungen ganz und gar verzichten, und Gert Voss als Pylades spielt einen pfiffigen, redegewandten Tausendsassa, den nichts erschüttert. Hans Mahnke chargiert in Schlapphut und Gehrock den Arkas, wie ein geschwätziger alter Professor.

Das Publikum war begeistert über die treue Bewahrung des Textes und die (maßvoll) modernistische Regie, und Claus Peymann wurde ebenso gefeiert wie die Schauspieler. Daß aus Goethes Iphigenie eine arme Kleineleutefrau wurde, fiel niemand auf. Die großbürgerliche, für klassizistische und mythologische Reize empfindliche Gesellschaft ist eben in diesem Jahrhundert in eine biedere Einheitsgesellschaft eingeschmolzen worden. *Rudolf Krämer-Badoni*

Aus: Die Welt vom 14. 11. 1977.

Iphigenie (Kirsten Dene) und Thoas (Branko Samarovski), Stuttgart 1977

2. Diese Iphigenie hockt zwischen Schreibmaschine und Aktenordner
Zum Berliner Theatertreffen: Gastspiel aus Stuttgart mit Goethe

Manch Goetheverehrer seufzte. Vom „alten, heiligen, dicht belaubten Hain", den Iphigenie in ihren ersten Versen anspricht – gar nichts! Die Bühne ist eher zu einer unheiligen Düsternis vergammelt.
Iphigenie, in einer Art weitem Büro- oder Malermantel gewandet, hockt in einem Arbeitsraum von heute. Schreibmaschine. Arbeitstisch. Aktenordner. Bilder (auch Goethes) an die Wand gepickt. Eine große Tafel auf dem Gestell. So sieht hier Iphigeniens „private Sphäre" aus.
In der Tiefe der Bühnenmitte ein barbarischer Tempel. Das Dach ist von den weiten Schwingen eines toten Vogels blutig bedeckt. Ein paar billige Stühle. Ein paar rote Steine. Dies ist nicht Hellas, soll auch nicht Hellas sein. Die etwas füllige Iphigenie stellt ihren Kassettenrecorder an. Sie spielt sich einen Satz aus einem der großen Rasumowsky-Quartette von Beethoven vor. Dann erst die ersten Verse. Also: Verfremdung – vorsätzlich. Der strenge Goetheverehrer muß erschrecken. Er wird es immer wieder. Thoas, der doch bei Goethe edle Barbarenkönig, kommt im vergammelten Gehrock und Zylinder heraus (Branko Samarovski). Er raucht Zigarre, trägt Ringe an den nackten Zehen. Orest und Pylades erscheinen, barbarisch aneinandergefesselt, in der Gestalt von Gammelbrüdern von heute. Pylades im langen, verdreckten Mantel, Schiebermütze auf dem Haupte. Orest in einer zu klein geratenen Radfahrerkleidung. Heldengestalten sind dies nicht. Sie sind arme Teufel – wie von heute.
Der Goetheverehrer hat oft Anlaß, zusammenzuzucken. Hier ist kein Marmor zu sehen. Die theatralische Bettlaken-Antike von einst ist gründlich vermieden. Man spricht die Verse vor. Wohl. Aber man spricht sie ständig, als mißtraute man ihnen – oder doch der Eilfertigkeit ihres Wohlklanges. Diese Iphigenie „ringt" ständig um ihre hohen Worte. Man gibt sich dem Vers nicht hin. Man scheint ihm ständig zu mißtrauen.
Andererseits schreibt Iphigenie bedeutungsvolle Verspartien auf ihre große Tafel, als sei sie eine Volkshochschullehrerin, die eine besondere Wahrheit uns einhämmern möchte. Griechenland ist fern. Dies ist heute. Dies sind Menschen von jetzt. Aber sie spielen Goethes altes, sein hehres Gedicht von der Menschlichkeit vor. Wirkt das so? Sonderbarerweise, wunderbarerweise: ja! So wie es landläufig gespielt wurde, ist es nicht mehr zu präsentieren. Das wußte schon der alte Fontane. Goethe selbst mißtraute dieser „verteufelten Humanität".
Claus Peymann und seine Spieler (Bühnenbild Ilona Freyer) haben die Aktualität dieses fernen Griechenschauspiels neu entdeckt. Das muß man ihnen lassen. Was da abgehandelt wird, ist ja schrecklich aktuell. Es geht doch um Gewalttätigkeit und Terror. Es geht darum, den Teufelskreis von Blut, Verstrickung, von Rache und Horror endlich zu beenden. Es geht doch darum, den Terror in uns selber zu überwinden. Es geht um Frieden. Es geht um den Mut zur Friedfertigkeit. Es geht um Menschlichkeit. Das Stück ist ja nicht so marmorn, so schon edel abstrakt und fern, wie man glaubte. Es ist, streckenweise wenigstens, in seinem Grundzug der Befriedung dieser blutigen Welt, fürchterlich aktuell.
(...)

Friedrich Luft

Aus: Berliner Morgenpost vom 20.5.1978

Arbeitsvorschläge zu den Texten 3–5

1. Was hat Goethe veranlasst die Prosafassung seines Stückes später in Verse umzuschreiben? Lesen Sie noch einmal die hier abgedruckte 3. Szene aus dem 5. Akt, beschreiben Sie Sprache und Metrum und erläutern Sie, wie diese auf Sie wirken.

2. Stellen Sie aus den zeitgenössischen Äußerungen zusammen, wie der Versuch Goethes, den antiken Stoff dramatisch zu gestalten, beurteilt wurde.

3. Schiller hat sich 1789 und 1802 zu Goethes Drama geäußert. Vergleichen Sie seine Würdigungen der dichterischen Leistung.

4. Welche Ansatzmöglichkeiten zur heutigen Darstellung auf der Bühne wurden vom Stuttgarter Ensemble gesehen und diskutiert? Wo gab es Probleme einer Umsetzung für unsere Zeit?

5. „Was ist human?" – fragte sich das Stuttgarter Ensemble. *Erörtern* Sie diese Frage, indem Sie von einer Begriffserklärung ausgehen. Ziehen Sie bei Ihrer Arbeit die Äußerungen des Regisseurs Claus Peymann heran.

6. Wie verstehen Sie die Aussage „Die große Schwierigkeit ist: auch Thoas kommt aus Weimar"?

7. Der Regisseur hält es für wichtig, auf eine „dämliche Aktualisierung" des goetheschen Dramas zu verzichten. Weshalb?
Welche Aktualisierungen wären überhaupt denkbar?

8. Viele Leser einer Rezension haben die Aufführung, von der die Rede ist, nicht gesehen. Wie stellen sich die beiden Rezensenten auf diese Tatsache ein?

9. In beiden Rezensionen ist auch vom Theaterpublikum und seinen Reaktionen die Rede. Was erfahren wir jeweils, wie bewerten die Rezensenten die Haltung der Zuschauer?

10. Fassen Sie knapp zusammen, zu welchem Urteil die beiden Rezensenten gelangen. Untersuchen Sie die Gründe und die Argumentationsweise.

11. Die Rezensionen nehmen zu der Fragestellung, ob man Klassiker aktualisieren darf und sollte. *Erörtern* Sie, ausgehend von den hier vorgetragenen Argumenten, dieses Problem in einer allgemeinen Form.

3.3 Gegenmodelle – Das Drama im 19. und 20. Jahrhundert

Text 1

FRIEDRICH HEBBEL: Maria Magdalena (1844)

Klara, Tochter des Tischlermeisters Anton, hat sich mit Leonhard verlobt, weil sie ihr Jugendfreund, der Sekretär Friedrich, verlassen hat. Um den Verlobten, den sie nicht liebt, nicht zu verlieren, gibt sie sich ihm hin. Als sie merkt, dass sie schwanger ist, befällt sie Todesangst, weil der Vater geschworen hat sich umzubringen, falls sie ihm Schande bereitet. Ihre Situation wird noch verzweifelter, als ihr Bruder verdächtigt wird Schmuck gestohlen zu haben. Dies nimmt der Karrierist Leonhard zum Anlass in einem Brief die Verlobung zu lösen, weil er inzwischen erfahren hat, dass Klara keine Mitgift zu erwarten hat. Klara entschließt sich zu ihm zu gehen.

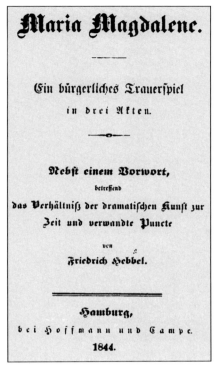

Titelseite der Erstausgabe

a)   3. Akt
           Zweite Szene

KLARA *(tritt ein):* Guten Abend, Leonhard!

LEONHARD: Klara? *Für sich.* Das hätt ich nun nicht mehr erwartet! *Laut.* Hast du meinen Brief nicht erhalten? Doch – Du kommst vielleicht für deinen Vater und willst die Steuer bezahlen! Wie viel ist es nur? *In einem Journal blätternd.* Ich sollte es eigentlich aus dem Kopf wissen!

KLARA: Ich komme, um dir deinen Brief zurückzugeben! Hier ist er! Lies ihn noch einmal!

LEONHARD *(liest mit großem Ernst):* Es ist ein ganz vernünftiger Brief! Wie kann ein Mann, dem die öffentlichen Gelder anvertraut sind, in eine Familie heiraten, zu der *Er verschluckt ein Wort.* zu der dein Bruder gehört?

KLARA: Leonhard!

LEONHARD: Aber vielleicht hat die ganze Stadt unrecht? Dein Bruder sitzt nicht im Gefängnis? Er hat nie im Gefängnis gesessen? Du bist nicht die Schwester eines – deines Bruders?

KLARA: Leonhard, ich bin die Tochter meines Vaters, und nicht als Schwester eines unschuldigen Verklagten, der schon wieder frei gesprochen ist, denn das ist mein Bruder, nicht als Mädchen, das vor unverdienter Schande zittert, denn *(Halblaut)* ich zittre noch mehr vor dir, nur als Tochter des alten Mannes, der mir das Leben gegeben hat, stehe ich hier!

LEONHARD: Und du willst?

KLARA: Du kannst fragen? O, daß ich wieder gehen dürfte! Mein Vater schneidet sich die Kehle ab, wenn ich – heirate mich!

LEONHARD: Dein Vater –

KLARA: Er hats geschworen! Heirate mich!

LEONHARD: Hand und Hals sind nahe Vettern. Sie tun einander nichts zu Leide! Mach dir keine Gedanken!

KLARA: Er hats geschworen – heirate mich, nachher bring mich um, ich will dir für das eine noch dankbarer sein wie für das andere!

LEONHARD: Liebst du mich? Kommst du, weil dich dein Herz treibt? Bin ich der Mensch, ohne den du nicht leben und sterben kannst?

KLARA: Antworte dir selbst!

LEONHARD: Kannst du schwören, daß du mich liebst? Daß du mich so liebst, wie ein Mädchen den Mann lieben muß, der sich auf ewig mit ihr verbinden soll?

KLARA: Nein, das kann ich nicht schwören! Aber dies kann ich dir schwören: ob ich dich liebe, ob ich dich nicht liebe, nie sollst du's erfahren! Ich will dir dienen, ich will für dich arbeiten, und zu essen sollst du mir nichts geben, ich will mich selbst ernähren, ich will bei Nachtzeit nähen und spinnen für andere Leute, ich will hungern, wenn ich nichts zu tun habe, ich will lieber in meinen eignen Arm hineinbeißen, als zu meinem Vater gehen, damit er nichts merkt. Wenn du mich schlägst, weil dein Hund nicht bei der Hand ist, oder weil du ihn abgeschafft hast, so will ich eher meine Zunge verschlucken, als ein Geschrei ausstoßen, das den Nachbarn verraten könnte, was vorfällt. Ich kann nicht versprechen, daß meine Haut die Striemen deiner Geißel nicht zeigen soll, denn das hängt nicht von mir ab, aber ich will lügen, ich will sagen, daß ich mit dem Kopf gegen den Schrank gefahren, oder daß ich auf dem Estrich, weil er zu glatt war, ausgeglitten bin, ich will's tun, bevor noch einer fragen kann, woher die blauen Flecke rühren. Heirate mich – ich lebe nicht lange. Und wenn's dir doch zu lange dauert, und du die Kosten der Scheidung nicht aufwenden magst, um von mir loszukommen, so kauf Gift aus der Apotheke, und stell's hin, als ob's für deine Ratten wäre, ich will's, ohne daß du auch nur zu winken brauchst, nehmen und im Sterben zu den Nachbarn sagen, ich hätt's für zerstoßenen Zucker gehalten!

LEONHARD: Ein Mensch, von dem du dies alles erwartest, überrascht dich doch nicht, wenn er nein sagt!

KLARA: So schaue Gott mich nicht zu schrecklich an, wenn ich komme, ehe er mich gerufen hat! Wär's um mich allein – ich wollt's ja tragen, ich wollts geduldig hinnehmen, als verdiente Strafe für, ich weiß nicht was, wenn die Welt mich in meinem Elend mit Füßen träte, statt mir beizustehen, ich wollte mein Kind, und wenn's auch die Züge dieses Menschen trüge, lieben, ach, und ich wollte vor der armen Unschuld so viel weinen, daß es, wenn's älter und klüger würde, seine Mutter gewiß nicht verachtet, noch ihr fluchen sollte. Aber ich bin's nicht allein, und leichter find' ich am Jüngsten Tag noch eine Antwort auf des Richters Frage warum hast du dich selbst umgebracht? als auf die warum hast du deinen Vater so weit getrieben?

LEONHARD: Du sprichst, als ob du die erste und letzte wärst! Tausende haben das vor dir durchgemacht, und sie ergaben sich darein, Tausende werden nach dir in den Fall kommen und sich in ihr Schicksal finden: sind die alle Nickel, daß du dich für dich allein in die Ecke stellen willst? Die hatten auch Väter, die ein Schock neue Flüche erfanden, als sie's zuerst hörten, und von Mord und Totschlag sprachen; nachher schämten sie sich, und taten Buße, für ihre Schwüre und Gotteslästerungen, sie setzten sich hin und wiegten das Kind, oder wedelten ihm die Fliegen ab!

KLARA: O, ich glaub's gern, daß du nicht begreifst, wie irgend einer in der Welt seinen Schwur halten sollte!

Aus: Friedrich Hebbel: Maria Magdalena. In: Werke in 2 Bdn. Bd. 1. Hamburg o. J.

b) Ausführungen des Verfassers (1843)

1. Heute habe ich mein viertes Drama: „Ein bürgerliches Trauerspiel!" geschlossen. Bei dieser Dichtung ging es eigen in mir zu. Es kam darauf an, durch das einfache Lebensbild selbst zu wirken und alle Seitenblicke des Gedankens und der Reflexion zu vermeiden, da sie mit den dargestellten Charakteren sich nicht vertragen. Das ist aber schwerer, als man denkt, wenn man es gewohnt ist, die Erscheinungen und Gestalten, die man erschafft, immer auf die Ideen, die sich repräsentieren, überhaupt auf das Ganze und Tiefe des Lebens und der Welt zurückzubeziehen. Ich hatte mich also sorgfältig zu hüten, mich bei der Arbeit zu erhitzen, um nicht über den beschränkten Rahmen des Gemäldes hinwegzusehen und Dinge hineinzubringen, die nicht hineingehören, obgleich es eben diese Dinge sind, die mich am meisten reizen, denn das Haupt-Vergnügen des Dichters besteht für mich darin, einen Charak-

ter bis zu seinem Anfang von mir selbst durchaus nicht zu berechnenden Höhepunkt zu führen, und von da aus die Welt zu überschauen. Ich glaube, daß mir diese Selbst-Aufopferung, diese Resignation auf die Befriedigung meines individuellen Bedürfnisses geglückt ist, eben darum aber rückte das Werk langsam vor, und als ich so recht im Mittelpunkt angelangt war, schleuderte mich der Tod meines Sohnes wieder heraus. Es war meine Absicht, das bürgerliche Trauerspiel zu regenerieren und zu zeigen, daß auch im eingeschränktesten Kreis eine zerschmetternde Tragik möglich ist, wenn man sie nur aus den rechten Elementen, aus den diesem Kreise selbst angehörigen, abzuleiten versteht. Gewöhnlich haben die Poeten, wenn sie bürgerliche Trauerspiele zu schreiben sich herabließen, es darin versehen, daß sie den derben, gründlichen Menschen, mit denen sie es zu tun hatten, allerlei übertriebene Empfindeleien oder eine stöckige Borniertheit andichteten, die sie als amphibienhafte Zwitter-Wesen, die eben nirgends zu Hause waren, erscheinen ließ.

2. (...) Seit gestern morgen liegt mein viertes Drama: „Ein bürgerliches Trauerspiel" in einer wunderschönen Abschrift, auf Postpapier von meiner Hand geschrieben, vor mir. Dies Mal komm' ich freilich um den schönsten Lohn meiner Arbeit, um die Freude, es Dir vorlesen und aus Deiner Seele den reinen Widerklang entgegennehmen zu können; daß es Dir gefallen würde, setze ich mit einiger Zuversicht voraus, denn es ist nach meinem Gefühl im höchsten Grade gelungen. Mit den allereinfachsten Mitteln wird die höchste tragische Wirkung erreicht, der Alte ist ein Riese geworden, und Leonhard ist bloß ein Lump, kein Schuft, der Sohn, der Secretair, sie Alle sind im Recht (worauf ich mir am meisten einbilde, da es allerdings am schwersten ist, aus der bloßen spröden Einseitigkeit, ohne Beimischung des positiv-Bösen die Schuld abzuleiten) und dennoch entbindet sich durch den Zusammenstoß

„Maria Magdalena", München 1981

dieser einander innerlich entgegen gesetzten Naturen das furchtbarste Geschick. Im Hintergrund bewegen sich die Ideen der Familie, der Sittlichkeit, der Ehre, mit ihren Tag- und Nacht-Seiten, und Consequenzen dämmern auf, die wohl erst nach Jahrhunderten in den Lebens-Katechismus Aufnahme finden werden. Leute, die
40 den Gehalt der Poesie nur im *Stoff* sehen, werden freilich für die allerbedeutendsten Vorzüge dieses Werks unempfindlich seyn, doch auf die kommt es ja auch nicht an. Andere werden das Verdienst des Stücks, eben des Stoffs wegen, nur um so höher schätzen. (…)

Aus: Karl Pörnbacher (Hrsg.): Erläuterungen und Dokumente zu Friedrich Hebbel: Maria Magdalena. Stuttgart 1970.

Arbeitsvorschläge zu Text 1

1. Wie erklärt sich aus der hier abgedruckten Szene der Titel des Dramas?

2. Untersuchen Sie, wie Hebbel die gesellschaftliche Rolle von Frau und Mann in der Beziehung zwischen Klara und Leonhard dargestellt hat.

3. Weisen Sie nach, dass die Personen, obwohl sie miteinander sprechen, unfähig zum Dialog sind. Vergleichen Sie das Gespräch mit dem Dialog Iphigenie – Thoas (S. 156 ff.).

4. Hebbel nennt sein Drama ein „bürgerliches Trauerspiel". Informieren Sie sich über Entstehung und Geschichte dieses Gattungsbegriffs. Wie versteht ihn Hebbel?

5. „Sie alle sind im Recht", behauptet Hebbel in seinem Brief an Elise Lensing von den Figuren seines Dramas. Lesen Sie das gesamte Drama und erörtern Sie diese These des Dichters am Beispiel der Figuren Klara, Leonhard und Meister Anton.

6. Der moderne Dramatiker Franz Xaver Kroetz (geb. 1946) hat Hebbels bürgerliches Trauerspiel zu einer „Komödie in drei Akten frei nach Friedrich Hebbel" umgeformt. Nach seinen eigenen Äußerungen ging es ihm dabei vor allen um eine Aktualisierung der Handlung und Kritik der Vorstellungen Hebbels. Stellen Sie das Stück des Gegenwartsautors Ihrem Kurs vor.

Text 2

GERHART HAUPTMANN: Vor Sonnenaufgang (1889)

Als „soziales Drama" bezeichnete Gerhart Hauptmann (1862–1946) sein Stück, in dem er die programmatischen Forderungen des Naturalismus in die Praxis der Bühne übertrug, unter Gebrauch der sozialbiologischen Vorstellungen Zolas und beeinflusst von den Dramatikern Strindberg und Ibsen. Bereits in der Eingangsszene wird deutlich, dass Hauptmann den traditionellen Dramendialog, wie ihn auch noch Hebbel vorfand und benutzte, aufgegeben hat.

ERSTER AKT

Das Zimmer ist niedrig: der Fußboden mit guten Teppichen belegt. Moderner Luxus auf bäuerische Dürftigkeit gepfropft. An der Wand hinter dem Eßtisch ein Gemälde, darstellend einen vierspännigen Frachtwagen, von einem Fuhrknecht in blauer Bluse geleitet.

5 *Miele, eine robuste Bauernmagd mit rotem, etwas stumpfsinnigen Gesicht; sie öffnet die Mitteltür und läßt Alfred Loth eintreten. Loth ist mittelgroß, breitschultrig, untersetzt, in seinen Bewegungen bestimmt, doch ein wenig ungelenk; er hat blondes Haar, blaue Augen und ein dünnes, lichtblondes Schnurrbärtchen, sein ganzes Gesicht ist*

knochig und hat einen gleichmäßig ernsten Ausdruck. Er ist ordentlich, jedoch nichts weniger als modern gekleidet. Sommerpaletot, Umhängetäschchen, Stock.
MIELE: Bitte! Ich werde den Herrn Inschinär glei ruffen. Wolln Sie nich Platz nehmen?!
Die Glastür zum Wintergarten wird heftig aufgestoßen; ein Bauernweib, im Gesicht blaurot vor Wut, stürzt herein. Sie ist nicht viel besser als eine Waschfrau gekleidet. Nackte rote Arme, blauer Kattunrock und Mieder, rotes punktiertes Brusttuch. Alter: Anfang Vierzig – Gesicht hart, sinnlich, bösartig. Die ganze Gestalt sonst gut konserviert.
FRAU KRAUSE *(schreit)*: Ihr Madel!! ... Richtig! ... Doas Loster vu Froovulk! ... Naus! mir gahn nischt! ... *Halb zu Miele, halb zu Loth.* A koan orbeita, a hoot Oarme. Naus! hier gibbt's nischt!
LOTH: Aber Frau ... Sie werden doch ... ich ... ich heiße Loth, bin ... wünsche zu ... habe auch nicht die Ab ...
MIELE: A wull ock a Herr Inschinär sprechen.
FRAU KRAUSE: Beim Schwiegersuhne batteln: doas kenn mer schunn. A hoot au nischt, a hoot's au ock vu ins, nischt iis seine!
Die Tür rechts wird aufgemacht. Hoffmann steckt den Kopf heraus.
HOFFMANN: Schwiegermamma! – Ich muß doch bitten ... *Er tritt heraus, wendet sich an Loth.* Was steht zu ... Alfred! Kerl! Wahrhaftig'n Gott, du!? Das ist aber mal ... nein das is doch mal'n Gedanke!
Hoffmann ist etwa dreiunddreißig Jahre alt, schlank, groß, hager. Er kleidet sich nach der neuesten Mode, ist elegant frisiert, trägt kostbare Ringe, Brillantknöpfe im Vorhemd und Berloques an der Uhrkette. Kopfhaar und Schnurrbart schwarz, der letztere sehr üppig, äußerst sorgfältig gepflegt. Gesicht spitz, vogelartig. Ausdruck verschwommen, Augen schwarz, lebhaft, zuweilen unruhig.
LOTH: Ich bin nämlich ganz zufällig ...
HOFFMANN *(aufgeregt)*: Etwas Lieberes ... nun aber zunächst leg ab! *Er versucht ihm das Umhängetäschchen abzunehmen.* Etwas Lieberes und so Unerwartetes hätte mir jetzt, – *er hat ihm Hut und Stock abgenommen und legt beides auf einen Stuhl neben der Tür* – hätte mir jetzt entschieden nicht passieren können, – *indem er zurückkommt* – entschieden nicht.
LOTH *(sich selbst das Täschchen abnehmend)*: Ich bin nämlich – nur so per Zufall auf dich ... *Er legt das Täschchen auf den Tisch im Vordergrund.*
HOFFMANN: Setz dich! Du mußt müde sein, setz dich – bitte. Weißt de noch? wenn du mich besuchtest, da hatt'st du so 'ne Manier, dich lang auf das Sofa hinfallen zu lassen, daß die Federn krachten; mitunter sprangen sie nämlich auch. Also du, höre! mach's wie damals.
Frau Krause hat ein sehr erstauntes Gesicht gemacht und sich dann zurückgezogen. Loth läßt sich auf einen der Sessel nieder, die rings um den Tisch im Vordergrunde stehen.
HOFFMANN: Trinkst du was? Sag! – Bier? Wein? Kognak? Kaffee? Tee? Es ist alles im Hause.
Helene kommt lesend aus dem Wintergarten; ihre große, ein wenig zu starke Gestalt, die Frisur ihres blonden, ganz ungewöhnlich reichen Haares, ihr Gesichtsausdruck, ihre moderne Kleidung, ihre Bewegungen, ihre ganze Erscheinung überhaupt verleugnen das Bauernmädchen nicht ganz.

HELENE: Schwager, du könntest ... *Sie entdeckt Loth und zieht sich schnell zurück.* Ach! ich bitte um Verzeihung. *Ab.*
HOFFMANN: Bleib doch, bleib!
LOTH: Deine Frau?
60 HOFFMANN: Nein, ihre Schwester. Hörtest du nicht, wie sie mich betitelte?
LOTH: Nein.
HOFFMANN: Hübsch! Wie? – Nu aber erklär dich: Kaffee? Tee? Grog?
LOTH: Danke, danke für alles.
HOFFMANN: *präsentiert ihm Zigarren.* Aber das ist was für dich – nicht?! ... Auch
65 nicht?!
LOTH: Nein, danke.
HOFFMANN: Beneidenswerte Bedürfnislosigkeit! *Er raucht sich selbst eine Zigarre an und spricht dabei.* Die A ... Asche, wollte sagen, der ... der Tabak ... ä! Rauch natürlich ... der Rauch belästigt dich doch wohl nicht?
70 LOTH: Nein.
HOFFMANN: Wenn ich das nicht noch hätte ... ach Gott ja, das bißchen Leben! – Nu aber tu mir den Gefallen, erzähle was. – Zehn Jahre – bist übrigens kaum sehr verändert – zehn Jahre, 'n ekliger Fetzen Zeit – was macht Schn ... Schnurz nannten wir ihn ja wohl? Fips – die ganze heitere Blase von damals? Hast du den
75 einen oder anderen im Auge behalten?
LOTH: Sach mal, solltest du das nicht wissen?
HOFFMANN: Was?
LOTH: Daß er sich erschossen hat.
HOFFMANN: Wer – hat sich wieder mal erschossen?
80 LOTH: Fips! Friedrich Hildebrandt.
HOFFMANN: I warum nich gar?
LOTH: Ja! er hat sich erschossen – im Grunewald, an einer sehr schönen Stelle der Havelseeufer. Ich war dort, man hat den Blick auf Spandau.
HOFFMANN: Hm! – Hätt' ihm das nicht zugetraut, war doch sonst keine Helden-
85 natur.
LOTH: Deswegen hat er sich eben erschossen. – Gewissenhaft war er, sehr gewissenhaft.
HOFFMANN: Gewissenhaft? Woso?
LOTH: Nun, darum eben ... sonst hätte er sich wohl nicht erschossen.
90 HOFFMANN: Versteh' nicht recht.
LOTH: Na, die Farbe seiner politischen Anschauungen kennst du doch?
HOFFMANN: Ja, grün.
LOTH: Du kannst sie gern so nennen. Er war, dies wirst du ihm wohl lassen müssen, ein talentvoller Jung. – Fünf Jahre hat er als Stukkateur arbeiten müssen, andere
95 fünf Jahre dann, sozusagen, auf eigene Faust durchgehungert und dazu kleine Statuetten modelliert.
HOFFMANN: Abstoßendes Zeug. Ich will von der Kunst erheitert sein ... Nee! diese Sorte Kunst war durchaus nicht mein Geschmack. (...)

Aus: Gerhart Hauptmann: Sämtliche Werke. Bd. 1. Frankfurt 1966.

Arbeits-vorschläge zu Text 2

1. Gerhart Hauptmann stellt in seinem „sozialen Drama" den Wandel der oberschlesischen Bauernwelt während des Aufbaus der Kohlenindustrie dar. Wie wirkt sich dieser Wandel auf die Situation der Familie Krause aus?

2. Untersuchen Sie Informationsgehalt und Funktion der szenischen Hinweise Hauptmanns (Detailgenauigkeit, Stimmungswert der dargestellten Örtlichkeit, äußere Charakterisierung der Dramenfiguren).

3. Übertragen Sie mündlich die hier abgedruckten Dramendialoge in die Hochsprache. Klären Sie dabei im Gespräch Verständnisschwierigkeiten. Weshalb gebraucht der Schriftsteller immer wieder den Dialekt?

4. Berühmte Dramen Hauptmanns aus seiner naturalistischen Zeit sind „Die Weber" (1892), „Fuhrmann Henschel" (1899) und „Rose Bernd" (1903). In ihnen hat er die Nöte sozialer Gruppen oder einzelner Menschen dargestellt. Lesen Sie eines dieser Dramen und erläutern Sie Ihrem Kurs Problemstellung, Handlungsverlauf und dramatische Gestaltungsmittel in einem Referat.

Text 3

BERTOLT BRECHT: Der gute Mensch von Sezuan (1938–1941)

Die Götter haben beschlossen, dass die Welt so bleiben kann, wie sie ist, „wenn genügend gute Menschen gefunden werden, die ein menschenwürdiges Dasein leben können". Drei Götter werden zur Erde geschickt um diese Menschen zu finden. In der chinesischen Provinz Sezuan glauben sie in der Prostituierten Shen Te, die die Götter bei sich aufnimmt, den „guten Menschen" gefunden zu haben. Vom Abschiedsgeschenk der Götter kauft sich Shen Te einen kleinen Tabakladen, sieht sich jedoch bald von allen Seiten übervorteilt und ausgenutzt. Es bleibt ihr nur eine Möglichkeit zum Überleben: Zeitweise verwandelt sie sich in den erfundenen Vetter Shui Ta, der durch Hartherzigkeit und konsequente Beherrschung der Ausbeutungsgesetze zum erfolgreichen Fabrikbesitzer aufsteigt; Shen Te gilt schließlich als verschollen. Es kommt zu einem Gerichtsverfahren: Die Götter selbst leiten anstelle des von Shui Ta bestochenen Ortsrichters die Verhandlung gegen Shui Ta, dem vorgeworfen wird Shen Te beseitigt zu haben. Schließlich lüftet der Vetter das Geheimnis seiner Identität.

a)   10. Bild, Epilog

GERICHTSLOKAL

(...)

SHUI TA *(ist auf seinen Stuhl gesunken)*: Ich kann nicht mehr. Ich will alles aufklären. Wenn der Saal geräumt wird und nur die Richter zurückbleiben, will ich ein Geständnis machen.

ALLE: Er gesteht! Er ist überführt!

DER ERSTE GOTT *(schlägt mit dem Hammer auf den Tisch)*: Der Saal soll geräumt werden.

Der Polizist räumt den Saal.

DIE SHIN *(im Abgehen, lachend)*: Man wird sich wundern!

SHUI TA: Sind sie draußen? Alle? Ich kann nicht mehr schweigen. Ich habe euch erkannt, Erleuchtete!

DER ZWEITE GOTT: Was hast du mit unserm guten Menschen von Sezuan gemacht?

SHUI TA: Dann laßt mich euch die furchtbare Wahrheit gestehen, ich bin euer guter Mensch! *Er nimmt die Maske ab und reißt sich die Kleider weg, Shen Te steht da.*

DER ZWEITE GOTT: Shen Te!

15 SHEN TE: Ja, ich bin es. Shui Ta und Shen Te, ich bin beides.
   Euer einstiger Befehl
   Gut zu sein und doch zu leben
   Zerriß mich wie ein Blitz in zwei Hälften. Ich
   Weiß nicht wie es kam: gut sein zu andern
20 Und zu mir konnte ich nicht zugleich.
   Andern und mir zu helfen, war mir zu schwer.
   Ach, eure Welt ist schwierig! Zu viel Not, zu viel Verzweiflung!
   Die Hand, die dem Elenden gereicht wird
   Reißt er einem gleich aus! Wer den Verlorenen hilft
25 Ist selbst verloren! Denn wer könnte
   Lang sich weigern, böse zu sein, wenn da stirbt, wer kein Fleisch ißt?
   Aus was sollte ich nehmen, was alles gebraucht wurde? Nur
   Aus mir! Aber dann kam ich um! Die Last der guten Vorsätze
   Drückte mich in die Erde. Doch wenn ich Unrecht tat
30 Ging ich mächtig herum und aß vom guten Fleisch!
   Etwas muß falsch sein an eurer Welt. Warum
   Ist auf die Bosheit ein Preis gesetzt und warum erwarten den Guten
   So harte Strafen? Ach, in mir war
   Solch eine Gier, mich zu verwöhnen! Und da war auch
35 In mir ein heimliches Wissen, denn meine Ziehmutter
   Wusch mich mit Gossenwasser! Davon kriegte ich
   Ein scharfes Aug. Jedoch Mitleid
   Schmerzte mich so, daß ich gleich in wölfischen Zorn verfiel
   Angesichts des Elends. Dann
40 Fühlte ich, wie ich mich verwandelte und
   Mir die Lippe zur Lefze wurd. Wie Asch im Mund
   Schmeckte das gütige Wort. Und doch
   Wollte ich gern ein Engel sein den Vorstädten. Zu schenken
   War mir eine Wollust. Ein glückliches Gesicht
45 Und ich ging wie auf Wolken.
   Verdammt mich: alles, was ich verbrach
   Tat ich, meinen Nachbarn zu helfen
   Meinen Geliebten zu lieben und
   Meinen kleinen Sohn vor dem Mangel zu retten.
50 Für eure großen Pläne, ihr Götter
   War ich armer Mensch zu klein.
   DER ERSTE GOTT (*mit allen Zeichen des Entsetzens*): Sprich nicht weiter, Unglückliche! Was sollen wir denken, die so froh sind, dich wiedergefunden zu haben!
   SHEN TE: Aber ich muß euch doch sagen, daß ich der böse Mensch bin, von dem alle
55 hier diese Untaten berichtet haben.
   DER ERSTE GOTT: Der gute Mensch, von dem alle nur Gutes berichtet haben!
   SHEN TE: Nein, auch der böse!
   DER ERSTE GOTT: Ein Mißverständnis! Einige unglückliche Vorkommnisse. Ein paar Nachbarn ohne Herz! Etwas Übereifer!
60 DER ZWEITE GOTT: Aber wie soll sie weiterleben?
   DER ERSTE GOTT: Sie kann es! Sie ist eine kräftige Person und wohlgestaltet und kann viel aushalten.

DER ZWEITE GOTT: Aber hast du nicht gehört, was sie sagte?
DER ERSTE GOTT *(heftig)*: Verwirrtes, sehr Verwirrtes! Unglaubliches, sehr Unglaubliches! Sollen wir eingestehen, daß unsere Gebote tödlich sind? Sollen wir verzichten auf unsere Gebote? *(Verbissen)*: Niemals! Soll die Welt geändert werden? Wie? Von wem? Nein, es ist alles in Ordnung. *Er schlägt schnell mit dem Hammer auf den Tisch*
Und nun
auf ein Zeichen von ihm ertönt Musik. Eine rosige Helle entsteht
Laßt uns zurückkehren. Diese kleine Welt
Hat uns sehr gefesselt. Ihr Freud und Leid
Hat uns erquickt und uns geschmerzt. Jedoch
Gedenken wir dort über den Gestirnen
Deiner, Shen Te, des guten Menschen, gern
Die du von unserm Geist hier unten zeugst
In kalter Finsternis die kleine Lampe trägst.
Leb wohl, mach's gut!
Auf ein Zeichen von ihm öffnet sich die Decke. Eine rosa Wolke läßt sich hernieder. Auf ihr fahren die Götter sehr langsam nach oben.
SHEN TE: Oh, nicht doch, Erleuchtete! Fahrt nicht weg! Verlaßt mich nicht! Wie soll ich den beiden guten Alten in die Augen schauen, die ihren Laden verloren haben, und dem Wasserverkäufer mit der steifen Hand? Und wie soll ich mich des Barbiers erwehren, den ich nicht liebe, und wie Suns, den ich liebe? Und mein Leib ist gesegnet, bald ist mein kleiner Sohn da und will essen? Ich kann nicht hier bleiben! *Sie blickt gehetzt nach der Tür, durch die ihre Peiniger eintreten werden.*
DER ERSTE GOTT: Du kannst es. Sei nur gut und alles wird gut werden!
Herein die Zeugen. Sie sehen mit Verwunderung die Richter auf ihrer rosa Wolke schweben
WANG: Bezeugt euren Respekt! Die Götter sind unter uns erschienen! Drei der höchsten Götter sind nach Sezuan gekommen, einen guten Menschen zu suchen. Sie hatten ihn schon gefunden, aber ...
DER ERSTE GOTT: Kein Aber! Hier ist er!
ALLE: Shen Te!
DER ERSTE GOTT: Sie ist nicht umgekommen, sie war nur verborgen. Sie wird unter euch bleiben, ein guter Mensch!
SHEN TE: Aber ich brauche den Vetter!
DER ERSTE GOTT: Nicht zu oft!
SHEN TE: Jede Woche zumindest!
DER ERSTE GOTT: Jeden Monat, das genügt!
SHEN TE: Oh, entfernt euch nicht, Erleuchtete! Ich habe noch nicht alles gesagt! Ich brauche euch dringend!
DIE GÖTTER *(singen das Terzett der entschwindenden Götter auf der Wolke)*:
Leider können wir nicht bleiben
Mehr als eine flüchtige Stund:
Lang besehn, ihn zu beschreiben
Schwände hin der schöne Fund.
Eure Körper werfen Schatten
In der Flut des goldnen Lichts.

>   Drum müßt ihr uns schon gestatten
>   Heimzugehn in unser Nichts.
> SHEN TE: Hilfe!
> DIE GÖTTER:
> 115   Und lasset, da die Suche nun vorbei
>   Uns fahren schnell hinan!
>   Gepriesen sei, gepriesen sei
>   Der gute Mensch von Sezuan!
> *Während Shen Te verzweifelt die Arme nach ihnen ausbreitet, verschwinden sie oben,*
> 120 *lächelnd und winkend.*

Epilog

Vor den Vorhang tritt ein Spieler und wendet sich entschuldigend an das Publikum mit
125 *einem Epilog*

> DER SPIELER:
>   Verehrtes Publikum, jetzt kein Verdruß:
>   Wir wissen wohl, das ist kein rechter Schluß.
> 130   Vorschwebte uns: die goldene Legende.
>   Unter der Hand nahm sie ein bitteres Ende.
>   Wir stehen selbst enttäuscht und sehn betroffen
>   Den Vorhang zu und alle Fragen offen.
>   Dabei sind wir doch auf Sie angewiesen
> 135   Daß Sie bei uns zu Haus sind und genießen.
>   Wir können es uns leider nicht verhehlen:
>   Wir sind bankrott, wenn Sie uns nicht empfehlen!
>   Vielleicht fiel uns aus lauter Furcht nichts ein.
>   Das kam schon vor. Was könnt die Lösung sein?
> 140   Wir konnten keine finden, nicht einmal für Geld.
>   Soll es ein andrer Mensch sein? Oder eine andre Welt?
>   Vielleicht nur andere Götter? Oder keine?
>   Wir sind zerschmettert und nicht nur zum Scheine!
>   Der einzige Ausweg wär aus diesem Ungemach:
> 145   Sie selber dächten auf der Stelle nach
>   Auf welche Weis dem guten Menschen man
>   Zu einem guten Ende helfen kann.
>   Verehrtes Publikum, los, such dir selbst den Schluß!
>   Es muß ein guter da sein, muß, muß, muß!

Aus: Bertolt Brecht: Der gute Mensch von Sezuan. In: Große Berliner und Frankfurter Ausgabe. Bd. 6. Berlin u. Frankfurt 1989.

b) Äußerungen des Verfassers

1. Über eine neue Dramatik (1928)
(...)

Man muß sich klarmachen, wie die Kurve des deutschen Dramas während der letzten Generation aussieht. Gegen Ende des 19. Jahrhunderts gab es die letzte größere Welle. Infiziert von dem großen bürgerlich-zivilisatorischen französischen Roman, infizierten einige Dramatiker das Theater mit Naturalismus. Rein von der Politik her waren völlig neue Stoffe in Sicht gekommen. Man half sich mit Fotografie. Da man vermittels der Fotografie natürlich keine plastischen Wirkungen erzielte, half man sich mit der Psychologie. Die kleinwüchsigen Figuren bekamen ein ungewöhnlich reizvolles Innenleben. Diese Bewegung, die mit Dichtung nur insoweit etwas zu tun hatte, als die betreffenden Werke von dichterisch begabten Leuten geschrieben wurden, brachte keine bedeutenden Werke hervor, machte dem Theater keine neuen Stoffe urbar und versackte nach einigen Versuchen völlig: ihre Intuitoren[1] selber widerriefen ihre Maximen und verbrachten den Rest ihres Lebens damit, ihre Ästhetik in Ordnung zu bringen. In unseren Tagen sieht man nunmehr das Theater selbst eine Initiative ähnlicher Art ergreifen: wieder versucht man, also diesmal vom Theater her, „an die Stoffe heranzukommen", und wieder fotografiert man (diesmal vom Theater her), und es wird wieder mit Kunst nur insoweit etwas zu tun haben, als darin künstlerisch begabte Leute arbeiten.

Die Wahrheit ist: die alte Dramenform ist kaputtgegangen. (...)

Selbstverständlich liegt es nicht in der Macht einzelner, wenn auch noch so begabter Theaterleiter und Regisseure, hier eine wirkliche Umwandlung zustande zu bringen, da diese Leute keineswegs die Gründe des katastrophalen Niedergangs sind, der sich keineswegs nur im Theater, ja nicht einmal dort am stärksten zeigt. Es steht nicht im Belieben der Herren Rockefeller und Ford, die Verheerung aller geistigen Gebiete durch den Kapitalismus abzuwenden. Es ist fraglich, ob sie sich selber ändern können. Aber es ist sicher, daß sie den Kapitalismus nicht ändern können. Die Standard Oil konnte durch Herrn Rockefeller aufgebaut werden, aber sie kann durch ihn nicht zu einem gemeinnützigen Unternehmen umgebaut werden, ohne daß sie ruiniert wird, das heißt also: sie kann nicht umgebaut werden. Der Schrei nach einem neuen Theater ist der Schrei nach einer neuen Gesellschaftsordnung.

Aus: Bertolt Brecht: Über eine neue Dramatik. In: Große Berliner und Frankfurter Ausgabe. Bd. 21. Berlin und Frankfurt 1992.

2. Zur dramatischen und epischen Form des Theaters* (1938)

Dramatische Form des Theaters	*Epische Form des Theaters*
Die Bühne verkörpert einen Vorgang	sie erzählt ihn
verwickelt den Zuschauer in eine Aktion und	macht ihn zum Betrachter aber
verbraucht seine Aktivität	weckt seine Aktivität
ermöglicht ihm Gefühle	erzwingt von ihm Entscheidungen

1 Intuitor: hier: Programmatiker, Anreger

vermittelt ihm Erlebnisse	vermittelt ihm Kenntnisse
der Zuschauer wird in eine Handlung hineinversetzt	er wird ihr gegenübergesetzt
es wird mit Suggestion gearbeitet	es wird mit Argumenten gearbeitet
die Empfindungen werden konserviert	bis zu Erkenntnissen getrieben
der Mensch wird als bekannt vorausgesetzt	der Mensch ist Gegenstand der Untersuchung
der unveränderliche Mensch	der veränderliche und verändernde Mensch
Spannung auf den Ausgang	Spannung auf den Gang
eine Szene für die andere	jede Szene für sich
die Geschehnisse verlaufen linear	in Kurven
natura non facit saltus[1]	facit saltus[2]
die Welt, wie sie ist	die Welt, wie sie wird
was der Mensch soll	was der Mensch muß
seine Triebe	seine Beweggründe
das Denken bestimmt das Sein	das gesellschaftliche Sein bestimmt das Denken

Aus: Bertolt Brecht: Zur dramatischen und epischen Form des Theaters. In: Große Berliner und Frankfurter Ausgabe. Bd. 24. Berlin und Frankfurt 1991.

Arbeitsvorschläge zu Text 3

1. Lesen Sie in einem Dramenführer oder in einem Erläuterungsband zu Brechts Stücken den Handlungsverlauf des Parabelstücks „Der gute Mensch von Sezuan" nach und verdeutlichen Sie sich die Personenkonstellationen im Stück.

2. Wie sieht Shen Te in der Szene „Gerichtslokal" ihre Situation, welche Folgerungen hat sie daraus gezogen? Wie zeigt Brecht den Zuschauern Denken und Verhalten der Götter, was erwartet er vom Publikum am Ende seines Stückes?

3. Brecht wollte in diesem Stück nach eigenen Worten eine geschichtliche Situation darstellen, in der es „schon Flieger und noch Götter" gibt. Diskutieren Sie, was damit gemeint sein kann.

4. Als Musterbeispiel einer epischen Szene im Sinne Brechts wird in der Literaturwissenschaft immer wieder das 8. Bild (Shui Tas Tabakfabrik) bezeichnet. Lesen Sie diese Szene nach und untersuchen Sie, ausgehend von den Bauformen des klassischen Dramas, welche Mittel des epischen Theaters der Dichter hier eingesetzt hat. Stellen Sie ihre Arbeitsergebnisse in einer schriftlichen Texterschließung dar.

5. Erläutern Sie, weshalb Brecht eine neue Dramatik für notwendig hält, was er an der alten auszusetzen hat.

6. In dem hier abgedruckten Schema stellt Brecht in knapper Darstellung die dramatische der epischen Form des Theaters gegenüber, unterstreicht aber zugleich in seinen Erläuterungen hierzu, dass er nicht auf absolute Gegensätze, sondern auf Akzentverschiebungen habe hinweisen wollen. Geben Sie diese hier benannten Veränderungen mit eigenen Worten wieder.

1 Die Natur macht keine Sprünge – 2 sie macht Sprünge

Text 4

ELFRIEDE JELINEK: Was geschah, nachdem Nora ihren Mann verlassen hatte
oder Stützen der Gesellschaft (1979)

Der norwegische Dramatiker Henrik Ibsen (1828–1906) steht mit seinen Dramen am Beginn des modernen Theaters und hat in besonderer Weise den deutschen Naturalismus beeinflusst. In seinen Gesellschaftsstücken schildert er vorzugsweise die Alltagstragödien der bürgerlichen Gesellschaftsschicht seiner Zeit, gestaltet in ihnen aber stets auch moralkritische und sozialphilosophische Themen, die in unserem Jahrhundert von Dramatikern wie Hauptmann, Shaw, O'Neill, Miller oder Sartre aufgegriffen wurden.

In dem Stück „Nora oder Ein Puppenheim" (1879) enthüllt Ibsen die Probleme und Lügen einer unerfüllten Ehe, die nicht gelingen kann, da es am unbedingten Vertrauen der Ehepartner mangelt. So verlässt Nora schließlich nach achtjähriger Ehe ihren Mann, den Rechtsanwalt Helmer, und ihre Kinder, weil sie erkannt hat, dass sie mit einem Fremden zusammengelebt hat.

Dieses Dramenende nimmt Elfriede Jelinek als Ausgangspunkt für ihr Stück, versetzt es aber in die Zeit nach dem Ersten Weltkrieg. Im Titel spielt sie auf ein weiteres Stück Ibsens („Stützen der Gesellschaft", 1877) an, in dem der Dichter die Scheinmoral der bürgerlichen Gesellschaft angreift.

Das Stück spielt in den Zwanzigerjahren. Man kann aber auch in den Kostümen ein wenig die vorkommenden „Zeitsprünge" andeuten, vor allem die vorweggenommene Zukunft.

1

Büro des Personalchefs. Der Personalchef sitzt am Schreibtisch, Nora drückt sich ein wenig verspielt herum, faßt alles an, setzt sich mal kurz hin, mal springt sie jäh auf und geht herum. Ihr Verhalten steht im Widerspruch zu ihrer ziemlich heruntergekommenen Kleidung.

NORA: Ich bin keine Frau, die von ihrem Mann verlassen wurde, sondern eine, die 5
selbsttätig verließ, was seltener ist. Ich bin Nora aus dem gleichnamigen Stück von Ibsen. Im Augenblick flüchte ich aus einer verwirrten Gemütslage in einen Beruf.
PERSONALCHEF: An meiner Position können Sie studieren, daß ein Beruf keine Flucht, sondern eine Lebensaufgabe ist.
NORA: Ich will aber mein Leben noch nicht aufgeben! Ich strebe meine persönliche 10
Verwirklichung an.
PERSONALCHEF: Sind Sie in irgend einer Tätigkeit geübt?
NORA: Ich habe die Pflege und Aufzucht Alter, Schwacher, Debiler, Kranker sowie von Kindern eingeübt.
PERSONALCHEF: Wir haben hier aber keine Alten, Schwachen, Debilen, Kranken 15
oder Kinder. Wir verfügen über Maschinen. Vor einer Maschine muß der Mensch zu einem Nichts werden, erst dann kann er wieder zu einem Etwas werden. Ich allerdings wählte von Anfang an den beschwerlicheren Weg zu einer Karriere.
NORA: Ich will weg von meinem Pfleger-Image, dieser kleine Eigensinn sitzt fest in mir. Wie hübsch sich dieser Vorhang von den düster und geschäftlich wirkenden 20
Wänden abhebt! Daß auch unbeseelte Dinge eine Seele besitzen, erkenne ich jetzt erst, da ich mich aus meiner Ehe befreite.
PERSONALCHEF: Arbeitgeber und Vertrauensleute haben die freie Entfaltung der Persönlichkeit der im Betrieb beschäftigten Arbeitnehmer zu schützen und zu fördern. Haben Sie Zeugnisse? 25
NORA: Mein Mann hätte mir sicher das Zeugnis einer guten Hausfrau und Mutter ausgestellt, aber das habe ich mir in letzter Sekunde vermasselt.

PERSONALCHEF: Wir verlangen hier Fremdzeugnisse. Kennen Sie denn keine Fremden?
NORA: Nein. Mein Gatte wünschte mich häuslich und abgeschlossen, weil die Frau nie nach den Seiten schauen soll, sondern meistens in sich hinein oder zum Mann auf.
PERSONALCHEF: Er war kein legaler Vorgesetzter, was ich zum Beispiel bin.
NORA: Doch war er ein Vorgesetzter! In einer Bank. Ich gebe Ihnen den Rat, sich nicht, wie er, von Ihrer Stellung verhärten zu lassen.
PERSONALCHEF: Die Einsamkeit, die oben am Gipfel besteht, schafft immer Verhärtung. Warum sind Sie abgehauen?
NORA: Ich wollte mich am Arbeitsplatz vom Objekt zum Subjekt entwickeln. Vielleicht kann ich in Gestalt meiner Person noch zusätzlich einen Lichtstrahl in eine düstere Fabrikshalle bringen.
PERSONALCHEF: Unsere Räume sind hell und gut gelüftet.
NORA: Ich möchte die Menschenwürde und das Grundrecht auf freie Entfaltung der Persönlichkeit hochhalten.
PERSONALCHEF: Sie können überhaupt nichts hochhalten, weil Sie ihre Hände für etwas Wichtigeres brauchen.
NORA: Das Wichtigste ist, daß ich ein Mensch werde.
PERSONALCHEF: Wir beschäftigen hier ausschließlich Menschen: die einen sind es mehr, die anderen weniger.
NORA: Ich mußte erst mein Heim verlassen, um ein solcher Mensch zu werden.
PERSONALCHEF: Viele unserer weiblichen Angestellten würden kilometerweit laufen, um ein Heim zu finden. Wozu brauchen Sie denn einen fremden Ort?
NORA: Weil ich den eigenen Standort schon kannte.
PERSONALCHEF: Können Sie maschineschreiben?
NORA: Ich kann büroarbeiten, sticken, stricken, nähen.
PERSONALCHEF: Für wen haben Sie gearbeitet. Namen der Firma, Anschrift, Telefonnummer.
NORA: Privat.
PERSONALCHEF: Privat ist nicht öffentlich. Zuerst müssen Sie öffentlich werden, dann können Sie ihre Objektstellung abbauen.
NORA: Ich glaube, ich eigne mich speziell für außergewöhnliche Aufgaben. Das Gewöhnliche verachtete ich stets.
PERSONALCHEF: Wodurch glauben Sie sich zu solcher Außergewöhnlichkeit prädestiniert?
NORA: Weil ich eine Frau bin, in der komplizierte biologische Vorgänge vorgehen.
PERSONALCHEF: Wie sind denn ihre Qualifikationen auf dem Gebiet, das Sie außergewöhnlich nennen?
NORA: Ich habe ein anschmiegsames Wesen und bin künstlerisch begabt.
PERSONALCHEF: Dann müssen Sie eine weitere Ehe eingehen.
NORA: Ich habe ein anschmiegsames, rebellisches Wesen, ich bin keine einfache Persönlichkeit, ich bin vielschichtig.
PERSONALCHEF: Dann sollten Sie keine weitere Ehe eingehen.
NORA: Ich suche noch nach mir selber.
PERSONALCHEF: Bei der Fabrikarbeit findet jeder früher oder später sich selber, der eine hier, der andre dort. Zum Glück muß ich nicht fabrikarbeiten.
NORA: Ich glaube, mein Gehirn sträubt sich noch, weil es bei der Arbeit an der Maschine kaum verwendet werden wird.
PERSONALCHEF: Ihr Gehirn brauchen wir nicht.

NORA: Da es in der Zeit meiner Ehe brach lag, wollte ich jetzt eigentlich ...
PERSONALCHEF: *unterbricht:* Sind Ihre Lungen und Ihre Augen gesund? Haben Sie Zahnschäden? Sind Sie zugempfindlich?
NORA: Nein. Auf meinen Körper habe ich geachtet.
PERSONALCHEF: Dann können Sie gleich anfangen. Haben Sie noch weitere Qualifikationen, die Ihnen vorhin nicht eingefallen sind?
NORA: Ich habe seit vielen Tagen nichts mehr gegessen.
PERSONALCHEF: Wie außergewöhnlich!
NORA: Zuerst will ich jetzt das Gewöhnliche tun, doch das ist nur eine Zwischenlösung, bis ich das Außergewöhnliche in Angriff nehmen kann.

Aus: Elfriede Jelinek: Was geschah, nachdem Nora ihren Mann verlassen hatte oder Stützen der Gesellschaft. In: Theaterstücke. Köln 1984.

Arbeitsvorschläge zu Text 4

1. „Ich bin Nora, aus dem gleichnamigen Stück von Ibsen". Informieren Sie sich über Thema und Handlungsverlauf des Schauspiels „Nora oder Ein Puppenheim" (1879) von Henrik Ibsen.

2. Untersuchen Sie die Dialogsituation in der Eingangsszene des modernen Stücks. Beschreiben Sie die Probleme des gegenseitigen Verstehens aus den jeweiligen Erwartungshaltungen der Gesprächspartner.

3. Der Personalchef: „Vor einer Maschine muß der Mensch zu einem Nichts werden, erst dann kann er wieder zu einem Etwas werden." *Erörtern* Sie, ausgehend von dieser Aussage, die Problematik der „Maschinenherrschaft" in unserer Zeit.

zur Textreihe

1. In den meisten Dramenausschnitten dieses Kapitels stehen Frauenfiguren im Mittelpunkt der Handlung. Skizzieren Sie jeweils die gesellschaftliche Gesamtsituation um die soziale Stellung der weiblichen Protagonistin. Vergleichen Sie, welche „frauentypischen" Denk- und Verhaltensweisen die Dramatiker durch ihre Figuren sichtbar gemacht haben.

2. Auch in anderen Dramen der deutschen Literatur stehen Frauen im Zentrum des Geschehens, z. B. in Lessings „Emilia Galotti", Schillers „Kabale und Liebe" und Hauptmanns „Rose Bernd". Stellen Sie eines dieser Werke Ihrem Kurs vor und gehen Sie dabei besonders auf die Darstellung der Frau im Stück ein.

3. In der Geschichte des Dramas im 20. Jahrhundert gibt es eine Vielzahl von Bearbeitungen, Aktualisierungen und parodistischen Wiederaufnahmen klassischer Dramenstoffe. Besonders häufig haben die Dichter dabei auf antike Mythen zurückgegriffen. Informieren Sie sich in einem Stoff- und Motivlexikon über eine entsprechende Textgruppe und stellen Sie in einem Referat zwei Gestaltungen einander gegenüber (z. B. Sophokles: Antigone – Ahlsen/Hochhuth: Berliner Antigone; Schiller: Die Jungfrau von Orleans – Brecht: Die heilige Johanna der Schlachthöfe).

4. Faust – ein deutsches Thema

Faust im Studierzimmer. Stich nach Rembrandt von Rijn, Titelblatt des Fragments von 1790

Text 1 DIETER MAYER: Faust – ein deutsches Thema

Um Person und Leben des Georg Faust (ca. 1480 bis 1540), der sich in einigen besonders beliebten Wissenschaften und Halbwissenschaften des Spätmittelalters – Medizin, Astrologie und Alchemie – betätigt hatte, rankten sich bereits zu seinen Lebzeiten sagen- bzw. märchenhafte Züge: Mit seinem Namen brachte man Zauber-
5 kunststücke, den Teufelspakt und die Fähigkeit des Fliegens in Verbindung.
Faust lebte an der Zeitenwende zwischen Mittelalter und Neuzeit, in einer Zeit also, in der bis dahin gültige Denkweisen und Normen zunehmend angezweifelt wurden. Die zum Teil persönlichen Konflikte Fausts mit den Autoritäten seiner Zeit wurden bereits von den Zeitgenossen als eine Form der Selbstbefreiung angesehen, sodass
10 Faust zu einer Symbolfigur auf autonomes Menschentum wurde.
Die frühen Gestaltungsversuche des Faust-Stoffs nahmen Elemente antiker Mythen (Prometheus-Motiv) und Handlungselemente aus der Apostelgeschichte auf, beispielsweise die Erzählung vom Zauberer Simon Magus, der angeblich Helena von Troja als Geliebte besessen hat (vgl. Apostelgeschichte 8, 9–24). So begegnen uns

verbreitete Wunschvorstellungen der Menschen in den Erzählungen von den Wünschen und Handlungen Fausts: ewige Jugend, dauernde Liebe, umfassendes Wissen, geistige Unabhängigkeit und Macht. Man kann in den verschiedenen literarischen Ausformungen des Faust-Stoffes vor allem drei Themen in immer neuen Kombinationen wiederfinden, nämlich die Erzählung von Faust, dem einsamen Magier, der traditionelle Grenzen sprengt, von Fausts unersättlichem Suchen, der sich mit dem Erreichten nie zufrieden gibt, und von dem amoralischen Faust, der keine gesellschaftlichen Normen anerkennt. Im Charakter Fausts glaubte man die Vorzüge, vor allem aber die Defekte des deutschen Charakters zu erkennen. Bedeutsam für die jeweilige Interpretation der Faust-Thematik ist dabei stets der Teufelspakt gewesen, der für die bewusste Überschreitung der durch Glaubensgebote, tradiertes Denken und gesellschaftliche Praxis gezogenen Denk- und Handlungsgrenzen steht. So hat man Faust auch immer wieder gesehen als den Vertreter des „Unbehausten", der Heimatlosigkeit, eingespannt zwischen die Gegensätze von Gut und Böse, Licht und Finsternis, Hoffnung und Verzweiflung, Ratio und Dämonie, Ordnung und Chaos.

Mit dem 1587 bei Johann Spieß (Frankfurt am Main) gedruckten **Volksbuch** setzt eine nahezu beispiellose weltliterarische, auch in die bildenden Künste und die Musik ausgreifende Stoffgestaltung und -veränderung ein, der allenfalls noch die zahlreichen Gestaltungen des Don-Juan-Motivs[1] an die Seite zu stellen ist (das übrigens mit dem Faust-Stoff wiederholt verbunden worden ist). Die alles überragende Verarbeitung des Stoffes, die alle späteren Gestaltungen mitbestimmt hat, schuf Johann Wolfgang *Goethe* mit seiner zweiteiligen **Tragödie** (Teil I: 1808; Teil II: 1832). Hierbei konnte er bereits auf eine umfangreiche theatergeschichtliche Tradition zurückgreifen. Wenige Jahre nach dem Erscheinen des Volksbuchs hatte der Engländer Christopher *Marlowe* dem Stoff dramatische Gestalt gegeben (Aufführungen auf verschiedenen Bühnen seit 1594, Buchausgabe 1605), später brachten englische Schauspieltruppen das Faust-Stück auch nach Deutschland. Doch verkam es auf den Theaterbühnen in verschiedenen deutschen Städten immer mehr zu einem derben Zauberspektakel, in dem die bereits durch den englischen Dramatiker in das Stück einbezogene „lustige Person" als Hanswurst oder Kaspar immer mehr in den Vordergrund trat.

Die Protest- und Aufbruchshaltung der jungen Dichter im Sturm und Drang lenkte dann die Gestaltung des Faust-Stoffs in neue Bahnen: Ihr Interesse galt der titanenhaften Auflehnung der Hauptfigur gegen Konvention und Gesetzesnorm und auch dem schließlichen Scheitern Fausts in einer von Mittelmäßigkeit beherrschten Gesellschaft *(Lenz:* Die Höllenrichter (1777); *Maler Müller:* Fausts Leben dramatisiert (1778); *Klinger:* Fausts Leben, Taten und Höllenfahrt (1791)). Streben nach Erkenntniserweiterung, aber auch Genusswillen und Liebessehnsucht waren zentrale Themen Goethes im ersten Teil des Faust; bereits 1772/1773 hatte er in einer Szenenfolge, der so genannten Gretchentragödie des Urfaust, das Thema der unglücklich liebenden Frau und Kindermörderin mit dem Faust-Stoff verknüpft.

Im 19. Jahrhundert traten dann neue Züge der Faust-Figur hervor, bei *Lenau* (1802–1850), *Chamisso* (1781–1838), *Grabbe* (1801–1836) und *Puschkin*

---

1 Don-Juan-Motiv: Die Figur des Don Juan tauchte erstmals in der spanischen Literatur des 17. Jahrhunderts auf. Auch er überschreitet als hemmungsloser Verführer und Lügner die Normen der Gesellschaft.

Faust im Zauberkreis. Titelbild zu Christopher Marlowe; Tragische Geschichte von Dr. Faust, 1631

(1799–1837) dominieren Lebensüberdruss, Langeweile, Verzweiflung über eine fehlende Sinngebung des menschlichen Lebens und Todessehnsucht.

In unserem Jahrhundert hat Thomas *Mann* (1875–1955) bei der Suche nach den Gründen für die geistigen und gesellschaftlichen Fehlentwicklungen der deutschen Nation, die in die Nazibarbarei geführt haben, erneut auf Sprachform und inhaltliche Gestaltung des Faust-Themas im Volksbuch zurückgegriffen. In seinem **Roman** „Doktor Faustus" (entstanden 1943 bis 1947) interpretierte er das „Faustische", das noch die nationalkonservative Philosophie am Beginn unseres Jahrhunderts als Wurzel des „Deutschtums" gefeiert hatte, als lieblose Ichsucht, schrankenlose Überheblichkeit, rücksichtsloses Machtstreben bei gleichzeitiger ästhetischer Überfeinerung der Künstler. In dieser durch die Erfahrungen des nationalsozialistischen Terrors geprägten Sicht auf den Stoff, die auch in seinem Essay „Deutschland und die Deutschen" zu finden ist, hat sich Thomas Mann weit von Goethes Perspektive im Zweiten Teil der Tragödie entfernt: dort wird Faust vor dem Zugriff des Teufels gerettet, weil er nicht bereit ist an einem Punkte seines Weges befriedigt einzuhalten. Er kann dank der himmlischen Liebe schließlich von seinen irdischen Leiden erlöst werden, weil er als alter Mann, inzwischen erblindet, seinen Egoismus überwunden hat und der Allgemeinheit dient, indem er dem Meer neues Land abgewinnt.

In der Nachkriegszeit fand der Fauststoff vor allem in der DDR Interesse. So schrieb Hanns *Eisler* 1952 eine **Nationaloper** über den Faust-Stoff (Johann Faustus). Gegen alle Forderungen der DDR-Machthaber entwarf er darin eine Faust-Figur, die sich im Bauernkrieg gegen die Forderungen der Bauern stellt und den Anspruch verrät eine revolutionäre Vorbildfigur zu sein. In der offiziellen Kulturpolitik der DDR wurde Eisler deshalb heftig kritisiert; einer der wenigen Künstler, die sich zu ihm bekannten, war Bertolt Brecht, der an Eislers Deutung des Faust selbst fördernd Anteil genommen hatte.

Immer wieder hat auch der Film nach dem Faust-Stoff gegriffen. Unter den zahlreichen Adaptionen ist vor allem der **Stummfilm** von Friedrich Wilhelm *Murnau* aus dem Jahre 1926 hervorzuheben; Emil Jannings spielte die Titelrolle in einer Visualisierung, die mit den Mitteln des expressionistischen Films die fantastischen Elemente der Handlung hervorhebt. Berühmt wurde auch die Verfilmung der viel beachteten **Hamburger Inszenierung** (Deutsches Schauspielhaus) von und mit Gustav *Gründgens* durch Peter *Gorski* (1960).

Verständlicherweise hat ein so berühmtes und in einzelnen Sentenzen und Szenen auch populäres Werk wie Goethes „Faust" immer wieder zu parodistischen Versuchen herausgefordert. Hierbei wurde die Handlung teils trivialisiert, teils aktualisiert und in bestimmte politische oder soziale Sprachmuster übersetzt. Auch der Anspruch, im Fauststoff ein „Welttheater" zu gestalten, reizte wiederholt zur spöttischen Auseinandersetzung, nicht minder die Bemühungen der Deutschlehrer und Hochschulgermanisten, ihrem mehr oder weniger interessierten Publikum Goethes „Faust" zu vermitteln oder neu zu deuten.

Arbeitsvorschläge zu Text 1

1. Welchen Wandel der Interessen bei der Gestaltung des Faust-Stoffes stellen Sie fest? Weshalb hat man den Fauststoff und seine verschiedenen Bearbeitungen als „das deutsche Thema" bezeichnet?

2. Informieren Sie sich in geeigneten Sachdarstellungen über die im Text erwähnten mythischen bzw. sagenhaften Figuren Prometheus und Simon Magus. Welche Berührungspunkte mit der Biografie Fausts lassen sich feststellen?

3. *Referieren* Sie nach der Lektüre von Goethes „Faust I" über den Gesamtinhalt des Dramas. Gehen Sie dabei auch auf die Frage ein, inwieweit die Titelfigur in Goethes Stück in eine Reihe mit den Kraftgenies im Sturm-und-Drang-Drama zu stellen ist.

4. Wie erklären Sie sich die Tatsache, dass in dem vom technischen Fortschritt geprägten 20. Jahrhundert gerade die magischen Kräfte Fausts besonderes Interesse bei den Interpreten und Bearbeitern gefunden haben?

5. Adrian Leverkühn im Roman „Doktor Faustus" (1947) von Thomas Mann schließt wie im Volksbuch und in Goethes Drama einen Pakt mit dem Teufel. Vergleichen Sie die jeweiligen Paktbedingungen und beziehen Sie diese auf das Denken im 16., 18. und 20. Jahrhundert.

Text 2

PHILIPP MELANCHTHON: Faustus* (1562)

Obwohl Luther und Melanchthon Zeitgenossen des historischen Faustus waren, interessierte er sie weniger als Person, vielmehr wurde Faust als ein Mensch gesehen, der sich mit dem Teufel einlässt. Luthers Predigten und Melanchthons Vorlesungen haben für das Volksbuch wichtige Impulse und auch mancherlei stoffliche Anregungen gegeben. Die folgende knappe Faust-Biografie Melanchthons findet sich in einer Sammlung von Vorträgen, die ein Schüler des Gelehrten nach dessen Tode (1560) im Jahre 1562 herausgegeben hat.

Ich habe einen gekennet, mit Namen Faustus von Kundling (ist ein kleines Stettlein, nicht weit von meinem Vaterland) derselbige da er zu Crockaw in die Schul gieng, da hatte er die Zauberey gelernet, wie man sie dann vor zeiten an dem ort sehr gebraucht, auch öffentlich solche kunst geleeret hat. Er gieng hin und wider allenhalben, und sagte viel verborgene ding. Er wolt eins mals zu Venedig ein schawspiel anrichten, und sagte, er wolte hinauff in den Himmel fliegen. Alsbald füret in der Teuffel hinweg, und hat in dermassen zermartert und zerstossen, daß er, da wider auff die Erden kam, vor todt da lag. Doch ist er das mal nicht gestorben. Vor wenig jaren ist derselbige Johannes Faustus, den tag vor seinem letzten ende, in einem Dorff im Wirtenberger landt ganz trawrig gesessen. Der Wirt fragte jn, Wie es keme, das er so trawrig were, das er doch sonsten nicht pflegte (dann er war sonsten gar ein unverschämter Unflat, und füret gar überauß ein bübisch leben, also dass er etliche mal schier umbkommen were von wegen seiner grossen Hurerey). Da hat er zum Wirt gesagt: So er etwas in der Nacht hören würde, solt er nicht erschrecken. Umb Mitternacht ist im Hause ein grosses getümmel worden. Des morgens wolte der Faustus nicht aufstehen. Und als es schier auff den Mittag kam, hat der wirt etliche Menner zu jm genommen, vnd ist in die Schlaffkammern gegangen, darinn er gelegen ist, da ist er neben dem Bette todt gelegen gefunden, und hatte jm der Teuffel daz angesicht auff den rücken gedrehet. Bey seinem leben hatte er zwen Hund mit jhm lauffen, die waren Teuffelen. Gleich wie der Unflat, der das Büchlein geschrieben hat von vergeblichkeit der künste (Agrippa von Nettesheim), der hatte auch allewege einen hund mit jin lauffen, der war der Teuffel. Derselbige Faustus ist zu Wittenberg entrunnen, als der fromme und löbliche Fürst Herzog Johannes hette Befehl gethan, das man jn fangen solte. Deßgleichen ist er zu Nürnberg entrunnen. Als er ubers Mittagmal saß, ist jm heiß worden, vnd ist von stundan auffgestanden, vnd hat den Wirt bezalt, wäs er ihm schüldig war, und ist daruon gegangen. Und als er kaum ist fürs thor kommen, waren die Stattknecht kommen, vnd hatten nach jhm gefraget. Derselbige Faustus der Zeuberer, vnnd ungeheurig Thier, und stinckend heimlich Gemach des Teuffels, rühmete vnuerschemet, das alle Siege, die Kayserlicher Maiestet Kriegsuolk in Welschenlande gehabt hetten, die waren durch jhn mit seiner Zauberey zuwegen gebracht worden. Das ist eine erstunckene lügen vnd nicht war. Solches sage ich aber von wegen der gemeinen jugent, auff das sie sich nicht von solchen losen Leuten verfüren vnd vberreden lassen.

Aus: Philipp Melanchthon: Faustus. In: Frank Baron: Faustus. Geschichte, Sage, Dichtung. München 1982.

Arbeitsvorschläge zu Text 2

1. Lesen Sie den Text und übertragen Sie ihn in die Sprache der Gegenwart.

2. Mit welcher Absicht trägt Melanchthon sein Wissen von Faust vor? Suchen Sie Belegstellen im Text und ordnen Sie diese dem allgemeinen historisch-religiösen Kontext zu.

3. Stellen Sie aus dem Text ein Charakterbild Fausts zusammen.

4. Untersuchen Sie, auf welche Weise sich historischer Bericht und sagenhaft-mystifizierendes Erzählen durchdringen. Welche Wirkung sollte von dieser Art der Darstellung auf die zeitgenössischen Leser ausgehen? Wie wirkt dieser Text heute?

Text 3

Historia von D. Johann Fausten (1587)

Abseits vom lutherisch bestimmten Wittenberg, wo die Kritik am spekulierenden, den Bibeltext überschreitenden Menschen im Vordergrund stand, rankten sich um die Gestalt des Faustus bald schwankhafte Züge, Freude am Abenteuer und Lebenslust. Im Volksbuch führt Mephisto den Titelhelden, der zunächst in seiner Jugend vorgestellt wird, durch die ganze Welt, lässt ihn Himmel und Hölle, Seligkeit und Verzweiflung erleben. Ältere Zaubersagen sind in die Kette von Abenteuern eingegangen, in die Faust während seines für 24 Jahre geschlossenen Paktes mit dem Teufel gerät.

Historia von Doktor Johann Fausten,
des weitbeschreiten Zauberers
Geburt und Studiis

Doktor Faustus ist eines Bauern Sohn gewest, zu Rod bei Weinmar bürtig, der zu Wittenberg ein große Freundschaft gehabt, desgleichen seine Eltern gottselige und christliche Leut, ja sein Vetter, der, zu Wittenberg seßhaft, ein Bürger und Wohlvermögens gewest, welcher Doktor Fausten auferzogen und gehalten wie sein Kind.

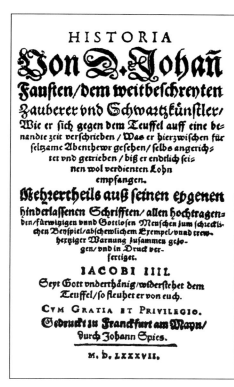

Titelblatt des Volksbuchs, 1507

Dann, dieweil er ohne Erben war, nahm er diesen Faustum zu einem Kind und Erben auf, ließ ihn auch in die Schul gehen, Theologiam zu studieren. Er aber ist von diesem gottseligen Fürnehmen abgetreten und (hat) Gottes Wort mißbraucht. Derhalben wir solche Eltern und Freund, die gern alles Guts und das Best gesehen hätten, wie solches alle frommen Eltern gern sehen und darzu qualifiziert seind, ohne Tadel sein lassen und sie in die Historiam nicht mischen sollen. So haben auch seine Eltern dieses gottlosen Kindes Greuel nit erlebt noch gesehen. Denn einmal (ist) gewiß, daß diese Eltern des Doktor Fausti (wie männiglich zu Wittenberg bewußt) sich ganz herzlich erfreuet haben, daß ihr Vetter ihn als Kind aufnahme; und als darnach die Eltern sein trefflich ingenium[1] und memoriam[2] an ihm spurten, ist gewißlich erfolgt, daß diese Eltern große Fürsorg fur ihn getragen haben, gleichwie Hiob am 1. Kapitel für sein Kinder gesorget hat, damit sie sich am Herrn nicht versündigten. Es folget darneben auch oft, das fromme Eltern gottlose, ungeratene Kinder haben, wie am Kain, Genesis 4, an Ruben, Genesis 49, am Absolon, 2. Regum 15 und 18, zu sehen ist. Das ich darum erzähle, dieweil ihr viel gewest, so diesen Eltern viel Schuld und Unglimpf fürwerfen, die ich hiermit excusiert[3] will haben, daß solche Larven (für) die Eltern nicht allein als schmähehaft (anzusehen sind), sondern als hätte Faustus (seine Sündhaftigkeit) von seinen Eltern gesogen, da sie (die Leute) etlich Artikel[4] fürgeben, nämlich, sie (die Eltern) haben ihm allen Mutwillen in der Jugend zugelassen und ihn nicht fleißig zum Studieren gehalten. Das ist ihnen, den Eltern, auch verkleinerlich[5]. Item, da die Freund seinen geschwinden Kopf[6] gesehen haben und er zu der Theologia nicht viel Lust gehabt und darzu bekannt, auch offentlich den Ruf und Sag gewest, er gehe mit der Zäuberei um, ihn beizeiten sollten gewarnet und darvon abgemahnet haben. Solches alles sein somnia[7], denn sie hierinnen nicht sollen verkleinert werden, dieweil an ihnen kein Schuld ist. Für eins, ad propositum[8].

Als Doktor Faust, eins ganz gelernigen und geschwinden Kopfs, zum Studieren qualifiziert und geneigt war, ist er hernach in seinem Examine von den Rectoribus so weit kommen, daß man ihn in dem Magistrat examiniert und neben ihm auch 16 Magistros; denen ist er im Gehöre, Fragen und Geschicklichkeit obgelegen[9] und

1 ingenium: (lat.) Geist
2 memoriam: (lat.) Gedächtnis
3 excusiert: entschuldigt
4 Artikel: Behauptungen
5 verkleinerlich: verzeihlich
6 geschwinden Kopf: schnelle Auffassungsgabe
7 somnia: (lat.) Hirngespinste
8 ad propositum: (lat.) zur Sache
9 obgelegen: überlegen

gesieget, also, daß er seinen teil gnugsam studiert hat, war also Doctor Theologiae. Da neben hat er auch einen dummen, unsinnigen und hoffärtigen Kopf gehabt, wie man ihn denn allezeit den Spekulierer genennet hat, ist zur bösen Gesellschaft geraten, hat die Heilige schrift ein Weil hinter die Tür und unter die Bank gelegt, ruch-
50 und gottlos gelebt (wie denn diese Historia hernach gnugsam gibt). Aber es ist wahr Sprichwort: Was zum Teufel will, das läßt sich nicht aufhalten noch ihm wehren.

Doktor Faustus läßt ihm das Blut heraus in einen Tiegel, setzt es auf warme Kohlen und schreibt, wie hernach folgen wird

Ich, Johannes Faustus, Doktor, bekenne mit meiner eigen Hand offentlich zu einer Bestätigung und in Kraft dies Briefs: Nachdem ich mir fürgenommen die Elementa zu spekulieren[1] und aber aus dem Gaben, so mir von oben herab bescheret und gnä-
55 dig mitgeteilt worden, solche Geschicklichkeit in meinem Kopf nicht befinde und solches von den Menschen nicht erlernen mag[2], so hab ich gegenwärtigen gesandtem Geist, der sich Mephostophiles nennet, ein Diener des hellischen Prinzen in Orient, mich untergeben, auch denselbigen, mich solches zu berichten und zu lehren, mir erwählet, der sich auch gegen mir versprochen, in allem untertänig und
60 gehorsam zu sein. Dagegen aber ich mich hinwider gegen ihme verspriche und verlobe, daß so 24 Jahr, von dato dies Briefs an, herum und füruber gelaufen, er mit mir nach seiner Art und Weis, seines Gefallens, zu schalten, walten, regieren, führen, gut Macht haben solle, mit allem, es sei Leib, Seel, Fleisch, Blut und Gut, und das in sein Ewigkeit. Hierauf absage ich allen denen, so da leben, allem himmlischen Heer
65 und allen Menschen, und daß muß sein. Zu festem Urkund und mehrer Bekräftigung hab ich diesem Rezeß[3] eigner Hand geschrieben, unterschrieben und mit meinem hiefür gedrucktem[4] eigen Blut, meines Sinns, Kopfs, Gedanken und Willen verknüpft, versiegelt und bezeuget etc.
Subscriptio[5]
70   Johann Faustus, der Erfahrene der Elementen und der Geistlichen Doktor

(…)

Folget nun von Doktor Fausti greulichem und erschrecklichem Ende, ab welchem sich jedes Christenmensch genugsam zu spiegeln und dafür zu hüten hat

Doktor Faustus, der nicht anders wußte, dann die Versprechung oder Verschreibung mußte er mit der Haut bezahlen, gehet eben an diesem Tag, da ihme der Geist angesagt, daß der Teufel ihn holen werde, zu seinen vertraueten Gesellen, Magi-
75 stris, Baccalaureis[6] und andern Studenten mehr, die ihn zuvor oft besucht hatten, die bittet er, daß sie mit ihme in das Dorf Rimlich, eine halb Meil Wegs von Wittenberg gelegen, wollten spazieren und allda mit ihme eine Mahlzeit halten, die ihm solches zusagten. Gehen also miteinander dahin und essen ein Morgenmahl mit vie-

---

1 spekulieren: untersuchen, darüber nachdenken
2 mag: kann
3 Rezeß: Vergleich, Vertrag
4 gedrucktem: herausgepressten
5 Subscriptio: Unterschrift
6 Baccalaureis: akad. Grad

len köstlichen Gerichten an Speise und Wein, so der Wirt auftruge. Doktor Faustus war mit ihnen fröhlich, doch nicht aus rechtem Herzen, bittet sie alle wiederum, sie wollten ihm so viel Gefallen sein und mit ihme zu Nacht essen und diese Nacht vollend bei ihme bleiben. Er müßte ihnen was Wichtiges sagen, welches sie ihme abermals zusagten, nahmen auch die Mahlzeit ein. Als nu der Schlaftrunk auch vollendet ward, bezahlt Doktor Faustus den Wirt und bate die Studenten, sie wollten mit ihme in ein ander Stuben gehen, er wollte ihnen etwas sagen, das geschahe. Doktor Faustus sagte zu ihnen also:

Oratio Fausti ad Studiosos[1]

„Meine liebe vertrauete und ganz günstige Herren! Warum ich euch berufen hab, ist dies, daß euch viel Jahr her an mir bewußt, was ich für ein Mann war, in vielen Künsten und Zauberei bericht[2], welche aber nirgend anders dann vom Teufel herkommen; zu welchem teufelischen Lust mich auch niemand gebracht als die böse Gesellschaft, so mit dergleichen Stücken umgingen, darnach mein nichtwertes Fleisch und Blut, mein halsstarriger und gottloser Willen und fliegende[3] teufelische Gedanken, welche ich mir fürgesetzet, daher ich mich dem Teufel versprechen müssen, nämlich in 24 Jahren mein Leib und Seel. Nu sind solche Jahr bis auf diese Nacht zum Ende gelaufen, und stehet mir das Stundglas vor Augen, daß ich gewärtig sein muß, wenn es ausläuft und er mich diese Nacht holen wird, dieweil ich ihm Leib und Seel zum zweitenmal so teur mit meinem eigen Blut verschrieben habe. Darum habe ich euch, freundliche, günstige liebe Herren, vor meinem Ende zu mir berufen und mit euch ein Johannstrunk[4] zum Abschied tun wöllen und euch mein Hinscheiden nicht sollen verbergen. Bitt euch hierauf, günstige liebe Brüder und Herrn, ihr wöllet alle die Meinen, und die meiner in Gutem gedenken, von meinetwegen brüderlich und freundlich grüßen, darneben mir nichts für übel halten und, wo ich euch jemals beleidiget, mir solches herzlich verzeihen. Was aber die Abenteuer belanget, so ich in solchen 24 Jahren getrieben habe, das werdt ihr alles nach mir aufgeschrieben finden, und laßt euch mein greulich End euer Lebtag ein Fürbild und Erinnerung sein, daß ihr wöllet Gott vor Augen haben, ihn bitten, daß er euch vor des Teufels Trug und List behüten und nicht in Versuchung führen wölle, dagegen ihme angehangen, nicht so gar von ihm abfallen wie ich gottloser und verdammter Mensch, der ich veracht und abgesagt habe der Taufe, dem Sakrament Christi, Gott selbst, allem himmlischen Heer und dem Menschen, einem solchen Gott, der nit begehrt, daß einer sollt verloren werden. Laßt euch auch die böse Gesellschaft nit verführen, wie es mir gehet und begegnet ist. Besucht fleißig und emsig die Kirchen, sieget und streitet allezeit wider den Teufel, mit einem guten Glauben an Christum und gottseligen Wandel gericht."
(…)
Es geschahe aber zwischen zwölf und ein Uhr in der Nacht, daß gegen dem Haus her ein großer ungestümer Wind ginge, so das Haus an allen Orten umgabe, als ob es alles zugrunde gehen und das Haus zu Boden reißen wollte; darob die Studenten vermeinten zu verzagen, sprangen aus dem Bett und huben an, einander zu trösten,

---
1 Oratio …: Rede Fausts an die Studenten
2 bericht: erfahren
3 fliegende: hochfliegende, überhebliche
4 Johannistrunk: Umtrunk am Johannistag (24. 6.), Abschiedstrunk

wollten aus der Kammer nicht. Der Wirt lief aus seinem in ein ander Haus. Die Studenten lagen nahend bei den Stuben, da Doktor Faustus innen war. Sie hörten ein greuliches Pfeifen und Zischen, als ob das Haus voller Schlangen, Nattern und anderer schädlicher Würme wäre. Indem geht Doktor Fausti Tur uf in der Stuben, der hub an, um Hülf und mordio zu schreien, aber kaum mit halber Stimm, bald hernach hört man ihn nicht mehr. Als es nun Tag ward und die Studenten die ganze Nacht nicht geschlafen hatte, sind sie in die Stuben gegangen, darinnen Doktor Faustus gewesen war. Sie sahen aber keinen Faustum mehr und nichts dann die Stuben voller Bluts gesprützet, das Hirn klebte an der Wand, weil ihn der Teufel von einer Wand zur andern geschlagen hatte. Es lagen auch seine Augen und etliche Zähn allda, ein greulich und erschrecklich Spektakel. Da huben die Studenten an, ihn zu beklagen und zu beweinen, und suchten ihn allenthalben. Letzlich aber funden sie seinen Leib heraußen bei dem Mist liegen, welcher greulich anzusehen war, dann ihme der Kopf und alle Glieder schlotterten.

(...)

Also endet sich die ganze wahrhaftige Historia und Zäuberei Doktor Fausti, daraus jeder Christ zu lernen, sonderlich aber die eines hoffärtigen, stolzen, fürwitzigen und trotzigen Sinnes und Kopfs sind, Gott zu fürchten, Zauberei, Beschwerung und andere Teufelswerks zu fliehen, so Gott ernstlich verboten hat, und den Teufel nit zu Gast zu laden noch ihm Raum zu geben, wie Faustus getan hat. Dann uns hie ein erschrecklich Exempel seiner Beschreibung und Ends fürgebildet ist, dasselben müßig zu gehen und Gott allein zu lieben und für Augen zu haben, alleine anzubeten, zu dienen und zu lieben, von ganzem Herzen und ganzer Seelen und von allen Kräften und dagegen dem Teufel und allem seinem Anhang abzusagen und mit Christo endlich ewig selig zu werden. Amen, amen. Das wünsche ich einem jeden von Grunde meines Herzens. Amen.

1. Petri 5

Seid nüchtern und wachet, dann euer Widersacher, der Teufel, geht umher wie ein brüllender Löwe und suchet, welchen er verschlinge; dem widerstehet fest im Glauben.

Aus: Historia von D. Johann Fausten. In: Deutsche Volksbücher in 3 Bänden. Bd. 3. Hrsg. von Peter Suchsland. Berlin ⁴1982.

Arbeitsvorschläge zu Text 3

1. Auch im Volksbuch erfährt der Leser einiges vom Leben Fausts und von seinem Charakter. Vergleichen Sie mit den Angaben bei Melanchthon. Mit welcher Wirkungsabsicht kommentiert der Erzähler das Dargestellte?

2. Eine Besonderheit im Faustbuch ist die letzte Ansprache Fausts an seine Freunde und Schüler. Was hat wohl den Autor bewogen diese Stelle in die Erzählung vom Leben Fausts einzufügen?

3. Legen Sie dar, inwiefern der geistige Horizont des Autors des Volksbuchs erkennbar geprägt ist von der genauen Kenntnis der Bibel.

4. Im Zentrum des Faust-Stoffes steht seit dem Volksbuch der so genannte Teufelspakt. Vergleichen Sie, wie Goethe diesen Pakt gestaltet und dabei Inhalt und Bedeutung verändert hat (Faust, 1. Teil, 1. und 2. Studierzimmerszene).

Text 4 — JOHANN WOLFGANG GOETHE: Faust. Der Tragödie erster Teil (1808)

Eines der Volksbücher, aber auch populäre Singspiele und Zauberpossen zum Faust-Stoff hat Goethe mit Sicherheit gekannt, ebenso eine „bedeutende Puppenspielfabel", wie er, Jahrzehnte später, in seiner Autobiografie „Aus meinem Leben. Dichtung und Wahrheit", erklärt hat. Die 21 Szenen des „Urfaust" aus den Jahren 1773–1775 beschäftigten sich in lockerer Szenenfolge mit dem Problem der Erkenntnissuche, der Gelehrten- und Universitätskritik, vorzugsweise aber mit der Tragödie Gretchens, für die ein Prozess wegen Kindsmord gegen die Frankfurter Magd Susanne Margaretha Brandt (sie wurde am 14. Januar 1772 hingerichtet) den stofflichen Ausgangspunkt bildete, weil Goethe von dem Schicksal dieser Frau tief bewegt war.

Die Eingangsszeile „Nacht" hat Goethe aus dem Urfaust nahezu unverändert in das Fragment von 1790 und dann auch in den Druck des ersten Teiles seines Dramas „Faust" (1808) übernommen.

Nacht
In einem hochgewölbten, engen, gotischen Zimmer,
Faust unruhig auf seinem Sessel am Pulte.

FAUST:
Habe nun, ach! Philosophie,
Juristerei und Medizin,
Und leider auch Theologie!
Durchaus studiert, mit heißem Bemühn! 5
Da steh' ich nun, ich armer Tor!
Und bin so klug als wie zuvor;
Heiße Magister, heiße Doktor gar,
Und ziehe schon an die zehen Jahr,
Herauf, herab und quer und krumm, 10
Meine Schüler an der Nase herum –
Und sehe, daß wir nichts wissen können!
Das will mir schier das Herz verbrennen.
Zwar bin ich gescheiter als alle die Laffen,
Doktoren, Magister, Schreiber und Pfaffen; 15
Mich plagen keine Skrupel noch Zweifel,
Fürchte mich weder vor Hölle noch Teufel –
Dafür ist mir auch alle Freud' entrissen,
Bilde mir nicht ein was rechts zu wissen,
Bilde mir nicht ein, ich könnte was lehren, 20
Die Menschen zu bessern und zu bekehren.
Auch hab' ich weder Gut noch Geld,
Noch Ehr' und Herrlichkeit der Welt.
Es möchte kein Hund' so länger leben!
Drum hab' ich mich der Magie ergeben, 25
Ob mir durch Geistes Kraft und Mund
Nicht manch Geheimnis würde kund;
Daß ich nicht mehr, mit sauerm Schweiß,
Zu sagen brauche, was ich nicht weiß;
Daß ich erkenne, was die Welt 30
Im Innersten zusammenhält,
Schau' alle Wirkenskraft und Samen,
Und tu' nicht mehr in Worten kramen.

Erscheinung des Erdgeistes. Bleistiftzeichnung von Johann Wolfgang Goethe, 1810/12 oder 1819

O sähst du, voller Mondenschein,
Zum letztenmal auf meine Pein, 35
Den ich so manche Mitternacht
An diesem Pult herangewacht:
Dann über Büchern und Papier,
Trübsel'ger Freund, erschienst du mir!
Ach! könnt' ich doch auf Berges-Höh'n, 40
In deinem lieben Lichte gehn,
Um Bergeshöhle mit Geistern schweben,
Auf Wiesen in deinem Dämmer weben,
Von allem Wissensqualm entladen,
In deinem Tau gesund mich baden! 45

Weh! steck' ich in dem Kerker noch?
Verfluchtes, dumpfes Mauerloch!
Wo selbst das liebe Himmelslicht
Trüb durch gemalte Scheiben bricht.
Beschränkt mit diesem Bücherhauf, 50
Den Würme nagen, Staub bedeckt,
Den, bis ans hohe Gewölb', hinauf,
Ein angeraucht Papier umsteckt;
Mit Gläsern, Büchsen rings umstellt,
Mit Instrumenten vollgepropft, 55
Urväter Hausrat drein gestopft –
Das ist deine Welt! Das heißt eine Welt!
Und fragst du noch, warum dein Herz
Sich bang in deinem Busen klemmt?
Warum ein unerklärter Schmerz 60
Dir alle Lebensregung hemmt?
Statt der lebendigen Natur,
Da Gott die Menschen schuf hinein,
Umgibt in Rauch und Moder nur
Dich Tiergeripp und Totenbein. 65
Flieh! auf! hinaus ins weite Land!
Und dies geheimnisvolle Buch,
Von Nostradamus[1] eigner Hand,
Ist dir es nicht Geleit genug?
Erkennest dann der Sterne Lauf, 70
Und wenn Natur dich unterweist,
Dann geht die Seelenkraft dir auf,
Wie spricht ein Geist zum andern Geist.
Umsonst, daß trocknes Sinnen hier
Die heil'gen Zeichen dir erklärt, 75
Ihr schwebt, ihr Geister, neben mir,
Antwortet mir, wenn ihr mich hört!

[1] Nostradamus: französischer Astrologe

Er schlägt das Buch auf und erblickt das Zeichen des Makrokosmus.
Ha! welche Wonne fließt in diesem Blick,
Auf einmal mir durch alle meine Sinnen? 80
Ich fühle junges, heil'ges Lebensglück,
Neuglühend mir durch Nerv' und Adern rinnen.
War es ein Gott, der diese Zeichen schrieb,
Die mir das innre Toben stillen,
Das arme Herz mit Freude füllen, 85
Und, mit geheimnisvollem Trieb,
Die Kräfte der Natur rings um mich her enthüllen?
Ich schau' in diesen reinen Zügen
Die wirkende Natur vor meiner Seele liegen.
Jetzt erst erkenn' ich was der Weise spricht: 90
„Die Geisterwelt ist nicht verschlossen;
Dein Sinn ist zu, dein Herz ist tot!
Auf bade, Schüler, unverdrossen
Die ird'sche Brust im Morgenrot!"

Er beschaut das Zeichen. 95
Wie alles sich zum Ganzen webt!
Eins in dem andern wirkt und lebt!
Wie Himmelskräfte auf und nieder steigen
Und sich die goldnen Eimer reichen!
Mit segenduftenden Schwingen, 100
Vom Himmel durch die Erde dringen,
Harmonisch all' das All durchklingen!

Welch Schauspiel! aber ach! ein Schauspiel nur!
Wo faß' ich dich, unendliche Natur?
Euch Brüste, wo? Ihr Quellen alles Lebens, 105
An denen Himmel und Erde hängt,
Dahin die welke Brust sich drängt –
Ihr quellt, ihr tränkt, und schmacht' ich so vergebens?

*Er schlägt unwillig das Buch um, und erblickt das Zeichen
des Erdgeistes.* 110
Wie anders wirkt dies Zeichen auf mich ein!
Du, Geist der Erde, bist mir näher;
Schon fühl' ich meine Kräfte höher,
Schon glüh' ich wie von neuem Wein.
Ich fühle Mut, mich in die Welt zu wagen, 115
Der Erde Weh, der Erde Glück zu tragen,
Mit Stürmen mich herumzuschlagen,
Und in des Schiffbruchs Knirschen nicht zu zagen.
Es wölkt sich über mir –
Der Mond verbirgt sein Licht – 120
Die Lampe schwindet!
Es dampft! – Es zucken rote Strahlen
Mir um das Haupt – Es weht

Ein Schauer vom Gewölb' herab
Und faßt mich an! 125
Ich fühl's, du schwebst um mich, erflehter Geist.
Enthülle dich!
Ha! wie's in meinem Herzen reißt!
Zu neuen Gefühlen
All' meine Sinnen sich erwühlen! 130
Ich fühle ganz mein Herz dir hingegeben!
Du mußt! du mußt! und kostet' es mein Leben!

Er faßt das Buch und spricht das Zeichen des Geistes geheimnisvoll aus.
Es zuckt eine rötliche Flamme, der Geist erscheint in der Flamme.
GEIST: Wer ruft mir? 135
FAUST *(abgewendet)*: Schreckliches Gesicht!
GEIST: Du hast mich mächtig angezogen,
    An meiner Sphäre lang gesogen,
    Und nun –
FAUST: Weh! ich ertrag' dich nicht! 140
GEIST: Du flehst eratmend mich zu schauen,
    Meine Stimme zu hören, mein Antlitz zu sehn,
    Mich neigt dein mächtig Seelenflehn,
    Da bin ich! – Welch erbärmlich Grauen
    Faßt Übermenschen dich! Wo ist der Seele Ruf? 145
    Wo ist die Brust, die eine Welt in sich erschuf,
    Und trug, und hegte? Die mit Freudebeben
    Erschwoll, sich uns, den Geistern, gleich zu heben?
    Wo bist du, Faust? des Stimme mir erklang?
    Der sich an mich mit allen Kräften drang? 150
    Bist *Du* es? der, von meinem Hauch umwittert,
    In allen Lebenstiefen zittert,
    Ein furchtsam weggekrümmter Wurm!
FAUST: Soll ich dir, Flammenbildung, weichen?
    Ich bin's, bin Faust, bin deines gleichen! 155
GEIST: In Lebensfluten, im Tatensturm
    Wall' ich auf und ab,
    Webe hin und her!
    Geburt und Grab,
    Ein ewiges Meer, 160
    Ein wechselnd Weben,
    Ein glühend Leben,
    So schaff' ich am sausenden Webstuhl der Zeit,
    Und wirke der Gottheit lebendiges Kleid.
FAUST: Der du die weite Welt umschweifst,
    Geschäftiger Geist, wie nah fühl' ich mich dir! 165
GEIST: Du gleichst dem Geist, den du begreifst,
    Nicht mir!
    Verschwindet
FAUST *(zusammenstürzend)*: 170

Nicht dir!
Wem denn?
Ich Ebenbild der Gottheit!
Und nicht einmal dir!

<small>Aus: Johann Wolfgang Goethe: Faust. Der Tragödie erster Teil. In: Sämtliche Werke. Bd. 6. München 1986.</small>

Arbeitsvorschläge zu Text 4

1. Unter welchen Verhältnissen und Beschränkungen leidet Faust? Wie und mit welchem Erfolg sucht er dieser Lage zu entkommen?

2. Welche Bedeutung hat die Natur für Faust? Vergleichen Sie mit der Naturauffassung, wie Sie sie bei der Behandlung der Epoche „Aufklärung – Sturm-und-Drang" in der 11. Klasse kennen gelernt haben.

3. Diese Szene ist im „Knittelvers" geschrieben. Wodurch ist diese Versform gekennzeichnet, wie wirkt sie beim lauten Sprechen auf Sie?

4. Manche Wissenschaftler interpretieren diese Eingangsszene des „Faust" als Darstellung der Kritik an der Universitätslehre im Zeitalter der Aufklärung. Welche Textstellen können hierfür als Beleg dienen?

5. Ein holländischer Maler des 17. Jahrhunderts, Rembrandt van Rijn (1606–1669), hat die Zeichnung eines Gelehrten angefertigt, der ebenfalls ein Zeichen betrachtet. Diese Zeichnung, oft „Faust" betitelt, hat Goethe 1790 dieser Szene beigegeben. Schildern Sie Ihre Vorstellung von der bei Goethe dargestellten Person und vergleichen Sie mit der Darstellung des Zeichners.

6. Ein französischer Komponist des 19. Jahrhunderts, Charles Gounod (1818–1893), hat in seiner Oper „Margarethe" (1859) Goethes Faust als Textvorlage benutzt. Vergleichen Sie anhand eines Schauspiel- und eines Opernführers den jeweiligen Handlungsverlauf im Drama und in der Oper und untersuchen Sie, welche Problemstellungen der Tragödie vom Komponisten aufgenommen, welche beiseite gelassen worden sind. Bitten Sie den Kursleiter/die Kursleiterin im Fach Musik Ihrem Deutschkurs die so genannte „Kerkerszene" vorzuspielen. Tauschen Sie anschließend Ihre Eindrücke darüber aus, wie Gounod die Textvorlage musikalisch gestaltet hat.

Text 5

Aspekte eines deutschen Mythos

„Faust sind wir alle selber", behauptet der Autor des ersten Textausschnitts in der nachfolgenden Zusammenstellung. Er weist damit auf die Faust-Rezeption des 19. und frühen 20. Jahrhunderts hin, als Deutschtum mit Gedankentiefe und Erfindungsreichtum, kühner Grenzüberschreitung und unermüdlichem Forscherdrang gleichgesetzt wurde. Man sprach vom faustischen Menschen und grenzte sich nationalbewusst und später auch nationalistisch ab von den Deutschland umgebenden Nationen, vor allem von der französischen. Erst die Erfahrungen mit diesem übersteigerten Nationalbewusstsein der Deutschen und seinen Entartungen in den Weltkriegen und im Nationalsozialismus haben eine distanziert-kritische Einstellung zum deutschen Faust-Mythos gefördert.

a) FERDINAND GUSTAV KÜHNE (1835)
Der Faust sitzt dem Deutschen wie Blei auf den Schultern, hat sich ihm ins Herz genistet, in sein Blut eingesogen; wir sitzen und dichten und dämmern über das

Schicksal, das wir in uns selbst tragen, wir käuen und käuen daran und können uns selbst nicht verdauen …

5 Faust aufgeben, hieße die ganze moderne Welt aufgeben, denn Faust sind wir alle selber, und so war es Goethes Vermächtnis, diesen Vertreter der modernen Menschheit nach überwundenem Leben in den Schoß der ewigen Seligkeit zu betten. Wollt ihr noch immer an der alten Sage dichten, so zeigt uns den Faust im Völkerleben und in weltgeschichtlicher Bewegung. Dies hat der Patriarch von Weimar nur mit
10 schwächlicher, mit schwankender Hand in seinem zweiten Faustteile gezeichnet.

Aus: Ferdinand Gustav Kühne: Faust und kein Ende. In: Zeitung für die elegante Welt vom 14. 8. 1835.

b) FERDINAND BROCKERHOFF (1853)

Faust hat unseres Erachtens für die neuere, mit der Reformation anhebende Epoche der deutschen Bildungsgeschichte eben dieselbe Bedeutung, welche Siegfried, der Held des Nibelungenliedes, für eine frühere Periode derselben in Anspruch nehmen darf. Der eine wie der andere ist ein treuer und scharfer Ausdruck des spezi-
15 fisch deutschen Volksgeistes; in beiden ist das ihn beseelende Prinzip der freien, unendlichen Persönlichkeit in verschiedenen Formen ausgeprägt worden. Faust ist im wesentlichen nichts als eine höhere Potenz des Siegfried; was dieser für die Sphäre der sinnlichen Unmittelbarkeit, ist jener für die des denkenden Geistes; der tiefere Grund, die eigentliche Wurzel des deutschen Wesens, das Gemüt mit seinem
20 unendlichen Inhalte und dem nimmer rastenden Schöpfungsdrange, ist beiden gemeinsam.

Aus: Ferdinand Brockerhoff: Rezension zu „Franz Peter: Die Literatur der Faustsage". In: Archiv für das Studium der neueren Sprachen und Literaturen 7/12 (1853).

c) HEINRICH VON TREITSCHKE (1874)

Die bange Frage, ob es denn wirklich aus sei mit dem alten Deutschland, lag auf aller Lippen; und nun, mitten im Niedergange der Nation, plötzlich dies Werk – ohne jeden Vergleich die Krone der gesamten modernen Dichtung Europas – und
25 die beglückende Gewißheit, daß nur ein Deutscher so schreiben konnte, daß dieser Dichter unser war und seine Gestalten von unserem Fleisch und Blut! Es war wie ein Wink des Schicksals, daß die Gesittung der Welt unser doch nicht entbehren könne, und Gott noch Großes vorhabe mit diesem Volke (…) Das Gedicht (Goethes) erschien wie ein symbolisches Bild der vaterländischen Geschichte. Wer sich
30 darin vertiefte, übersah den ganzen weiten Weg, den die Germanen durchmessen hatten seit den dunklen Tagen, da sie noch mit den Göttern des Waldes und des Feldes in traulicher Gemeinschaft lebten, bis zu dem lebensfrohen Volksgetümmel, das aus unseren alten Städten (…) ins Freie drängte.

Aus: Heinrich von Treitschke: Deutsche Geschichte im 19. Jahrhundert. Bd. 1. Stuttgart 1874.

d) OSWALD SPENGLER (1923)

Der faustische Erfinder und Entdecker ist etwas Einziges. Die Urgewalt seines Wol-
35 lens, die Leuchtkraft seiner Visionen, die stählerne Energie seines praktischen Nachdenkens müssen jedem, der aus fremden Kulturen herüberblickt, unheimlich und unverständlich sein, aber sie liegen uns allen im Blute. Unsre ganze Kultur hat eine Entdeckerseele. Entdecken, das was man nicht sieht, in die Lichtwelt des inneren Auges ziehen, um sich seiner zu bemächtigen, das war vom ersten Tage an ihre

hartnäckigste Leidenschaft. Alle ihre großen Erfindungen sind in der Tiefe langsam gereift, durch vorwegnehmende Geister verkündigt und versucht worden, um mit der Notwendigkeit eines Schicksals endlich hervorzubrechen. Sie waren alle schon dem seligen Grübeln frühgotischer Mönche ganz nahegerückt. Wenn irgendwo, so offenbart sich hier der religiöse Ursprung alles technischen Denkens. Diese inbrünstigen Erfinder in ihren Klosterzellen, die unter Beten und Fasten Gott sein Geheimnis abrangen, empfanden das als einen Gottesdienst. Hier ist die Gestalt Fausts entstanden, das große Sinnbild einer echten Erfinderkultur. Die scientia experimentalis, wie zuerst Roger Bacon die Naturforschung definiert hatte, die gewaltsame Befragung der Natur mit Hebeln und Schrauben beginnt, was als Ergebnis in den mit Fabrikschloten und Fördertürmen übersäten Ebenen der Gegenwart vor unsern Augen liegt. Aber für sie alle bestand auch die eigentlich faustische Gefahr, daß der Teufel seine Hand im Spiele hatte, um sie im Geist auf jenen Berg zu führen, wo er ihnen alle Macht der Erde versprach. Das bedeutet der Traum jener seltsamen Dominikaner wie Petrus Peregrinus vom perpetuum mobile, mit dem Gott seine Allmacht entrissen gewesen wäre. Sie erlagen diesem Ehrgeiz immer wieder; sie zwangen der Gottheit ihr Geheimnis ab, um selber Gott zu sein. Sie belauschten die Gesetze des kosmischen Taktes, um sie zu vergewaltigen, und sie schufen so die Idee der Maschine als eines kleinen Kosmos, der nur noch dem Willen des Menschen gehorcht. Aber damit überschritten sie jene feine Grenze, wo für die anbetende Frömmigkeit der andern die Sünde begann, und daran gingen sie zugrunde, von Bacon bis Giordano Bruno. Die Maschine ist des Teufels: so hat der echte Glaube immer wieder empfunden.

Aus: Oswald Spengler: Der Untergang des Abendlandes. Bd. 2. München 1981.

e) ARTHUR DIX (1934)
Goethe läßt durch den Verlust des physischen Augenlichtes Faust geistig um so heller sehend werden. Auch Adolf Hitler ist nach zeitweiligem Verlust der körperlichen Sehkraft mit um so stärkerer Sehschärfe begnadet worden. Und gerade im Moment der äußeren Erblindung läßt Goethe den geistig um so klarer blickender gewordenen Faust das ewige Leitwort des Führerprinzips prägen: „Daß ich das größte Werk vollende, genügt ein Geist für tausend Hände."

Aus: Arthur Dix: Politik als Staatslehre, Staatskunst und Staatswillen. In: Zeitschrift für Politik 1934.

f) THOMAS MANN (1945)
(...)
Unser größtes Gedicht, Goethes „Faust", hat zum Helden den Menschen an der Grenzscheide von Mittelalter und Humanismus, den Gottesmenschen der sich aus vermessenem Erkenntnistriebe der Magie, dem Teufel ergibt. Wo der Hochmut des Intellektes sich mit seelischer Altertümlichkeit und Gebundenheit gattet, da ist der Teufel. Und der Teufel, Luthers Teufel, Faustens Teufel, will mir als eine sehr deutsche Figur erscheinen, das Bündnis mit ihm, die Teufelsverschreibung, um unter Drangabe des Seelenheils für eine Frist alle Schätze und Macht der Welt zu gewinnen, als etwas dem deutschen Wesen eigentümlich Naheliegendes. Ein einsamer Denker und Forscher, ein Theolog und Philosoph in seiner Klause, der aus Verlangen nach Weltgenuß und Weltherrschaft seine Seele dem Teufel verschreibt –, ist es nicht ganz der rechte Augenblick, Deutschland in diesem Bilde zu sehen, heute, wo Deutschland buchstäblich der Teufel holt?

Es ist ein großer Fehler der Sage und des Gedichts, daß sie Faust nicht mit der Musik in Verbindung bringen. Er müßte musikalisch, müßte Musiker sein. Die Musik ist dämonisches Gebiet –, Sören Kirkegaard[1], ein großer Christ, hat das am überzeugendsten aufgeführt in seinem schmerzlich-enthusiastischen Aufsatz über Mozarts „Don Juan". Sie ist christliche Kunst mit negativem Vorzeichen. Sie ist berechnetste Ordnung und chaosträchtige Wider-Vernunft zugleich, an beschwörenden, inkantativen[2] Gesten reich, Zahlenzauber, die der Wirklichkeit fernste und zugleich die passionierteste der Künste, abstrakt und mystisch. Soll Faust der Repräsentant der deutschen Seele sein, so müßte er musikalisch sein; denn abstrakt und mystisch, das heißt musikalisch, ist das Verhältnis des Deutschen zur Welt –, das Verhältnis einem dämonisch angehauchten Professors, ungeschickt und dabei von dem hochmütigen Bewußtsein bestimmt, der Welt an „Tiefe" überlegen zu sein.

Worin besteht diese Tiefe? Eben in der Musikalität der deutschen Seele, dem, was man ihre Innerlichkeit nennt, das heißt: dem Auseinanderfallen des spekulativen und des gesellschaftlich-politischen Elements menschlicher Energie und der völligen Prävalenz der ersten vor dem zweiten. Europa hat das immer gefühlt und auch das Monströse und Unglückliche davon empfunden. 1839 schrieb Balzac: „Les Allemands, s'ils ne savent pas jouer des grands instruments de la Liberté, savent jouer naturellement de tous les instruments de musique[3]." Das ist klar beobachtet und unterschieden, und es ist nicht die einzige treffende Bemerkung dieser Art, die der große Romancier gemacht hat. In „Cousin Pons[4]" sagte er von dem deutschen Musiker Schmucke, einer wundervollen Figur: Schmucke, der wie alle Deutschen in der Harmonie sehr stark war, instrumentierte die Partituren, deren Singstimme Pons lieferte. „Richtig; die Deutschen sind ganz vorwiegend Musiker der Vertikale, nicht der Horizontale, größere Meister der Harmonie, in die Balzac die Kontrapunktik einschließt, als der Melodik, Instrumentalisten mehr als Verherrlicher der menschlichen Stimme, dem Gelehrten und Spirituellen in der Musik weit mehr zugewandt als dem Gesanghaft-Volksbeglückenden. Sie haben dem Abendland – ich will nicht sagen: seine schönste, gesellig verbindendste, aber seine tiefste, bedeutendste Musik gegeben, und es hat ihnen Dank und Ruhm dafür nicht vorenthalten. Zugleich hat es gespürt und spürt es heute stärker als je, daß solche Musikalität der Seele sich in anderer Sphäre teuer bezahlt –, in der politischen, der Sphäre des menschlichen Zusammenlebens.

Martin Luther, eine riesenhafte Inkarnation deutschen Wesens, war außerordentlich musikalisch. Ich liebe ihn nicht, das gestehe ich offen. Das Deutsche in Reinkultur, das Separatistisch-Antirömische, Anti-Europäische befremdet und ängstigt mich, auch wenn es als evangelische Freiheit und geistliche Emanzipation erscheint, und das spezifisch Lutherische, das Cholerisch-Grobianische, das Schimpfen, Speien und Wüten, das fürchterlich Robuste, verbunden mit zarter Gemütstiefe, und dem massivsten Aberglauben an Dämonen, Incubi[5] und Kielkröpfe, erregt meine instinktive Abneigung. Ich hätte nicht Luthers Tischgast sein mögen, ich hät-

---

[1] Sören Kierkegaard: dänischer Philosoph (1813–1855)
[2] inkantativ: bezaubernd, beschwörend
[3] „Mögen die Deutschen sich auch nicht darauf verstehen, die großen Instrumente der Freiheit zu spielen, so spielen sie doch gleichsam von ihrer Natur her alle Instrumente der Musik."
[4] Cousins Pons: Roman Balzacs (1847)
[5] incubus: Teufel

te mich wahrscheinlich bei ihm wie im trauten Heim eines Ogers[1] gefühlt und bin überzeugt, daß ich mit Leo X., Giovanni de'Medici, dem freundlichen Humanisten, den Luther „des Teufels Sau, der Babst" nannte, viel besser ausgekommen wäre. Auch erkenne ich den Gegensatz von Volkskraft und Gesittung, die Antithese von Luther und dem feinen Pedanten Erasmus gar nicht als notwendig an. Goethe ist über diesen Gegensatz hinaus und versöhnt ihn. Er ist die *gesittete* Voll- und Volkskraft, urbane Dämonie, Geist und Blut auf einmal, nämlich Kunst ... Mit ihm hat Deutschland in der menschlichen Kultur einen gewaltigen Schritt vorwärts getan – oder sollte ihn getan haben; denn in Wirklichkeit hat es sich immer näher zu Luther als zu Goethe gehalten. Und wer wollte leugnen, daß Luther ein ungeheuer großer Mann war, groß im deutschesten Stil, groß und deutsch auch in seiner Doppeldeutigkeit als befreiende und zugleich rückschlägige Kraft, ein konservativer Revolutionär. Er stellte ja nicht nur die Kirche wieder her; er rettete das Christentum. Man ist in Europa gewohnt, der deutschen Natur den Vorwurf der Unchristlichkeit, des Heidentums zu machen. Das ist sehr anfechtbar. Deutschland hat es mit dem Christentum am allerernstesten genommen. In dem Deutschen Luther nahm das Christentum sich kindlich und bäuerlich tiefernst zu einer Zeit, als es sich anderwärts nicht mehr ernst nahm. Luthers Revolution konservierte das Christentum – ungefähr wie der New Deal die kapitalistische Wirtschaftsform zu konservieren gemeint ist –, wenn auch der Kapitalismus das nicht verstehen will.

Aus: Thomas Mann: Deutschland und die Deutschen. In: Reden und Aufsätze II. Frankfurt 1965.

Arbeitsvorschläge zu Text 5

1. Formulieren Sie in thesenartiger Darstellung die jeweilige Interpretation der Faust-Thematik und der Symbolfiguren Faust und Mephisto durch die verschiedenen Autoren. Wo und in welcher Weise wird konkret auf Goethes Drama Bezug genommen?

2. Aus den Zeitangaben können Sie entnehmen, in welcher politisch-kulturellen Gesamtsituation die verschiedenen Aussagen stehen. Versuchen Sie jeweils eine knappe Darstellung dieser Situation und stellen Sie den Zusammenhang zu den Textausschnitten her.

3. „Die Maschine ist des Teufels", behauptet Oswald Spengler. Diskutieren Sie diese Auffassung in einer *Problemerörterung*.

4. Während der Arbeit am Roman „Doktor Faustus" (1943–1947) entwarf Thomas Mann einen Vortrag „Deutschland und die Deutschen", den er kurz nach Kriegsende am 29. Mai 1945 in Washington hielt. Ihm ist dieser Textausschnitt entnommen. Wie im Roman wendet sich der Dichter gegen die These von der Gespaltenheit Deutschlands in ein gutes und ein schlechtes Deutschland und er versucht eine nationalpsychologische Erklärung des Faschismus. In welchen Zusammenhang bringt Mann das Faustische und den Nationalsozialismus?

5. In Thomas Manns Roman ist die Titelfigur nicht Gelehrter und Wissenschaftler, sondern Komponist. Welche Begründung hierfür gibt er in seinem Vortrag?

6. Luther wird in diesem Vortrag mit dem Bedeutungsparadoxon „konservativer Revolutionär" belegt. Zeigen Sie in einer genauen *Textanalyse*, was Thomas Mann darunter versteht und wie er die historische Rolle Luthers vor dem Hintergrund der deutschen Katastrophe beurteilt.

1 Oger: Menschen fressendes Ungeheuer

Text 6 EGON FRIEDELL UND ALFRED POLGAR: Goethe. Eine Szene (1908)

Personen:
Goethe
Der Schulrat
Der Professor der deutschen Literaturgeschichte
Ein tschechischer Besitzer
Züst, ein schlechter Schüler
Kohn, ein guter Schüler
Linerl, Züsts Freundin
Der Pedell

(Goethe erscheint als „alter Goethe", etwas im Kostüm des Stielerschen Porträts.)
1. Studierzimmer
(Tisch mit Büchern, die zum Teil aufgeschlagen sind, Heften usw. Studierlampe, Züst und Linerl sitzen beim Tisch.)

ZÜST *(verzweifelt)*: Es geht nicht, es geht nicht!
LINERL: Aber schau! Das bisserl Goethe wirst scho' a no derlerna.
ZÜST: Das bisserl?!? Hast du eine Ahnung? Bevor man die dreiundzwanzigste Epoche so eines endlosen Dichters auswendig kann, hat man die ersten zwölf schon
5 längst wieder vergessen. Da ist der Körner[1] ein anderer Bursch gewesen! Mit zweiundzwanzig Jahren war er schon tot! Aber dieser Goethe! Dieses olympische Monstrum, das allein mehr Jahreszahlen verbraucht hat als alle anderen Dichter zusammen! Dreiundachtzig Jahre hat er alt werden müssen; in alles hat er sich dreinmischen müssen, bei jedem Datum war er dabei; so oft er mit einem Frauenzimmer
10 was zu tun gehabt hat, ist er fruchtbar geworden –
LINERL: Aber geh!
ZÜST: – und hat einen neuen Brocken gesammelte Werke von sich gegeben.
LINERL: Ah so!
ZÜST: Aber noch nicht genug! O nein! Wo er ein Gras gesehen hat, hat er ihm gleich
15 wachsen zugehört; alle besseren Herren in seiner Nähe hat er in „Gespräche mit Goethe" verwickelt und die entfernteren hat er zu zwei- bis dreibändigen Briefwechseln benützt; und wie er schon ganz alt war und nicht mehr hat schreiben können, hat er sich den Eckermann[2] geholt und hat ihm Löcher in den Bauch geredet, nur damit auch aus dieser Zeit etwas über ihn zu lernen ist!
20 LINERL: Aber es wird doch net alles so wichtig sein!
ZÜST: Nicht wichtig?! Sag' das einmal dem Professor Hinterhuber! *(Kopierend.)* „In Goethes Leben ist nichts unwichtig! Merken Sie sich das, Sie Grünschnabel! Goethe ist ein Heiligtum!" ... Auf vier italienischen Reisen hab' ich ihn begleiten müssen!
25 LINERL: Gelt, und mit dei'm Papa hast nicht nach Prag fahren dürfen!
ZÜST: Herrgott, oder waren's gar nur drei italienische ...? Bitt' dich, schau g'schwind nach!
LINERL *(blättert im Buch):* Jessas! Da schau her! In Karlsbad war er auch!
ZÜST: Wa-as?

[1] Theodor Körner (1791–1813): deutscher Schriftsteller
[2] Johann Peter Eckermann (1792–1854): seit 1823 literarischer Vertrauter Goethes

LINERL: Ja, da steht's! *(Liest.)* „Kapitel achtzehn: Der Dichterfürst in Karlsbad und seine Bedeutung für die alkalischen Naturwasser des Königreichs Böhmen".
ZÜST *(wütend)*: Na, da hast du's! Jetzt werd' ich am End' noch durchfallen, weil der Herr Geheimrat Verstopfung gehabt hat. Der Teufel soll ihn holen! Der Teufel soll ihn holen! *(Wirft das Buch in eine Ecke.)*
(Verdunkelung, Donner, blauer Blitz.)
EINE TIEFE STIMME: Du mußt es dreimal sagen!
ZÜST *(fällt zitternd in den Stuhl zurück, wiederholt automatisch)*: Der Teufel soll ihn holen! *(Die Tür springt auf, blauer Blitz, es erscheint Goethe. – Angstpause.)*
ZÜST *(mit schwacher Stimme)*: Wer sind Sie?
GOETHE *(milde)*: Ei kenne Se mich dann net? Ich bin doch der, wo der Deiwel hole soll.
ZÜST *(fällt auf die Knie und wiederholt in Pausen, während deren er im Buch nachschlägt)*: Altmeister … Dichterheros … Neuschöpfer der deutschen Dichtung … Großer Dioskur[1] von Weimar … Wiederbeleber der Antike …
GOETHE: Ei, lasse Se doch die Förmlichkeite! Sache Se oifach zu mir Exzellenz, verstanne? *(Da der Schüler ihn verständnislos ansieht.)* Verstehe Se mei Frankforterisch net recht? *(Lächelnd.)* Ja, 's Hochdeutsch hat mer immer Schwierichkeite gemacht. Un nu sache Se mer, was wolle Se eichentlich geche mich, daß Se immer so uff mich rumschimpfe?
ZÜST: Ich … ich … möchte … weil ich's nicht finden kann … wenn Exzellenz so gütig wären … wie oft waren Exzellenz in Italien?
GOETHE: No, dreimal wird's scho gewese soi. – Aber sache Se mer, was geht Ihne das an?
ZÜST: Ach, Exzellenz, das kommt doch sicher morgen dran in der Prüfung. Ich weiß ja, alles, was Sie betrifft, ist sehr wichtig und interessant, aber es ist so furchtbar viel. Und wenn ich die Prüfung nicht besteh', muß ich in ein Bankgeschäft und ich möcht' doch so riesig gern Doktor der Philosophie werden, um im Kabarett auftreten zu können …
GOETHE: No, no, nur net gar so hoch hinauswolle!
LINERL: Ach ja, er tragt so viel schön vor!
GOETHE *(bemerkt Linerl)*: E nett Mäddche! *(Faßt sie unters Kinn.)*
ZÜST: Ach Gott, manchmal hab' ich den Eindruck: wirklich jede Frage über Goethe könnten eigentlich nur Exzellenz selber beantworten.
GOETHE: Was? Ich selber? No, da wer ich Ihne was sache. Da wolle mer mal n' kleine Jokus aufführe. Ich wer die Prüfung für Ihne mache. Ich wer mich in Ihne verwandle! Da wird emal der Schüler mehr wisse wie die Herre Lehrer! Alle wern glaube, Sie sind's und derweil wer ich dastehe und alle Frache großartig beantworte. Wenn irchend jemand das Zeich weiß, so bin ich's doch! *(Vergnügt)* Das Zeichnis werd sich gewasche hawwe!
ZÜST und LINERL *(fallen auf die Knie.)*
ZÜST: Ach Exzellenz, wie soll ich Ihnen danken!
GOETHE: Lasse Se nur! S' macht mer ja selber Spaß, die Federfuchser zu blamiere. – Un gar wenn so e nett Mäddche mit bei ist, da kann ich scho gar net noi sache! Das hab' ich nämlich nie gekönnt – in meiner ganze Biographie net!

---

1 Dioskuren: Söhne des Zeus (Kastor und Pollux), unzertrennliches Freundespaar; hier: Goethe und Schiller

75 LINERL: Ach Exzellenz! Wenn Sie schon so liebenswürdig sind, ich hätt auch eine Bitte! Schreibens mir was ins Stammbuch, der Herr Lehar[1] und der Herr Bonn[2] stehen auch schon drin!
(Vorhang. Rasche Verwandlung.)

Egon Friedell/Alfred Polgar: Goethe. Eine Szene. In: Waltraud Wende-Hohenberger/Karl Riha (Hrsg.): Faust-Parodien. Frankfurt 1989.

Arbeitsvorschläge zu Text 6

1. Diese Szene parodiert die so genannte erste Studierzimmerszene aus Goethes „Faust". Lesen Sie den Originaltext und erläutern Sie, worauf die parodistische Wirkung beruht.

2. Die Autoren dieser Szene nehmen vor allem die Goethe-Rezeption des 19. Jahrhunderts aufs Korn. Zeigen Sie am Text, was Sie im Einzelnen kritisieren.

3. Der im Text erwähnte Johann Peter Eckermann (1792–1854) war im letzten Lebensjahrzehnt Goethes dessen Sekretär und Gesprächspartner. Er gab den Nachlass Goethes heraus und veröffentlichte einige Jahre nach dessen Tode „Gespräche mit Goethe", die uns über die Interessen und Ansichten des Dichters in seinen letzten Lebensjahren informieren. Entleihen Sie in einer öffentlichen Bibliothek Eckermanns Buch und informieren Sie die Klasse in einem *Referat* über die Art und Weise, wie Eckermann von seinen Begegnungen mit Goethe berichtet und wie er zu Goethe steht.

4. Bereits im 19. Jahrhundert hat sich der Dichter und Kunsttheoretiker Friedrich Theodor Vischer (1807–1887) auf humoristische Weise mit den Faust-Interpreten auseinander gesetzt. Lesen Sie seine komödienartige Travestie „Faust. Der Tragödie 3. Teil" und stellen Sie in einem *Referat* dar, wie Vischer die Faust-Rezeption seiner Zeit verspottet hat.

zur Textreihe

1. Stellen Sie in einer Übersicht systematisch dar, welche wichtigen geschichtlichen Stufen und Veränderungen der Faust-Stoff seit der Reformationszeit erfahren hat.

2. Goethes „Faust" war für viele Jahrzehnte Pflichtlektüre jedes Oberstufen-Gymnasiasten. *Erörtern* Sie, ob dieses Drama auch heute verbindliche Lektüre im Deutschunterricht der Kollegstufe sein sollte.

3. Informieren Sie sich in einem Stoff- und Motivlexikon darüber, welche Umarbeitungen und Umformungen der Faust-Stoff nach dem Zweiten Weltkrieg gefunden hat. Stellen Sie ein Beispiel in einem Kurzreferat vor.

---

1 Franz Lehar (1870–1948): Operettenkomponist
2 Moritz Julius Bonn (1873–1965): Nationalökonom und Wirtschaftspolitiker

5. Kunst und Künstlertum – Aspekte eines literarischen Motivs

Selbstbildnis mit fiedelndem Tod. Arnold Böcklin, 1872

Im Gegensatz zu Themen und Stoffen wie Natur, Liebe, Krieg etc., die sich bis in die Anfänge der Literatur zurückverfolgen lassen, ist die **Darstellung von Künstlerfiguren** in Dramen, Romanen und Erzählungen relativ modern. Sie begann in den letzten beiden Jahrzehnten des 18. Jahrhunderts, als die Sturm-und-Drang-Dichter die Ungebundenheit und die Freiheit des genialen Künstlers propagierten, dabei aber in der Wirklichkeit die Abhängigkeit des angeblich freien Schriftstellers vom Geschmack des Publikums und von der gesellschaftlichen Ordnung erleben mussten. Während in der italienischen Renaissance Künstler wie *Leonardo da Vinci*, *Tizian* oder *Michelangelo* durch die Wertschätzung, ja Vergöttlichung des schöpferischen Genies eine beinahe fürstliche gesellschaftliche Position erlangen konnten, mussten seit dem Ende des 18. Jahrhunderts manche Dichter, wie *Kleist* oder *Hölderlin*, ihren Anspruch auf künstlerische Selbstverwirklichung mit der Entfremdung von der bürgerlichen Gesellschaft, ja mit dem Scheitern am Leben bezahlen. Nicht die Verherrlichung, sondern die **Problematik der Künstlerexistenz** in der Gesellschaft steht damit am Anfang der literarischen Darstellung von Künstlerfiguren.

Auch wenn die Schriftsteller bei der Gestaltung dieses Motivs auf historische Personen (wie den italienischen Dichter *Torquato Tasso*) zurückgriffen oder fiktive Figuren (*Mörikes* „Maler Nolten") wählten, verarbeiteten sie dabei meist eigene, z. T. **autobiografische Erfahrungen** und Problemstellungen ihrer Zeit. Wie *Goethe* in der Figur des Dichters Tasso den von ihm selbst erlebten Konflikt zwischen dichterischer Selbstverwirklichung und den Rollenerwartungen und Zwängen der Weimarer Gesellschaft thematisierte, gestaltete Christa *Wolf* in der Frage nach den gesellschaftlich-kulturellen Ursachen des Scheiterns romantischer Dichter und Dichterinnen wie *Kleist* und *Günderrode* ihre Identitätskrise als Schriftstellerin der DDR. Kennzeichnend für das künstlerische Selbstverständnis seit dem 18. Jahrhundert ist eine **Selbstreflexion**, die auch in vielen Gedichten über Kunst und Künstlertum zum Ausdruck kommt.

Das Interesse an der Individualität des Künstlers, seinem Schaffensprozess und Seelenleben, seinem Selbstwertgefühl und seinen Leiderfahrungen hängt nicht nur mit dem Wandel der sozialen Rolle des Schriftstellers zusammen, sondern auch mit den veränderten Einstellungen gegenüber der Kunst. Neben dem Künstler wurde die Kunst zum zentralen Thema der Romantik. An die Macht der Poesie knüpften die Frühromantiker die Hoffnung, die Trennung zwischen Natur und Mensch überwinden, die geheime Sprache der Schöpfung verstehen und ein „goldenes Zeitalter" wiederherstellen zu können. Kunst wurde zu einer säkularisierten Religion, die in der Goetheverehrung, wie das Beispiel der Bettina von Arnim zeigt, zur Apotheose des Künstlers führte. Solcher **Dichterkult** steht im krassen Gegensatz zur Auffassung der politisch engagierten Schriftsteller des Vormärz, die durch Literatur die Gesellschaft verändern wollten. Kunst und Künstlertum mussten aus dieser Perspektive als literarische Motive einer zu Ende gegangenen Epoche erscheinen, die Heine die „Kunstperiode" genannt hatte. In einer demokratischen Literatur sollte die Kluft zwischen Kunst und bürgerlicher Gesellschaft überbrückt werden.

Nach dem Scheitern der Märzrevolution zeigte sich der Gegensatz zwischen Kunst und bürgerlicher Gesellschaft allerdings in veränderter Gestalt. Ein national gesinntes Bürgertum pflegte einen neuen Dichterkult der Denkmäler und Klassikerausgaben, in denen die Schriftsteller der Vergangenheit als geistige Heroen gefeiert wurden, auf die das Volk stolz sein sollte. Die Schriftsteller des Realismus und vor allem der frühen Moderne sahen sich dagegen mit der zunehmenden Diskrepanz von kultureller Fassade und den tatsächlichen gesellschaftlichen Verhältnissen konfrontiert und erlebten verschärft eine Entfremdung des Künstlers. Die Spannung zwischen Kunst und Gesellschaft, Künstler und Bürger wurde im 20. Jahrhundert im Werk Thomas *Manns* noch einmal zu einem zentralen Thema der Dichtung.

5.1 Kunst und Leben

Text 1

JOHANN WOLFGANG GOETHE: Torquato Tasso (1790)

Der historische Stoff für Goethes Künstlerdrama ist die Gestalt des Renaissancedichters Torquato Tasso (1544–1595), der am Hofe des Herzogs Alfons II. von Ferrara lebte und dort sein Epos „Das befreite Jerusalem" schrieb. Goethe verarbeitete in seinem Drama eigene Erfahrungen des Widerstreits zwischen dem Anspruch des künstlerischen Individuums und den Forderungen einer höfischen Gesellschaft.
In den Gesprächen zwischen der Prinzessin Leonore, der Schwester des Herzogs, und deren Freundin sowie dem Herzog selbst wird in den ersten beiden Szenen deutlich, was Tasso für die Hofgesellschaft bedeutet und wie diese seine Neigung zur Einsamkeit und sein Misstrauen gegenüber der Welt beurteilt.

                Erster Aufzug. Dritter Auftritt
                    Die Vorigen. Tasso.

TASSO *(mit einem Buche, in Pergament geheftet):*
    Ich komme langsam, dir ein Werk zu bringen,
    Und zaudre noch, es dir zu überreichen.
    Ich weiß zu wohl, noch bleibt es unvollendet,
    Wenn es auch gleich geendigt scheinen möchte.
    Allein, war ich besorgt, es unvollkommen
    Dir hinzugeben, so bezwingt mich nun
    Die neue Sorge: möcht' ich doch nicht gern
    Zu ängstlich, möcht' ich nicht undankbar scheinen.
    Und wie der Mensch nur sagen kann: Hie bin ich!
    Daß Freunde seiner schonend sich erfreuen,
    So kann ich auch nur sagen: Nimm es hin!
    (Er übergibt den Band.)
ALFONS: Du überraschest mich mit deiner Gabe
    Und machst mir diesen schönen Tag zum Fest.
    So halt' ich's endlich denn in meinen Händen
    Und nenn' es in gewissem Sinne mein!
    Lang' wünscht' ich schon, du möchtest dich entschließen
    Und endlich sagen: Hier! es ist genug.
TASSO: Wenn ihr zufrieden seid, so ist's vollkommen;
    Denn euch gehört es zu in jedem Sinn.
    Betrachtet' ich den Fleiß, den ich verwendet,
    Sah ich die Züge meiner Feder an,
    So konnt' ich sagen: dieses Werk ist mein.
    Doch seh' ich näher an, was dieser Dichtung
    Den innren Wert und ihre Würde gibt,

Erkenn' ich wohl, ich hab' es nur von euch.
Wenn die Natur der Dichtung holde Gabe
Aus reicher Willkür freundlich mir geschenkt,
So hatte mich das eigensinn'ge Glück 30
Mit grimmiger Gewalt von sich gestoßen;
Und zog die schöne Welt den Blick des Knaben
Mit ihrer ganzen Fülle herrlich an,
So trübte bald den jugendlichen Sinn
Der teuren Eltern unverdiente Not. 35
Eröffnete die Lippe sich, zu singen,
So floß ein traurig Lied von ihr herab,
Und ich begleitete mit leisen Tönen
Des Vaters Schmerzen und der Mutter Qual.
Du warst allein, der aus dem eigen Leben 40
Zu einer schönen Freiheit mich erhob;
Der jede Sorge mir vom Haupte nahm,
Mir Freiheit gab, daß meine Seele sich
Zu mutigem Gesang entfalten konnte;
Und welchen Preis nun auch mein Werk erhält, 45
Euch dank' ich ihn, denn euch gehört es zu.
ALFONS: Zum zweitenmal verdienst du jedes Lob,
    Und ehrst bescheiden dich und uns zugleich.
TASSO: O könnt' ich sagen, wie ich lebhaft fühle,
    Daß ich von euch nur habe, was ich bringe! 50
Der tatenlose Jüngling – nahm er wohl
Die Dichtung aus sich selbst? Die kluge Leitung
Des raschen Krieges – hat er die ersonnen?
Die Kunst der Waffen, die ein jeder Held
An dem beschiednen Tage kräftig zeigt, 55
Des Feldherrn Klugheit und der Ritter Mut,
Und wie sich List und Wachsamkeit bekämpft,
Hast du mir nicht, o kluger, tapfrer Fürst,
Das alles eingeflößt, als wärest du
Mein Genius, der eine Freude fände, 60
Sein hohes, unerreichbar hohes Wesen
Durch einen Sterblichen zu offenbaren?
PRINZESSIN: Genieße nun des Werks, das uns erfreut!
ALFONS: Erfreue dich des Beifalls jedes Guten!
LEONORE: Des allgemeinen Ruhms erfreue dich! 65
TASSO: Mir ist an diesem Augenblick genug.
    An euch nur dacht' ich, wenn ich sann und schrieb:
Euch zu gefallen war mein höchster Wunsch,
Euch zu ergetzen war mein letzter Zweck.
Wer nicht die Welt in seinen Freunden sieht, 70
Verdient nicht, daß die Welt von ihm erfahre.
Hier ist mein Vaterland, hier ist der Kreis,
In dem sich meine Seele gern verweilt.
Hier horch' ich auf, hier acht' ich jeden Wink,

Hier spricht Erfahrung, Wissenschaft, Geschmack; 75
Ja, Welt und Nachwelt seh' ich vor mir stehn.
Die Menge macht den Künstler irr' und scheu:
Nur wer euch ähnlich ist, versteht und fühlt,
Nur der allein soll richten und belohnen!
ALFONS: Und stellen wir denn Welt und Nachwelt vor, 80
So ziemt es nicht, nur müßig zu empfangen.
Das schöne Zeichen, das den Dichter ehrt,
Das selbst der Held, der seiner stets bedarf,
Ihm ohne Neid ums Haupt gewunden sieht,
Erblick' ich hier auf deines Ahnherrn Stirne. 85
(Auf die Herme Virgils¹ deutend.)
Hat es der Zufall, hat's ein Genius
Geflochten und gebracht? Es zeigt sich hier
Uns nicht umsonst. Virgilen hör' ich sagen:
Was ehret ihr die Toten? Hatten die 90
Doch ihren Lohn und Freude, da sie lebten;
Und wenn ihr uns bewundert und verehrt,
So gebt auch den Lebendigen ihr Teil.
Mein Marmorbild ist schon bekränzt genug –
Der grüne Zweig gehört dem Leben an. 95
(Alfons winkt seiner Schwester: sie nimmt den Kranz
von der Büste Virgils und nähert sich Tasso. Er tritt zurück.)
LEONORE: Du weigerst dich? Sieh, welche Hand den Kranz,
Den schönen, unverwelklichen, dir bietet!
TASSO: O laßt mich zögern! Seh' ich doch nicht ein, 100
Wie ich nach dieser Stunde leben soll.
ALFONS: In dem Genuß des herrlichen Besitzes,
Der dich im ersten Augenblick erschreckt.
PRINZESSIN *(indem sie den Kranz in die Höhe hält)*:
Du gönnest mir die seltne Freude, Tasso, 105
Dir ohne Wort zu sagen, wie ich denke.
TASSO: Die schöne Last aus deinen teuren Händen
Empfang' ich knieend auf mein schwaches Haupt.
(Er kniet nieder, die Prinzessin setzt ihm den Kranz auf.)

Aus: Johann Wolfgang Goethe: Torquato Tasso. In: Ders.: Werke. Bd. 5. Hamburg ⁵1962.

Text 2 FRIEDRICH HÖLDERLIN: An die Parzen (1798)

Nur *einen* Sommer gönnt, ihr Gewaltigen!
    Und einen Herbst zu reifem Gesange mir,
        Daß williger mein Herz, vom süßen
            Spiele gesättiget, dann mir sterbe.

1 Vergil (70–19 v. Chr.): röm. Dichter

Friedrich Hölderlin

Die Seele, der im Leben ihr göttlich Recht
  Nicht ward, sie ruht auch drunten im Orkus nicht;
Doch ist mir einst das Heil'ge, das am
  Herzen mir liegt, das Gedicht, gelungen,

Willkommen dann, o Stille der Schattenwelt!
  Zufrieden bin ich, wenn auch mein Saitenspiel
Mich nicht hinab geleitet; *einmal*
  Lebt ich, wie Götter, und mehr bedarf's nicht.

Friedrich Hölderlin: An die Parzen. In: Werke und Briefe. Bd. 1. Frankfurt 1969.

Text 3

KAROLINE VON GÜNDERRODE: Orphisches Lied (1806)

Höre mich Phoibos[1] Apoll! Du, der auf bläuligem Bogen
Siegreich schreitet herauf an wölbichter Feste des Himmels,
Spendend die heilige Helle der wolkenerzeugenden Erde,
Leuchtend Okeanos[2] hin zur Tiefe des felsichten Bettes,
Höre mich Liebling des Zeus! Sieh gnädig auf deinen Geweihten!
Sei im Gesang mir gewärtig, und lasse der goldenen Leyer
Saiten mir klingen, wie dir, wenn mit siegender Lippe du singst
Pythons[3] des schrecklichen Fall dem Chore melodischer Musen,
Oder im Liede besingst ferntreffende Pfeile des Bogens,
Also, o Phoibos Apoll! laß von begeistertem Munde
Strömen mir wogende Rhythmen des sinnebeherrschenden Wohllauts,
Daß sich der Wald mit beseele, die Dryas[4] des Baumes mir lausche,
Schlängelnde Ströme mir folgen, und reißende Tiere unschädlich
Schmeichelnd zu mir sich gesellen. Vor allem Erzeugter Kronions[5]!
Gieb des Gesanges herrschende Kraft, die drunten gewaltig
Äis[6] den König bewege des Landes am stygischem[7] Strome.
Lehre vergessene Schmerzen mich wecken im Busen der Göttin
Die ein zu strenges Gebot dem düsteren Herrscher vermählet,
Daß sie erbarmend sich zeige dem Schwestergeschick der Geliebten,
Wieder ihr gönne zu schaun des Tages sonnige Klarheit,
Deines unsterblichen Hauptes fern leuchtende Strahlen, o Phoibos!

Karoline von Günderrode: Orphisches Lied. In: Sämtliche Werke und ausgewählte Schriften. Basel/Frankfurt/M. 1990

---

1 Phoibos: der Leuchtende, Reine; Beiname Apolls
2 Okeanos: der Gott des Weltstroms, der die Erde umfließt
3 Python: Drache, der das Orakel seiner Mutter Gaia bewachte, von Apoll getötet
4 Dryaden: Baumnymphen
5 Kronos: Vater des Zeus
6 Äis: Gott der Unterwelt (Hades)
7 stygisch von „Styx", Fluss in der Unterwelt

Text 4 CHRISTA WOLF: Dass die Zeit uns verkennen muss* (1979)

Durch die Erfahrungen im Zusammenhang mit der Ausbürgerung Wolf Biermanns (1976) sah sich Christa Wolf in aller Schärfe im Konflikt zwischen ihrem Selbstverständnis als Schriftstellerin und den Zwängen des DDR-Regimes. Im Gegensatz zur Klassikerpflege in der offiziellen Kulturpolitik beschäftigte sie sich in den folgenden Jahren mit dem „Sehnsuchtsraum Romantik", mit dem Scheitern von Künstlern wie Kleist und den Selbstverwirklichungsversuchen von Frauen wie Karoline von Günderrode und Bettina von Arnim. In der Erzählung „Kein Ort. Nirgends" stellt sie die fiktive Begegnung zwischen der Günderrode und Kleist dar. Aus diesem Gespräch ist hier ein Ausschnitt abgedruckt.

Karoline von Günderrode

Die Günderrode, die sich weiter neben ihm hält, hat eben wieder den „Tasso" gelesen. „Ich fühle mir das innerste Gebein zerschmettert, und ich leb, um es zu fühlen." Ja. Gewisse Verse hätte er wohl auch parat. Die Proportionen des Talents mit dem Leben, ein zeitgemäßes Thema. Und doch seien ihm Zweifel gekommen, ob es dem Autor gelungen sei, die letzte Konsequenz aus den Beziehungen seiner Figuren herauszutreiben. 5
Was er meine.
Gleich wird er der Frau bekennen, was er noch niemandem gesagt, er weiß auch, warum.
Es kränkt mich, daß das Zerwürfnis des Tasso mit dem Hof auf einem Mißverständ- 10
nis beruhn soll. Wie, wenn nicht Tasso dem Fürsten, besonders aber dem Antonio, unrecht täte, sondern die ihm. Wenn sein Unglück nicht eingebildet, sondern wirklich und unausweichlich wäre? Wenn nicht Überspanntheit, sondern ein scharfes, gut: überscharfes Gespür für die wirklichen Verhältnisse ihm den Ausruf abpreßte: „Wohin beweg ich meinen Schritt, dem Ekel zu entfliehn, der mich umsaust, dem 15
Abgrund zu entgehn, der vor mir liegt" – Sie lächeln, Günderrode?
Sprechen Sie weiter.
Der Geheime Rat, denk ich, hat keinen dringlichen Hang zur Tragödie, und ich glaube zu wissen, wieso. So sagen Sie es.
Er ist auf Ausgleich bedacht. Er meint, die Widerkräfte, die in der Welt wirken, 20
ließen sich teilen in zwei Zweige der Vernunft – er nennt sie Gut und Böse –, die letzten Endes beide zur Fortentwicklung der Menschheit beitragen müssen.
Und Sie, Kleist?
Ich? – Kleist sieht plötzlich, was ihn von jenem unterscheidet; was ihn immer unterlegen, den andern immer unanfechtbar machen wird. 25
Ich kann die Welt in Gut und Böse nicht teilen; nicht in zwei Zweige der Vernunft, nicht in gesund und krank. Wenn ich die Welt teilen wollte, müßt ich die Axt an mich selber legen, mein Inneres spalten, dem angeekelten Publikum die beiden Hälften hinhalten, daß es Grund hat, die Nase zu rümpfen: Wo bleibt die Reinlichkeit. Ja, unrein ist, was ich vorzuweisen habe. Nicht zum Reinbeißen und Runter- 30
schlucken. Zum Weglaufen, Günderrode.
Nach ein paar Schritten nimmt er einen dürren Stock und zeichnet mit raschem, schnellem Strich eine Figur in den Wegsand, etwas wie eine absurde geometrische Konstruktion, einen vertrackten Mechanismus. Dies sei nun, sagt er, sein Grundriß von einem Trauerspiel. Er wolle hören, was sie von diesem Unding halte, das, in 35
Bewegung gebracht – und das ist ja seine Voraussetzung –, dazu verdammt sei, sich selber zu zerstören. Die Günderrode, die derartiges noch nie gesehn, auch nicht gedacht hat, versteht das Ding sofort.

Nun? fragt Kleist. Seine Lippen zucken. Sie wissen es selbst, sagt die Frau. Dies ist kein Trauerspiel. Das ist das Verhängnis. Ein Satz, der den Fremden auf merkwürdige Weise zu befriedigen scheint. (...)

Goethe, sagt er, selbst überrascht, hat, irr ich nicht, lange nichts Poetisches hervorgebracht.

Da lacht sie verständnisinnig.

Manchmal, sagt er, ist mir schon der Verdacht gekommen, daß er, ich finde das Wort nicht gleich – lebensfremd ist.

Was meinen Sie? So etwas wie das Lamento der Sanvitale, warum die Natur aus Tasso, dem Dichter, und Antonio, dem Staatsmann, nicht einen einzigen Menschen gemacht habe?

Ja, dies! ruft Kleist. Etwas in der Art. – Das Stammeln ist ihm lange vergangen. – Daß er schier Unmögliches für wünschbar ausgibt, dadurch für machbar.

Hat es aber am eignen Leib erprobt.

Und wird den Preis dafür bezahlt haben. Die Unzahl von Stunden, die er daran gewandt hat, mit diesem Menschen fertig zu werden, blind durch Liebe, scharfäugig durch Haß. Jede Demütigung vorgefühlt, die ihm der andre noch bereiten muß. Tollheit, sich den Stachel tief ins Fleisch zu treiben. Und jener? Wenn er mit heiler Haut davonkäme, unangefochten durch meine Existenz. Wenn es mir nicht gelänge, ihm meine Leiden heimzuzahlen. Ich werde ihm den Lorbeer von der Stirne reißen.

Fürchten Sie nicht, der Maßstab, dem Sie sich unterworfen, könnte Sie vernichten?

Sie, Günderrode, als Frau, können es nicht wissen, was Ehrgeiz ist.

Das Wort ist ausgesprochen.

Der Mensch, denkt die Günderrode, ist dir fremd, und in der Fremdheit nah.

Ehrgeiz, sagt sie, als horche sie dem Wort nach.

Denken Sie nicht gering von der Furie, Günderrode.

Wollen Sie Ihr Leben von Furien gejagt durchlaufen.

Wollen! Sie machen mich lachen.

Ihnen erscheint es wie ein eisernes Muß. Ich übe mich darin, was ich muß, auch zu wollen.

Und verschaffen sich so die Illusion der Freiheit.

Nach ihrer Beobachtung, sagt sie, schärfe sich der Ehrgeiz der Begabten an der Ungunst der Verhältnisse, der Ehrgeiz der Unbegabten an ihrem verzerrten Selbstgefühl.

Gut gegeben. Und welcher Sorte schlagen Sie mich zu?

Das weiß ein jeder von sich selbst.

Nein, Günderrode! Sehn Sie nicht manchen sein Unglück auf einer Selbsttäuschung gründen? Und selber nichts davon merken, ums Verrecken nicht?

Ist wahr, sagt sie. Unsere Blindheit. Daß wir nicht wissen können, wohin unsre Abweichungen von den Wegen uns führen. Daß die Zeit uns verkennen muß, ist ein Gesetz. Aber ob das, was wir uns herausnehmen, eines ferneren Tages zu einer gewissen Geltung kommt ...

Aus: Christa Wolf: Kein Ort. Nirgends. Darmstadt und Neuwied 1979.

Arbeitsvorschläge zu Text 1

1. Erläutern Sie Tassos Aussage, er habe sein Werk seinem Mäzen zu verdanken. Welche Auffassung von der Rolle der Dichtung kommt hier zum Ausdruck?

2. Zeigen Sie, wie Tasso seine Rolle als Künstler am Hofe des Herzogs einschätzt. Welche möglichen Konflikte ergeben sich aus dieser Rolle?

3. Warum zögert Tasso, als ihn die Prinzessin bekränzen will? Wie werden die verschiedenen Personen diese Geste jeweils deuten?

4. Im weiteren Verlauf des Dramas kommt es zu einer Auseinandersetzung zwischen Tasso und dem Staatssekretär Antonio, die zu einer vorübergehenden Entfernung Tassos vom Hof führt. Als sich Tasso von der von ihm geliebten Prinzessin verabschiedet, drückt er diese heftig an sich und verletzt damit die höfische Sitte. Antonio gegenüber beklagt Tasso, der sich nun „verstoßen und verbannt" sieht, dass man ihm sein Gedicht, sein „einzig Eigentum", abgelockt habe. Erläutern Sie, auf welche Weise sich Tassos Auffassung von seinem Werk geändert hat.

zu Text 2

1. Als Hölderlin dieses Gedicht schrieb, war er Hauslehrer beim Frankfurter Bankier Gontard. Untersuchen Sie die Sprechsituation. Welche Auffassung vom Dichterberuf wird hier deutlich?

2. Zeigen Sie den Zusammenhang zwischen Dichtung und Leben auf, der hier zum Ausdruck kommt.

3. Untersuchen Sie Lautgestalt, Wortwahl und Satzbau. Wie hängt diese Gestaltungsweise mit Hölderlins Auffassung vom Dichter zusammen?

zu Text 3

1. In der griechischen Mythologie ist Orpheus berühmt durch die Macht, die er durch seinen Gesang über Tiere und Menschen auszuüben vermag. Es gelang ihm sogar, das Herrscherpaar der Unterwelt dazu zu bringen, seine tote Gattin ins Reich der Lebenden zurückkehren zu lassen.
Günderrode hat dieses mythologische Motiv in ihrem Gedicht aufgegriffen. Welche Auffassung von künstlerischer Produktivität wird in diesem Rollengedicht thematisiert?

2. Untersuchen Sie, mit welchen Darstellungsmitteln Günderrode die Bitte des Orpheus an Apoll gestaltet.

3. Günderrode trat nach dem frühen Tod ihres Vaters, durch den ihre Familie in finanzielle Schwierigkeiten geriet, in ein evangelisches Damenstift ein. Der Band mit Lyrik und Prosa, in dem das Gedicht steht, erschien anonym kurz nach ihrem Selbstmord. Informieren Sie sich über Lebensumstände und Werk Günderrodes (z. B. Christa Wolf: Der Schatten eines Traumes. 1979) und erläutern Sie in einem *Referat* über diese Schriftstellerin, welche Problematik sich in der damaligen Zeit für eine Frau aus dem Anspruch auf Selbstverwirklichung in der Kunst ergab.

zu Text 4

1. Zeigen Sie auf, welche Kritik an Goethe in dem Gespräch zwischen Kleist und Günderrode deutlich wird.

2. Untersuchen Sie, wie Wolf das Gespräch zwischen den beiden gestaltet. Welche Rolle spielt dabei Günderrode?

3. Wolf entwirft in diesem Gespräch auch ihr Bild vom Menschen und Dichter Kleist. Skizzieren Sie dieses Bild mit eigenen Worten. Welche möglichen Ursachen für das Scheitern Kleists werden erkennbar?

5.2 Apotheose und Reflexion

Text 1 NOVALIS: Die „magische Gewalt" der Dichter* (1802)

In Novalis' Roman „Heinrich von Ofterdingen" erzählt ein fremder Reisender dem zwanzigjährigen Heinrich von der blauen Blume, die ihm dann in einem Traum als Mädchengesicht wiederbegegnet und seine Fantasie ganz gefangen nimmt. Seine Mutter unternimmt zusammen mit ihm und einigen befreundeten Kaufleuten eine Reise, auf der er viel von der Welt, aber auch von „Dichtern und Sängern" erfährt. In Augsburg begegnet er dem Dichter Klingsohr und dessen Tochter Mathilde, in der er das Mädchengesicht der blauen Blume wieder erkennt.

„Ich weiß nicht", sagte Heinrich, „wie es kommt. Schon oft habe ich von Dichtern und Sängern sprechen gehört und habe noch nie einen gesehn. Ja, ich kann mir nicht einmal den Begriff von ihrer sonderbaren Kunst machen, und doch habe ich eine große Sehnsucht, davon zu hören. Es ist mir, als würde ich manches besser ver-
5 stehen, was jetzt nur dunkle Ahndung in mir ist. Von Gedichten ist mir oft erzählt worden, aber noch nie habe ich eins zu sehen bekommen, und mein Lehrer hat nie Gelegenheit gehabt, Kenntnisse von dieser Kunst einzuziehn. Alles, was er mir davon gesagt, habe ich nicht deutlich begreifen können. Doch meinte er immer, es sei eine edle Kunst, der ich mich ganz ergeben würde, wenn ich sie einmal kennen
10 lernte. In alten Zeiten sei sie weit gemeiner gewesen und habe jedermann einige Wissenschaft davon gehabt; jedoch einer vor dem andern. Sie sei noch mit andern verlorengegangenen herrlichen Künsten verschwistert gewesen. Die Sänger hätte göttliche Gunst so hoch geehrt, so daß sie, begeistert durch unsichtbaren Umgang, himmlische Weisheit auf Erden in lieblichen Tönen verkündigen können."
15 Die Kaufleute sagten darauf: „Wir haben uns freilich nie um die Geheimnisse der Dichter bekümmert, wenn wir gleich mit Vergnügen ihrem Gesange zugehört. Es mag wohl wahr sein, daß ein besonderes Gestirn dazu gehört, wenn ein Dichter zur Welt kommen soll; denn es ist gewiß eine recht wunderbare Sache mit dieser Kunst. Auch sind die andern Künste gar sehr davon unterschieden und lassen sich weit eher
20 begreifen. Bei den Malern und Tonkünstlern kann man leicht einsehn, wie es zugeht, und mit Fleiß und Geduld läßt sich beides lernen. Die Töne liegen schon in den Saiten, und es gehört nur eine Fertigkeit dazu, diese zu bewegen, um jene in einer reizenden Folge aufzuwecken. Bei den Bildern ist die Natur die herrlichste Lehrmeisterin. Sie erzeugt unzählige schöne und wunderliche Figuren, gibt die
25 Farben, das Licht und den Schatten, und so kann eine geübte Hand, ein richtiges Auge und die Kenntnis von der Bereitung und Vermischung der Farben die Natur auf das vollkommenste nachahmen. Wie natürlich ist daher auch die Wirkung dieser Künste, das Wohlgefallen an ihren Werken zu begreifen. Der Gesang der Nachtigall, das Sausen des Windes und die herrlichen Lichter, Farben und Gestalten gefallen
30 uns, weil sie unsere Sinne angenehm beschäftigen; und da unsere Sinne dazu von der Natur, die auch jenes hervorbringt, so eingerichtet sind, so muß uns auch die künstliche Nachahmung der Natur gefallen. Die Natur will selbst auch einen Genuß von ihrer großen Künstlichkeit haben, und darum hat sie sich in Menschen verwandelt, wo sie nun selber sich über ihre Herrlichkeit freut, das Angenehme und Liebliche
35 von den Dingen absondert und es auf solche Art allein hervorbringt, daß sie es auf mannigfaltigere Weise und zu allen Zeiten und allen Orten haben und genießen kann. Dagegen ist von der Dichtkunst sonst nirgends äußerlich etwas anzutreffen.

Morgen (Ausschnitt). Philipp Otto Runge. 1808/09

Auch schafft sie nichts mit Werkzeugen und Händen; das Auge und das Ohr vernehmen nichts davon: denn das bloße Hören der Worte ist nicht die eigentliche Wirkung dieser geheimen Kunst. Es ist alles innerlich, und wie jene Künstler die äußern Sinne mit angenehmen Empfindungen erfüllen, so erfüllt der Dichter das inwendige Heiligtum des Gemüts mit neuen, wunderbaren und gefälligen Gedanken. Er weiß jene geheimen Kräfte in uns nach Belieben zu erregen und gibt uns durch Worte eine unbekannte, herrliche Welt zu vernehmen. Wie aus tiefen Höhlen steigen alte und künftige Zeiten, unzählige Menschen, wunderbare Gegenden und die seltsamsten Begebenheiten in uns herauf und entreißen uns der bekannten Gegenwart. Man hört fremde Worte und weiß doch, was sie bedeuten sollen. Eine magische Gewalt üben die Sprüche des Dichters aus; auch die gewöhnlichen Worte kommen in reizenden Klängen vor und berauschen die festgebannten Zuhörer." „Ihr verwandelt meine Neugierde in heiße Ungeduld", sagte Heinrich. „Ich bitte euch, erzählt mir von allen Sängern, die ihr gehört habt. Ich kann nicht genug von diesen besondern Menschen hören. Mir ist auf einmal, als hätte ich irgendwo schon davon in meiner tiefsten Jugend reden hören, doch kann ich mich schlechterdings nichts mehr davon entsinnen. Aber mir ist das, was ihr sagt, so klar, so bekannt, und ihr macht mir ein außerordentliches Vergnügen mit euren schönen Beschreibungen."
„Wir erinnern uns selbst gern", fuhren die Kaufleute fort, „mancher frohen Stunden, die wir in Welschland, Frankreich und Schwaben in der Gesellschaft von Sängern zugebracht haben, und freuen uns, daß Ihr so lebhaften Anteil an unsern Reden nehmet. (…)
In alten Zeiten muß die Natur lebendiger und sinnvoller gewesen sein als heutzutage. Wirkungen, die jetzt kaum noch die Tiere zu bemerken scheinen und die Menschen eigentlich allein noch empfinden und genießen, bewegten damals leblose Körper; und so war es möglich, daß kunstreiche Menschen allein Dinge möglich machten und Erscheinungen hervorbrachten, die uns jetzt völlig unglaublich und fabelhaft dünken. So sollen vor uralten Zeiten in den Ländern des jetzigen grie-

chischen Kaisertums, wie uns Reisende berichten, die diese Sagen noch dort unter dem gemeinen Volke angetroffen haben, Dichter gewesen sein, die durch den seltsamen Klang wunderbarer Werkzeuge das geheime Leben der Wälder, die in den Stämmen verborgenen Geister aufgeweckt, in wüsten, veröpdeten Gegenden den
70 toten Pflanzensamen erregt und blühende Gärten hervorgerufen, grausame Tiere gezähmt und verwilderte Menschen zu Ordnung und Sitte gewöhnt, sanfte Neigungen und Künste des Friedens in ihnen rege gemacht, reißende Flüsse in milde Gewässer verwandelt und selbst die totesten Steine in regelmäßige tanzende Bewegungen hingerissen haben. Sie sollen zugleich Wahrsager und Priester, Gesetzgeber
75 und Ärzte gewesen sein, indem selbst die höhern Wesen durch ihre zauberische Kunst herabgezogen worden sind und sie in den Geheimnissen der Zukunft unterrichtet, das Ebenmaß und die natürliche Einrichtung aller Dinge, auch die innern Tugenden und Heilkräfte der Zahlen, Gewächse und aller Kreaturen ihnen offenbart. Seitdem sollen, wie die Sage lautet, erst die mannigfaltigen Töne und die son-
80 derbaren Sympathien und Ordnungen in die Natur gekommen sein, indem vorher alles wild, unordentlich und feindselig gewesen ist. Seltsam ist nur hierbei, daß zwar diese schönen Spuren zum Andenken der Gegenwart jener wohltätigen Menschen geblieben sind, aber entweder ihre Kunst oder jene zarte Gefühligkeit der Natur verloren gegangen ist."

Aus: Novalis: Heinrich von Ofterdingen. In: Ders.: Novalis Werke. München ³1987.

Text 2

BETTINA VON ARNIM: Goethe's Briefwechsel mit einem Kinde (1835)

Nach ihrem ersten Besuch bei Goethe schrieb Bettina von Arnim (1785–1859), die Schwester Clemens Brentanos, an ihren Bruder im Juli 1808: „und wenn die ganze Welt ihn nicht erkennt, so will die Bettine Jubel rufen über seine Herrlichkeit." Ein poetisches Denkmal ihrer Verehrung, das ihr von manchen Zeitgenossen aber als egozentrische Selbstdarstellung übel genommen wurde, schuf sie mit ihrem Buch „Goethe's Briefwechsel mit einem Kinde", in dem sie die Briefdokumente literarisch gestaltet hat. Aus dem dritten Teil, dem so genannten Tagebuch, ist der folgende Ausschnitt entnommen.

Liebster! Gestern war ich tief bewegt, und war sehnsüchtig, weil man viel über Dich gesprochen hat was nicht wahr ist, da ich Dich besser kenne. Durch das Gewebe Deiner Tage zieht sich ein Faden, der sie mit dem Überirdischen verbindet. Nicht durch jedes Dasein schlingt sich ein solcher Faden, und jedes Dasein zerfällt ohne
5 diesen.
Daß dein Dasein nicht zerfalle, sondern daß Alles ewige Wirklichkeit sei, das ist wonach ich verlange; Du der Du schön bist, und dessen Gebärden gleichfalls schön sind, weil sie Geist ausdrücken: Schönheit begreifen, heißt das nicht Dich lieben? – und hat die Liebe nicht die Sehnsucht daß Du ewig sein mögest? – Was kann ich vor
10 Dir, als nur Dein geistig Bild in mich aufnehmen! – Ja, sieh', das ist mein Tagwerk, und was ich anders noch beginne – es muß alles vor Dir weichen. Dir im Verborgenen dienen in meinem Denken, in meinem Treiben, Dir leben, mitten im Gewühl der Menschen oder in der Einsamkeit Dir gleich nahe stehen; eine heilige Richtung zu Dir haben, ungestört, ob Du mich aufnimmst oder verleugnest.
15 Die ganze Natur ist nur Symbol des Geistes; sie ist heilig, weil sie ihn ausspricht; der Mensch lernt durch sie den eigenen Geist kennen, daß der auch der Liebe bedarf; daß er sich ansaugen will an den Geist, wie seine Lippe an den Mund des Geliebten.

Bettina von Arnim. Radierung nach C. E. Grimm, 1838

Wenn ich Dich auch hätte, und ich hätte Deinen Geist nicht, daß *der* mich empfände, gewiß das würde mich nie zu dem ersehnten Ziel meines Verlangens bringen.
Wie weit geht Liebe? Sie entfaltet ihre Fahnen, sie erobert ihre Reiche; im Freudejauchzen, im Siegestoben eilt sie ihrem ewigen Erzeuger zu. – So weit geht Liebe, daß sie eingeht, von wo sie ausgegangen ist.
Und wo zwei in einander übergehen, da hebt sich die Grenze des Endlichen zwischen ihnen auf. Aber soll ich klagen, wenn Du nicht wieder liebst? – ist dies Feuer nicht in mir und wärmt mich? – und ist sie nicht allumfassende Seligkeit, diese innere Glut? –
Und Wald und Gebirg' und Strand am Fluß, sonnebeglänzt, lächeln mir entgegen, weil mein Herz, weil mein Geist ewigen Frühling ihnen entgegen haucht.

Aus: Bettina von Arnim: Goethe's Briefwechsel mit einem Kinde. In: Dies.: Werke. Bd. 1. Berlin u. Weimar 1986.

Text 3 THOMAS MANN: Die Kunst als Fluch* (1903)

Thomas Mann erzählt in seiner Novelle „Tonio Kröger" die Geschichte eines Künstlers, der schon als sensibler Schüler darunter leidet, „allein und ausgeschlossen von den Ordentlichen und Gewöhnlichen" zu sein, und der dann als erfolgreicher Schriftsteller in der Gespaltenheit zwischen dieser Sehnsucht nach dem „Menschlichen" und „Bürgerlichen" und dem Dienst an der Kunst lebt. In einem Gespräch möchte ihn seine Malerfreundin Lisaweta daran erinnern, was ihm dieser „Beruf" bedeutet.

„Sagen Sie nichts von ‚Beruf', Lisaweta Iwanowna! Die Literatur ist überhaupt kein Beruf, sondern ein Fluch –, damit Sie's wissen. Wann beginnt er fühlbar zu werden, dieser Fluch? Früh, schrecklich früh. Zu einer Zeit, da man billig noch in Frieden und Eintracht mit Gott und der Welt leben sollte. Sie fangen an, sich gezeichnet, sich in einem rätselhaften Gegensatz zu den anderen, den Gewöhnlichen, den Ordentlichen zu fühlen, der Abgrund von Ironie, Unglaube, Opposition, Erkenntnis, Gefühl, der Sie von den Menschen trennt, klafft tiefer und tiefer, Sie sind einsam, und fortan gibt es keine Verständigung mehr. Was für ein Schicksal! Gesetzt, daß das Herz lebendig genug, *liebevoll* genug geblieben ist, es als furchtbar zu empfinden! … Ihr Selbstbewußtsein entzündet sich, weil Sie unter Tausenden das Zeichen an Ihrer Stirne spüren und fühlen, daß es niemandem entgeht. Ich kannte einen Schauspieler von Genie, der als Mensch mit einer krankhaften Befangenheit und Haltlosigkeit zu kämpfen hatte. Sein überreiztes Ichgefühl zusammen mit dem Mangel an Rolle, an darstellerischer Aufgabe, bewirkten das bei diesem vollkommenen Künstler und verarmten Menschen … Einen Künstler, einen wirklichen, nicht einen, dessen bürgerlicher Beruf die Kunst ist, sondern einen vorbestimmten und verdammten, ersehen Sie mit geringem Scharfblick aus einer Menschenmasse. Das Gefühl der Separation und Unzugehörigkeit, des Erkannt- und Beobachtetseins, etwas zugleich Königliches und Verlegenes ist in seinem Gesicht. In den Zügen eines Fürsten, der in Zivil durch eine Volksmenge schreitet, kann man etwas Ähnliches beobachten. Aber da hilft kein Zivil, Lisaweta! Verkleiden Sie sich, vermummen Sie sich, ziehen Sie sich an wie ein Attaché oder ein Gardeleutnant in Urlaub: Sie werden kaum die Augen aufzuschlagen und ein Wort zu sprechen brauchen, und jedermann wird wissen, daß Sie kein Mensch sind, sondern irgend etwas Fremdes, Befremdendes, anderes …

Aber *was* ist der Künstler? Vor keiner Frage hat die Bequemlichkeit und Erkenntnisträgheit der Menschheit sich zäher erwiesen als vor dieser. ‚Dergleichen ist Gabe', sagen demütig die braven Leute, die unter der Wirkung eines Künstlers stehen, und weil heitere und erhabene Wirkungen nach ihrer gutmütigen Meinung ganz unbedingt auch heitere und erhabene Ursprünge haben müssen, so argwöhnt niemand, daß es sich hier vielleicht um eine äußerst schlimm bedingte, äußerst fragwürdige ‚Gabe' handelt … Man weiß, daß Künstler leicht verletzlich sind –, nun, man weiß auch, daß dies bei Leuten mit gutem Gewissen und solid gegründetem Selbstgefühl nicht zuzutreffen pflegt… „Sehen Sie, Lisaweta, ich hege auf dem Grunde meiner Seele – ins Geistige übertragen – gegen den Typus des Künstlers den ganzen *Verdacht,* den jeder meiner ehrenfesten Vorfahren droben in der engen Stadt irgendeinem Gaukler und abenteuernden Artisten entgegengebracht hätte, der in sein Haus gekommen wäre. Hören Sie folgendes. Ich kenne einen Bankier, einen ergrauten Geschäftsmann, der die Gabe besitzt, Novellen zu schreiben. Er macht von dieser Gabe in seinen Mußestunden Gebrauch, und seine Arbeiten sind manchmal ganz ausgezeichnet. Trotz – ich sage ‚trotz' – dieser sublimen Veranlagung ist dieser Mann nicht völlig unbescholten; er hat im Gegenteil bereits eine schwere Freiheitsstrafe zu verbüßen gehabt, und zwar aus triftigen Gründen. Ja, es geschah ganz eigentlich erst in der Strafanstalt, daß er seiner Begabung inne wurde, und seine Sträflingserfahrungen bilden das Grundmotiv in allen seinen Produktionen. Man könnte daraus, mit einiger Keckheit, folgern, daß es nötig sei, in irgendeiner Art von Strafanstalt zu Hause zu sein, um zum Dichter zu werden. Aber drängt sich nicht der Verdacht auf, daß seine Erlebnisse im Zuchthause weniger innig mit den Wurzeln und Ursprüngen seiner Künstlerschaft verwachsen gewesen sein möchten als das, *was ihn hineinbrachte –* ? Ein Bankier, der Novellen dichtet, das ist eine Rarität, nicht wahr? Aber ein nicht krimineller, ein unbescholtener und solider Bankier, welcher Novellen dichtete –, *das kommt nicht vor* ... Ja, da lachen Sie nun, und dennoch scherze ich nur halb und halb. Kein Problem, keines in der Welt, ist quälender als das vom Künstlertum und seiner menschlichen Wirkung. Nehmen Sie das wunderartigste Gebilde des typischsten und darum mächtigsten Künstlers, nehmen Sie ein so morbides und tief zweideutiges Werk wie ‚Tristan und Isolde' und beobachten Sie die Wirkung, die dieses Werk auf einen jungen, gesunden, stark normal empfindenden Menschen ausübt. Sie sehen Gehobenheit, Gestärktheit, warme, rechtschaffene Begeisterung, Angeregtheit vielleicht zu eigenem ‚künstlerischen' Schaffen ... Der gute Dilettant! In uns Künstlern sieht es gründlich anders aus, als er mit seinem ‚warmen Herzen' und ‚ehrlichen Enthusiasmus' sich träumen mag.

Aus: Thomas Mann: Tonio Kröger. In: Sämtliche Erzählungen in zwei Bänden. Bd. 1. Frankfurt/M. 1966.

Arbeitsvorschläge zu Text 1

1. Erläutern Sie den Zusammenhang zwischen Kunst und Natur. Vergleichen Sie diese Auffassung mit den Vorstellungen vom Genie im 18. Jahrhundert.

2. Formulieren Sie mit eigenen Worten das Bild, das die Kaufleute von der Poesie und den Dichtern in den „uralten Zeiten" zeichnen.

3. Die romantische Kunst sollte die „Macht der Poesie" auch in der gegenwärtigen Welt wiederherstellen. Wie beurteilen Sie diese Erwartung?

zu Text 2

1. Untersuchen Sie die Kommunikationssituation in diesem Tagebuchausschnitt.

2. Charakterisieren Sie das Bild, das Bettina hier von Goethe entwirft. Welche Vorstellungen von einem gelungenen Leben werden dabei deutlich?

3. Erläutern Sie, welche Art von Liebe Bettina Goethe entgegenbringt und wie sie davon spricht. Setzen Sie sich mit dem Vorwurf der Selbstdarstellung auseinander.

4. Diskutieren Sie über eine solche Form der Verehrung eines Künstlers.

5. Bettina von Arnim hat sich von einem zeitgenössischen Künstler mit einem von ihr entworfenen Goethedenkmal darstellen lassen. Vergleichen Sie diese Selbstdarstellung mit der des Tagebuchausschnitts.

zu Text 3

1. Erläutern Sie thesenartig Tonio Krögers Auffassung, die Kunst sei ein Fluch.

2. Untersuchen Sie, wie hier das „Problem (...) vom Künstlertum und seiner menschlichen Wirkung" gesehen wird. Setzen Sie sich damit auseinander.

Umgang mit Texten – Erörterung

1. Arbeitstechniken
1.1 Referieren

Schon in den vorangegangenen Jahrgangsstufen haben Sie zu Themen, zu denen Sie sich und anderen Informationen verschaffen wollten oder mussten, die den Unterrichtsstoff begleiteten und vertieften, (Kurz-)Referate verfasst und vor Ihren Mitschülern gehalten. Um ein solches Kurzreferat anfertigen und halten zu können, bedurfte es umfangreicherer Vorarbeiten: Sie mussten sich Literatur beschaffen, Materialien auswerten und danach entsprechend dem Thema die Schwerpunkte des Referates festlegen. Sie mussten die gewonnenen Informationen nach Sachgruppen, beispielsweise nach biografischen Daten, nach Werken eines Dichters usw., ordnen und dazu eine sachgerechte und wirkungsvolle Gliederung anfertigen. Schließlich haben Sie sich ein Stichwortblatt angelegt, das als Regieanweisung für einen freien Vortrag dienen sollte. Für die Anlage eines Stichwortblattes wiederum waren folgende Gesichtspunkte nützlich:

- am Anfang einen Überblick über das Thema geben;
- wichtigste Gedanken/Beispiele/(Jahres-)Zahlen aufführen;
- das Thema klar und übersichtlich gliedern;
- methodische Hinweise aufnehmen (Einsatz von Hilfsmitteln wie Folien, Dias, Tafelanschriften kennzeichnen);
- nur Stichworte oder Halbsätze formulieren (auch für veranschaulichende Beispiele).

Auch in den Jahrgangsstufen 12 und 13 begegnen Ihnen häufig Referatthemen, wobei die Themenstellungen umfangreicher und komplexer, die Anforderungen an eine sachgerechte Erarbeitung des Themas und an einen situations- und hörergerechten Vortrag größer werden.

Das Referat ist eine *mündliche* Darbietungsform. Den Zuhörern sollen Informationen und Einsichten zu einem begrenzten Thema vermittelt werden. Deshalb beachten Sie folgende *Hinweise* zum *Vortragen:*

- Sprechen Sie **zu** den Hörern, nicht **vor** ihnen; halten Sie Blickkontakt mit den Anwesenden;
- achten Sie auf einen gelungenen Einstieg, der die Zuhörer neugierig macht, sie fesselt;
- gewöhnen Sie sich eine klare, möglichst dialektfreie Aussprache an, passen Sie Ihre Lautstärke den Raumverhältnissen an;
- variieren Sie Betonung, Sprechtempo, Tonhöhe, unterstützt von Mimik und Gestik (ohne zu übertreiben);
- geben Sie zusätzliche Verstehenshilfen für komplizierte Sachverhalte, z. B. durch Dias, Wandkarten, Modelle, Zeichnungen, Folien, Thesenpapiere (die Sie zu Beginn des Referates an die Zuhörer austeilen), Tafelanschriften;

- lassen Sie Zwischenfragen zu; ändern Sie, wenn es erforderlich erscheint, Ihr Vortragskonzept (das allerdings verlangt bereits viel Übung);
- halten Sie den vorgegebenen Zeitrahmen ein (machen Sie dazu bei der Vorbereitung eine Sprechprobe);
- halten Sie Ihr Referat frei; kontrollieren Sie sich (Stichwortzettel), damit nichts Wichtiges übersehen wird;
- geben Sie Ihren Zuhörern Hilfen, die ihnen das Mitschreiben erleichtern (Wiederholung des Wesentlichen, Anschreiben von Namen und neuen Begriffen).

Arbeitsvorschläge

1. Fertigen Sie ein *Stichwortblatt* zu einem der folgenden Referatthemen an, kopieren Sie Ihre Arbeit auf Folie und führen Sie Aufbau und Ergebnisse in Ihrem Kurs vor. Vergleichen Sie Ihre Stichwortzettel untereinander.
a) *Referieren* Sie anhand verschiedener Sachwörterbücher über die Bedeutung des Begriffs „klassisch".
b) *Referieren* Sie über die Biografie Theodor Storms. Berücksichtigen Sie dabei besonders den Vater-Sohn-Konflikt in der Familie und setzen Sie diese Fakten in Beziehung zum Vater-Sohn-Konflikt in Storms Novelle „Hans und Heinz Kirch".

2. Halten Sie mithilfe Ihres Stichwortblattes ein Kurzreferat vor Ihrem Kurs. *Diskutieren* Sie anschließend über Stärken und Schwächen (Darstellungsweise, Inhalt, Form des Vortrages). Folgende Bewertungsgesichtspunkte können Ihnen dabei behilflich sein:
- *Inhalt:* Themabezug, Ziel des Vortrages; Zusammenhang der einzelnen Teile; Verhältnis von Information und Argumentation; Einsatz von Hilfsmitteln (Folien, Bilder usw.);
- *Einsatz sprachlicher Mittel:* Fachsprache, treffende Wortwahl, Satzlänge, Wechsel von Parataxe und Hypotaxe;
- *Darstellungsweise und Form:* Sprechgeschwindigkeit, Betonung, Mimik, Gestik, Körperhaltung, Kontakt zum Publikum, Lautstärke, Eingehen auf Publikumsreaktionen, Engagement beim Vortrag.

1.2 Facharbeit

Die Facharbeit als die anspruchvollste schulische Form der schriftlichen Auseinandersetzung mit einem Thema soll Sie mit dem wissenschaftlichen Arbeiten vertraut machen und die allgemeine und fachspezifische Studierfähigkeit fördern. Auf den Hochschulen und Universitäten bestimmen schriftliche wissenschaftliche Arbeiten in Form von Seminar-, Zulassungs-, Magister-, Diplom- und schließlich Doktorarbeiten in hohem Maße den Lehr- und Lernbetrieb und dienen als Qualifikationsnachweis innerhalb der verschiedensten Studienfächer. Zur Einübung in dieses wissenschaftliche Arbeiten dienen in Ihren Leistungskursfächern umfangreichere schriftliche Hausarbeiten, die **Facharbeiten**.

Die Facharbeit erwächst meist aus dem Unterricht, d. h., sie wird in ihrer **Themenstellung** vom Unterricht ausgehen, diesen ergänzen, aber auch über ihn hinausweisen. Bei der **Themenwahl** kann der Kursleiter Vorgaben machen, die von einem (vorläufigen) Arbeitstitel bis zu einem ausformulierten Thema reichen können; wichtig ist für Sie, dass Sie sich bei der Wahl und endgültigen Formulierung des Facharbeitsthemas eng mit Ihrem Kursleiter abstimmen – dies gilt vor allem dann, wenn Sie einen eigenen Themenvorschlag einbringen wollen. Dieser Gesprächskontakt mit Ihrem Kursleiter ist deshalb unentbehrlich, da er Ihnen schon bei der Themenwahl bzw. -formulierung helfen kann nach Neigungen und Fähigkeiten zu wählen und Sie davor zu bewahren, ein Thema zu formulieren, das eine unbewältigbare Ausuferung des Arbeitsaufwandes bedeuten oder aber in eine unergiebige Sackgasse führen würde.

Einige Grundprinzipien für die Facharbeit, wie sie auf den folgenden Seiten dargestellt werden, sind in allen Fächern gleich, aber es gibt auch manche Unterschiede zwischen den einzelnen Fächern: So können etwa in den naturwissenschaftlichen Disziplinen verschiedene Experimente, spezielle Untersuchungsmethoden, Lagepläne, Statistiken, Fotos, Zeichnungen und Versuchsanordnungen usw. verlangt werden. In diesen Fällen wird Sie der jeweilige Kursleiter in die fachspezifischen Arbeitstechniken einweisen. Auf den folgenden Seiten geht es darum, Sie mit den grundlegenden Aspekten zur Facharbeit, d. h. zum schriftlichen wissenschaftlichen Arbeiten in allen Fächern vertraut zu machen.

1.2.1 Das Thema

Ein Thema für eine Facharbeit muss deutlich umrissene Grenzen haben und darf in seiner Formulierung nicht zu allgemein gehalten sein:

Nicht: *Der Aschaffenburger Theaterbetrieb,*
sondern beispielsweise: *Das Aschaffenburger Stadttheater – von den Anfängen bis zur ersten Schließung.*

Nicht: *Der Begriff „Heimat" in der deutschen Gegenwartsliteratur,*
sondern beispielsweise: *Die Bedeutung von „Heimat" im Roman „Heimatmuseum" von Siegfried Lenz.*

Wenn Sie sich für ein bestimmtes Thema entschieden haben, dann lernen Sie bei der Materialsammlung und den ersten Leseerfahrungen zu Ihrem Thema einerseits die Grenzen des Themas kennen; andererseits erweitern Sie Ihr Wissen beim Materialsichten und Lesen fortlaufend, indem Sie auf neue Aspekte stoßen. Die Themaerschließung vollzieht sich daher in einer Art aufsteigenden Spirale: Sie richten Fragen an das Thema – hierbei können Ihnen die W-Fragen nützlich sein –, suchen und finden Materialien dazu, lesen, stoßen dabei auf weitere Fragen, finden weitere Materialien usw. In diesem Prozess wie auch später beim schriftlichen Arbeiten am Thema ist es wichtig, dass Sie sich immer wieder selbstkritisch fragen, ob Sie etwa im Begriff sind das Thema zu verlassen, ob der eine oder andere Aspekt hinzugenommen werden muss und ob Sie die Schlüsselbegriffe des Themas auch hinreichend berücksichtigen bzw. berücksichtigt haben. Sollten Sie im Verlaufe der ersten

Erkenntnisse und Erfahrungen (mittels Literatur, Gesprächen o. Ä.) zu der Überzeugung gelangen, dass die Themenformulierung in einem oder mehreren Punkten abgewandelt werden sollte, so besprechen Sie Ihre Vorstellungen mit dem Kursleiter um Irrwege, Enttäuschungen und unnötigen Zeitverlust zu vermeiden.

1.2.2 Der Zeit- und Arbeitsplan

Für eine Facharbeit haben Sie einen zwar recht großzügig bemessenen, aber begrenzten **Zeitrahmen** von einem Jahr zur Verfügung. Der Aufwand für Materialsichtung, -beschaffung und -verarbeitung ist um ein Mehrfaches größer als bei den Ihnen bekannten Formen wie Kurzreferat bzw. Referat. Hinzu kommt möglicherweise die Forderung Ihres Kursleiters an Sie zu bestimmten Zeitpunkten **Zwischenergebnisse** vorzulegen und zu besprechen. Es empfiehlt sich daher, einen **Zeitplan** zu erstellen, in dem wichtige Arbeitsschritte enthalten sind und der genug Spielraum für unvorhergesehene Verzögerungen lässt (so kann es vorkommen, dass man mehrere Wochen auf ein wichtiges Buch aus der Fernleihe warten muss und daher nicht weiterarbeiten kann). Sie sollten auch angesichts des vermeintlich unbegrenzten Zeitraumes, der Ihnen zur Verfügung steht, den Beginn des Arbeitsprozesses nicht monatelang vor sich herschieben: Möglicherweise geraten Sie später in Zeitnot und können nützliche schöpferische Zwischenpausen nicht mehr einlegen, in denen Sie in kritischem Abstand Ihr bisher Erarbeitetes überdenken könnten.

Eine Möglichkeit für einen **Zeit- und Arbeitsplan** (Themenausgabe im Februar) ist hier dargestellt.

Zeit	**Arbeitsschritte**
bis Mitte/Ende April (Osterferien)	Gedanken zum Thema sammeln (Gespräche, brainstorming, Nachschlagewerke, Tageszeitungen, Zeitschriften…), Karteikarten anlegen (vgl. S. 230 f.) erste Notizen
bis Ende Juni (nach den Pfingstferien)	intensives Literaturstudium (Exzerpieren, Paraphrasieren, Resümieren), eigene Gedanken, Stellungnahmen (stichwortartig), systematische (Autoren-)Kartei (Bibliographieren), Grobgliederung
bis Mitte/Ende Juli	erster Entwurf der Facharbeit (kritische Durchsicht, gegebenenfalls Änderung des Aufbaus, der Gliederung), intensive Besprechung mit dem Kursleiter
bis Ende September	zweite, überarbeitete Fassung der Facharbeit
bis Anfang Dezember	Endfassung: Korrekturen und Ergänzungen (Literaturverzeichnis, Anmerkungsapparat)
im Januar	Reinschrift (Schreibmaschine, PC), Korrekturlesen

1.2.3 Das Karteikartensystem

Im Unterschied zu den Ihnen bisher bekannten (schriftlichen) Arbeiten wie etwa dem Referat benötigen Sie für eine Facharbeit in der Regel umfangreiches Material (Sekundärliteratur, Tabellen, Bilder u. Ä.), das Sie auszuwerten haben. Dafür empfiehlt es sich, ein sinnvolles **Ordnungs-** und **Sammelsystem** anzulegen um über den langen Zeitraum der Beschäftigung mit der Facharbeit sicherzustellen, dass nichts verloren geht oder erst in einem mühseligen Suchprozess wieder aufzufinden ist. Als nützlich haben sich Karteikarten im DIN-A6- oder DIN-A5-Format erwiesen, die es auch in unterschiedlichen Farben gibt und die man in Ablagekästen, Ordnern, Hängeheftern oder in Karteikartenkästen (beispielsweise in alphabetischer Reihenfolge) aufbewahrt.

Es gibt für die Anlage eines Karteikartensystems die Möglichkeit, eine Differenzierung in eine Autoren- und in eine Materialkartei vorzunehmen. Während die **Autorenkartei** (auch Titelkartei genannt) die *bibliografischen Angaben* der verwendeten Bücher, Aufsätze und Zeitschriften enthält, tragen Sie auf den **Materialkarteien** Ihre *Exzerpte, Paraphrasen, Resümees* und Ihre *eigenen Gedanken* ein:

Autorenkartei

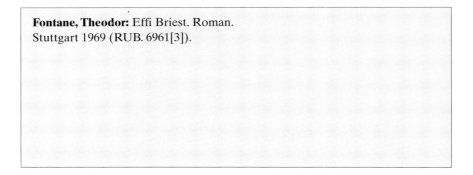

Materialkartei

	Th. Fontane: Effi Briest
Effis „Schuldbekenntnis" gegen Ende ihres Lebens:	

„Und es liegt mir daran, daß er erfährt, wie mir hier in meinen Krankheitstagen, die doch fast meine schönsten gewesen sind, wie mir hier klargeworden, daß er in allem recht gehandelt. In der Geschichte mit dem armen Crampas – ja, was sollt' er am Ende anders tun? Und dann, womit er mich am tiefsten verletzte, daß er mein eigen Kind in einer Art Abwehr gegen mich erzogen hat, so hart es mir ankommt und so weh es mir tut, er hat auch darin recht gehabt. Laßt ihn das wissen, daß ich in dieser Überzeugung gestorben bin" (S. 335).

Effi äußert ihrer Mutter gegenüber, dass sie Instetten als überwiegend edel und gut ansieht und am Ende ihres Lebens mit ihm versöhnt ist (vgl. S. 334 f.).

	Th. Fontane: Effi Briest
Die Situation in Kessin:	

Während die Situation in Hohen-Cremmen idyllisch ist, erhalten die Details des Raumes um Kessin die Dimensionen des Fremdartigen, Bedrohlichen, Unheimlichen und Furchterregenden (vgl. S. 45 ff.).

Textstellen im Roman dazu:
„Ja, du hast recht, Geert, wie schön; aber es hat zugleich so was Unheimliches" (Effi, S. 50).

Effi erzählt nach der ersten Nacht in Kessin dem Dienstmädchen Johanna, dass sie eine ganze Weile nicht habe schlafen können, da sie immerfort ein schleifendes Geräusch gehört habe, das sie geängstigt habe (vgl. S. 56 f.).

Die fremdartigen Personen (Beza, Stedingh, Hannemann u. a.) tragen ein Übriges dazu bei, dass sich in diesem Raum Kessin die Katastrophe anbahnen kann.

Wenn Sie einen PC benutzen, können Sie sich auch eine entsprechende Datei anlegen. Vergessen Sie dabei nicht Sicherungskopien auf Diskette anzulegen.

1.2.4 Das Material sammeln, sichten und verarbeiten

Die Materialbeschaffung, -sichtung und -auswertung erfolgt mittels der Ihnen schon aus der vorangegangenen Jahrgangsstufe bekannten Hilfsinstitutionen und Arbeitstechniken:

– Buchhandlungen: Verlagsprospekte und Bücherverzeichnisse (Sortimentkataloge) durchsehen;

- Bibliotheken: Durchsicht der verschiedenen Katalogsysteme;
- Ausleihe der gefundenen Bücher und Zeitschriften;
- erste Sichtung der ausgeliehenen Literatur: Inhaltsverzeichnis, Vorwort, Einleitung lesen, einzelne Kapitel anlesen, die für das Thema bedeutsam erscheinen; sofortige Rückgabe der nicht verwendbaren Titel;
- intensives, sinnerschließendes Lesen der Literatur: Paraphrasieren, Resümieren, Exzerpieren und Bibliografieren; Anlage der Karteikartensysteme.

Zur Erinnerung:

- Paraphrasieren: das Erläutern, Umschreiben von schwierigen Aussagen und Sachverhalten bzw. die Wiedergabe von Textteilen mit eigenen Worten.
  Auf Ihrer Materialkartei sollten Sie im Anschluss an eine Paraphrase vermerken, auf welcher Seite im Originaltext der Teil zu finden ist, den Sie paraphrasiert haben, etwa so: „(vgl. S. 27)".
- Resümieren: das Zusammenfassen eines Textes – beispielsweise in Thesenform – um dessen gedanklichen Aufbau und die Aussageabsicht zu sichern. Wenn Sie nur Teile eines vielleicht umfangreichen Textes resümieren, sollten Sie auch hier die Seitenverweise anfügen, beispielsweise „(vgl. S. 13 f.)" – „f." bedeutet die „folgende" Seite, „ff." die „fortfolgenden" Seiten.
- Exzerpieren: das wörtliche Herausschreiben von bestimmten Textstellen, die Ihnen besonders wichtig erscheinen und die Sie in Ihrer Arbeit eventuell als (wörtliches) Zitat verwenden wollen.

1.2.5 Das Abfassen der Facharbeit

Rohgliederung und erster Entwurf

Rohgliederung und Entwurf sind Ihre ersten Versuche das Material in eigenen Gedanken bzw. Formulierungen schriftlich darzustellen; dies geschieht mithilfe einer intensiven Auswertung der Karteikarten. Das Erstellen einer **vorläufigen Gliederung** ist in dieser Arbeitsphase insofern nützlich, als sie den Rahmen absteckt und ein Abgleiten vom Wichtigen, das Sich-Verlieren in (nebensächlichen) Details verhindern kann. Für die Gliederung – ihre ausgearbeitete und überarbeitete Fassung ergibt später das **Inhaltsverzeichnis** der Facharbeit – gilt das gleiche Schema wie bei den bekannten Erörterungsaufsätzen als Orientierung: Einleitung, untergliederter Hauptteil, Schluss.

1	2.1.3	
2	2.2	
2.1	2.2.1	
2.1.1	2.2.2	*Achtung:*
2.1.2	2.3 usw.	Hinter die letzte Ziffer kommt kein Punkt.

Wichtig ist bei der Gliederung, dass die Hauptpunkte, die zum Thema gehören, später im Inhaltsverzeichnis sichtbar werden.
Sie können Ihre Rohgliederung bzw. den ersten Entwurf Ihrer Arbeit von Hand schreiben; lassen Sie in jedem Falle auf den Blättern links und rechts einen breiten Rand und schreiben Sie in einem größeren Zeilenabstand um später Einfügungen, Umformulierungen und Randbemerkungen vornehmen zu können. Lesen Sie Ihr Manuskript mehrmals durch und fügen Sie gegebenenfalls Veränderungen bzw. Erweiterungen ein. Überlegen Sie, wie Sie in der Einleitung Ihr Thema erläutern, die Intention Ihrer Arbeit erklären und gegebenenfalls eine Abgrenzung gegenüber ähnlich gelagerten Themen vornehmen können bzw. müssen (zur Einleitung vgl. S. 236 f.).
Bevor Sie weiterarbeiten, kann es sinnvoll sein, die Arbeit eine gewisse Zeit ruhen zu lassen, in der Sie Abstand zum bisher Erarbeiteten gewinnen. Aber auch Gespräche mit Freunden, anderen Kursteilnehmern und vor allem mit dem Kursleiter sind in dieser Zeit nützlich.
Bei Ihrem weiteren Vorgehen haben Sie zwei verschiedene Möglichkeiten: Sie können eine zweite, noch vorläufige Fassung herstellen, die Sie mit der Schreibmaschine bzw. dem PC schreiben, oder Sie fertigen Ihre Endfassung an. Wie Sie verfahren, hängt von verschiedenen Faktoren ab, beispielsweise davon, ob Sie es sich zutrauen, ohne den Zwischenschritt gleich die Endfassung herzustellen. Ausschlaggebend dafür ist, ob Sie Ihre Erstfassung bereits für ausgereift halten. Wie Sie sich auch entscheiden, Sie sollten sich im Klaren darüber sein, dass die Übertragung vom Manuskript auf das Typoskript bzw. die Herstellung einer zweiten oder dritten Fassung eine Möglichkeit ist, Ihre Ergebnisse intensiv zu überarbeiten und Änderungen und Ergänzungen in der Gliederung, in sachlichen Details, in der Abfolge einzelner Gedanken oder auch in der Gewichtung der einzelnen Teile der Arbeit vorzunehmen.

Endfassung und Reinschrift

Bei der Endfassung der Facharbeit müssen Sie eine Reihe inhaltlicher und formaler Forderungen beachten, denn an eine Facharbeit als Vorform des wissenschaftlichen Arbeitens werden einige grundlegende Ansprüche erhoben, die auch für (universitäre) wissenschaftliche Arbeiten gelten:

1. Zur inhaltlichen Gestaltung:
– Formulieren Sie Ihre Gedanken in einer sachlichen Sprache;
– kommen Sie zu begründeten Urteilen und schließen Sie *vorschnelle* Bewertungen aus;
– kennzeichnen Sie immer das, was Sie aus Büchern, Zeitschriften usw. an Fakten, Argumenten, Urteilen und Meinungen übernommen haben;
– erarbeiten Sie das Wesentliche auf begrenztem Raum und vermeiden Sie endlose Zitatfolgen, denn es wird keine Vollständigkeit von Ihnen erwartet. Klären Sie im Gespräch mit Ihrem Kursleiter aber den Erwartungshorizont, den er an Ihr Thema anlegt;

- klären Sie wichtige Begriffe und achten Sie auf eine exakte Anwendung der benötigten Fachtermini;
- garantieren Sie die Überprüfbarkeit der Arbeitsmethoden, Fakten, Statistiken und Versuchsanordnungen.

2. Zur formalen Gestaltung:
- Beschreiben Sie die DIN-A4-Seiten nur einseitig mit etwa 40 Zeilen zu je 60 Anschlägen bei 1½-zeiligem Zeilenabstand; bei Zitaten, die länger als drei Schreibmaschinenzeilen sind, schreiben Sie einzeilig ohne Kennzeichnung durch Anführungszeichen und rücken das gesamte Zitat ein paar Leertasten ein (vgl. S. 239);
- belassen Sie links einen Heftrand von etwa 4 cm und rechts einen Korrekturrand von etwa 2 cm;
- nummerieren Sie Ihre Seiten durch, wobei Titelblatt und Inhaltsverzeichnis mitgezählt, jedoch nicht mit Seitenzahlen versehen werden; gegebenenfalls beigeheftete Tabellen, Skizzen u. Ä. werden jedoch in die Seitenzählung einbezogen;
- den letzten Teil Ihrer Arbeit bildet das Verzeichnis der verwendeten Literatur bzw. anderer Materialien (z. B. Schallplatten, Filme) und der Nachweis der Zitate in fortlaufender Nummerierung;
- die letzte nummerierte Seite bildet die von Ihnen unterschriebene persönliche Erklärung:
  „Ich erkläre hiermit, dass ich die Facharbeit ohne fremde Hilfe angefertigt und nur die im Literaturverzeichnis angeführten Quellen und Hilfsmittel benützt habe."

........................, den	....
Ort Datum	Unterschrift des Schülers/ der Schülerin

Beispiel

Auf den folgenden Seiten sind eine *Gliederung* (Inhaltsübersicht), eine *Einleitung*, ein Textausschnitt aus dem *Hauptteil* und ein Ausschnitt aus dem *Literaturverzeichnis* einer Arbeit zu folgendem Thema abgedruckt:

Darstellung und Rolle der Frau in Theodor Fontanes Roman „Effi Briest"

Gliederung:

```
Inhaltsübersicht
                                                      Seite
1  Frauenfiguren in Fontanes Romanen                    4
2  Effi Briest                                          5
   2.1 Zur Entstehung des Romans                        5
       2.1.1 Die Entstehung des Romans                  5
       2.1.2 Der Fall der Freiin von Plotho als
             stofflicher Ausgangspunkt                  5
```

        2.2 Herkunft und Persönlichkeit der Titelfigur   6
            2.2.1 Die Familie Briest   6
            2.2.2 Charakteristik Effis   7
                2.2.2.1 Natürlichkeit und Naivität   7
                2.2.2.2 Prägungen durch die Gesellschaft   8
        2.3 Die Verbindung zwischen Effi Briest und Geert
            von Instetten   8
            2.3.1 Die so genannte „Kaufehe"   8
            2.3.2 Beziehungsprobleme   9
                2.3.2.1 Gründe für Effis Einwilligung
                        in die Ehe   9
                2.3.2.2 Die Situation in Kessin   10
                2.3.2.3 Das Motiv des Chinesen   10
        2.4 Effi von Instetten und Major Crampas   11
            2.4.1 Gründe für den Ehebruch   11
            2.4.2 Das Ende der Beziehung und die Folgen   12
        2.5 Die Rolle der Gesellschaft für Effis „Fall"   13
            2.5.1 Die gesellschaftlichen Normen und deren
                  Auswirkungen auf Effis Ehebruch   13
            2.5.2 Die Fragwürdigkeit der Normen   14
        2.6 Effis Schuld   15
            2.6.1 Effis eigene Einschätzung des Ehebruchs   15
            2.6.2 Das Urteil der Familie   15
            2.6.3 Das Urteil der Gesellschaft   16
            2.6.4 Die Sicht des Autors Fontane   16
        2.7 Fragen der „Lebenserfüllung"   17
            2.7.1 Jugend und Ehe Effis   17
            2.7.2 Der Tod als letzte Erfüllung?   17
        2.8 Literaturgeschichtliche Einordnung des Romans   18
            2.8.1 Der poetische Realismus   18
            2.8.2 „Effi Briest" als ein Werk des
                  poetischen Realismus   18
3   Fontanes Sicht der Frauenrolle im 19.Jahrhundert   19
        3.1 Die kleinbürgerliche Frau: Lene Nimptsch   19
        3.2 Die Frau der Gründerzeit: Jenny Treibel   19
        3.3 Die Frau aus dem Landadel: Effi Briest   20
4   Zitatnachweise und Anmerkungen   21
5   Literaturverzeichnis   22

Einleitung:

> **1 Frauenfiguren in Fontanes Romanen**
>
> Theodor Fontane, einer der bedeutendsten Schriftsteller der deutschsprachigen Literatur, stellte in seinen Gesellschaftsromanen häufig Frauengestalten in den Mittelpunkt des Geschehens. Eine besondere Rolle nimmt in diesen Romanen – die oben angeführte Bezeichnung deutet dies bereits an – die Gesellschaft ein, durch deren Regeln und Zwänge die Hauptfiguren oftmals zum Scheitern verurteilt werden.
> In seinem 1892 erschienenen Werk „Frau Jenny Treibel oder ‚Wo sich Herz zum Herzen find't'" verhindert die Kommerzienrätin Jenny Treibel, selbst eine gesellschaftliche Aufsteigerin, die Verbindung ihres Sohnes Leopold mit Corinna Schmidt, die aus dem gleichen Grund handelt, aus dem Jenny selbst ihr Handeln abgeleitet hat, nämlich um einen gesellschaftlich höheren Status zu erreichen. Leopold, der Corinna liebt, hat nicht die Kraft sich gegen seine starr an ihren Prinzipien festhaltende Mutter durchzusetzen, wird von der einsichtigen Geliebten freigegeben und heiratet, wie von Jenny gewünscht, die wohlhabende Hildegard Munk. Auf dieser Hochzeit versöhnen sich die aufgrund der Beziehungssituation zeitweilig entzweiten Familien Treibel und Schmidt wieder, da nun beide die gesellschaftlichen Spielregeln akzeptieren.
> Ähnlich bestimmen in „Irrungen, Wirrungen", 1888 erschienen, die Gesellschaftsregeln das Schicksal der Lene Nimptsch, einer jungen Frau aus dem bürgerlichen Milieu, die ein Liebesverhältnis mit dem Baron Botho von Rienäcker eingeht. Doch Lenes Ideal der aufrichtigen Liebe hat keinen Bestand – der nüchterne, oberflächliche Sittenkodex steht im Wege. Die erzwungene Trennung folgt recht bald, da Botho seine Cousine heiraten muss um der Familie den Bankrott zu ersparen und seinen Platz in der Gesellschaft zu behalten. Lene kann diese Entscheidung verstehen, doch ihr und auch Bothos Glück ist dahin, „der Schmerz der Trennung bleibt allgegenwärtig" (1). Das Motiv des Ehebruchs, das bereits in dem frühen Roman „L'Adultera" von 1880 durch Fontane behandelt wurde, steht schließlich im Mittelpunkt seines Werkes „Effi Briest", das 1895 erschienen ist. Diese Frauengestalt – vielleicht ist sie die interessanteste der Fontane'schen Frauenfiguren – möchte ich in ihrer Entwicklung, ihren Beziehungen zu den verschiedenen Personen und in ihrer gesellschaftlichen Rolle im Folgenden untersuchen. Besonders möchte ich dabei auf die zentralen Problemkreise Ehe, Gesellschaft und Schuld eingehen.

Arbeitsvorschläge

1. Zählen Sie stichwortartig die einzelnen Gesichtspunkte auf, die der Verfasser anführt um das Thema und die Methodik seiner Vorgehensweise zu erläutern.

2. Diskutieren Sie in Ihrem Kurs darüber, ob eine andere Reihenfolge der einzelnen Gesichtspunkte in dieser Einleitung sinnvoll wäre oder ob Aspekte weggelassen bzw. andere hinzugefügt werden könnten.

> [i] Die **Einleitung** erfüllt verschiedene Funktionen: Sie darf noch keine Inhalte, die in den Hauptteil gehören, vorwegnehmen, aber sie enthält Bemerkungen darüber, was das Ziel der Untersuchung und Darstellung ist. Weiterhin kann sie kurz über das methodische Vorgehen informieren, allerdings nur, wenn die Methoden nicht selbst Untersuchungsgegenstand der Arbeit sind; im anderen Falle werden sie im Hauptteil behandelt. Auch von persönlichen Erfahrungen und Neigungen, die zur Wahl des Themas geführt haben, kann in einer Einleitung die Rede sein, ebenso von erwähnenswerten Schwierigkeiten, die im Verlaufe der Arbeit sichtbar geworden sind (etwa eine zeitraubende Literaturbeschaffung oder das mehrfache Missglücken eines naturwissenschaftlichen Versuchs usw.). Man kann die Problem- bzw. Fragestellung rechtfertigen und einen kurzen Überblick über die im Hauptteil dann näher ausgeführten Hauptaspekte des Themas geben. Eine gelungene Einleitung soll den Leser anregen die Arbeit zu lesen, sie soll ihm weiterhin auf knappem Raum vermitteln, was ihn in etwa erwartet.

> [i] Der **Schlussteil** einer Facharbeit fasst die Ergebnisse der gedanklichen und/oder experimentellen Auseinandersetzung mit dem Thema zusammen; je nach Thema und Arbeitsergebnissen kann der Schluss auch Gedanken zu einer Problematik enthalten, die über das Thema hinausweisen.

Hauptteil (Textausschnitt):

```
2.2   Herkunft und Persönlichkeit der Titelfigur
2.2.1   Die Familie Briest
Wie die Freiin von Plotho der Realgeschichte ist auch die
literarische Effi Briest eine Vertreterin des Adels. Sie wächst
unbelastet und behütet als Tochter des Ritterschaftsrates von      5
Briest und dessen Gattin in der heilen, geschlossenen Welt des
Herrenhauses zu Hohen-Cremmen auf. Dort hat sie Freundinnen,
standesgemäß zu ihr passende Mädchen, die in ihrer je eigenen
Weise – die Zwillinge ausgelassen fröhlich, Hulda dagegen tugend-
haft abgeklärt – dem sozialen Hintergrund völlig angepasst sind.  10
Demgegenüber zeigen die Eltern ein eher ambivalentes Verhältnis:
Effis Vater, der die gesellschaftlichen Normen gern auf die
leichte Schulter nimmt, erscheint dem Leser als Gegensatz zur
Mutter, die die adligen Umgangsformen perfekt beherrscht und in
der elterlichen Ehe die eindeutig dominierende Position einnimmt. 15
```

2.2.2 Charakteristik Effis
2.2.2.1 Natürlichkeit und Naivität

Derartige Ambivalenzen, wie sie in der Beziehung der Eltern sichtbar werden, spiegeln sich auch in Effi selbst wider, denn sie erscheint gleichermaßen als ein Mensch „von Natürlichkeit und Gesellschaftlichkeit" (4). Ungezwungene Kleidung, ausgelassenes Spiel, der Traum Schiffsjunge zu sein, zeugen von ihrer Natürlichkeit und einem, vor dem sozialen Hintergrund nicht unproblematischen Freiheitsdrang. Zur symbolischen Verdeutlichung dieser Eigenschaften tauchen häufig im Verlaufe des Romans Motive des Fliegens und des Wassers auf. Effi liebt das Schaukeln und kann es trotz der Krankheit kurz vor ihrem Tod nicht lassen. Horst Albert Glaser deutet das Motiv des Fliegens, indem er Peter Demetz zitiert: „Peter Demetz hat im Bild des Fliegens die Idee ‚schwerelosen Glücks' erkannt – eines Glücks, das aus der ‚Schwere und Schwierigkeit gesellschaftlicher Ordnung' herauswill, aber nicht herauskann" (5).

In diesem Zusammenhang spielt ebenfalls die Darstellung des Wassers eine wesentliche Rolle, denn viele Szenen spielen in der Nähe von Teichen oder dem Meer, so auch die Schlittenfahrt im 15. Kapitel, die am Strand entlangführt. Auf die Ermahnung durch die Adlige Sidonie Grasenabb, vorsichtig zu sein um nicht aus dem ungesicherten Schlitten zu fallen, lautet Effis direkte und einfache Antwort: „Und dann, wenn ich hinausflöge, mir wär' es recht, am besten gleich in die Brandung" (6). Das Herausdrängen Effis aus der gesellschaftlichen Umklammerung wird hier ein weiteres Mal bildhaft verdeutlicht.

2.2.2.2 Prägungen durch die Gesellschaft

Effis gesellschaftliche Prägung erkennt man an ihren Anflügen von Altklugheit und Adelsstolz sowie in der Bewunderung für ihre Mutter: „Und wie sie alles so weg hat, immer so sicher dabei und so fein und nie unpassend wie Papa. Wenn ich ein junger Leutnant wäre, so würd ich mich in die Mama verlieben" (7). Außerdem bestimmt der gesellschaftliche Aufstieg, den Effi anstrebt und der sie schließlich die Verbindung zu Geert von Instetten akzeptieren lässt, ihr Denken: „Geert ist ein Mann, ein schöner Mann, ein Mann, mit dem ich Staat machen kann und aus dem was wird in der Welt" (8).

Beide Komponenten ihres Wesens sind zudem eingebettet in naive Kindlichkeit und Unerfahrenheit, die Effi in ihrer geborgenen Welt bewahren kann, da diese zunächst vom Einbruch der nüchternen Realität unberührt bleibt.

Arbeitsvorschläge

1. Untersuchen Sie die Ausführungen systematisch danach, welches Bild der Verfasser von Effi Briest und ihrem Umfeld entwirft und wie der Bezug zum Thema der Arbeit gewahrt ist.

2. Überprüfen Sie am Ausschnitt der Facharbeit, wie die Zitate in den Text integriert sind, welche Funktion sie dort haben und ob sie Ihrer Meinung nach zweckdienlich ausgewählt sind (vgl. dazu auch den Informationskasten).

Zur Erinnerung:

> **Die Technik des wörtlichen Zitierens**
> Um die eigene Argumentation zu untermauern, zu ergänzen, zu begründen bzw. eine andere Meinung beispielhaft anzuführen kann man aus einem Text **wörtlich** zitieren. Zitate dürfen nicht das Bemühen um eigene Formulierungen ersetzen, sondern müssen dies unterstützen. Zitate sollen daher
> – zweckdienlich ausgewählt,
> – von begrenztem Umfang,
> – in den selbst formulierten Text integriert,
> – genau sein.
>
> Was man **wörtlich** aus einem Text übernimmt, wird in **Anführungs-** und **Schlusszeichen** gesetzt. Enthält der zitierte Textteil selbst schon Anführungs- und Schlusszeichen, werden diese in *halbe Anführungs-* bzw. *Schlusszeichen* umgewandelt.
> Zitate müssen syntaktisch in den umgebenden Text hineinpassen und dürfen nicht unverbunden stehen. Es ist erlaubt, Zitatstellen durch das Auslassen von einzelnen Wörtern oder Satzteilen bzw. ganzen Sätzen zu verkürzen, wenn dadurch nicht der Sinn der zitierten Stelle verändert wird; solche Auslassungen werden durch Klammern und drei Punkte innerhalb des Zitats (…) gekennzeichnet.
> **Hervorhebungen**, die der Zitierende vornimmt um eine ihm wichtig erscheinende (Teil-)Aussage besonders zu betonen, müssen gekennzeichnet werden: [Hervorh. d. d. Verf.].
> Gelegentlich kommt es vor, dass eine Person in einem zitierten Abschnitt nur mit dem Personalpronomen bezeichnet ist, dem Leser aber deutlich gemacht werden muss, um welche Person es sich handelt; in diesem Fall ist ein Einschub in eckigen Klammern nötig: „Er [Major Campas] sah deutlich, daß Effi nur tat, was, nach Lage der Dinge, das einzig Richtige war."
> Häufig steht man vor der Situation ein Zitat in die eigene Satzkonstruktion einbauen zu wollen – in diesem Falle gilt: Man darf Zitate auch in ihrer Syntax verändern, d. h. Umstellungen oder auch Deklinationen bzw. Konjugationen vornehmen. Alle vorgenommenen **Veränderungen** müssen jedoch mit [ ] gekennzeichnet werden.
> Zitate, die länger als drei Schreibmaschinenzeilen sind, werden häufig in einzeiligem Abstand, ohne Anführungs- bzw. Schlusszeichen geschrieben und am Zeilenanfang und Ende etwas eingerückt, sodass sie sich grafisch vom übrigen Text abheben.

Literaturverzeichnis (Ausschnitt):
Grawe, Christian: Theodor Fontane: Effi Briest. Frankfurt a. M. 1985
    (Grundlagen zum Verständnis erzählender Literatur).

Kindlers Literatur-Lexikon. Sonderausgabe in zwölf Bänden. Bde. IV und V. Darmstadt 1970. S. 3672 f. und 4889.

Mittelmann, Hanni: Die Utopie des weiblichen Glücks in den Romanen Theodor Fontanes. Bern u. a. 1980 (Germanic Studies in America. No. 36).

Müller-Seidel, Walter: „Allerlei Glück". Über einen Schlüsselbegriff im Roman Theodor Fontanes. In: Zeitwende 48. 1977. S. 1–17.

Müller-Seidel, Walter: Theodor Fontane. Soziale Romankunst in Deutschland. Stuttgart ²1980.

⋮

Zitatnachweise (Ausschnitt):
⋮

11 Grawe ..., S. 35
12 Fontane ..., S. 111
13 ebenda, S. 210
14 ebenda
15 Müller-Seidel: Theodor Fontane ..., S. 81
16 ebenda, S. 130
17 ebenda
18 ebenda, S. 289
19 ebenda
20 Müller-Seidel: „Allerlei Glück" ..., S. 15
21 ebenda, S. 16
⋮

Arbeitsvorschläge

1. Untersuchen Sie die Technik der Zitatnachweise und erläutern Sie diese Ihrem Kurs. Achten Sie dabei u. a. auf folgende Punkte: Bedeutung des „ebenda" (mit und ohne Seitenangabe), Anführung eines Kurztitels.

Zum wissenschaftlichen Arbeiten gehört, dass Sie sowohl bei den **bibliographischen Angaben** der von Ihnen benutzten Bücher und Zeitschriften als auch bei den **Zitatnachweisen** so genau sind, dass der Leser Ihrer Arbeit die Titel auffinden und die Zitate ohne Mühe selbst nachlesen kann. Wählen Sie unter den unterschiedlichen Verfahren das aus, das Ihnen für Ihre Arbeit am zweckmäßigsten erscheint, und halten Sie dieses dann konsequent durch.

Zur Erinnerung:

Hinweise zur Gestaltung bibliographischer Daten

Bücher

1. Name, Vorname des Verfassers bzw. Herausgebers (Abkürzung für den Herausgeber: Hg. oder Hrsg.)
2. Titel des Buches
3. Untertitel (wenn vorhanden)
4. Bandangabe (wenn eine mehrbändige Ausgabe benutzt wurde)
5. Erscheinungsort (Verlag), Erscheinungsjahr und Auflage (Auflagenangabe nur notwendig ab der zweiten Auflage eines Buches)
6. Reihentitel und -nummer (wenn das Buch in einer Reihe erschienen ist)

> **Beiträge (Aufsätze in Sammelwerken und Zeitschriften/Zeitungen)**
> 1. Name, Vorname des Verfassers
> 2. Titel und Untertitel des Aufsatzes
> 3. In: Name, Vorname des Herausgebers und Titel des Sammelwerkes; handelt es sich um eine Zeitschrift bzw. Zeitung: In: Name (Titel) der Zeitschrift/Zeitung
> 4. Bandangabe, Erscheinungsort, Verlag, Erscheinungsjahr und Auflage, Reihentitel; handelt es sich um eine Zeitschrift bzw. Zeitung: Band/Nr. oder Jahrgang (Kalenderjahr)
> 5. Seitenangabe des Aufsatzes

1.3 Diskutieren

Diskussionen sind Bestandteil einer demokratischen Streitkultur. Sie setzen Meinungsbildungsprozesse im kleinen Kreis wie im großen politischen Rahmen in Gang. Auf diese Weise ermöglichen sie persönliche wie gesamtgesellschaftlich wirksame Entscheidungen und daraus resultierende Handlungen bzw. Gesetze. Die vielen Möglichkeiten des Diskutierens spiegeln sich in den vielfältigen Formen und Diskussionen wider. Sie reichen vom (spontanen) Gedankenaustausch unter zwei Freunden, die Strittiges bereden, über die **Plenumsdiskussion** in einem Kreis von mehreren oder vielen Teilnehmern über die **Podiumsdiskussion,** bei der Fachleute, meist erhöht auf einem Podium, zu einem Problem oder Sachverhalt Stellung beziehen, bis zur **Debatte** (etwa im Deutschen Bundestag), bei der es in einer oft scharfen Pro-kontra-Haltung vor allem darum geht, schon gefestigte Standpunkte der einzelnen Parteien vor einer nachfolgenden Abstimmung noch einmal vorzutragen und zu begründen.

Allen diesen Diskussionsformen ist gemeinsam, dass derjenige, der mit einem eigenen Beitrag in eine Diskussion eingreift, positiv und überzeugend auf seine(n) Zuhörer wirken will. Um dies zu erreichen können bestimmte Regeln, die Sie z. T. schon aus der 11. Klasse kennen, hilfreich sein:

Achten Sie darauf
- welche Argumente die anderen Teilnehmer vorbringen,
- welcher Argumentationsaufbau sichtbar wird,
- bei welchen Thesen, Argumenten, Belegen Sie unterstützend oder entgegnend eingreifen können.

Gestalten Sie Ihre Argumentationsstrategie so, dass
- Sie den richtigen Zeitpunkt für Ihren jeweiligen Diskussionsbeitrag finden können,
- eine klare Gedankenführung in Ihren Argumenten erkennbar wird,
- Sie die Thesen, Argumente und Belege der vorangegangenen Beiträge in Ihre Überlegungen einbeziehen können.

Darüber hinaus müssen Sie Ihre einzelnen Redebeiträge so strukturieren, dass Sie das Ziel Ihrer Argumentation den Zuhörern eindrücklich vermitteln. Als hilfreich hierfür hat sich der **Aufbau**, also die gedankliche Struktur eines **Redebeitrages**, nach dem folgenden Dreischritt erwiesen:

– Anknüpfen an den Beitrag des Vorredners bzw. der Vorrednerin;
– Vortragen der eigenen Positionen, entweder kontrastiv zum vorher bzw. bisher Gesagten oder das vorher Gesagte verstärkend bzw. modifizierend;
– Schlussfolgern, mündend in eine Forderung oder Feststellung (Ziel des Diskussionsbeitrages).

Arbeitsvorschläge

1. Untersuchen Sie an selbst gewählten Ausschnitten einer Hörfunk- oder Fernsehdiskussion die einzelnen Redebeiträge nach den oben genannten Gesichtspunkten. Notieren Sie sich Verstöße bzw. Abweichungen.

2. Zeichnen Sie, wenn es die technischen Möglichkeiten an Ihrer Schule erlauben, eine Diskussion Ihres Kurses mithilfe eines Kassetten- oder Videorekorders auf und untersuchen Sie die einzelnen Redebeiträge im Hinblick auf den Dreischritt. Schlagen Sie sich gegenseitig Verbesserungen vor.

Wenn Sie die Aufgabe haben sich für eine Diskussion vorzubereiten, ist es sinnvoll, sich ein Thesenpapier anzufertigen, in dem Sie Ihre Positionen bzw. Meinungen in knapper und präziser Form festhalten. Solche Thesenpapiere sollten so angelegt sein, dass sie

– die Kerngedanken der Meinung des Verfassers enthalten,
– mit Rücksicht auf die Diskussionsteilnehmer abgefasst sind (mit wem habe ich es in der Diskussion zu tun bzgl. Informationsstand, Alter usw.),
– sachlich und verständlich formuliert sind,
– den Gedankengang des Verfassers erkennen lassen,
– die Grundlage der Diskussion bilden, diese aber nicht ersetzen (Thesen dürfen nicht als unabänderliche Wahrheiten aufgefasst werden).

Für die Durchführung einer öffentlichen Podiums- oder Plenumsdiskussion ist es üblich, einen **Diskussionsleiter** zu benennen, während bei Diskussionen im kleineren Rahmen, etwa im Unterricht, der Diskussionsleiter unter den Diskussionsteilnehmern gewählt wird. Die Leitung einer Diskussion ist vor allem bei sehr konträren Standpunkten, bei stark emotional besetzten Themen und bei reger Beteiligung aus der Teilnehmerrunde nicht immer einfach und bedarf einiger Übung und Routine. Folgende Gesichtspunkte können Ihnen helfen eine Diskussion erfolgreich zu leiten:

Ein Diskussionsleiter
– führt am Anfang einer Diskussion kurz ins Thema ein bzw. beendet die Diskussion mit zusammenfassenden, abschließenden Bemerkungen;
– sorgt dafür, dass alle, die etwas beitragen wollen, in der Reihenfolge der Meldungen zu Wort kommen; über Abweichungen von dieser Regel, z. B. wenn jemand etwas direkt seinem Vorredner entgegnen will, sollte der Diskussionsleiter im Einzelfall entscheiden;
– achtet darauf, dass das Diskussionsthema nicht verlassen wird (evtl. mit korrigierenden Bemerkungen eingreifen);

- strukturiert mit eigenen kurzen Beiträgen die Diskussion (u. U. Notizen machen um im Anschluss an einen Diskussionsbeitrag entsprechende Sätze an das Plenum zu richten);
- erklärt möglicherweise undeutlich formulierte oder den meisten Teilnehmern unbekannte Sachverhalte;
- sollte u. U. nach einer bestimmten Zeitspanne einen neuen (zum Thema gehörenden) Gesichtspunkt in die Diskussion einbringen um Wiederholungen von schon vorgebrachten Standpunkten und Sachverhalten zu verhindern und einer Diskussion neue Impulse zu geben;
- sollte das Thema und seine Problematik genau kennen;
- sollte stets den Überblick über den Diskussionsverlauf haben und kontrollieren, dass der Modus des Ablaufs eingehalten wird.

2. Textanalyse und Texterörterung

In den vorangegangenen Jahrgangsstufen haben Sie die Analyse von Sachtexten unter vorgegebenen Gesichtspunkten kennen gelernt und geübt. In der 11. Klasse haben Sie sich Kategorien und Aspekte zu wichtigen Untersuchungsfragen erarbeitet: Sie haben die Textsorte bestimmt und eine Problem- bzw. Themaanalyse vorgenommen. Textentstehung und Kontext wurden untersucht; der Aufbau eines Textes im Hinblick auf die Abfolge von Argumenten, auf Schlüsselwörter, Zwischenergebnisse im Text und auf das Fazit am Schluss eines Textes wurde analysiert. Auch die Argumentationsweise eines Textes war von Interesse: Wo finden sich Thesen bzw. Meinungen, Fakten, Begründungen, Beispiele, Zitate? Werden Schlüsse gezogen, Ergebnisse festgehalten? Ist ein Text mehr beschreibend-neutral formuliert oder wird in ihm emotional-subjektiv argumentiert? Sprache und Stil wurden unter den Gesichtspunkten Sprachebene, Wortwahl, Satzbau und Stilfiguren untersucht. Schließlich haben Sie nach der Absicht bzw. Wirkung gefragt, die mit einem Sachtext verbunden sind: Will der Verfasser informieren, Kritik üben, anklagen, verteidigen, provozieren, Vorurteile abbauen usw. ?

In der 12. Jahrgangsstufe bauen Sie auf dem auf, was Sie in den vorangegangenen Jahren kennen gelernt und angewendet haben. Darüber hinaus sollen neue Schwerpunkte in der Textanalyse gesetzt werden: Im Mittelpunkt stehen nun Untersuchungen von **Argumentationsstrukturen** und **Argumentationstechniken**, d. h. die Feinstruktur von argumentativen Texten soll analysiert werden. Hinzu kommen Aspekte der detaillierten Untersuchung von **Satzbau** und **Wortwahl**, die in ihrer Funktion als Bausteine von Argumenten bzw. Argumentfolgen betrachtet werden. Sie sollen mithilfe der genannten Analysegesichtspunkte erkennen lernen, wie in Sachtexten einzelne Argumente gedanklich und sprachlich strukturiert, wie sie miteinander verknüpft sind und wie auf diese Weise Textstrukturen entstehen. Ziel einer solchen Analyse schwieriger und komplexer Texte soll sein, dass Sie in der Lage sind zu erkennen, welche Strategien und Mittel ein Autor oder eine Autorin anwendet um seine/ihre Botschaft dem Leser zu vermitteln.

2.1 Der Text und seine Kernaussagen – einen Text verstehen

Text 1   UWE WITTSTOCK: Die Dichter und ihre Richter (1990)

Noch nie ist die Belletristik eines Landes so gescholten worden wie seit dem November 1989 die der DDR. Dagegen ist, nebenbei bemerkt, nichts einzuwenden – wenn sie es verdient hat; wenn sie nichts Nennenswertes hervorgebracht haben sollte, außer einem neuen Nachweis für die alte Erkenntnis, daß auch Schriftsteller
5 Menschen und also korrumpierbar sind. Allerdings stellt der Versuch, vier Jahrzehnte zeitgenössischer Literatur zu beurteilen, an die Kritiker erhebliche Anforderungen. Nicht wenige von denen, die sich nun laut und entschieden zu Wort melden, lassen bald erkennen, daß sie nur schemenhaft wissen, wovon sie reden.
Zieht man ein knappes Resümee, so wird den DDR-Schriftstellern zumeist vorge-
10 worfen, sie hätten Konflikte mit den Machthabern ihres Staates vermieden und sich Privilegien verschafft, indem sie in ihren Büchern die bitteren politischen Tatsachen des Landes ausblendeten. Bevormundung und Bespitzelung, die Zerstörung der Umwelt, Ämterpatronage[1] und Bonzenbereicherung, heißt es, tauchten in den Texten von DDR-Autoren nicht auf. Wenn es nach deren Literatur ginge, dann hätte
15 die DDR, die wir kennen, nie existiert.
Diese Angriffe sind verräterisch. Sie sprechen, genau betrachtet, noch einmal mit dem normativen Ingrimm des Aristoteles ein Mimesisgebot[2] aus. Der Tendenz nach ist ihr Verdikt[3] damit genauso diktatorisch wie es die Dogmen der stalinistischen Kulturfunktionäre waren.
20 (…)
Das Verhältnis der bedeutenden DDR-Schriftsteller zu ihrem Land war nie affirmativ[4], auch wenn sich manche von ihnen zu sozialistischen Überzeugungen bekannten und bekennen. Denn es war nicht der reale, sondern ein idealer Sozialismus, dem sie anhingen. Mag sein, daß sie deshalb oder aus Furcht vor der Zensur nicht in
25 jedem Buch alle bizarren Züge ihrer Gesellschaft mit der wünschenswerten Schärfe angriffen. Aber eine derart umfassende Kritik ist auch einem einzelnen Werk oder einem einzelnen Autor nur schwer möglich.
Begreift man jedoch die Literatur der DDR als Zusammenhang, läßt sie keine Wünsche offen: Es läßt sich kaum ein herberer Widerspruch gegen das Erziehungs-
30 system der DDR denken als Rainer Kunzes „Wunderbare Jahre"; kein entschlossenerer Protest gegen die Verpestung der Umwelt als Monika Marons „Flugasche"; und kein radikaleres Aufbegehren gegen die Bevormundung im realen Sozialismus als „Der Weg nach Oobliadooh" von Fritz Rudolf Fries.
Natürlich gab es unter den Schriftstellern der DDR auch Opportunisten und
35 Dummköpfe, Fanatiker, Trendsetter und schwankende Gestalten, die mal mutig, mal feige auftraten – aber ist dies, genau betrachtet, nicht ein Beleg dafür, daß sich die Autorenschaft der DDR von der anderer, auch demokratischer Länder nicht

---

1 Patronage: (lat./franz.), Günstlingswirtschaft
2 Mimesis: (griech.), Nachahmung der Natur (und der gesellschaftlichen Realität) in der Dichtung
3 Verdikt: (lat.), Urteil, Entscheidung
4 affirmativ: (lat.). bestätigend, unterstützend

unterscheidet? Nein, die wirklich wichtigen Schriftsteller aus dem anderen Deutschland brauchen sich weder Duckmäusertum noch Schönrednerei vorwerfen zu lassen.

(…)

Hat es also überhaupt einen Sinn, wenn jetzt die Biographien der ehemals SED-hörigen Schriftsteller öffentlich auf den Prüfstand gestellt werden, wenn man ihnen nachträglich ihre ideologische Verblendung, ihre Denunziation oder auch nur ihre Ergebenheitsadresse und schmutzigen kleinen Zugeständnisse an ein diktatorisches Regime vorrechnet? Für die Beurteilung ihrer Literatur sicher nicht.

Wenn es dennoch einen guten Grund gibt, die Auseinandersetzung mit der Vergangenheit linientreuer DDR-Autoren fortzusetzen, so hat der nichts mit Literatur, wenig mit Gerechtigkeit und viel mit Lebenserfahrung zu tun: In allen anderen Bereichen unserer Gesellschaft, in Politik, Wirtschaft und Wissenschaften, wird schon sehr bald von persönlicher Schuld für die Schäbigkeiten und Verbrechen des realen Sozialismus keine Rede mehr sein. Den meisten Verantwortlichen, die nicht in der ersten Reihe standen, dürfte es gelingen, sich als Opfer diffuser bürokratischer Zwänge hinzustellen und sich aufgrund ihrer Sachkompetenz für Aufbau und Verwaltung des Landes unentbehrlich zu machen. Wobei man ihnen von offizieller Seite wohl auch keine Hindernisse in den Weg legen wird – so lehrt es jedenfalls ein Blick auf die Jahre nach 1945 –, denn kein Staat kann es sich auf Dauer leisten, seinen sozialen Frieden zu gefährden durch einen kalten Bürgerkrieg zwischen den ehemals Unterdrückten und ihren ehemaligen Unterdrückern.

Allein im kulturellen und literarischen Leben – auch das lehren die Nachkriegsjahre – wird das Vergessen und Verdrängen nicht so rasch voranschreiten. Die Gründe dafür sind vielfältig: Sie sind sicher unter anderem in dem hohen moralischen Anspruch zu suchen, mit dem deutsche Dichter gerne auftreten und an dem sie dann gemessen werden; auch huldigt man immer noch der ehrwürdigen Tradition, jeden Autor für jede Zeile, die er irgendwann einmal geschrieben hat, uneingeschränkt verantwortlich zu machen; und schließlich zielt die Arbeit von Schriftstellern, anders als die von Managern oder Ministerialen, stets auf die Öffentlichkeit und läßt sich deshalb im nachhinein nur schlecht vertuschen.

Der Literaturbetrieb ist also geradezu prädestiniert[1] dazu, die aufgebrochenen moralischen Konflikte der Allgemeinheit auszufechten. Er dient als Modell, an dem vor aller Augen und bei geringem Risiko durchgespielt werden kann, was an der ganzen Bevölkerung zu exekutieren sich niemand leisten kann und will. Dies vor allem rechtfertigt den deutsch-deutschen Schriftstellerstreit, auch wenn er mitunter lächerliche, peinliche, inquisitorische Züge annimmt: Es geht *nicht* um die Literatur, sondern um eine exemplarische Abrechnung mit exemplarischen Lebensläufen. Die Schriftsteller sind Stellvertreter.

Uwe Wittstock: Die Dichter und ihre Richter. In: Süddeutsche Zeitung vom 13./14. 10. 1990.

Arbeitsvorschläge

1. Beschreiben Sie Ihren ersten Eindruck von diesem Text. Welche erste Reaktion löst Text 1 bei Ihnen aus?

2. Klären Sie in Ihrem Kurs, in welchem (politischen, gesellschaftlichen, kulturellen) Kontext dieser Text steht.

1 prädestiniert: (lat.), vorherbestimmt

3. Lesen Sie den Text in einem zweiten, „sinnerschließenden" Durchgang. (Unterstreichen, Markierungen, Notizen).

4. Schreiben Sie die Kernaussagen des Textes heraus, indem Sie das folgende Resümee in Thesenform fortführen:
   1. ...
   2. Ein Vorwurf lautet: Die DDR-Literaten klammerten die brisanten Themen der eigenen Gesellschaft aus.

Vergleichen Sie anschließend Ihre Ergebnisse untereinander; korrigieren bzw. ergänzen Sie Ihre Fassung, wenn es Ihnen notwendig erscheint.

5. Untersuchen Sie den Text daraufhin,
   – in welche Aspekte das Thema aufgegliedert wird,
   – ob und wie diese Aspekte den inneren Zusammenhang der abgedruckten Textteile gewährleisten,
   – ob in allen seinen Teilen der Bezug zum Thema erkennbar ist.

2.2 Argumentationsstrukturen sind Textstrukturen

Der Autor eines argumentativen Textes will etwas Umstrittenes oder Fragliches klären und dem Leser seine Entscheidung zu einem Sachverhalt bzw. einem Problem mittels einer schlüssigen und überzeugenden Argumentation verdeutlichen. Er stimmt daher Aufbau und Struktur seiner Argumentation auf dieses Ziel ab. Das bedeutet, dass eine bestimmte Argumentationsstruktur als **Textstruktur** für den Leser sichtbar wird. So werden bei der Analyse der Argumentationsstruktur die jeweiligen Textstrukturen aufgedeckt. Dies kann nach verschiedenen Gesichtspunkten erfolgen. Ein erster wichtiger Aspekt ist die Frage nach der **Entfaltung** des Themas: Man untersucht eine Argumentation daraufhin, ob der Argumentierende innerhalb des Textes von Gesichtspunkt zu Gesichtspunkt voranschreitet und dabei das Thema **differenziert** und **vertieft**. Ein weiterer Untersuchungsaspekt ergibt sich aus der Frage, ob die einzelnen Ausführungen innerhalb eines Textes stets den **Themabezug** erkennen lassen. Schließlich kann man prüfen, ob der thematische **Zusammenhang** der einzelnen Textteile bzw. -abschnitte untereinander gegeben ist bzw. wie diese miteinander verknüpft sind. In einer Textanalyse kann man daher auch zeigen, dass der Text Gedankensprünge, -abbrüche, Kurzschlüsse bei Folgerungen aufweist oder dass sich der Autor in unbedeutenden Nebensächlichkeiten verliert.

Die Argumentationsstruktur eines Textes lässt sich also mithilfe folgender Fragen bestimmen:
– Wie wird das Thema entfaltet, d. h. differenziert bzw. vertieft?
– Ist der Themabezug der einzelnen Ausführungen gegeben?
– Ist der thematische Zusammenhang der einzelnen Textteile gewährleistet, gehorcht die Abfolge der Einzelteile (der Unterthemen) einer inneren Logik?

Arbeitsvorschlag

Untersuchen Sie Text 1 systematisch daraufhin, ob
- das Thema überzeugend entfaltet wird,
- der Themabezug in allen Teilen erkennbar ist,
- der thematische Zusammenhang und die innere Logik der Textteile gegeben sind.

Formulieren Sie Alternativen zu den im Text gegebenen Argumenten, falls Sie dies für notwendig erachten.

Sachtexte, insbesondere argumentative Texte, folgen, je nach Intention ihrer Verfasser, verschiedenen **Sprechhandlungen,** die innerhalb eines Textes in unterschiedlicher Zahl und Folge erscheinen können: Es wird **behauptet, festgestellt, gefragt, widerlegt, belegt, bezweifelt** und es werden **Thesen aufgestellt, verworfen, abgeschwächt, untermauert** usw. Alle diese Sprechhandlungen haben innerhalb der Struktur eines Textes eine bestimmte Funktion und sollen den logischen Zusammenhang der Textteile garantieren. Zur Analyse der Textstruktur gehört deshalb auch die Frage an den Text: Welche Sprechhandlungen liegen vor, was leisten diese für den (logischen) Zusammenhang des Textes?

Beispieltext mit Randnotizen zu den Sprechhandlungen:

Text 2

Uwe Wittstock: Die Dichter und ihre Richter (1990), Fortsetzung

Eine ganz andere Frage dagegen ist es, ob die DDR-Literatur, ein unverwechselbares Charakteristikum entwickelt hat, einen Wesenszug, der im Westen fehlt und den sie mitbringt in die zukünftige gesamtdeutsche Literatur. Was die Bürger der DDR von denen der Bundesrepublik trennt, sind vor allem ihre grundverschiedenen politischen Erfahrungen; die Schriftsteller dürften da keine Ausnahme machen. Ob diese recht banale Tatsache ausreicht, um aus ihr eine grundlegende Differenz zwischen den Literaturen beider Länder zu destillieren, wird sich wohl erst aus dem Abstand einiger Jahrzehnte klären lassen. Ich glaube nicht, daß es gelingen wird.

*feststellen
+
begründen*

Die Literatur der DDR zerfällt wie die der Bundesrepublik in ein Ensemble individueller Stimmen und Temperamente, denen man Gewalt antäte, wollte man sie auf ihre geografische Herkunft festlegen.

Frage

feststellen

These

*These
(fragend)*

abschwächen

bezweifeln

Arbeitsvorschläge

1. Überprüfen Sie die Randnotizen des Beispieltextes. Machen Sie gegebenenfalls Änderungsvorschläge.

2. Bestimmen Sie in Text 1, Zeile 34 bis 76, die Sprechhandlungen und vergleichen Sie untereinander Ihre Ergebnisse.

3. *Diskutieren* Sie anschließend in Ihrem Kurs darüber, ob und wie der logische Zusammenhang des Textausschnittes gewährleistet wird.

2.3 Argumentationstechniken

Text 3

UWE WITTSTOCK: Die Dichter und ihre Richter (1990), Fortsetzung

Die DDR war ein straff durchorganisierter, totalitärer Staat, der jeden Oppositionellen, ließ er sich erwischen, konsequent an den Rand drängte, öffentlich wie privat. Die Autoren erzählen also nur, was tagtäglich passierte und wovon jeder sich bedroht fühlen mußte.

Auf der Hand liegt freilich auch, weshalb Schriftsteller im Westen diesem Topos[1] nichts abgewinnen konnten: Die subtilen[2] Kontroll- und Kommunikationsstrukturen einer modernen Demokratie, ihre vielfältig sich überlagernden, durchkreuzenden und einander widerstrebenden Machtstrukturen können mit einem solchen, relativ einfachen Modell nicht auf ihren literarischen Nenner gebracht werden. Wer sich bei uns an einer vergleichbaren Story versuchte, stünde rasch im Verdacht, die Tatsachen kraß zu trivialisieren.

Damit ist allerdings auch klar, daß die einschlägigen Werke der DDR-Literatur mit dem Ableben der DDR als ein verdienstvolles und möglicherweise sogar mutiges, ganz sicher aber als ein endgültig abgeschlossenes Kapitel in die Geschichte eingehen. Sie werden weiter an einen Abschnitt der Vergangenheit erinnern, werden Leid und Not der Opfer des ehemals realen Sozialismus veranschaulichen, doch ihr Thema hat inzwischen unwiderruflich – glücklicherweise – seine Aktualität verloren.

Aktuell bleibt dagegen, obwohl es zur Zeit gründlich aus der Mode gekommen ist, ein anderes Element der DDR-Literatur: die Geschichts-Literatur im strengen Wortsinn; eine Literatur also, die ihren Stoff nicht aus der Vergangenheit schöpft, sondern die den Geschichtsverlauf selbst zu ihrem Gegenstand macht, die den Wechsel von revolutionären Auf- und katastrophalen Zusammenbrüchen in der Historie zu verfolgen, zu analysieren und zu begreifen versucht.

Ein Gegenstand mithin, bei dem es immer auch um die Sehnsucht nach einer fairen, humanen Sozialordnung geht und an dem sich von Lessing bis Hölderlin, von Kleist bis Büchner, von Heine bis Brecht nicht die schlechtesten Geister der deutschen Dichtung oft bis zur Verzweiflung erschöpft haben. Deren Erbe traten in der DDR Volker Braun, Thomas Brasch, Günter Kunert und vor allem Heiner Müller an. Was sie auf diesem Gebiet geleistet haben, findet im Westen sein Gegenstück allenfalls im Werk des nach Schweden emigrierten Peter Weiss und, mit Abstrichen, in den Theaterstücken von Tankred Dorst.

Um Mißverständnisse zu vermeiden: Die betreffenden Texte haben nichts mit operativer[3] und nur wenig mit der sogenannten politisch engagierten Literatur zu tun – auch wenn die Autoren aus ihrem in aller Regel „linken" Engagement (was immer man heute darunter versteht) kein Geheimnis machen. Es geht ihnen nicht darum, Patentrezepte für ein Paradies auf Erden zu propagieren, sondern darum zu registrieren, welche sozialen Mechanismen sich dem Menschheitstraum von einer besseren Welt entgegenstellen. Kurz: Sie tendieren weniger zu der Haltung des ideologischen Missionars als vielmehr zu der des Geschichtsphilosophen.

---

1 Topos: (griech.), literarischer Gemeinplatz, allgemeines Ausdrucksschema
2 subtil: (lat.), fein strukturiert, schwer zu durchschauen
3 operativ: (lat.), in den gesellschaftlich-historischen Prozess eingreifend, auf Veränderung der Verhältnisse zielend

Arbeits-vorschläge

1. Zeigen Sie an Text 3, wie der Autor im Einzelnen begründet, dass es zwei Elemente in der DDR-Literatur gibt: ein Element, das mit der Auflösung des DDR-Staates der Vergangenheit angehört, und eines, das auch in der Gegenwart und Zukunft eine wichtige Rolle spielt.

2. *Diskutieren* Sie anhand Ihrer Ergebnisse in Ihrem Kurs, wie die Meinung Wittstocks den Argumentationsaufbau des Textausschnitts bestimmt.

Bei der Untersuchung von nichtpoetischen (argumentativen) Texten kann man **unterschiedliche Argumentationstechniken** finden:
a) Thesen werden *begründet,* indem mithilfe einer Argumentation
   – aus Prämissen Schlussfolgerungen gezogen,
   – Ursachen und Wirkungen erklärt bzw. Ziele und Motive gerechtfertigt,
   – durch Beispiele oder rechtfertigende Normen Argumente abgesichert werden.
b) Thesen werden *widerlegt,* indem mithilfe einer Argumentation
   – Folgerungen in Frage gestellt,
   – Zusammenhänge bestritten,
   – Ziele und Motive abgewertet,
   – Prämissen, Normen, Rechtfertigungen problematisiert werden.
c) Die Argumentation wird *induktiv* (vom Besonderen zum Allgemeinen) oder *deduktiv* (vom Allgemeinen zum Besonderen, Einzelnen) entfaltet.

Arbeits-vorschlag

Untersuchen Sie Text 1 (S. 244 f.) im Hinblick auf die unter a), b) und c) aufgeführten Argumentationstechniken. Diskutieren Sie anschließend mithilfe Ihrer Ergebnisse in Ihrem Kurs über die Stichhaltigkeit und Zweckmäßigkeit dieser Techniken.

2.4 Satzbau und Wortwahl

Ein Text wirkt nicht nur durch die Thesen, Argumente und Beispiele, die der Autor anführt, und nicht nur durch die Argumentationsstruktur und Argumentationstechnik, sondern auch dadurch, wie der Verfasser seine Gedanken formuliert: Sowohl **Satzbau** als auch **Wortwahl** sind wichtige Aspekte eines Textes; sie müssen deshalb bei einer Textanalyse untersucht werden. Folgendes kann dabei von Bedeutung sein:

Wortwahl:
Mit der Wahl seiner Worte legt der Schreibende selbst einen *Bewertungsmaßstab* an Ereignisse und Situationen und markiert auf diese Weise auch Bewertungsunterschiede; so ist es schon aufschlussreich, ob der Verfasser eines Textes von „spontaner Arbeitsniederlegung" oder von „wildem Streik" schreibt, wenn er den zugrunde liegenden Sachverhalt erläutert. Ferner ist mit historischen *Wertverschiebungen* zu rechnen – so dürfte heute die Mehrheit der Deutschen andere Empfindungen und Reaktionen als vor 30 Jahren haben, wenn von der „berufstätigen Frau" die Rede

ist (heute werden diese Wörter kaum mehr als Reizwörter aufgefasst). Möglich ist weiterhin, dass sich ein Verfasser in bestimmten Sachverhalten bewusst einer konkreten persönlichen Wertung enthält und auf die *Unbestimmtheit von Wertbegriffen* setzt; Begriffe wie „Freiheit" oder „Verantwortungsgefühl" z. B. können auf diese Weise gebraucht werden, indem sie lediglich positive Konnotationen auslösen (sollen), der Sachverhalt selbst aber nicht weiter vertieft wird. Mithilfe von *Euphemismen* kann der Verfasser eines Textes Sachverhalte und Ereignisse wertmäßig verändern, indem er einen negativ besetzten Vorgang oder ein Tabu beschönigt: Beispielsweise redet er von „Freisetzung von Arbeitskräften" anstelle von „Entlassung" oder von „weichen Zielen" – so geschehen im Golfkrieg 1991 – anstelle von „Menschen". *Schlagwörter* wiederum sind entschieden abhängig von gesellschaftlich-historischen Entwicklungen und Wandlungen und liefern Interpretationen von Sachverhalten bis zu einem bestimmten Grad selbst mit (z. B. „Klimakatastrophe", „Sachzwang", „Genengineering"); Schlagwörter haben daher ihr breit angelegtes Interpretationspotenzial zumeist unabhängig vom Text bzw. Kontext, in dem sie stehen. Auf der anderen Seite kann der Verfasser eines Textes durch die Verwendung von *Stereotypen* bei einer großen Zahl der Sprachbenutzer über bestimmte gleich oder sehr ähnlich gelagerte Konnotationen auf eine Gemeinsamkeit des Verstehens setzen und möglicherweise Vorurteile oder generalisierende Eigenschaften mit einem Begriff liefern; so etwa kann der Begriff „Beamter" bzw. „Beamtin" in der Verwendung als Stereotype auf die generalisierenden Eigenschaften „Staatsdiener, unkündbar, Hoheitsaufgaben erfüllend" verweisen, aber auch auf die vorurteilsbedingten Eigenschaften „Versorgungsmentalität, wenig effizient, entscheidungsträge". Schließlich sind noch *Fachsprache* bzw. Anzahl und Art der *Fremdwörter* von Bedeutung: Dadurch kann der Verfasser eines Textes seine Bildung und Kompetenz erkennen lassen und er trennt im Hinblick auf die Rezeption die Experten von den Laien.

Satzbau:
- *Modalkonstruktionen:* Sie zeigen die Position des Verfassers gegenüber dem dargestellten Sachverhalt und die Festigkeit des Standpunktes; so enthält der Satz: „Man könnte vielleicht einiges ändern um …", einen anderen Überzeugungsgrad als die Formulierung: „Man muss und wird einiges ändern um …";
- *Aktiv- oder Passivkonstruktionen:* Sie zeigen eine bestimmte Perspektive auf den Sachverhalt und die Form der Beteiligung des Schreibers an der beschriebenen Problematik; auch wenn Sachverhalte im Vordergrund stehen und es nicht auf handelnde Personen ankommt (z. B. in Gesetzes- oder Wissenschaftstexten, in Gebrauchsanweisungen u. a.), steht meist Passiv; mit dem Passiv kann auch ein Satzteil hervorgehoben werden, der im Aktivsatz zum (eher untergeordneten) Objekt würde *(„Die neue Frühjahrskollektion* wird vom Verbraucher willig angenommen"); oder man verschweigt mit dem Passiv den Handelnden, weil man ihn nicht kennt oder nicht nennen will bzw. weil er als Einzelner nicht zu erfassen ist („In Bosnien wird weiter geschossen");
- *Gebrauch der Attribute* verschiedener Art: Sie verdichten innerhalb eines Satzgefüges den Informationsgehalt in die Breite oder Tiefe („Die *vielen schönen* Erlebnisse *jener Tage* wird er nicht vergessen");
- *Adverbialbestimmungen* des Ortes, der Zeit, der Art und Weise, des Grundes usw.: Sie präzisieren und erweitern den Informationsgehalt oder geben die

Beteiligung des Textautors am Sachverhalt an („ungern", „leider", „vor kurzem erst" „aus Berlin", „der Einfachheit halber");
- *Zeitstrukturen:* Sie bestimmen die Abgeschlossenheit (Präteritum, Plusquamperfekt) oder weitere Gültigkeit (Präsens, gelegentlich Perfekt) eines Sachverhaltes bzw. Problems; die Verwendung verschiedener Zeitstufen kann zur Differenzierung von Sachverhalten beitragen (ein bestimmter Gesichtspunkt gehört der Vergangenheit, ein anderer des gleichen Sachverhaltes gehört jedoch der Gegenwart an);
- *Gesamtstruktur der Sätze:* Parataxe oder Hypotaxe als vorherrschende Satzstruktur; die Bündelung von Sachverhalten in einem Satzgefüge; die Aneinanderreihung von Sachverhalten im Satz-für-Satz-Duktus; die Komplexität von Sachverhalten in komplexen Satzkonstruktionen; die Raffung und Verdichtung der Sachverhalte im Nominalstil. Dies alles legt den Schwierigkeits- bzw. Verständlichkeitsgrad von Texten fest und prägt den **Stil**.

Arbeitsvorschläge

1. Untersuchen Sie in Gruppenarbeit die Texte 1 und 3 systematisch nach den obigen Satzbaumerkmalen. Tragen Sie jeweils Ihre Ergebnisse den anderen Gruppen vor.

2. Diskutieren Sie mithilfe Ihrer Ergebnisse über Schwierigkeitsgrad, Informationsgehalt und Informationsdichte der beiden Texte.

2.5 Denotationen – Konnotationen – Assoziationen

Die Bedeutung von Wörtern richtig zu erfassen ist nicht nur eine Frage der **Konvention** – diese schlägt sich in den Erläuterungen eines Lexikons nieder –, sondern auch eine Frage des **individuellen Gebrauchs** und des **Kontextes,** in dem Wörter stehen. Verstehensschwierigkeiten, Missverständnisse zwischen Menschen über ein und denselben Sachverhalt, aber auch Ansatzpunkte für fruchtbare Diskussionen rühren daher, dass es zwischen den Objekten, Vorgängen und Eigenschaften und den sie bezeichnenden Wörtern keine einfachen (1:1) Beziehungen gibt. Ein Wort kann eine, je nach Sachverhalt und Benutzer, enge oder weite, unmittelbare oder übertragene, einzige oder mehrfache **Bedeutung** haben. Man unterscheidet daher drei grundlegende Möglichkeiten der Wortbedeutung:

		Beispiel
denotative Bedeutung	begriffliche lexikalische Grundbedeutung eines Wortes, ohne (Be-)Wertung durch einen Benutzer	*Fortschritt* = auf verschiedene Weise erklärte bzw. verstandene Annahme von der Entwicklung der Menschheit und ihrer Lebensbedingungen bzw. auf einen vollkommenen Zustand hin;

konnotative Bedeutung	aufgrund verschiedener Besonderheiten (historisch, regional, dialektal usw.) erweiterte bzw. veränderte Bedeutung; hängt vom Benutzer und/oder Kontext ab; häufig überlagern sich mehrere Bedeutungen	*Fortschritt =* – als engere oder weiter gefasste Bezeichnung: ein bestimmtes Einzelereignis („er macht Fortschritte...") oder eine Bezeichnung für eine bestimmte Lebenshaltung („der Glaube an den Fortschritt..."); – die im allgemeinen Bewusstsein vorhandenen Vorstellungen von Fortschritt: Gefährdung der natürlichen Ressourcen der Erde (das zweite Gesicht des technischen Fortschritts); andererseits die Abgrenzung unserer modernen Gesellschaft von allen früheren (in politischer und moralischer Sicht u. Ä.);
assoziative Bedeutung	subjektiv bestimmte Dimension der Bedeutung, beruhend auf der persönlichen (Lebens-) Erfahrung, den Lebensumständen des Benutzers; u. U. völlige Veränderung der Grundbedeutung	*Fortschritt =* „in zwei Monaten bin ich 18 – das heißt für mich: Fortschritt!"

Arbeitsvorschläge

1. Schreiben Sie aus einem Standardnachschlagewerk (z. B. Brockhaus, Meyer) die denotative Bedeutung von „Technik" heraus.

2. Stellen Sie das dar, was Sie selbst mit dem Begriff „Technik" assoziieren.

3. Lesen Sie den folgenden Ausschnitt aus dem Vortrag von Carl Friedrich von Weizsäcker und halten Sie im Anschluss an Ihre Lektüre die darin auftauchenden konnotativen Bedeutungen von „Technik" stichwortartig fest.

Text 4

CARL FRIEDRICH VON WEIZSÄCKER: Technik als Menschheitsproblem (1987)

Nur eine grundsätzliche Bemerkung: Die Meinung, man müßte alles, was technisch machbar ist, auch wirklich machen, ist ein kindlicher Allmachtstraum, rührend bei einem Kind, verbrecherisch bei einem Erwachsenen. Diese Meinung ist insbesondere Ausdruck einer prinzipiell untechnischen Mentalität. Technik ist Bereitstellung von Mitteln für Zwecke. Wo kein Zweck ist, ist das Mittel unnötig. Wer die Zwecke nicht erwägt, handelt gegen den Geist vernünftiger Technik. Alles Machbare zu machen ist Drogenmißbrauch, Mißbrauch der Droge Macht. Er verdient nicht den Namen Technik. Technik meint erwachsene Genauigkeit.

Verzicht auf Technik ist genauso wenig die Lösung wie der technische Allmachtstraum. Die Zwecke liegen vor. Wollen wir die Kinder, die wir zum Leben verurteilt haben, ernähren oder nicht? Die adäquaten[1] Mittel sind zu suchen. Der Erfolg dieser Suche ist uns freilich nicht garantiert. Manchmal treten unlösbare Probleme auf. Oder Probleme, die unlösbar werden, solange wir sie leichthin für lösbar halten.

Eins ist gewiß: Die technisch-ökologischen Probleme werden nicht gelöst werden, solange wir die politischen Vorbedingungen für ihre Lösung nicht schaffen. Giftige Gaswolken machen an keiner Polizeigrenze halt. Reaktoren und Wiederaufbereitungsanlagen sind am verletzlichsten durch Krieg. Man kann nicht moderne Technik mit politischen Strukturen vereinbaren, die, vor sechstausend Jahren entstanden, schon zur Halbzeit des bisherigen Alters der Hochkultur mit Recht als unmenschlich kritisiert worden sind. Es ist ebenso falsch zu glauben, diese Strukturen seien unabänderlich, wie zu glauben, wir könnten mit ihrer Fortdauer leben. (...)

Aus: Carl Friedrich von Weizsäcker: Technik als Menschheitsproblem. Vortrag zur Eröffnung der Ausstellung „Literatur im Industriezeitalter". Marbach/N. 9. 5. 1987.

Arbeitsvorschlag

Diskutieren Sie in Ihrem Kurs darüber, wie und warum Meinungsverschiedenheiten bzw. Missverständnisse in einer Unterhaltung über „Technik" aufgrund der drei verschiedenen Bedeutungsebenen entstehen (können).

Die Tatsache, dass Wörter Unterschiedliches bedeuten können, macht eine Textanalyse auf der Ebene der Bedeutung von Wörtern notwendig, vor allem dann, wenn es um die Klärung von *Schlüsselbegriffen* geht. Dafür haben sich folgende Arbeitsschritte als ergiebig erwiesen:

– Sie klären Schlüsselbegriffe eines Textes zunächst denotativ, möglicherweise auch durch die Bildung von Gegensatzpaaren oder -ketten (Fortschritt – Stillstand – Rückschritt) oder durch die Untersuchung der Begriffe innerhalb ihrer Wortfelder (Fortschritt – fortschreiten – von etwas wegbewegen – in eine bestimmte Richtung schreiten ...);
– Sie untersuchen anschließend die Benutzung der Schlüsselbegriffe im Kontext und erschließen die konnotativen Bedeutungen; Sie sollten dabei auch auf einen möglichen metaphysischen (= hinter dem sinnlich Wahrnehmbaren liegenden) Gebrauch der Begriffe achten;
– Sie beschreiben die assoziative Bedeutung und erklären auf diese Weise Ihr subjektives Verständnis der Schlüsselbegriffe, möglicherweise auch deutlich abweichend vom Verständnis des Autors;

1 adäquat: angemessen

– Sie führen in der sukzessiven Auseinandersetzung mit dem Text die drei Bedeutungsebenen zusammen, indem Sie diese miteinander vergleichen, sie gegeneinander abwägen und diese Auseinandersetzung als (ständigen) Bezugspunkt bei Ihrer Textanalyse nehmen.

2.6 Von der Textanalyse zur Texterörterung

Eine genaue und ergiebige Textanalyse soll die formale mit der inhaltlichen Seite des Textes verbinden, wobei die Wechselwirkungen von Absicht, Gestaltungsmitteln und Wirkung des Textes aufgezeigt werden. Ist der Text Grundlage und Ausgangspunkt für eine **Texterörterung**, so geht es bei der vorangehenden Textanalyse nicht darum, eine detaillierte Beschreibung des Gesamttextes bzw. aller Textelemente durchzuführen, sondern vor allem darum, die in dem Text vertretenen **Auffassungen, Meinungen** und **Urteile** zu klären. Dennoch kann es sinnvoll sein, in einer gerafften Form anhand der Fragestellungen, die dem Text beigefügt sind, eine Textanalyse mithilfe der unter 2.1 bis 2.5 dargestellten Arbeitsschritte durchzuführen, denn eine sorgfältige und gesicherte Textanalyse ist die Voraussetzung für eine detaillierte Erörterung der im Text vorgetragenen Ansichten.

Der erörternde Teil geht zunächst von den Standpunkten und Urteilen aus, die im Text enthalten sind. Dabei können Ihnen schon beim ersten Lesen des Textes oder dann bei der Textanalyse Sätze bzw. Formulierungen auffallen, die bei Ihnen Zustimmung, Zweifel, Ablehnung oder sogar Empörung hervorrufen. Daraus können sich verschiedene Fragen ergeben, die Sie als Einstieg in den erörternden Teil benutzen:

– *Prämissen:* Von welchen Voraussetzungen und Hintergründen geht der Verfasser des Textes aus? In welchen Kontext stellt er seine Ausführungen?

– *Tragweite:* Für wen hat der Standpunkt welche Bedeutung? Wie aktuell ist der Standpunkt, was folgt daraus für die Zukunft?

– *Gültigkeit:* Mit welchem Anspruch trägt der Verfasser seinen Standpunkt vor? Ergeben sich Einschränkungen? Für wen und bei welchen Vorgängen und Situationen ergeben sich Einschränkungen?

– *Vollständigkeit:* Lässt der Verfasser bei der Formulierung seines Standpunktes Entscheidendes weg? Füllt er das Thema dadurch nicht überzeugend aus? Zeigt sich hieraus eine Einseitigkeit seiner Meinung?

– *Darstellung:* Wie wird der Standpunkt vom Verfasser vorgetragen? Wählt er hierfür beispielsweise die Form einer Glosse, Satire oder eines Essays? Formuliert der Verfasser eher sachlich-zurückhaltend oder aggressiv-auffordernd?

Beispielthemenstellung einer Texterörterung zu Uwe Wittstocks „Die Dichter und ihre Richter" (Text 1–3, S. 244 ff.):

- Zeigen Sie, aus welchen Überlegungen heraus und auf welche Weise der Autor für einen differenzierten Umgang mit den DDR-Schriftstellern und ihrer Literatur argumentiert.
- Setzen Sie sich anschließend kritisch mit seiner Argumentation auseinander.

Arbeitsvorschläge

1. Fertigen Sie eine Textanalyse aufgrund der vorgegebenen ersten Fragestellung (1. Spiegelstrich) an. Berücksichtigen Sie dabei die unter 2.1 bis 2.5 dargestellten Analysetechniken.

2. Legen Sie mithilfe entsprechender Fragen zu Prämissen, Tragweite, Gültigkeit, Vollständigkeit und Darstellung eine Stoffsammlung an. Ergänzen Sie Ihre Stoffsammlung anschließend mit eigenen Gedanken zum Erörterungsauftrag.

Von der Stoffsammlung gelangen Sie durch das Ordnen des Stoffes zur Gliederung. Dabei können Sie folgendes *Grundschema* anlegen:

Gliederungsmöglichkeiten zum Beispielthema (Ausschnitt):

1 Die vielfältigen Folgen des Jahres 1989
2 Die besondere Funktion von Kunst und Literatur in der Öffentlichkeit
   2.1 Die Positionen Uwe Wittstocks
      2.1.1 Die notwendige Offenheit der Literaturkritik
      2.1.2 Die Vielschichtigkeit der DDR-Literatur
      2.1.3 Die besondere „Abrechnung" mit den Literaten
      2.1.4 Die Stellvertreterfunktion der Literatur
   2.2 Aufgaben einer Literaturkritik
      2.2.1 …
      2.2.2 …
   2.3 Zur Problematik der Trennung von Person und Werk
      2.3.1 …
      2.3.2 …
   2.4 Die Bedeutung des Verständnisses von „Opportunisten" und „Prinzipientreuen"
      2.4.1 …
      2.4.2 …
   2.5 Plädoyer für einen differenzierenden Umgang mit dem literarischen DDR-Erbe
3 …

Arbeits-vorschläge

1. Beurteilen Sie den Gliederungsausschnitt
– nach Aufbau,
– nach Folgerichtigkeit,
– danach, ob er in der Anlage und Abfolge der Punkte dem Thema insgesamt gerecht wird.

2. Untersuchen Sie im Detail den Gliederungspunkt 2.1, ob er eine sachgemäße Bearbeitung der Textanalyseanweisung erkennen lässt.

3. Formulieren Sie Gedankengang und Standpunkt des Erörternden, die anhand der Gliederungspunkte sichtbar werden.

4. Fertigen Sie selbst eine detaillierte Gliederung zum Beispielthema an und schreiben Sie danach eine *Erörterung* unter Verwendung Ihrer *Textanalyse* (vgl. dazu Arbeitsvorschlag 1, S. 255).

Text 5

HANS JONAS: Neue Dimensionen der Verantwortung* (1979)

Die moderne Technik hat Handlungen von so neuer Größenordnung, mit so neuartigen Objekten und so neuartigen Folgen eingeführt, daß der Rahmen früherer Ethik sie nicht mehr fassen kann. Der Antigone-Chor über das „Ungeheure", über die wundersame Macht des Menschen müßte heute im Zeichen des ganz anders
5 Ungeheuren anders lauten; und die Mahnung an den einzelnen, die Gesetze zu ehren, wäre nicht mehr genug. Auch sind längst die Götter nicht mehr da, deren beschworenes Recht dem Ungeheuren menschlichen Tuns wehren könnte. Gewiß, die alten Vorschriften der „Nächsten"-Ethik – die Vorschriften der Gerechtigkeit, Barmherzigkeit, Ehrlichkeit usw. – gelten immer noch, in ihrer intimen Unmittel-
10 barkeit, für die nächste, tägliche Sphäre menschlicher Wechselwirkung. Aber diese Sphäre ist überschattet von einem wachsenden Bereich kollektiven Tuns, in dem Täter, Tat und Wirkung nicht mehr dieselben sind wie in der Nahsphäre und der durch die Enormität seiner Kräfte der Ethik eine neue, nie zuvor erträumte Dimension der Verantwortung aufzwingt.
15 (…)
Man nehme zum Beispiel als die erste größere Veränderung in dem überkommenen Bild, die kritische *Verletzlichkeit* der Natur durch die technischen Interventionen des Menschen – eine Verletzlichkeit, die nicht vermutet war, bevor sie sich in schon angerichtetem Schaden zu erkennen gab. Diese Entdeckung, deren Schock zu dem
20 Begriff und der beginnenden Wissenschaft der Umweltforschung (Ökologie) führte, verändert die ganze Vorstellung unserer selbst als eines kausalen Faktors im weiteren System der Dinge. Sie bringt durch die Wirkung an den Tag, daß die Natur menschlichen Handelns sich de facto[1] geändert *hat,* und daß ein Gegenstand von gänzlich neuer Ordnung, nicht weniger als die gesamte Biosphäre des Planeten,
25 dem hinzugefügt worden ist, wofür wir verantwortlich sein müssen, weil wir Macht darüber haben. Und ein Gegenstand von welch überwältigender Größe, wogegen alle früheren Gegenstände menschlichen Handelns zwerghaft erscheinen! Die Natur als eine menschliche Verantwortlichkeit ist sicher ein Novum, über das ethische Theorie nachsinnen muß. Welche Art von Verpflichtung ist in ihr wirksam?

1 de facto: den Tatsachen nach, tatsächlich

Ist es mehr als utilitarisches¹ Interesse? Ist es einfach Klugheit, die gebietet, nicht die Gans zu schlachten, die die goldenen Eier legt, oder gar den Ast abzusägen, auf dem man sitzt? Aber das „man", das hier sitzt und vielleicht ins Bodenlose fällt – wer ist es? Und was ist *mein* Interesse an seinem Sitzen oder Fallen?

Insoweit als der letzte Bezugspol, der das Interesse an der Erhaltung der Natur zu einem *moralischen* Interesse macht, das Schicksal des *Menschen* in seiner Abhängigkeit vom Zustand der Natur ist, ist auch hier noch die anthropozentrische² Ausrichtung aller klassischen Ethik beibehalten. Selbst dann ist der Unterschied groß. Die Einhegung der Nähe und Gleichzeitigkeit ist dahin, fortgeschwemmt von der räumlichen Ausbreitung und Zeitlänge der Kausalreihen, welche die technische Praxis, auch wenn für Nahzwecke unternommen, in Gang setzt. Ihre Unumkehrbarkeit, im Verein mit ihrer zusammengefaßten Größenordnung, führt einen weiteren neuartigen Faktor in die moralische Gleichung ein. Dazu ihr kumulativer³ Charakter: Ihre Wirkungen addieren sich, so daß die Lage für späteres Handeln und Sein nicht mehr dieselbe ist wie für den anfänglich Handelnden, sondern zunehmend davon verschieden und immer mehr ein Ergebnis dessen, was schon getan ward. Alle herkömmliche Ethik rechnete nur mit nicht-kumulativem Verhalten. Die Grundsituation von Mensch zu Mensch, in der Tugend sich erproben und Laster sich entblößen muß, bleibt stets dieselbe, und mit ihr fängt jede Tat von neuem an. Die wiederkehrenden Gelegenheiten, die je nach ihrer Klasse ihre Alternativen des Handelns stellen – Mut oder Feigheit, Maß oder Exzeß, Wahrheit oder Lüge usw. – stellen jedesmal die Urbedingungen wieder her. Diese sind unüberholbar. Aber die kumulative Selbstfortpflanzung technologischer Veränderung der Welt überholt fortwährend die Bedingungen jedes ihrer beitragenden Akte und verläuft durch lauter präzedenzlose⁴ Situationen, für die die Lehren der Erfahrung ohnmächtig sind. Ja, die Kumulation als solche, nicht genug damit, ihren Anfang bis zur Unkenntlichkeit zu verändern, mag die Grundbedingung der ganzen Reihe, die Voraussetzung ihrer selbst, verzehren. All dieses müßte im Willen der Einzeltat mitgewollt sein, wenn diese sittlich verantwortlich sein soll.

Aus: Hans Jonas: Das Prinzip Verantwortung. Versuch einer Ethik für die technologische Zivilisation. Frankfurt/M. 1984.

Arbeitsvorschlag

Schreiben Sie eine *Texterörterung* zum Jonas-Text unter folgenden Aufgabenstellungen:
- Untersuchen Sie, wie Jonas begründet, dass es im Zeitalter der modernen Technik einer neuen Ethik bedarf.
- *Erörtern* Sie die Positionen von Jonas und versuchen Sie, auch mithilfe von Beispielen, Lösungssätze dafür zu finden, wie die Menschheit ihrer Verantwortung sich und der Natur gegenüber gerecht werden könnte.

---

1 utilitarisch = utilitaristisch: (lat.), rein zweckgerichtet, zweckbestimmt
2 anthropozentrisch: (griech. u. lat.), auf den Menschen als Mittelpunkt und Maß aller Dinge ausgerichtet
3 kumulativ: (lat.), anhäufend
4 Präzedenz: (lat.), ein früheres Beispiel, Musterfall, beispielgebender Fall

3. Die Problemerörterung

Die nicht textgebundene (freie) Erörterung haben Sie schon in den vorangegangenen Klassenstufen kennen gelernt. Diese Form der Erörterung gehört zu jenen Textarten, bei denen ein Sachverhalt erläutert bzw. ein Problem erfasst und diskutiert werden muss. Der Erörternde soll dabei einem Sachverhalt oder Problem objektiv und zugleich interessiert gegenüberstehen, kritisch, logisch und widerspruchsfrei argumentieren und sich eine begründete Meinung bilden.

Sie kennen die Texterörterung und die freie Erörterung: Während im ersten Fall die Auseinandersetzung mit dem Text selbst geführt wird, kann bei der **Problem**erörterung bzw. der Erörterung von **Sachverhalten** ein Text den Anstoß für eine Erörterung geben oder es wird die Auseinandersetzung mit einer Aussage oder Frage zu kulturellen, philosophischen und menschlichen Fragen erwartet. Da hierbei gelegentlich auch literarische Kenntnisse und Erfahrungen in der Themenstellung angesprochen werden können, gibt es manchmal fließende Übergänge zur Form der **literarischen Erörterung** (vgl. S. 306 ff.).

In der 12. Jahrgangsstufe geht es bei der Erörterung von Problemen und Sachverhalten darum, an das anzuknüpfen, was Sie in der vorangegangenen Jahrgangsstufe kennen gelernt haben. Darüber hinaus werden Sie ausführlich mit verschiedenen Methoden des Argumentierens bzw. mit verschiedenen Argumentationsprinzipien vertraut gemacht, die es Ihnen ermöglichen sollen, sich differenziert mit komplexen Problemen bzw. Sachverhalten auseinander zu setzen.

Arbeitsvorschläge

1. Überlegen Sie gemeinsam im Kurs, welche Art(en) der Themenstellung Sie bisher in Bezug auf die freie Erörterung kennen gelernt haben.

2. Welche Vorüberlegungen und Arbeitsschritte waren für das Abfassen einer solchen Erörterung notwendig?

Der folgende Text ist ein Schüleraufsatz zum Thema:

Text 1

„Die Grenzen unserer Sprache sind die Grenzen unserer Welt." Erörtern Sie, wie man diese These, die sich an einen Satz des Philosophen Ludwig Wittgenstein (1889–1951) anlehnt, verstehen kann und ob Sie den folgenden Ausführungen von der Bedeutung der Sprache zustimmen können.

Diese These Wittgensteins klingt zunächst banal: Es leuchtet ein, dass die Grenzen unserer Sprache mit den Grenzen der von uns erfahrenen und erfahrbaren Welt einhergehen. Die Entstehung der Sprache resultiert ja aus dem Willen die Welt zu beschreiben, wobei hier sicher nicht nur der Begriff „Welt" in einem äußerlichen,
5 materiellen Sinn gemeint ist, sondern auch etwa der Begriff „Gefühlswelt".
Von daher hat Sprache keinerlei Veranlassung und auch keine Möglichkeit Dinge oder Zusammenhänge zu beschreiben, die nicht zumindest indirekt erfahrbar sind. Als Beispiel sei genannt, dass es in einer hypothetischen Gesellschaft, die nur aus Blinden bestünde, sicherlich keine Worte zur Beschreibung von Farben gäbe, dass
10 man ihnen nicht annähernd erklären könnte, was Farben sind, was sie unterscheidet.

Dafür gäbe es in dieser Gesellschaft sicher wesentlich detailliertere Ausdrücke für die Beschreibung von Oberflächen, von ertastbaren Dingen, da diese eine größere Rolle für sie spielten. Ein reales Beispiel für die These, dass die Erfahrungswelt der Menschen ihre Sprache bestimmt, ist die Tatsache, dass ein Nomadenvolk, dessen Lebensraum die Wüste ist, etwa zwanzig verschiedene differenzierende Ausdrücke für unser Wort „braun" kennt.

Bei all diesen Beispielen ist jedoch der maßgebende Faktor für die Grenzziehung die Erfahrungswelt, nicht die Sprache. Das Zitat hätte also eher heißen müssen: „Die Grenzen unserer Welt sind (im Sinne von ‚bestimmen') die Grenzen unserer Sprache." Die Tatsache, dass Wittgenstein in seinem Zitat die Grenzen der Sprache vor die der Welt setzte, lässt vermuten, dass er noch etwas anderes meinte, dass dieses Wort eine weitere Dimension enthält: die Aussage, dass unsere Sprache die von uns erfahrbare Welt eingrenzt, dass also das Fehlen von Sprache auf einem Gebiet die Erfahrungsmöglichkeiten auf diesem Gebiet verhindert oder zumindest behindert, krass gesagt, dass erst die Sprache, die zu einem Sachverhalt oder zu einer Erfahrung passt, es uns ermöglicht, ihn zu erfassen.

In dieser Form ist Wittgensteins These weniger eingängig, ja eher paradox. Es ist nicht einzusehen, warum die Blinden aus obigem Beispiel, würde ihnen plötzlich das Augenlicht gegeben, nicht genau so gut sehen können sollten wie wir, selbst wenn sie keine Worte für Farben besäßen. Wendet man die Aussage in dieser Form auf das nächste Beispiel mit dem Nomadenvolk an, so gewinnt sie schon etwas mehr an Konturen. Es ist sicher zutreffend, dass ich, der ich nur die Worte „braun" oder allenfalls noch „ocker" für die Beschreibung der Wüste kenne, auf Anhieb viel weniger zwischen ihren verschiedenen Farben differenzieren könnte, nicht nur sprachlich, sondern auch meine ureigene Erfahrung betreffend, als ein Nomade, der zwanzig Ausdrücke für sie besitzt. Es ist allerdings einzuwenden, dass meine Unfähigkeit zu differenzieren auch eher in meiner diesbezüglichen mangelhaften Erfahrungswelt begründet ist, als in meiner Wortarmut, die diese zur Ursache hat. Diese Wortarmut würde es aber sicher nicht ausschließen, dass ich diese Differenzierung erlernte. Das Fehlen von Worten verhindert also nicht eine neue Erfahrung, es erschwert sie allenfalls, da es aus einem Mangel an ähnlichen Erfahrungen resultiert. Es ist daher nicht die Ursache der Erschwernis.

Am ehesten hat meiner Meinung nach die These Wittgensteins, in dieser Form betrachtet, noch in Bereichen Bestand, in denen es nicht um eine direkte Erfahrung geht, die wie gesagt auch ohne vorhandene Worte möglich ist, sondern um das Verstehen einer indirekten Beobachtung, die sich mit der vorhandenen Erfahrungswelt nicht deckt, sich also mit ihren Worten nicht beschreiben lässt: Dies wäre der Fall, wenn es unseren Blinden gelänge, ein Gerät zu konstruieren, mit dem sie die Existenz verschiedener Farben feststellen könnten. Sie könnten sich keinen Reim auf diese Entdeckung machen, bis einer von ihnen käme und sagte: „Es muss etwas geben, was zwar real existiert, was wir aber nicht wahrnehmen können. Nennen wir es ‚Farben'." In dem Moment, wo die neue Terminologie für diese Erscheinung geschaffen wäre, wären die sinnlosen Bemühungen von vorher, die neue Erscheinung mit alten Worten aus dem alten Erfahrungsbereich der Blinden zu beschreiben (etwa rau, weich, glatt usw.), beendet und würden einer nunmehr fruchtbaren Erforschung des neuen Phänomens auf der Basis der neuen Terminologie weichen. In diesem Fall würden also durch eine Erweiterung der Grenzen der Sprache die Grenzen der Welt der Blinden weiter hinausgeschoben.

Dass dieser Vorgang der Schaffung neuen Verständnisses jenseits der Grenzen der alten Erfahrungswelt aufgrund neuer Worte keine graue Theorie ist, zeigen besonders schön Beispiele aus der Entstehung der modernen Physik: So war es den Physikern des 19. Jahrhunderts nicht möglich, eine befriedigende und widerspruchsfreie Erklärung von Erscheinungen wie etwa der magnetischen Induktion zu liefern, so lange sie versuchten, dies mit den Vokabeln der Newtonschen Mechanik zu tun, bis Maxwell mit dem Wort „Feld" ein völlig neues Verständnis dieser Phänomene ermöglichte. Mit dem Begriff des Feldes war es auf einmal nicht nur seinem Schöpfer, sondern auch anderen Physikern praktisch mit einem Schlag möglich die Grenzen der von uns verstandenen und erfassten Welt weiter hinauszuschieben.

Ähnliche Vorgänge sind etwa in der Physik in den Zwanzigerjahren unseres Jahrhunderts mit den Begriffen „Quant, Quantelung" und „Unschärfe" oder auch in der Psychoanalyse, wo Freud mit Worten wie „Über-ich" und „Triebstruktur" ganz neue Beobachtungsmethoden ermöglichte, zu beobachten.

Diese Beispiele mögen speziell und im Grunde lebensfern wirken, sie zeigen aber, dass das Verhältnis zwischen Welt und Sprache keine Einbahnstraße ist, sondern dass die Grenzen der Welt und die Grenzen der Sprache eng miteinander verknüpft sind und sich gegenseitig bedingen und ausweiten, wobei sowohl eine neue Erfahrung als auch ein neues Wort Motor für eine Ausweitung der Grenzen sein kann.

Vielleicht wollte Wittgenstein gerade auf diesen Aspekt aufmerksam machen, als er die zunächst nicht einsichtig wirkende Reihenfolge (erst Sprache, dann Welt) in seinem Wort wählte, nicht im Sinne einer Ausschließlichkeit, wohl aber im Sinne eines Hinweises auch auf den Einfluss der Sprache auf die von uns erfahrbare Welt und nicht nur auf den umgekehrten, sicher in viel höherem Maße vorhandenen Einfluss der Welt auf die Sprache.

Arbeitsvorschläge

1. Tragen Sie in Ihrem Kurs vor, welchen Gesamteindruck Sie von diesem Aufsatz haben.

2. Untersuchen Sie die Themenformulierung der Erörterung. Welche Unterschiede zu Ihnen bisher bekannten Erörterungsthemen und -fragen stellen Sie fest?

3. Untersuchen Sie, wie der/die Schüler/-in die Problemstellung analysiert. Halten Sie stichwortartig fest, wo Sie dieser Analyse zustimmen und wo nicht.

4. Erstellen Sie zu diesem Aufsatz eine detaillierte Gliederung, welche die Gedankenführung verdeutlicht.

5. Bewerten Sie den Aufsatz im Hinblick auf den gedanklichen Aufbau und auf die Logik der Darstellung.

6. *Diskutieren Sie* über die Vorgehensweise des Verfassers Wittgensteins These im dritten Abschnitt der Ausführung (S. 259) „umzudrehen". Halten Sie diese Umformulierung für zulässig und sinnvoll? Welche Konsequenzen ergeben sich daraus für den weiteren Verlauf der Argumentation?

7. Im Original lautet der Satz bei Wittgenstein folgendermaßen: „Die Grenzen meiner Sprache bilden die Grenzen meiner Welt". Diskutieren Sie in Ihrem Kurs, ob diese Formulierung eine grundlegend andere Sichtweise auf die Problematik enthält und welche Veränderungen bei der Erörterung sich daraus ergeben könnten.

3.1 Die Themenstellung untersuchen und Begriffe klären

Wenn wir uns mit der *Art der Themenstellung* zur Problemerörterung bzw. Erörterung von Sachverhalten auseinander setzen müssen, sollten wir uns zunächst überlegen,
- welche im Thema auftauchenden **Begriffe** wir klären müssen,
- in welchem größeren **Wirklichkeits-** oder **Wertzusammenhang** sich das Problem stellt,
- welche **Art von Fragestellung** vorliegt (Sachfragen, Wertfragen, Entscheidungsfragen),
- welche **Denkmuster** bzw. **Realitätsvorstellungen** der Problemstellung zugrunde liegen,
- wer von der Problemstellung und ihrer Lösung **betroffen ist**,
- welche **anderen Problemstellungen** in diesem Bereich denkbar wären.

Bei philosophischen, kulturellen und anderen gedanklich anspruchsvollen Themen ist es häufig notwendig, dass Sie einen Begriff oder auch mehrere Begriffe klären um das Thema angemessen behandeln zu können. Manchmal ist es gerade die Offenheit eines Begriffes, die ein bestimmtes Problem lebendig, provozierend, ja überhaupt erst strittig werden lässt und die Auseinandersetzung mit ihm notwendig macht (man denke beispielsweise an Begriffe wie Freiheit, Wahrheit, Fortschritt u. Ä.). Deshalb müssen Sie in Ihrer Erörterung zeigen, wie Sie bestimmte (Schlüssel-)Begriffe des Themas verstehen.

Mit einer *Begriffserklärung* bzw. *-erläuterung* entscheiden Sie auch über die Breite des Themas und den Inhalt Ihres Aufsatzes. Indem Sie Begriffe klären, legen Sie deren (allgemeinen) Sprachgebrauch für Ihre Erörterung fest. Sie haben dafür verschiedene Möglichkeiten:

- Sie benutzen Nachschlagewerke (Brockhaus, Meyer, etymologisches Wörterbuch u. a.).

In manchen Situationen, z. B. bei Klausuren, haben Sie keine Möglichkeit, in Büchern nachzuschlagen, und müssen daher anders vorgehen:
- Sie bestimmen den Begriff, indem Sie den dazugehörigen Oberbegriff angeben und dann erklären, welches die spezifische Bedeutung des Begriffes im Verhältnis zu seinem (umfassenderen) Oberbegriff ist;
- Sie versuchen den Begriff aus seiner sprachlichen Herkunft und/oder seinem allgemeinen Sprachgebrauch zu erklären;
- Sie bestimmen die Bedeutung eines Begriffs aus sinnverwandten Begriffen oder aus gegensätzlichen Begriffen heraus;
- Sie erklären den Begriff aufgrund eigener (Lebens-)Erfahrungen oder mithilfe von veranschaulichenden Beispielen;
- Sie bestimmen die Bedeutung eines Begriffes aus dem Kontext verschiedener (u. U. gegensätzlicher) Redensarten und Sprichwörter.

Arbeitsvorschläge

1. *Analysieren* Sie das Wittgenstein-Thema (vgl. S. 258) unter den oben genannten Gesichtspunkten (Begriffe klären, Art der Fragestellung usw.).

2. *Analysieren* Sie folgende Themen unter den oben genannten Gesichtspunkten:
Thema 1: „Der Mensch ist dazu verurteilt, frei zu sein" (Jean Paul Sartre). Wie verstehen Sie diesen Satz? Was bedeutet Freiheit für Sie?
Thema 2: Erörtern Sie mithilfe von konkreten Beispielen Probleme der Sprachnorm.
Thema 3: „Wer dafür ist, daß die Welt so bleibt, wie sie ist, der ist nicht dafür, daß sie bleibt" (Erich Fried). Setzen Sie sich mit dieser Aussage auseinander.

Eine genaue Analyse der Themenstellungen verdeutlicht, dass es zwei Grundformen/ Grundtypen des Erörterns gibt:

1. Die Sacherörterung
2. Die Problemerörterung

Die **Sacherörterung** verlangt von Ihnen das Sammeln und steigernde Anordnen von Argumenten und Beispielen zu einer vorgegebenen Sachfrage, jedoch keine *wertende* Stellungnahme.

Bei der Erörterung von Sachverhalten ergibt sich die Grundstruktur der Darstellung aus den zentralen Aspekten, unter denen die Sache abgehandelt werden soll. Diese können dann mehr oder weniger bereits durch die Themenstellung vorstrukturiert sein, sie ergeben sich aber auch aus besonders wichtigen Erschließungsfragen.

In der **Problemerörterung** geht es um die Diskussion von Entscheidungs- und Wertfragen. Durch Abwägen der Pro-und-Kontra-Argumente zu diesem Problem müssen sie zu einer begründeten persönlichen Stellungnahme gelangen. Dabei gibt es zwei Grundtypen des gedanklichen Aufbaus:
– die einfachere Form der Gegenüberstellung von Pro-und-Kontra-Argumenten und ihrer Abwägung in einem dritten Teil,
– die anspruchsvollere Form einer unmittelbaren Gegenüberstellung der einzelnen Sachaspekte sowie einer Zusammenführung in einem abschließenden Gesamturteil (Entscheidung, Wertung).

Arbeitsvorschlag Untersuchen Sie die Themenbeispiele 1 bis 3 daraufhin, ob es sich jeweils um eine Problemerörterung oder um eine Erörterung von Sachverhalten handelt. Begründen Sie Ihre Entscheidung.

3.2 Erschließen der Sachverhalte und Probleme: Stoffsammlung

Je nach Kenntnis und Verständnis der mit der Themenstellung angesprochenen Sache und je nach der Zeit, die für die Bearbeitung des Themas zur Verfügung steht, können Sie den Stoff erschließen durch
– bereits im Unterricht erworbene Kenntnisse und Einsichten,
– eine Information über Sachverhalte und Zusammenhänge in geeigneten Darstellungen und Abhandlungen (Nachschlagewerke),
– Erschließungsfragen:
a) die so genannten W-Fragen (wer? was? wo? womit? warum? wie? wann?),

b) Fragen nach der Bedeutung der Hauptbegriffe, den Ursachen, den Folgen, möglichen Beurteilungen des Problems.

Das Abschreiten dieser verschiedenen Erschließungsmöglichkeiten führt Sie zur *Stoffsammlung,* die eine erste stichwortartige Beantwortung des Erörterungsthemas darstellt. Die Stoffsammlung ist somit Ihre Materialbasis zur Ausarbeitung des Themas.

Während bei der Erörterung von *Sachverhalten* die Stoffsammlung hilft die verschiedenen Aspekte der Sache zusammenzutragen, unterstützt sie bei der Erörterung von *Problemen* das Finden der Argumente und Beispiele, mit denen Standpunkte begründet bzw. belegt werden.

Arbeitsvorschläge

1. *Formulieren Sie Erschließungsfragen* zu den auf S. 262 angeführten drei Themen und *überprüfen* Sie diese auf ihre Ergiebigkeit.

2. *Fertigen Sie* anhand Ihrer Erschließungsfragen zu einem der Themen eine *Stoffsammlung* an; achten Sie dabei auf die
   – Auswahl der möglichen Aspekte,
   – Differenzierung der Sachverhalte,
   – Konkretisierung der Schlagworte.

3. *Diskutieren Sie* in Ihrem Kurs über Ihre Stoffsammlungen. Ergänzen und verbessern Sie gegebenenfalls Ihre Materialien.

3.3 Gedanklicher Aufbau und Gliederung

Mit der Erschließung des Themas und der Stoffsammlung ist die Voraussetzung dafür geschaffen, das gesammelte Material und den gedanklichen Überblick über das gestellte Erörterungsthema in einen *logischen Aufbau* zu bringen. Damit machen Sie den Zugriff auf das Thema sichtbar.

Arbeitsvorschläge

1. *Diskutieren* Sie in Ihrem Kurs darüber, welche Konsequenzen sich aus der Einteilung der Beispielthemen in Problemerörterung bzw. Erörterung von Sachverhalten für die Grundform der jeweiligen Erörterung ergeben.

2. Überlegen Sie, welche Möglichkeiten Ihnen geeignet erscheinen die Problemstellung der einzelnen Themen angemessen zu diskutieren.

Die Entscheidung für eine steigernde oder dialektische Erörterung, die sich aus der Themenstellung ergibt, wird in der Anlage der Gliederung sichtbar. Im Folgenden sollen dies Beispiele von Gliederungen zu zwei verschiedenen Themen verdeutlichen:

> *Thema 1:* Durch welche Faktoren und auf welche Weise wird die sprachliche Entwicklung des einzelnen Menschen beeinflusst? Welche Folgerungen ergeben sich daraus?

		Nummerierungsalternative
A. Einleitung	...	1 ...
B. Hauptteil	I. Die Sprachentwicklung beeinflussende Faktoren	2
	1. Familie	2.1
	a)	2.1.1
	b)	2.1.2
	2. Soziales Umfeld	2.2
	a)	2.2.1
	b)	2.2.2
	3. Schule	2.3
	a)	2.3.1
	b)	2.3.2
	4. Lese- und Medienerfahrung	2.4
	a)	2.4.1
	b)	2.4.2
	II. Konsequenzen für die Spracherziehung	3
	1. Erkennen hemmender Faktoren	3.1
	a)	3.1.1
	b)	3.1.2
	2. Ausgleich hemmender Faktoren	3.2
	a)	3.2.1
	b)	3.2.2
	3. Ausbau von Förderungsmöglichkeiten	3.3
	a)	3.3.1
	b)	3.3.2
C. Schluss	...	4

Thema 2: Sollen an Politikerinnen und Politiker andere moralische Anforderungen gestellt werden als an „Normalbürger"?

1	...	A Einleitung ...
2	Welche moralischen Qualitäten müssen Politikerinnen und Politiker besitzen?	B Hauptteil
	2.1 Politikerinnen und Politiker sind Normalbürger	I.
	2.1.1 (1. Argument)	1.
	2.1.2 (2. Argument)	2.
	2.1.3 (3. Argument)	3.
	2.2 Politikerinnen und Politiker haben Vorbildfunktion	II.
	2.2.1 (1. Argument)	1.
	2.2.2 (2. Argument)	2.
	2.2.3 (3. Argument)	3.
	2.3 Die demokratische Öffentlichkeit setzt selbst die Maßstäbe	III.
3	...	C Schluss

Arbeits-vorschlag Zeigen Sie an beiden Gliederungen, dass jeweils eine Grundform des Erörterns benutzt wird.

Bei der dialektischen Form der Problemerörterung haben Sie zwei verschiedene Möglichkeiten des Aufbaus, die in der folgenden Grafik dargestellt sind:

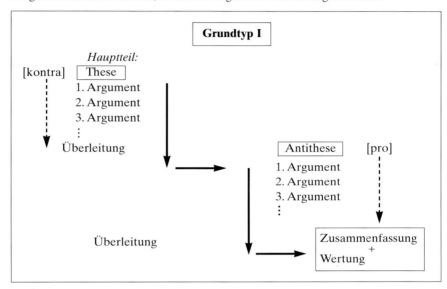

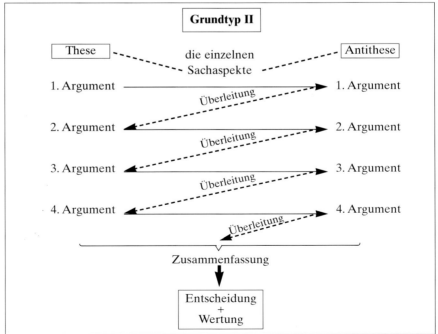

Nach diesem Grundprinzip II zu verfahren ist schwierig und zudem nicht an allen dialektischen Themen durchführbar.

Arbeitsvorschläge

1. Erläutern Sie Ihrem Kurs die beiden Grafiken.

2. Überlegen Sie, welche Form der dialektischen Erörterung Sie für das von Ihnen gewählte und mittels einer Stoffsammlung vorbereitete Thema (vgl. S. 263, Arbeitsvorschläge 2 und 3) wählen wollen. Begründen Sie Ihre Entscheidung.

3. Fertigen Sie auf der Grundlage Ihrer Stoffsammlung eine detaillierte Gliederung an.

3.4 Die Ausführung einer Erörterung

Argumentationsprinzipien

Überall dort, wo Sie sich bemühen Ihre Ansichten, Urteile und Handlungen anderen Personen zu verdeutlichen bzw. diese von der Richtigkeit oder der Vernünftigkeit zu überzeugen, **argumentieren** Sie. Es kommt daher bei der schriftlichen Entfaltung einer Argumentation darauf an, dass der Leser als gedachter Dialogpartner Ihrer Gedankenführung folgen kann und dass Sie dessen mögliche Fragen, Erwartungen und Einwände einbeziehen. Dabei sollten Sie mehrere Aspekte beachten:

- Wird Ihr **Argumentationsziel** deutlich?
- Ist der **Bezug** der einzelnen **Argumente zur These** gegeben?
- Welches **Argument** bedarf einer weiteren Begründung, damit seine Stichhaltigkeit gesichert wird (manche Argumente, etwa in Wertfragen, erfordern eine differenzierte Begründung in Form eines „Folgearguments")?
- Welche Beispiele und Belege festigen den **Zusammenhang** zwischen **These und Argument(en)**?
- Gelangen Sie in einer **sachlichen Abwägung** aller angeführten Argumente und Beispiele bzw. Belege zu einem für den Leser nachvollziehbaren **Urteil** bzw. zu einer **begründeten Stellungnahme**?

In einer *dialektischen Erörterung* kommt es darauf an, mittels einer systematischen Thesen-Antithesen-Diskussion zu einer überzeugenden und glaubwürdigen **Synthese** zu gelangen; in einer **steigernden Erörterung** ist es notwendig, mittels einer systematischen, verknüpfenden Darstellung und Erläuterung der Sachverhalte zu einer einsichtigen und klaren **Stellungnahme** zu gelangen. Die Wirkung einer Erörterung auf den Leser hängt zum einen davon ab, dass Sie in den informierenden, problematisierenden und auswertenden Teilen Ihrer Ausführungen die Argumente genügend relevant, haltbar und partnertaktisch wirksam formulieren; zum anderen sollten Sie darauf achten, dass Sie die **sprachlichen Mittel** überzeugend einsetzen: Es gilt, Behauptungen, Begründungen, Bedingungen, Wirkungen und mögliche Folgen der Argumentation rhetorisch wirksam miteinander zu verknüpfen.

Text 2 MAXIMILIAN NUTZ / ROLAND JOST: Die Überzeugungskraft von Argumenten

- **Argumente** sind dann **überzeugend**, wenn sie
  – für die Begründung der These genügend *relevant*,
  – Einwänden gegenüber *haltbar* (stichhaltig),
  – partnertaktisch *wirksam formuliert* sind.

- Die *Relevanz* von Argumenten ist dann gegeben, wenn ein enger und plausibler Zusammenhang zwischen These und Begründung besteht. Die *Beweiskraft* von Argumenten können wir unterstützen, wenn wir auf
  – anerkannte Denkmuster (Topoi),
  – gültige Gesetze, Normen, Werte,
  – Autoritäten
verweisen, die begründenden Aussagen Gewicht verleihen.

„Faulheit und Feigheit sind die Ursachen, warum ein so großer Teil der Menschen, nachdem sie die Natur längst von fremder Leitung freigesprochen, dennoch gerne zeitlebens unmündig bleiben (…). Es ist so bequem, unmündig zu sein." (Kant: „Was ist Aufklärung?")

These: Viele Menschen bleiben zeitlebens unmündig.
Begründung: Sie sind faul und feige.
(Topische) Stützung: Unmündigkeit ist bequem.

„Ich habe Respekt vor der persönlichen Freiheit, und trotzdem plädiere ich für eine gesetzliche Regelung, die den Nichtraucher auf Antrag vor dem Raucher am Arbeitsplatz schützt (…). Mir scheint erwiesen, daß Passivrauchen (…) eine erhebliche Belästigung des Nichtrauchers darstellt (und) (…) Gesundheitsschäden keinesfalls auszuschließen (sind). Das Recht auf möglichst reine Luft ist ein elementares Recht jeden Bürgers (…)." (Peter Merseburger in einer Pro- und Contra-Sendung, ARD, 18.12.75)

- Argumente gewinnen an *Haltbarkeit*, wenn wir zeigen, dass sie überprüfbar sind oder sich folgerichtig aus anerkannten Zielsetzungen, Normen etc. ergeben. Die Stichhaltigkeit können wir unterstreichen, wenn wir
  – auf bekannte Tatsachen, konkrete Erfahrungen, überprüfbare Beobachtungen etc. verweisen,
  – anschauliche Beispiele bringen,
  – Vergleiche mit Sachverhalten und Handlungen herstellen, in deren Einschätzung man sich einig glaubt.

Die beiden folgenden Beispiele veranschaulichen dies:
„An vielen deutschen Schulen herrschen Gewalt und dadurch Angst und Schrecken. (…) Daß die Eltern da kaum für Abhilfe sorgen können, ist kein Wunder. Auf ihnen lastet zwar mehr Erziehungsverantwortung als auf allen Generationen zuvor – aber gleichzeitig auch wachsender Leistungsdruck. Scheidungen, Job- und Ortswechsel oder doppelte Berufstätigkeit von Vater und Mutter haben alte Familienbande aufgelöst, zu Orientierungslosigkeit geführt. Miterzieher von einst wie Großfamilie, Nachbarn, Kirchengemeinde oder den Schupo an der Ecke gibt es kaum noch. Die neuen Miterzieher sind die Clique, das Kino – und vor allem das Fernsehen, wo immer mehr Gewalt zu sehen ist." (Der Stern, Nr. 8, 18.2.1993, S. 34)

„Mangels anderer Möglichkeiten häuft die Leistungsgesellschaft offenbar ihr gesammeltes schlechtes Gewissen auf die Schule. Nur die Schule wird beharrlich peinlichen Befragungen nach ihrem Leistungsstand ausgesetzt. Gleiches würde im Normalbetrieb unverzüglich den Betriebsrat oder die Gewerkschaft mobilisieren." (Malte Buschbeck: Leistung muß sein, weil Leistung sein muß. Süddeutsche Zeitung vom 21./22. 2. 1981)

● Bei der Suche nach überzeugenden Begründungsverfahren (Argumentationstechniken) können wir unterscheiden, ob unsere Thesen
– *Aussagen* über Sachverhalte (Wie ist die Sachlage, Situation?),
– *Bewertungen* von Sachverhalten oder Handlungen (Wie ist etwas zu beurteilen?),
– *Handlungsanweisungen* oder Forderungen (Was sollen wir tun?)
enthalten.

Behauptungen über Sachverhalte kann man durch den Nachweis begründen, dass die Behauptung *richtig* ist (Verweis auf Tatsachen) und indem man erklärt, warum es sich so verhält (Verweis auf Ursachen und Zusammenhänge.)

„Die Todesstrafe für Kapitalverbrechen ist eine ungerechtfertigte Form staatlicher Gewaltanwendung, weil sie keine Abschreckungsfunktion hat. Statistiken haben nämlich gezeigt, dass Abschaffung oder Wiedereinführung der Todesstrafe die Kriminalstatistik nicht verändert haben."

● *Urteile* über Sachverhalte oder Handlungen können durch den Hinweis auf in der Gesellschaft und durch diese anerkannte *Werte und Normen* begründet werden.

„Die Todesstrafe ist eine ungerechtfertigte Form staatlicher Gewaltanwendung, da sie einem zentralen Aspekt christlicher Weltanschauung widerspricht, nämlich dem Gebot ‚Du sollst nicht töten'. Unsere Gesellschaft, unser Staat stehen in der Tradition christlicher Normen und können daher die Auslöschung menschlichen Lebens nicht billigen."

● *Handlungsanweisungen* und Forderungen können wir *rechtfertigen*, indem wir auf *sachliche Notwendigkeiten* (so genannte Sachzwänge) hinweisen, akzeptable *Motive* darlegen oder *Handlungsziele* angeben, die für gut und erstrebenswert gehalten werden.

„Auch einem Schwerverbrecher müssen wir die Möglichkeit zur Resozialisierung, zur Verhaltensänderung gewähren, da uns unser Grundgesetz mit der Formulierung in Art. 2 Absatz 2. ‚Jeder hat das Recht auf Leben und körperliche Unversehrtheit' keine andere Wahl lässt."

Arbeitsvorschläge

1. Untersuchen Sie die Argumente im Schülerbeispiel zum Wittgenstein-Thema (Text 1, S. 258 ff.) systematisch daraufhin, ob sie
– relevant,
– stichhaltig,
– wirksam formuliert sind.
Schlagen Sie gegebenenfalls Änderungen vor.

2. Untersuchen und bewerten Sie Anordnung und Belegkraft der verschiedenen Beispiele, die der Verfasser dieses Schüleraufsatzes anführt.

Sprachliche Mittel des Argumentierens

Der Erfolg beim Argumentieren hängt nicht nur von der Qualität unserer Gründe, sondern wesentlich auch von der *Überzeugungskraft ihrer sprachlichen Darstellung* ab. In einer rationalen Argumentation, die den Leser als kritisch prüfenden Dialogpartner ernst nimmt, können wir sprachliche Mittel einsetzen um
– Argumentationszusammenhänge und Begründungen einsichtig zu machen,
– Verbindlichkeit und Glaubwürdigkeit unserer Aussagen zu verdeutlichen,
– Begriffe und Gedankengänge zu veranschaulichen.

a) Argumentationszusammenhang und Begründung

Argumentationszusammenhänge können wir vor allem durch **konjunktionale Verknüpfung** deutlich machen, wobei uns unterschiedliche Möglichkeiten des Satzbaus (Parataxe und Hypotaxe) zur Verfügung stehen.

Argumentations-zusammenhang	Parataxe	Hypotaxe
Begründung	denn, nämlich	weil, da
Bedingung	sonst, andernfalls	wenn, falls, sofern
Folgerung	also, folglich, demnach, daher, deshalb, deswegen, infolgedessen	dass, sodass
Ziel, Zweck	dazu, darum	dass, damit
Einräumung	trotzdem, dennoch, zwar … aber	obgleich, obwohl
Entgegensetzung	dagegen, trotzdem, indes, dennoch, jedoch, aber	
Vergleich Einschränkung	so … wie	wie, wie wenn, als (in)sofern, (in)soweit
Weiterführung/ Anreihung	außerdem, ferner, zuletzt, endlich, schließlich	

Besser verständlich wird unsere Argumentation auch durch einleitende Hinweise auf unser Vorgehen, indem wir z. B. deutlich machen, ob wir Thesen aufstellen, diese begründen, schlussfolgern usw. Unsere Sprache liefert uns eine Fülle von **feststehenden Wendungen** für Argumentationsverfahren, z. B.:

Behaupten: „Es steht fest, …"; „Man kann davon ausgehen …"
Begründen: „Das ist darauf zurückzuführen …"; „Die Ursache ist darin zu sehen …"; „Das zeigt sich besonders …"; „Ich möchte darauf hinweisen …"
Folgern: „Daraus kann man schließen, …"; „Die Folge davon ist …"; „Daraus ergibt sich …"
Bedingungen angeben: „Voraussetzung dafür ist allerdings …"; „Dabei muss aber berücksichtigt werden …"

Einräumen: *„Freilich muss man zugeben …"; „Es ist allerdings nicht von der Hand zu weisen …"*
Fragen: *„Hier stellt sich die Frage …"; „Wir müssen uns aber fragen …"*
Entkräften: *„Ich halte es für bedenklich …"; „Dem ist entgegenzuhalten …"; „Dagegen spricht die Tatsache …"*

b) Verbindlichkeit und Glaubwürdigkeit

Wer überzeugen will, muss *glaubwürdig* wirken. Das erreicht man nicht, indem man so schreibt, als gäbe es zum eigenen Standpunkt keine Alternativen, sondern indem man zwischen Fakten und Meinungen unterscheidet, Bedingungen und Grenzen des eigenen Standpunkts aufzeigt und zwischen verschiedenen Graden der Verbindlichkeit differenziert. Solche Differenzierungen können wir zum Ausdruck bringen durch:

– **Pronomina**, mit denen wir deutlich machen, wer etwas aussagt oder für wen etwas gültig ist etc. *(Ich bin der Auffassung …; Man muss davon ausgehen …; Manche sind überzeugt … usw.)*
– **Verben,** die zwischen Graden der Gewissheit unterscheiden *(wissen, glauben, vermuten, annehmen, meinen etc.)*
– **Modi** (Aussageweisen), die zwischen Wirklichkeit/Tatsächlichkeit (Indikativ) und Möglichkeit (Konjunktiv) unterscheiden *(Es w ä r e zu überlegen …; Man k ö n n t e zu dem Schluss kommen … etc.)*
– **Modaladverbien**, mit denen wir die Verbindlichkeit und Gültigkeit unserer Aussage betonen oder auch einschränken können *(vielleicht, kaum, gewiss, bestimmt, leider, zweifellos, vermutlich, wahrscheinlich, freilich, allerdings etc.)*
– **Modalverben**, die den Grad der Verbindlichkeit verdeutlichen *(müssen, können, wollen, dürfen, sollen).*

c) Anschaulichkeit

Wer überzeugen will, sollte sich also um das richtige Zusammenspiel von Abstraktion und Anschaulichkeit bemühen. Das gelingt u.a. durch
– *Konkretisierung* der zentralen **Begriffe**,
– *Veranschaulichung* von Argumentationsschritten durch **Beispiele**.

Arbeitsvorschläge

1. Schreiben Sie aus dem Schülerbeispiel (Text 1, S. 258 ff.) die Typen konjunktionaler Verknüpfungen heraus und kennzeichnen Sie durch Klammerzusatz den jeweils vorliegenden Argumentationszusammenhang (vgl. Sachinformation auf S. 269).

2. Untersuchen Sie in diesem Text, durch welche sprachlichen Mittel Verbindlichkeit und Glaubwürdigkeit erreicht werden.

3. Welche der sprachlichen Mittel beziehen den Leser in den Argumentationszusammenhang ein? Begründen Sie Ihre Entscheidung.

4. Untersuchen Sie den Text im Hinblick auf das Zusammenspiel von Anschaulichkeit und Abstraktion. Schlagen Sie dort Änderungen vor, wo es Ihnen notwendig erscheint.

5. Schreiben Sie zu dem von Ihnen gewählten Thema (S. 262) eine Erörterung.

4. Texterschließung und Interpretation

Im Unterschied zur Erschließung eines poetischen Textes unter ausgewählten Aspekten und der Beschreibung einzelner Merkmale zielt eine Interpretation auf die Deutung des **Sinnganzen** eines Werkes. Überzeugend ist eine solche Deutung vor allem dann, wenn sie durch genaue Beobachtungen am Text und durch literaturgeschichtliches Wissen gestützt wird. In der 11. Klasse haben Sie bereits wichtige Aspekte der Untersuchung und Kategorien der Beschreibung kennen gelernt, die in diesem Kapitel am **Drama** und an der **Novelle** gattungsspezifisch vertieft werden sollen. Die Kenntnisse und Einsichten, die Sie bei der epochenorientierten Literaturbetrachtung gewinnen, ermöglichen Ihnen ein **historisches Verständnis** von Formensprache, Thematik und Problemgehalt.

Anders als Gedichte, Parabeln und Kurzgeschichten können umfangreichere Werke wie Dramen, Romane und Novellen im Rahmen eines schulischen Aufsatzes nicht in ihrer komplexen Ganzheit interpretiert werden, sondern nur in Ausschnitten. Während man sich bei einer Erschließung und Beschreibung auf den vorgegebenen Textausschnitt beschränken kann, verlangt eine Interpretation, dass die für das Werk charakteristischen Gestaltungsweisen verdeutlicht und thematische, problembezogene und kompositorische Bezüge zum Werkganzen sichtbar gemacht werden.

4.1 Erschließen und Interpretieren einer Szene aus einem Drama

Bei dramatischen Texten ist die einzelne **Szene** ein geeigneter Ausschnitt für die Erschließung und Interpretation, weil sie einerseits als Bauelement klar abgegrenzt ist, andererseits durch ihre Funktion im Handlungszusammenhang und im dramatischen Aufbau, die Konfiguration der Personen und den Problemgehalt des Dialogs auf das ganze Werk bezogen ist. An der Gestaltung der Einzelszene lässt sich deshalb oft schon erkennen, ob wir es mit einem geschlossenen oder einem offenen Dramentypus zu tun haben, wie die Figuren konzipiert sind (Typen, Charaktere, autonome oder sozial determinierte Individuen etc.), ob es sich um eine tragische oder komische Situation handelt, um welche Themen und Probleme es geht. Jede Szene, die rein äußerlich durch das Auf- und Abtreten der Figuren abgegrenzt ist, wird als Teil eines Ganzen bestimmt durch die **Konfiguration**, d. h. die Begegnung bestimmter Figuren aus dem Gesamtpersonal des Stücks, die **Situation** (räumlich, zeitlich, Handlungskontext, soziale und politische Zusammenhänge) und den **Dialog oder Monolog**, der das Geschehen vorantreibt, Entscheidungen herbeiführt etc. Im klassischen Drama ist durch die Position der Szene im **Aufbau** (Eröffnungsszene, Exposition, Spannungssteigerung, Höhepunkt, Schlussszene etc.) ihre dramatische Funktion weit gehend festgelegt, während in den Formen des offenen Dramas (z. B. Büchners „Woyzeck") die Szene mehr „ein herausgebrochener, verselbständigter Teil" (Volker Klotz) eines Ganzen ist, das in situativer Verdichtung Aspekte der dargestellten Wirklichkeit sichtbar werden lässt. Jede Szene weist über sich hinaus auf das Werkganze, den **Dramentypus**, den epochenspezifischen dramatischen

Stil etc. und es ist die Aufgabe einer Interpretation, solche Zusammenhänge zu verdeutlichen.

Arbeitsvorschläge

1. Welche Szenen aus einem klassischen Drama, das Sie im Unterricht gelesen haben, scheinen Ihnen besonders geeignet um an einem Ausschnitt zentrale Aspekte des Werks zu verdeutlichen? Begründen Sie Ihre Wahl.

2. Klären Sie im Gespräch, inwieweit in den Szenen bzw. Szenenausschnitten im Kapitel „Drama – von der Klassik zur Moderne" zeit- und epochentypische Fragestellungen und Probleme sichtbar werden.

4.1.1 Aspekte und Kategorien der Erschließung und Beschreibung

Text 1

FRIEDRICH SCHILLER: Maria Stuart (1800)

ERSTER AUFZUG
IM SCHLOSS ZU FOTHERINGHAY. EIN ZIMMER.

Erster Auftritt
Hanna Kennedy, Amme der Königin von Schottland, in heftigem Streit mit Paulet, der im Begriff ist, einen Schrank zu öffnen. Drugeon Drury, sein Gehilfe, mit Brecheisen.
KENNEDY: Was macht ihr, Sir? Welch neue Dreistigkeit!
    Zurück von diesem Schrank!
PAULET: Wo kam der Schmuck her?   5
    Vom obern Stock ward er herabgeworfen,
    Der Gärtner hat bestochen werden sollen
    Mit diesem Schmuck – Fluch über Weiberlist!
    Trotz meiner Aufsicht, meinem scharfen Suchen,
    Noch Kostbarkeiten, *noch* geheime Schätze!   10
    (Sich über den Schrank hermachend.)
    Wo das gesteckt hat, liegt noch mehr!
KENNEDY: Zurück, Verwegner!
    Hier liegen die Geheimnisse der Lady.
PAULET: Die eben such ich. *(Schriften hervorziehend.)*   15
KENNEDY: Unbedeutende
    Papiere, bloße Übungen der Feder,
    Des Kerkers traur'ge Weile zu verkürzen.
PAULET: In müßger Weile schafft der böse Geist.
KENNEDY: Es sind französische Schriften.   20
PAULET: Desto schlimmer!
    Die Sprache redet Englands Feind.
KENNEDY: Konzepte
    Von Briefen an die Königin von England.
PAULET: Die überliefr' ich – Sieh! Was schimmert hier?   25
    (Er hat einen geheimen Ressort geöffnet, und zieht aus einem
    verborgenen Fach Geschmeide hervor.).

                    Ein königliches Stirnband, reich an Steinen.
                    Durchzogen mit den Lilien von Frankreich!
                    (Er gibt es seinem Begleiter.)   30
                    Verwahrts, Drury. Legts zu dem übrigen! *(Drury geht ab.)*
KENNEDY: O schimpfliche Gewalt, die wir erleiden!
PAULET: So lang sie noch besitzt, kann sie noch schaden,
                    Denn alles wird Gewehr in ihrer Hand.
KENNEDY: Seid gütig, Sir. Nehmt nicht den letzten Schmuck   35
                    Aus unserm Leben weg! Die Jammervolle
                    Erfreut der Anblick alter Herrlichkeit,
                    Denn alles andre habt ihr uns entrissen.
PAULET: Es liegt in guter Hand. Gewissenhaft
                    Wird es zu seiner Zeit zurückgegeben!   40
KENNEDY: Wer sieht es diesen kahlen Wänden an,
                    Daß eine Königin hier wohnt? Wo ist
                    Die Himmeldecke über ihrem Sitz?
                    Muß sie den zärtlich weichgewöhnten Fuß
                    Nicht auf gemeinen rauhen Boden setzen?   45
                    Mit grobem Zinn, die schlechtste Edelfrau
                    Würd es verschmähn, bedient man ihre Tafel.
PAULET: So speiste sie zu Sterlyn ihren Gatten,
                    Da sie aus Gold mit ihrem Buhlen trank.
KENNEDY: Sogar des Spiegels kleine Notdurft mangelt.   50
PAULET: So lang sie noch ihr eitles Bild beschaut,
                    Hört sie nicht auf, zu hoffen und zu wagen.
KENNEDY: An Büchern fehlts, den Geist zu unterhalten.
PAULET: Die Bibel ließ man ihr, das Herz zu bessern.
KENNEDY: Selbst ihre Laute ward ihr weggenommen.   55
PAULET: Weil sie verbuhlte Lieder drauf gespielt.
KENNEDY: Ist das ein Schicksal für die weicherzogne,
                    Die in der Wiege Königin schon war,
                    Am üppgen Hof der Mediceerin
                    In jeder Freuden Fülle aufgewachsen.   60
                    Es sei genug, daß man die Macht ihr nahm,
                    Muß man die armen Flitter ihr mißgönnen?
                    In *großes* Unglück lehrt ein edles Herz
                    Sich endlich finden, aber wehe tuts,
                    Des Lebens kleine Zierden zu entbehren.   65
PAULET: Sie wenden nur das Herz dem Eiteln zu,
                    Das in sich gehen und bereuen soll.
                    Ein üppig lastervolles Leben büßt sich
                    In Mangel und Erniedrigung allein.
KENNEDY: Wenn ihre zarte Jugend sich verging,   70
                    Mag sies mit Gott abtun und ihrem Herzen,
                    In England ist kein Richter über sie.
PAULET: Sie wird gerichtet, wo sie frevelte.
KENNEDY: Zum Freveln fesseln sie zu enge Bande.
PAULET: Doch wußte sie aus diesen engen Banden   75

Den Arm zu strecken in die Welt, die Fackel
Des Bürgerkrieges in das Reich zu schleudern,
Und gegen unsre Königin, die Gott
Erhalte! Meuchelrotten zu bewaffnen.
Erregte sie aus diesen Mauern nicht   80
Den Böswicht *Parry* und den *Babington*
Zu der verfluchten Tat des Königsmords?
Hielt dieses Eisengitter sie zurück,
Das edle Herz des *Norfolk* zu umstricken?
Für sie geopfert fiel das beste Haupt   85
Auf dieser Insel unterm Henkerbeil –
Und schreckte dieses jammervolle Beispiel
Die Rasenden zurück, die sich wetteifernd
Um ihrentwillen in den Abgrund stürzen?
Die Blutgerüste füllen sich für sie   90
Mit immer neuen Todesopfern an,
Und das wird nimmer enden, bis sie selbst,
Die Schuldigste, darauf geopfert ist.
– O Fluch dem Tag, da dieses Landes Küste
Gastfreundlich diese *Helena* empfing.   95
KENNEDY: Gastfreundlich hätte England sie empfangen?
Die Unglückselige, die seit dem Tag
Da sie den Fuß gesetzt in dieses Land,
Als eine Hilfeflehende, Vertriebne
Bei der Verwandten Schutz zu suchen kam,   100
Sich wider Völkerrecht und Königswürde
Gefangen sieht, in enger Kerkerhaft
Der Jugend schöne Jahre muß vertrauern. –
Die jetzt, nachdem sie alles hat erfahren,
Was das Gefängnis bittres hat, gemeinen   105
Verbrechern gleich, vor des Gerichtes Schranken
Gefordert wird und schimpflich angeklagt
Auf Leib und Leben – eine Königin!
PAULET: Sie kam ins Land als eine Mörderin,
Verjagt von ihrem Volk, des Throns entsetzt,   110
Den sie mit schwerer Greueltat geschändet.
Verschworen kam sie gegen Englands Glück,
Der spanischen Maria blutge Zeiten
Zurück zu bringen, Engelland katholisch
Zu machen, an den Franzmann zu verraten.   115
Warum verschmähte sies, den Edinburger
Vertrag zu unterschreiben, ihren Anspruch
An England aufzugeben, und den Weg
Aus diesem Kerker schnell sich aufzutun,
Mit einem Federstrich? Sie wollte lieber   120
Gefangen bleiben, sich mißhandelt sehn,
Als dieses Titels leerem Prunk entsagen.
Weswegen tat sie das? Weil sie den Ränken

Texterschließung und Interpretation

    Vertraut, den bösen Künsten der Verschwörung,
    Und unheilspinnend diese ganze Insel   125
    Aus ihrem Kerker zu erobern hofft.
KENNEDY: Ihr spottet, Sir – Zur Härte fügt ihr noch
    Den bittern Hohn! Sie hegte solche Träume,
    Die hier lebendig eingemauert lebt,
    Zu der kein Schall des Trostes, keine Stimme   130
    Der Freundschaft aus der lieben Heimat dringt,
    Die längst kein Menschenangesicht mehr schaute,
    Als ihrer Kerkermeister finstre Stirn,
    Die erst seit kurzem einen neuen Wächter
    Erhielt in eurem rauhen Anverwandten,   135
    Von neuen Stäben sich umgittert sieht –
PAULET: Kein Eisengitter schützt vor ihrer List.
    Weiß ich, ob diese Stäbe nicht durchfeilt,
    Nicht dieses Zimmers Boden, diese Wände,
    Von außen fest, nicht hohl von innen sind,   140
    Und den Verrat einlassen, wenn ich schlafe?
    Fluchvolles Amt, das mir geworden ist,
    Die Unheilbrütendlistige zu hüten.
    Vom Schlummer jagt die Furcht mich auf, ich gehe
    Nachts um, wie ein gequälter Geist, erprobe   145
    Des Schlosses Riegel und der Wächter Treu,
    Und sehe zitternd jeden Morgen kommen,
    Der meine Furcht wahr machen kann. Doch wohl mir!
    Wohl! Es ist Hoffnung, daß es bald nun endet.
    Denn lieber möcht ich der Verdammten Schar   150
    Wachstehend an der Höllenpforte hüten,
    Als diese ränkevolle Königin.
KENNEDY: Da kommt sie selbst!
PAULET: Den Christus in der Hand,
    Die Hoffart und die Weltlust in dem Herzen.   155

Aus: Friedrich Schiller: Maria Stuart. in: Sämtliche Werke. Bd. 2. München 1962.

Text 2   GEORG BÜCHNER: Woyzeck (entstanden vor 1837, Erstdruck 1879)

DER HAUPTMANN. WOYZECK
Hauptmann auf einem Stuhl, Woyzeck rasiert ihn.

HAUPTMANN: Langsam Woyzeck, langsam; ein's nach dem andern. Er macht mir ganz schwindlig. Was soll ich dann mit den zehn Minuten anfangen, die Er heut zu früh fertig wird? Woyzeck, bedenk' Er, Er hat noch seine schöne dreißig Jahr zu leben, dreißig Jahr! Macht 360 Monate, und Tage, Stunden, Minuten! Was will Er denn mit der ungeheuren Zeit all anfangen? Teil Er sich ein, Woyzeck. 5

WOYZECK: Ja wohl, Herr Hauptmann.

HAUPTMANN: Es wird mir ganz angst um die Welt, wenn ich an die Ewigkeit denke. Beschäftigung, Woyzeck, Beschäftigung! ewig das ist ewig, das ist ewig, das siehst du ein; nun ist es aber wieder nicht ewig und das ist ein Augenblick, ja, ein

10   Augenblick – Woyzeck, es schaudert mich, wenn ich denk, daß sich die Welt in einem Tag herumdreht, was 'ne Zeitverschwendung, wo soll das hinaus? Woyzeck, ich kann kein Mühlrad mehr sehn, oder ich werd' melancholisch.
WOYZECK: Ja wohl, Herr Hauptmann.
HAUPTMANN: Woyzeck Er sieht immer so verhetzt aus. Ein guter Mensch tut das
15   nicht, ein guter Mensch, der sein gutes Gewissen hat. – Red' Er doch was Woyzeck. Was ist heut für Wetter?
WOYZECK: Schlimm, Herr Hauptmann, schlimm; Wind.
HAUPTMANN: Ich spür's schon, s' ist so was Geschwindes draußen; so ein Wind macht mir den Effekt wie eine Maus. *(pfiffig)* Ich glaub' wir haben so was aus
20   Süd-Nord.
WOYZECK: Ja wohl, Herr Hauptmann.
HAUPTMANN: Ha! ha! ha! Süd-Nord! Ha! Ha! Ha! O Er ist dumm, ganz abscheulich dumm. *(gerührt)* Woyzeck, Er ist ein guter Mensch, ein guter Mensch – aber *mit Würde* Woyzeck, Er hat keine Moral! Moral das ist wenn man moralisch ist, ver-
25   steht Er. Es ist ein gutes Wort. Er hat ein Kind, ohne den Segen der Kirche, wie unser hochehrwürdiger Herr Garnisonsprediger sagt, ohne den Segen der Kirche, es ist nicht von mir.
WOYZECK: Herr Hauptmann, der liebe Gott wird den armen Wurm nicht drum ansehn, ob das Amen drüber gesagt ist, eh' er gemacht wurde. Der Herr sprach:
30   Lasset die Kindlein zu mir kommen.
HAUPTMANN: Was sagt Er da? Was ist das für ne kuriose Antwort? Er macht mich ganz konfus mit seiner Antwort. Wenn ich sag: Er, so mein ich Ihn, Ihn.
WOYZECK: Wir arme Leut. Sehn Sie, Herr Hauptmann, Geld, Geld. Wer kein Geld hat. Da setz einmal einer seinsgleichen auf die Moral in die Welt. Man hat auch
35   sein Fleisch und Blut. Unseins ist doch einmal unselig in der und der andern Welt, ich glaub' wenn wir in Himmel kämen so müßten wir donnern helfen.
HAUPTMANN: Woyzeck Er hat keine Tugend, Er ist kein tugendhafter Mensch. Fleisch und Blut? Wenn ich am Fenster lieg, wenn's geregnet hat und den weißen Strümpfen so nachsehe wie sie über die Gassen springen, – verdammt Woyzeck,
40   – da kommt mir die Liebe. Ich hab auch Fleisch und Blut. Aber Woyzeck, die Tugend, die Tugend! Wie sollte ich dann die Zeit herumbringen? ich sag' mir immer: Du bist ein tugendhafter Mensch, *(gerührt)* ein guter Mensch, ein guter Mensch.
WOYZECK: Ja, Herr Hauptmann, die Tugend! ich hab's noch nicht so aus. Sehn Sie,
45   wir gemeine Leut, das hat keine Tugend, es kommt einem nur so die Natur, aber wenn ich ein Herr wär und hätt ein Hut und eine Uhr und eine anglaise und könnt vornehm reden, ich wollt schon tugendhaft sein. Es muß was Schöns sein um die Tugend, Herr Hauptmann. Aber ich bin ein armer Kerl.
HAUPTMANN: Gut Woyzeck. Du bist ein guter Mensch, ein guter Mensch. Aber du
50   denkst zuviel, das zehrt, du siehst immer so verhetzt aus. Der Diskurs hat mich ganz angegriffen. Geh' jetzt und renn nicht so; langsam hübsch langsam die Straße hinunter.

Aus: Georg Büchner: Werke und Briefe. München 1980.

Die Situation

Im Gegensatz zum Theaterbesucher, dem sich beim Öffnen des Vorhangs ein Bühnenbild präsentiert, vor dem die Personen agieren, muss sich der Leser eines Dramas den **Raum** erst vorstellen. Im klassischen Drama wird er durch knappe Bühnenanweisungen nur darüber informiert, wo jeweils die Szenen eines Aktes spielen, während etwa im naturalistischen Drama (vgl. Hauptmanns „Die Weber") durch detaillierte Beschreibung die Illusion eines wirklichkeitsgetreuen Raumes entsteht. In der Komposition des klassischen Dramas hat der nicht konkretisierte Raum oft symbolische Bedeutung. Während die beiden ersten und die beiden letzten Akte in Schillers „Maria Stuart" entweder in Schloss Fotheringhay (Marias Gefängnis) oder im Palast zu Westminster spielen, findet die Begegnung der Königinnen in der Mitte des dritten Aktes in einem „Park" statt, der nach „hinten eine weite Aussicht" hat, was die Freiheitshoffnungen Marias nährt. Ob der Raum nur der abstrakte Ort für die Wortduelle ist oder durch Konkretisierung und Requisiten Bedeutungsträger wird (z. B. zur Spiegelung des Inneren der Figuren), hängt vom epochenspezifischen Menschenbild, der Auffassung von Gesellschaft und Geschichte, von den Aufgaben des Dramas etc. ab.

Entscheidendes Element einer Szene ist der **Zeitpunkt** innerhalb des Ablaufs der Ereignisse, in dem sich die Figuren begegnen. Im linear konzipierten Handlungsverlauf des klassischen Dramas ist jede szenische Situation im Zusammenhang vorausgehender Handlungen zu sehen, die das Verhalten der Figuren beeinflussen. In Büchners „Woyzeck" dagegen wird die Szene nicht durch einen im Handlungsverlauf festgelegten Ort genau bestimmt, sodass die Reihenfolge der Szenen dieses Dramas, das nur in handschriftlichen Fragmenten überliefert ist, sich nicht mehr eindeutig rekonstruieren lässt. In Becketts „Warten auf Godot" schließlich gibt es überhaupt keine zeitlich fixierbaren Veränderungen mehr, die Situation des Wartens bestimmt die beiden Akte, und die Figuren machen am Ende genau das Gleiche wie am Anfang.

Situationen sind eingebunden in einen **historisch-gesellschaftlichen Rahmen**, in dem die Figuren agieren. In Goethes „Torquato Tasso" (vgl. S. 213 ff.) ist es die höfische Lebenswelt mit ihren Repräsentationsbedürfnissen, institutionellen Zwängen und Rollenerwartungen, welche das Gesprächsklima und die Verhaltensweisen der Figuren prägt. Dramatisch werden Situationen vor allem dann, wenn eine Figur mit solchen Erwartungen in Konflikt gerät (wie im „Tasso"), wenn die gesellschaftlichen Gegensätze (z. B. Standesunterschiede) in den Rollenkonstellationen sich zuspitzen (wie im Bürgerlichen Trauerspiel) oder wenn in der Auseinandersetzung der Figuren unterschiedliche Interessen, Werte, Prinzipien etc. aufeinander prallen (vgl. „Wallensteins Tod", S. 27 ff.). In den Situationen der verschiedenen Szenen eines Dramas werden also nicht nur die Stationen des Geschehens deutlich, sondern diese spiegeln zugleich die politische, soziale und kulturelle Lebenswelt der Figuren.

Arbeitsvorschläge

1. Welche Informationen bekommt der Leser in der Eröffnungsszene der „Maria Stuart" (Text 1) über die äußeren Bedingungen der Gefangenschaft Marias?

2. Untersuchen Sie die Situation, mit der das Drama beginnt. Worin liegt ihre Aufgabe für die Exposition?

3. Zeigen Sie, auf welche Weise die Situation der Szene III,2 in Hebbels „Maria Magdalena" (vgl. S. 174 ff.) durch die Lebenswelt der Figuren (Geschlechterrollen und Normen) geprägt ist.

4. Welche gesellschaftlichen Verhältnisse werden in der Szene aus Büchners „Woyzeck" durch die Situation verdeutlicht?

Die Figuren

Welche Figuren sich im klassischen Drama in den einzelnen Szenen und Situationen begegnen, ergibt sich teilweise bereits aus der **Figurenkonstellation** der *dramatis personae*, in der sich die Konfliktparteien, soziale Hierarchien und Rollen spiegeln. In Goethes Drama „Iphigenie auf Tauris" steht die weibliche Hauptfigur vor der Entscheidung den Bruder Orest durch List zu retten oder Thoas die Wahrheit zu sagen. Charakteristisch für die Komposition des Dramas sind Hierarchie und Symmetrie im Auftreten der Figuren: Iphigenie tritt in 16 von 20 Szenen auf (davon fünf Monologe!), die Kontrahenten Orest und Thoas nur jeweils in sieben. Im Gegensatz zu einer solch strengen Architektur, die auf den seelischen Konflikt der Hauptfigur zugeschnitten ist, haben die Konstellationen und Begegnungen der Figuren in einem offenen Drama wie Büchners „Woyzeck" die Aufgabe, die komplexe soziale Realität in Ausschnitten zu verdeutlichen und die Determination des Menschen durch gesellschaftliche Verhältnisse sichtbar zu machen.

Gesprächsverhalten und **Handeln** der Figuren in einer Szene sind neben den situativen Bedingungen auch von dem **Menschenbild** abhängig, das ihrer Konzeption zugrunde liegt. Die Akteure im klassischen Drama sind weniger psychologisch plausible Charaktere, sondern Individuen, in deren Konflikten die Ideen und Probleme humaner Lebenspraxis deutlich werden und die noch, wie z. B. Maria Stuart, im tragischen Scheitern an der Wirklichkeit Freiheit und Autonomie erlangen. Je mehr eine Figur dagegen auf eine bestimmte soziale Rolle oder einen Verhaltenstypus (z. B. der Geizhals Harpagon in Molières Komödie „Der Geizige") festgelegt ist, umso stärker sind Gesprächsverhalten und Handeln durch diese Festlegungen bestimmt. Das Spektrum möglicher Verhaltensweisen hängt darüber hinaus auch davon ab, ob sich eine Figur innerhalb des Geschehens entwickeln kann, ob sie also statisch oder dynamisch konzipiert ist, welchen Bewusstseinsgrad sie in der Wahrnehmung und Reflexion besitzt, wie psychologisch vielschichtig sie gezeichnet ist.

Trotz der vielen Faktoren, die eine Situation prägen, ist diese für die Figuren nicht völlig determiniert, sondern sie wird von diesen auch subjektiv eingeschätzt, für die eigenen Ziele genützt und teilweise im Laufe des Dialogs verändert. Figuren begegnen einander bereits mit bestimmten **Annahmen** und **Erwartungen**, sie haben bestimmte **Motive** und **Absichten** und machen sich ein Bild davon, was der andere vorhat, denkt, wie er sich verhält. Von der Bewusstheit, der sozialen Rolle und dem Verhaltensspielraum einer Figur hängt es dabei ab, inwieweit es ihr gelingt, durch bestimmte Verhaltensweisen und Strategien der Gesprächsführung den Verlauf des Dialogs zu beeinflussen.

Arbeitsvorschläge

1. Untersuchen Sie, welcher Verhaltensspielraum sich für Hanna Kennedy in der Eröffnungsszene von Schillers „Maria Stuart" (Text 1) aus der Situation und der Rollenkonstellation ergibt.

2. Wie schätzen die Figuren jeweils die Situation ein? Welche Folgen hat das für ihr Verhalten?

3. Zeigen Sie, welche Strategien Hanna Kennedy anwendet um Paulet zu beeinflussen.

4. Untersuchen Sie, inwieweit Woyzeck und der Hauptmann (Text 2) in ihrem Bewusstsein durch soziale Rollen und ihre Lebenswelt geprägt sind.

5. Vergleichen Sie die Konzeption der Frauenfiguren in der Szene III,2 von Hebbels „Maria Magdalena" (vgl. S. 174 ff.) und in der Eingangsszene von Jelineks „Was geschah, nachdem Nora ihren Mann verlassen hatte" (vgl. S. 187 ff.).

Figurenrede und Dialog

Da es im Drama keinen Erzähler gibt, der dem Leser die fiktive Welt berichtend, beschreibend oder kommentierend vermittelt, muss die Figurenrede mehrere Aufgaben übernehmen: Sie ist sowohl **sprachliches Handeln** der Figuren, das die Ereignisse beeinflusst, als auch Mittel der **Figurencharakterisierung**, der **Information** des Lesers/Zuschauers über alles, was nicht in den Szenen dargestellt wird, und der Thematisierung jener Probleme, um die es in einem Stück geht. Wenn Iphigenie Thoas die Geschichte ihrer Herkunft erzählt, wird zugleich der Leser über den Atridenfluch informiert; wenn Antigone Kreon gegenüber die Übertretung des Bestattungsverbots rechtfertigt (vgl. S. 150 ff.), geht es zugleich um eine politisch-moralische Diskussion über die Grenzen menschlicher Herrschaft; wenn schließlich Klara Leonhard verzweifelt um die Heirat bittet (vgl. S. 174 ff.), bekommt der Leser durch die Bilder scheinbar absoluter Unterwerfung zugleich einen Eindruck von ihrer psychischen Situation und dem Abscheu, den sie vor Leonhard hat. Sprachliches Handeln wird die Figurenrede vor allem durch Ausüben von **Sprechakten** (fragen, bitten, befehlen, schwören etc.) sowie durch verschiedene Strategien der **Gesprächssteuerung** wie Themenwahl und -wechsel, Eingehen auf den Partner oder Ausweichen, Kommentieren und Bewerten etc. Um Elisabeth zu einem Zusammentreffen mit Maria zu überreden setzt Leicester (Szene II,9) eine Fülle sprachlich-rhetorischer Mittel ein, mit denen er ihrer Eitelkeit schmeichelt, ihre Neugier ausnutzt, Marias Schönheit abwertet und Elisabeth einen weiblichen Triumph ausmalt. Im sprachlichen Handeln zeigt sich damit zugleich der Charakter der Figuren. So unterschiedlich die Charaktere und die Strategien der Figuren im klassischen Drama auch sind, so bleibt doch ihre Rede in Wortwahl, Satzbau und Rhetorik auf derselben **Sprachebene**, durch die der **Stil** des Stücks geprägt ist. Im Gegensatz dazu ist das Sprechen der Figuren im offenen Drama, z. B. in Büchners „Woyzeck", oder im naturalistischen Drama durch die soziale Herkunft, den Bildungsgrad, soziale Rollen etc. geprägt. Die Sprache der Figuren wird zum Ausdruck ihrer sozialen Determination, ihrer reduzierten Bewusstheit, der Macht psychischer Vorgänge, die in Gesten oder im Verstummen zum Vorschein kommen.

Dramatische Dialoge unterscheiden sich vor allem durch ihre **Kommunikationsstruktur**, die durch die Beziehung und den Zusammenhang zwischen den einzelnen Äußerungen (Repliken) der Figuren entsteht. Häufigkeit des Sprecherwechsels, Kürze oder Länge der Äußerungen, Themenbezogenheit oder Themawechsel, Ins-Wort-Fallen, simultanes Sprechen etc. sind Formen der sprachlichen Interaktion, die dem jeweiligen Dialog das Gepräge geben. In der berühmten Szene V,3 von Goethes „Iphigenie auf Tauris" (S. 156 ff.) nehmen alle Äußerungen des Königs Thoas zusammen nur etwa die Hälfte der Länge von Iphigeniens „kühnem Unternehmen" ein, Thoas die Wahrheit zu sagen (Thoas spricht insgesamt nur etwa ein Sechstel aller Verszeilen der Szene!). Bereits diese quantitative Verteilung der Äußerungen macht deutlich, dass es nicht um einen symmetrischen Konfliktdialog geht, sondern um das innere Ringen Iphigeniens, die durch die meist einzeiligen Repliken des Thoas (Aufforderungen, Kommentierungen, Mahnungen etc.) zur Entscheidung gedrängt wird.

Strukturmerkmal des Dialogs im klassischen Drama ist der enge thematische **Bezug der Repliken**, die den Problemgehalt des Stücks in kontrastiven Positionen entfalten. In der Szene V,3 (der „Iphigenie") geht es im Wechsel von Rede und Gegenrede um die zentralen Fragen von Gesetz und Leidenschaft, Gewalt und Menschlichkeit, Lüge und Wahrheit, die den Dialog zum moralisch-politischen Diskurs werden lassen. Anders als in Formen des offenen Dramas gibt es weder Unterbrechungen, simultanes Sprechen, Aneinandervorbeireden oder Verstummen, keine assoziativen Sprünge, Satzbrüche etc. – der argumentativ-rhetorisch geformte Dialog wird selbst zur Botschaft humaner Konfliktlösung durch Kommunikation.

Die Struktur der Kommunikation ist teilweise auch abhängig von den unterschiedlichen Funktionen des sprachlichen Handelns. Wo im Gespräch bisher Verborgenes aufgedeckt werden soll, kann man von einem **Enthüllungsdialog** sprechen, der auch die Form des Verhörs annehmen kann; wo unterschiedliche Standpunkte und Meinungen in einer Auseinandersetzung aufeinander prallen, haben wir es mit einem **Konfliktgespräch** zu tun; wo eine Figur dazu gebracht werden soll, bestimmte Entscheidungen zu treffen oder sich in der gewünschten Weise zu verhalten, handelt es sich – je nach der Art der Beeinflussung – um ein **Überzeugungs-, Überredungs-** oder auch **Einschüchterungsgespräch**. In Gesprächen kann sich eine Figur aber auch anderen mitteilen, Probleme thematisieren oder nach Lösungen suchen.

Arbeitsvorschläge

1. Zeigen Sie die verschiedenen Funktionen der Figurenrede in der Eröffnungsszene von Schillers „Maria Stuart".

2. Vergleichen Sie die Mittel der Gesprächslenkung von Thoas und Iphigenie in der Szene V,3 (vgl. S. 156 ff.).

3. Beschreiben Sie die Figurensprache in der ersten Szene von Jelineks Drama „Was geschah, nachdem Nora ihren Mann verlassen hatte" (vgl. S. 187 ff.).

4. Vergleichen Sie die Kommunikationsstruktur in der Eröffnungsszene von Schillers „Maria Stuart" und in der Szene aus Büchners „Woyzeck". Zeigen Sie, dass diese für den jeweiligen Dramentyp charakteristisch ist.

Aufbau

Wie in der **geschlossenen Form** eines klassischen Dramas die Aufeinanderfolge der Szenen und Akte durch lineare Entwicklung, kausale Verknüpfung und hierarchische Ordnung gekennzeichnet ist, die von der Exposition über das erregende Moment, den Höhepunkt, die Umkehr zur Katastrophe oder zum glücklichen Ende führt, so sind auch die Einzelszenen streng komponiert. Trotz der klaren Einbindung der Szenen in das Vorher und Nachher weist jede einen eigenen Spannungsbogen auf, der ihr eine gewisse dramaturgische Geschlossenheit verleiht. Ein Musterbeispiel ist der Streit der Königinnen in der Mitte von Schillers „Maria Stuart", dessen finale Struktur sich aus der Steigerung des Rededuells ergibt, dessen Phasen durch verschiedene Sprachhandlungen (Vorwürfe, Rechtfertigungen, Demütigungen etc.) geprägt sind.

Im **offenen Drama** dagegen erfolgt der Aufbau der Szenen nach anderen Kompositionsprinzipien. Wenn in Büchners „Woyzeck" der Hauptmann mit Woyzeck über Tugend und Moral redet, während dieser ihn rasiert, dann hat der Verlauf des Gesprächs keine direkte Relevanz für die weitere Handlung, sondern Thematik und Gesprächsverhalten machen sichtbar, wie zwischenmenschliche Beziehungen, Sprache und Bewusstsein von den sozialen Verhältnissen geprägt sind. An die Stelle der finalen Komposition treten im offenen Drama häufig Kontrastierung, Mehrperspektivik, Kreisbewegung, Motivverknüpfung, wodurch die Einzelszene mit der Thematik und dem Problemgehalt des Stücks verbunden ist.

Arbeitsvorschläge

1. Untersuchen Sie den Aufbau der Eröffnungsszene von Schillers „Maria Stuart" und erläutern Sie die finale Struktur.

2. Beschreiben Sie die Phasen, in die sich das Gespräch zwischen Iphigenie und Thoas (S. 156 ff.) durch die Veränderungen im sprachlichen Handeln gliedern lässt.

Sprache und Stil

Die Eröffnungsszene von Schillers „Maria Stuart" ist ein Beispiel dafür, dass auch die Nebenfiguren in jenem **hohen Stil** sprechen, der für das klassische Drama charakteristisch ist. Grundlage dieses Stils ist zunächst der Blankvers, der die Figurenrede rhythmisiert und dadurch „alle Charaktere und alle Situationen nach einem Gesetz behandelt", wie es Schiller in einem Brief an Goethe (27. Nov. 1797) einmal formulierte. Die Sprache soll in jeder Szene, über den Figuren- und Situationsbezug des Sprechens hinaus, auf das ideelle Problem des Stücks hinweisen, das in der syntaktischen Architektur, der Wahl und Konstellation der Begriffe und vor allem in der Kunst des rhetorischen Stils sichtbar wird.

Der Grundkonflikt des Dramas spiegelt sich in den antithetischen Repliken der Eröffnungsszene, in denen Maria aus der Sicht Hannas als „wider Völkerrecht und Königswürde" Angeklagte und Gefangene erscheint, aus der Sicht Paulets dagegen als die „Unheilbrütendlistige", die den Frieden Englands gefährdet und sein „Glück" bedroht. Wie sehr die argumentative **Rhetorik** den Stil prägt, lässt sich exemplarisch an einer Replik Paulets (Z. 112–129) verdeutlichen, die gegen Hannas Klagen und Vorwürfe gerichtet ist (Z. 99–111). In einem weit ausholenden gedanklichen Bogen der Widerlegung, in dem zwei rhetorische Fragen die dämonisierende Charakterisierung Marias vorbereiten, demonstriert Paulet deren Gefährlichkeit: Sie sei als „Mörderin" ins Land gekommen, habe England katholisch machen wollen, ihre Ansprüche auf den Thron auch in der Haft nicht aufgegeben, weil sie durch die Künste der „Verschwörung" noch aus dem Kerker heraus England zu erobern hoffe.

Nicht nur die Replik als Ganzes ist antithetisch auf Hannas Vorwürfe bezogen, sondern auch die **Komposition der Begriffe** und Attribuierungen. Die „Vertriebene" wird als „Mörderin" beschuldigt, die nicht als „Hilfesuchende" gekommen sei, sondern „Verschworen … gegen Englands Glück", die das Leid ihrer Haft durch Verzicht auf ihren „Anspruch" hätte beenden können. In architektonisch gefügter Hypotaxe werden die zentralen Aussagen jeweils durch asyndetisch gereihte satzwertige Partizipien („Verjagt von ihrem Volk, des Throns entsetzt") und satzwertige Infinitive gestützt, die in einer Klimax („… an den Franzmann zu verraten") die politischen Absichten Marias entlarven wollen. Die folgende rhetorische Frage stellt durch drei satzwertige Infinitive syntaktisch parallel diesen Absichten die unterlassenen Möglichkeiten gegenüber, die Freiheit zu erlangen. Die abschließende Charakterisierung Marias als dämonische Verschwörerin gipfelt in einem (siebten) finalen satzwertigen Infinitiv („diese ganze Insel/… zu erobern hofft"), der die Notwendigkeit harter Haftbedingungen demonstriert.

Eine Fülle **rhetorischer Figuren** verleiht dieser Argumentation das Gepräge: Alliterationen („Verjagt von ihrem Volk"), Epitheta („schwerer Greueltat", „blutge Zeiten", „böse Künste"), Inversionen („Verschworen kam sie …"), Periphrase („der spanischen Maria blutge Zeiten"), Metonymie („Federstrich") u. a. pointieren entweder die Gedankenführung oder versinnlichen das Bild der „ränkevollen Königin" (Z. 154). Mit einer solchen Verbindung von sinnlicher Konkretion und gedanklicher Abstraktion geht es Schiller nicht nur darum, das Ideelle zu veranschaulichen oder den Stoff zu poetisieren. Für ihn hatte die Kunst die Aufgabe – wie er in seiner Rezension der Gedichte Gottfried August Bürgers 1791 schrieb – im Menschen jene Ganzheit von „Kopf und Herz, Scharfsinn und Witz, Vernunft und Einbildungskraft" wiederherzustellen, die im Prozess kultureller und gesellschaftlicher Entwicklung zerstört wurde. Die Verbindung von Sinnlichkeit und Idee im dramatischen Stil sollte im Prozess des Lesens/Zuschauens zur Verbindung dieser getrennten Kräfte des Menschen beitragen.

Im Gegensatz zum geschlossenen Drama ist der Stil des **offenen Dramas** durch die Vielfalt und Mischung von Sprachbereichen und Sprachebenen gekennzeichnet, welche die Abhängigkeit der Figuren von sozialen Rollen, die Bedingtheit durch Herkunft und Umwelt, ihr Verhaftetsein in Denkklischees verdeutlichen. Die Sprache wird damit zum Spiegel psychischer und sozialer Realität, von der die Figuren in vielfältiger Weise determiniert und geprägt sind. An die Stelle bewussten sprachlichen Handelns und rhetorischer Formung treten situations-, affekt- und charakterbedingte Äußerungen, die durch Parataxe, Ellipsen, Abbrechen der Sätze gekennzeichnet sind. Die Ausdrucksmöglichkeiten der Figuren sind nicht, wie im geschlossenen Drama, durch ein tradiertes mythologisches und literarisches Bildungswissen geprägt, sondern durch „volkstümliche" Sprachbereiche wie die Bibel, Sprichwörter, Volkslieder etc.

Arbeits-vorschläge

1. Zeigen Sie den antithetischen Bezug der Repliken in der Eröffnungsszene der „Maria Stuart" an weiteren Beispielen auf.

2. Vergleichen Sie die Verwendung rhetorischer Gestaltungsmittel in Goethes „Iphigenie auf Tauris" (V,3) und in Schillers „Maria Stuart" (I,1) und arbeiten Sie Gemeinsamkeiten und Unterschiede heraus.

3. Vergleichen Sie die Sprache Woyzecks und des Hauptmanns und machen Sie Gestaltungsmittel des offenen Dramas deutlich.

4.1.2 Die schriftliche Arbeit

Die **Aufgabenstellungen** schriftlicher Arbeiten enthalten oft unterschiedliche Anweisungen darüber, was Sie bei einer Erschließung bzw. Interpretation zu beachten haben. Sie geben damit auch einen Spielraum vor bei der Auswahl der Betrachtungsaspekte, der Beschreibung von Textelementen, der Einordnung in größere Zusammenhänge (Motiv, Problemgehalt, Werk des Autors, Gattung, Epoche). Es ist daher notwendig, Aufgabenstellungen genau zu lesen und sich sowohl die konkreten Anforderungen als auch den individuellen Spielraum bewusst zu machen. Bei Ihrem weiteren Vorgehen können Sie sich an folgenden **Arbeitsschritten** orientieren:

> **Genaues Lesen** der Szene oder des Dramenausschnitts im Hinblick auf die **Aufgabenstellung**; Notieren der ersten Beobachtungen, Einsichten und Überlegungen
>
> Skizzieren eines **Untersuchungsplans**, der sich aus den vorgegebenen Aspekten und Fragen sowie aus Ihrer Kenntnis von gattungsspezifischen Beschreibungskategorien, des Werks, des Autors, der Epoche ergibt
>
> Genaue **Untersuchung der Szene** auf der Grundlage Ihres Plans; detailliertes Festhalten der Ergebnisse in Stichworten; Markieren wichtiger Belegstellen und Zitate im Text
>
> Entwurf einer **Gliederung**, die den Aufbau und die Aspekte Ihrer Darstellung verdeutlicht
>
> **Ausformulierung**: Achten Sie dabei auf
> – klare Gedankenführung
> – präzise Darstellung Ihrer Untersuchungsergebnisse
> – überzeugende Begründung Ihrer Deutung und Interpretation
> – sinnvolle Auswahl und sprachliche Einbettung der Zitate
> – Verwendung der Fachterminologie

Beispiele für Aufgabenstellungen:

Thema 1 Untersuchen Sie den dramatischen Kontext, die Bedingungen, den Verlauf und das Ergebnis des Gesprächs zwischen Arkas und Iphigenie in der Szene I,2 von Goethes Drama „Iphigenie auf Tauris". Vergleichen Sie Strategie, Gesprächsverhalten und sprachliche Mittel der beiden Figuren.

Thema 2 Interpretieren Sie die Szene III,2 von Hebbels „Maria Magdalena". Untersuchen Sie dabei genauer die situativen Bedingungen, das Rollenverhalten und sprachliche Handeln der Figuren und die Gesprächsstruktur. Verdeutlichen Sie, auf welche Weise in der Szene der Problemgehalt des Stücks und der Zeitbezug zum Ausdruck kommen.

Arbeitsvorschläge

1. Vergleichen Sie die Aufgabenstellungen im Hinblick auf Vorgaben und Spielraum. Überlegen Sie, welches Thema eine größere interpretatorische Leistung erfordert.

2. Skizzieren Sie einen *Untersuchungsplan* zu einem der beiden Themen.

Ausschnitte aus Schülerarbeiten:

zu Thema 1 Arkas Gespräch mit Iphigenie ist gekennzeichnet durch die verschiedenen Überredungsversuche, mit denen er Iphigenie dem Wunsch des Königs Thoas gewogen machen will.
Zunächst gestaltet Arkas seine Argumentation als eigenen Wunsch
5 (Z. 33-66), bezieht aber gleich das schon seit längerer Zeit bestehende Begehren seines Königs nach einer Heirat mit Iphigenie mit ein (Z. 67 f.). In ihrem Verhältnis zum König hält er ihr Gefühlskälte vor:
„Und wie mit Eisenbanden bleibt die Seele
10 Ins Innerste des Busens dir geschmiedet." (Z. 72 f.)
Iphigenies Einwände nimmt er auf und formuliert sie in belehrender Weise in eine Frage um, die sie widerlegt. Als Iphigenie ihre Situation und sich selbst bedauert, beginnt Arkas an ihre Dankbarkeit zu appellieren und ihr Vorwufe zu machen:
15 „Wenn du dich so unglücklich nennen willst,
So darf ich dich wohl auch undankbar nennen." (Z. 91 f.)
Diese Undankbarkeit habe Thoas nicht verdient, da er ihr seit ihrer Ankunft immer entgegengekommen sei (Z. 93-105). Da Arkas' Vorwürfe wirkungslos bleiben, geht er dazu über, Iphigenie zu
20 schmeicheln, indem er sie als unentbehrliche Wohltäterin auf Tauris herausstellt (Z. 117-143). Als Iphigenie ausweicht, greift er sie wegen ihres falschen Stolzes an (Z. 148 f.), ändert aber sofort seine Argumentationsstrategie, indem er sich ihr als Berater anbietet:
25 „Glaub mir und hör auf eines Mannes Wort,
Der treu und redlich dir ergeben ist:" (Z. 150 f.)
Zunächst legt er ihr die Situation des Königs dar, die Thoas dazu veranlasst, nach langem Warten endlich eine Entscheidung von ihr

zu fordern; schließlich gibt er ihr Empfehlungen, wie sie sich
dem König gegenüber verhalten solle (Z. 150-171):
„Gib ihm für seine Neigung nur Vertraun" (Z. 175).
Er warnt sie vor der Ungnade des Königs, wenn sie sich ihm weiter-
hin verweigert:
„O überlaß ihn nicht sich selbst! damit
In seinem Busen nicht der Unmut reife
Und dir Entsetzen bringe, (...)" (Z. 188 ff.).
Vor dem Erscheinen des Königs bittet er sie um Verständnis und
Vertrauen Thoas gegenüber:
„Drum bitt ich dich, vertrau ihm, sei ihm dankbar,
Wenn du ihm weiter nichts gewähren kannst." (Z. 107 f.)
Arkas beginnt seine Überzeugungsversuche auf der Ebene des per-
sönlichen Interesses und macht sich erst allmählich zum Fürspre-
cher seines Königs. Seine anfänglich zurückhaltende Überredungs-
strategie findet ihren Höhepunkt in der direkten Anklage der
Undankbarkeit Iphigenies. Im Laufe des Gesprächs ändert er seine
Strategie jedoch völlig, indem er nicht mehr versucht Iphigenie
durch Vorhaltungen zu überzeugen, sondern indem er in die Rolle
des Beraters schlüpft, der ihr zugetan ist. Schließlich tritt er
als Bittsteller auf, der Iphigenie lediglich um ein wohlwollendes
Verhalten dem König gegenüber angeht.
Arkas stellt sich Iphienie gegenüber als Überlegener dar, der
besser weiß als sie selbst, was sie tun sollte. In schmeichelnder
Weise bringt er dies zum Ausdruck, wie auch in der belehrenden
Art seines parataktisch formulierten Ausspruchs: „Er (ihr Stolz)
raubet den Genuß des Lebens dir" (Z. 119). Die folgenden an Iphi-
genie gerichteten Fragen sind rhetorischer Natur und machen
Iphigenie dadurch deutlich, wie wenig schlagkräftig ihre eigene
Argumentation gegen den Heiratswunsch des Königs ist:
„Du hast hier nichts getan seit deiner Ankunft?
Wer hat des Königs trüben Sinn erheitert?
Wer hat den alten grausamen Gebrauch (...)
Mit sanfter Überredung aufgehalten
Und die Gefangnen vom gewissen Tod
Ins Vaterland so oft zurückgeschickt?" (Z. 120 ff.)
Der anaphorische Satzanschluss der rhetorischen Fragen soll dies
darüber hinaus noch deutlicher hervorheben.
Die häufig vorkommenden Metaphern rufen lebendige Bilder im
Zuschauer oder Leser hervor und verdeutlichen die Aussagekraft
der Rede:
„Das nennst du unnütz, wenn von deinem Wesen
Auf Tausende herab ein Balsam träufelt?" (Z. 138 f.)
Diese Metapher ruft das Bild der die Wunden heilenden Iphigenie
und der Erlöserin Iphigenie hervor, wobei sie sich selbst in dieser Erlöserrolle gegenüber ihrer Familie sehen möchte. Dadurch
wirkt dieses Bild besonders auf sie, und Arkas wiederholt es deshalb auch immer wieder. Auch in der Metapher (Z. 131 f.) ist Iphi-

genie als Heil und Glück bringende Frau dargestellt. Dabei wird dieser Iphigenie zugeschriebene Zug noch durch die Alliteration „frohem Fluge" verstärkt. Ebenso betont die Antithese „trüb – erheitern" (Z. 121) die von Iphigenie ausgehende positive Ausstrahlung.

Besonders auffallend wird diese Ansicht durch den antithetischen Gebrauch von vielen Adjektiven, die im Zusammenhang mit Iphigenie auf der einen Seite und mit der Situation auf der Insel vor Iphigeniens Erscheinen auf der anderen Seite deutlich wird. In positivem Licht erscheint Iphigenie, wenn ihre Person in Zusammenhang gebracht wird mit: „edler Stolz" (Z. 117), „sanfte Überredung" (Z. 125), „sanftes Gesetz" (Z. 130), „neues Glück" (Z. 141), „ewige Quelle" (Z. 141). Die Abwertung der alten Zustände auf Tauris finden ihren Niederschlag in Ausdrücken wie: „grausamer Gebrauch" (Z. 122), „gewisser Tod" (Z. 126), „blutige alte Opfer" (Z. 129), „schweigender Gehorsam" (Z. 137), „unwirtbares Todesufer" (Z. 142).

Durch den ausgewählten Gebrauch von sprachlichen Mitteln wird deutlich, wie Arkas seine Argumentationsstrategie stützt und wie er dadurch versucht, Iphigenie von seinen Argumenten zu überzeugen.

zu Thema 2

Klara sucht in dieser Szene Leonhard auf, um ihn zu bitten sie zu heiraten. Nachdem sie von der Unschuld ihres Bruders erfahren hat, ist für sie die Begründung hinfällig geworden, mit der Leonhard die Verlobung gelöst hat. Sie kommt, bedrängt durch die Todesdrohung ihres Vaters; sie hat Angst am Tod ihres Vaters mitschuldig zu werden. Sie sieht nur zwei Lösungen, die aus der Affäre heraushelfen könnten: entweder die Heirat oder als letzter Ausweg ihren eigenen Tod. Sie hat die Moral ihres Vaters so sehr verinnerlicht, dass sie nur nach diesen Vorstellungen handeln kann, nicht nach ihren unterdrückten Gefühlen. Sich selbst stellt sie völlig zurück, sodass man sich fragt, wo denn eigentlich Klara selbst ist, das ängstliche, verletzliche Kind, das auch Gefühle und Sehnsüchte hat. Die dritte Lösung, in der Schmach mit ihrem Kind allein zu leben, existiert für sie nicht. Denn sie passt sich vollständig dem Vater an, es scheint so, als meine sie, der Tod ihres Vaters bedeute auch ihren eigenen. Sie sieht nur den Vater in sich, der ihr Verhalten determiniert, sie völlig vereinnahmt und ihr Ich zurückgedrängt hat, wie es in dem Satz „ich bin die Tochter meines Vaters, der mir das Leben gegeben hat" deutlich wird. Und sie muss sich wieder einem Mann hingeben und ihr Schicksal in seine Hände legen, als ob ein Wiederholungszwang bestünde. Nur in Gedanken an ihren Vater kann sie die Forderung „Heirate mich" aussprechen. Auch sie besitzt Stolz (oder ist es der übernommene Stolz ihres Vaters?), aber sie überwindet diesen „märtyrerhaft", indem sie auf die Lösung hofft, die ihren Vater rettet.

Aber dieser ist schon nicht mehr zu „retten", so sehr hat er sich in seine Ansprüche und gesellschaftlichen Moralvorstellungen geflüchtet, ausweglos und versperrt ist sein Weg zurück zu sich selbst. Der Beginn des Zusammentreffens erscheint fast grotesk. Leonhard, wie Klaras Vater bedacht auf öffentliches Ansehen – er genügt sich nicht selbst –, interpretiert sofort das Kommen Klaras als praktisches Anliegen. Er flüchtet in die bürokratische Ebene um sich abzusichern. Seine Vernunft und der „vernünftige Brief" schützen ihn vorläufig davor, dass seine Gefühle und Bedürfnisse, auch seine Ängste zum Vorschein kommen. Dazu benutzt er ironische, verletzende Fragen. Er ist sich seiner Pflicht bewusst Klara zu heiraten um ihren gesellschaftlichen Ruf zu retten, eine Pflicht, die ihm wahrscheinlich von seiner Mutter anerzogen wurde, aber als Mann fühlt er sich – was auch bequemer ist – Vorstellungen der Männerwelt mehr verbunden. Er hat Angst die Gefühle zu zeigen, die er einmal für Klara empfunden hat, obwohl er selbst von „Liebesbeweisen" abhängig ist. In seiner Angst gesellschaftliche Anerkennung zu verlieren verwendet er all seine Kraft darauf, solche Liebesbezeugungen zu bekommen. Doch gerade diese Abhängigkeit lässt ihn unfähig werden eine wirklich symmetrische Beziehung zu erleben. Die ganze Szene wird von tiefer Trauer und wirklicher Tragik bestimmt, die den Leser in die Ausweglosigkeit Klaras hineinzieht, und für Klara hoffend sehnt auch er sich nach dem erlösenden „Ja" Leonhards, das diese aus ihrer Angst und Ausweglosigkeit retten würde. Doch Leonhard, fixiert auf seine Karrierebedürfnisse, ist unfähig in seinen bedrängenden Fragen aus sich heraus- und wirklich auf sie zuzugehen. Klara ist aber ebenfalls nicht in der Lage auf ihn zuzugehen, da ihr Bewusstseinshorizont und Handlungsraum durch die Normen und Denkmuster ihres Vaters beschränkt sind. In den drängenden Fragen Leonhards wird deutlich, wie verletzbar sein Selbstgefühl ist, das sich zunächst in Vernunft und Geschäftstüchtigkeit äußert. Sein Stolz beginnt sich zu melden, er will nicht eine Klara, die ihn nur als Lösung ihres Konflikts benutzt. Ihm wird deutlich, dass er Klara nie besitzen wird, auch wenn sie sich in masochistischer Weise vor ihm erniedrigt. Er erkennt, dass sie seelisch von ihm abhängig ist, und kann deshalb nicht auf das Tauschangebot Klaras eingehen, die ihm gegen die Heirat die Unterwürfigkeit einer Dienerin anbietet, ihr Herz aber zurückbehält. Sie zeigt ihm, dass man einen Menschen nicht besitzen kann. (...)

Arbeitsvorschläge

1. Auf welche Fragen und Aspekte der Themenstellungen wird in den Ausschnitten aus Schüleraufsätzen jeweils eingegangen? Erstellen Sie eine Teilgliederung zu den beiden Ausschnitten.

2. Entwerfen Sie eine eigene *Gliederung* zu einem der beiden Themen. Begründen Sie Übernahmen oder Abweichungen von dem Aufbau des jeweiligen Ausschnitts.

3. Beurteilen Sie die Qualität der beiden Schüleraufsätze im Hinblick auf

– Gedankenführung,
– differenzierte Beschreibung von Textmerkmalen,
– Belegen der Aussagen und Verwendung von Zitaten,
– sprachliche Gestaltung.

4. Schreiben Sie eine *Interpretation* der Szene III,2 von Schillers „Maria Stuart".

5. Vergleichen Sie die Eröffnungsszene von Schillers „Maria Stuart" mit der Szene „Hauptmann auf einem Stuhl. Woyzeck rasiert ihn" als Beispiele unterschiedlicher Dramenformen und -stile.

4.2 Erschließen und Interpretieren von Ausschnitten aus Erzähltexten

„In M..., einer bedeutenden Stadt im oberen Italien, ließ die verwitwete Marquise von O..., eine Dame von vortrefflichem Ruf, und Mutter von mehreren wohlerzogenen Kindern, durch die Zeitungen bekannt machen: daß sie, ohne ihr Wissen, in andere Umstände gekommen sei, daß der Vater zu dem Kinde, das sie gebären würde, sich melden solle; und daß sie, aus Familienrücksichten, entschlossen wäre, ihn zu heiraten."

Mit dieser Zeitungsannonce beginnt Kleists Erzählung „Die Marquise von O..." (1808), die damit bereits in den ersten Zeilen die „unerhörte Begebenheit" (Goethe) nennt, welche die zeitgenössische Kritik lieber „aus den gesitteten Zirkeln" des Publikums verbannt haben wollte. Das Skandalöse besteht nicht nur in der Merkwürdigkeit, dass eine Frau nicht weiß, von wem sie schwanger geworden ist, sondern auch in dem Kontrast zwischen einem Schritt in die Öffentlichkeit, der den „Spott der Welt" reizen musste, wie der Erzähler im nächsten Satz bemerkt, und der sozialen Position der „Dame", ihrem „vortrefflichen Ruf" und der musterhaften Erfüllung mütterlicher Pflichten. Wie in einem analytischen Drama, in dem die vor Beginn der Handlung liegenden entscheidenden Ereignisse aufgedeckt werden, wird die Aufmerksamkeit des Lesers auf den Enthüllungsprozess dieser unerhörten Begebenheit gelenkt.

Kleists **Erzählstrategie** zielt aber nicht nur darauf, die stoffliche Neugier der Leser zu wecken. Er entfaltet von Anfang an den Widerspruch zwischen dem Unerhörten und der geordneten Welt, in welche die Marquise eingebunden ist. Die Zeitungsannonce selbst nennt „Familienrücksichten" als Motiv dieses seltsamen Schritts in die Öffentlichkeit und die weiteren Informationen des Erzählers skizzieren den sozialen Rahmen, der das Leben der Witwe bestimmte: Nach dem Tode ihres Mannes war diese zu ihrem Vater, dem Kommandanten einer Festung, zurückgekehrt und hatte die „nächsten Jahre mit Kunst, Lektüre, mit Erziehung, und ihrer Eltern Pflege beschäftigt, in der größten Eingezogenheit zugebracht". Familiäre Bindungen, geistige Interessen und Festungsmauern sind also der Schutzwall, der den „Ruf" der Marquise sichert und diese sowohl vor männlichem Begehren als auch vor den eigenen Triebimpulsen schützt.

Bereits der Anfang jedes epischen Textes zeigt dem Leser etwas von den spezifischen **Mitteln des Erzählens**, mit denen er in die fiktive Welt des Romans, der Novelle etc. eingeführt wird. Kleist beginnt die Erzählung nicht mit einer breiten Schilderung des Lebens der Marquise, einer genaueren Darstellung der Kriegsereignisse, die zur Eroberung der Festung führen, oder einer Beschreibung der Landschaft, sondern nennt sofort die novellistische unerhörte Begebenheit und thematisiert das Problem der Geschichte, den Widerspruch zwischen der scheinbar geordneten Welt und dem Einbruch von Kräften, die nicht zuletzt im Inneren der Figuren selbst schlummern. Bei einer Interpretation von Erzähltexten kommt es also darauf an, nicht schematisch die (Ihnen teilweise bereits vertrauten) Kategorien der Erschließung und Beschreibung anzuwenden (Erzählform, Erzählverhalten, Perspektive, Darbietungsformen etc.), sondern das **Charakteristische** der jeweiligen **Erzählstrategie** sichtbar zu machen. Dass man dabei allerdings durchaus systematisch vorgehen kann, soll in den folgenden **Arbeitsschritten** am Beispiel der Erschließung und Beschreibung des Anfangs von Storms Novelle „Hans und Heinz Kirch" (vgl. S. 128 ff.) gezeigt werden.

Das Erfassen der Erzählstrategie als Arbeitshypothese

Vergleicht man die ersten Sätze von Kleists „Marquise von O..." mit dem Anfang von Storms Novelle, so wird sofort deutlich, dass der Leser nicht mit einer unerhörten Begebenheit konfrontiert wird, sondern mit einer Art Panoramabild, der Beschreibung einer räumlichen Lebenswelt. Bevor man sich der Frage zuwendet, **wie** der Erzähler die fiktive Welt aufbaut, sollte man darauf achten, **was** der Leser erfährt, welche Informationen er bekommt. Der Erzähler kann u. a. beginnen mit der

– Beschreibung einer Landschaft, einer Stadt, ...,
– Charakterisierung einer Figur (Herkunft, Aussehen, ...),
– Darstellung eines Geschehens (Ereignisse, Handlungen),
– Reflexion über Fragen des menschlichen Lebens.

Die Art und Weise des **Erzählanfangs** ist dabei nicht nur von der Intention des Autors und seiner Erzählstrategie abhängig, sondern auch von Zeit- und Epochenstilen und Gattungstraditionen. So sind Novellen häufig in einen **Erzählrahmen** eingebettet, in dem eine (fiktive) Erzählsituation geschaffen wird: Die Geschichten in Boccaccios „Decamerone" werden in einem Kreis von Adeligen erzählt, die der Pest in Florenz entkommen sind; die Geschichte vom Schimmelreiter in Storms gleichnamiger Novelle erzählt ein Schulmeister in einem Wirtshaus einem Reisenden, der sie aufschreibt und in einem Journal drucken lässt, in dem sie wiederum der Erzähler der Novelle als Junge gelesen hat und sie 50 Jahre später aus dem Gedächtnis niederschreibt. Die Novellistik des Realismus kennt aber auch noch andere Möglichkeiten um das Erzählte als authentisch, als wirklich auszugeben, z. B. die Erfindung eines Herausgebers, der alte Dokumente mitteilt.

Arbeitsvorschläge

1. Vergleichen Sie die Erzählanfänge im Kapitel „Novellistisches Erzählen im Realismus" (S. 122 ff.) und halten Sie jeweils stichwortartig fest, worin jeweils das Charakteristische besteht.

2. Erläutern Sie, welche Informationen der Leser am Anfang von Storms Novelle „Hans und Heinz Kirch" bekommt, und zeigen Sie, wie diese angeordnet und aufgebaut sind.

3. Formulieren Sie als Arbeitshypothese die Funktion von Storms Erzählstrategie.

Die Darstellung der Lebenswelt

Wie im Drama steht auch in der Novelle, die sich durch ihre formale Geschlossenheit von anderen Erzähltexten unterscheidet, ein zentraler **Konflikt** im Mittelpunkt, der sich oft aus dem Gegensatz zwischen einer vorgegebenen Ordnung und abweichendem Verhalten von Einzelnen ergibt. In einer Art Exposition werden im Erzählanfang teilweise bereits die Kräfte und Bedingungen sichtbar, die das Handeln bestimmen und aus denen sich der Konflikt entwickelt. Bei einer genaueren Untersuchung der **Lebenswelt**, die Storm mit klaren Strichen am Anfang zeichnet, kann man herausarbeiten:

a) die *Raumgestaltung* (Lage der Stadt, Beziehung zu anderen Lebensräumen, Bedeutung des Meeres, Häuser und Straßen),
b) die *zeitliche Situierung* (Zeitangaben, Verhältnis von Tradition und Veränderung),
c) die *Lebensweise* der Menschen (Arbeit, Besitzverhältnisse, soziale Struktur, Normen und Werte, Geschlechterrollen).

Arbeitsvorschläge

1. Beschreiben Sie die Abgeschlossenheit der Lebenswelt, die Storm zeichnet.
2. Untersuchen Sie die Normen und Werte, die das Leben der Bürger bestimmen.
3. Wie lässt sich die Geschichte aufgrund der wenigen Angaben des Erzählers zeitlich fixieren?

Die Figurencharakterisierung

Bereits der Titel der Novelle hat eine vorausdeutende Funktion, indem er die **Figurenkonstellation** benennt, die sich ziemlich bald als Vater-Sohn-Beziehung herausstellt. Die Charakterisierung des Vaters im zweiten Teil des Erzählanfangs lässt den Leser bereits erahnen, welche Konflikte sich in dieser Beziehung ergeben können. Storms Kunst der novellistischen Exposition zeigt sich in der Gestaltung dieses **Charakterbildes**, das mit dem Exemplarischen beginnt und mit einer gefährlichen Situation endet, die einen ersten Schatten auf das Bild wirft, das sich der Sohn von seinem Vater macht. Bei einer genaueren Untersuchung von Storms Charakterisierung der Vaterfigur bieten sich folgende Aspekte an:

a) soziale Herkunft
b) äußere Erscheinung
c) Charakterzüge
d) Normen und Werte, Lebensziele und Lebensgestaltung
e) Beziehung zu seiner Frau
f) Bedeutung des Sohnes für seine Lebensziele

Arbeitsvorschläge

1. Erläutern Sie, inwiefern Hans Kirch ein typischer Vertreter der „tüchtigen Menschen" ist, die in der Stadt leben.

2. Charakterisieren Sie die Beziehung Hans Kirchs zu seinem Sohn. Wie lässt sich sein Verhalten bei der gefährlichen Kletterei erklären?

3. Welches Konfliktpotenzial ergibt sich aus dem Charakter Hans Kirchs?

Erzähltechnik

Durch die Darstellung der Lebenswelt und die Charakterisierung der Figur des Hans Kirch wird der Leser über die Voraussetzungen und Bedingungen der Geschichte informiert, die ihm erzählt wird. Die Erzählstrategie bestimmt aber nicht nur, **was** der Leser erfährt, sondern vor allem auch, **wie** er informiert wird, d. h. mit welchen erzählerischen Mitteln oder **Erzähltechniken** die fiktive Welt aufgebaut wird. Das geschieht vor allem durch die Wahl der Erzählform (Ich- und Er-Form), des Erzählverhaltens (auktorial, personal, neutral), den Standort und die Perspektive (Nähe – Distanz, Innen- oder Außenansicht), die Erzählhaltung (humorvoll, belehrend, kritisch etc.), die Darbietungsformen (Bericht, Beschreibung, Kommentar etc.). Durch solche Erzähltechniken, die Sie bereits in der 10. und 11. Klasse kennen gelernt haben, werden die Wahrnehmung und Einschätzung der dargestellten Lebenswelt durch den Leser beeinflusst sowie das Bild, das er sich von der Figur des Hans Kirch macht. Obwohl der **Erzähler** auf den ersten Blick die Rolle eines neutralen Chronisten einnimmt, wird doch die kritische Distanz gegenüber den Normen und Verhaltensweisen dieser „tüchtigen Menschen" spürbar, wenn er das pünktliche Verschließen der Haustüren nach dem Läuten der Bürgerglocke beschreibt, Hans Kirchs Motive bei der Heirat mit der Tochter eines armen Schulmeisters erläutert oder dessen Sparsamkeit in die Nähe des „Geizes" rückt.

Arbeitsvorschläge

1. Untersuchen Sie Erzählform, Erzählverhalten, Erzählhaltung sowie Standort und Perspektive des Erzählers. Auf welche Weise werden dadurch die Wahrnehmung und Beurteilung des Dargestellten durch den Leser gelenkt?

2. Beschreiben Sie, welche verschiedenen Darbietungsformen der Autor verwendet. Wie hängen diese mit seiner Erzählstrategie zusammen?

3. Erläutern Sie das Verhältnis zwischen Erzählzeit und erzählter Zeit in der Charakterisierung des Hans Kirch.

Motive und Symbolik

In der Komposition von Novellen spielen **Motive** und **Symbole** als Mittel der Vorausdeutung und als Integrationselemente der Handlung eine bedeutende Rolle. Berühmt geworden ist vor allem der Falke in einer Novelle Boccaccios, den man in der Novellentheorie des 19. Jahrhunderts (Paul Heyse) als **Dingsymbol** verstand, das eine zentrale Rolle im Geschehen spielen und vor allem den Wendepunkt der Geschichte bilden sollte. Solche Dingsymbole sind z. B. die Buche in Droste-Hülshoffs „Judenbuche" oder das steinige Feld zwischen den Äckern der verfeindeten Bauern in Kellers „Romeo und Julia auf dem Dorfe". Dingsymbole haben aber nicht nur eine erzähltechnische Funktion, in ihnen können auch zentrale Kräfte des Konflikts oder der Problemgehalt der Novelle sichtbar werden.

Die Motivfunktion von einzelnen Elementen lässt sich meist nicht an einem Textausschnitt erkennen, sondern ergibt sich erst aus dem **Kompositionsgefüge** der Erzählung. So wird der „Warder", der im Erzählanfang nur als atmosphärische Konkretisierung der Landschaft erscheint, später zum Raummotiv für die Flucht aus den Zwängen der bürgerlichen Lebenswelt.

Arbeitsvorschläge

1. Welche Funktion hat die Bürgerglocke im Aufbau des Erzählanfangs?

2. Klären Sie im Gespräch, ob man die Bürgerglocke als Dingsymbol bezeichnen kann.

3. Im Laufe der Erzählung erweist sich auch der Schifferstuhl als Motiv. Welche Bedeutung dieses Motivs wird bereits am Anfang der Novelle deutlich?

Sprache und Stil

Ein Blick für das Charakteristische und die Konzentration auf das Wesentliche sind vor allem bei der Untersuchung der **sprachlichen Gestaltung** notwendig. In Storms Panoramabild fällt sofort die Detailgenauigkeit auf, die auf der syntaktischen Ebene in der Häufung von (meist lokalen) Adverbialen, Genitivattributen und attributiven Nebensätzen sichtbar wird. Im Vergleich zu der Fülle dinghafter und räumlicher Realität, die durch die Frontstellung der lokalen oder temporalen Adverbialen noch verstärkt wird, treten die Verben in den Hintergrund, sodass der Eindruck des Statischen entsteht, den die wenigen, aber gewichtigen Zeitangaben („schon über ein Halbjahrtausend", „wie seit Jahrhunderten") noch verstärken. Die wenigen aktiven Verben wie „herübertönen", „auftauchen", „werfen", „entzünden" sind gerade mit Vorgängen auf dem Warder verbunden, der für die Liebenden später zum Fluchtraum aus der Enge bürgerlich-städtischer Lebenswelt wird. Dass Storm die realistisch gezeichnete Wirklichkeit gleichwohl poetisiert, zeigen die Wortwahl und die Personifikation bei der Beschreibung des Übergangs vom Abend zur Nacht: „Wenn die Abenddämmerung das Bild verlöscht hat, entzünden dort zwei Leuchttürme ihre Feuer und werfen über die dunkle See einen Schimmer nach dem diesseitigen Strand herüber."

Arbeitsvorschläge

1. Vergleichen Sie die sprachliche Gestaltung des Erzählanfangs von Stifters „Das Dorf und sein Berg" (S. 117 f.) und von Storms „Hans und Heinz Kirch".

2. Beschreiben Sie die sprachlichen Mittel, mit denen Hans Adam Kirch (Z. 50 ff.) charakterisiert wird. Auf welche Weise werden dadurch Wahrnehmung und Einschätzung des Lesers gelenkt?

Historischer Kontext

In der Einleitung zu der Anthologie „Deutscher Novellenschatz" (1871) haben die Herausgeber Paul Heyse und Hermann Kurz die Novelle vom Roman dadurch abgegrenzt, dass die Novelle in „einem *einzigen* Kreise einen *einzelnen* Konflikt" darstellen und „die Beziehungen der (…) Menschen zu dem großen Ganzen des Weltlebens nur in andeutender Abbreviatur[1] durchschimmern" lassen solle (vgl. S. 132). Mit ihrer normativen Novellentheorie folgen sie damit dem Programm des **poetischen Realismus**, der hinter den Zufälligkeiten des Wirklichen eine höhere Wahrheit sichtbar machen wollte. Was in Storms Novelle aber als „Abbreviatur[1]" durchschimmert, ist weniger eine solche überzeitliche Wahrheit des „Weltlebens", vielmehr die konkrete **gesellschaftliche Realität** der Gründerzeit, die auch die Lebenswelt der abgeschlossenen Hafenstadt verändert. Im Gegensatz zwischen dem alten Hans Kirch und seinem Schwiegersohn werden unterschiedliche Normen bürgerlichen Aufstiegs und Erfolgs sichtbar: Verkörpert Hans Kirch noch das kleinbürgerliche Leistungsethos, in dem Erfolg nur durch die rigide Selbstdisziplin und Konsumverzicht erreicht wird, so stellt sein Schwiegersohn Christian Martens bereits den neuen Unternehmertyp dar, der als Schiffseigentümer nicht mehr zur See fährt, sondern vom Schreibtisch aus das Geschäft leitet und durch Kontakt mit den Honoratioren Geschäftsverbindungen pflegt.

Wenn Sie im Rahmen der Interpretation eines Erzählausschnitts den **historischen Kontext** aufzeigen sollen, können Sie – je nach dem Stand Ihrer Kenntnisse – auf folgende Aspekte eingehen:

a) Entstehung des Werks;
b) Zusammenhang mit Leben und Werk des Autors;
c) Bezüge zur Literatur und Poetik der Epoche;
d) Politische, wirtschaftliche und soziale Situation.

Arbeitsvorschläge

1. Lesen Sie Storms Novelle und zeigen Sie im Einzelnen auf, wie die Veränderungen der Gründerzeit im Text dargestellt werden.

2. Untersuchen Sie Raumgestaltung und Zeitstruktur der Novelle.

3. *Referieren* Sie über die Entstehungsgeschichte der Novelle (vgl. dazu: Erläuterungen und Dokumente: Theodor Storm, Hans und Heinz Kirch. Stuttgart 1985).

4. Setzen Sie sich in einer *literarischen Erörterung* mit der Aussage auseinander, Storm kritisiere in seiner Novelle die Zerstörung der Humanität durch „kapitalistisch-industrielle Prozesse" (W. Freund).

1 Abbreviatur: (lat.) Abkürzung

5. Methoden der Interpretation

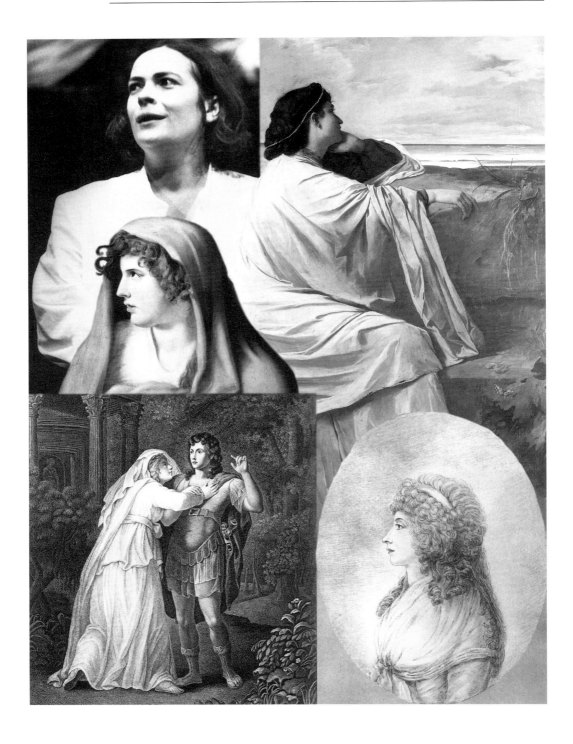

Wer dichterische Texte liest, entwickelt schon beim ersten Lesen Vorstellungen von der Bedeutung und dem Sinn der Texte. Form und Inhalt dieser Eindrücke oder Assoziationen sind bestimmt vom Wissen, von den Interessen und den Erfahrungen des Lesenden, der sich auf die fiktive Welt eines dichterischen Textes einlässt. Im Unterschied zu einem Sachtext, der sich mit der realen Welt **unmittelbar** auseinander setzt, ist dieses Verhältnis in einem dichterischen Text ein **vermitteltes**, es enthält ein gewisses Maß an Unbestimmtheit und Unbestimmbarkeit. Elemente und Strukturen eines dichterischen Textes ergeben einen **komplexen Sinnzusammenhang**, der in seinen Einzelelementen und als Ganzes vom Leser erst erschlossen werden muss. Der Leser wird den beim ersten Lesevorgang begonnenen Dialog mit dem Text bei der wiederholten Lektüre vertiefen, denn es ist das Fremde und Unbestimmte, es sind die so genannten Leerstellen eines dichterischen Textes, die Einfühlungsvermögen und Fantasie des Rezipienten aktivieren. Daraus resultieren auch die vielfältigen Möglichkeiten des interpretatorischen Umgangs mit einem dichterischen Text durch den einzelnen Leser, was nicht mit einer völligen Beliebigkeit in der Auseinandersetzung mit dichterischen Texten gleichgesetzt werden darf. Der Leser als (wissenschaftlich) Fragender, Analysierender und Interpretierender unterscheidet sich im Umgang mit Literatur von der Tätigkeit des normalen Lesers dadurch, dass er **Regeln** folgt und **Verfahren** anwendet, die den Verstehensprozess nachvollziehbar und die **Interpretation überprüfbar** machen sollen. Zu diesen Regeln gehört u. a., dass der wissenschaftliche Leser fachspezifische Analysemethoden benützt, möglichst alle relevanten Merkmale eines Textes und dessen Bedingungsfaktoren untersucht, die bisherigen Forschungergebnisse berücksichtigt und seine Ergebnisse in der eingeführten Fachterminologie darstellt. **Systematik und Methodik** garantieren zwar nicht automatisch die Richtigkeit einer wissenschaftlichen Interpretation, aber sie sichern eine sachliche und rationale Verständigung über den Sinn der Texte.

In der Geschichte der Literaturwissenschaft haben sich verschiedene Methoden der Interpretation herausgebildet, die man in drei große Gruppen einteilen kann:

1) **Produktionsorientierte Methoden** versuchen ein Werk aus den Bedingungen seines Entstehens zu deuten. Sie untersuchen dabei entweder die individuellen Erfahrungen des Autors (biografisch, tiefenpsychologisch), die kulturellen Voraussetzungen und Einflüsse (ideen-, geistesgeschichtlich) oder die gesellschaftlichen Determinanten (historisch-soziologisch, materialistisch).

2) **Werk- und formorientierte Methoden** analysieren, wie die Einzelelemente eines Textes, von Gattungsstrukturen bis zum Metrum, in ihrem Funktionszusammenhang die Bedeutung eines Textes ergeben.

3) **Rezeptionsorientierte Methoden** richten ihr Interesse auf die Tätigkeit des Lesers bzw. Hörers, Zuschauers im Verstehensprozess und in der Wirkungsgeschichte. Sie untersuchen dabei entweder die Techniken der Leserlenkung selbst (rezeptionsästhetische Fragestellung) oder die Wirkung von Texten auf die Zeitgenossen und die Nachwelt (rezeptions- oder wirkungsgeschichtliche Fragestellung).

Die Gebräuchlichkeit einer Fragestellung und auch die Entwicklung und Ausprägung der einzelnen Methoden innerhalb der drei aufgeführten Gruppen war und ist abhängig von der historischen Situation und Entwicklung der gesamtgesellschaftlichen Verhältnisse. Diese bedingen, dass die Literatur in unterschiedlichen Funktionen gesehen wird. Entsprechend werden deshalb auch bestimmte Interpretationsmethoden besonders bevorzugt oder geraten zeitweise in Vergessenheit.

Herder verlangte im ausgehenden 18. Jahrhundert, man müsse zum einen jede Poesie als Produkt ihrer Zeit, ihres Volkes und seiner Sprache begreifen und sich zum anderen in die Seele des Autors eines Werkes versetzen können um Literatur verstehen zu können. Er setzte damit die (intuitive) Einfühlung in einen Text, der in seiner individuellen Einmaligkeit und historischen Bestimmtheit verstanden werden müsse, gegen die bis zu diesem Zeitpunkt übliche Betrachtung und Deutung von Literatur nach den normativen Regeln der Gattungspoetik. An diese historisierende Betrachtung knüpft die **positivistische Methode** der Literaturinterpretation an, die Wilhelm Scherer (1841–1886) begründet und die die deutsche Literaturwissenschaft im letzten Drittel des 19. Jahrhunderts bestimmt hat. Die positivistische Methode beruht auf einem durch den Philosophen Auguste Comte (1798–1857) beeinflussten Geschichtsverständnis, das Zufall und Metaphysik zurückweist und – hier ist auch die Nähe zu den in dieser Zeit aufblühenden Naturwissenschaften deutlich sichtbar – allein auf das Beobachtbare, Tatsächliche, Feststellbare zurückgreift um Gesetzmäßigkeiten zu beschreiben und zu erklären. Bei der Deutung von Literatur nach dieser Methode geht es darum, alle *Positiva* (Fakten) zu untersuchen: Es sind dies der gesicherte Text, die Erklärung des Textes aufgrund biografischer Daten seines Autors, die stoff- und motivgeschichtlichen Quellen sowie die Fragen nach der erkennbaren Wirkung des Textes auf das Publikum und andere (auch nachfolgende) Autoren. Die genaue Sichtung der Tatsachen und der Verzicht auf jegliche Spekulation sollten zu einer verlässlichen Aussage über den Text führen. Scherer formulierte dies so: „Gewissenhafte Untersuchung des Thatsächlichen ist die erste und unerläßliche Forderung. Aber die einzelne Thatsache als solche hat an Werth für uns verloren. Was uns interessiert, ist vielmehr das Gesetz, welches daran zur Erscheinung kommt." Literaturwissenschaftliches Interpretieren in diesem Sinne ist daher Ursachenanalyse, die Anlagen, Lebensbedingungen und geschichtliche Einflüsse, die den Autor bestimmen, aufdecken muss: „*Ererbtes*", „*Erlerntes*" und „*Erlebtes*" müssen anhand des jeweiligen Textes gezeigt werden. In direkter Opposition zur positivistischen Methode haben sich verschiedene Strömungen der **geistesgeschichtlichen Methode** herausgebildet, die sich gegen die Übertragung naturwissenschaftlicher Untersuchungs- und Erkenntnisprinzipien wenden; sie dominierten in der ersten Hälfte des 20. Jahrhunderts in der Literaturwissenschaft. Programmatisch für diese Sichtweise sind die Schriften Wilhelm Diltheys (1833–1891), in denen es unter anderem heißt: „Die Natur **erklären** wir, das Seelenleben **verstehen** wir." Der Dichter, so Dilthey, gestaltet mit seinem Text eine innerhalb seines Daseins wesentliche Lebenserfahrung, und er vermag dies, weil er als besondere Persönlichkeit, als besonders empfindsames Individuum die Vorgänge des Lebens und der Welt erfassen und deuten kann. Für den (wissenschaftlich) Interpretierenden bedeutet dies, dass auch er sich mit hoher seelischer Sensibilität auf dichterische Texte einlassen und sie intuitiv verstehen muss, wenn er die Besonderheit des einzelnen Dichters und seines Werkes als Ausdruck eines allgemein herrschenden (Zeit-)Geistes, der sich im Text gewissermaßen spiegelt, erkennen und begreifen will. So wird z. B. auch die literarische Epoche als Synthese aller kulturellen Erscheinungen wie Philosophie, Musik, Dichtung usw. aufgefasst, die unter dem Zeichen einer besonderen Idee stehen bzw. den Geist der Zeit konstituieren.

Hermann August Korff (1882–1963) hat in seiner Schrift mit dem bezeichnenden Titel „Geist der Goethezeit" versucht das Wesen der Epoche, die bei ihm Klassik und Romantik als Einheit umfasst, mittels dreier grundlegender Ideen zu bestimmen, auf die sich alle Werke dieser Zeit zurückführen ließen und die Ausgangspunkt ihrer Deutung seien: „Humanitätstraum des gebildeten deutschen Bürgertums", „philosophische Aufhellung der Religion" und „Gleichsetzung von Kunst und Religion".

Die Auffassung vom Dichter als einer seherischen Führerpersönlichkeit, die Betonung des nationalen Geistes und die dem modernen Rationalismus entgegengestellte Forderung nach einer organischen, umfassenden Geistigkeit machten die geistesgeschichtliche Methode anfällig für ideologischen Missbrauch durch den deutschen Faschismus. Dies hatte zur Folge, dass nach 1945 die deutsche Literaturwissenschaft sich vom geistesgeschichtlichen Interpretationsansatz distanzierte und in der **werkimmanenten Methode** einen Neuansatz suchte. Diese Methode orientiert sich ausschließlich am Text, am Erkenntnisobjekt, das als geschlossenes Ganzes, als autonomes Wortkunstwerk aufgefasst wird. Die Interpretation fragt nicht nach außertextlichen Faktoren wie Entstehungsbedingungen, Traditionen, Rezeptionsbedingungen, Epochenmerkmalen usw., sondern nur nach den Phänomenen, die im Text selbst vorhanden, ihm *immanent* sind. Der mehrschichtige, immer wieder neu zu inszenierende Prozess des Begreifens eines Textes kann aus zwei Richtungen erfolgen: 1. Der/die Interpretierende geht von den gedanklichen Momenten, dem Thema, Problemgehalt des Textes aus und ordnet ihnen die Formelemente zu, durch die der Inhalt dargestellt wird. Oder er/sie zeigt 2. in der Beschreibung der Formelemente deren funktionale Bestimmung für den Aussagegehalt eines Textes. Beide Verfahrensweisen gehen von einer engen Durchdringung von Form und Inhalt, von Gestalt und Gehalt aus. Einer der führenden Vertreter der werkimmanenten Methode, Emil Staiger (1908–1987), verdeutlichte mit seiner Formulierung, dass „wir begreifen, was uns ergreift", die Verpflichtung des Interpretierenden, sich gefühls- *und* verstandesmäßig mit einem Text auseinander zu setzen; hierbei können, so Staiger, Aussagen eines poetischen Textes nur *begriffen* und nicht, wie dies in den Naturwissenschaften der Fall ist, *erklärt* werden. Der Erkenntnisvorgang vollzieht sich im so genannten **hermeneutischen Zirkel (Hermeneutik:** Übersetzung, Auslegung), der den Prozesscharakter des Begreifens verdeutlicht: In einer ersten Begegnung mit dem Text stellt sich beim empfänglichen Erkenntnissubjekt, dem Leser, ein erster Texteindruck her, der dann bei der Analyse einzelner Textelemente bestätigt, verändert oder auch in sein Gegenteil verkehrt wird. Dies wiederum führt zu neuerlichem genauerem Untersuchen von (anderen) Details des Textes usw., sodass allmählich in diesem Hin und Her zwischen Erkenntnissubjekt und Erkenntnisobjekt ein tieferes Verstehen der Textdetails und des Textganzen entsteht. In diesem Prozess gehen die Details im Ganzen auf, das Ganze und dessen *Sinn* ergibt sich erst aus den Details. In diesem zirkulären Verstehensprozess spielen die ästhetische Sensibilität, die Neigung, Erfahrung und Kenntnis des Subjektes für die Qualität und Tiefe des Begreifens eine zentrale Rolle.

Kritisiert wurde der werkimmanente Ansatz verstärkt seit Mitte der 60er-Jahre vor allem durch die jüngere Wissenschaftlergeneration, die eine stärkere Berücksichtigung der gesellschaftlichen Bedingungen von Literatur forderte und die auch Grenzbereiche wie die Trivialliteratur in die Forschung einbezog, die bislang kaum beachtet worden waren. So rückten **literatursoziologische Methoden** in den Vordergrund, zu denen man auch den **marxistischen Ansatz** zählt, auch wenn dessen Ursprünge bis ins ausgehende 19. Jahrhundert, bis in die Entstehungszeit der Schriften Karl Marx' zurückreichen. Bedeutsam wurde die marxistische Interpretationsmethode erst im Gefolge der Oktoberrevolution 1917, für die deutsche Literaturwissenschaft vor allem im Zusammenhang mit der so genannten Expressionismusdebatte im Exil 1937/38 und später mit der Entstehung der DDR und ihrer Wissenschafts- und Kulturpolitik zwischen 1949 und 1989. Literatursoziologische Methoden untersuchen die Wechselwirkungen zwischen den literarischen Erscheinungen und ihren Systemen und den gesellschaftlichen Erscheinungen wie Ökonomie, Technologie und politischen Systemen. Literatur wird als kultureller Teil des gesamtgesellschaftlichen Gefüges aufgefasst: Eine Interpretation eines Textes ist immer zugleich eine (Teil-)Interpretation der gesellschaftlichen Realität, die sich in der Literatur gleichsam spiegelt. So sind ästhetische Momente zugleich auch Spiegelungen sozialer Momente, die den Autor, das Publikum, den individuellen und gesellschaftlichen Produktions-, Konsumtions- und Distributionsprozess bestimmen. Da es aber keine vollständige Übersetzung der geistigen Erscheinung Text in soziale Faktoren und Fakten geben kann (und umgekehrt), bleibt ein mehr oder minder großer Rest von Unbestimmbarkeit in dichterischen Texten als Ausdruck einer *relativen* Autonomie ästhetischer Gebilde. Insofern ist Literatur für den literatursoziologisch verfahrenden Interpreten *ver*mittelter Ausdruck politischer, sozialer und materieller Prozesse und Erscheinungen und es kommt darauf an zu zeigen, *w i e* die Realität in dichterischen Texten vermittelt erscheint.

Im Prozess einer Abgrenzung zur positivistischen Methode entstanden und in den Anfängen bis etwa 1915 zurückreichend, richtet die **strukturalistische Methode** ihre Aufmerksamkeit darauf, die **Struktur** von Texten zu untersuchen, wobei Struktur als Ordnung aufgefasst wird, die hinter dem steht, was als Text vorliegt, und die den Text selbst als Oberflächenstruktur erscheinen lässt, die gleichsam über einer (weiter reichenden) Tiefenstruktur liegt. Diese Tiefenstruktur ist das grundlegende Organisationsmuster (der spezifische Bauplan) eines literarischen Textes, das im Mittelpunkt einer Analyse stehen muss. Die Strukturalisten verweisen auf die „Literarität" eines dichterischen Textes zur Unterscheidung von allen anderen Texten: Während die Worte in der Alltagssprache bzw. in anderen Textsorten Bezeichnungen für bestimmte und bestimmbare Gegenstände sind, ist dieser Gegenstandsbezug beim literarischen Text aufgehoben zugunsten einer Verweisung des Wortes als *Zeichen* auf sich selbst. Die Bedeutung von Wörtern in einem literarischen Text ist daher lediglich aus dem System herzuleiten, das ein literarisches Werk als Ganzes repräsentiert. Zugleich verschiebt sich im literarischen Text die in der Alltagssprache vorherrschende *Bedeutung* eines Wortes zum (reinen) Zeichen: Dieses wird Träger vieler möglicher Bedeutungen und damit wird ein literarischer Text zu einem offenen und zugleich ganzheitlichen Zeichenkomplex, den man lediglich analysieren, letztlich jedoch nicht interpretatorisch (etwa auf einer geistesgeschichtlichen Basis) übersetzen kann. Daher ist Interpretation nur als Strukturanalyse sinnvoll, da sie allein die Literarität und somit die Vieldeutigkeit als das Wesen von Literatur bestehen lässt. Die strukturalistische Methode versucht das Gestaltungsprinzip literarischer Texte zu erklären, indem sie die einzelnen Strukturelemente (beispielsweise Grammatikelemente) aus der Struktur des Gesamttextes ableitet; die Struktur des einzelnen Textes wiederum leitet sich aus der Struktur mehrerer Werke ab und die Struktur mehrerer Werke schließlich leitet sich aus der Strukturalität als Prinzip aller Literatur ab. Konkrete Interpretationsergebnisse, etwa soziologischer oder geistesgeschichtlicher Art, stehen daher als Teilergebnisse von einzelnen Textelementen im Dienst der zugrunde liegenden Struktur und sind (im Falle der Richtigkeit) Indiz für diese Struktur, die allen konkreten Aussagen übergeordnet ist.

Es gibt neben diesen relativ deutlich voneinander abzugrenzenden Methoden der Literaturinterpretation auch Ansätze, die umfassender und methodisch vielschichtiger sind, beispielsweise die in den letzen 20 Jahren aufblühende **feministische Literaturinterpretation**. Sie bezeichnet eher eine andere Seite der Herangehensweise an Literatur und ihre Geschichte als eine bestimmte einzelne Methode. Feministische Literaturwissenschaft „bezieht ihre Suche nach der verborgenen Frau auf literarisches Material von Männern und Frauen (auf Texte, den Schreibprozeß und die Lektüre). Ihre Untersuchungen gelten den Auswirkungen der Geschlechterrolle auf die Bedeutung, Funktion und die Möglichkeit der Teilhabe an der kulturellen Produktion der patriarchalischen Gesellschaft" (Inge Stephen/Sigrid Weigel). Feministische Literaturinterpretation kann sich daher durchaus werkimmanenter, positivistischer, soziologischer, geistesgeschichtlicher, strukturalistischer Methoden bedienen um sich den Gegenständen Literatur, Literaturproduktion und Literaturmarkt zu nähern.

Angesichts der Vielfalt und Verschiedenartigkeit der Interpretationsmethoden und angesichts ihrer historischen Entwicklung stellen sich eine Reihe von Fragen:

– Wer interpretiert nach welcher Methode und warum?
– Was leisten die einzelnen Methoden?
– Sind die älteren Methoden heute überholt?
– Gibt es bei bestimmten Autoren und bestimmten Werken Methoden, die sich vom Gegenstand her vorzugsweise anbieten?

Generell muss gesagt werden, dass es nicht *die* Methode der Literaturinterpretation gibt, sondern dass es viele unterschiedliche Möglichkeiten des interpretatorischen Zugangs zu literarischen Texten gibt, von denen jede einzelne Stärken und Schwächen aufweist. Welche Methode(n) ein Literaturwissenschaftler verwendet, hängt nicht nur von seinem Forschungsinteresse und seiner Fragestellung ab, sondern auch von seinem **Dichtungsverständnis**, seinem Menschenbild, seinen Denkmustern und Wertvorstellungen. Die Einsicht in den Zusammenhang zwischen Denkweise, Forschungsinteresse, Methode und Ergebnis der Untersuchung erleichtert eine **Orientierung** in der Fülle der Interpretationen und ermöglicht eine Einschätzung von Leistung und Grenzen von Analyseverfahren. Methodenkenntnis kann aber auch dazu beitragen, den eigenen Verstehensprozess **bewusster wahrzunehmen**.

Arbeitsvorschläge

1. Erklären Sie mit eigenen Worten, warum und wie ein Leser eines dichterischen Textes zum fragenden und analysierenden, d. h. zum interpretierenden Leser wird.

2. Was unterscheidet den wissenschaftlich fragenden vom so genannten normalen Leser?

3. Von welchen Faktoren hängt beim Leser bzw. Wissenschaftler die Wahl der Interpretationsmethode(n) ab?

4. Stellen Sie zwei Interpretationsmethoden Ihrer Wahl dar, indem Sie sie kontrastiv einander gegenüberstellen.

Die folgenden Textbeispiele zu Goethes „Iphigenie auf Tauris" zeigen exemplarisch verschiedene methodische Ansätze der Interpretation des Dramas bzw. bestimmter Teilaspekte des Werkes. Der Leser dieser Textausschnitte muss sich darauf einstellen, dass nicht in jedem Beispiel eine bestimmte Methode ohne weiteres und auf den ersten Blick erkennbar ist, sondern dass u. U. auch eine Mischform vorliegt, sodass lediglich eine **Tendenz** des methodischen Vorgehens zu erkennen ist.

Text 1

WILHELM SCHERER: Orest – das ist Goethe selbst* (1883)

(…) Das Heil der Wahrhaftigkeit und ihren Nutzen zur Entwirrung schwieriger menschlicher Verhältnisse mochte Goethe in Weimar oft empfunden und diese Tugend nicht selten geübt haben. Aber es steckt noch mehr Erlebtes in dem Schauspiel: Orest, den die Furien verlassen an der Seite seiner Schwester, das ist Goethe
5 selbst, der den inneren Frieden findet an der Seite der Frau von Stein.
Orest ist ein Kranker wie Werther. Aber nicht eingebildete Schmerzen treiben ihn um, nicht tatenscheue Empfindung verzehrt seine Kraft: furchtbare Schuld lastet auf ihm, und ein schuldbeladenes Haus scheint in ihm zu vergehen. Wie schwere Wolken sich allmählich und immer drohender sammeln, so steigen die Greuel des
10 Tantalischen Hauses immer schrecklicher vor uns auf. Iphigenie enthüllt dem König Thoas, was sie weiß: des Ahnherrn Glück und Überhebung, die begehrliche Wut des Sohnes und der Enkel, und ihr eigenes Schicksal, Opferung durch den Vater, Rettung durch die Göttin. Pylades sodann berichtet ihr des Vaters Tod, der Mutter Schuld; und Orest muß es vollenden, die entsetzliche Tat, den Muttermord, er selbst
15 bekennen. Sie fassen ihn noch einmal an, die Qualen der Erinnerung, der Reue, des Abscheus vor sich selbst. Sein Geist scheint ganz verfinstert; der Wahnsinn rast durch seine Sinne; die Liebe der Schwester, die ihn umarmen will, hält er für bacchische Wut, die sanften Worte, mit denen sie ihn beschwichtigen möchte, rufen nur neue Gespenster herbei; er wühlt in der Vorstellung, wie sie ihn opfern werde; und
20 die Todessehnsucht, die ihn umschattet, schwillt nächtlich furchtbar über ihm auf. Aber nicht wie Werther legt er Hand an sich selbst; und die Gewalt einer gepeinigten Phantasie, die ihn ins Jenseits entrückt, wird seine Rettung. Der Tod, auch nur im Wahn erfaßt, ist ein Versöhner. Atreus und Thyest, die feindlichen Brüder, glaubt er in Elysium vereint zu sehen; da wandelt Agamemnon Hand in Hand mit
25 Klytämnestra … Dieser Traumblick in die stille Welt der Abgeschiedenen fühlt die Ströme, die in seinem Busen sieden; und in schwesterlichen Armen findet der Schuldbeladene, Gramzerrissene sich genesen wieder. Das Gewitter ist vorüber: ‚Die Erde dampft erquickenden Geruch', so ruft er aus, ‚und ladet mich auf ihren Flächen ein, nach Lebensfreud' und großer Tat zu jagen'. Aber noch sind die Wol-
30 ken nicht alle zerstreut; noch ist zu fürchten; noch ist es zweifelhaft, ob die Rückkehr nach Griechenland gelingt. Selbst Iphigeniens Gottvertrauen wird erschüttert. Der alte titanische Haß will ihre Brust mit Geierklauen fassen. ‚Rettet mich', betet sie zu den Olympiern, ‚und rettet euer Bild in meiner Seele.' Aber aus ihrem eigenen kindlichen Herzen strahlt das Licht, vor welchem alle Trübung schwindet. Der
35 Glaube an die Wahrheit täuscht sie nicht. Sie erlangt den Frieden mit sich selbst

zurück und bringt ihn auch den ihrigen. Barbaren und Griechen, Götter und Menschen werden versöhnt: in Menschlichkeit und Harmonie klingen alle Verwirrungen aus; Humanität verbreitet ihren milden Glanz, wie in Lessings ‚Nathan'.

Gleichwie nun Orest durch Todesträume zum Leben einkehrt, so hatte sich Goethe von Todesgedanken befreit, indem er den Werther schrieb. Wie Orest, von Iphigenien berührt, geheilt wird und es weiß und dankbar ausspricht, so feierte Goethe Frau von Stein als eine segenbringende Schwester, die ihn zur Reinheit leitete, und dankte ihr mit den Worten: ‚In deinen Engelsarmen ruhte die zerstörte Brust sich wieder aus.' Er fühlte, wie er sagt, sein Herz an ihrem Herzen schwellen, fühlte sich in ihrem Auge gut, alle seine Sinnen sich erhellen und beruhigen sein brausend Blut. Wie der Stamm der Tantaliden aus Überhebung und Leidenschaft zu Ergebung und Fassung, aus Gottesfurcht und Gotteshaß zu Gottvertrauen und Gottesliebe durchdringt, so legte Goethe den rebellischen Trotz seines Prometheus ab und fand in der Anschauung der Natur, in der beständigen Liebe Gottes, nach der Lehre des Spinoza,[1] sein Glück. Eine trostreiche Ansicht der Welt hält jetzt schützend ihre Hand über ihm. Die Götter, an die er glaubt, sind gut und weise; sie lieben die Sterblichen und wissen allein, was ihnen frommt; sie sind wahrhaftig und reden durch des Menschen Herz zu ihm; ihre Worte sind nicht doppelsinnig, und sie rächen der Väter Missetat nicht an dem Sohne: ‚es erbt der Eltern Segen, nicht ihr Fluch'. (…)

Aus: Wilhelm Scherer: Geschichte der deutschen Literatur. Berlin [16]1927.

Arbeitsvorschläge

1. Wie begründet Scherer, dass sich im Orest Goethe selbst dargestellt habe?

2. In den Zeilen 6 bis 38 interpretiert Scherer am Dramentext. In welchem Zusammenhang steht dieser Teil zu den Ausführungen Scherers in den Zeilen 1 bis 5 und 39 bis 55?

3. Zeigen Sie mithilfe der entsprechenden Gesichtspunkte aus dem Einleitungstext, welcher Interpretationsmethode Sie den Scherer-Text zuordnen.

Text 2

H. A. KORFF: Das Zeitalter der gottergebenen und selbstlosen Humanität* (1930)

Goethes „Iphigenie auf Tauris" ist dem letzten Drama Lessings geistig so nahe verwandt, daß eine wichtige Voraussetzung aller Geistesgeschichte, die relative Gleichzeitigkeit aller wirklich bezeichnenden Ideen, hier einmal eindrucksvoll bestätigt wird. Denn Goethes Iphigenie, obwohl in ihrer letzten Fassung 1787 erst veröffentlicht, ist in der Tat im selben Jahr wie der Nathan gedichtet worden und hat im selben Jahre 1779 noch die denkwürdige Uraufführung auf dem Ettersburger Schlosse erfahren, bei der der 30-jährige Dichter selber den Orest spielte. Auch Goethes Dichtung sucht edle Menschlichkeit und Herzensreinheit in vorbildlichen Gestalten und in der ganzen suggestiven Kraft ihrer Wirkung zu verkörpern. Auch in ihr erscheint das Humanitätsideal vor allen Dingen als Selbstlosigkeit und Gottergebenheit, und das in ihr herrschende Ethos hat dieselbe hohe Lauterkeit wie in Lessings dichterischem Vermächtnis. Ebenso besteht auch hier das dramatische Hauptmotiv in der Überwindung aller drohenden Konflikte durch Humanität und im

1 Baruch Spinoza (1632–1677): niederländischer Philosoph

Geiste der Humanität; und die Beteiligten besitzen diese nicht nur selbst, sondern haben auch die Humanität, sie bei den anderen vorauszusetzen. Darin also stimmt die Iphigenie mit dem Nathan überein. Und doch bedeutet Goethes Dichtung dem Nathan gegenüber menschlich sowohl wie künstlerisch eine so wesentliche Vertiefung der deutschen Humanitätsgestaltung, daß an ihrer Tiefe gemessen Lessings Humanitätsdichtung bereits ein wenig flach erscheint. (…) Iphigenie selbst ist die Verkörperung edler Menschlichkeit und wahrer Humanität. Aber sie ist dies von Natur. Ihre Humanität ist nicht das Werk einer inneren Umkehr wie bei Orest. Sie ist nicht schwer errungen, sondern angeboren. Und Iphigenie, als der letzte Sproß eines Geschlechts, in dem das Verbrechen erblich ist, erscheint deshalb in der Tat als Wunder, als ein Wunder der Natur. Aber sie ist nur der Beweis für die innere Göttlichkeit der Welt, die immer wieder erneut zum Durchbruch kommt, auch wo sie vorübergehend von der Natur verleugnet wird. – Nun ist es aber für diese Phase der Goethezeit charakteristisch, daß auch die Humanität der Iphigenie vor allem durch die beiden Hauptzüge charakterisiert erscheint, die schon die Humanität im Nathan ausmachen; Gottergebenheit und Selbstlosigkeit. Und beide Züge erscheinen bei Goethe sowohl verstärkt als auch vermenschlicht. Iphigenies Gottergebenheit, die in ihrer göttlichen Rettung vor dem Opfer-Tode freilich einen besonderen Grund hat, ist äußerlich zum Priestertum gesteigert, mit dem sie Diana, ihrer Retterin, in fremdem Lande dient. Aber diese Frömmigkeit ist dadurch nicht strenger, sondern menschlicher geworden. Denn so sehr sich ihre Seele „dienend am schönsten frei fühlt", so wenig ist sie doch über alle natürlichen menschlichen Regungen erhaben, daß sie den Tempeldienst im fremden Lande, fern von Heimat und Familie, nicht als eine schwere Bürde empfindet, von der befreit zu werden darum die allzu menschliche Sehnsucht ihres Lebens ist. Beschämt gesteht sie sich, daß sie der Göttin nur mit stillem Widerwillen diene. Und das ist ja, wie überall so auch hier, das Menschlich-Schöne an Goethes Dichtung, daß nicht leicht erschaffene Tugendpuppen, sondern lebendige Menschen ihre idealen Träger sind. So ist zwar auch die Selbstlosigkeit der Heldin hier zur Höhe der Entsagung hinaufgesteigert, aber Goethe hat sich nicht geschämt, die Schwere der Entsagung fühlbar zu machen, mit der die Tugendhelden der Aufklärung scheinbar spielend fertig werden. Erst durch das Gefühl für den inneren Widerstand aber, den die Kreatur der Entsagung entgegensetzt, gewinnt diese selbst ihre wahre menschliche Tiefe, ihren Wert und ihre Würde. So läßt sich auch ganz allgemein sagen: Iphigenie fühlt wohl menschlich-allzu-menschliche Triebe in ihrer Brust, auch sie ist über das Menschliche nicht schlechterdings erhaben, und darauf beruht ihre „Menschlichkeit". Aber in ihrer Seele herrscht das Höhere, herrscht ein menschliches Ideal und hält das Allzumenschliche in edler Dienstbarkeit. Darin besteht ihre „Humanität".

Aus: H. A. Korff: Geist der Goethezeit. Versuch einer ideellen Entwicklung der klassisch-romantischen Literaturgeschichte. II. Teil: Klassik. Leipzig 1930.

Arbeitsvorschläge

1. Was ist nach Korff das zentrale Motiv des Goethe'schen Iphigenie-Dramas? Wie wird dieses Motiv konkret auf die Figur Iphigenies bezogen?

2. Worin unterscheidet sich nach Korff Iphigenies Humanität von der Humanität der „Tugendhelden der Aufklärung" (Z. 44 f.)? Was wird nach Meinung des Autors in dieser Unterscheidung gegenüber der Zeit der Aufklärung sichtbar?

3. Bestimmen Sie mithilfe der entsprechenden Gesichtspunkte aus dem Einleitungstext die Interpretationsmethode, der Korff folgt.

Text 3

OSKAR SEIDLIN: Iphigenies Entscheidung für die freie Selbstbestimmung* (1954/55)

Goethes Iphigenie ist eine nicht bequeme Hoffnungsbotschaft und nicht die Botschaft bequemer Hoffnung. Es ist eine Hoffnung, der tiefsten Verzweiflung abgerungen. Die Stunde kommt, da selbst sie sich letzter Verlorenheit gegenübersieht, da selbst ihr das Wort *heraus* ein frommer und hoffnungsloser Betrug scheint. Am Ende des vierten Aktes, in den Versen, die wir das Parzenlied zu nennen gewohnt sind, dämmert es Iphigenie, daß vielleicht keine Hoffnung und kein Glaube den Göttern einen freundlichen Wink abnötigen können, daß dem Schrei des menschlichen Herzens vielleicht nichts antwortet als eisiges Schweigen oder olympisches Gelächter (…).

Die Umstände sind derart, daß sie, um den Bruder zu retten, um sich selbst zu retten, nur zweierlei tun kann. Sie kann den König versöhnen und seine Werbung annehmen und dadurch sich selbst, ihrer Sendung im Leben untreu werden, der großen Aufgabe, die sie, so weiß sie es, in der Heimat erwartet. Oder sie kann den Anschlag ausführen, mitwirken an Betrug und Diebstahl und damit dem König untreu werden, der ihr vertraut hat wie noch nie einem anderen Menschen. So geschickt ist die Falle gestellt, daß nur eine dieser beiden Entscheidungen möglich ist. Aber Iphigenie entscheidet sich für – das Unmögliche, für das, was in einer festgelegten und gebundenen Welt einfach nicht getan werden kann, für eine freie, selbstbestimmte Tat. Gegen den Zwang der Umstände, gegen alles und jeden, einschließlich der Befehl der Götter, setzt sie, was ihr Herz als das Rechte erkannt hat. Nichts Leichtfertiges, nichts Übermenschliches ist in Iphigeniens Entschluß, dem König entgegenzutreten, ihm die Wahrheit zu enthüllen, ihn einzuweihen in den Anschlag, den Bruder und Freund mit guter Aussicht auf Erfolg schon ausführen. Sie ist geschüttelt von Zweifeln, geschüttelt von Angst; denn sie weiß sehr wohl, welch gefährliches Wagnis sie auf sich nimmt. Wenn sie scheitert – und wie leicht kann sie scheitern! –, dann ist alles verloren, der Bruder, sie selbst und mit ihr der Menschen Hoffnung auf den Sieg des Lebens über den Tod, des Lichts über die Finsternis. Aber gewagt muß das Wagnis werden; denn nur durch die freie Tat, nur dadurch, daß der Mensch sich über seine eigenen Bedingtheiten erhebt, daß er sich der absoluten Unsicherheit preisgibt, kann er beweisen, daß er ein Mensch ist, jenes paradoxe Wesen, eingesenkt in den Fluß der Zeitlichkeit und doch fähig, sich zum Ewigen zu erheben, imstande, zeitloses Sein in der Zeit zu verwirklichen. Nur diese freie Tat kann eine befreiende werden, kann die Ketten, die uns alle drücken, brechen, kann mitten in Schuld, Elend und Verlorenheit, die in Wahrheit des Menschen Los sind, die Würde des Menschen wiederherstellen.

Durch Iphigenie wird eine Welt, zerrissen durch Verdacht und Haß, geeint. Und in ihrer letzten Vision ist der Schrecken menschlicher Vereinsamung überwunden: Tauris, das Inselreich, getrennt von der bewohnten Welt durch das drohende Element, das Wasser, isoliert durch das tödliche Gesetz gegen alles Fremde, Tauris wird dem Kontinent der Lebenden angefügt, wird Teil der *Ökumene*[1]. Nicht mehr gibt es

1 Ökumene (griech.): die bewohnte Erde als menschlicher Lebensraum

eine griechische und eine barbarische Welt, die sich in ewigem, atavistischem[1] Haß gegenüberstehen; von nun an gibt es nur *eine* Welt, zusammengehalten von Liebe und Verstehen.

Aus: Oskar Seidlin: Von Goethe zu Thomas Mann. Zwölf Versuche. Göttingen 1963.

Arbeitsvorschläge

1. Zeigen Sie, wie Seidlin den Konflikt Iphigenies interpretatorisch entfaltet.

2. An welchen Stellen seiner Ausführungen verweist Seidlin über den Dramentext hinaus auf seiner Meinung nach grundlegende menschliche Daseinserfahrungen?

3. Welcher Interpretationsmethode ordnen Sie den Seidlin-Text zu? Begründen Sie Ihre Auffassung (auch mithilfe entsprechender Gesichtspunkte aus dem Einleitungstext).

Text 4

CHRISTA BÜRGER: Der widersprüchliche Charakter des Humanitätsideals in der „Iphigenie" * (1980)

(…) Das Konfliktpotential des Dramas gründet in der Störung zwischenmenschlicher Beziehungen, wobei diese konkretisiert sind einmal als solche zwischen Verwandten (Tantaliden), zum andern zwischen Fremden (Skythen/Barbaren vs.[2] Griechen/Träger von Humanität). Das Humanitätsideal, das traditioneller Interpre-
5 tation zufolge den Gehalt der *Iphigenie* ausmacht, läßt sich (…) fassen als Herstellung einer idealen, d.h. herrschaftsfreien, authentischen[3] Kommunikation. Herrschaftsfreie Kommunikation, selbst wo sie als Utopie, als Vorschein einer idealen Lebensform, und nicht als Wirklichkeit dargestellt wird, muß jedoch in dem Maße bloßer Schein der Versöhnung bleiben, wie deren reale Bedingungen ausgespart
10 sind. Zu fragen ist, mit andern Worten, wie das klassische Humanitätsideal mit den Widersprüchen der Gesellschaft, aus der es entwickelt ist, vermittelt wird. Es zeigt sich, daß diese Widersprüche im Werk selbst sich wiederfinden. (…)
Die Goethesche Humanität ist gegründet aufs Privileg, zugänglich nur einer Elite und erkauft mit dem stummen Leid der davon Ausgeschlossenen. Der ästhetischen
15 Beredsamkeit des Künstlers korrespondiert die Stummheit der Unterdrückten. In der *Iphigenie* hat das Volk keine Sprache. Das inhumane Moment einer derart partikularen[4] Humanität wird im Stück selbst angesprochen. Iphigenie verläßt das Volk der Skythen, trotz ihrer Einsicht, daß die Wahrheit der Humanität allererst sich zu bewähren hätte in der Verbreitung von aufklärerischem Licht unter denen, die es
20 nötig haben.
(…)
Die dialektische Geschichtsphilosophie vermag den Blick zu schärfen für die gehaltliche Widerspruchsstruktur der *Iphigenie*. Ungleich ist darin die Sprache verteilt: die der dienenden Klasse trägt das Signum[5] der Zweckrationalität, ist geprägt von der

---

1 atavistisch (griech.): althergebracht, überholt, mit den Merkmalen und Anschauungen der Vorfahren belegt
2 vs = Abkürzung für versus: (lat.) gegen
3 authentisch: (griech.) echt, glaubwürdig, verbürgt. Substantiv: Authentizität (s. Z. 26)
4 partikular: (lat.) einzeln, einen Teil betreffend
5 Signum: (lat.) Zeichen, Anzeichen

Berechnung, verdinglicht wie das Bewußtsein der Gesellschaft, in der sie aufgehen. Authentizität gibt es einzig in der Sphäre der Herren, deren Rede ordnet nicht fremden Zwecken sich unter, dient nicht der Erhaltung und Reproduktion[1] der eigenen Existenz; ihr Kriterium ist nicht Erfolg, sondern Wahrheit. Die Verfügung über die Rede bedeutet die Möglichkeit der Autonomie[2], der Befreiung aus traditionalen Bindungen. Und auch von solcher Autonomie sind die anderen ausgeschlossen.

Auf der Ebene der Handlung äußert sich der Widerspruch im Gegensatz von Griechen und Barbaren. Menschheit und deren geschichtliche Entfaltung konstituiert[3] sich im Stück als griechische, d. h. aber als ausgrenzende, partikulare. Der Gegensatz macht die Lösung des Stücks dramaturgisch möglich und enthüllt zugleich dessen ideologischen Charakter. Humanität wird gestiftet durch den Tausch von nur vorgeblich Gleichem: Wahrheit gegen Wahrheit, Freundschaft gegen Freundschaft. Aber nur von dem Barbaren Thoas wird verlangt, daß er sich entäußert: der Macht, der Liebe, die allein ihm den Sinn humanen Verhaltens verbürgt, der Sicherheit, die die Tradition verleiht.

Klassik als Ausgrenzungsprozeß. Ich habe angedeutet, welche konkreten Erfahrungsmöglichkeiten Goethe zur Verfügung standen; genauer als die meisten Intellektuellen seiner Zeit kennt er das Elend der arbeitenden Bevölkerung, die Kehrseite der entstehenden bürgerlichen Gesellschaft. Gegen seine Erfahrung also organisiert er die Handlung der *Iphigenie* so, als ob im Prozeß der Humanisierung einzig der Widerstand im Innern der Subjekte zu überwinden wäre. Dies scheint mir die Funktion des Tantalidenmythos, der den epochalen Gehalt des Stücks ausmacht. Die Tantaliden sind zu verstehen als die im Verlauf der Geschichte der Menschheit nur unvollkommen gebändigte Seite der inneren Natur, der Rest Barbarentum, Rebellion, der übrig bleibt, wenn der Mensch sich als Vernunftwesen von sich selbst als Naturwesen abspaltet. Der Gefangenschaft in einer archaischen[4] Welt der Triebe, der Leidenschaften und der Gewalt, wo das Gesetz des Stärkeren herrscht, haben sie sich zu entwinden. Den letzten der Tantaliden, Orest und Iphigenie, soll der Sprung gelingen aus dem Mythos in die Geschichte. (…)

Aus: Christa Bürger: Tradition und Subjektivität. Frankfurt/M. 1980.

Arbeitsvorschläge zu Text 4

1. Klären Sie in einem Gespräch Ihre Verständnisprobleme, die Sie möglicherweise mit dem Bürger-Text haben.

2. Geben Sie den Text mit eigenen Worten wieder.

3. Erklären Sie Bürgers These von der „Klassik als Ausgrenzungsprozeß" (Z. 40).

4. Worin besteht nach Bürger die Widersprüchlichkeit des Humanitätsideals, das Goethe „gegen seine Erfahrung" (Z. 43) mit der gesellschaftlichen Wirklichkeit in der Iphigenie gestaltet?

5. Zeigen Sie auch mithilfe entsprechender Gesichtspunkte aus dem Einleitungstext, nach welcher Methode Christa Bürger Goethes Iphigenie interpretiert.

---

1 Reproduktion: (lat.), Wiedergabe, Fortpflanzung
2 Autonomie: (griech.), Selbstständigkeit, Unabhängigkeit
3 konstituieren: (lat.), bilden, gründen, festsetzen
4 archaisch: (griech.), alt, die Frühphase der menschlichen Geschichte betreffend

zur Textreihe

1. Arbeiten Sie die Gemeinsamkeiten in den Interpretationsergebnissen der Texte 1 bis 4 heraus.

2. Notieren Sie sich stichwortartig die Unterschiede in den Interpretationsergebnissen der Texte 1 bis 4 und tragen Sie Ihre Ergebnisse Ihrem Kurs vor.

3. Untersuchen Sie die Texte 1 bis 4 daraufhin, durch welche Erkennungsbegriffe bzw. -formulierungen die jeweilige Interpretationsmethode sichtbar wird.

4. In welchem bzw. welchen der Texte liegt Ihrer Ansicht nach eine Mischform verschiedener Interpretationsmethoden vor? Begründen Sie Ihre Auffassung.

5. Bei den Texten 1 bis 4 handelt es sich jeweils um kurze Ausschnitte einer Gesamtinterpretation der „Iphigenie auf Tauris". Lesen Sie einen dieser Texte in seiner Gesamtlänge und stellen Sie ihn in einem *Kurzreferat* Ihrem Kurs vor.

6. Die literarische Erörterung

„Kein Mensch wird bestreiten, daß Goethes klassische Stücke schöne Zeugnisse sind für seine eigene Entwicklung und seine Zeit. Aber wie sehr muß man von sich selbst absehen, um in ihnen Paradestücke für Humanität zu entdecken. (…) Wer hat noch die Chance, seine Resignation in einem astreinen und schön monochromen[1] Weimar zu vollziehen? In Goethes klassischen Stücken treten nur noch Weimarer auf". Diese pointiert und provokativ formulierten Sätze sind ein Beispiel dafür, wie sich ein heutiger Leser mit dem Klassiker Goethe und der Wertschätzung seiner Werke auseinander gesetzt hat. Sie finden sich in dem Essay „Imitation oder Realismus" (1964) des Schriftstellers Martin Walser, in dem dieser auch eine ungeschichtliche Aktualisierung von Goethes Werken durch Theaterregisseure und eine Interpretationspraxis der Literaturwissenschaft kritisierte, die von den Fragen und Problemen der Gegenwart völlig abgekoppelt ist. Solche Auseinandersetzungen stellen einen wichtigen Beitrag zur kulturellen Öffentlichkeit dar, in der das literarische Erbe immer wieder neu angeeignet und die Gegenwartsliteratur unterschiedlich aufgenommen werden. Wenn man die in der Literatur gestalteten Menschenbilder und Gesellschaftsentwürfe nur vom Blickpunkt aktueller Interessen und Erfahrungen betrachtet, droht die Gefahr einer verkürzten Wahrnehmung und einseitigen Beurteilung. Umgekehrt kann das Bemühen, einen Autor und sein Werk so differenziert wie möglich zu verstehen, dazu führen, dass man die kritische Distanz verliert. Geschichtliches Verstehen und gegenwartsbezogene Auseinandersetzung sollen sich im Umgang mit Literatur, also wechselseitig ergänzen und korrigieren. Die **literarische Erörterung** ist eine Aufsatzart, in der Sie ein solches differenziertes Verständnis mit einer persönlichen Auseinandersetzung auf der Grundlage eigener Erfahrungen, Wertvorstellungen und Denkweisen verbinden sollen.

---

1 monochrom: (griech.), einfarbig, hier im Sinne von harmonischer Glättung gesellschaftlicher Widersprüche

Während Sie in der 11. Klasse vor allem gelernt haben sich mit Fragen und Problemstellungen im Zusammenhang mit der Lektüre einer Ganzschrift auseinander zu setzen, geht es in der 12. und 13. Klasse um Themen und Aufgabenstellungen, die über ein einzelnes Werk hinausgehen, literaturgeschichtliche Zusammenhänge berücksichtigen und Fragen des literarischen Lebens aufgreifen. Neue Gegenstandsbereiche der literarischen Erörterung sind dabei vor allem:

a) *Themen,* mit denen sich Schriftsteller in verschiedenen Epochen auf unterschiedliche Weise auseinander setzen, wie z. B. Macht, Verantwortung, menschliches Scheitern, männliche und weibliche Rollen, Heimat etc.

Thema 1 Zeigen Sie an geeigneten literarischen Werken verschiedener Epochen, wie sich Schriftsteller vor dem Hintergrund ihrer Zeit mit dem Problem der Macht auseinander gesetzt haben.

b) *Deutungen* und *Beurteilungen* literarischer Werke in der Literaturwissenschaft oder Literaturkritik

Thema 2 Bei der Interpretation von Büchners „Woyzeck" gehen die Meinungen darüber auseinander, ob dieses Drama als soziale Anklage gedeutet werden kann. Halten Sie eine sozialkritische Deutung für gerechtfertigt?

c) *Aspekte* und *Probleme* des literarischen Lebens, z. B. Aufgabe des Schriftstellers, Rolle des Lesens im Medienzeitalter, Wirkungsmöglichkeiten der Literatur etc.

Thema 3 „Seid unbequem, seid Sand, nicht das Öl im Getriebe der Welt!" Mit diesem Satz hat Günter Eich 1953 die Aufgabe des Schriftstellers umschrieben. Erörtern Sie, inwieweit Eichs Appell als allgemeine Forderung an Literatur berechtigt ist.

Am folgenden Themenbeispiel soll nun gezeigt werden, welche **Arbeitsschritte** bei einer literarischen Erörterung hilfreich sind.

Thema 4 Rolle und Selbstverständnis der Frau werden in der Literatur häufig thematisiert. Setzen Sie sich anhand von zwei geeigneten Werken aus verschiedenen Epochen mit dem jeweiligen Frauenbild und seiner literarischen Darstellung auseinander.

6.1 Erschließung des Themas

Die Formulierung des oben genannten Themas enthält klare Angaben über

a) den **thematischen Aspekt** (Rolle und Selbstverständnis der Frau; literarische Darstellung des Frauenbildes),

b) die Auswahl von literarischen Werken als **Materialgrundlage** (zwei geeignete Werke – ohne Eingrenzung auf bestimmte Gattungen – aus verschiedenen Epochen),

c) die **Art der geforderten Behandlung** (vergleichende Darstellung und Auseinandersetzung).

Es wird dabei hilfreich sein, bereits bei der Erschließung des Themas die zentralen **Begriffe** (Rolle und Selbstverständnis) zu klären, da sich daraus wichtige Sachaspekte für die Untersuchung der Frauenfiguren in den ausgewählten Werken und die Auseinandersetzung ergeben können. Bei der **Auswahl** der Werke ist es meist sinnvoll, sehr gegensätzliche Darstellungen von Figuren, Themen und Problemen zu wählen.

Arbeitsvorschläge

1. Klären Sie im Gespräch mithilfe der Ihnen bereits bekannten Arbeitsmethoden (W-Fragen, Definitionen) die Begriffe „Rolle" und „Selbstverständnis".

2. Überlegen Sie, in welchen Ihnen vertrauten Werken Frauen eine zentrale Rolle spielen und verschieden gestaltet werden, und wählen Sie zwei Werke für eine *vergleichende Erörterung* aus.

3. Üben Sie die in der Frage 1. und 2. vorgeführte Erschließung am Themenbeispiel 1.

6.2 Von der themenbezogenen Erschließung zur Stoffsammlung

Eine der berühmtesten Frauengestalten der deutschen Literatur ist die Figur der Iphigenie in Goethes gleichnamigem Drama. Während man diese vom 19. Jahrhundert bis zur Zeit nach dem Zweiten Weltkrieg oft als Verkörperung eines überzeitlich gültigen Humanitätsideals gesehen hat, interpretierten Literaturwissenschaftler in den letzten beiden Jahrzehnten das Drama mehr im gesellschaftlich-geschichtlichen Kontext, zeigten den Zusammenhang zwischen dem Humanitätsideal und der zeitgenössischen Diskussion über Autonomie und Mündigkeit des Individuums auf oder problematisierten das idealisierte Frauenbild als „Mythos vom erlösend Weiblichen" (H. R. Jauß). Auch im Rahmen einer literarischen Erörterung kann es bei unserem Themenbeispiel ergiebig sein, sich mit dieser Figur auseinander zu setzen, in der sowohl emanzipatorische Ideen als auch traditionelle männliche Vorstellungen von Weiblichkeit verbunden sind. Anregungen für die Auswahl weiterer Frauenfiguren finden Sie im Kapitel „Drama – von der Klassik zur Moderne" (vgl. S. 147 ff.).

Bei der Begriffsklärung sind Sie vielleicht bereits auf wichtige Aspekte der **Rolle** wie Geschlecht, soziale Stellung, familiäre Bindungen, Verhaltenserwartungen der Umwelt, Rechte und Pflichten, Handlungsspielraum u. Ä. gestoßen, die Sie bei der Erschließung dieser Figur im Kontext des Dramas verwenden können. Besonders ergiebig für das Thema sind dabei die unterschiedlichen **Verhaltenserwartungen** der beiden Welten und ihrer Repräsentanten (das „barbarische" Tauris mit Thoas und Arkas, die griechische Zivilisation und Kultur mit Orest und Pylades) gegenüber Iphigenie, durch die sie in einen Konflikt gerät, in dem sie Rollenschranken überwindet und Autonomie erlangt. Das **Selbstverständnis** Iphigenies wird vor allem durch ihre Reflexion über ihre weibliche Rolle, die Einbindung in das familiäre Schicksal (Atridenfluch) und die Realisierung humaner Werte („Wahrheit" etc.) im eigenen Handeln geprägt (vgl. den Begriff „reine Seele").

Die Erschließung der **literarischen Darstellung** dieser Figur erfordert, dass Sie sich die Gestaltungsmittel dieses klassischen Dramas bewusst machen, die eine Idealisierung der Figur bewirken, wie z. B. die Figurenkonzeption (Verzicht auf individuelle, psychologische Charakterisierung, Typisierung etc.), Komposition (im Mittelpunkt steht der Konflikt Iphigenies als „Seelendrama") und Sprache (idealisierter Stil, Sentenzen etc.). In einer **Auseinandersetzung** mit dem in der Figur der Iphigenie gestalteten **Frauenbild** könnte man vor allem nach dem Verhältnis von historischer Bedingtheit (das von Walser kritisierte „monochrome Weimar") und überzeitlichem Geltungsanspruch (humane Werte wie „Wahrheit", kommunikative Konfliktlösung etc.), nach den männlich geprägten Vorstellungen von Weiblichkeit (Zivilisierung und Humanisierung der von Leidenschaft und Aggression beherrschten männlichen Welt) und dem emanzipatorisch-utopischen Gehalt fragen (Überschreiten tradierter weiblicher Rollengrenzen).

Arbeitsvorschläge

1. Erschließen Sie das Frauenbild und seine literarische Darstellung in Goethes „Iphigenie auf Tauris" auf der Grundlage Ihrer eigenen Begriffserklärungen und der hier skizzierten Aspekte.

2. Fertigen Sie eine *Stoffsammlung* an und vergleichen Sie die verschiedenen Ergebnisse in Ihrem Kurs.

3. *Diskutieren* Sie, welche Gesichtspunkte bei einer Auseinandersetzung mit dem Frauenbild und seiner Darstellung in Goethes „Iphigenie auf Tauris" Ihnen sinnvoll und aus heutiger Sicht notwendig erscheinen.

4. Klären Sie im Gespräch, welche Frauenfigur aus einem literarischen Werk einer anderen Epoche (z. B. des Realismus) man Goethes Iphigenie vergleichend gegenüberstellen könnte. Erläutern Sie die Gesichtspunkte Ihrer Kontrastierung.

5. Erschließen Sie Rolle und Selbstverständnis der Frau in diesem Werk und setzen Sie sich mit dem Frauenbild und seiner literarischen Gestaltung auseinander.

6.3 Gliederung

Im Unterschied zur Problemerörterung kann man sich beim **gedanklichen Aufbau** einer literarischen Erörterung nicht auf ein vorgegebenes Grundschema (Pro-Argumente, Kontra-Argumente, Synthese) stützen, sondern muss eine Gliederung entwickeln, die sowohl der Aufgabenstellung angemessen ist als auch den eigenen Zugriff zum Thema sichtbar macht. Die Aufgabenstellung enthält allerdings oft Anweisungen und Aspekte, die man als Hilfen beim Gliedern benützen kann.

Wenn eine **vergleichende Betrachtung** von zwei Werken gefordert ist, wie in unserem Themenbeispiel, bieten sich grundsätzlich zwei Möglichkeiten des Aufbaus an:

a) die getrennte Erörterung der beiden Werke unter den vorgegebenen Aspekten und anschließend eine vergleichende Gegenüberstellung

Gliederung A

> A. Einleitung: Frauen spielen als Protagonistinnen im Drama von der Aufklärung bis zur Gegenwart eine große Rolle.
> B. Hauptteil: Goethes Iphigenie und Hebbels Klara als Verkörperung unterschiedlicher Frauenbilder, die aus heutiger Sicht problematisch erscheinen
> I. Iphigenie als Verkörperung eines Humanitätsideals
>   1. Anspruch auf Mündigkeit und Autonomie
>   2. Zivilisierende und humanisierende Wirkung einer „reinen Seele"
>   3. Darstellung der Frau als Erlöserin in einem „Seelendrama"
> II. Klara als Produkt kleinbürgerlicher Normvorstellungen und Familienverhältnisse
>   1. Unterordnung und Selbstverleugnung
>   2. Überschreitung ihrer engen Welt im tragischen Selbstopfer
>   3. Darstellung der Frau in der heroischen Opferrolle
> III. Problematik
>   1. Idealisierung zum Humanitätsideal und Reduzierung zum Opfer gesellschaftlicher Verhältnisse
>   2. Die beiden Frauenfiguren als männliche Imaginationen des Weiblichen
> C. Schluss: Frauenliteratur als Auseinandersetzung mit den männlich geprägten Frauenbildern

b) die Gliederung nach Sachaspekten, unter denen die Werke A und B verglichen werden

Gliederung B

> A. Einleitung: Goethes Iphigenie und Hebbels Klara als scheinbar völlig gegensätzliche Frauenfiguren
> B. Hauptteil: Darstellung der beiden Frauenfiguren und Auseinandersetzung mit dem jeweiligen Frauenbild und seiner literarischen Gestaltung
> I. Unterschiede und Gemeinsamkeiten der Frauenfiguren
>   1. Rolle und Verhalten
>   a) Soziale Stellung
>   b) Verhaltenserwartungen der (männlichen) Umwelt
>   c) Anpassung oder Überschreiten von Rollengrenzen
>   2. Selbstverständnis und Identität
>   a) Auffassung von der Rolle der Frau
>   b) Verständnis des eigenen Selbst
> II. Epochentypische Gestaltungsweisen der Figuren
>   1. Handlung
>   a) Konflikte und ihre unterschiedlichen Ursachen
>   b) Möglichkeiten und Grenzen der Lösungen

> 2. Personengestaltung
>   a) Starrheit oder Veränderlichkeit der Charaktere
>   b) Typisierung oder Individualisierung
> 3. Sprache der Figuren und Dialoggestaltung
>   a) Chancen sprachlichen Handelns
>   b) Stilisierung oder Realismus
>
> III. Auseinandersetzung mit den Frauenbildern und ihrer Gestaltung
>   1. Goethes Idealisierung der Frau zum Humanitätsideal
>   2. Hebbels Typisierung der Frau als weibliches Opfer
>   3. Beide Frauenbilder zeigen typische Züge einer männlich geprägten Sehweise.
>
> C. Schluss: Emanzipatorische und gesellschaftskritische Momente in den beiden Frauenbildern?

Arbeitsvorschläge

1. *Diskutieren* Sie die Vor- und Nachteile der beiden Möglichkeiten des Aufbaus.

2. Überprüfen Sie die Formulierung der einzelnen Gliederungspunkte im Hinblick auf Verständlichkeit und Genauigkeit. Schlagen Sie dort, wo Sie es für notwendig halten, andere Formulierungen vor.

3. Fertigen Sie eine Gliederung zum Themenbeispiel 1 an.

Wenn Sie bei der Bearbeitung eines Themas literarische Werke selbst auswählen können, sollten Sie diese Wahl auch begründen. Das kann bereits in der Einleitung geschehen, in der Sie den Leser zum Thema und Problem (hier dem Frauenbild) hinführen (eventuell von der heutigen Diskussion über weibliches Rollenverständnis ausgehend) und anschließend darlegen, welche zeit- oder epochentypischen Frauenbilder in den von Ihnen ausgewählten Werken gestaltet sind und warum Ihnen ein Vergleich sinnvoll erscheint.

6.4 Zur Ausführung

Eine gedanklich klar aufgebaute und differenziert formulierte Gliederung ist die Voraussetzung einer überzeugenden Ausführung. Damit Sie bei der Ausgestaltung der einzelnen Gliederungspunkte ihre **Materialbasis** für die Erläuterung, Darlegung und Argumentation deutlich vor Augen haben, sollten Sie die Ergebnisse Ihrer themabezogenen Erschließung der Werke (stichpunktartige Notizen, Zusammenfassung von Textstellen, Zitate) übersichtlich geordnet haben um beim Formulieren darauf zurückgreifen zu können. Für die Figur der Iphigenie könnte eine solche Materialbasis bei der Ausformulierung von Gliederungspunkt I.2.a) („Auffassung von der Rolle der Frau") etwa folgendermaßen aussehen:

– klares Bewusstsein Iphigenies von den Grenzen weiblicher Selbstentfaltung in der patriarchalischen griechischen Gesellschaft; („Wie eng-gebunden ist des Weibes Glück", V. 29)

- Unterordnung der Frau unter die Herrschaft eines „rauhen Gatten"; enge Welt des Hauses und der Familie; (V. 307)
- Im Gegensatz zum Mann, der handelnd sich Ruhm erwerben kann, bleibt das „Frauenschicksal" geschichtslos; (V. 2070)
- Vorteile der Frau gegenüber dem Mann: Fähigkeit zur Selbsterkenntnis und zur Bewahrung von Sitte und Kultur, da sie weniger von Trieben und Leidenschaften beherrscht wird; (V. 483 ff.)
- Auch für die Frau gibt es allerdings die Möglichkeit einer „unerhörten Tat" durch das Wort, das humanisierend auf die männliche Welt wirken soll. (V. 1893)

Prinzipiell müssen Sie beim Ausformulieren einer literarischen Erörterung die gleichen Anforderungen beachten wie bei der Problemerörterung (vgl. S. 266 ff.), d. h.:

- den *Gedankengang* klar und schlüssig entfalten,
- auf präzise und differenzierte *Begrifflichkeit* achten (auch wichtige Fachtermini benutzen),
- Ihre Aussagen *begründen* und *belegen* (hier durch geeignete Textstellen und Zitate).

Arbeitsvorschläge

1. Überprüfen Sie die skizzierte Materialbasis zur Darlegung der Auffassung Iphigenies von der Rolle der Frau und sprechen Sie über mögliche Änderungen oder Ergänzungen.

2. Skizzieren Sie eine Materialbasis für die Darstellung von Klaras Auffassung von der Rolle der Frau und formulieren Sie stichpunktartig die Unterschiede und Gemeinsamkeiten.

3. Führen Sie den Gliederungspunkt I.2.a) aus und vergleichen Sie Ihre Ergebnisse.

4. Schreiben Sie eine vollständige Ausführung zum Themenbeispiel 1.

Sprechen und Sprache

1. Miteinander reden

Lange bevor Kommunikations- und Sprachwissenschaftler die Grundlagen der Verständigung und die Vielfalt der Kommunikationsformen genauer untersuchten, haben sich in den verschiedenen Kulturen Konventionen und **Normen** entwickelt, die Gespräche und Reden einer sozialen Kontrolle unterwarfen. In Weisheitslehren, Tugendsystemen und Erziehungsprogrammen verschiedener Epochen finden sich Normen wie Aufrichtigkeit, Verbindlichkeit, Klarheit und Regeln über den Umgang mit den Gesprächspartnern, die das Gelingen menschlicher Verständigung sichern sollten. In den Rhetorikschulen der Antike wurden aber auch Techniken gelehrt, wie man auch wenig glaubwürdige Positionen geschickt vertreten, das Publikum auf seine Seite ziehen oder manipulieren kann. Eine solche Reduzierung der Redekunst auf die Technik der Beeinflussung hatte bereits die Kritik Platos herausgefordert, der den Redner zu Wahrheit und Moralität verpflichten wollte.

Die Voraussetzung für die Möglichkeiten und Grenzen der Verständigung sowie die Manipulationsmöglichkeiten durch Reden liegen im **Zeichencharakter der Sprache** selbst. Mit der Entstehung der Sprache hat der Mensch nicht nur die Möglichkeit gewonnen Dinge zu benennen, Erkenntnisse zu formulieren und sein Selbst- und Weltverständnis in Kunst oder Religion auszudrücken, er kann mit Worten auch lügen, sich verstellen, durch Ideologien manipulieren etc. Sprache wurde auch zu einem Instrument der Herrschaft und Macht. Die Erkenntnisse der Sprach- und Kommunikationswissenschaft können uns helfen den öffentlichen Gebrauch der Sprache kritisch zu betrachten und die Vorgänge der zwischenmenschlichen Verständigung besser zu begreifen.

1.1 Verstehen von Kommunikationsvorgängen

Sprachliches Handeln ist in Situationen eingebettet, die durch soziale Verhältnisse und Institutionen geprägt sind und in denen ein bestimmtes Rollenverhalten von uns erwartet wird. Als Sprecher und Hörer haben wir bestimmte Absichten, bringen Erfahrungen, Erwartungshaltungen, Wissen und sprachliche Fähigkeiten mit, die mit den Absichten, Erwartungen usw. der anderen mehr oder weniger übereinstimmen oder im Gegensatz zu ihnen stehen. Wie sich Gespräche entwickeln und was sich aus ihnen ergibt, können wir im Rahmen von Regeln und Konventionen zumindest teilweise selbst beeinflussen. Aber die Grenzen von Verständigung werden rasch dort erkennbar, wo die Sprecher Techniken der Überredung anwenden, Überlegenheit ausspielen oder Kommunikation verweigern bzw. abbrechen. Soziale Unterschiede, die sich in verschiedenen Graden der Beherrschung von sprachlichen Mitteln auswirken, stellen Barrieren für die Sprecher dar. Aber auch durch Alltagserfahrungen entwickeln die Menschen unterschiedliche Fähigkeiten auf andere einzugehen, sich selbst darzustellen, Konflikte zu bewältigen usw.

Worüber wir mit anderen reden, welche Sprechchancen wir dabei haben, wie dieser Vorgang abläuft usw., hängt nicht nur von unseren Bedürfnissen und Absichten ab, sondern von den Bedingungen der Situation. Äußere Faktoren wie Raum und Zeit, die Beziehungen zwischen den Sprechern, institutionelle Rollenverteilungen (Lehrer – Schüler, Angeklagter – Staatsanwalt, Vorgesetzter – Untergebener u. a.) und Verhaltensregeln stellen ebenso einen Rahmen für unser sprachliches Handeln dar wie Sprachnormen, Gesprächskonventionen etc. Situationen lassen sich danach unterscheiden, in welchem Ausmaß diese Faktoren für uns verbindlich sind, mit welchen Sanktionen wir rechnen müssen, wenn wir uns abweichend verhalten. Je weniger Situationen institutionell geregelt sind, desto mehr müssen wir uns aber auch bewusst sein, dass unsere Gesprächspartner von anderen Annahmen über die Situation ausgehen können als wir selbst, dass sie andere Erwartungshaltungen und Absichten haben, uns anders sehen als wir uns selbst. Eine wichtige Voraussetzung für das Gelingen von Verständigung besteht darin, dass wir die Chance haben diese situativen Bedingungen durch sprachliches Handeln selbst zu bestimmen und möglicherweise zu verändern.

Bedingungsfaktoren einer Kommunikation
Historisch-sozialer Kontext

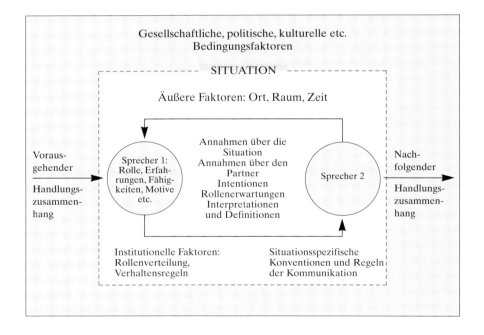

Text 1 HANS FALLADA: Im Personalbüro einer Firma * (1932)

Der Angestellte Johannes Pinneberg hat durch Personalabbau seine Stelle verloren und findet keine Arbeit, mit der er Frau und Kind ernähren könnte. Durch die Vermittlung von Jachmann, dem Liebhaber seiner verwitweten Mutter, hofft er eine neue Stelle zu bekommen.

Es ist ein Riesenzimmer, die eine Wand fast nur Fenster. Und an diesem Fenster steht ein Mammutschreibtisch, auf dem nichts ist wie ein Telefon. Und ein gelber Mammutbleistift. Kein Stück Papier. Nichts. Auf der einen Seite des Schreibtisches ein Sessel: leer. Auf der anderen Seite ein Rohrstühlchen – darauf, das muß Herr Lehmann sein, ein gelber, langer Mann mit einem Gesicht voller Querfalten, einem schwarzen Bärtchen und einer kränklichen Glatze. Sehr dunkle, runde, stechende Augen.
Pinneberg bleibt vor dem Schreibtisch stehen. Seelisch hat er gewissermaßen die Hände an der Hosennaht, und den Kopf hat er ganz zwischen den eingezogenen Schultern, um nicht zu groß zu sein. Denn Herr Lehmann sitzt ja nur pro forma auf einem Rohrstühlchen, eigentlich müßte er, den Abstand richtig zu kennzeichnen, auf der obersten Sprosse einer Stehleiter sitzen.
„Guten Morgen", sagt Herr Pinneberg sanft und höflich, und macht eine Verbeugung.
Herr Lehmann sagt nichts. Aber er faßt den Mammutbleistift, stellt ihn senkrecht. Pinneberg wartet.
„Sie wünschen?" fragt Herr Lehmann sehr kratzig.
Pinneberg ist direkt vor den Magen geschlagen, Tiefschlag.
„Ich ... ich dachte ... Herr Jachmann ..." Dann ist es wieder alle, die Luft ist gänzlich weg. Herr Lehmann besieht sich das. „Herr Jachmann geht mich gar nichts an. Was *Sie* wollen, will ich wissen."
„Ich bitte", sagt Pinneberg und spricht ganz langsam, damit ihn die Luft nicht wieder im Stich läßt, „um die Stellung eines Verkäufers."
Herr Lehmann legt den Bleistift lang hin: „Wir stellen niemanden ein", sagt er entschieden.
Und wartet.
Herr Lehmann ist ein sehr geduldiger Mensch. Er wartet immer noch. Und schließlich sagt er und stellt den Bleistift wieder aufrecht: „Und was ist noch?"
„Vielleicht später –?" stammelt Pinneberg.
„Bei so 'ner Konjunktur!" sagt Herr Lehmann wegwerfend.
Stille.
‚Also kann ich gehen. Wieder reingerasselt. Armes Lämmchen!' denkt Pinneberg. Er will Adieu sagen. Da sagt Herr Lehmann: „Zeigen Sie mal Ihre Zeugnisse her."
Pinneberg breitet sie hin, seine Hand zittert ganz ehrlich, er hat ganz ehrlich Angst. Was Herr Lehmann hat, das weiß man nicht, aber Warenhaus Mandel hat auch an die tausend Angestellte, und Herr Lehmann ist der Personalchef, also ein großer Mann. Vielleicht hat Herr Lehmann Spaß.
Also Pinneberg breitet zitternd seine Zeugnisse aus: das Lehrzeugnis, dann das von Wendheim, dann das von Bergmann, dann das von Kleinholz.
Die Zeugnisse sind alle sehr gut. Herr Lehmann liest sie sehr langsam, aber ungerührt. Dann schaut er hoch, er scheint nachzudenken. Vielleicht, vielleicht ...
Herr Lehmann spricht: „Tja, Düngemittel führen wir nicht."

So, da hat er es! Und natürlich ist Pinneberg nichts wie ein Trottel, er kann nur stammeln: „Ich dachte auch … eigentlich Herrenkonfektion … das war nur zur Aushilfe …"

Lehmann genießt es. Es ist so gut, daß er wiederholt: „Nein, Düngemittel führen wir nicht."

Er setzt hinzu: „Auch nicht Kartoffeln."

Er könnte ja nun auch von Getreide und Sämereien reden, all das steht auf Emil Kleinholzens Briefbogen, aber schon die Kartoffeln kamen nicht mehr ganz befriedigend heraus. So sagt er nur brummig: „Wo haben Sie denn Ihre Angestellten-Versicherungskarte?"

‚Was soll das alles?' denkt Pinneberg. ‚Wozu will er meine Karte? Will er mich nur quälen?' Und er legt die grüne Karte hin. Herr Lehmann betrachtet sie lange, die Marken sieht er an, er nickt ein wenig.

„Und Ihre Lohnsteuerkarte."

Pinneberg gibt auch die hin und auch sie wird genau angesehen. Dann ist wieder Pause, damit Pinneberg hoffen darf und verzweifelt sein darf und wieder hoffen darf.

„Also", sagt Herr Lehmann abschließend und legt die Hand auf die Papiere. „Also wir stellen keine neuen Kräfte ein. Wir dürfen es gar nicht. Denn wir bauen die alten ab!"

Schluß. Aus damit. Dies war das endgültige. Aber Herr Lehmanns Hand bleibt auf den Papieren liegen, nun legt er sogar noch den gelben Mammutbleistift über sie.

„Immerhin …", sagt Herr Lehmann. „Immerhin dürfen wir Kräfte aus unsern Filialen übernehmen. Besonders tüchtige Kräfte. Sie sind doch eine tüchtige Kraft?"

Pinneberg flüstert etwas. Keinen Protest. Es genügt Herrn Lehmann aber.

„Sie, Herr Pinneberg, werden aus unserer Filiale in Breslau übernommen. Sie kommen aus Breslau, nicht wahr?"

Wieder Flüstern, wieder ist Herr Lehmann genügsam.

„Auf der Abteilung Herrenkonfektion, wo Sie arbeiten werden, stammt zufällig keiner der Herren aus Breslau, nicht wahr?"

Pinneberg murmelt.

„Gut. Sie fangen morgen früh an. Sie melden sich um acht Uhr dreißig bei Fräulein Semmler, hier nebenan. Sie unterschreiben dann den Vertrag und die Hausordnung, und Fräulein Semmler sagt Ihnen Bescheid. Guten Morgen."

„Guten Morgen", sagt auch Pinneberg und verbeugt sich. Er geht rückwärts zur Tür. Schon hat er die Klinke in der Hand, da flüstert Herr Lehmann, er flüstert es durch das ganze Gemach: „Grüßen Sie Ihren Herrn Vater bestens. Sagen Sie Ihrem Herrn Vater, ich habe Sie engagiert. Sagen Sie Holger, am Mittwoch Abend wäre ich frei. Guten Morgen, Herr Pinneberg."

Und ohne diese Schlußsätze hätte Pinneberg gar nicht gewußt, daß Herr Lehmann auch lächeln kann, etwas verkniffen, aber immerhin lächeln.

Aus: Hans Fallada: Kleiner Mann – was nun? Reinbek 1980.

Text 2

ALFRED ANDERSCH: Unterrichtsbesuch des Direktors* (1980)

Zu Beginn einer Griechischstunde betritt der Direktor des Gymnasiums das Klassenzimmer um sich vom Leistungsstand der Schüler und vom Unterrichtserfolg des Lehrers ein Bild zu machen. In seiner Verlegenheit ruft Dr. Kandlbinder, der Fachlehrer, den guten Schüler Greiff auf, obwohl er weiß, dass dieser sich gern vor der Klasse aufspielt. „Sehr gerne, Herr Dr. Kandlbinder", bemerkt dieser provozierend.

Die ganze Klasse freute sich bereits diebisch auf den Wortwechsel, der nun folgen würde, – auch dieser würde sicherlich wieder zu Ungunsten ihres Ordinarius[1] ausgehen, mitleidlos beobachteten die Gymnasiasten, wie Kandlbinder sich provozieren ließ, bleich und sprachlos stand er an der Tafel –, aber sie hatten nicht mit dem Rex gerechnet, der sich so blitzschnell, wie Franz es bei einem Mann von solcher Korpulenz nie erwartet hätte, in den Vorfall einschaltete. „Ah", sagte er, den inzwischen vorne angekommenen Knaben mit blau-goldenem Blick kalt messend, „da haben wir also unseren jungen Baron Greiff! Ich habe schon viel von dir gehört, Greiff. Du sollst ja ein ausgezeichneter Grieche sein. Wenn du es aber noch einmal für nötig hältst, eine Bereitwilligkeits-Erklärung abzugeben, nachdem du aufgerufen worden bist, oder wenn du dir noch ein einziges Mal herausnimmst, deinen Klassenlehrer mit *Herr Doktor* anzureden, anstatt, wie es dir zukommt, mit *Herr Professor,* dann bestrafe ich dich auf der Stelle mit einer Stunde Arrest. Verstanden, Greiff?" (…)
Wie er sich den Greiff vorgenommen hatte! Die ganze Klasse bewunderte in diesem Augenblick den Rex. (…)
Würde Konrad es wagen, den Rex ebenso zurückzuweisen, wie, vor sechs Wochen, den Klassenlehrer?
Er schien es riskieren zu wollen. „Aber Sie selbst haben doch …", setzte er an, aber der Rex ließ ihn nicht zu Ende reden.
„Also gut", sagte er [der Rex], gleichmütig, nicht leise, aber auch nicht laut, „eine Stunde Arrest. Heute Nachmittag, von drei bis vier." Er wandte sich an Kandlbinder. „Tut mir leid, Herr Doktor, daß ich Ihnen den Nachmittag verderben muß" sagte er, darauf anspielend, daß der Klaßlehrer der Arrestanten würde beaufsichtigen müssen. „Aber einem Herrn von dieser Sorte darf man nichts durchgehen lassen." Plötzlich lachte er auf. „Bei einem Freiherrn! … Lassen Sie ihn Geschichte büffeln, heute Nachmittag", fügte er hinzu, „in Geschichte ist er ja lange nicht so gut wie in Griechisch." Er schüttelte den Kopf. „Eigentlich merkwürdig bei einem, der so stolz ist auf seinen Adel, daß er sich für Geschichte nicht interessieren will." (…)
Der Rex begann, sich wieder direkt mit dem Bestraften zu beschäftigen. Geduldig, – aber auch tückisch, wie es Franz schien –, belehrte er ihn. „Du hast sagen wollen, Greiff", – aufs Neue gebrauchte er den Namen ohne jeglichen Zusatz –, „ich selber habe ja deinen Ordinarius mit Herr Doktor angeredet. Vielleicht hätte ich dich ausreden lassen, wenn du, wie es sich gehört hätte, zu mir gesagt haben würdest ,Aber Sie selbst, Herr Oberstudiendirektor', denn für dich bin ich nicht jemand, den du bloß mit ,Sie' anreden kannst, sondern immer noch dein Oberstudiendirektor, merke dir das, es ist ein Jammer, daß wir in Deutschland kein Militär mehr haben dürfen, da würdest du lernen, daß es kein ,ja' gibt, sondern nur ein ,jawohl, Herr Leutnant.' – Ah", sagte er, „beim Militär würde dir schon beigebracht werden, was Disziplin heißt." (…)

1 Ordinarius: hier: Klassenlehrer

40 „Aber auch wenn du mich korrekt mit meinem Titel angeredet hättest", sagte er, „hätte ich dir nicht erlaubt, deinen Klaßlehrer auf die gleiche Weise anzusprechen, wie ich es tue." (…)

„Daß du den Herrn Professor mit seinem Namen angesprochen hast, ist besonders ungehörig gewesen. – Kandlbinder!", zitierte er. „Tz, tz, tz! Allein dafür hätte dir
45 schon gleich die Stunde Arrest gebührt."

Er hatte sich etwas zu lange und zu gewählt über Konrads Formfehler verbreitet, er schien fest entschlossen, zu übersehen, in welchen Zustand er den Schüler getrieben hatte, (…) eigentlich unnötig, daß er immer noch weiter quasselt, dachte Franz, aber der Rex hörte noch nicht auf, er konnte sich nicht enthalten, auch noch zu
50 sagen: „Quod licet Jovi, non licet bovi, wie du ja im Latein gelernt hast!" – Umständlich, geradezu gemütlich, so, als verfüge er über jede Menge Zeit für Belehrungen, brachte er es heraus, merkte er denn immer noch nicht, dachte Franz, daß er den Konrad bis aufs Blut gereizt hat, alle blickten auf ihren Mitschüler, dem jetzt der letzte Rest überlegenen Spottes ausgetrieben worden war, breitbeinig stand er da,
55 und sie sahen, wie sich seine Hände hinter seinem Rücken zusammenschlossen und ineinander verkrampften. Dann kam es.

„Ich gehöre nicht zum Rindvieh", stieß er hervor. „Und Sie sind nicht Jupiter. Für mich nicht! Ich bin ein Freiherr von Greiff, und Sie sind für mich überhaupt nichts weiter als ein Herr Himmler!"

60 Das war mehr, als die Klasse erwartet hatte. (…)

„Mit deinem Adel", begann er [der Rex], „ist es nicht so weit her, wie du denkst, Greiff." – „Greiff", wiederholte er, und er brachte es tatsächlich fertig, sich dabei einen überlegen-sachlichen Ausdruck zu geben, „das ist eigentlich nur so ein Übername, den sich viele Ritter zugelegt haben. Greif, Grif, Grip, so nannten sie sich,
65 diese Herrschaften, nach dem sagenhaften Raubvogel, die meisten von ihnen waren ursprünglich nichts weiter als namenlose Bauernschinder, die irgendein Lehensherr als Aufseher über eines seiner Dörfer eingesetzt hatte. Ihre Nachkommen wurden Raubritter, diese Greife, legten sich noch irgendeinen Flurnamen zu. Greif von Sowieso. Bei Euch, den Greiffs aus Unterfranken, hat es nicht einmal dazu
70 gereicht." (…)

„Eure Schlösser sind nicht sehr alt", räsonierte[1] der Rex, der vielleicht schon wußte, daß er die Partie verloren hatte. „Sechzehntes Jahrhundert!" sagte er, in einem Ton, als sei das nichts. Und er ließ sich auch noch verleiten, aufzutrumpfen. „Wir Himmlers sind viel älter." Er hob seinen rechten Zeigefinger. „Nachweisbar ganz altes
75 Stadtpatriziat vom Oberrhein. Es gibt ein Himmler-Haus in Basel und eines in Mainz. Das in Basel trägt die Jahreszahl 1297!"

„Gratuliere!" sagte Konrad. (…)

„Nun ja", sagte er [der Rex], wobei er seiner Stimme einen gleichgültigen, fast müden Klang gab, „da ist ja scheint's Hopfen und Malz verloren." Und dann sprach
80 er das Urteil aus, das sicherlich schon festgestanden hatte, seitdem Konrad Greiff ihn als ‚nichts weiter als einen Herrn Himmler' bezeichnet hatte.

„Ich werde deinem Vater schreiben und ihn bitten, dich von dieser Schule zu nehmen", sagte er. „So, wie ich ihn kenne, wird er darüber nicht begeistert sein. Aber er wird einsehen, daß es für einen solchen Lümmel wie dich auf meiner Schule keinen
85 Platz gibt." (…)

1 räsonieren: (lat.), hier: schwätzen, klug reden

Da Konrad noch immer mit dem Rücken zur Klasse stand, konnte Franz nicht feststellen, welchen Eindruck seine Entlassung auf ihn machte, offenkundig keinen, denn ihm blieb nicht einen Moment lang die Sprache weg, sondern sie hörten, wie er, ohne zu zögern, und mit fast fröhlicher Stimme fragte: „Dann brauche ich ja auch die Stunde Arrest heute Nachmittag nicht mehr abzusitzen, nicht wahr, Herr Oberstudiendirektor?"

Damit war es ihm endlich gelungen, die Geduld des Rektors, – die echte oder die scheinbare, wie Franz überlegte –, zu erschöpfen, der Rektor stand hinter dem Pult auf und herrschte den Schüler an. „Setze dich, Greiff!", sagte er. „Du wirst abwarten müssen, was die Schule dir noch mitteilen wird. Bis dahin hast du dich in ihre Ordnung zu fügen."

Aus: Alfred Andersch: Der Vater eines Mörders. Zürich 1980.

Arbeitsvorschläge zu Text 1

1. Vergleichen Sie die Verhaltensweisen und die sprachlichen Äußerungen von Herrn Pinneberg und Herrn Lehmann.

2. *Diskutieren* Sie, welche Verhaltensweisen und Äußerungen durch die Situation des Vorstellungsgesprächs geprägt sind, welche durch die Individualität der Gesprächspartner.

3. Untersuchen Sie, auf welche Weise unsere Wahrnehmung des Gesprächs durch die Erzähltechnik gelenkt wird.

zu Text 2

1. Welche Regeln der Kommunikation verletzt der Schüler Greiff nach Auffassung des Direktors? Wie beurteilen Sie das Verhalten des Schülers und des Direktors?

2. Erläutern Sie den Spielraum, den der Schüler und der Direktor in dieser Situation jeweils haben.

3. Beschreiben Sie, mit welchen Strategien und sprachlichen Mitteln beide versuchen den Dialog zu gewinnen. Welche Rolle spielt dabei die Schulklasse?

4. *Diskutieren* Sie, ob ein ähnlicher Dialog auch heute noch denkbar wäre. Entwerfen Sie ein Gespräch, das sich in einer ähnlichen Situation in Ihrem Kurs entwickeln könnte.

Text 3

FRIEDEMANN SCHULZ VON THUN: Die Anatomie einer Nachricht (1981)

Der Grundvorgang der zwischenmenschlichen Kommunikation ist schnell beschrieben. Da ist ein Sender, der etwas mitteilen möchte. Er verschlüsselt sein Anliegen in erkennbare Zeichen – wir nennen das, was er von sich gibt, seine Nachricht. Dem *Empfänger* obliegt es, dieses wahrnehmbare Gebilde zu entschlüsseln. In der Regel stimmen gesendete und empfangene Nachricht leidlich überein, so daß eine Verständigung stattgefunden hat. Häufig machen Sender und Empfänger von der Möglichkeit Gebrauch, die Güte der Verständigung zu überprüfen: Dadurch, daß der Empfänger zurückmeldet, wie er die Nachricht entschlüsselt hat, wie sie bei ihm angekommen ist und was sie bei ihm angerichtet hat, kann der Sender halbwegs überprüfen, ob seine Sende-Absicht mit dem Empfangsresultat übereinstimmt. Eine solche *Rückmeldung heißt auch Feedback.*

Schauen wir uns die „Nachricht" genauer an. Für mich selbst war es eine faszinierende „Entdeckung", die ich in ihrer Tragweite erst nach und nach erkannt habe, *daß ein und dieselbe Nachricht stets viele Botschaften gleichzeitig enthält.* Dies ist eine Grundtatsache des Lebens, um die wir als Sender und Empfänger nicht herumkommen. Daß jede Nachricht ein ganzes Paket mit vielen Botschaften ist, macht den Vorgang der zwischenmenschlichen Kommunikation so kompliziert und störanfällig, aber auch so aufregend und spannend.

Um die Vielfalt der Botschaften, die in einer Nachricht stecken, ordnen zu können, möchte ich vier seelisch bedeutsame Seiten an ihr unterscheiden. Ein Alltagsbeispiel: Der Mann (= Sender) sagt zu seiner am Steuer sitzenden Frau (= Empfänger): „Du, da vorne ist grün!" – Was steckt alles drin in dieser Nachricht, was hat der Sender (bewußt oder unbewußt) hineingesteckt, und was kann der Empfänger ihr entnehmen? (...)

1. Sachinhalt
(oder: Worüber ich informiere)

Zunächst enthält die Nachricht eine Sachinformation. Im Beispiel erfahren wir etwas über den Zustand der Ampel – sie steht auf grün. Immer wenn es „um die Sache" geht, steht diese Seite der Nachricht im Vordergrund – oder sollte es zumindest. (...)

2. Selbstoffenbarung
(oder: Was ich von mir selbst kundgebe)

In jeder Nachricht stecken nicht nur Informationen über die mitgeteilten Sachinhalte, sondern auch Informationen über die Person des Senders. Dem Beispiel können wir entnehmen, daß der Sender offenbar deutschsprachig und vermutlich farbtüchtig ist, überhaupt, daß er wach und innerlich dabei ist. Ferner: daß er es vielleicht eilig hat usw. Allgemein gesagt: In jeder Nachricht steckt ein Stück Selbstoffenbarung des Senders. Ich wähle den Begriff der Selbstoffenbarung, um damit sowohl die gewollte *Selbstdarstellung* als auch die unfreiwillige *Selbstenthüllung* einzuschließen. (...)

Auch während Sie dieses jetzt lesen, erfahren Sie nicht nur Sachinformationen, sondern auch allerhand über mich, Schulz von Thun, den Autor. Über meine Art, Gedanken zu entwickeln, bestimmte Dinge wichtig zu finden. Würde ich Ihnen dies mündlich vortragen, könnten Sie aus der Art, wie ich mich gäbe, vielleicht Informationen über meine Fähigkeiten und meine innerliche Befindlichkeit entnehmen. Der Umstand, daß ich – ob ich will oder nicht – ständig auch Selbstoffenbarungsbotschaften von mir gebe, ist mir als Sender wohl bewußt und bringt mich in Unruhe und in Bewegung. Wie werde ich dastehen als Autor? Ich möchte Sachinformationen vermitteln, jawohl, aber ich möchte auch einen guten Eindruck machen, möchte mich als eine Person präsentieren, die etwas anzubieten hat, die weiß, wovon sie schreibt, und die gedanklich und sprachlich „auf der Höhe" ist.

3. Beziehung
(oder: Was ich von dir halte, und wie wir zueinander stehen)

Aus der Nachricht geht ferner hervor, wie der Sender zum Empfänger steht, was er von ihm hält. Oft zeigt sich dies in der gewählten Formulierung, im Tonfall und anderen nichtsprachlichen Begleitsignalen. Für diese Seite der Nachricht hat der Empfänger ein besonders empfindliches Ohr; denn hier fühlt er sich als Person in bestimmter Weise behandelt (oder mißhandelt). In unserem Beispiel gibt der Mann durch seinen Hinweis zu erkennen, daß er seiner Frau nicht recht zutraut, ohne seine Hilfe den Wagen optimal zu fahren.

Möglicherweise wehrt sich die Frau gegen diese „Bevormundung" und antwortet barsch: „Fährst du oder fahre ich?" – wohlgemerkt: ihre Ablehnung richtet sich in diesem Fall nicht gegen den Sachinhalt (dem wird sie zustimmen!). Sondern ihre Ablehnung richtet sich gegen die empfangene Beziehungsbotschaft.

Allgemein gesprochen: Eine Nachricht senden heißt auch immer, zu dem Angesprochenen eine bestimmte Art von Beziehung auszudrücken. (…)

Genaugenommen sind auf der Beziehungsseite der Nachricht zwei Arten von Botschaften versammelt. Zum einen solche, aus denen hervorgeht, was der Sender vom Empfänger hält, wie er ihn sieht. In dem Beispiel gibt der Mann zu erkennen, daß er seine Frau für hilfsbedürftig hält. – Zum anderen enthält die Beziehungsseite aber auch eine Botschaft darüber, wie der Sender *die Beziehung zwischen sich und dem Empfänger sieht* („so stehen wir zueinander"). (…)

Freilich kann es sein, daß der Empfänger mit dieser *Beziehungsdefinition* nicht einverstanden ist, die Frage für deplaciert und zudringlich hält. Und so können wir nicht selten erleben, daß zwei Gesprächspartner ein kräftezehrendes Tauziehen um die Definition ihrer Beziehung veranstalten. (…)

4. Appell
(oder: Wozu ich dich veranlassen möchte)

Kaum etwas wird „nur so" gesagt – fast alle Nachrichten haben die Funktion, auf den Empfänger *Einfluß zu nehmen*. In unserem Beispiel lautet der Appell vielleicht: „Gib ein bißchen Gas, dann schaffen wir es noch bei grün!"

Die Nachricht dient also (auch) dazu, den Empfänger zu veranlassen, bestimmte Dinge zu tun oder zu unterlassen, zu denken oder zu fühlen. Dieser Versuch, Einfluß zu nehmen, kann mehr oder minder offen oder versteckt sein – im letzteren Falle sprechen wir von Manipulation. Der manipulierende Sender scheut sich nicht, auch die anderen drei Seiten der Nachricht in den Dienst der Appellwirkung zu stellen. Die Berichterstattung auf der Sachseite ist dann einseitig und tendenziös, die Selbstdarstellung ist darauf ausgerichtet, beim Empfänger bestimmte Wirkung zu erzielen (z. B. Gefühle der Bewunderung oder Hilfsbereitschaft); und auch die Botschaften auf der Beziehungsseite mögen von dem heimlichen Ziel bestimmt sein, den anderen „bei Laune zu halten" (etwa durch unterwürfiges Verhalten oder durch Komplimente). Wenn Sach-, Selbstoffenbarungs- und Beziehungsseite auf die Wirkungsverbesserung der Appellseite ausgerichtet werden, werden sie *funktionalisiert*, d. h. spiegeln nicht wider, was ist, sondern werden zum Mittel der Zielerreichung.

Der Appellaspekt ist vom Beziehungsaspekt zu unterscheiden, denn mit dem gleichen Appell können sich ganz unterschiedliche Beziehungsbotschaften verbinden. In unserem Beispiel mag die Frau den Appell an sich vernünftig finden, aber empfindlich auf die Bevormundung reagieren. Oder umgekehrt könnte sie den Appell für unvernünftig halten („ich sollte nicht mehr als 60 fahren"), aber es ganz in Ordnung finden, daß der Mann ihr in dieser Weise Vorschläge zur Fahrweise macht.

Die nun hinlänglich beschriebenen vier Seiten einer Nachricht sind im folgenden Schema zusammengefaßt:

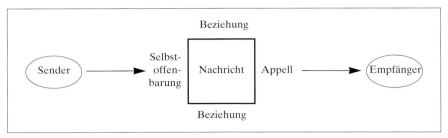

Die vier Seiten (Aspekte) einer Nachricht – ein psychologisches Modell der zwischenmenschlichen Kommunikation.

5. Die Nachricht als Gegenstand der Kommunikationsdiagnose

105 Halten wir fest: Ein und dieselbe Nachricht enthält viele Botschaften; ob er will oder nicht – der Sender sendet immer gleichzeitig auf allen vier Seiten. Die Vielfalt der Botschaften läßt sich mit Hilfe des Quadrates ordnen. Dieses „Drum-herum" der Botschaften bestimmt die psychologische Qualität einer Nachricht.

Aus: Friedemann Schulz von Thun: Miteinander reden. Störungen und Klärungen. Allgemeine Psychologie der Kommunikation. Reinbek 1981.

Text 4

ANGELIKA MECHTEL: Netter Nachmittag (1978)

Ich gehe hin, und er steht schon an der Tür; nachmittags um fünf zum Tee.
Gnädige Frau, sagt er und küßt mir mit feuchten Lippen die Hand. Ich habe Ihren Artikel gelesen, sagt er. Er findet ihn exzellent. Ich mache eine Handbewegung und stimme ihm zu.

5 Dann hilft er mir aus dem Mantel, hängt ihn auf und geht voraus zu Torte und Tee, dickbäuchig, aber in guter Position. Alt, aber noch frisch wie ein Junger, meint er und setzt sich neben mich auf die Couch.
Er könne was für mich tun, sagt er und legt mir die Hand auf die Schulter. So hingelehnt ans Sofa, den Oberkörper schräg zum Unterkörper, lächelt er mir zu.

10 Er schätzt mich, sagt er.
Mit seiner Vergangenheit ist er zufrieden, auch mit seiner Zukunft. Zwei Weltkriege hat er überstanden und eine Ehe, sagt er. Er serviert immer den gleichen Kuchen, wenn er einlädt. Er hat drei Wohnungen: eine in der Stadt, eine auf dem Land und eine am Lago Maggiore. Er hat das Leben gemeistert.

15 Artig trinke ich meinen Tee und nehme die Zigarette, die er mir anbietet; gehe auf das Gespräch ein, das er führen will.
So ist eben einer, der groß geworden ist. Unverbraucht, denkt er, anders als unser Jahrhundert.
Er vergißt nicht, höflich zu sein.

20 Das gehört dazu.
Beim Abschied der Griff zum Mantel und zu den Haaren: Die gehören doch raus aus dem Mantelkragen, sagt er. Und zur Hand, um die feuchten Lippen zu postieren. Das tut er alles mit der Selbstverständlichkeit derer, die was besitzen.

Du solltest nicht diese Handbewegung machen, wenn er sagt, er fände ihn exzellent. Anstelle der Hand zum Handkuß gibst du ihm einen Schlag, nicht übertrieben scharf, nur ganz leicht, und dann dein Gelächter.
Den Artikel findest du schlecht.
Torte, sagst du, ißt du grundsätzlich nicht und statt Tee verlangst du Kaffee.
Er stellt dir heißes Wasser und Nescafé zur Verfügung. Du nimmst nicht nur einen Löffel Kaffeepulver in die Tasse, du nimmst zwei, schraubst das Glas wieder fest zu und stellst es mitten auf den Tisch, so, daß er sich aufrichten muß, wenn er es mit seinen Händen erreichen will.
Noch hockt er schräg auf der Couch, den Oberkörper schräg abgewinkelt. Du läßt ihn fallen, wenn er deine Schulter fassen will. Du machst ihm Platz.
Weiche Landung, sagst du: Glückauf, und greifst nach der vollen Packung Zigaretten mit der Sicherheit jener, die nichts besitzen.
Er besitzt Einfluß, das weißt du.
Ich könnte was für Sie tun, sagt er, und du lachst. Du hörst nicht mehr auf zu lachen. Vor Vergnügen schlägst du mit der flachen Hand auf den Tisch; die Füße könntest du drauflegen.
Oder ihn durchs Dachfenster auf die Straße transportieren; sieben Etagen abwärts ohne Lift; unten die Feldherrnhalle. Von der entgegengesetzten Seite marschierte Hitler mal an. Glückab. Den kannte er, und nachher war er auch gleich wieder da.
Zwei Weltkriege? fragst du ihn.
Kein Schrapnell hat ihn erwischt.
Glück muß der Mensch haben.
Ich bin Augenzeuge unsres Jahrhunderts, sagt er.
Unser? sagst du, nimmst deinen Mantel, gehst und denkst: Den habe ich fertiggemacht, dem habe ich seine Heuchelei vor den Latz geknallt, der ist erledigt.
Aber er steht frisch an der Tür und hat ein verbindliches Lächeln im Gesicht.
Jetzt beklatscht er noch deinen Abgang.
Bravo, sagt er: Ein ganz neuer Stil.
Du bist verblüfft, weil du kein Kraut mehr weißt, das gegen ihn wächst, nimmst den Aufzug ins Parterre, gehst Richtung Feldherrnhalle und fragst dich, warum du Angst hast.
Du hast dir in den Mantel helfen lassen, hast ihm das Glas Nescafé, zugeschoben, das heiße Wasser gereicht, hast um eine Zigarette gebeten und dir Feuer geben lassen. Du hast dich angepaßt, warst empfänglich.
Du fragst dich, warum du Angst hast?
Abends rufe ich ihn an und danke für den netten Nachmittag.

Angelika Mechtel: Netter Nachmittag. In: Die Träume der Füchsin. Erzählungen. Frankfurt/M. 1978.

Text 5 — SENTA TRÖMEL-PLÖTZ: Männersprache – Frauensprache* (1984)

Frauen sprechen eher in privaten Gesprächen, in kleinen Gruppen, an privaten Orten, über persönliche Themen wie Familie, Beziehungen, Verwandtschaft, über Ereignisse innerhalb des Lebens- und Familienzyklus, über Menschen in ihrer Umgebung und deren Verhalten, über Krisen, Schwierigkeiten und Probleme. In diesen Gesprächen scheint es weniger wichtig zu sein, verschiedene Definitionen der Ereignisse, der Beziehungen und der Personen gegeneinander auszuspielen, bis eine gewinnt, sondern eher zu einer gemeinsamen Definition von Ereignissen, gemeinsamen Einschätzungen und Bewertungen zu kommen, so daß ein unterstützendes Modell des Miteinanderredens verwirklicht wird, wo die Frauen gegenseitig aufeinander eingehen, sich anregen und ermutigen zu sprechen, einander Raum geben, gut zuhören. (…)

Wo Männer reden, um sich darzustellen, um sich mit anderen zu messen, um zu gewinnen, und Frauen reden, um Gemeinsames herzustellen, hat der Gesprächsstil der Frauen keine Chance. Die Männer bringen ihren Stil in gemischtgeschlechtliche Gespräche, und wenn sie in der Überzahl sind oder auch statushöher, definieren sie die Situation, d. h. in den Gesprächen geht es um Wettstreit, Kampf ums Wort, um Gewinnen. Es ist auch nicht plausibel, daß das Hinzukommen von Frauen den Gesprächscharakter in einer Männergruppe signifikant ändern würde, eher könnte ich mir vorstellen, daß das Zurschaustellen der verbalen Potenz, die Selbstvergrößerung, das Imponiergehabe sich in der Gegenwart von Frauen noch steigert. Auch sie müssen noch beeindruckt werden. Das Schauspiel nimmt größere Dimensionen an, und selbstverständlich zählen die dazukommenden Frauen als Publikum.

Ich vermute, daß sich die unterschiedlichen Strategien, die Frauen und Männer im Umgang mit ein und derselben Sprache entwickelt haben, die unterschiedlichen Gruppenstile, auch im privaten Gespräch zwischen einer Frau und einem Mann auswirken. Die Frau wird mit nur einem Gesprächspartner, also in einer vertrauten Situation, ihren gewohnten unterstützenden Gesprächsstil anwenden, der Mann wird sie womöglich gar nicht als echte Gegnerin einschätzen und wird, ohne zu kämpfen, sein selbstgefertigtes Spiel gewinnen. Sollte er sie als Gegnerin einschätzen, wird er sein Spiel mit einseitigem Kampf gewinnen, da die Frau nicht kämpft, sondern ihn gewinnen läßt. Sollte die Frau aber nun tatsächlich ihren Gesprächsstil durchsetzen wollen, also vom Mann so viel Unterstützung und Interesse an ihren Themen und ihrer Person verlangen, wie sie ihm schenkt, gleich hohen Gesprächsstatus fordern, wie ihn der Mann hat, dann wird sie als dominant wahrgenommen und muß in die Schranken gewiesen werden. Beziehungen können an der einfachen Forderung nach Gegenseitigkeit und Symmetrie der Unterstützung und Aufmerksamkeit brechen.

Aus: Senta Trömel-Plötz: Weiblicher Stil – männlicher Stil. In: Gewalt durch Sprache. Die Vergewaltigung von Frauen in Gesprächen. Frankfurt/M. 1984.

Arbeitsvorschläge zu den Texten 1–3

1. Erläutern Sie an einem selbst gewählten Beispiel einer alltäglichen Kommunikationssituation die vier Aspekte einer „Nachricht", wie sie Schulz von Thun darlegt.

2. Suchen Sie in den Texten von Fallada und Andersch Äußerungen, die mehrere „Botschaften" enthalten. Überlegen Sie, auf welche Weise jeweils der Kontext diese Botschaften beeinflusst.

zu Text 4 **1.** Zeigen Sie die Bedingungsfaktoren auf, die den Gesprächsverlauf beeinflussen.

2. Stellen Sie dar, auf welche Weise die Frau den Mann „fertig machen" möchte. *Diskutieren* Sie, warum sie sich in Wirklichkeit nicht so verhält.

3. Untersuchen Sie die literarische Gestaltung des Gesprächs (Erzähltechnik, Figurencharakterisierung, Aufbau etc.). Auf welche Probleme möchte die Autorin dadurch aufmerksam machen?

zu Text 5 **1.** Stellen Sie die Merkmale gegenüber, die nach Trömel-Plötz für den weiblichen und männlichen Gesprächsstil charakteristisch sind. Klären Sie im Gespräch, inwieweit diese Feststellungen mit ihren eigenen Erfahrungen mit weiblichen und männlichen Gesprächspartnern übereinstimmen.

2. Überlegen Sie, welche sprachlichen Verhaltensweisen (z. B. zustimmen, abwerten, unterbrechen etc.) man für eine Überprüfung der Behauptungen von Trömel-Plötz heranziehen kann.

3. Zeichnen Sie Diskussionen und Gespräche auf (Tonband, Video). Untersuchen Sie das Gesprächsverhalten der weiblichen und männlichen Teilnehmer und überprüfen Sie die Behauptungen von Trömel-Plötz.

4. Beobachten Sie gemeinsam das Gesprächsverhalten von weiblichen und männlichen Kollegiaten in Ihrem Kurs und sprechen Sie über Ihre Ergebnisse. Formulieren Sie Regeln des Gesprächsverhaltens, die helfen können Konkurrenz abzubauen und Kooperation zu fördern.

1.2 Rede und Rhetorik

Öffentliche Reden im Parlament, auf Parteiveranstaltungen, im Wahlkampf und auf Demonstrationen sind ein wesentliches Element einer demokratischen Öffentlichkeit, in der durch Meinungs- und Willensbildung politische Entscheidungen vorbereitet oder gefällt werden. Anders als in der antiken Polis, in der sich zum ersten Mal eine Kunstlehre des wirkungsvollen Redens, die Rhetorik, herausgebildet hat, erleben viele Bürger allerdings solche Reden nicht immer als aktive Bürger in öffentlichen Versammlungen, sondern zu Hause durch die Berichterstattung der modernen Medien. Zur Mündigkeit des Publikums gehört aber damals wie heute die Fähigkeit die vom Redner verwendeten Mittel der Beeinflussung zu durchschauen und die Überzeugungskraft der Rede kritisch zu prüfen.

Der **antiken Rhetorik** lag der Gedanke zugrunde, dass die Kunst des erfolgreichen Redens nicht bloß eine Sache der Begabung ist, sondern auch gelehrt und gelernt werden kann. Dazu entwickelte sie ein hoch differenziertes System der Verfertigung von Reden in drei Grundsituationen: vor Gericht (judiziale Gattung), in der politischen Versammlung (deliberative Gattung) und bei feierlichen Veranstaltungen zur Ehrung einer Person (epideïktische Gattung). Die Vorbereitung der Rede gliederte man dabei in fünf Phasen:

- das Finden der gegenstands- und situationsadäquaten Sachverhalte und Argumente (inventio),
- den zweckmäßigen Aufbau (dispositio) nach dem Grundschema: Anrede des Publikums, Darlegung der Sachverhalte und Argumente Pro und Kontra, Schlussfolgerung und Appell an das Publikum,
- die sprachlich-stilistische Gestaltung (elocutio), in deren Mittelpunkt vor allem der Schmuck der Rede (ornatus) durch rhetorische Figuren stand,
- das Einprägen und Auswendiglernen (memoria),
- das Einüben des wirkungsvollen Vortrags (pronuntiatio).

Nach dem Untergang der antiken Polis beeinflusste das System der antiken Rhetorik bis ins 18. Jahrhundert Dichtungslehren (Poetik), Schreibkunst (Stilistik) und die Lehre der Textauslegung (Exegese und Hermeneutik). Im 20. Jahrhundert entwickelte sich zunächst in Amerika, seit den 60er-Jahren auch in Deutschland die so genannte Neue Rhetorik als umfassende Wissenschaft von der Beeinflussung durch Kommunikation, die Erkenntnisse der Soziologie, Psychologie, Kommunikationsforschung, Linguistik u. a. aufgreift. Gerade durch diese Entwicklung bietet die Rhetorik heute auch Hilfen für eine kritische Analyse sprachlicher Kommunikation.

Text 1   DIETER BREUER: Die klassische Rhetorik als Kunstlehre der Beeinflussung* (1972)

Der „Redner" steht vor der Frage: Mit welchen Mitteln kann ich den evtl. skeptischen Zuhörer von der Richtigkeit (genauer: Glaubwürdigkeit) meiner Sache überzeugen? Wie können im Zuhörer Emotionen, Affekte erregt werden, die ihn meiner Sache zustimmen lassen und ihn in der angestrebten Richtung aktivieren?
5 Eine solche Intention setzt voraus, daß der „Redner" die möglichen emotionalen Verhaltensweisen seiner Zielgruppe überblickt, d. h. ihr Normensystem kennt und zweckentsprechend reproduzieren kann.
F. Chr. Baumeister, ein Rhetoriker des 18. Jahrhunderts, faßt diesen Sachverhalt in folgende Regel:
10 „Der Zweck der Beredsamkeit ist die Gemüther zu gewinnen. (…) Sollen die Bewegründe ihre Wirkung thun, so müssen sie die Begierden in den Gemüthern der Zuhörer erregen. (…)
Hierzu wird erfordert, daß ein Redner das menschliche Herz wohl kenne, und aus der Lehre von der Seele wissen, wie ein jedweder Affect entstehe, und durch was für
15 Vorstellungen er könne gedämpfet werden".
Mit Hilfe dieser Modellbeobachtung kann als erstes Ergebnis festgehalten werden, daß die jeweils geltenden Verhaltensnormen der Bezugsrahmen für eine pragmatische Analyse sein müssen. Die rhetorische Theorie hat sich deshalb seit der Antike (vgl. die Rhetorik-Vorlesung des Aristoteles) um die Beschreibung und Systemati-
20 sierung herrschender verhaltenspsychologischer Muster bemüht und als „Affektenlehre", d. h. als jeweilige Verhaltenspsychologie, in ihren Lehrbüchern tradiert (…).
Der „Redner" muß aber nicht nur die Verhaltensnormen kennen, denen seine Zielgruppe unterliegt, also den Stand der Verhaltenspsychologie, sondern auch die sprachlichen Muster, die diesen Normen entsprechen: die sprachlichen Realisierun-
25 gen der jeweiligen Verhaltensnormen (Sprachverhalten, Stil). Er muß im einzelnen wissen, welche sprachlichen Zeichenreihen seine Zielgruppe als syntaktisch korrekt, semantisch richtig und schön (wohlgeformt) empfindet.

Die rhetorische Theorie hat aus diesen Überlegungen heraus die Lehre vom Stil entwickelt. Gegenstand der Stiltheorie ist die Analyse des jeweiligen Sprachverhaltens in seiner historisch-sozialen Bedingtheit, mit dem Ziel, das zweckentsprechende Sprachverhalten des „Redners" bestimmen zu können. Bezugsgröße für die rhetorische Analyse des Sprachverhaltens ist der Begriff des „Aptum", seit dem 18. Jahrhundert in der deutschen rhetorischen Theorie auch mit „Geschmack" übersetzt. (…)

Im Rahmen der rhetorischen Stiltheorie ist nun versucht worden, diese entscheidende Wirkungsbedingung so zu formalisieren, daß sie im konkreten Fall kalkulierbar wird. Dazu haben z. B. die Kategorien „Puritas", „Perspicuitas" und „Ornatus" gedient: (…)

1) „Puritas"

Die rhetorische „Puritas"-Lehre befaßt sich mit der jeweiligen syntaktischen Normierung des Sprachverhaltens und formuliert die geltenden grammatischen Korrektheitsvorschriften. Der Texthersteller hat im einzelnen bei der Verwendung von sprachlichen Zeichen auf „Sprachreinheit" (korrekte Zeichenverwendung, adäquater Soziolekt[1]) und „Sprachrichtigkeit" (korrekte Verknüpfung von Zeichen) zu achten, denn wirksame Kommunikation ist nur gegeben bei der Benutzung gemeinsamer syntaktischer Muster. Der neuere linguistische Terminus für diesen Bereich ist „Grammatikalität".

2) „Perspicuitas"

Unter dem Begriff „Perspicuitas" (Klarheit, Deutlichkeit, Verständlichkeit) ist die jeweilige semantische Normierung des Sprachverhaltens zu verstehen. (…) Zur Bezeichnung dieses Sachverhalts bietet sich der linguistische Terminus „Akzeptabilität" an. Übrigens ist dieser Bereich auch Gegenstand der werblichen Persuasionsforschung, so weit sie sich um Verfahren zur Verständlichkeitsanalyse bemüht.

3) „Ornatus"

Die Forderung des „Ornatus" besagt, daß bei der Herstellung wirksamer Texte nur solche sprachlichen Mittel verwendet werden sollen, die – über die Verständlichkeit hinaus – den sanktionierten Schönheitsvorstellungen entsprechen, d. h. einem bestimmten (historisch fixierbaren) Qualitätsanspruch genügen. In diese Richtung weisen die linguistischen Begriffe „Wohlgeformtheit" und „angemessener Gebrauch" (…). Kategorien des „Ornatus" sind z. B. „Würde" (Stilhöhe), „Lebhaftigkeit", „Wohlklang", „Neuheit", „Mannigfaltigkeit", „Einheitlichkeit": historisch zu relativierende Kategorien also, deren Bedeutung der jeweiligen Norm entsprechend fixiert ist. (…)

Zur Herstellung einer wirksamen Rede gehört neben der Beachtung der geltenden Verhaltensnormen mit Einschluß der Normen des Sprachverhaltens, daß der „Redner" seine spezielle, momentane Situation richtig einschätzt; er muß den Stand des Verfahrens kennen, d. h. beurteilen können, wie sich das Verfahren in der Sicht der Zielgruppe darstellt, und den Grad der Abweichung des von ihm vertretenen Standpunkts von der Position seiner Zielgruppe (Richter, Anwalt der Gegenpartei, Zuhörer) bestimmen. Nur so kann er den geeigneten Ansatzpunkt seiner Argumentation (Thema) finden, d. h. wirksam *reagieren:* Textherstellung ist Reaktion auf hergestellte Texte.

Aus: Dieter Breuer: Pragmatische Textanalyse. In: Ders. u. a. (Hrsg.): Literaturwissenschaft. Eine Einführung für Germanisten. Frankfurt/M., Berlin, Wien 1972.

1 Soziolekt: Sprachgebrauch einer bestimmten sozialen Gruppe

Text 2 — WILLIAM SHAKESPEARE: Rede des Marc Anton* (1599)

Die Handlung von Shakespeares Drama „The Tragedy of Julius Caesar", das vermutlich 1599 entstanden und zum ersten Mal aufgeführt wurde, folgt im Wesentlichen den historischen Fakten: Caesar wird von einer Gruppe von Republikanern, darunter Brutus und Cassius, während einer Senatssitzung ermordet, weil diese durch seine Machtstellung die Freiheit der Republik bedroht sehen. In einer Rede auf dem Forum rechtfertigt Brutus die Tat vor dem aufgebrachten und bestürzten Volk, indem er sie als Rettung Roms vor Caesars Herrschsucht hinstellt. Mit Erlaubnis des arglosen Brutus hält Marc Anton anschließend die hier abgedruckte Leichenrede.

ANTONIUS: Mitbürger! Freunde! Römer, hört mich an:
    Begraben will ich Cäsarn, nicht ihn preisen.
    Was Menschen Übles tun, das überlebt sie.
    Das Gute wird mit ihnen oft begraben.
    So sei es auch mit Cäsarn! Der edle Brutus   5
    Hat euch gesagt, daß er voll Herrschsucht war:
    Und war er das, so war's ein schwer Vergehen.
    Und schwer hat Cäsar auch dafür gebüßt.
    Hier, mit des Brutus Willen und der andern
    – Denn Brutus ist ein ehrenwerter Mann,   10
    Das sind sie alle, alle ehrenwert! –
    Komm' ich, bei Cäsars Leichenzug zu reden.
    Er war mein Freund, war mir gerecht und treu,
    Doch Brutus sagt, daß er voll Herrschsucht war,
    Und Brutus ist ein ehrenwerter Mann.   15
    Er brachte viel Gefangne heim nach Rom,
    Wofür das Lösegeld den Schatz gefüllt.
    Sah das der Herrschsucht wohl am Cäsar gleich?
    Wenn Arme zu ihm schrien, so weinte Cäsar:
    Die Herrschsucht sollt' aus härterm Stoff bestehn.   20
    Doch Brutus sagt, daß er voll Herrschsucht war,
    Und Brutus ist ein ehrenwerter Mann.
    Ihr alle saht, wie am Lupercusfest[1]
    Ich dreimal ihm die Königskrone bot,
    Die dreimal er geweigert. War das Herrschsucht?   25
    Doch Brutus sagt, daß er voll Herrschsucht war,
    Und ist gewiß ein ehrenwerter Mann.
    Ich will, was Brutus sprach, nicht widerlegen,
    Ich spreche hier von dem nur, was ich weiß.
    Ihr liebtet all' ihn einst nicht ohne Grund: 30
    Was für ein Grund wehrt euch, um ihn zu trauern?
    O Urteil, du entflohst zum blöden Vieh,
    Der Mensch ward unvernünftig! – Habt Geduld!
    Mein Herz ist in dem Sarge hier beim Cäsar,
    Und ich muß schweigen, bis es mir zurückkommt.   35
    (…)

1 Lupercusfest: Fest des röm. Hirtengottes (15. 2.)

Noch gestern hätt' umsonst dem Worte Cäsars
Die Welt sich widersetzt; nun liegt er da,
Und der Geringste neigt sich nicht vor ihm.
O Bürger, strebt' ich Herz und Mut in euch 40
Zur Wut und zur Empörung zu entflammen,
So tät' ich Cassius und Brutus Unrecht,
Die ihr als ehrenwerte Männer kennt.
Ich will nicht ihnen Unrecht tun, will lieber
Dem Toten Unrecht tun, mir selbst und euch, 45
Als ehrenwerten Männern, wie sie sind.
Doch seht dies Pergament mit Cäsars Siegel:
Ich fand's bei ihm, es ist sein letzter Wille.
Vernähme nur das Volk dies Testament
– Das ich, verzeiht mir, nicht zu lesen denke –, 50
Sie gingen hin und küßten Cäsars Wunden,
Und tauchten Tücher in sein heil'ges Blut,
Ja bäten um ein Haar zum Angedenken,
Und sterbend nennten sie's im Testament
Und hinterließen's ihres Leibes Erben 55
Zum köstlichen Vermächtnis.

VIERTER BÜRGER: Wir wollen's hören: lest das Testament!
  Lest, Marc Anton!
ALLE BÜRGER: Das Testament! Das Testament!
  Laßt Cäsars Testament uns hören! 60
ANTONIUS: Seid ruhig, liebe Freund'! Ich darf's nicht lesen.
  Ihr müßt nicht wissen, wie euch Cäsar liebte.
  Ihr seid nicht Holz, nicht Stein, ihr seid ja Menschen.
  Drum, wenn ihr Cäsars Testament erführt,
  Es setzt' in Flammen euch, es macht' euch rasend. 65
  Ihr dürft nicht wissen, daß ihr ihn beerbt.
  Denn wüßtet ihr's, was würde draus entstehn?
BÜRGER: Lest das Testament! Wir wollen's hören. Marc Anton!
  Ihr müßt es lesen! Cäsars Testament!
ANTONIUS: Wollt ihr euch wohl gedulden? Wollt ihr warten? 70
  Ich übereilte mich, da ich's euch sagte.
  Ich fürcht', ich tu' den ehrenwerten Männern
  Zu nah, durch deren Dolche Cäsar fiel;
  Ich fürcht' es.
VIERTER BÜRGER: Sie sind Verräter: ehrenwerte Männer! 75
BÜRGER: Das Testament! Das Testament.
ZWEITER BÜRGER: Sie waren Bösewichter, Mörder! Das Testament!
  Lest das Testament!
ANTONIUS: So zwingt ihr mich, das Testament zu lesen?
  Schließt einen Kreis um Cäsars Leiche denn, 80
  Ich zeig' euch den, der euch zu Erben machte.
  Erlaubt ihr mir's? Soll ich hinuntersteigen?
BÜRGER: Ja, kommt nur!
(...)

ANTONIUS: Wofern ihr Tränen habt, bereitet euch. 85
　　Sie jetzo zu vergießen. Diesen Mantel,
　　Ihr kennt ihn alle; noch erinnr' ich mich
　　Des ersten Males, daß ihn Cäsar trug,
　　In seinem Zelt, an einem Sommerabend –
　　Er überwand den Tag die Nervier[1] – 90
　　Hier, schauet, fuhr des Cassius Dolch herein;
　　Seht, welchen Riß der tück'sche Casca machte!
　　Hier stieß der vielgeliebte Brutus durch.
　　Und als er den verfluchten Stahl hinwegriß,
　　Schaut her, wie ihm das Blut des Cäsar folgte, 95
　　Als stürzt' es vor die Tür, um zu erfahren,
　　Ob wirklich Brutus so unfreundlich klopfte.
　　Denn Brutus, wie ihr wißt, war Cäsars Engel. –
　　Ihr Götter, urteilt, wie ihn Cäsar liebte!
　　Kein Stich von allen schmerzte so wie der. 100
　　Denn als der edle Cäsar Brutus sah,
　　Warf Undank, stärker als Verräterwaffen,
　　Ganz nieder ihn: da brach sein großes Herz.
　　Und in dem Mantel sein Gesicht verhüllend,
　　Grad am Gestell der Säule des Pompejus, 105
　　Von der das Blut rann, fiel der große Cäsar.
　　O, meine Bürger, welch ein Fall war das!
　　Da fielet ihr und ich, wir alle fielen,
　　Und über uns frohlockte blut'ge Tücke.
　　O ja, nun weint ihr, und ich merk', ihr fühlt 110
　　Den Drang des Mitleids: dies sind milde Tropfen.
　　Wie, weint ihr, gute Herzen, seht ihr gleich
　　Nur unsers Cäsars Kleid verletzt? Schaut her!
　　Hier ist er selbst, geschändet von Verrätern.
ERSTER BÜRGER: O, kläglich Schauspiel! 115
ZWEITER BÜRGER: O, edler Cäsar!
DRITTER BÜRGER: O, jammervoller Tag!
VIERTER BÜRGER: O, Buben und Verräter!
ERSTER BÜRGER: O, blut'ger Anblick!
ZWEITER BÜRGER: Wir wollen Rache, Rache! Auf und sucht! 120
　　Sengt! Brennt! Schlagt! Mordet! Laßt nicht *einen* leben!
ANTONIUS: Seid ruhig, meine Bürger!
ERSTER BÜRGER: Still da! Hört den edlen Antonius!
ZWEITER BÜRGER: Wir wollen ihn hören, wir wollen ihm folgen,
　　wir wollen für ihn sterben. 125
ANTONIUS: Ihr guten lieben Freund', ich muß euch nicht
　　Hinreißen zu des Aufruhrs wildem Sturm.
　　Die diese Tat getan, sind ehrenwert.
　　Was für Beschwerden sie persönlich führen.
　　Warum sie's taten, ach, das weiß ich nicht. 130

---

1 Nervier: keltischer Stamm, 57 v. Chr. von Caesar unterworfen

>   Doch sind sie weis' und ehrenwert, und werden
>   Euch sicherlich mit Gründen Rede stehn.
>   Nicht euer Herz zu stehlen komm' ich, Freunde:
>   Ich bin kein Redner, wie es Brutus ist,
>   Nur, wie ihr alle wißt, ein schlichter Mann, 135
>   Dem Freund ergeben, und das wußten die
>   Gar wohl, die mir gestattet, hier zu reden.
>   Ich habe weder Witz, noch Wort' und Würde.
>   Die Kunst des Vortrags, noch die Macht der Rede,
>   Der Menschen Blut zu reizen; nein, ich spreche 140
>   Nur geradezu und sag' euch, was ihr wißt.
>   Ich zeig' euch des geliebten Cäsars Wunden.
>   Die armen stummen Munde, heiße die
>   Statt meiner reden. Aber wär' ich Brutus,
>   Und Brutus Marc Anton, dann gäb' es einen, 145
>   Der eure Geister schürt', und jeder Wunde
>   Des Cäsars eine Zunge lieh, die selbst
>   Die Steine Roms zum Aufstand würd' empören.
>
> DRITTER BÜRGER: Empörung!
> ERSTER BÜRGER: Steckt des Brutus Haus in Brand! 150
> DRITTER BÜRGER: Hinweg denn! Kommt, sucht die Verschworenen auf!
> ANTONIUS: Noch hört mich, meine Bürger, hört mich an!
> BÜRGER: Still da! Hört Marc Anton, den edlen Marc Anton!
> ANTONIUS: Nun, Freunde, wißt ihr selbst auch, was ihr tut?
>>   Wodurch verdiente Cäsar eure Liebe? 155
>>   Ach nein, ihr wißt nicht. – Hört es denn! Vergessen
>>   Habt ihr das Testament, wovon ich sprach.
>
> BÜRGER: Wohl war! Das Testament! Bleibt, hört das Testament!
> ANTONIUS: Hier ist das Testament mit Cäsars Siegel.
>>   Darin vermacht er jedem Bürger Roms, 160
>>   Auf jeden Kopf euch fünfundsiebzig Drachmen.
>
> ZWEITER BÜRGER: O, edler Cäsar! – Kommt, rächt seinen Tod!
> DRITTER BÜRGER: O, königlicher Cäsar!
> ANTONIUS: Hört mich mit Geduld!
> BÜRGER: Still da! 165
> ANTONIUS: Auch läßt er alle seine Lustgehege,
>>   Verschloßne Lauben, neugepflanzte Gärten
>>   Diesseits des Tiber euch und euren Erben
>>   Auf ew'ge Zeit, damit ihr euch ergehn,
>>   Und euch gemeinsam dort ergötzen könnt. 170
>>   Das war ein Cäsar! Wann kommt seinesgleichen?
>
> ERSTER BÜRGER: Nimmer, nimmer! – Kommt! Hinweg, hinweg!
>>   Verbrennt den Leichnam auf dem heil'gen Platze,
>>   Und mit den Bränden zündet den Verrätern
>>   Die Häuser an. Nehmt denn die Leiche auf! 175
>
> ZWEITER BÜRGER: Geht, holt Feuer!
> DRITTER BÜRGER: Reißt Bänke ein!
> VIERTER BÜRGER: Reißt Sitze, Läden, alles ein!

(Die Bürger mit Cäsars Leiche ab.)
ANTONIUS: Nun wirk' es fort. Unheil, du bist im Zuge: 180
Nimm welchen Lauf du willst! (...)

Aus: William Shakespeare: Julius Caesar. Übersetzt von A. W. Schlegel. In: Shakespeares Werke. 8. Bd. München o. J.

Text 3

HANS DIETER ZIMMERMANN: Rhetorische Strategien und ihre Mittel* (1969)

In seiner Untersuchung über den „Sprachgebrauch Bonner Politiker" (1969) stellte Hans Dieter Zimmermann rhetorische Strategien und Techniken zusammen, die er für ein brauchbares Instrumentarium der Redeanalyse hielt.

Aufwertung:
Günstige Seite hervorheben, ungünstige abschwächen oder verschweigen;
positive Attribute für Wir-Gruppe;
dynamisches Wortfeld für Wir-Gruppe;
5 Koppelung mit positiven Werten (Freiheit, Gerechtigkeit, Demokratie etc.);
aufgrund von zwei/drei konkreten Beispielen positive Verallgemeinerung;
eigennützige Ziele als uneigennützig ausgeben („Gemeinwohl");
Übersteigerung eigener Verdienste: einziger Garant für Sicherheit und Freiheit;
Fehler anderen zuschieben: anderer Gruppe oder den Umständen („unabwendbares
10 Schicksal");
Einladung der Zuhörer zur Identifikation mit Wir-Gruppe;
wer anderer Meinung ist, dem gegnerischen Lager zuschlagen;
unverfängliche Zeugen aufrufen.
Abwertung:
15 Ungünstige Seite hervorheben, günstige abschwächen oder verschweigen;
Häufung negativer Attribute;
Koppelung des Gegners mit negativen Werten (Unfreiheit, Unrecht, Tyrannei);
aufgrund von zwei/drei konkreten Beispielen negative Verallgemeinerung;
uneigennützige Ziele des Gegners als eigennützig ausgeben;
20 Fehler des Gegners ins Maßlose vergrößern: „Untergang des Abendlandes";
Fehler dritter Gruppen dem Gegner zuschieben; Erfolge dem Gegner absprechen;
Deformation gegnerischer Argumente: ins Absurde übersteigern;
Verzerrung gegnerischer Zitate, um sie leichter widerlegen zu können;
Gegner verrät eigene Grundsätze: Gegner ist von Geschichte längst widerlegt;
25 gegnerische Forderungen halb anerkennen, doch: sie wurden längst von Wir-Gruppe
erfüllt bzw. vor dem Gegner von Wir-Gruppe aufgestellt;
Diffamierung durch Assoziation;
Neudefinition gegnerischer Schlagworte;
Parzellierung des Gegners: Teil auf eigene Seite ziehen;
30 innenpolitischen Gegner mit außenpolitischem Feind koppeln;
unverfängliche Zeugen aufrufen.

Beschwichtigung:
Verständnis bekunden;
auf Gemeinschaft hinweisen: „wir sind alle eine Familie";
als Vertreter einer Gruppe sich zum Sprecher einer anderen machen: Vermittlerrolle; alle Interessen als berechtigt anerkennen, Widersprüche verschweigen: sowohl – als auch, weder – noch;
für jeden etwas;
auf „unabwendbares Schicksal" hinweisen;
allgemeine Weisheiten: Irren ist menschlich;
Formulierungen, die für jede Interpretation offen sind;
wenn eine Interessengruppe belastet wird: „alle müssen Lasten tragen", „Dienst am Allgemeinwohl";
Tabuisierung von Problemen, so daß deren Erörterung unmöglich wird.

Aus: Hans Dieter Zimmermann: Elemente zeitgenössischer Rhetorik. in: Diskussion Deutsch. Heft 4. Frankfurt/M. 1971.

Arbeitsvorschläge zu Text 1

1. Zeigen Sie, welche Hilfen die Rhetorik dem Redner bei der Einschätzung der Situation und des Publikums bieten kann.

2. Erläutern Sie den Zusammenhang zwischen der „Stiltheorie" und dem „Zweck der Beredsamkeit".

zu Text 2

1. Von welcher Einschätzung der Situation und des Publikums geht Marc Anton bei seiner Rede aus?

2. Untersuchen Sie den Aufbau der Rede. Formulieren Sie das strategische Konzept, das diesem Aufbau zugrunde liegt.

3. Zeigen Sie, mit welchen sprachlichen Mitteln Marc Anton sich selbst darstellt und die Cäsarmörder charakterisiert.

4. Marc Anton stellt Brutus als einen Redner hin, der „jeder Wunde/ Des Cäsars eine Zunge" leihen könnte. Legen Sie im Einzelnen dar, mit welchen Mitteln Marc Anton dies bei der Darstellung von Cäsars Ermordung tatsächlich gelingt.

zu Text 3

1. Überprüfen Sie die Ergiebigkeit von Zimmermanns Instrumentarium bei der Untersuchung der Strategie des Marc Anton.

2. Untersuchen Sie eine Parlamentsdebatte zu einem aktuellen Anlass mithilfe der Übersicht Zimmermanns. Diskutieren Sie, inwiefern diese für die heutigen Reden der Bonner Politiker noch brauchbar ist.

zu den Texten 2 und 3

Analysieren Sie die Rede des Marc Anton als ein Musterbeispiel demagogischer Rhetorik. Verwenden Sie dazu Zimmermanns Instrumentarium und den Überblick über rhetorische Figuren im Anhang (S. 372 ff.).

Text 4

CHRISTA WOLF: Sprache der Wende (1989)

Am 7. Oktober 1989 kam es bei den offiziellen Feiern zum 40. Jahrestag der Gründung der DDR, bei denen der russische Präsident Gorbatschow in seiner Rede die Notwendigkeit von Reformen unterstrich, zu Protesten und blutigen Auseinandersetzungen. In zahlreichen friedlichen Demonstrationen erzwangen die Bürger der DDR in den nachfolgenden Wochen eine politische Wende. In einer großen Demonstration auf dem Berliner Alexanderplatz am 4. 11. 1989 nahmen Schriftsteller der DDR, darunter auch Christa Wolf, zu Fragen der Wende Stellung. Das Bekanntwerden von Kontakten Christa Wolfs zur Stasi hat eine heftige Diskussion über die politische und moralische Integrität der früher hoch geschätzten Autorin ausgelöst.

Liebe Mitbürgerinnen und Mitbürger, revolutionäre Bewegung befreit auch die Sprache. Was bisher so schwer auszusprechen war, geht uns auf einmal frei von den Lippen. Wir staunen, was wir offenbar schon lange gedacht haben und was wir uns jetzt laut zurufen. „Demokratie jetzt oder nie!", und wir meinen Volksherrschaft.

5 Wir erinnern uns der steckengebliebenen oder blutig niedergeschlagenen Ansätze in unserer Geschichte und wollen die Chance, die in dieser Krise steckt, da sie alle unsere produktiven Kräfte weckt, nicht wieder verschlafen. Mit dem Wort „Wende" habe ich meine Schwierigkeiten. Ich sehe da ein Segelboot. Der Kapitän ruft: „Klar zur Wende?", weil der Wind sich gedreht hat oder ihm ins Gesicht bläst. Und die
10 Mannschaft duckt sich, wenn der Segelbaum über das Boot fegt. Aber stimmt dieses Bild noch? Stimmt es noch in dieser täglichen vorwärtstreibenden Lage?

Ich würde von „revolutionärer Erneuerung" sprechen. Revolutionen gehen von unten aus, unten und oben wechseln ihre Plätze in dem Wertesystem, und dieser Wechsel stellt die sozialistische Gesellschaft vom Kopf auf die Füße. Große soziale
15 Bewegungen kommen in Gang. Soviel wie in diesen Wochen, ist in unserem Land noch nie geredet worden, miteinander geredet worden, noch nie mit dieser Leidenschaft, mit so viel Zorn und Trauer, aber auch mit so viel Hoffnung. Wir wollen jeden Tag nutzen. Wir schlafen nicht oder wenig. Wir befreunden uns mit Menschen, die wir vorher nicht kannten, und wir zerstreiten uns schmerzhaft mit anderen, die wir
20 zu kennen glaubten. Das nennt sich nun „Dialog". Wir haben ihn gefordert. Nun können wir das Wort fast nicht mehr hören. Und haben doch noch nicht wirklich gelernt, was es ausdrücken will. Mißtrauisch starren wir auf manche, plötzlich ausgestreckte Hand, in manches vorher so starre Gesicht. Mißtrauen ist gut, Kontrolle noch besser. Wir drehen alte Losungen um, die uns gedrückt und verletzt haben, und
25 geben sie postwendend zurück. Wir fürchten, benutzt zu werden, verwendet. Und wir fürchten ein ehrlich gemeintes Angebot auszuschlagen. In diesem Zwiespalt befindet sich nun unser ganzes Land. Wir wissen, wir müssen die Kunst üben, den Zwiespalt nicht in Konfrontation ausarten zu lassen. Diese Wochen, diese Möglichkeiten werden uns nur einmal gegeben – durch uns selbst.

30 Verblüfft beobachten wir die Wendigen, im Volksmund „Wendehälse" genannt, die laut Lexikon sich rasch und leicht einer gegebenen neuen Situation anpassen, sich in ihr geschickt bewegen, sie zu nutzen verstehen. Sie am meisten, glaube ich, blockieren die Glaubwürdigkeit der neuen Politik. Soweit sind wir wohl noch nicht, daß wir auch sie mit Humor nehmen können, was uns doch in anderen Fällen schon gelingt.
35 „Trittbrettfahrer zurücktreten!" lese ich auf Transparenten und an die Polizei gerichtet von Demonstranten den Ruf: „Zieht euch um, schließt euch an!" Ich muß sagen, ein großzügiges Angebot. Ökonomisch denken wir auch: „Rechtssicherheit spart Staatssicherheit." Und heute habe ich auf einem Transparent eine schier unglaubli-

che Losung gesehen: „Keine Privilegien mehr für uns Berliner." Ja, die Sprache springt aus dem Ämter- und Zeitungsdeutsch heraus, in das sie eingewickelt war, und erinnert sich ihrer Gefühlswörter. Eines davon ist Traum. Also träumen wir, mit hellwacher Vernunft: „Stell' dir vor, es ist Sozialismus und keiner geht weg." Wir sehen aber die Bilder der immer noch Weggehenden und fragen uns: „Was tun?", und hören als Echo die Antwort: „Was tun?" Das fängt jetzt an, wenn aus den Forderungen Rechte, also Pflichten werden: Untersuchungskommission, Verfassungsgericht, Verwaltungsreform.

Viel zu tun und alles neben der Arbeit und dazu noch Zeitungen lesen. Zu Huldigungsvorbeizügen und verordneten Manifestationen werden wir keine Zeit mehr haben. Dies ist eine Demo, genehmigt, gewaltlos. Wenn sie so bleibt bis zum Schluß, wissen wir wieder mehr über das, was wir können, und darauf bestehen wir dann. „Ein Vorschlag für den 1. Mai: Die Führung zieht am Volk vorbei." (Alles nicht von mir, alles nicht von mir. Das ist literarisches Volksvermögen.) Unglaubliche Wandlung, das Staatsvolk der DDR geht auf die Straße, um sich als Volk zu erkennen. Und dies ist für mich der wichtigste Satz dieser letzten Wochen: der tausendfache Ruf: „Wir sind das Volk!" Eine schlichte Feststellung, und die wollen wir nicht vergessen.

Aus: Christa Wolf: Sprache der Wende. Rede auf dem Alexanderplatz (4.11.1989). In: Im Dialog. Aktuelle Texte – Frankfurt/M. 1990.

Text 5

RICHARD VON WEIZSÄCKER: Sich zu vereinen, heißt teilen lernen (1990)

Am 3. Okt. 1990 hielt Bundespräsident Richard von Weizsäcker beim Staatsakt zum Tag der Deutschen Einheit in der Berliner Philharmonie eine Ansprache, aus der hier Ausschnitte abgedruckt sind. Er betonte dabei zunächst, dass die Vollendung der Einheit und Freiheit Deutschlands als Teil eines gesamteuropäischen geschichtlichen Prozesses aufzufassen sei, blickte auf den Weg zur Demokratie in Deutschland zurück und auf die geschichtlichen Ursachen der deutschen Teilung und dankte Präsident Gorbatschow für den Reformkurs sowie den Bürgerbewegungen und den Völkern Ungarns, Polens und der Tschechoslowakei für ihre Hilfe während der Fluchtwelle von Menschen aus der ehemaligen DDR. Dann ging er auf die Deutschen in Ost und West ein.

(...) Zu danken haben wir heute vor allem jenen Deutschen, die in der DDR den Mut aufbrachten, sich gegen Unterdrückung und Willkür zu erheben. Seit über zehn Jahren hatten Zusammenkünfte und Friedensgebete in den Kirchen die Gedanken der friedlichen Revolution vorbereitet, vertieft und verbreitet. Die Macht der Staatssicherheit blieb aber allgegenwärtig. Der Einsatz der Waffen drohte unmittelbar bis tief in den Herbst 1989 hinein. Nachgeben und Zurückweichen wären nur allzu verständlich gewesen. Doch die Hoffnungen in den Herzen der Menschen ließen sich nicht mehr unterdrücken.

Wir sind das Volk, mit diesen vier einfachen und großen Worten wurde ein ganzes System erschüttert und zu Fall gebracht. In ihnen verkörperte sich der Wille der Menschen, das Gemeinwesen, die res publica, selbst in die Hand zu nehmen. So wurde die friedliche Revolution in Deutschland wahrhaft republikanisch. Daß sie nach beinahe sechzig Jahren bitterer Unterdrückung erfolgte, macht sie nur um so erstaunlicher und glaubwürdiger. Demokraten hatten sich zusammengefunden, mit dem Ziel der Freiheit und der Solidarität, beides in einem ein Auftrag für uns alle.

Zu danken ist heute aber auch den Bürgerinnen und Bürgern im Westen. Ohne das Vertrauen der Völker in uns Deutsche hätten wir uns nicht vereinigen können. Es ist mit dem Leben der Bundesrepublik in vierzig Jahren gewachsen. Unsere Bevölkerung hat sich in der freiheitlichen Demokratie und im europäischen Bewußtsein verwurzelt. Die Deutschen sind berechenbare, zuverlässige und geachtete Partner geworden. Das hat die innere Zustimmung unserer Nachbarn und der ganzen Welt zu unserer Einheit ganz entscheidend gefördert.

Nun sind aus den vier Worten viele Tausende geworden. In einer schier unglaublichen Leistung sind Vereinbarungen und Verträge zustande gebracht worden, die uns heute die Einheit nach innen und außen besiegeln lassen. Die Materie war oft schwer durchschaubar. An Konflikten fehlte es nicht. Der Zeitdruck wurde immer wieder enorm. Tag und Nacht wurde gearbeitet. (...)

Die Form der Einheit ist gefunden. Nun gilt es, sie mit Inhalt und Leben zu erfüllen. Parlamente, Regierungen und Parteien müssen dabei helfen. Zu vollziehen aber ist die Einheit nur durch das souveräne Volk, durch die Köpfe und Herzen der Menschen selbst. Jedermann spürt, wieviel da noch zu tun ist. Es wäre weder aufrichtig noch hilfreich, wollten wir in dieser Stunde verschweigen, wieviel uns noch voneinander trennt.

Die äußeren Zwangsmittel der Teilung hatten ihr Ziel, uns zu entfremden, nicht erreicht. Widermenschlich, wie Mauer und Stacheldraht waren, hatten sie den Willen zusammenzukommen nur um so tiefer erfahren lassen. Wir empfinden es vor allem in Berlin, dieser Stadt von zentraler Bedeutung in Vergangenheit und Zukunft. Die Mauer täglich sehen und spüren, ließ uns nicht aufhören, an die andere Seite zu glauben, auf sie zu hoffen. Jetzt ist die Mauer weg, und das ist das Entscheidende. Doch nun, da wir die Freiheit haben, gilt es, in ihr zu bestehen. Deutlicher als früher erkennen wir heute die Folgen der unterschiedlichen Entwicklungen. Die Kluft im Materiellen springt als erstes ins Auge. Auch wenn die Menschen in der DDR mit der Mangelwirtschaft alltäglich in ihrem Leben konfrontiert waren, das Beste daraus gemacht und hart gearbeitet haben, trat das Ausmaß der Probleme und damit der Distanz zum Westen doch erst in den letzten Monaten ganz klar hervor. Wenn es gelingen soll, das Gefälle bald zu überwinden, dann bedarf es dafür nicht nur der Hilfe, sondern vor allem auch der Achtung untereinander.

Für die Deutschen in der ehemaligen DDR ist die Vereinigung ein täglicher, sie ganz unmittelbar und persönlich berührender existentieller Prozeß der Umstellung. Das bringt oft übermenschliche Anforderungen mit sich. Eine Frau schrieb mir, sie seien tief dankbar für die Freiheit und hätten doch nicht gewußt, wie sehr die Veränderung an die Nerven gehe, wenn sie geradezu einen Abschied von sich selbst verlange. Sie wollten ja nichts sehnlicher, als ihr Regime loszuwerden. Aber damit zugleich fast alle Elemente des eigenen Lebens von heute auf morgen durch etwas Neues, Unbekanntes ersetzen zu sollen, übersteigt das menschliche Maß.

Bei den Menschen im Westen war die Freude über den Fall der Mauer unendlich groß. Daß aber die Vereinigung etwas mit ihrem persönlichen Leben zu tun haben soll, ist vielen nicht klar oder sogar höchst unwillkommen. So darf es nicht bleiben. Wir müssen uns zunächst einmal gegenseitig besser verstehen lernen. Erst wenn wir wirklich erkennen, daß beide Seiten kostbare Erfahrungen und wichtige Eigenschaften erworben haben, die es wert sind, in der Einheit erhalten zu bleiben, sind wir auf gutem Wege.

Aus: Richard von Weizsäcker: Ansprache beim Staatsakt zum Tag der deutschen Einheit i. d. Berliner Philharmonie am 3. Oktober 1990. In: Süddeutsche Zeitung vom 5.10.1990.

Arbeitsvorschläge zu Text 4

1. Worin sieht Wolf ihre Aufgabe als Rednerin bei der Demonstration auf dem Alexanderplatz?

2. Untersuchen Sie die Verwendung der Pronomina *ich* und *wir*. Welche Intention der Rednerin lässt sich erkennen?

3. Formulieren Sie thesenartig die Vorstellung von „revolutionärer Erneuerung", die in dieser Rede Wolfs deutlich wird.

zu Text 5

1. Vergleichen Sie die Reden von Wolf und Weizsäcker im Hinblick auf Situation, Anlass, Sprecherrolle, Publikum. Auf welche Weise beeinflussen diese Faktoren die Intention der Redner?

2. Untersuchen Sie, wie Weizsäcker den Prozess der Vereinigung darstellt und welche Schwierigkeiten er bewusst machen möchte.

3. Überprüfen Sie, welche rhetorischen Strategien Weizsäcker verwendet. Was will er damit erreichen?

4. Vergleichen Sie den Zusammenhang zwischen Intention und rhetorischem Stil in den beiden Reden von Wolf und Weizsäcker.

5. Platon hat in seinem Dialog „Gorgias oder Über die Beredsamkeit" den Sophisten vorgeworfen, dass sie eine bloße Technik der Überredung und Beeinflussung lehren und sich nicht der Wahrheit verpflichtet fühlen. Erörtern Sie das Problem der Redekunst im Spannungsfeld von Wahrheitsforderung und Wirkungsabsicht an aktuellen Beispielen.

2. Reflexion über Sprache
2.1 Aspekte der Sprachgeschichte

Bis ins 18. Jahrhundert hinein war das Deutsche weder die Sprache der Bildung und Wissenschaft noch der adeligen Kultur. Die Sprache der Gelehrten war das Lateinische, Friedrich der Große verfasste seine politischen und historischen Schriften und seine Abhandlung über die deutsche Literatur in französischer Sprache. Als der Aufklärer Christian Wolff zu Beginn des 18. Jahrhunderts begann seine Vorlesungen in deutscher Sprache zu halten, rechtfertigte er dies nicht nur mit dem Hinweis auf die mangelnden Lateinkenntnisse der Studenten, sondern betonte auch, dass „unsere Sprache zu Wissenschaften sich viel besser schickt als die lateinische". Erst mit der Entwicklung einer klassischen deutschen Literatur und Philosophie von Lessing bis Hegel erhielt das Deutsche die „kulturelle Legitimation" (v. Polenz) als abendländische Kultursprache, an deren Niveau sich Sprachkritiker lange orientierten.

In der gymnasialen Bildung des 19. Jahrhunderts nahmen allerdings die alten Sprachen, das Lateinische und Griechische, den obersten Rang ein, während der Unterricht in deutscher Sprache und Literatur erst im wilhelminischen Deutschland größeres Gewicht gewann, weil man sich von ihm eine Förderung der nationalen Gesinnung versprach.

Als „lingua vulgaris", als Sprache des Volks blieb das Deutsche lange Zeit geprägt durch die Vielfalt der **Dialekte**. Erst im 15. und 16. Jahrhundert entwickelte sich, nicht zuletzt durch die Verbreitung der Lutherbibel, eine **überregionale Schriftsprache**, das Neuhochdeutsche, das dann vor allem durch die Literatursprache des Barock und der Aufklärung zunehmende kulturelle Bedeutung gewann. Gegenstand wissenschaftlicher Betrachtung wurde die geschichtliche Entwicklung der deutschen Sprache aber erst in der Romantik, als man die Sprache als Ausdruck einer Nation auffasste und die alten Sprachdenkmäler als kulturelles Erbe ins Bewusstsein hob. Es entstand eine **historische** Sprachwissenschaft, welche die Entstehung einer Nationalsprache aus oft nur rekonstruierbaren Wurzeln des Indoeuropäischen und Germanischen nachzeichnete, Gesetzmäßigkeiten im Laut- und Formenwandel zu erkennen suchte, die Herkunft der Wörter untersuchte und die Grammatik der gotischen, alt- und mittelhochdeutschen Sprachstufen beschrieb. Ging es dieser Wissenschaft in den romantischen Anfängen dabei um die Erforschung der älteren Entwicklungsstufen der Sprache als einem „denkmal des volks", wie es Jacob Grimm in der Vorrede zum „Deutschen Wörterbuch" formulierte, so versuchte man im letzten Drittel des 19. Jahrhunderts unter dem Einfluss naturwissenschaftlichen Denkens den Sprachwandel vor allem durch Gesetze wie die Sprachökonomie zu erklären. Heute richtet sich der Blick der Sprachwissenschaft weniger auf die lineare Entwicklung als auf die Komplexität des Sprachwandels unter gesellschaftlichen, politischen, kulturellen Bedingungen und Einflüssen.

Text 1   MARTIN LUTHER: Sendbrieff von Dolmetzschen (1530)

Luthers (1483–1546) Bibelübersetzung (Neues Testament 1522: „Die ganze Heilige Schrift" 1534), die zum Hausbuch des protestantischen Christen werden sollte, war von entscheidender Bedeutung für die Entwicklung der neuhochdeutschen Schrift- und Literatursprache. Im „Sendbrief vom Dolmetschen" hat er die Prinzipien seiner Übertragung ins Deutsche dargelegt.

(…)
Jch hab mich des geflissen ym dolmetzschen / das ich rein vnd klar teutsch geben möchte. Vnd ist vns wol offt begegnet / das wir viertzehen tage / drey / vier wochen haben ein einiges wort gesücht und gefragt / habens dennoch zu weilen nicht funden.
5 Jm Hiob[1] erbeiten wir also / M. Philips / Aurogallus vnd ich / das wir yn vier tagen zu weilen kaum drey zeilen kvndten fertigen / Lieber / nu es verdeutscht vnd bereit ist / kans ein yeder lesen vnd meistern / Laufft einer ytzt mit den augen durch drey vier bletter vnd stost nicht einmal an / wird aber nicht gewar welche wacken vnd klötze da gelegen sind / da er ytzt vber hin gehet / wie vber ein gehoffelt bret / da wir
10 dann müssen schwitzen vnd vns engsten / ehe den wir solche wacken vnd klotze aus dem wege reümeten / auff das man kündte so fein daher gehen. Es ist gut pflugen / wenn der acker gereinigt ist. Aber den wald vnd die stöcke aus rotten / vnd den acker zu richten / da will niemandt an. Es ist bey der welt kein danck zu verdienen / Kan doch Got selbs mit der sonnen / ja mit himmel vnd erden / noch mit seines eigen sons
15 tod keinen danck verdienen / sie sey vnd bleibt welt deß teuffels namen / weil sie ja nicht anders will. (…)

1 Buch Hiob (AT)

Als wenn Christus spricht /Ex abundantia cordis os loquitur. Wenn ich den Eseln sol folgen / die werden mir die buchstaben furlegen / vnd also dolmetzschen / Auß dem vberflus des hertzen redet der mund. Sage mir / Jst das deutsch geredt? Welcher deutscher verstehet solchs? Was ist vberflus des hertzen für ein ding? Das kan kein deutscher sagen / Er wolt denn sagen / es sey das einer allzu ein gros hertz habe / oder zu vil hertzes habe / wie wol das auch noch nicht recht ist / denn vberflus des hertzen ist kein deutsch /so wenig / als das deutsch ist / Vberflus des hauses / vberflus des kacheloffens /vberflus der banck / sondern also redet die mutter ym haus vnd der gemeine man / Wes dar hertz vol ist / des gehet der mund vber /das heist gut deutsch geredt / des ich mich geflissen / vnd leider nicht allwege erreicht noch troffen habe / Denn die lateinischen buchstaben hindern aus der massen seer gut deutsch zu reden. Also wenn der verrether Judas sagt / Marci[1]. 14. Vt quid perditio ista vngenti facta est? Folge ich den Eseln vnd buchstabilisten / so mus ichs also verdeutschen / Warum ist dise verlierung der salben geschehen? Was ist das aber fur deutsch? Welcher deutscher redet also / verlierung der salben ist geschehen? Vnd wen ers wol verstehet / so denckt er / die salbe sey verloren / vnd musse sie etwa wider suchen / Wiewol das auch noch tunckel vnd vngewiß lautet. Wenn nu das gut deutsch ist / warumb tretten sie nicht erfur / vnd machen vns ein solch fein hubsch new deutsch Testament /vnd lassen des Luthers Testament ligen? Jch meine ja sie solten yhre kunst an den tag bringen / Aber der deutsche man redet also /Vt quid etc. Was sol doch solcher vnrat? odder / was sol doch solcher schade? Nein /Es ist schade vmb die salbe / das ist gut deutsch / daraus man verstehet / das Magdalene mit der verschutten salben sey vnrethlich vmbgangen vnd habe schadenn gethan / das war Judas meinung / denn er gedacht bessern rat damit zu schaffen.

Aus: D. Martin Luther: Die ganze Heilige Schrift. Hrsg. von H. Volz. München 1974.

Text 2

JACOB GRIMM: Vorrede zum Deutschen Wörterbuch (1854)

Mit seiner Darstellung der „Deutsche(n) Grammatik" (1819/37) und der „Geschichte der deutschen Sprache" (1848) gehört Jacob Grimm (1785–1863) zu den Begründern einer wissenschaftlichen historischen Sprachforschung. Zusammen mit seinem Bruder Wilhelm (1786–1859) arbeitete er viele Jahre an dem „Deutschen Wörterbuch", dessen erster Band 1854 erschien. In der Vorrede formulierte Jacob Grimm Ziele und Konzeption des Werks.

Was ist eines wörterbuchs zweck? nach seiner umfassenden allgemeinheit kann ihm nur ein groszes, weites ziel gesteckt sein.
Es soll ein heiligthum der sprache gründen, ihren ganzen schatz bewahren, allen zu ihm den eingang offenhalten. das niedergelegte gut wächst wie die wabe und wird ein hehres denkmal des volks, dessen vergangenheit und gegenwart in ihm sich verknüpfen.
Die sprache ist allen bekannt und ein geheimnis, wie sie den gelehrten mächtig anzieht, hat sie auch der menge natürliche lust und neigung eingepflanzt. 'wie heiszt doch das wort, dessen ich mich nicht mehr recht erinnern kann?' ‚der mann führt ein seltsames wort im munde, was mag es eigentlich sagen wollen?' 'zu dem ausdruck musz noch es bessere beispiele geben, lasz uns nachschlagen.'

[1] Markusevangelium

Diese neigung kommt dem verständnis auf halbem wege entgegen. das wörterbuch braucht gar nicht nach platter deutlichkeit zu ringen und kann sich ruhig alles üblichen geräths bedienen, dessen die wissenschaft so wenig als das handwerk ent-
15 behrt und der leser bringt das geschick dazu mit oder erwirbt sichs ohne mühe, fragst du den schuster, den becker um etwas, er antwortet dir auch mit seinen wörtern und es bedarf wenig oder keiner deutung.

Auch ist gar keine noth, dasz allen alles verständlich, dasz jedem jedes wort erklärt sei, er gehe an dem unverstandnen vorüber und wird es das nächstemal vielleicht
20 fassen. nenne man ein gutes buch, dessen verständnis leicht wäre und nicht einen unergründlichen hintergrund hätte. das wörterbuch insgemein führt so schweren stof mit sich, dasz die gelehrtesten bei manchem verstummen oder noch nicht rechten bescheid wissen. auf zahllosen stufen dürfen auch die andern leser bei seite lassen, was ihres vermögens nicht ist, in ihren gesichtskreis nicht fällt oder was selbst
25 sie abstöszt. leser jedes standes und alters sollen auf den unabsehbaren strecken der sprache nach bienenweise nur in die kräuter und blumen sich niederlassen, zu denen ihr hang sie führt und die ihnen behagen.

(…)

warum sollte sich nicht der vater ein paar wörter ausheben und sie abends mit den
30 knaben durchgehend zugleich ihre sprachgabe prüfen und die eigne anfrischen? die mutter würde gern zuhören. frauen, mit ihrem gesunden mutterwitz und im gedächtnis gute sprüche bewahrend, tragen oft wahre begierde ihr unverdorbnes sprachgefühl zu üben, vor die kisten und kasten zu treten, aus denen wie gefaltete leinwand lautere wörter ihnen entgegen quellen: ein wort, ein reim führt dann auf
35 andere und sie kehren öfter zurück und heben den deckel von neuem. (…)

Wer mag berechnen, welchen nutzen das wörterbuch dadurch stiftet, dasz es unvermerkt gegenüber denen, die sich mit fremden sprachen brüsten, eine lebhaftere empfindung für den werth, häufig die überlegenheit der eigenen einflöszt, und die vorlage anschaulicher beispiele, ganz abgesehn von dem, was sie beweisen sollen,
40 liebe zu der einheimischen literatur stärker weckt. im hohen alterthum half dem gedächtnis das hersagen gebundner lieder und bewahrte damit zugleich auch die sprache. bei völkern, die keine oder eine dürftige literatur erzeugten, musten sprachformen, wörter und ausdrucksweisen aus mangel an wiederholung in vergessenheit sinken; den verfall reichgewesener sprachen in arme mundarten lehrt ein solcher
45 abgang lebendiger übung begreifen. den glanz der alten sprachen haben dichtkunst und werke des geistes empor getragen und erhalten; wesentlich scheinen die wörterbücher auf gesicherte dauer der neueren sprachen einzuwirken, ein grund mehr ihnen vorschub zu leisten. schützen sie nicht alle wörter, so halten sie doch die mehrzahl aufrecht; wenige leser eines wörterbuchs werden in abrede stellen, wie viel ein-
50 zelnes sie ihm zu danken haben. die lebendigste überlieferung erfolgt freilich von munde zu munde und nach verschiedenheit der landschaften ist ein menschenschlag rühriger und sprachgewandter als der andere. durch ausgestreuten samen können aber auch verödete fluren wieder urbar werden.

Aus: Jacob Grimm: Vorrede. In: Jacob und Wilhelm Grimm: Deutsches Wörterbuch. Bd. 1. Leipzig 1854.

Arbeitsvorschläge zu Text 1

1. „Dolmetschen" Sie den ersten Abschnitt des Textes in heutiges Deutsch, sodass ihn „ein yeder lesen und meistern" kann. Ein Tipp: Durch lautes Lesen wird Ihnen der Text schon viel verständlicher klingen.

2. Stellen Sie auffallende Unterschiede zwischen dem Deutsch Luthers und der Gegenwartssprache zusammen:
a) in der Orthographie,
b) im Wortschatz,
c) in der Grammatik und im Satzbau.

3. Formulieren Sie thesenartig die Anforderungen, die Luther an eine Bibelübersetzung stellt. Auf welche Weise hängen diese mit der Bedeutung der Bibel als Hausbuch für den protestantischen Christen zusammen?

4. Untersuchen Sie, wie Luther seinen Anforderungen gerecht zu werden versucht.

zu Text 2

1. Worin sieht Grimm den Zweck seines Wörterbuchs? Mit welchen Darstellungsmitteln verdeutlicht er diesen?

2. Von welcher Auffassung von Sprache gingen die Brüder Grimm bei der Konzeption ihres Wörterbuchs aus?

3. Lesen Sie im Grimm'schen Wörterbuch in einer Bibliothek nach, welche Informationen dort zu dem Begriff *Acht* gegeben werden, und stellen Sie Aufbau und Informationsgehalt des Artikels dar. Diskutieren Sie an diesem oder anderen Beispielen, welchen Wert dieses Wörterbuch für Sie heute noch haben kann.

4. Jacob Grimms Vorrede lässt sich auch als Dokument der geschichtlichen Entwicklung der deutschen Sprache lesen. Zeigen Sie auffallende Unterschiede gegenüber dem Lutherdeutsch auf der einen und der Gegenwartssprache auf der anderen Seite auf.

Text 3

JOHANN GOTTFRIED HERDER: Von den Lebensaltern einer Sprache (1766)

Für Herder (1744–1803), der das neuzeitliche historische Bewusstsein entscheidend beeinflusst hat, war Geschichte ein lebendiger, organischer Entwicklungsprozess. In einem frühen, fragmentarischen Aufsatz skizziert er seine Vorstellung von den Entwicklungsphasen der menschlichen Sprache.

So wie der Mensch auf verschiedenen Stufen des Alters erscheinet: so verändert die Zeit alles. Das ganze Menschengeschlecht, ja die todte Welt selbst, jede Nation, und jede Familie haben einerlei Gesezze der Veränderung: vom Schlechten zum Guten, vom Guten zum Vortreflichen, vom Vortreflichen zum Schlechtern, und zum Schlechten: dieses ist der Kreislauf aller Dinge. So ists mit jeder Kunst und Wissen- 5
schaft: sie keimt, trägt Knospen, blüht auf, und verblühet. – So ists auch mit der Sprache. (…)
Eine Sprache in ihrer Kindheit bricht wie ein Kind, einsylbichte, rauhe und hohe Töne hervor. Eine Nation in ihrem ersten wilden Ursprunge starret, wie ein Kind, alle Gegenstände an; Schrecken, Furcht und alsdenn Bewunderung sind die Emp- 10
findungen, derer beide allein fähig sind, und die Sprache dieser Empfindungen sind Töne, – und Geberden. Zu den Tönen sind ihre Werkzeuge noch ungebraucht: folg-

lich sind jene hoch und mächtig an Accenten; Töne und Geberden sind Zeichen von Leidenschaften und Empfindungen, folglich sind sie heftig und stark: ihre Sprache spricht für Auge und Ohr, für Sinne und Leidenschaften: sie sind größerer Leidenschaften fähig, weil ihre Lebensart voll Gefahr und Tod und Wildheit ist: sie verstehen also auch die Sprache des Affects mehr, als wir, die wir dies Zeitalter nur aus spätern Berichten und Schlüssen kennen; denn so wenig wir aus unsrer ersten Kindheit Nachricht durch Erinnerung haben, so wenig sind Nachrichten aus dieser Zeit der Sprache möglich, da man noch nicht sprach, sondern tönete; da man noch wenig dachte, aber desto mehr fühlte; und also nichts weniger schrieb.

So wie sich das Kind oder die Nation änderte: so mit ihr die Sprache. Entsezzen, Furcht und Verwunderung verschwand allmälich, da man die Gegenstände mehr kennen lernte; man ward mit ihnen vertraut und gab ihnen Namen, Namen, die von der Natur abgezogen waren, und ihr so viel möglich im Tönen nachahmten. Bei den Gegenständen fürs Auge mußte die Geberdung noch sehr zu Hülfe kommen, um sich verständlich zu machen: und ihr ganzes Wörterbuch war noch sinnlich. Ihre Sprachwerkzeuge wurden biegsamer, und die Accente weniger schreyend. Man sang also, wie viele Völker es noch thun und wie es die alten Geschichtschreiber durchgehends von ihren Vorfahren behaupten. Man pantomimisirte, und nahm Körper und Geberden zu Hülfe: damals war die Sprache in ihren Verbindungen noch sehr ungeordnet und unregelmäßig in ihren Formen.

Das Kind erhob sich zum Jünglinge: die Wildheit senkte sich zur Politischen Ruhe: die Lebens- und Denkart legte ihr rauschendes Feuer ab: der Gesang der Sprache floß lieblich von der Zunge herunter, wie dem Nestor[1] des Homers, und säuselte in die Ohren. Man nahm Begriffe, die nicht sinnlich waren, in die Sprache; man nannte sie aber, wie von selbst zu vermuthen ist, mit bekannten sinnlichen Namen; daher müssen die ersten Sprachen bilderwoll, und reich an Metaphern gewesen seyn.

Und dieses jugendliche Sprachalter, war blos das Poetische: man sang im gemeinen Leben, und der Dichter erhöhete nur seine Accente in einem für das Ohr gewählten Rhythmus: die Sprache war sinnlich, und reich an kühnen Bildern: sie war noch ein Ausdruck der Leidenschaft, sie war noch in den Verbindungen ungefesselt: der Periode[2] fiel aus einander, wie er wollte! – Seht! das ist die Poetische Sprache, der Poetische Periode. Die beste Blüthe der Jugend in der Sprache war die Zeit der Dichter: jezt sangen die aoidoi und paroidoi[3]: da es noch keine Schriftsteller gab, so verewigten sie diese merkwürdigsten Thaten durch Lieder: durch Gesänge lehrten sie, und in den Gesängen waren nach der damaligen Zeit der Welt Schlachten und Siege, Fabeln und Sittensprüche, Gesezze und Mythologie enthalten. Daß dies bei den Griechen so gewesen, beweisen die Büchertitel der ältesten verlohrnen Schriftsteller, und daß es bei jedem Volk so gewesen, zeugen die ältesten Nachrichten.

Je älter der Jüngling wird, je mehr ernste Weisheit und Politische Geseztheit seinen Charakter bildet: je mehr wird er männlich, und hört auf, Jüngling zu sein. Eine Sprache, in ihrem männlichen Alter, ist nicht eigentlich mehr Poesie, sondern die schöne Prose[4]. Jede hohe Stuffe neigt sich wieder zum Abfall, und wenn wir einen Zeitpunkt in der Sprache für den am meisten Poetischen annehmen: so muß nach demselben die Dichtkunst sich wieder neigen. Je mehr sie Kunst wird, je mehr ent-

---

1 Nestor: greiser Ratgeber der Griechen vor Troja
2 Periode: kunstvoll gebauter Satz
3 aoidoi und paroidoi (griech.): Sänger, Rhapsoden
4 Prose: Prosa

fernet sie sich von der Natur. Je eingezogener und Politischer die Sitten werden, je weniger die Leidenschaften in der Welt wirken, desto mehr verlieret sie an Gegenständen. Je mehr man am Perioden künstelt, je mehr die Inversionen abschaffet, je mehr bürgerliche undd abstrakte Wörter eingeführt werden, je mehr Regeln eine Sprache erhält: desto vollkommener wird sie zwar, aber desto mehr verliert die wahre Poesie.
(…)
Das hohe Alter weiß statt Schönheit blos von Richtigkeit. Diese entziehet ihrem Reichthum, wie die Lacedämonische Diät[1] die Attische Wohllust verbannet. Je mehr die Grammatici[2] den Inversionen Fesseln anlegen; je mehr der Weltweise die Synonyme zu unterscheiden, oder wegzuwerfen sucht, je mehr er statt der uneigentlichen eigentliche Worte einführen kann; je mehr verlieret die Sprache Reize: aber auch desto weniger wird sie sündigen. Ein Fremder in Sparta sieht keine Anordnungen und keine Ergözzungen. Dies ist das Philosophische Zeitalter der Sprache.

Aus: Johann Gottfried Herder: Von den Lebensaltern einer Sprache. In: Sämtliche Werke. Bd. 1. Hildesheim 1967.

Text 4

PETER VON POLENZ : Sprachwandel und Sprachgeschichte (1978)

Für die historische Sprachwissenschaft des 19. Jahrhunderts war die Sprache ein „lebendes Archiv", das über Ursprung und Wesen der „deutschen Nationalität" Auskunft gab. „Wir lesen in der Seele des Volkes", formulierte der Germanist Wilhelm Scherer 1873 in einem Vortrag. Am Beginn seiner Darstellung der „Geschichte der deutschen Sprache" (9. Aufl. 1978) erläutert der Sprachwissenschaftler Peter von Polenz aus heutiger Sicht Betrachtungsweisen des Sprachwandels.

Sprache hat, als ein hörbares Kommunikationsmittel, linearen Zeichencharakter, z. B. im Unterschied zu einem bildlichen Verkehrsschild: Sie existiert nur im Zeitablauf. Das zeitliche Nacheinander der Laute und Wörter muß zwar bis zum Abschluß des Satzes oder einer anderen kleineren Redeeinheit als ein Miteinander gegenwärtig bleiben. Aber schon eine vor fünf Minuten gesprochene Äußerung kann der Vergessenheit anheimfallen; und der einzelne Sprachteilhaber wie die ganze Sprachgemeinschaft wissen in der Regel nicht mehr viel von dem, was sie vor zehn oder zwanzig Jahren gesprochen haben. Sprache ist in hohem Grade immer wieder ein Neuvollzug, bei dem selbst das schon oft Gesagte meist anders gesagt wird. Schon aus diesem Grundcharakter der Sprache – nicht nur aus dem Wandel der Welt und der Menschen selbst – erklärt es sich, daß sich jede Sprache ständig verändert. Zwar kann die schriftliche Fixierung einer Sprache diesen Prozeß verlangsamen; und die Gewöhnung an eine geregelte Schriftsprache kann über die Unaufhaltsamkeit des Sprachwandels hinwegtäuschen. Aber stillgelegt wird der Sprachwandel niemals, es sei denn, es handelt sich um eine in Traditionen erstarrte reine Schriftsprache wie das Latein, das von keiner wirklichen Sprachgemeinschaft mehr gesprochen wird und deshalb heute keine Geschichte mehr hat.
Der Sprachwandel wird vom normalen Sprachteilhaber gewöhnlich nicht bemerkt, denn Sprache funktioniert immer nur als unbedingt gültiges *synchrones*[3] Kommunikationssystem einer gegenwärtigen Sprachgemeinschaft, muß also als grundsätzlich

1 Lacedämonische Diät: spartanische Lebensweise
2 grammaticus (lat.): Sprachforscher, Gelehrter
3 synchron: gleichzeitig, zeitgleich; der jeweilige Zustand des Sprachsystems

unveränderlich erscheinen. Nur demjenigen, der ein außergewöhnliches Erinnerungsvermögen hat oder mit Sprachdokumenten aus der Vergangenheit zu tun hat, ist die *diachronische*[1] Blickrichtung möglich, die den *Sprachwandel* erkennen läßt. (...)

Nicht alle diachronische Sprachbetrachtung ist schon *Sprachgeschichte*. Die Beschreibung historischer Sprachzustände und -vorgänge ist zunächst Aufgabe der historischen Grammatik und historischen Wortkunde. Aber ein z. B. für Etymologie und Textphilologie sehr wichtiger Lautwandel muß nicht auch sprachgeschichtlich relevant sein. Die Sprachgeschichtsschreibung wählt aus den Ergebnissen dieser Forschungsrichtungen die für die Entwicklung einer Sprache wesentlichen Erscheinungen des Sprachwandels aus und sucht auch nach ihren möglichen *außersprachlichen* Ursachen oder Wirkungen, sei es im politischen, sozialen, wirtschaftlichen, religiösen oder geistesgeschichtlichen Bereich, sei es mit der Frage nach dem Verhältnis zwischen Sprache und Schrift, zwischen Sprachgemeinschaft und Sprachraum oder nach dem Einfluß von fremden Sprachen. Sprachgeschichte fragt also nach der historischen Stellung der Sprache in der Gesamtkultur der jeweiligen Sprechergruppen.

Sprachwandel kann sich auf verschiedene Weise im Sprachraum und damit in den Sprachgemeinschaften vollziehen. Die ältere Sprachwissenschaft rechnete meist nur mit organischem Wachstum von einer urtümlichen Einheit zur Vielheit durch Aufspaltung einer Sprache in Tochtersprachen *(„Stammbaumtheorie")*. Seit den siebziger Jahren des 19. Jahrhunderts wurde man mehr auf die Beeinflussung der Sprachen untereinander durch den Verkehr aufmerksam. Sprachliche Neuerungen können sich von einem Zentrum überallhin „ausbreiten" (Monogenese), so daß sie in manchen Gegenden früher, in anderen später auftreten. Diese *„Wellentheorie"* arbeitet mit der abstrakt-dynamischen Vorstellung der „Sprachströmung" oder „Sprachstrahlung", muß aber in der sprachsoziologischen Wirklichkeit mit dem Nachahmungstrieb rechnen und mit einer großen Zahl zweisprachiger Menschen, die eine Neuerung von einer Sprache in die andere übertragen können. Dabei spielt das sprachsoziologische Gruppenbewußtsein eine Rolle, das die Neuerungen einer anderen Sprache sich nicht nur passiv aufdrängen läßt, sondern oft auch – wie in der Mode – den Prestigewert eines bestimmten Sprachgebrauchs anerkennt und in stillschweigender Übereinkunft einen aktiven „Sprachanschluß" vollzieht. Einer allzu einseitigen Anwendung der Wellentheorie tritt neuerdings die *„Entfaltungstheorie"* entgegen, die viele zeitlich-räumliche Unterschiede aus polygenetischer Entwicklung erklärt. Ähnlich wie sich die Baumblüte im Frühling in der einen Landschaft früher als in der anderen entfaltet, so können auch in der Sprachentwicklung gemeinsame „Prädispositionen" mehrerer Sprachen oder Dialekte hier früher und dort später wirksam werden. Die Einzelerscheinungen des Sprachwandels sind oft nur äußere Symptome, deren Ursachen tiefer liegen (z. B. Akzent, Intonation oder die Entwicklung zum analytischen Sprachbau) und mit oft sehr alten Entwicklungstendenzen der Sprachstruktur zusammenhängen. Es gibt, mindestens im formalen Bereich der Sprache, Kettenreaktionen, die sich über Jahrhunderte und Jahrtausende erstrecken können.

Aus: Peter von Polenz: Geschichte der deutschen Sprache. Berlin u. New York 9/1978.

1 diachron: dynamisch-historisch, Entwicklung

Arbeitsvorschläge zu Text 3

1. Welcher „Gesetzmäßigkeit" folgt nach Herder die geschichtliche Entwicklung der menschlichen Sprache?

2. Untersuchen Sie, wie sich die Sprache in den einzelnen Phasen verändert. Wie hängt diese Veränderung mit der Funktion der Sprache zusammen?

3. Erläutern Sie den Unterschied zwischen Herders Betrachtungsweise und der Sprachforschung der Brüder Grimm, wie sie in der Vorrede zum „Deutschen Wörterbuch" deutlich wird.

zu Text 4

1. Zeigen Sie, inwiefern Wandel zum Wesen der menschlichen Sprache gehört.

2. Begründen Sie mit eigenen Worten Polenz' Aussage, nicht alle diachrone Sprachbetrachtung sei schon Sprachgeschichte.

3. Polenz macht verschiedene Betrachtungsweisen des Sprachwandels deutlich. Erörtern Sie im Gespräch, inwiefern diese selbst mit dem geschichtlichen Wandel des menschlichen Denkens zusammenhängen.

zur Textreihe

1. Stellen Sie am Wortfeld *Frau* Aspekte des Bedeutungswandels in einem Kurzreferat dar (Informationen bietet u. a.: Werner König: dtv-Atlas zur deutschen Sprache; dtv 3025).

2. Lesen Sie in einer Darstellung der Geschichte der deutschen Sprache (z. B. bei Polenz) nach, welche Faktoren und Entwicklungen die Entstehung der Sprache der deutschen Klassik beeinflusst haben, und referieren Sie darüber in Ihrem Kurs.

2.2 Tendenzen der Gegenwartssprache

„Von Natur spricht und schreibt jetzt jeder Mensch so schlecht und gemein, als es eben in einem Zeitalter des Zeitungsdeutsches möglich ist." – „Trauer muß man tragen, sieht man allerorten das Verkommen der Hochsprache." Zwischen der Kritik des Philosophen Friedrich Nietzsche und der Klage des bayerischen Landtagsabgeordneten und Journalisten Erich Schosser liegt ein Zeitraum von über hundert Jahren, in dem sich Schreibweise, Wortschatz und Satzbau der deutschen Sprache deutlich verändert haben. Manche Sprachkritiker wollen solche Veränderungen nicht einfach als geschichtliche Entwicklung der Sprache hinnehmen, sondern fordern die Bewahrung einer in der Vergangenheit erreichten Sprachkultur, die sie durch den Sprachgebrauch, vor allem in der modernen Massenkommunikation, bedroht sehen. Ob sie die Flut der Fremdwörter, die Anglizismen, den Fachjargon oder den ungenauen Gebrauch der Präpositionen anprangern, das Neue wird meist nicht als Fortschritt, sondern als Verfall des guten Alten wahrgenommen.

In seinem Buch „Redens Arten. Trends und Tollheiten im neudeutschen Sprachgebrauch" (1986) hat sich der Journalist Dieter E. Zimmer von einer Sprachkritik distanziert, die „Neues bekämpft, nur weil es nicht das Alte ist". Vor allem in der Diskussion um die Rechtschreibreform wurde manchmal vergessen, dass dieses

Alte, das man wie ein wertvolles Erbe verteidigt, selbst das Resultat einer geschichtlichen Entwicklung ist. Mit der allmählichen Durchsetzung einer überregionalen Schriftsprache waren seit dem Humanismus auch Bemühungen von Gelehrten verbunden die Vielfalt individueller und regionaler Schreibweisen einzuschränken und verbindliche Regeln zu finden. Erst seit der Reichsgründung von 1871 gab es auch ein deutliches staatliches Interesse an einer Normierung, welche die nationale Einheit verdeutlichen sollte. Auf der Grundlage der amtlichen Richtlinien von 1902 wurde der Duden zum Anwalt der Rechtschreibnormen (bis 1996), die in späteren Auflagen über diese Richtlinien hinaus immer detaillierter weiterentwickelt wurden. Rechtschreibfehler sind aber nach Meinung mancher Sprachwissenschaftler nicht immer als Folge mangelnder Sprachkompetenz des Schreibenden zu sehen, sondern auch ein Indiz für die Reformbedürftigkeit der Schreibnorm.

Wenn manche Sprachkritiker den Verfall der Gegenwartssprache anprangern, sprechen sie meist verallgemeinernd von Sprache, während die moderne Sprachwissenschaft den Blick gerade auf die Vielfalt des Sprachgebrauchs lenkt und regionale, soziale, gruppenspezifische und funktionale Unterschiede betont. Manche Entwicklungstendenzen wie das Schwinden des Genitivs und Konjunktivs erscheinen als Teil eines langen Veränderungsprozesses, in dem syntaktische Beziehungen anders ausgedrückt werden. Die Gegenwartssprache ist aber auch ein Spiegel der vielschichtigen Entwicklungen in der modernen Lebenswelt: Die Spezialisierung des gesellschaftlichen Wissens führt zur immer größeren Differenzierung der Fachterminologien, das Bewusstsein und die Lebenseinstellungen schlagen sich in modischen Wendungen oder im Jargon nieder, die Massenmedien verändern den Stil der tradierten Bildungssprache.

Text 1

ERICH SCHOSSER: Der Niedergang der Hochsprache ist in vollem Gange (1989)

„Sprache und Literatur in Bayern" lautete das Thema einer Debatte des Bayerischen Landtags im März 1989. Aus der Rede des Abgeordneten Erich Schosser sind hier Ausschnitte abgedruckt.

Als sie in der Morgendämmerung der menschlichen Geschichte auftauchte – die Sprache –, wurde sie zum Fundament aller späteren Entwicklung. Als sie, nach Zehntausenden von Jahren, vom flüchtigen Laut die Qualität des Beständigen – durch die Schrift – erfuhr, war die Grundlage für die Hochkulturen geschaffen.
5 Durch sie war es möglich, die Fülle an Ideen weiterzugeben, die Voraussetzung war für die Entstehung von Literatur. Die Erfindung des Buchdrucks war dann zwar für die Verbreitung der Literatur von immenser Bedeutung, aber keineswegs Voraussetzung. Tatsächlich ist es nicht übertrieben, zu sagen, daß viele der größten die Menschheit bewegenden Ideen – sei es in der Religion, der Philosophie, der Poesie
10 – vor der Erfindung Gutenbergs entstanden sind; was wiederum die später entstandenen Juwele geistiger Arbeit nicht verdunkelt. Gewiß ist, daß mit dem Buchdruck eine neue Dimension entstanden ist: Die Esoterik des Wissens – in Europa überwiegend in Klöstern und gelehrten Zirkeln vorhanden – verschwand: Wissen wurde öffentlich, jedermann zugänglich, der die Technik des Lesens beherrschte.
15 Kaum, daß diese Fähigkeit zum wirklichen Allgemeingut geworden ist – in diesem Jahrhundert, mancherorts auch schon im 19. –, stellen neue Techniken der Informationsvermittlung diese unsere Kultur, die auf dem Buche gründet, in Frage. Es wäre

töricht, diese Entwicklung, an deren Anfang wir stehen, bekämpfen zu wollen. Es kann nur darum gehen, sie verstehen zu lernen, sie zu integrieren in unsere Kultur, ohne dabei die gewordene Sprache zu beschädigen. (…)
In einem Aspekt sind die elektronischen Übermittler dem Buch weit überlegen: Sie haben eine ungeheure Kapazität. Der Inhalt ganzer Bibliotheken könnte, so man es wollte, in einem einzigen großen Regal von Kompaktplatten gespeichert werden. Als Randbemerkung: Ist das die Zukunft unserer Bibliotheken, die an der Überfülle zu ersticken drohen? Die elektronischen Medien haben indessen eine andere Auswirkung, die ich, im Unterschied zu jener, die man als positiv bewerten kann, als durchaus fragwürdig bezeichnen möchte: Ich rede von der neuen, andersartigen Sprache der Computer. Es ist bemerkenswert, daß diese dem Apparat angemessene Sprache von Kindern mit Interesse, oft mit Begeisterung gelernt wird. Die Fachleute dürfen sich freuen: An Nachwuchs für die neuen Techniken fehlt es nicht. Man wird freilich in Kauf nehmen müssen, daß damit eine neue Schicht von Alphabeten entsteht und umgekehrt der größte Teil des Volkes, zumindest auf absehbare Zeit, zu Analphabeten gemacht wird. Vielleicht ist eine solche Entwicklung an sich noch keine Katastrophe. Eine echte könnte es aber werden, wenn die Beherrscher jener neuen Sprachen die Fähigkeit verlören, ihre Muttersprache noch angemessen zu beherrschen. Diese Entwicklung hat bereits eingesetzt, allein schon durch die elektronischen Medien. Der Niedergang der Hochsprache ist in vollem Gange. Gewiß wäre es billig, aber auch falsch, die alleinige Ursache im Fernsehen zu sehen. Zwar ist meines Erachtens die Sprache dieses Mediums in weiten Bereichen alles andere als qualitätsvoll. Zum Erziehen in der Kunst der deutschen Sprache ist es in der gegenwärtigen Verfassung nicht imstande. Doch damit befindet sich das Fernsehen in bester Gesellschaft. Was sich in Teilen der Presselandschaft abspielt, ist oft noch ärger. Es werden Gesetze der deutschen Sprache souverän mißachtet: falsche Konjunktive, geschraubte oder primitive Wendungen, verkehrter Satzbau, Rechtschreibfehler sonder Zahl. Manchmal könnte man meinen, eine fremde Sprache vor sich zu haben. Daß dadurch das Empfinden für die richtige Sprache bei den Massen verlorengeht, ist fast zwangsläufig. Von einer Verstümmelung der Sprache zu reden, ist keine Übertreibung. Man mag den groben Verstößen gegenüber andere Mängel als gering erachten, obschon sie es nicht sind. Etwa wenn Günter Grass das Seltenwerden des Semikolons beklagt, oder wenn man die gräßliche Falschanwendung des Apostrophs beklagt, der das alte Genitiv-s weithin ersetzt hat.
Trauer muß man tragen, sieht man allerorts das Verkommen der Hochsprache. Beileibe sind es nicht allein die Journalisten, die daran Schuld tragen. Nebenbei bemerkt: Bestes Deutsch wird bei uns, von Literaten von Rang abgesehen, gerade bei Journalisten gefunden; freilich sind sie zählbar im Gegensatz zu den anderen, den Degradierern und Verstümmlern. In einem Parlament ist es jedoch angebracht, die Sonde der Kritik an die Sprache der Politiker anzulegen. Fürwahr – welch unermeßlicher Fundus bietet sich den Zeitgenossen! Wieviel an Banalitäten, an Übertreibungen, abgenutzten Metaphern, falschen Vergleichen, bürokratischen Floskeln wird dem Bürger geboten! Wie leichtfertig werden auch die Regeln der Sprache mißachtet! Der Volkssouverän geht oft zu souverän mit ihnen um. Da bleibt dann vieles auf der Strecke. Wenn dann auch noch Begriffe falsch verstanden werden – nur ein Beispiel: die fast ständige Verwechslung von Technik und Technologie – bleibt kein Recht mehr, sich zu wundern. Falsche Begriffe bewirken falsches Denken. Die Folge: Man versteht den anderen nicht mehr. Die Politiker haben deshalb

in hohem Maße eine Verantwortung für die deutsche Sprache. Sie sind, wie die Journalisten aller Sparten, in besonderer Weise Hüter der Sprache, sie sollten sich zumindest so empfinden. (…)

Spätestens hier ist die Frage nach den Schulen zu erwarten. Sind denn nicht sie die eigentlich Verantwortlichen für die Sprachkultur? Ist es nicht ihre Aufgabe, in die Schwierigkeiten und die Schönheiten der Muttersprache einzuführen? Natürlich ist dies die Aufgabe der Schule. Es wäre unredlich, dies zu bestreiten; es wäre gleichermaßen unredlich, ihr die ganze Verantwortung zuzuschieben. Es wurde vorhin schon gesagt, wo besondere Verantwortungen liegen. Man kann die genannten Gruppen durchaus um andere ergänzen. Eine Tatsache ist doch unübersehbar: Erziehung, in der Sprache und auf anderen Gebieten, findet in unserer Epoche in großem Maße außerhalb der Schule statt. Was soll der Deutschlehrer, wenn die Kinder Comic-Strips oder schlecht geschriebene Zeitschriften lesen? Ist diese Konkurrenz überhaupt zu bestehen? Ich wage die Frage nicht zu beantworten. Sie soll jedoch hindeuten auf die beispiellos großen Schwierigkeiten, denen sich die Schule heute gegenübersieht in ihrem Erziehungs- und Bildungsauftrag. Doch muß dieser Auftrag und diese Verantwortung bei ihr bleiben. Ich meine schon, daß in gewissen Bereichen all die Tugenden wieder gepflegt werden sollten. Um vom Unverbindlichen ins Verbindliche zu kommen: Ich halte es für eine falsche Haltung, die Rechtschreibung als sekundär zu behandeln. Diese Toleranz stellt zwar eine Erleichterung für die Schüler dar, aber sie findet sich am verkehrten Platz. Der Verzicht auf die genormte Rechtschreibung ist zugleich auch ein Verzicht auf die Anforderungen an das Gedächtnis. So kommt es denn, neben anderen Einflüssen, daß das Gedächtnis zu wenig trainiert wird. Die Folge: es entwickelt sich zu wenig; die weitere Folge: klar strukturiertes Denken fällt schwer. (…)

Aus: Erich Schosser: Rede im Bayerischen Landtag zur Debatte „Sprache und Literatur in Bayern". In: Literatur in Bayern Nr. 16. Juni 1989.

Text 2

HORST SITTA: Defizit oder Entwicklung? (1990)

Mit der verbreiteten Auffassung vom Verfall der Sprachkultur hat sich der Sprachwissenschaftler Horst Sitta 1990 in einem Aufsatz im Jahrbuch des Instituts für deutsche Sprache auseinander gesetzt. Er arbeitet an einem Forschungsprojekt mit, das die muttersprachlichen Fähigkeiten von Abiturienten und Studienanfängern in der deutschsprachigen Schweiz untersucht.

Ein Phantom geistert durch Deutschland, dem sagenhaften Yeti vergleichbar oder dem Ungeheuer von Loch Ness, immer mal wieder, wieder einmal – die Mär vom Verlust der Muttersprache, speziell bei den jungen Menschen, die Mär vom Sprachverfall. Nicht die berufenen Fachleute, die Linguisten, sind es in aller Regel, die ihn wahrnehmen; selbsternannte Hüter der Sprache vielmehr, durch differenzierte Sachkenntnis nicht sonderlich belastet, bewegt hingegen (wenn man ihnen glauben darf) von brennender Sorge, werden nicht müde, ihn zu beschwören. Dabei hat er mit den anderen Phantomen gemeinsam, daß zwar keiner ihn gesehen hat, aber jeder weiß, daß es ihn gibt. Konkreter: Keiner, der ihn behauptet, hat Untersuchungen angestellt und Beweise vorgelegt, keiner auch hat ihn beschrieben, keiner hat Domänen ausgegrenzt, wo die Situation besonders besorgniserregend ist und Abhilfe daher besonders nottut. (…).

Wer vom „Sprachverfall" spricht, suggeriert Übergang von einem goldenen Zeitalter zu einem silbernen und einem ehernen. Wann – so muß man da fragen dürfen – war denn eigentlich dieses goldene Zeitalter? Und an welchen besonderen Merkmalen ist es erkennbar? Um von der zweiten Frage her zu beginnen: Es muß ein hoch kommunikationsintensives Zeitalter gewesen sein, eine Zeit, in der umfassend gebildete Menschen gelebt und auf hohem kommunikativen Niveau ihre Welt geprägt haben. Wann ist eine solche Zeit anzusetzen? Wenn wir Lese- und Schreibfähigkeit als conditio sine qua non für eine solche Zeit postulieren und die Kategorie „Quantität" nicht von vornherein völlig vernachlässigen wollen, also eine gewisse Breite der Bildung als eine Voraussetzung annehmen, dürfen wir diese Zeit sicher nicht allzu früh, also beispielsweise nicht vor der Einführung der allgemeinen Schulpflicht ansetzen. Erst danach gibt es – übrigens zunächst in durchaus überschaubarer Qualität und Quantität – so etwas wie Literalität in unserer Gesellschaft. Die allgemeine Schulpflicht aber wurde im deutschsprachigen Raum nach schüchternen Anfängen im 17. Jahrhundert erst nach und nach im 18. und 19. Jahrhundert eingeführt, als allgemeine Schulpflicht im strengen Sinne gar erst durch die Weimarer Reichsverfassung von 1919.

In was für einem sprachlichen Umfeld lebten die Menschen in früheren Zeiten, was können sie – sprachlich – gelernt haben? Um einmal nur auf das 19. Jahrhundert zurückzuschauen: Vor 100 Jahren legte im Kanton Zürich von hundert einer die Maturaprüfung ab, in Preußen waren es doppelt so viele: zwei. Demgegenüber besucht heute z. B. in der Bundesrepublik Deutschland fast ein Viertel eines Altersjahrgangs das Gymnasium, 5% eine Gesamtschule, noch einmal 25% die Realschule und nur 40% eine Hauptschule, die aber weitgehend bis zur 10. Klasse führt. Jeder 12. Berufstätige in der Bundesrepublik verfügt über einen Hochschulabschluß, nach Angaben der Bundesanstalt für Arbeit wird es Ende dieses Jahrhunderts jeder 6. sein. (...)

Wer nach dem Besuch der Schule nicht weiterstudiert, sondern eine praktische Ausbildung wählt, steht gleichwohl unter intellektuellen und eben auch *sprachlichen* Anforderungen, die für frühere Zeiten ganz undenkbar waren. Der Lehrling etwa, der sich zum Automechaniker ausbilden läßt, der junge Installateur muß Kenntnisse und Fähigkeiten unter Beweis stellen, die seinen Altersgenossen früher in vergleichbarer Weise nie abverlangt worden sind, und diese Fähigkeiten sind auch solche des Lesens (z. B. Pläne lesen) und des Schreibens, des (Hör-)Verstehens und Formulierens, kurz: der sprachlichen Verarbeitung.

Wie steht es konkret im Bereich der Schriftlichkeit? Werfen wir nur einen Blick auf die Buchproduktion. Einigermaßen pointiert hat die Züricher Weltwoche (Nr. 49 vom 8.12.1988, S. 73) die Situation so beschrieben:

> Im Jahr, da Goethe geboren wurde (1749), gab's 1344 deutschsprachige Neuerscheinungen. Als er starb (1832): 8372. An seinem 100. Todestag 30 073. Auf der heurigen Buchmesse: über 338 000!

Zeitungen und Zeitschriften erscheinen in steigender oder wenigstens kontinuierlicher Auflage, und das sagt ja nicht nur etwas über die Produktionsbedingungen aus, sondern auch über die Aufnahme durch Leser. Aufs Ganze gesehen läßt sich hier mindestens sagen: Mag die Breite des Spektrums groß und die Qualität der angebotenen Sprache unterschiedlich sein: Mindestens wird in einem Ausmaß publiziert und auch gelesen wie nie zuvor.

60 Schließlich die elektronischen Medien: Natürlich läßt sich über die „Qualität" des sprachlichen Angebots von Radio und Fernsehen unter verschiedenen Gesichtspunkten intelligent streiten. Unstrittig dürfte aber doch sein, daß hier jedenfalls ein breites, sprachlich geprägtes Umfeld existiert, das Anforderungen stellt – unterschiedliche gewiß, auch unterschiedlich anspruchsvolle, aber jedenfalls Anforderun-
65 gen. Und wo hat es das in dieser Breite in einer früheren Zeit gegeben.
Zusammengefaßt und verallgemeinert: Zu keiner Zeit früher waren Menschen in unserer Sprachgemeinschaft so gut auf kompetenten Umgang mit Sprache vorbereitet wie heute, zu keiner Zeit waren sie in so breitem Maße von Sprache umgeben, war menschliches Leben so stark von Kommunikation geprägt wie heute.
70 Demgegenüber war die hohe Kultur früherer Zeiten, die man glorifizierend unserer „Verfallsepoche" entgegenhält, im besten Fall die Kultur einer schmalen Schicht; die Sprachkultur auch noch des 19. Jahrhunderts war die Sprachkultur einer kleinen Elite, und sie realisierte sich vorwiegend im Besitz der Hochsprache als einer geschriebenen Sprache. Ist es unter diesen Umständen plausibel, ein goldenes Zeit-
75 alter in einer weit zurückliegenden Vergangenheit zu suchen?

Aus: Horst Sitta: Defizit oder Entwicklung – Zum Sprachstand von Gymnasialabsolventen und Studenten. In: Gerhard Stickel (Hrsg.): Deutsche Gegenwartssprache. Tendenzen und Perspektiven. Berlin u. New York 1990.

Text 3   HARALD WEINRICH: Mit Sprachnormen leben (1980)

Jene Zeiten, in denen sich die europäischen Nationalsprachen herausbildeten, waren gleichzeitig große Zeiten der Fürsten und Monarchen. Da setzte sich auch im Sprachbewußtsein vieler europäischer Nationen die Überzeugung fest, die Sprache sei den Sprachnormen untertan. Es entstanden damals – seit dem 16. Jahrhundert –
5 die ersten nationalen oder regionalen Sprachakademien, die sich – häufig mit staatlicher Billigung oder Unterstützung – die Aufgabe stellten, die Entwicklung der Sprache durch normative Eingriffe auf ideale Zielvorstellungen hin zu steuern. Es sollte die jeweilige Sprache durch regulative Maßnahmen zu der ihr gemäßen Vollkommenheit geführt werden. Als Maß der sprachlichen Vollkommenheit boten sich
10 dabei die „klassischen" Sprachen Griechisch und Latein an. Durch Sprachpflege schien es möglich zu sein, das Niveau der alten Sprachen zu erreichen oder sogar zu übertreffen. Dieses Ziel stellte sich am deutlichsten die in der ersten Hälfte des 17. Jahrhunderts gegründete Académie Française, der Richelieu die Aufgabe verordnete, die französische Sprache auf der Höhe ihrer Entwicklung festzuschreiben
15 und dafür zu sorgen, daß sie das erreichte Niveau in den kommenden Jahrhunderten nicht wieder verspielte.
Eine so starke Akademie-Tradition hat es in Deutschland nicht gegeben. Die verschiedenen Akademien, die im 17. und 18. Jahrhundert in Deutschland mit dem Zweck der Sprachpflege gegründet worden sind, waren mit einer sehr viel gerin-
20 geren Autorität ausgestattet und haben folglich auch die Jahrhunderte nicht überlebt. Sie haben zwar auf das deutsche Sprachbewußtsein gewirkt, haben es aber nicht zu einem so starken Sprachnormenbewußtsein verfestigt, wie es in Frankreich angetroffen werden kann. (...)
Die Geschichte des deutschen Sprachbewußtseins weist aber gegenüber dem
25 Sprachbewußtsein der meisten anderen europäischen Länder noch eine weitere

Besonderheit auf. Da sich nämlich die deutsche Gemeinsprache in einem Jahrhunderte währenden Kampf mühsam gegen die Vorherrschaft des Lateinischen als akademischer Bildungssprache und des Französischen als höfisch-höflicher Gesellschaftssprache durchsetzen mußte, hat die Tradition der Sprachpflege in Deutschland mit besonderer Anstrengung das Ziel verfolgt, die deutsche Sprache von fremden Sprachelementen möglichst reinzuhalten. Wir wollen die Leistungen dieser puristischen Sprachpflege für die Entstehung und Entwicklung der deutschen Gemeinsprache nicht verkleinern. Als es jedoch endlich – spät genug – eine klassische deutsche Literatursprache gab, die sich lebendig weiterentwickelte, gaben die Puristen ihr Reinigungswerk dennoch nicht auf. Sie stellten es vielmehr mit wachsender Entschiedenheit in den Dienst des Nationalismus, manchmal sogar eines fremdenfeindlichen Chauvinismus, und prangerten mit monomanischem Eifer „allerhand Sprachdummheiten" an (Wustmann[1]). So wurde die fanatische Fremdwörterjagd eine deutsche Spezialität und Sonderentwicklung, die sehr dazu beigetragen hat, das Nachdenken über Sprachnormen in Deutschland zu diskreditieren. Die Sprachwissenschaft als Universitätsdisziplin hat daraus in den letzten Jahrzehnten die Konsequenz gezogen, sich möglichst ganz auf die Beschreibung des tatsächlichen Sprachgebrauchs zu beschränken und jede Art Sprachpflege als unwissenschaftlich und dilettantisch abzutun. Nur zögernd kommen Zweifel auf, ob diese totale Enthaltsamkeit nicht vielleicht doch zu weit geht.

Von der puristischen Sprachpflege wollen wir die intellektuelle und häufig in feuilletonistischer Form vorgebrachte Sprachkritik unterscheiden. Die Polemiken der Sprachkritiker gegen schlechten oder schludrigen Sprachgebrauch haben der Öffentlichkeit nicht selten Auge und Ohr geschärft und selbst dort, wo sie manchmal in der Sache unrecht hatten, dazu beigetragen, daß sich ein verfeinertes Sprachbewußtsein herausbildete und die Aufmerksamkeit der Sprechenden und Schreibenden somit ein wenig länger bei der Sprachgestalt verweilte, als das sonst auf dem raschen Weg zu den Sachen der Fall gewesen wäre. Karl Kraus war ein Meister in dieser polemischen Sprachkritik. Aber ging es ihm wirklich um die Sprache? Oder war die Sprachkritik nur ein blendender Vorwand für eine allgemeine Kultur- und Zivilisationskritik? Diese Frage muß sich auch die heutige Sprachkritik vorlegen lassen, soweit sie in Gestalt von Essays oder Sprachglossen noch existiert. Es ist aber sicher zu wünschen, daß die quasi-literarische Gattung der Sprachkritik auch in Zukunft ihre öffentliche Geltung behält oder sogar noch verstärkt. Freilich müßte das eine Sprachkritik sein, die nicht immer nur am einzelnen Wort hängt und sich vom Austausch dieses oder jenes beanstandeten Wortes gegen ein anderes alles sprachliche Heil verspricht. Es ist vielmehr zu wünschen, daß diese Sprachkritik über das einzelne Wort hinaus auf den Satz und den Text schaut, ja die ganze Kommunikationssituation als ihren eigentlichen Gegenstand entdeckt und die Sprechenden und Schreibenden für deren Bedingungen zu sensibilisieren versucht. Das setzt allerdings heutzutage gewisse Kenntnisse in der modernen Linguistik voraus. Denn in der Sprachkritik müssen natürlich die Normen des guten Sprachgebrauchs beim Namen genannt werden. Sie sind ja die Kriterien, an denen die Sprachkritik ihre Gegenstände zu messen hat. Schlechte Sprachkritik, so scheint mir, ist daran zu erkennen, daß sie mit unwandelbaren und punktuellen Normen rechnet. Gute Sprachkritik müßte daran zu erkennen sein, daß sie für einen gegebenen münd-

---

[1] Gustav Wustmann (1844–1919): Autor von „Allerhand Sprachdummheiten". 1. Aufl. 1891, 14. Aufl. 1966

lichen oder schriftlichen Text mit spezifischen Normen rechnet, deren Geltung je nach den besonderen Gesetzen des Mediums, des sozialen Umfelds und der zu erwartenden Adressaten beweglich zu halten ist.

75 Den Inbegriff eines beweglichen Sprachbewußtseins, das kritisch und selbstkritisch ist, das die geltenden Sprachnormen, ohne ihnen hörig zu sein, beachtet und sich in allen Zweifelsfragen des guten Sprachgebrauchs zuerst an der Literatur orientiert, wollen wir Sprachkultur nennen.

Aus: Harald Weinrich: Mit Sprachnormen leben. In: Ders.: Wege der Sprachkultur. Stuttgart 1985.

Arbeitsvorschläge zu Text 1

1. Untersuchen Sie, wie Schosser seine Auffassung vom „Niedergang der Hochsprache" begründet. Wie beurteilen Sie die Überzeugungskraft seiner Argumentation?

2. In einem Bericht über die Landtagsdebatte in der Süddeutschen Zeitung wurde Schossers Rede als „ungewöhnlich ausgefeilt" bezeichnet. Erörtern Sie im Gespräch, wie Sprache und Stil dieser Rede auf Sie wirken.

3. Hermann Glaser, der Kulturreferent der Stadt Nürnberg, hat in einem Kommentar zu dieser Rede in der Zeitschrift „Literatur in Bayern" bemerkt, dass Schosser „bei redundanten bzw. nichtssagenden Klischees Zuflucht" suche. Analysieren Sie an ausgewählten Beispielen Begrifflichkeit und Metaphorik der Rede und überprüfen Sie diese Behauptung.

zu Text 2

1. Fassen Sie den Gedankengang Sittas thesenartig zusammen.

2. Mit welchen Argumenten versucht Sitta die Behauptung vom Sprachverfall zu widerlegen? Diskutieren Sie seine Position.

3. Analysieren Sie die rhetorischen Mittel Sittas. Halten Sie diese für angemessen?

4. Vergleichen Sie die Betrachtungsweise von Sprachkultur, die Schossers und Sittas Argumentation jeweils zugrunde liegt, und setzen Sie sich kritisch damit auseinander.

zu Text 3

1. Erläutern Sie die geschichtlichen Voraussetzungen, unter denen sich ein „Sprachnormenbewusstsein" entwickelt hat. Welche Besonderheiten sind nach Weinrich für die „Sprachpflege" in Deutschland charakteristisch?

2. Wie beurteilt Weinrich die Aufgaben der Sprachkritik? Welche Forderungen stellt er an sie?

zur Textreihe

1. Der Frankfurter Germanist Horst Dieter Schlosser hat Mitgliedern der „Gesellschaft für deutsche Sprache" vorgeschlagen, nach dem „Unwort des Jahres" (1991) zu suchen. Eine Jury hat aus den Vorschlägen den Begriff *ausländerfrei* ausgewählt. Klären Sie im Gespräch, nach welchen Gesichtspunkten Sie „Unwörter" ausgewählt hätten. Schlagen Sie das „Unwort des Jahres" vor.

2. Sammeln Sie sprachkritische Beiträge in Zeitungen (z. B. Glossen) und diskutieren Sie auf dieser Grundlage über Sinn und Leistung gegenwärtiger Sprachkritik.

Glossar

Akt (lat. Aufzug) größere Handlungseinheit im Drama. Im griechischen Drama zunächst ohne Wechsel des Ortes, seit dem 18. Jahrhundert ist Szenenwechsel üblich geworden.

Allegorie (gr. bildlicher Ausdruck) bildhaft belebte Darstellung eines abstrakten Begriffs, der in eine sinnlich fassbare Körperwelt gesetzt wird, z. B. der Sensenmann als Allegorie des Todes, die Figur der Justitia als Allegorie der Gerechtigkeit; Höhepunkt der allegorischen Dichtung im Barock.

Antike Philosophie, Literatur und Kunst des griechischen und römischen Altertums gehören zum großen kulturellen Erbe des Abendlandes, das seit dem Mittelalter in Klöstern, Schulen und Universitäten bewahrt und studiert wurde, das man als Vorbild nachahmen wollte oder mit dem man sich produktiv auseinander setzte. Bis ins 18. Jahrhundert behauptete das Lateinische seine zentrale Rolle als Wissenschafts- und Bildungssprache; in Literatur und Kunst wurden Stoffe und Gestalten aus der antiken Mythologie und Geschichte immer wieder neu gestaltet; Bauformen und Verssprache der antiken Lyrik, Epik und Dramatik wurden in manchen Epochen zum normativen Stilideal (Klassizismus). In der zweiten Hälfte des 18. Jahrhunderts verschob sich das Interesse von der römischen auf die griechische Antike, in die man auch Sehnsüchte nach Schönheit und Ganzheit projizierte (Winckelmann), die aus dem Leiden an der eigenen Zeit entsprangen.

Argument eine begründende Aussage, die den Adressaten von der Richtigkeit von Behauptungen und der Gültigkeit von Urteilen überzeugen bzw. Handlungen rechtfertigen soll. Argumente begründen das „Umstrittene", indem sie es in einen Zusammenhang mit Sachverhalten, Normen, Zielen etc. bringen, über die Konsens besteht. Die Überzeugungskraft von Argumenten kann erhöht werden, wenn man diese durch Belege (Fakten, Zahlen etc.) stützt, durch Vergleiche absichert und durch Beispiele konkretisiert.

Aufklärung 1. Geisteshaltung, die mit den Mitteln des autonomen, kritischen Verstandes gegen Vorurteile, Aberglauben und überkommene Autoritätshaltung angeht. In diesem Sinne ist A. ein in der Geistesgeschichte immer wieder vorherrschendes Denken gewesen, z. B. in der Sophistik der Antike, der italienischen Renaissance und in der Philosophie des 17. und 18. Jahrhunderts in West- und Mitteleuropa; 2. Weltanschauliches Programm und auch Epochenbezeichnung im späten 17. und im 18. Jahrhundert, begründet in den Religionskämpfen des 17. Jahrhunderts, der zunehmenden Bedeutung der Erfahrungswissenschaften (Empirie, Naturwissenschaften) sowie im politischen und gesellschaftlichen Aufstieg des Bürgertums, der dadurch zugleich gefördert worden ist. Ein grundlegend optimistisches Vertrauen auf die Macht der autonomen menschlichen Vernunft und die Schärfe der menschlichen Sinne fördert die Auffassung, dass aufklärerisches Denken alle religiösen, gesellschaftlichen, politischen, wirtschaftlichen und wissenschaftlichen Probleme fortschreitend lösen und tradionelle Bindungen weltanschaulicher bzw. politischer Art beseitigen könnte. Ziel der A., die in England, Frankreich und Deutschland durchaus eigenständige Ausformungen findet, ist die Selbstverwirklichung der Menschheit in einer herrschaftsfreien, bürgerlichen Gesellschaft, getragen von unveräußerlichen Menschenrechten, Toleranz und dem Prinzip der Gleichheit aller (vgl. die Leitbegriffe der Französischen Revolution: liberté, égalité, fraternité).
Die deutsche A. des 18. Jahrhunderts ist in besonderer Weise gekennzeichnet von Fortschrittsgläubigkeit, aber auch von einem ausgeprägten bürgerlichen Wert- und Tugendsystem, das gegen höfisch-ständisches Denken gestellt wird.

Autor Verfasser eines Textes. Seit der Renaissance und vor allem seit der Epoche des ➔ Sturm und Drang (➔ Genie) Bezeichnung für den selbstbewusst auftretenden „Schöpfer" eines künstlerischen Werkes.

Bewusstseinskrise	Bis zum Ende des 19. Jahrhunderts ist das abendländische Denken von der Überzeugung geprägt, dass Verstand und Sinneswahrnehmungen des Menschen die Grundlage von Ich-Erfahrung und Welterkenntnis darstellen. Um die Jahrhundertwende gerät diese Auffassung durch wissenschaftliche Erkenntnisse und Theorien in eine fundamentale Krise: Während das Ich bisher als feste Größe verstanden wurde (Descartes' „Cogito ergo sum"), zerfällt es nach der psychologischen Vorstellung der Jahrhundertwende in vorübergehende Empfindungen und Eindrücke(➜ Impressionismus). Die Psychoanalyse (Sigmund Freud) entdeckt die Kräfte des ➜ Unbewussten, die unser Verhalten beeinflussen; die moderne Physik revolutioniert tradierte Vorstellungen von Materie, Raum und Zeit. Auf diese Wahrnehmungs- und Bewusstseinskrise um 1900 antworten viele Schriftsteller mit modernen Darstellungstechniken wie ➜ innerer Monolog, ➜ erlebte Rede, ➜ Montage und Perspektivenwechsel.
Biedermeier	ursprünglich in der Zeit nach der Revolution von 1848 abwertend gemeinte Bezeichnung für Spießertum und Philistertum in der Lebenswelt des städtischen Bürgertums. In unserem Jahrhundert hat die Literaturwissenschaft die auf das Zeitalter der Romantik folgende Generation mit dem Begriff B. benannt und ihre Zeit als eine Phase der unpolitisch-beschaulichen Lebenswelt im Zeitalter der politischen Restauration beschrieben.
Bild	1. umfassend gebrauchte Bezeichnung für anschaulich-gegenständliche dichterische Stilmittel wie z. B. Gleichnis, Symbol, Metapher, Allegorie etc. 2. szenenartige dramatische Einheit im modernen Drama, vor allem im epischen Theater, die einen hohen Grad von Selbstständigkeit besitzt und mit anderen Bildern zu einem „szenischen Bilderbogen" erweitert wird.
Bildung	Die Vorstellung, dass der Mensch ein auf Vervollkommnung hin angelegtes Wesen ist, gehört zu den Grundideen der Aufklärung, an die auch die Weimarer Klassik anknüpft. Vor allem unter dem Eindruck der Französischen Revolution glaubten Goethe und Schiller aber weniger an die zivilisierende Macht einer Verstandeskultur, sondern hofften auf eine Humanisierung des Menschen durch die harmonische Entfaltung seiner verschiedenen Kräfte. Eine zentrale Aufgabe bei dieser Bildung kam dabei der Kunst zu, in der Sinnliches und Geistiges eine Einheit bilden und die deshalb, nach Schillers Überzeugung, den Menschen zur Humanität erziehen kann. Im Bildungsroman wird diese Entwicklung der Persönlichkeit als Prozess der Entfaltung der inneren Anlagen in der Auseinandersetzung mit den Anforderungen der Gesellschaft dargestellt.
Chiffre	(frz. Ziffer, Zahl) Stilfigur der modernen Lyrik. Einfache, oft bildhafte Wörter oder Wortkombinationen sind ihrem üblichen Bedeutungsgehalt entnommen und erhalten ihre Sinnbezüge nun in einem vom Autor selbst bestimmten Zeichensystem. Vgl. ➜ Allegorie, ➜ Symbol.
Deismus	Religionsphilosophische Anschauung, die aus Vernunftgründen („natürliche Religion") einen Weltschöpfer zwar anerkennt, aber ein weiteres Einwirken Gottes auf die geschichtlichen Abläufe für ausgeschlossen hält.
Dialog	(gr. Zwiegespräch) Wechselrede zwischen zwei oder mehreren Personen, wichtiges Kunstmittel im Drama zur Entfaltung von Handlung und Charakteren.
Dorfnovelle	Bereits im Mittelalter gab es eine Dorf- und Bauernliteratur. Doch erst im Zeitalter der Verstädterung und der Industrialisierung entwickelte sich das Genre des Dorfromans und der Dorfnovelle. Die Intention der Autoren reicht von der ungeschönten Darstellung dörflicher Konflikte (Keller, Anzengruber) über eine Immunisierungsabsicht der dörflichen Bevölkerung gegen das Vordringen der städtischen Zivilisation (Gotthelf) bis zur Verklärung einer im Zeitalter der industriellen Revolution bereits verschwundenen Lebenswelt (Rosegger, Ganghofer). Im außerdeutschen Sprachraum finden sich viele wichtige literarische Zeugnisse der Dorfliteratur, vor allem in Nord-, Ost- und Südosteuropa.

Drama	aus Gesang und Tanz des altgriechischen Kultus stammende künstlerische Darstellungsform, in der auf der Bühne im klar gegliederten dramatischen Dialog ein Konflikt und seine Lösung dargestellt wird. Neben Epik und Lyrik ist die Dramatik eine der drei Grundformen (Gattungen) der Dichtung. ➜ Komödie, ➜ Tragikomödie, ➜ Tragödie, ➜ Trauerspiel, ➜ geschlossene Form, ➜ offene Form.
Einheiten, drei	Die aristotelische Dramentheorie fordert die Einheit der Handlung, der Zeit und des Ortes um den Eindruck einer nachgeahmten Handlung (➜ Mimesis) beim Zuschauer zu intensivieren. Was bei Aristoteles teils nur als Empfehlung gemeint und auch nur indirekt formuliert worden war, hat die Nachahmungspoetik seit der Renaissance zu einem Normenkanon verfestigt. So spielten die E. eine wichtige Rolle im französischen Drama des 17. und 18. Jahrhunderts und auch im deutschen Drama der Aufklärung (Gottsched). Lessing polemisierte gegen die mechanische Anwendung der drei E., berief sich dabei auf die Theaterpraxis Shakespeares und entwarf ein eigenes Modell des bürgerlichen Trauerspiels (➜ Trauerspiel).
Empfindsamkeit	Grundsätzlich vertraut die ➜ Aufklärung auf die positiven Möglichkeiten des menschlichen Verstandes zur Lebensbewältigung; daher wird zum mutigen Gebrauch des Verstandes, zur Überwindung von Vorurteilen und zur Selbstverwirklichung aufgefordert. Vorzugsweise in der mittleren Phase dieser Epoche entwickelt sich eine aufklärerische Haltung, die sich betont dem eigenen Ich, seiner Empfindungswelt und seinem Triebleben zuwendet. In der Erforschung dieser Innenwelt hofft die Aufklärung die „guten Affekte" (z. B. Mitleid, Freundschaft, Sympathie) zu stärken um den Menschen moralisch zu stabilisieren und zu seiner Zufriedenheit beizutragen. So entsteht in der Mitte des 18. Jahrhunderts eine ausgeprägte Gefühlskultur, die in verschiedene Lebensbereiche (z. B. Freundschaftszirkel, Lesegesellschaften) hineinwirkt und auch ein gesteigertes Naturempfinden hervorruft. In der Dichtung werden Briefe, Prosa- und Versidylle, Freundschaftslied, Tagebuch und psychologisierender Roman beliebte Darstellungsformen. Goethes „Werther" ist Höhepunkt und zugleich Kritik der empfindsamen Dichtung. Die Betonung des subjektiven Erlebens in der E. hat aus dem ➜ Pietismus wichtige Anregungen empfangen.
Empirismus	(von gr. empeiria „Erfahrung") Philosophie oder Wissenschaft, die als einzige Quelle unseres Wissens die Erfahrung und als Methode das Ausgehen von der Beobachtung oder vom Experiment gelten lässt.
Enjambement	(frz.) Übergreifen des Satzes bzw. Sinnzusammenhangs in einem Gedicht über das Verszeilenende hinaus in den folgenden Vers, sodass der Vers „gebrochen" wird. Im Deutschen auch Zeilensprung genannt.
Epik	(gr.-lat.) Sammelbezeichnung für alle erzählenden und berichtenden Dichtungsformen. Typisch ist die breite Darstellung aus der distanzierten Position eines Erzählers. In der modernen Epik vielfältige Übergänge zu dramatischen und lyrischen Darstellungsformen.
epischer Bericht	➜ Erzählrede
episches Theater	Dramen- und Theaterform, die Brecht seit 1926 in deutlicher Abgrenzung vom aristotelischen Theater (Illusionstheater) entwickelt hat. Das e. T. zielt nicht auf das Miterleben der Zuschauer und das Erregen von Affekten („Einfühlung"), sondern auf die zugleich emotionale und rationale Aktivierung eines kollektiven Theaterpublikums mit der Absicht das Dargestellte aus kritischer Distanz zu bewerten und dabei seine Veränderbarkeit zu erkennen. So ist das e. T. eindeutig politisches Weltanschauungstheater, das sich epischer Darstellungsmittel bedient, z. B. durch Kommentierung der Bühnenhandlung, durch Songs, Chöre, Spruchbänder und auch durch die lockere Aneinanderreihung der Einzelszenen („Bilder"). Im Dramenschluss entwirft der Autor keine Lösung des dargestellten Problems, sondern er hält den Schluss offen, d. h. er entlässt die Zuschauer mit der Aufgabe eine Lösung selbst zu finden. Mehrfach hat Brecht für sein e. T. die Darstellungsform des Parabelstücks gewählt.

Epoche	(gr. Haltepunkt) in der ursprünglichen Wortbedeutung der Zeitpunkt eines wichtigen Ereignisses („epochemachend", „epochal"), später Bezeichnung für einen Zeitraum bzw. eine Periode der geschichtlichen Entwicklung in Kunst, Gesellschaft und Politik. Von einheitlichen Literaturepochen spricht man vor allem dann, wenn die Werke eines Zeitraums viele gemeinsame Merkmale (Weltbilder, Denkmuster, Themen, Strukturen, Stile etc.) aufweisen. Bereits in der zweiten Hälfte des 18. Jahrhunderts, vor allem aber in der ➜ Moderne stehen verschiedene Richtungen und Strömungen nebeneinander, sodass Epochenbezeichnungen teilweise problematisch sind und für die Zeit nach dem Ersten Weltkrieg häufig durch historisch-politische Periodisierungen ersetzt werden („Literatur im Dritten Reich").
erlebte Rede	Stilmittel des ➜ modernen Erzählens, das im Zusammenhang mit dem Interesse an psychischen Vorgängen um die Jahrhundertwende an Bedeutung gewinnt. Gedanken und Empfindungen einer literarischen Figur werden vom Erzähler nicht in direkter oder indirekter Rede, sondern in der 3. Person (meist Präteritum) wiedergegeben („Sollte er heute Abend ins Theater gehen?") Die e. R. ermöglicht unmittelbare Übergänge vom Erzählbericht zur Perspektive einer Figur, ohne dass der Erzähler – wie im ➜ inneren Monolog – völlig hinter dieser Figur verschwindet.
Erzähler	eine vom Autor gewählte Rolle, die dem Leser das Erzählte vermittelt und dessen Leseweise lenkt. Während der Ich-Erzähler als fiktive Figur in das Geschehen einbezogen ist, dient der Er-Erzähler als Medium der epischen Darbietung, der Erzählstrategie. Die Lenkung des Lesers erfolgt vor allem durch den Standort und die Sehweise des Erzählers (➜ Erzählperspektive), die Haltung, die er gegenüber dem Geschehen einnimmt (➜ Erzählhaltung), und sein ➜ Erzählverhalten.
Erzählgedicht	moderne Form lyrischen Sprechens, bei der ein Handlungsablauf dargestellt wird. Hat in der modernen Lyrik die Ballade weitgehend abgelöst.
Erzählhaltung	die Einstellung des Erzählers zu den erzählten Vorgängen, dargestellten Personen etc. Sie prägt vor allem die Erzählweise und den Erzählstil und kann durch Ironie, Humor, Parodie, Distanz, Sachlichkeit etc. gekennzeichnet sein.
Erzählperspektive	durch den Standort des Erzählers gegebene Sehweise bzw. der Blickpunkt (point of view), aus dem das Geschehen dargestellt wird. Der Erzähler kann die Vorgänge aus der Nähe oder Ferne darstellen, die Figuren entweder nur von außen (Außenperspektive) sehen oder auch über innere Vorgänge informieren (Innenperspektive), das Geschehen mit einem allwissenden Überblick (olympischer Erzähler) gestalten oder aus der Optik der Figuren. Charakteristisch für das Erzählen in der Moderne sind Wechsel und Vielfalt der Perspektiven.
Erzählrede	(Erzählbericht, epischer Bericht) in dieser Form werden diejenigen Teile einer Erzählung wiedergegeben, die nicht an die Figurenrede gebunden sind.
Erzählung	Darstellung des Verlaufs von wirklichen oder erdachten Geschichten; im eigentlichen Sinn epische Kleinform. Sonderformen: Vers-E., Rahmen-E., chronikalische E.
Erzählverhalten	Bei der Gestaltung der Erzählerrolle kann man drei Grundtypen des Erzählverhaltens unterscheiden, die manchmal auch als **Erzählsituationen** bezeichnet werden: **auktorial, personal** und **neutral**. Tritt der Erzähler durch Kommentierung, Reflexion, Dialoge mit dem Leser deutlich in Erscheinung und führt in der Organisation des Geschehens bewusst Regie, so spricht man von einem auktorialen Erzähler (auctor = Schöpfer, Urheber). Verschwindet der Erzähler hinter den Figuren und wählt deren Sehweise und Optik, so liegt ein personales (persona = Maske, Rolle) Erzählverhalten vor. Beim neutralen Erzählverhalten wird das Geschehen aus der Distanz eines Beobachters dargestellt. Alle drei Verhaltensweisen sind sowohl beim Erzähler in der Ich- als auch in der Er-Form möglich.

Glossar 357

Erzähl- auch Darbietungs- oder Redeformen genannt; Sammelbezeichnung für die verschiedenen
weisen Möglichkeiten des Erzählers das Erzählte darzustellen, wie Bericht, Beschreibung, szenische Darstellung, Kommentierung, Reflexion sowie die Personenrede (direkte und indirekte Rede, erlebte Rede, innerer Monolog, Bewusstseinsstrom).

Erzählzeit, Erstere ist die Zeit, die das Erzählen bzw. Lesen eines Textes in Anspruch nimmt, Letzteres die
erzählte Zeit im Werk dargestellte Zeitspanne. Die Gestaltung des Verhältnisses zwischen Erzählzeit und erzählter Zeit bestimmt das Zeitgerüst des Erzählens. Der Erzähler kann große Zeiträume durch Aussparungen knapp behandeln (Zeitraffung), kurze Zeitspannen z. B. durch den Bewusstseinsstrom dehnen (Zeitdehnung) oder durch szenische Darstellung zeitdeckend erzählen.

Exposition (lat.) Einführung in die Problemstellung (Situation, Handlung, Stimmung) eines literarischen Textes; häufig sind damit die ersten Szenen in einem Drama oder auch die ersten Seiten eines Romans gemeint.

Expressio- literarische und künstlerische Epoche zwischen 1910 und 1920, die auf Krisensymptome der
nismus modernen Gesellschaft (Industrialisierung, Mechanisierung, Entfremdung, Imperialismus, Krieg, Fassade der bürgerlichen Kultur) mit der Darstellung existenzieller Erfahrungen und Visionen eines neuen Menschen antwortet. Die Expressionisten wenden sich gegen das naturwissenschaftlich-materielle Weltbild, das → impressionistische Interesse an Sinneseindrücken und Oberflächenreizen und stellen den „Ausdruck" des inneren Erlebens und das „Wesen" der Dinge in ekstatischen Metaphern, abstrakten Typisierungen und rhythmischen, verknappten Sätzen dar.

Fabel 1. lehrhafte Form der epischen Dichtung (häufig als Tierfabel) → Lehrdichtung
2. Handlungskern (im Englischen der „plot")

Figur jede Person, die in einem → fiktionalen Text vorkommt. Zur Unterscheidung von „natürlichen" Personen spricht man oft auch von „literarischen Figuren".

Fiktion, (lat.) die erfundene, nichtwirkliche Welt der Dichtung im Gegensatz zur naturgegebenen Welt
fiktionaler unserer Beobachtungen und Erfahrungen. Vom fiktionalen Text, der eine neue, mögliche
Text Welt entwirft, muss der nichtfiktionale (expositorische) Text unterschieden werden, der z. B. einen beobachtbaren und nachprüfbaren Sachverhalt darstellt bzw. erklärt (Nachricht, Kommentar, Bericht, Reportage u. a.).

Gattung In der Dichtungslehre (→ Poetik) und Literaturwissenschaft werden damit sowohl die drei Grundformen der Dichtung – Epik, Dramatik und Lyrik – bezeichnet als auch Untergruppen wie → Tragödie, Novelle, Ballade usw. Gattungsspezifische Strukturen, Bauelemente und Darstellungsmittel (Gattungsmerkmale) sind einerseits durch die literarische Tradition festgelegt, unterliegen andererseits aber auch einem geschichtlichen Wandel, in dem sich die Gattungsgrenzen zunehmend verwischen.

Gedichte Sammelbegriff für verschiedene Ausdrucks- und Darstellungsformen des Lyrischen (z. B. Ichgedicht, Erzählgedicht, Preisgedicht etc.)

Genie Gegen die Vernunftbetontheit („Witz") des aufklärerischen Schriftstellers, der den Regelkanon erfüllt, wird mit dem Begriff G. auf den naturverwandten (lat. ingenium = Natur, Begabung), gottähnlichen Schöpfer hingewiesen, der sich die Regeln seiner künstlerischen Schöpfung selbst gibt („Originalgenie").
Beiname des Zeitalters → Sturm und Drang: „Geniezeit".

geschlossene kennzeichnet den Bau eines dichterischen Werkes, in dem die Handlungsteile streng aufeinan-
Form der bezogen sind. So entsteht der Eindruck des Überschaubaren und Geordneten. Von g. F. spricht man beispielsweise beim Drama der Aufklärung und der Klassik. → offene Form, → Drama.

Geschmack	Sinn für Kultur, Urteilsfähigkeit in künstlerischen Fragen. Im 18. Jahrhundert die ausgebildete Fähigkeit die Kunstnormen in Werken aufzuspüren bzw. sie als „Künstler von Geschmack" im Kunstwerk zu verwirklichen.
Gesellschaftsstück	dramatische Form, die das Alltagsleben der so genannten höheren Gesellschaft zum Gegenstand hat; das G. wird auch als Konversationsstück oder Salonstück bezeichnet. Die Dialoge sind häufig von witzig-elegantem Charakter. Nach englischen und französischen Vorbildern hat sich das G. vor allem im Wien des späten 19. und frühen 20. Jahrhunderts ausgebildet (Schnitzler, Hofmannsthal).
Groteske	(ital. Verzerrtes, Wunderliches) ursprünglich eine Bezeichnung für Wandmalereien in den antiken Thermen und Palästen in der Form von Ornamenten aus zusammengesetzten Pflanzen-, Tier- und Menschenteilen. Seit der Renaissance Sammelbegriff für die Darstellung des Monströs-Grausigen, aber auch Komischen in Kunst und Literatur. Allgemein Bezeichnung für die Verbindung von scheinbar Unvereinbarem, mit dem in der Moderne häufig Phänomene des Formverlustes und der Entfremdung gestaltet werden. Manche Gegenwartsautoren halten die G. für die einzig zutreffende Darstellungsform in einer grotesk, d.h. undurchschaubar und sinnlos gewordenen Welt.
Handlung	Abfolge der Geschehnisse, vor allem in Drama und Epik. Der eigentliche Handlungskern kann dabei von zusätzlichen Handlungssträngen begleitet werden (Haupt- und Nebenhandlung). Man unterscheidet auch äußere Handlung (beobachtbare Geschehnisse) und innere Handlung (Vorgänge im Geistigen, Seelischen oder Psychischen der dargestellten Figuren). Binnenhandlung (das eigentliche erdichtete Geschehen) und Rahmenhandlung (die dieses Geschehen umschließt und vom Autor zum Anlass der Binnenhandlung genommen wird).
Hermeneutik	(gr. Erklärung, Auslegung) ursprünglich vor allem eine Anweisung zum richtigen Übersetzen der Texte, dann zunehmend als Lehre der „richtigen" Auslegung von wissenschaftlichen, religiösen und künstlerischen Texten verstanden. Als hermeneutischen Zirkel bezeichnet man ein Deutungsverständnis, nach dem „Verstehen" sowohl aus dem Werk selbst als auch aus der Psyche des Autors gewonnen werden kann (Schleiermacher). Dilthey hat H. weniger als objektiviertes Textverständnis, sondern als Akt der Einfühlung beschrieben.
Herz	im späten 18. Jahrhundert wichtige, oft emphatisch gebrauchte Bezeichnung für die Fähigkeit des Menschen die Gesamtheit und Einheit der Welt und sich selbst als ein Teil von ihr zu fühlen. Als Gegenbegriff zu ➔ Vernunft gebraucht.
Humanität	(von lat. humanitas „Menschlichkeit"). In der lateinischen Sprache Übersetzung des griechischen Begriffs „philanthropia", womit ursprünglich das Wohlwollen der Götter gegenüber den Menschen, später die freundliche Gesinnung der Menschen untereinander bezeichnet wurde. Im Zeitalter der Aufklärung wurden solche Vorstellungen aktualisiert und in die Erziehungslehren der Zeit aufgenommen (Basedow gründete 1714 in Dessau das „Philanthropin", „die Schule der Menschenfreunde"). Humanität wird zum zentralen Ziel der Menschenbildung in der ➔ Klassik mit dem Ziel einer allseitigen und harmonischen Entfaltung der Menschheit im menschlichen Individuum, in der Persönlichkeit.
Hymne	(gr.-lat.-nlat.) bei den Griechen ursprünglich ein Preisgesang zu Ehren der Götter; in der deutschen Literatur Lob der Natur und des Lebens im Tone feierlicher Begeisterung.
Idealismus	bedeutende Strömung der deutschen Philosophie, die mit Kants Vernunftkritik (1781) beginnt und im philosophischen System Hegels ihren Höhepunkt erreicht. In den Schriften Kants, Fichtes, Schellings und Hegels, welche auch die literarischen, ästhetischen, ethischen und politischen Ideen der Zeit beeinflussten, erlangte die deutsche Philosophie zugleich europäischen Rang. Ihr Einfluss beruht auf dem emphatischen Anspruch durch die autonome Vernunft des Individuums die gesamte Wirklichkeit zu begreifen und die Gegensätze zwischen religiösem Glauben und rationaler Erkenntnis, Philosophie und empirischer Wissenschaft zu überwinden, die im 18. Jahrhundert ins Bewusstsein getreten sind. Philosophie tritt mit dem Anspruch auf selbst die höchste Stufe von Wissenschaft zu sein, indem das Denken sich seiner selbst bewusst wird und damit Grundlage aller Erkenntnis ist.

Idylle	(gr. kleines Bild) Dichtung, die eine Situation heiterer Beschaulichkeit und Geborgenheit darstellt (in der Antike oft als Hirtendichtung). In der galanten Zeit (Barock, Rokoko) häufig als Schäferdichtung gebraucht, später unter dem Einfluss Rousseaus als Utopie einer künftigen Menschheit, in der Natur und Kultur eine Einheit bilden.
Impressionismus	literarische und künstlerische Strömung zwischen 1890 und 1910, die als Opposition gegen den ➜ Naturalismus entsteht und die Wirklichkeit nicht mehr objektiv beschreiben und kausal erklären, sondern nur die augenblicklichen Empfindungen und Sinneseindrücke abbilden will. Mit der sensiblen Darstellung subjektiver Erlebnisse und Wahrnehmungen (➜ erlebte Rede, ➜ innerer Monolog, lyrisches Drama, Lautmalerei etc.) ist aber zugleich eine Abkehr von den gesellschaftlichen Problemen und dem politischen Engagement verbunden (l'art pour l'art).
innerer Monolog	Erzähltechnik, entwickelt im späten 19. Jahrhundert. Der i. M. wurde u. a. von Proust, Joyce und Döblin systematisch verwendet, um eine moderne Erfahrung, die nicht mehr eindeutig erfahrbare Trennung von Subjekt und Objekt, darzustellen. Ohne Ankündigung einer Rede oder eines Gedankens begegnet der Leser dem Bewusstseinsstrom einer erzählten Figur. Mit der ähnlich subjektbezogenen ➜ erlebten Rede steht diese Erzähltechnik gegen den objektivierenden „epischen Bericht".
Inszenierung	alle Maßnahmen zur Realisierung eines Theaterstücks auf der Bühne, meist unter der Leitung eines Regisseurs. Im Einzelnen gehören dazu meist die Bühnenbearbeitung des Dramentextes, die Festlegung der Dekoration und der Kostüme, der weiteren bühnentechnischen Hilfsmittel (wie der Beleuchtung), besonders aber die Fixierung der Aussageabsicht der geplanten Aufführung. Zur Inszenierungsarbeit zählt die Probenarbeit mit den Schauspielern (Einstudierung) mit der Absicht die vorab oder auch während der Probenarbeit ins Auge gefasste Umsetzung des Textes als Spiel auf der Bühne möglichst vollständig zu erreichen.
Ironie	(gr. Verstellung) ursprünglich ein rhetorisches Mittel zur Abwertung eines Anspruchs oder Arguments, indem scheinbar ernsthaft darauf eingegangen wird. I. arbeitet häufig mit dem Mittel der Über- oder Untertreibung. Eine spezifische Form ist die sokratische I. , die sich selbst unwissend gibt und Fragen stellt, um Scheinwissen als hohl zu entlarven. Mit romantischer I. bezeichnet man eine Haltung zur Wirklichkeit, in der das Ich sich absolut setzt und vorgegebene Normen (z. B. der Moral, der Staatslehre oder der Religion) als scheinhaft erkennt (➜ Romantik). Die Poesie wird hier zum Spielfeld der Fantasie, der Spontaneität und der subjektiven Stimmung. Heine nahm dies auf und wendete die I. ins Politische (Kampfmittel gegen die Zustände im Deutschland der Restaurationszeit).
Junges Deutschland	literarische Bewegung mit zeitkritischer Tendenz im Zeitraum zwischen 1820 und der Märzrevolution von 1848. Die wichtigste Phase des J. D. liegt in der Zeit zwischen der Julirevolution (1830) und dem so genannten Bundestagsbeschluss (vgl. S. 99 f., Text 6), durch den viele Schriftsteller, die sich bei allen persönlichen Differenzen durch Antiaristokratismus und Eintreten für eine republikanische Verfassung, Kampf für die Emanzipation der Frau, Presse- und Meinungsfreiheit verbunden wussten, in den Untergrund oder ins Ausland getrieben wurden. Die Vertreter des J. D. entwickelten einen geistvoll-aggressiven literarischen Journalismus und pflegten in besonderer Weise Darstellungsformen wie das Feuilleton, die Reiseskizze und den Reisebrief.
Kalendergeschichte	unterhaltsam-belehrende Erzählung, ursprünglich zum Abdruck in volkstümlichen Kalendern bestimmt.
Katastrophe	(gr. Umkehr, Untergang) im Drama die entscheidende Veränderung des Handlungsablaufs, welche die mit der ➜ Peripetie eingeleitete Lösung des Grundkonflikts herbeiführt, z. B. den Untergang des Helden in der ➜ Tragödie, die komische Verwicklungsauflösung in der ➜ Komödie. Nach Gustav Freytag stellt die K. den wichtigsten Teil im letzten Aufzug des fünfaktigen Dramas dar.

Katharsis (gr. Reinigung) Nach Aristoteles bewirkt die Tragödie „Jammer und Schrecken" beim Zuschauer und hierdurch eine „Reinigung" von Affekten, d. h. von psychischen Erregungszuständen. Dies wird vom Zuschauer als Lustgewinn erlebt. Aristoteles begreift demnach die Wirkung des Dramas in einem psychologischen und psychotherapeutischen Sinne. In der Renaissance und dann verstärkt in der französischen Tragödientheorie des 17. Jahrhunderts (Racine) wird die K. ins Ethische umgedeutet: Der Zuschauer wird von seinen Leidenschaften gereinigt, wenn er das Schicksal des Tragödienhelden gleichsam miterlebt. Für Lessing ist dies nur möglich, wenn die dargestellte Person ein „mittlerer Charakter" ist, also den Menschen im alltäglichen Leben entspricht. Neuerdings wird in der Wissenschaft wieder stärker die Wirkungsvorstellung der Antike hervorgehoben.

Klassik Bezeichnung einer Epoche der Kunst und Literatur, die in späteren Zeiten als Blüte und Gipfel einer Entwicklung aufgefasst wird. Klassische Epochen der europäischen Kultur sind die griechisch-römische Antike (oder einzelne Höhepunkte wie die Zeit des Perikles und Augustus), die italienische Renaissance (von Dante bis Tasso), das 16./17. Jahrhundert in Spanien (Cervantes, Calderon), das Elisabethische Zeitalter in England (Shakespeare), das Zeitalter Ludwigs XIV. in Frankreich (Corneille, Racine, Molière) und die Jahrzehnte um 1800 in Deutschland (Weimarer Klassik). Seit der Renaissance orientierte sich die Vorstellung von Klassizität (klassisch) an den großen Leistungen der → Antike, die man als Kunst- und Stilideal entweder nachahmen wollte (Klassizismus) oder die man als Vorbild und Maßstab künstlerischer Gestaltung betrachtete (Harmonie, Geschlossenheit, Einheit usw.). Die Vorstellung einer deutschen Klassik entstand in der Literaturgeschichtsschreibung des 19. Jahrhunderts in den Auseinandersetzungen über den Weg Deutschlands von der Kulturnation zum Nationalstaat. Während die Literaturwissenschaft früher die deutsche Klassik als eine Überwindung des einseitigen Rationalismus und der übersteigerten Gefühlskultur des Sturm und Drang auffasste, sieht die jüngere Forschung die Weimarer Klassik (1786–1805) als Antwort Goethes und Schillers auf Erfahrungen einer politisch-gesellschaftlichen und kulturellen Krise (Französische Revolution).

klassisch, Klassiker Der lat. Begriff „classicus" meinte zunächst den römischen Bürger, der zur höchsten Steuerklasse gehörte. Er wurde im 2. Jahrhundert n. Chr. dann zur Bezeichnung eines bedeutenden, mustergültigen Schriftstellers verwendet (scriptor classicus) und in der Renaissance auf die Kultur und Kunst der Antike bezogen (vgl. heute noch „klassische Sprachen", „klassische Philologie", „klassische Altertumswissenschaft"). Am Ende des 18. Jahrhunderts wurde der Begriff neben dieser Gleichsetzung mit der Antike und der Bezeichnung des Vorbildlichen, Musterhaften auch als Stilbegriff gebraucht (Abgrenzung des Klassischen und Romantischen) und im 19. Jahrhundert auf die Bezeichnung von kulturellen Höhepunkten ausgedehnt. Im heutigen Sprachgebrauch stehen diese verschiedenen Bedeutungen, die sich in der Geschichte des Begriffs entwickelt haben (historisch, normativ, stiltypologisch, epochenbezogen) nebeneinander (z. B. „klassische Bildung", „klassisches Drama", d. h. ein Drama der „Klassik" oder ein Drama, das dem „klassischen" Dramastil entspricht).
Ähnliche Bedeutungsebenen besitzt auch das Substantiv „Klassiker", das einmal die antiken Schriftsteller und ihre Werke, andererseits weltliterarisch bedeutsame, kanonisch gewordene Autoren (Kafka und Brecht als „Klassiker der Moderne") und die Dichter der klassischen Epoche der Nationalliteraturen (Calderon, Shakespeare etc.) bezeichnen kann.

Knittelvers (auch Knüttel- oder Knüppelvers) vierhebiger Vers der frühen Neuzeit, häufig mit freier Versfüllung, stets paarweise gereimt. Wegen einer gewissen Holprigkeit wurde ihm seit dem Zeitalter des Barock sein abschätzig gemeinter Name gegeben. Goethe hat den K. zur Kennzeichnung eines altertümlichen Kolorits in verschiedenen Werken verwendet.

Kommunikation im weitesten Sinne die Verständigung durch Übertragung von Information mithilfe von Zeichen. Während die Informationstheorie vor allem die Bedingungen der Übermittlung von Nachrichten untersucht, fragen Kommunikationspsychologie und -soziologie nach den individuellen und gesellschaftlichen Voraussetzungen zwischenmenschlicher Verständigung, erforschen die Regeln sprachlichen Handelns und entwickeln ein Instrumentarium zur Beschreibung von Kommunikationsvorgängen. Dabei werden auch die Ursachen von Kommunikationsstörungen sichtbar, die in der Beziehung zwischen den Sprechern, ihren

	Erfahrungen, Intentionen und Erwartungen oder in gesellschaftlichen Faktoren (Rollenverteilung, Normen) liegen können.
Komödie	neben der Tragödie seit dem Ursprung des Dramas im griechischen Theater immer wieder benutzte Dichtungsform, in der menschliche Schwächen humorvoll entlarvt und die sich daraus ergebenden Konflikte heiter gelöst werden.
Lehrdichtung	künstlerische Darstellung zu didaktischen Zwecken. Ziel ist beispielsweise die veranschaulichende Vermittlung von Einsichten. Im Zeitalter der ➜ Aufklärung besonders geschätzt und in verschiedenen Gattungsformen (➜ Fabel, ➜ Parabel, Aphorismus, Epigramm und Lehrgedicht) weiterverbreitet.
Lehrstück	Typus der dramatischen Gestaltung innerhalb der ➜ Lehrdichtung, der gegen Ende der Zwanzigerjahre in der Sowjetunion und in Deutschland entwickelt worden ist. Theoretisch fundiert und auch in der Bühnenpraxis erfolgreich wurde das L. vor allem durch die Arbeit Brechts (➜ episches Theater), welcher das Lehrstück insofern als lehrreich vor allem für die Spieler (und nicht so sehr für die Zuschauer) begriff, als hierbei politisches Denken und Verhalten eingeübt werden sollte. Die Entwicklung des L. steht in engem Zusammenhang mit den sozialistischen Versuchen zum Aufbau eines eigenen Arbeitertheaters.
Leitmotiv	bewusste Wiederholung gleichartiger Wörter, Redewendungen, Sätze und Gegenstände, ein formelhaft wiederkehrendes Motiv.
Leserevolution	Mit der beginnenden Durchsetzung einer allgemeinen Schulpflicht ändert sich im 18. Jahrhundert zunehmend das Leseverhalten von der „intensiven Lektüre" weniger Schriften (z. B. der Bibel, die der Hausvater abschnittsweise vorlas) zur „extensiven Lektüre" vieler Bücher durch die einzelnen Individuen. Als Folge ergibt sich ein rasch wachsender Bedarf an Lesestoffen.
Lied	lyrische Form, die sprachlich und musikalisch in Strophen angelegt ist. Häufig findet man eine schlichte Darstellungsweise.
Lyrik	seit dem 18. Jahrhundert Bezeichnung für die dritte Hauptgattung der Poesie neben Epik und Dramatik. Die frühere Wesensbestimmung als unmittelbarer Ausdruck von Gefühlszuständen, Stimmungen und Erlebnissen eines Ich (Stimmungs- und Erlebnislyrik) wird heute als zu eng betrachtet. Lyrische Formen werden auch in der Lehrdichtung (Spruchdichtung), in der religiösen und politischen Dichtung oder auch zur Darstellung von Reflexion (Gedankenlyrik) verwendet. Der Sprecher in Gedichten, das lyrische Ich, darf nicht einfach mit dem Autor gleichgesetzt werden, sondern ist Teil der poetischen Fiktion. Kennzeichnend sind immer wieder verwendete Bauelemente wie Strophe, Metrum, Reim und vor allem die Bildlichkeit (Metaphern, Symbole, Chiffren).
Materialismus	Lehre, nach der es keine andere Wirklichkeit als die der Materie gibt: auch Seele, Geist und Verstand werden als Kräfte oder Bewegungen der Materie verstanden. Die Grundansichten des M. wurden aus naturwissenschaftlichen Erkenntnissen (Physik, Chemie) abgeleitet, Marx hat darauf seine Geschichtskonstruktion des historischen M. aufgebaut.
Metapher	(gr.-lat. Übertragung) Stilfigur aus der Rhetorik, bestehend aus einem Wort oder einer Wortgruppe, im übertragenen, bildlichen Sinne gebraucht („auf der Höhe des Lebens", „Haupt der Familie"). Die poetische M. deckt Zusammenhänge auf oder stellt Beziehungen her.
Metrum	Versmaß, das Schema der Abfolge betonter und unbetonter Silben in einer Verszeile. Wichtige Versmaße der deutschen Literatur (Vorbilder in der Antike und in den romanischen Sprachen) sind der Blankvers (fünfhebige reimlose Jamben), der Alexandriner (sechshebige Jamben mit Zäsur nach der dritten Hebung), der Hexameter (sechshebige Daktylen und Trochäen) und der jambische oder trochäische Vierheber.

Mimesis	(gr. Nachahmung) von Aristoteles gebrauchte Bezeichnung für die angeborene Fähigkeit des Menschen in den Werken der Kunst die Natur nachzuschaffen. So bezeichnete er die Tragödie als „nachahmende Darstellung einer Handlung" zum Zwecke der inneren Läuterung der Zuschauer (➜ Tragödie ➜ Katharsis). Seit der Renaissance ein in der Poetik immer wieder diskutierter Begriff (z.B. in der Dramentheorie bei Gottsched, Lessing, Schiller), aber auch im ➜ Realismus und im ➜ Naturalismus.
Mittelalter	Orientierte sich die Weimarer Klassik in ihrem Dichtungsverständnis und Menschenbild am Idealbild der griechischen Antike, so begeisterten sich die Romantiker an der Welt des Mittelalters. Unter dem Eindruck des zerfallenden deutschen Kaiserreichs, der Auflösung der tradierten gesellschaftlichen Ordnung in der Französischen Revolution, der zunehmenden Verweltlichung des Denkens entdeckten die Romantiker das Mittelalter als utopisches Gegenmodell: als eine einheitliche, versöhnte, geordnete Welt, die vom christlichen Glauben als der Sinnmitte aller Lebensbereiche geprägt war. In Romanen wie Novalis' „Heinrich von Ofterdingen" wurde diese Welt ebenso heraufbeschworen wie in der Sammlung und Veröffentlichung literarischer, kultureller und geschichtlicher Zeugnisse (Nibelungenlied, Minnelyrik etc.). Aus dieser Begeisterung an der Vergangenheit entstand auch die Wissenschaft der Germanistik, die diese Zeugnisse dem „Volk" als Ausdruck seiner kulturellen Identität vor Augen führen wollte.
Moderne	(frz. moderne = neu) Anfang des 18. Jahrhunderts als Fremdwort vom Spätlateinischen übernommen. 1. kultur- und gesellschaftsgeschichtlicher Begriff für die Zeit von der europäischen Aufklärung bis zur Gegenwart, die durch die Entwicklung der Natur- und Gesellschaftswissenschaften, Technisierung der Lebenswelt und Säkularisierung der Werte (u. a.) gekennzeichnet ist. 2. kunst- und literaturgeschichtlicher Begriff für die Zeit von 1850/1890 bis zum frühen 20. Jahrhundert, in der verschiedene Antworten (Naturalismus und Gegenströmungen, Expressionismus, Neue Sachlichkeit) auf Entwicklungstendenzen der M. gegeben werden, die durch ein vertieftes Krisenbewusstsein, Kritik der Tradition und Experimentieren gekennzeichnet sind. Die Auffassungen vom Sinn der Literatur bewegen sich zwischen der Haltung des „l'art pour l'art" und der Verpflichtung der Kunst auf die Veränderungen der Lebenspraxis (littérature engagée). Literaturproduktion und -distribution werden beeinflusst durch die Professionalisierung der Schriftstellerei, den Literaturmarkt, die Institutionalisierung der Literaturkritik und die allmähliche Entwicklung von Film und Radio. Das ständige Suchen führt schließlich zur Wiederholung des schon Dagewesenen (sichtbar z.B. in der Bezeichnung Neoavantgarde), zur Position des „déjà vu" und zur Postmoderne (Nach-Moderne), die (verstärkt seit Beginn der 80er Jahre) die M. ablöst, deren Erneuerungsimpulse sich anscheinend erschöpft haben.
modernes Erzählen	Die seit dem Ende des 19. Jahrhunderts veränderten Auffassungen vom Menschen und der Welt (➜ Bewusstseinskrise) haben auch eine Krise des traditionellen Erzählens zur Folge, in der Grundelemente wie Handlung, Held, Trennung zwischen innerem und äußerem Geschehen und zeitliche Kontinuität problematisch werden. Auf diese Krise antworten manche Schriftsteller – auch in der Auseinandersetzung mit den Entwicklungen der neuen Medien Film und Rundfunk – mit neuen Erzählweisen wie dem ➜ inneren Monolog, der ➜ erlebten Rede und dem „stream of consciousness" (Bewusstseinsstrom), der ➜ Montage- und Simultantechnik, dem Perspektivenwechsel und der Reflexion des Erzählens.
moderne Lyrik	1. allgemein die ➜ Lyrik vom Beginn der ➜ Moderne bis zur Gegenwart. 2. lyrische Texte, die sich vor allem durch ihre Formsprache von der traditionellen Erlebnis- und Stimmungslyrik des 18. und 19. Jahrhunderts unterscheiden. Als Kennzeichen solcher Modernität hat man das Eindringen des Hässlichen und Disharmonischen, die Deformation der vertrauten Wirklichkeit, paradoxe Zusammenfügung verschiedener Realitätsbereiche und ➜ Montage, Spannung zwischen Abstraktem und Konkretem, dunkle und teilweise hermetische Bildlichkeit (➜ Chiffren), Dissonanzen etc. aufgefasst.

moderne Parabel Während sich in der traditionellen → Parabel der Sinn und die Lehre aus der klaren Zuordnung von Bildebene (z. B. die Ringe in Nathans Erzählung) und Sachebene (Religionen) ergeben, bleibt in manchen modernen Parabeln der Sinn offen, sodass der Leser zum Finden eigener Antworten herausgefordert wird. Setzt die traditionelle Parabel verbindliche Auffassungen vom Menschen und der Welt voraus, so entspricht gerade die Offenheit der modernen Parabel dem Zerbrechen solcher Auffassungen im 20. Jahrhundert, der Komplexität der Realitätserfahrung und der Pluralität der Denkmuster.

Monolog (gr. alleine + Rede) Selbstgespräch: im Drama häufig zur Beschreibung einer nicht darstellbaren Situation oder als deutende Aussage der Figuren zur Lage.

Montage aus dem Bereich der Filmtechnik und dann auch aus der modernen Kunst übernommene Bezeichnung für eine Darstellungstechnik, bei der unterschiedliche Wirklichkeits-, Bild- und Sprachfragmente zusammengefügt werden um befremdliche Wirkungen zu erzielen bzw. um das Undurchschaubare der Wirklichkeit zu verdeutlichen. M. wird oft mit Collage (Kombination heterogenen Materials in der bildenden Kunst) gleichgesetzt.

Moral Gegen die galanten Sitten der Hofwelt wird im bürgerlichen Denken des 18. Jahrhunderts eine aufklärerisch bestimmte, bürgerliche Welt mit festen ethischen Prinzipien gestellt, die beispielsweise in den „Moralischen Wochenschriften" popularisiert wird.

Motiv (lat.) Beweggrund für eine Haltung oder Handlung des Menschen. In der Dichtung ein häufig verwendetes Darstellungselement, das entweder eine → Situation (z. B. Vater-Sohn-Konflikt, feindliche Brüder), eine bestimmte raumzeitliche Bedingung (z. B. Ruine bei Vollmond) oder einen bestimmten Personentyp (z. B. schwärmerischer Jüngling, geiziger Alter) kennzeichnet und das mit dem Kenntnisreichtum des Lesers oder Zuschauers rechnet. Es gibt auch Gattungsmotive, d. h. Motive, die vorzugsweise im Roman, im Volkslied, in der Komödie etc. eingesetzt werden.

Mythos (gr. Wort, Erzählung) ursprünglich mündlich, später auch literarisch überlieferte Form von Erlebnissen, Erfahrungen und Ereignissen, aber auch von Erzählungen aus der Welt der Dämonen, Götter und Helden. Der M. ist ein Versuch die Welt kultisch-religiös zu deuten; er behandelt häufig ihre Entstehung, die Welt der Götter und ihre Taten, aber auch bestimmte Naturerscheinungen (Feuer, Gewitter, Sturmflut).

Nation Lebensgemeinschaft von Menschen mit dem Bewusstsein gleicher politisch-kultureller Vergangenheit und dem Willen zum gemeinsamen Staat.
Das literarische und kulturelle Leben war in Deutschland bis ins 18. Jahrhundert geprägt von der territorialen Zersplitterung, dem Fehlen eines politisch-gesellschaftlichen Zentrums und den partikularen Interessen der Fürsten und Mäzene. Zwar gab es bereits im Humanismus und im Barock Stimmen, welche die nationale Besonderheit und den Eigenwert der deutschen Sprache und Literatur betonten, aber ein Bewusstsein der Gemeinsamkeit als Kulturnation bildete sich erst in der bürgerlichen Öffentlichkeit des 18. Jahrhunderts heraus (Idee eines deutschen Nationaltheaters). Vor allem Herders Auffassung von Sprache und Literatur als charakteristischen Ausdrucksweisen des Wesens der verschiedenen Völker trug zur Entstehung eines nationalen Kulturbewusstseins bei, das aber vor allem in der Weimarer Klassik sich mit den weltbürgerlichen Ideen der Aufklärung verband. Unter der napoleonischen Herrschaft und in den „Befreiungskriegen" entwickelte sich aus diesem kulturellen Nationalbewusstsein ein politisches Nationalgefühl, das zeitweise bei manchen Schriftstellern (Arndt, Kleist) militante Züge annahm. Auch die vielen populären und wissenschaftlichen Darstellungen der Geschichte der deutschen „Nationalliteratur" wollten dazu beitragen, das nationale Selbstbewusstsein und den Wunsch nach einem einheitlichen Nationalstaat zu stärken.

Natur Während N. in der frühen Aufklärung vorzugsweise als von Menschen gestaltete Wirklichkeit geschätzt wurde (z. B. im französischen Park), setzte mit der Empfindsamkeit eine neuartige Wertschätzung der Natur als Welt des Ursprünglichen, Unverbildeten, Originären ein, für die die Künstler des späten 18. Jahrhunderts schwärmen und in die sie sich eingebunden fühlen. N. war den Künstlern im Gegensatz „natürlich" – „künstlich" auch ein vorbildhafter Gestaltungsbegriff. Im Gegensatz zum Sturm und Drang sahen die Klassiker Goethe und Schiller in der Natur eine gesetzhafte Ordnung, die in der Kunst als Idee oder Symbol aufscheint, in die sich das Individuum im Prozess der Bildung einfügt. In der Romantik wurde Natur einerseits der Gegenstand großer philosophischer Entwürfe (Schelling), andererseits ein Reich voller Poesie, die durch den Dichter zum Sprechen gebracht wird.

Naturalismus literarische Epoche zwischen ca. 1870 und 1900, in der unter dem Einfluss des naturwissenschaftlichen Denkens und der Suche nach den „Gesetzen" individueller Entwicklung und menschlichen Zusammenlebens (Determination durch Vererbung und Milieu) eine möglichst genaue Darstellung der Wirklichkeit gefordert wird. Als ➜ „modern" verstehen sich die Naturalisten sowohl durch die Wahl ihrer Themen (Technik, Großstadt, soziale Probleme) als auch durch ihre Darstellungsmittel (Experimentalroman, Auflösung der geschlossenen Dramenform, „Sekundenstil", Dialekt u. a.).

Novelle (ital. Neuigkeit) in der Renaissance entwickelte und gegen die gelehrte humanistische Tradition gerichtete kürzere Erzählung mit oft volkstümlich-derbem Inhalt. Goethe kennzeichnete die N. als „sich ereignete unerhörte Begebenheit" und schuf eine Reihe von modellhaften N.n, die diese Erzählform in der deutschen Literatur populär machten. Eine einzelne Begebenheit oder ein einzelner Konflikt wird in geraffter, geradliniger Form dargestellt. Im ➜ Realismus findet sich häufig die Teilgattung der Rahmennovelle (➜ Rahmen), bei der die zentrale Erzählung in einen Erzählrahmen eingespannt ist, der der historischen oder lokalen Beglaubigung des Dargestellten dient. In dieser Epoche entstand auch die ➜ Dorfnovelle.

Ode (gr. Gesang, Lied) feierliches und erhabenes Lied von anspruchsvollem, hohem Stil und strenger Form.

offene Form kennzeichnet den Bau eines dichterischen Werkes, in dem die Handlungsteile in einem eher locker wirkenden Zusammenhang stehen. Auch das Handlungsergebnis ist nicht immer eindeutig festgelegt („offener Schluss"). Die Bezeichnung o. F. wird gelegentlich auch in der Lyrik verwendet, z. B. bei Gedichten in freien Rhythmen oder im modernen Zeilenstil. ➜ geschlossene Form, ➜ Szene, ➜ Drama.

Parabel (gr. Vergleich, Gleichnis) ähnlich der epischen Kurzform der ➜ Fabel eine gleichnishafte Darstellung, in der dem Zuhörer oder Leser ein Gedanke veranschaulicht wird. Während ein Gleichnis durch Analogieschluss entsteht, bei dem zwei Vorgänge aus dem gleichen Objektbereich verknüpft werden, vermittelt die P. Einsichten, indem sie einen Sachverhalt durch ein analoges Geschehen aus einem anderen Gegenstandsbereich erhellt. Seit jeher in der lehrhaften Dichtung beliebt, z. B. in der Epoche der ➜ Aufklärung, aber auch in der Literatur des 20. Jahrhunderts. ➜ Lehrdichtung, ➜ moderne Parabel.

Parodie (gr. Gegengesang) ursprünglich eine neuartige, da gesprochene Vortragsweise des Epos gegenüber der traditionellen, die gesungen wurde. Daraus hat sich die umfassende Bezeichnung für literarische Werke entwickelt, in denen ein allgemein bekanntes Werk in polemischer oder satirischer Absicht so nachgeahmt wird, dass die Formmittel beibehalten, die inhaltliche Zielrichtung aber umgekehrt wird. Durch dieses Auseinanderfallen von Form und Aussage entsteht die komische oder satirische Wirkung. ➜ Groteske, ➜ Travestie.

Peripetie (gr. plötzlicher Umschwung) im dramatischen oder epischen Werk der entscheidende Wendepunkt als plötzlicher Umschwung im Schicksal des Helden.

Pietismus seit etwa 1680 einsetzende Bewegung im Protestantismus, die bis in die Zeit des späten 18. Jahrhunderts eine von persönlichen Empfindungen (➜ Empfindsamkeit) getragene Frömmigkeit gegen die traditionelle Amtskirche ausspielt und auch als Teil eines Gefühlskultes gegen die aufklärerische Vernunftreligion zu sehen ist. ➜ Vernunft.

Poesie	im Allgemeinen Bezeichnung für Dichtung aller Gattungen, im engeren Sinne für rhythmisch gebundene Versdichtung. Im Zeitalter des → Sturm und Drang wird durch Herder der Begriff einer als anonym angenommenen Volkspoesie geläufig, in der sich in unterschiedlichen Formen (→ Volkslied, Volksballade, Volksmärchen) der „Volksgeist" dichterisch verwirklicht (→ Volk). Der „Kunstpoesie" werden demgegenüber die Werke namentlich bekannter Autoren zugeordnet.
Poetik	die Lehre von der Dichtkunst, d. h. die Lehre vom Wesen, den Gattungen und Formen der Literatur. Im 20. Jahrhundert stärker auf ein Literaturprogramm verengt, häufig formuliert in einem literarischen Manifest. Die erste und bis in die Gegenwart der europäischen Literatur folgenreichste Poetik hat Aristoteles um 330 v. Chr. verfasst.
Positivismus	(von lat. „positum" gegeben) von Comte in die Philosophie und Wissenschaft eingeführter Begriff zur Beschränkung auf die Beobachtung und Analyse des Gegebenen, Tatsächlichen, und zwar in der Form einer Wirklichkeitsbeschreibung. Die wissenschaftlichen Schwerpunkte des P. liegen in den Naturwissenschaften, der Psychologie und der Soziologie. Der literarische P. wollte der Literaturwissenschaft eine feste, an die naturwissenschaftliche Methodik angelehnte Basis geben und bevorzugte die Methoden des Sammelns, Beschreibens und Klassifizierens.
Pragmatik	Teildisziplin der Sprachwissenschaft, welche die Verwendung sprachlicher Zeichen untersucht. Sie fragt nach den Bedingungsfaktoren (Situation, Intention etc.) und beschreibt Konventionen, Normen und Muster, die das sprachliche Handeln regeln.
Rahmen	Einkleiden von Erzählungen (Binnenerzählungen) oder → Novellen durch eine umschließende Geschichte, die entweder mehrere solcher Erzählungen miteinander verbindet oder einen gewissen Abstand zur Binnenerzählung schafft.
Realismus	(von lat. „res" Sache, Ding, Wirklichkeit) In der Erkenntnistheorie der neueren Philosophie bezeichnet R. den Standpunkt (und dies im Gegensatz zum → Idealismus), dass es eine von uns unabhängige Wirklichkeit gibt, die wir durch unsere Sinne und unseren Verstand erkennen können. In der Kunsttheorie wird mit dem Begriff R. die Art und Weise der Beziehung zwischen der beobachtbaren Wirklichkeit und ihrer künstlerischen Darstellung bezeichnet. Im frühen 19. Jahrhundert begann die französische Literatur die Bezeichnung R. als Oppositionsbegriff gegen die idealistisch-romantische Kunstauffassung zu verwenden. Daraus hat sich der Epochenbegriff R. entwickelt, der schließlich auf eine Stilepoche der Literatur zwischen etwa 1830 und 1880 festgelegt worden ist, obwohl eine eindeutige Epochendefinition wegen der zahlreichen nationalen Unterschiede und auch wegen der vielfältigen antirealistischen Kunstströmungen in dieser Zeit (z. B. in der Oper oder im Drama) trotz ausführlicher Theoriediskussionen nicht gefunden werden konnte. Auch im 20. Jahrhundert werden Fragen einer realistischen Kunst (beispielsweise für den Bereich des sozialistischen Realismus in der marxistischen Literaturtheorie) immer wieder neu aufgenommen. In der Epoche des R. ist, ausgehend von Frankreich, eine zunehmend antiillusionistische und gesellschaftskritische Darstellungshaltung der Literatur zu beobachten: Gesellschaftsroman und zeitkritische Novelle werden besonders häufig verwendete Darstellungsformen der Literatur. Im deutschen Sprachraum war in dieser Epoche die oft idyllisierend-harmonistische → Dorfnovelle beliebt, aber auch der historische Roman und die historische Novelle. Aus der Betonung der damals künstlerisch dominierenden Gesellschaftsschicht ist der Begriff bürgerlicher R., aus der Akzentuierung der Notwendigkeit einer genuin künstlerischen Gestaltung der beobachteten Wirklichkeit der Begriff poetischer R. abgeleitet (vgl. S. 143 ff., Kap. 2.6).
Rede	für den mündlichen Vortrag bestimmter Gebrauchstext, mit dem ein Sprecher in einer bestimmten → Situation vor einem Publikum Sachverhalte erläutert, zu Problemen Stellung nimmt, Maßnahmen rechtfertigt oder fordert, zu Handlungen aufruft etc. Im Unterschied zum Vortrag zielt die Rede nicht nur auf sachlich-rationale Überzeugung der Zuhörer, sondern will diese oft durch appellative Mittel überreden und beeinflussen. In der antiken → Rhetorik unterschied man drei Gattungen der Rede: die Festrede (genus demonstrativum), die Gerichtsrede (genus iudicale) und die politische Rede (genus deliberativum). Eine besondere Form der Rede im religiösen Bereich stellt die Predigt dar.

Regelkunst   künstlerische Äußerungen, die nach formal, sprachlich und inhaltlich festgelegten Gesetzen gestaltet sind. Die Dichtung der frühen ➜ Aufklärung erhält in Gottscheds „Versuch einer kritischen Dichtkunst" ein bedeutendes, allerdings bereits von Lessing heftig kritisiertes Regelwerk.

Reim   sprachliches Stilmittel, das in der Literatur nahezu aller Sprachen und in den verschiedenen Gattungen gebraucht wird. Am häufigsten findet sich der Endreim (Gleichklang von Wörtern vom letzten betonten Vokal ab). Im Laufe der Sprachgeschichte haben sich die Ansprüche an die „Reinheit" des Reims gesteigert, vor allem in der Lyrik.

Reime kann man nach Reimform oder Reimstellung in verschiedene Gruppen einteilen. Im Stabreim der germanischen Versdichtung werden bedeutungstragende Wörter gleichen Anlauts aus dem Versfluss hervorgehoben.

Reiseliteratur   umfassender Begriff, der unterschiedliche Gattungen oder Formen wissenschaftlicher, allgemeinbildender, unterhaltender oder künstlerischer Literatur umfasst. Robinsonaden, Utopien und Formen der Sciencefiction sind Randbereiche der eigentlichen R., die von der Odyssee bis zu den Reisetagebüchern moderner Autoren (z.B. Böll, Koeppen, Kunert) reicht. Das 18. Jahrhundert entwickelte spezifische Formen der wissenschaftlichen Reisebeschreibung (z.B. bei A. von Humboldt), das ➜ Junge Deutschland die neue Form des Reisefeuilletons, des Reisebriefes und der Reiseskizze mit politischem Anspruch (Heine, Börne). Eine Neuentwicklung des 20. Jahrhunderts ist die Reisereportage (E. E. Kisch).

Rhetorik   im engeren Sinne seit der Antike die Lehre und Kunst der wirkungsvollen Gestaltung öffentlicher Reden, heute auch die wissenschaftliche Untersuchung und praktische Einübung aller Formen sprachlichen Handelns, mit denen man Standpunkte überzeugend vertreten und Adressaten beeinflussen kann. Die R. liefert damit sowohl Kategorien für die Analyse als auch ein Inventar gedanklicher Muster und sprachlich-stilistischer Techniken für die Gestaltung.

Rhythmus   (gr.-lat.) Gliederung des Sprachstroms nach individuellen Prinzipien des jeweiligen Werks; im Gegensatz zum Takt (lat.), der in Lyrik und Drama die Abfolge von betonten und unbetonten Silben regelt.

Rokoko   ursprünglich Bezeichnung für zierliche Bauformen des Spätbarock. Im 18. Jahrhundert in die Dichtung übernommen und als Bezeichnung für heitere, galante Formen der Gesellschaftsdichtung gewählt.

Rollengedicht   Die Aussage erfolgt aus der Perspektive einer literarischen Figur.

Roman   wichtigste, formenreichste und variabelste dichterische Darstellungsform innerhalb der ➜ Epik von oft breiter Ausführlichkeit der Darstellung. So kann die Handlung episodisch gereiht (z.B. im Gesellschafts- und Zeitroman), kaleidoskopartig aufgesplittert oder auf ein bestimmtes Handlungsziel hin erzählt sein (z.B. auf ein bestimmtes Lebensdatum des Helden im Entwicklungs- und im Bildungsroman). Nach Hegel ist der R. die epische Nachfolgegattung des antiken Epos in einer „zur Prosa geordneten Wirklichkeit". Innerhalb des R.s gibt es eine Reihe von Untergattungen, beispielsweise den historischen R., in dem geschichtliche Figuren oder geschichtliche Ereignisse Gegenstand der Darstellung sind, oder auch den Künstlerroman, in dem am Beispiel einer Künstlerfigur Fragen der Künstlerexistenz oder auch der Rolle der Kunst in der Gesellschaft behandelt werden. Seit dem späten 18. Jahrhundert wurden Lebensweg und Bildungsgang des Romanhelden immer ausführlicher psychologisch motiviert (psychologischer Roman), im 20. Jahrhundert finden sich zunehmend Romane, in denen die Hauptfigur als ein in gesellschaftlichen Zwängen eingebundener „negativer Held" gesehen wird oder in denen sie sich als „Antiheld" versucht, den geltenden Normen zu entziehen und eine eigene Gegenwelt aufzubauen.

Romantik Der Begriff romantisch, im 18. Jahrhundert meist abwertend zur Bezeichnung romanhafter, fantastischer Darstellungsweisen oder Stoffe verwendet, wurde vor allem in den Schriften der Brüder Schlegel und Novalis zum zentralen Begriff einer Reflexion über die Möglichkeiten einer „modernen" Kunst, die sowohl die Grenzen zwischen den verschiedenen Künsten, den traditionellen Gattungen als auch zwischen Religion, Philosophie und Kunst überwinden sollte. In der ersten Hälfte des 19. Jahrhunderts setzt sich „Romantik" als Epochenbegriff durch, der die verschiedenen Strömungen und Richtungen romantischer Literatur von ca. 1795 bis 1830 umfasst. Im Hinblick auf Entwicklungsphasen kann man dabei Frühromantik, Hochromantik und Spätromantik unterscheiden, nach den verschiedenen Zentren eine Jenaer, Heidelberger, Berliner und eine schwäbische Romantik. Zu den Grunderfahrungen der Romantiker gehört die Diskrepanz zwischen der bürgerlichen Alltagswelt und einer tieferen Wirklichkeit, die in der Volkspoesie, der geistigen Welt des ➔ Mittelalters, in der ➔ Natur oder in der traumhaften Innenwelt zu sprechen scheint. In den geselligen Zirkeln und Freundschaftskreisen spielten Frauen wie Caroline Schlegel, Dorothea Veit, Bettina v. Arnim u. a. eine bedeutende Rolle. Unter dem Eindruck des Zerfalls der alten Ordnungen in den napoleonischen Kriegen versuchten manche Romantiker (Arndt, Fichte) das Nationalgefühl zu mobilisieren und die kulturelle Identität des ➔ Volkes in den Zeugnissen der Vergangenheit (Sagen, Volksbücher, Sprachgeschichte, Literatur des Mittelalters) sichtbar zu machen.

Satire Die S. ist keine literarische Gattung, sondern eine Haltung, die sich mit den verschiedenen Formen verbinden kann, mit dem Ziel die verkehrte Welt bloßzustellen oder zu entlarven, um sie zu verbessern. S. kann je nach Haltung des Autors und der gewählten Tonlage heiter, liebenswürdig, komisch, aber auch pathetisch, bissig und zornig sein und ruft dabei stets den Leser zum Richter über die dargestellten Sachverhalte oder Personen auf. Häufig wird die Kritik nicht direkt, sondern in Sprachbildern oder ironischen Brechungen vorgetragen.
Sie stellt ein wichtiges Instrument literarischer Gesellschaftskritik dar und dies bereits seit ihrem römischen Ursprung (Ennius, Lucilius, Horaz). Berühmte Beispiele für die S. finden sich in den politischen Sprüchen W.s von der Vogelweide, in der Narrenliteratur der Reformationszeit (Murner, Luther), in den Polemiken gegen die Überfremdung deutscher Sprache und Sitten des 17. Jahrhunderts (Logau) und in den aufklärerischen Schriften gegen Aberglaube und Unvernunft. Goethe und Schiller grenzten sich in den „Xenien" gegen ihre literarischen Zeitgenossen ab, die Romantiker wiederum in vielerlei Formen (Komödie, Märchen) gegen die bürgerliche Klassikerverehrung. Als Meisterwerk politischer S. gilt Heines „Deutschland. Ein Wintermärchen". Nicht weniger bekannt wurden H. Manns satirischer Roman „Der Untertan" oder K. Tucholskys literarische Beiträge in der „Weltbühne" gegen die Aushöhlung der Demokratie nach 1918.

Sekundenstil Bezeichnung für eine Darstellungstechnik im historischen ➔ Naturalismus des späten 19. Jahrhunderts, mit der auch kleinste Handlungen, Geräusche, Bewegungen oder Gespräche möglichst genau beschrieben wurden. Mit dem S. wurde dem Leser suggeriert die erfahrbare Wirklichkeit unmittelbar vor Augen zu haben und zu erleben, indem ➔ erzählte Zeit und ➔ Erzählzeit zu einer vollkommenen Deckung gebracht werden. Die daraus sich ergebende notwendige Beschränkung auf kleinste Wirklichkeitsausschnitte bringt den S. in die Nähe des Pointillismus der impressionistischen Kunst.

Situation die Gesamtheit der Bedingungen sprachlicher Handlungen, also äußere Gegebenheiten, soziale Rollen, Intentionen und Erwartungen der Sprecher, soziale Normen etc. Durch diese Bedingungen ist auch ein unterschiedlicher Spielraum für das sprachliche Handeln vorgegeben.

Sonett (ital. kleiner Tonsatz) besonders verbreitete Gedichtform italienischer Herkunft mit festgefügter Form (14 Verszeilen, je zwei Quartette und Terzette). Das S. wurde in verschiedenen Reimvarianten von Dante und Petrarca entwickelt und von Shakespeare verändert (drei Quartette und ein abschließendes Reimpaar). In Deutschland spielte das S. als lyrische Form eine wichtige Rolle im Barock (Gryphius, Opitz, Fleming) und dann wieder im 20. Jahrhundert (z.B. bei Rilke, Haushofer, Becher).

Soziales Drama	Bereits in den frühen Formen der ➜ Komödie und im ➜ Trauerspiel des 18. Jahrhunderts wurden gesellschaftliche Verhältnisse der niederen sozialen Schichten behandelt. Als s. D. im eigentlichen Sinne bezeichnet man das Drama, das in engem Zusammenhang mit der sozialen Frage in der industriellen Revolution des 19. Jahrhunderts steht, vor allem das Mitleidsdrama des ➜ Naturalismus. Die Grenze zur sozialistischen Dramatik nach der Jahrhundertwende ist fließend.
Sprachkrise	Zweifel an der Möglichkeit durch das Medium der Sprache in adäquater Weise das Innere des Individuums oder die äußere Realität darstellen zu können. Die Ursache der Sprachkrise um die Jahrhundertwende liegt in der Diskrepanz zwischen der Exaktheit wissenschaftlicher Erkenntnisse und der Ungenauigkeit und Unschärfe der Sprache, in der Banalität und Phrasenhaftigkeit der Kommunikation und in der verschärften Trennung zwischen Poesie und Normalsprache. Diese S. ist Teil einer umfassenden ➜ Bewusstseinskrise.
Sprachkritik	an sprachlichen und kulturellen Normen orientierte Auseinandersetzung mit dem Sprachgebrauch einer Zeit und Tendenzen des ➜ Sprachwandels. Die Kritik richtet sich dabei entweder gegen eine Überfremdung der Sprache (Sprachgesellschaften im Barock, Fremdwortdiskussion), gegen tatsächliche oder vermeintliche Erscheinungen eines Verfalls der Sprachkompetenz, gegen einen ideologischen und manipulativen Sprachgebrauch (z. B. Sprache des Nationalsozialismus.) oder gegen bestimmte Entwicklungstendenzen (Nominalisierung, Wissenschaftssprache etc.). Sprachkritik ist dabei oft Teil einer Ideologie-, Kultur- und Gesellschaftskritik, die den Sprachgebrauch als Symptom für Veränderungen des politisch-gesellschaftlichen und kulturellen Lebens betrachtet. Die Normen und Maßstäbe, von denen Sprachkritik ausgeht, sind selbst geschichtlich bedingt und Gegenstand der Auseinandersetzung.
Sprachnorm	Gesamtheit der Vorschriften und Regeln, die den Sprachgebrauch steuern. Die Kenntnis der Sprachnormen wird beim Spracherwerb vermittelt, wobei der Einzelne zugleich erfährt, wie die Kommunikationspartner auf die Verletzung von Regeln reagieren (von der schlechten Deutschnote bis zu den Karrierechancen). Die Normierung erstreckt sich von der Vereinheitlichung der Schreibweise (Orthographie, Zeichensetzung) über die Kodifizierung der im Sprachsystem angelegten Regeln (Flexion, Satzbau etc.) bis zu Anweisungen darüber, wie man sach-, adressaten, situations- und textsortengerecht redet oder schreibt. Über Sinn und Berechtigung solcher Normierung wird in der Fachwissenschaft und teilweise auch in der Öffentlichkeit immer wieder diskutiert.
Sprachwandel	Veränderungen in der geschichtlichen Entwicklung der deutschen Sprache (Sprachgeschichte) von ihren indoeuropäischen Wurzeln über das Althochdeutsche, Mittelhochdeutsche, Frühneuhochdeutsche und Neuhochdeutsche bis zur Gegenwartssprache. Dabei wandeln sich Laute, Wortformen, Wortbedeutungen (Semantik), Wortschatz (Lexik), Satzbau (Syntax) und Rechtschreibung. Ursachen des S. – ein Prozess, der sich immer weiter fortsetzt – können Einflüsse fremder Sprachen, Entwicklung und Wandlung der Lebensverhältnisse und sprachökonomische Bedürfnisse (z. B. Vereinfachung des Formenbestandes) der Sprachbenutzer sein.
Sprechhandlung	sprachliche Äußerung, mit der man eine soziale Handlung vollzieht (z. B. versprechen, warnen, bitten etc.). Die Handlungsabsicht des Sprechers kann durch entsprechende Verben direkt zum Ausdruck kommen, muss aber häufig aus der Situation oder der sprachlichen Form (Satzart, Intonation etc.) erschlossen werden. Bestimmte Sprechhandlungen sind einander zugeordnet und bilden Sequenzen (z. B. fragen – antworten).
Ständeklausel	Im Zeitalter des Absolutismus (17. und 18. Jahrhundert) erhobene Forderung die Personen im Drama und ihre Standeszugehörigkeit den dramatischen Gattungen zuzuordnen: Könige, Fürsten und Adel zur Tragödie, Bürgertum und Volk zur Komödie, wobei man sich auf die aristotelische Poetik berief. Im frühen 18. Jahrhundert, als bereits im englischen Drama die starre S. zunehmend aufgegeben wurde, versuchte sie Gottsched noch einmal als feste Norm auf der deutschen Bühne durchzusetzen, was freilich angesichts des wachsenden bürgerlichen Selbstbewusstseins nicht mehr ganz gelang und dann im bürgerlichen ➜ Trauerspiel Lessings aufgegeben wurde.

Stil	Begriff der Literatur- und Kunstwissenschaft, mit dem das spezifische Gestaltungsprinzip, das Grundmuster in der Formsprache von ➔ Epochen (Epochenstil), von Dichtern oder einzelnen Werken bezeichnet wird. Stilmerkmale literarischer Texte lassen sich auf der Wortebene (z. B. Nominal-Verbalstil), der Satzebene (parataktischer, hypotaktischer Stil) anhand von rhetorischen Figuren und Bildlichkeit untersuchen.
Strophe	(gr. Wendung beim Tanz) metrische Einheit aus mehreren Lang- oder Kurzzeilen (➔ Vers). Durch die Reimstellung kann die Bindung der Verszeilen verstärkt werden. Im gesungenen ➔ Lied wird Einheit und auch Gliederung der S. durch die Melodie ausgedrückt; einfache S.n haben sich im ➔ Volkslied bis in die Neuzeit erhalten. Seit dem 18. Jahrhundert ist die ➔ Lyrik gekennzeichnet durch den zunehmenden Gebrauch der freien S., aber auch durch die Wiederbelebung antiker, romanischer und populärer Strophenformen.
Sturm und Drang	Nach dem Schauspiel „Sturm und Drang" (1777) des Friedrich Maximilian Klinger hat man innerhalb der Gesamtepoche ➔ Aufklärung eine literarische Strömung benannt, in der eine junge Generation, angeregt von Gedanken der ➔ Empfindsamkeit, gegen Regelpoetik, Fortschrittsoptimismus und die Betonung des Rationalismus opponiert und im Vorfeld der Französischen Revolution Kritik an den Konventionen der Ständegesellschaft übt. Gegen die einseitige Betonung des Verstandes wird der Wert des individuellen Gefühls, der Sinnlichkeit und einer intensiven Begegnung mit der ursprünglichen ➔ Natur betont (➔ Genie, ➔ Regelpoetik). Homer und Shakespeare werden als Prototypen des Genies verehrt; Herder, der wichtige Anregungen für diese kurze ➔ Epoche gibt, lenkt die Aufmerksamkeit auf die verschiedenen nationalen Formen der Volkspoesie. Auf die in Deutschland ungebrochene Macht der Fürsten und der Ständeordnung reagieren die Stürmer und Dränger mit verbalradikalen Angriffen oder auch mit Resignation und melancholischen Untergangsfantasien. In dieser Zeit werden neue dichterische Haltungen und Formen (z. B. Erlebnislyrik, ➔ Hymnen in freien Rhythmen, ➔ Tragikomödie ➔ offene Form des Dramas, fiktive Autobiografie) entwickelt und häufig gebraucht.
Symbol	(gr. Kennzeichen, die durch Zusammenfügen der Teile Wiedererkennen und Identität ermöglichten) ursprünglich ein konkretes Erkennungszeichen, später ein bildhaftes Zeichen, das über sich hinausweist und geistige Zusammenhänge und Ideen veranschaulicht. „Die Symbolik verwandelt die Erscheinung in Idee, die Idee in ein Bild, und so, daß die Idee im Bild immer unendlich wirksam und unerreichbar bleibt und, selbst in allen Sprachen ausgesprochen, selbst unaussprechlich bliebe" (Goethe). In manchen Werken bilden einzelne Gegenstände als „Dingsymbole" den zentralen Integrationspunkt (z. B. die Buche in A. v. Droste-Hülshoffs „Die Judenbuche").
Symbolismus	Richtung der europäischen Literatur, die sich seit 1860 zunächst in Frankreich in der Lyrik Baudelaires, Verlaines und Mallarmés entwickelt und in Deutschland die Opposition gegen den ➔ Naturalismus beeinflusst. In radikalem Bruch mit der Gesellschaft und der tradierten literarischen Formensprache (Beginn der ➔ modernen Lyrik) wollen die Dichter im Kunstwerk eine autonome Wirklichkeit symbolischer Sinnbezüge schaffen (poésie pure), die durch imaginäre Bilder, rätselhafte ➔ Chiffren, befremdende Kontraste etc. aufgebaut wird.
Szene	(gr. Zelt, Bühne) zunächst das Spielpodium des antiken Theaters, später Bezeichnung für den Schauplatz der Handlung im Drama. Am gebräuchlichsten ist die Bezeichnung für eine Einheit innerhalb eines Dramenakts (Aufzugs). S. wird daher oft mit Auftritt gleichgesetzt (nach dem Auf- und Abtreten der Bühnenfiguren). Im Drama der ➔ offenen Form kann mit S. ein eigenständiger Abschnitt des Theaterstücks bezeichnet werden (➔ Bild).
Tendenzdichtung	(von lat. „tendere" nach etwas streben) Mit dem Begriff T. lassen sich alle Formen der Literatur umgreifen, die sich nicht als zweckfrei verstehen, sondern auf Fragen und Probleme der menschlichen Existenz in verschlüsselt-symbolischer oder auch direkter, z. B. lehrhafter Weise eingehen und Lösungswege weisen. Im engeren Sinne ordnet man in die T. Autoren und Werke ein, die künstlerische Darstellungsformen und -weisen für religiöse, politische, soziale oder wirtschaftliche Absichten einsetzen, den Kunstcharakter des Werkes also ganz in den Dienst der Beeinflussung der Leser oder Hörer stellen. ➔ Satire, ➔ Lehrstück und politisches Gedicht sind typische Darstellungsformen der T.

Tragik	(gr. Kunst der Tragödie) grundlegender Begriff und Bezeichnung für den Untergang dargestellter Personen (auf der Bühne oder in einem Werk der Epik) im Widerstreit gleichberechtigter Werte oder Wertvorstellungen, aus der eine Erschütterung des Zuschauers erfolgen soll (➜ Katharsis). Voraussetzung für diese Erschütterung ist die charakterliche und seelische Größe der dargestellten Person. Schiller, Hegel und Hebbel haben u. a. Probleme der T. (vorzugsweise am Beispiel des ➜ Dramas) erörtert. ➜ Tragödie.
Tragikomödie	Schauspiel, das im Komischen Tragisches mitgestaltet bzw. die ➜ Tragödie mit grotesk-komischen Zügen durchsetzt. In der Poetik des Sturm und Drang, die die klare Trennung Gottscheds zwischen Tragödie und Komödie (Ständeklausel) aufbrechen wollte, eine vor allem von Jakob Michael Reinhold Lenz mehrfach benutzte Dramenform. Büchner (Leonce und Lena) hat die T. wieder aufgegriffen und mit zusätzlichen grotesken Elementen versehen (➜ Groteske). Die moderne Wirklichkeit wird in der T. als zugleich übermächtig, den Menschen deformierend, aber auch als banal-lächerlich erfahren. Deshalb wird die T. in der Dramatik seit dem Ende des 19. Jahrhunderts häufig benutzt (Tschechow, Pirandello, Shaw, Wedekind, Sternheim, Dürrenmatt, Hacks).
Tragödie	zentrale Form des Dramas in der europäischen Geschichte der Literatur, durch die poetologischen Forderungen des Aristoteles über lange Zeit in Form, Darstellungsmitteln und Wirkungsabsicht (Affektläuterung durch die Erweckung von Jammer und Schrecken, die so genannte ➜ Katharsis) festgelegt. Gottsched fordert die Bindung an das „klassische Drama" Frankreichs (tragédie classique) und die traditionelle Ständeklausel, die die T. für die Darstellung des Schicksals von Königen, Fürsten und Personen hohen Standes vorbehält. Lessing überwindet diesen Regelkanon im ➜ bürgerlichen Trauerspiel. ➜ Trauerspiel ➜ Tragikomödie.
Trauerspiel	Seit dem Barock ist T. ein deutschsprachiges Synonym für ➜ Tragödie. Lessing entwickelt in Auseinandersetzung mit Gottsched und auf der Grundlage seiner Shakespeare-Bewunderung eine Dramenform, in der tragisches Geschehen am Beispiel bürgerlicher Figuren gezeigt wird (bürgerliches Trauerspiel). Diese dramatische Teilgattung wird als Element des bürgerlichen Kampfes um Gleichberechtigung im 18. Jahrhundert gesehen.
Travestie	(lat. Verkleidung) wie in der ➜ Parodie wird ein allgemein bekanntes Werk in polemischer und satirischer Absicht nachgeahmt. Der Inhalt bleibt unangetastet, Sprache und Form jedoch werden verändert (z. B. Übertragung in eine niedrige Stillage). ➜ Groteske.
Tugend	Bereits die antike Philosophie entwirft und beschreibt einen Katalog vorbildlicher Denk- und Verhaltensweisen des Menschen. Dieser Tugendkatalog wird im Laufe der Geschichte immer wieder neu gefasst und modifiziert (z. B. im Christentum). In der Aufklärung gelten Bändigung der Triebe sowie vernunftgeleitetes und zweckbewusstes Handeln als wichtige Tugenden, doch bereits im ➜ Sturm und Drang opponieren viele Künstler und Philosophen gegen diese Festlegung und fordern den „natürlichen Menschen", bei dem sich Verstandeswelt und Gefühlshaushalt in Harmonie befinden (➜ Natur).
Unbewusstes	Der vor allem von Sigmund Freud entdeckte Bereich des Seelenlebens, in dem die vom Bewusstsein verdrängten Triebimpulse und Wünsche (das „Es") wirken, die psychische Krankheiten (Neurosen, Psychosen) hervorrufen können. Viele Schriftsteller der ➜ Moderne haben sich mit Freud und der von ihm begründeten Psychoanalyse auseinander gesetzt und in ihren Werken unbewusste Vorgänge des Seelenlebens dargestellt.
Vernunft	➜ Aufklärung
Vers	(lat.) metrisch gegliederte Zeile in Lyrik, Epos und Drama.
Versfuß	kleinste, im Vers sich wiederholende Einheit aus regelmäßig aufeinander folgenden Silben, die in der deutschen Sprache nach ihrem Gewicht (Betonung) unterschieden werden. Häufig vorkommende Versfüße: Anapäst ∪ ∪ –, Daktylus – ∪ ∪, Jambus ∪ –, Trochäus – ∪ (– = betont, ∪ = unbetont).

Volk	Im ➜ Sturm und Drang (Herder) und später in der Romantik entwickelt und verbreitet sich die (heute überwundene) Vorstellung, dass die frühe Kunst aus dem jeweiligen Volk entstanden, von seinem „Volksgeist" geprägt sei und so eine spezifisch nationale Ausrichtung erhalten habe. Im späten 18. Jahrhundert beginnt man deshalb die Gattungen der „Volksdichtung" (➜ Volkslied ➜ Volksbuch, Volksmärchen, Volkssage etc.) zu sammeln (➜ Poesie).
Volksbuch	in Prosa gehaltenes Literaturwerk, vorwiegend aus dem 15. und 16. Jahrhundert und aus der volkstümlichen geistlichen Prosa oder Legendenliteratur, gelegentlich aber auch aus der weltlichen Prosa (Traum-, Rätsel- und Reiseliteratur) stammend. Viele V. haben eine lange mündliche und schriftliche Tradition; die Autoren gerieten in Vergessenheit und die Werke wurden immer wieder neu bearbeitet und gedruckt. Als Stoffgrundlage hat man mittelalterliche Epen, lateinisch geschriebene Legenden oder auch französische Liebesromane nachgewiesen. Das V. wurde zunächst in kostbaren Drucken für den Adel gefertigt, später aber auch in vielfältigen preiswerten Ausgaben als Lesestoff für die bürgerlichen Schichten seit dem 17. Jahrhundert gedruckt. Erst Herder und die Romantiker entdeckten den kulturgeschichtlichen Wert des V. und begannen die Volksbücher zu sammeln.
Volkslied	bereits im Spätmittelalter benutzte sangbare lyrische Form: charakteristisch sind einfacher Bau, formelhafte Sprache und die Darstellung von menschlichen Grundsituationen. Der Name Volkslied wird durch Herder in Anlehnung an den englischen Begriff popular song eingebürgert.
Wirklichkeit	Alles, was in Natur, Gesellschaft und im Menschen tatsächlich existiert, also real gegeben ist, im Unterschied zum nur Vorgestellten, Gedachten oder der dichterischen ➜ Fiktion. Die Auffassung davon, was „wirklich" ist, hat sich im Laufe der geschichtlichen Entwicklung durch Veränderungen der Weltbilder und durch wissenschaftliche Erkenntnisse erheblich gewandelt. Kennzeichnend für die Wirklichkeitsauffassung im 20. Jahrhundert, welche sich auch in der Literatur der ➜ Moderne widerspiegelt, sind Erweiterung der Realitätsbereiche (z. B. Entdeckung des Unbewussten), zunehmende Komplexität der Zusammenhänge (in Politik und Wirtschaft), Verlust der Anschaulichkeit unserer Vorstellungen (moderne Physik) u. a.
Zeichen	Signale, die dadurch eine Verständigung ermöglichen, dass an einen materiellen Zeichenkörper (Ausdruck, Signifikant) eine Bedeutung (Signifikat, Inhalt) geknüpft ist. Für das Verstehen von sprachlichen Zeichen in ihrer Verwendung genügt nicht immer diese begrifflich fixierbare denotative Bedeutung, sondern man muss auch die Vorstellungen kennen, welche ein Sprecher aufgrund seiner Erfahrungen mit einem Zeichen verbindet (konnotative Bedeutung).
Zeilensprung	➜ Enjambement

Rhetorische Figuren

Bereits in der antiken Rhetorik haben sich bei der sprachlichen Gestaltung von Reden eine große Zahl von Schemata herausgebildet, welche der Verlebendigung, Veranschaulichung und Ausschmückung des Gesagten dienten. Auch bei der Gestaltung poetischer Texte haben Autoren immer wieder auf solche Schemata, die so genannten rhetorischen Figuren, zurückgegriffen. Sie entstehen durch eine bewusste und teilweise kunstvolle Abweichung vom gewöhnlichen Sprachgebrauch in der Wortwahl, im Satzbau und in der gedanklichen Verknüpfung. Man hat deshalb die rhetorischen Figuren unterteilt in **Wortfiguren** (zu denen oft auch die Formen der übertragenen Rede, die Tropen, gerechnet werden) und **grammatikalische** oder **Satz-** bzw. **Gedankenfiguren.**

Wortfiguren und Tropen

Akkumulation — Häufung von Wörtern, die einen (oft nicht explizit genannten) übergeordneten Begriff konkret entfalten.
„Ist was, das nicht durch Krieg, Schwert, Flamm und Spieß zerstört" (Gryphius)

Allegorie — bildliche Veranschaulichung eines abstrakten Begriffs, oft als Personifikation. Im Gegensatz zur Metapher ist der Zusammenhang zwischen Bild und Gemeintem nicht durch gemeinsame Bedeutungselemente gegeben, sondern wird erklärt.
Weibliche Figur mit Waage, Schwert und verbundenen Augen als Allegorie der Gerechtigkeit, Justitia

Anapher — Wiederholung eines Wortes oder einer Wortgruppe in aufeinander folgenden Sätzen, Satzteilen, Versen und Strophen.
„Mund! der die Seelen kann durch Lust zusammenhetzen/Mund! der viel süßer ist als starker Himmelswein." (Hofmannswaldau)

Emphase — Wort, das durch seine Betonung einen besonderen Bedeutungsaspekt bekommt.
„Hier bin ich Mensch, hier darf ich's sein." (Goethe)

Euphemismus — Umschreibung eines negativ bewerteten oder auch tabuisierten Sachverhalts durch einen beschönigenden Ausdruck.
Minuswachstum für Rezession; *Gottseibeiuns* für Teufel

Hyperbel — übertreibende Darstellung durch vergrößernde oder verkleinernde Metaphern, Vergleiche u. Ä.
„ein Schneidergesell, so dünn, daß die Sterne durchschimmern konnten" (Heine)

Ironie — Ausdrucksweise, in der das Gegenteil des Gemeinten gesagt wird.
„And Brutus is a honourable man" (Shakespeare)

Litotes — untertreibende Ausdrucksweise durch Verneinung des Gegenteils.
nicht unbekannt; nicht unschön

Metapher	Ausdruck des Gemeinten durch ein Wort oder eine Wortgruppe, die in übertragenem Sinne verwendet werden. Grundlage der Übertragung sind gemeinsame Bedeutungselemente. Viele Metaphern finden sich auch in der Alltagssprache. *„Der ewigen Jugend Strom"* (Eichendorff)
Metonymie	Umbenennung; Ersetzen des Gemeinten durch einen anderen Ausdruck, der in einem gedanklichen oder realen Zusammenhang mit diesem steht. *einen Porsche fahren; ein Glas trinken, von der Wiege bis zur Bahre*
Periphrase	Umschreibung eines Begriffs, einer Person oder einer Sache durch charakterisierende Eigenschaften, Kennzeichen etc. *goldenes Naß* (Platen) für Wein
Synekdoche	Ersetzen eines Begriffs durch einen anderen, der eine engere oder weitere Bedeutung hat; steht der Teil für das Ganze, spricht man auch von pars pro toto. *Dach* für Haus; *Sterbliche* für Menschen; *die Jugend* für die jungen Menschen

Satz- und Gedankenfiguren

Antithese	Gegenüberstellung gegensätzlicher Begriffe und Gedanken. *„Leicht beieinander wohnen die Gedanken,/Doch hart im Raume stoßen sich die Sachen"* (Schiller)
Apostrophe	Anrede des Publikums, abwesender Personen oder auch von Dingen und Abstrakta. *„Saget, Steine, mir an, o sprecht, ihr hohen Paläste"* (Goethe)
Chiasmus	Spiegelbildlich verkehrte syntaktische Anordnung von Wortgruppen oder Sätzen. *„Eng ist die Welt und das Gehirn ist weit"* (Schiller)
Ellipse	Auslassung von Wörtern, die zwar syntaktisch notwendig, aber aus dem Sinnzusammenhang erschließbar sind. *„Oh! – deinen erznen Wagen mir herab;"* (Kleist)
Inversion	Abweichung von der üblichen Wortstellung. *„und als eng wird erkannt die Kammer"* (Brecht)
Klimax	Anordnung mehrerer synonymer Wörter oder einer Gedankenführung in steigernder Folge. *„Nacht/mehr denn lichte Nacht! Nacht! lichter als der Tag//Nacht/heller als die Sonn'/in der das Licht geboren!"* (Gryphius)
Oxymoron	Verbindung von zwei sich gedanklich ausschließenden Begriffen. *„Du bist tot lebendig/Ich lebendig tot"* (Opitz)
Parallelismus	Verwendung des gleichen Bauschemas in der Abfolge von Satzgliedern oder Sätzen. *„sie forderts als eine Gunst, gewähr es ihr als Strafe"* (Schiller)
Rhetorische Frage	Frage, auf die keine wirkliche Antwort erwartet wird; Behauptung in Form einer Frage. *„Was ist gewisser als des Menschen Ende?"* (Hamann)
Vergleich	Verdeutlichung oder Veranschaulichung durch Herstellung einer Beziehung zwischen zwei Bereichen, die etwas gemeinsam haben (Analogie). *„Du schlank und rein wie eine flamme/Du wie der morgen zart und licht"* (George)
Zeugma	Satzkonstruktion, bei der syntaktisch gleichwertige, aber semantisch verschiedenartige Satzteile von einem Satzglied abhängen. *„Er saß ganze Nächte und Sessel durch"* (Jean Paul)

Verfasserverzeichnis

Andersch, Alfred: Unterrichtsbesuch des Direktors*. Aus: Vater eines Mörders S. 317
Aristoteles: Poetik S. 154
Arndt, Ernst Moritz: Die Folgen der Freiheit S. 40
Arnim, Bettina von: In der Armenkolonie S. 94 – Goethe's Briefwechsel mit einem Kinde S. 222
Augst, Joachim/Hackert, Fritz: Erläuterungen und Dokumente zu Johann Wolfgang Goethe: Iphigenie auf Tauris S. 164
Benjamin, Walter: Literarische Klassik und gesellschaftliche Wirklichkeit*. Aus: Was die Deutschen lasen, während ihre Klassiker schrieben S. 12
Berliner Morgenpost vom 20.05.1978 S. 173
Börne, Ludwig: Gesammelte Schriften. Band III S. 89
Brecht, Bertolt: Gespräch über Klassiker S. 80 – Der gute Mensch von Sezuan S. 181 – Über eine neue Dramatik S. 185 – Zur dramatischen und epischen Form des Theaters* S. 185
Brentano, Clemens: *Sprich aus der Ferne S. 60
Breuer, Dieter: Die klassische Rhetorik als Kunstlehre der Beeinflussung*. Aus: Pragmatische Textanalyse S. 326
Brockerhoff, Ferdinand: Rezension zu „Franz Peter. Die Literatur der Faustsage" S. 204
Büchner, Georg: Der hessische Landbote S. 92 – Brief an die Familie vom 28. Juli 1835 S. 112 – Dantons Tod. I,6 S. 113 – Woyzeck S. 275
Bürger, Christa: Der widersprüchliche Charakter des Humanitätsideals in der „Iphigenie"*. Aus: Tradition und Subjektivität S. 304
Dickens, Charles: Oliver Twist S. 95
Die Welt vom 14.11.1977 S. 171
Dix, Arthur: Politik als Staatslehre, Staatskunst und Staatswillen S.205
Droste-Hülshoff, Annette von: *Der Weiher S. 105
Eckermann, Johann Peter: Gespräche mit Goethe in den letzten Jahren seines Lebens S. 42
Eibl, Karl: Die Modernität Goethes*. Aus: Der ganze Goethe S. 82
Eichendorff, Joseph von: *Die zwei Gesellen S. 35 – *Nachtzauber S. 61 – Das Marmorbild S. 62 – *Der Einsiedler S. 105
Emrich, Wilhelm: Romantik und modernes Bewußtsein S. 66
Fallada, Hans: Im Personalbüro einer Firma*. Aus: Kleiner Mann – was nun? S. 315
Feuerbach, Ludwig: Vorlesungen über das Wesen der Religion S. 102
Fichte, Johann Gottlieb: Über die Bestimmung des Menschen S. 26
Flaubert, Gustave: Ein schlichtes Herz S. 126
Fontane, Theodor: Unsere lyrische und epische Poesie seit 1848 S. 143 – Diner bei Kommerzienrat Treibel*. Aus: Frau Jenny Treibel S. 134
Friedell, Egon/Polgar, Alfred: Goethe. Eine Szene S. 208
Glassbrenner, Adolf: Bittbrief an den König*. Aus: Berliner Volksleben II S. 98
Görres, Joseph: Volkslied und Volkssage*. S. 73
Goethe, Johann Wolfgang: Wann und wo entsteht ein klassischer Nationalautor?*. Aus: Literarischer Sansculottismus S. 11 – *Warum gabst du uns die tiefen Blicke S. 13 – *Das Göttliche S. 20 – Mich selbst, ganz wie ich da bin, auszubilden*. Aus: Wilhelm Meisters Lehrjahre S. 22 – Italienische Reise S. 45 – *Römische Elegien V S. 46 – *Natur und Kunst* S. 51 – *Früh, wenn Tal, Gebirg und Garten S. 53 – Tagebuchaufzeichnungen in Dornburg* S. 53 – Iphigenie auf Tauris S. 156 – Antik und modern* S. 161 – Faust. Der Tragödie erster Teil S.199 – Torquato Tasso S. 213
Goethe, Johann Wolfgang/Schiller, Friedrich: Briefwechsel S. 47,48 – Xenien S. 69
Gontard, Susette: vgl. Hölderlin, Friedrich
Gotthelf, Jeremias: Der Besenbinder von Rychiswil S. 122
Grimm, Herman: Schiller und Goethe S. 78
Grimm, Jacob: Vorrede zum Deutschen Wörterbuch S. 339
Günderrode, Karoline von: *Die eine Klage S. 31 – Karoline von Günderrode an Karl Daub*. Aus: Der Schatten eines Traums. Gedichte. Prosa. Briefe S. 32 – *Orphisches Lied S. 216

Hagen, Friedrich Heinrich von der: Der Nibelungen Lied *S. 72*
Hauptmann, Gerhart: Vor Sonnenaufgang *S. 178*
Hebbel, Friedrich: Maria Magdalena *S. 174* – Erläuterungen und Dokumente *S. 176*
Heine, Heinrich: Die romantische Schule *S. 77* – *Zur Beruhigung *S. 107*
Herder, Johann Gottfried: Ideen zu einer Philosophie der Geschichte der Menschheit *S. 15* – Von den Lebensaltern einer Sprache *S. 341*
Hermand, Jost (Hrsg.): Das Junge Deutschland. Texte und Dokumente *S. 99, 100*
Herwegh, Georg: Die Literatur im Jahre 1840 *S. 101* – *Aufruf *S. 107*
Heyse, Paul: Die Novelle im Realismus*. Aus: Heyse, Paul/Kurz, Hermann: Deutscher Novellenschatz, Bd. 1 *S. 132* – Historia von D. Johann Fausten *S. 194*
Hölderlin, Friedrich: *Hälfte des Lebens *S. 30* – Susette Gontard an Hölderlin *S. 31* – Leiden an Deutschland*. Aus: Hyperion oder der Eremit in Griechenland *S. 69* – *An die Parzen *S. 215*
Hoffmann, Ernst Theodor Amadeus: Die Macht des Unbewußten*. Aus: Der Sandmann *S. 65*
Holst, Amalia: Über die Bestimmung des Weibes zur höheren Geistesbildung *S. 24*
Holz, Arno: *Erinnerungen *S. 111* – Die Kunst. Ihr Wesen und ihre Gesetze *S. 119* – *Ein Bild *S. 121*
Jelinek, Elfriede: Was geschah, nachdem Nora ihren Mann verlassen hatte oder Stützen der Gesellschaft *S. 187*
Jonas, Hans: Neue Dimensionen der Verantwortung*. Aus: Das Prinzip Verantwortung. Versuch einer Ethik für die technologische Zivilisation *S. 256*
Kant, Immanuel: Das moralische Gesetz* *S. 18*
Keller, Gottfried: *Abendlied *S. 109*
Kleist, Heinrich von: Heinrich von Kleist an Marie von Kleist *S. 33* – Prinz Friedrich von Homburg *S. 75* – Die Marquise von O. *S. 288*
Knebel, Karl Ludwig von: Der Adel und das „Glück des Staates"*. Aus: Briefe populairen Inhalts *S. 8*
Korff, Hermann August: Das Zeitalter der gottergebenen und selbstlosen Humanität*. Aus: Geist der Goethezeit *S. 301*
Kretzer, Max: Am Schlesischen Bahnhof*. Aus: Meister Timpe *S. 136*
Kühne, Ferdinand Gustav: Faust und kein Ende *S. 203*
Laukhard, Friedrich Christian: Kritik der „ästhetischen Erziehung"*. Aus: Zuchtspiegel für Adliche. Paris 1799 *S. 39*
Luther, Martin: Sendbrieff von Dolmetzschen *S. 338*
Mann, Thomas: Deutschland und die Deutschen *S. 205* – Die Kunst als Fluch*. Aus: Tonio Kröger *S. 224*
Mayer, Dieter: Zur Entstehung und Rezeption von Goethes Drama „Iphigenie auf Tauris" *S. 162* – Faust – ein deutsches Thema *S. 190*
Mechtel, Angelika: Netter Nachmittag *S. 322*
Melanchthon, Philipp: Faustus*. Aus: Baron, Frank: Faustus. Geschichte, Sage, Dichtung *S. 193*
Meyer, Conrad Ferdinand: *Schwarzschattende Kastanie *S. 109* – Das Amulett *S. 124*
Meyer, Hermann Joseph (Hrsg.): Neues Konversationslexikon, Bd. 13 *S. 145*
Meyer, Joseph (Hrsg.): Großes Konversationslexikon für die gebildeten Stände. Zweite Abteilung. Bd. 5 *S. 144*
Nietzsche, Friedrich: *Vereinsamt *S. 110* – Unzeitgemäße Betrachtungen *S. 140*
Novalis: Hyazinth und Rosenblütchen *S. 55* – *Wenn nicht mehr Zahlen und Figuren *S. 59* – Die „magische Gewalt" der Dichter*. Aus: Heinrich von Ofterdingen *S. 220*
Nutz, Maximilian/Jost, Roland: Die Überzeugungskraft von Argumenten *S. 267*
Piontek, Heinz: *Um 1800 *S. 8*
Polenz, Peter von: Sprachwandel und Sprachgeschichte *S. 343*
Rückert, Joseph: Weimar – das „deutsche Athen"?*. Aus: Bemerkungen über Weimar *S. 9*
Scherer, Wilhelm: Orest – das ist Goethe selbst* *S. 300*
Schiller, Friedrich: *Die Worte des Wahns *S. 20* – Wallensteins Tod *S. 27* – Rückfall in die Barbarei*. Aus: Brief an den Herzog von Augustenburg, 13. Juli 1793 *S. 36* – Ankündigung. Die Horen, eine Monatsschrift *S. 37* – Über naive und sentimentalische Dichtung *S. 49* – Die Kunst des Ideals* *S. 51* – Maria Stuart *S. 272*
Schlegel, Friedrich: Universalpoesie* *S. 58*
Schosser, Erich: Der Niedergang der Hochsprache ist in vollem Gange *S. 346*
Schücking, Levin: Rückblicke auf die schöne Literatur seit 1830 *S. 100*
Seidlin, Oskar: Iphigenies Entscheidung für die freie Selbstbestimmung*. Aus: Von Goethe zu Thomas Mann. Zwölf Versuche *S. 303*
Shakespeare, William: Rede des Marc Anton*. Aus: Julius Caesar *S. 328*
Sitta, Horst: Defizit oder Entwicklung? *S. 348*
Sophokles: Antigone *S. 150*
Spengler, Oswald: Der Untergang des Abendlandes *S. 204*

Stifter, Adalbert: Vorrede zu „Bunte Steine" S. 115 – Das Dorf und sein Berg*. Aus: Bunte Steine und Erzählungen S. 117
Storm, Theodor: *Abseits S. 106 – Hans und Heinz Kirch S. 128 – Verteidigung der Novelle* (zurückgezogene Vorrede) S. 132
Stuttgarter Nachrichten vom 11. 11. 1977 S. 169
Suchsland, Peter (Hrsg.): Deutsche Volksbücher in drei Bänden, Bd. 3 S. 194
Thun, Friedemann Schulz von: Die Anatomie einer Nachricht S. 319
Treitschke, Heinrich von: Deutsche Geschichte im 19. Jahrhundert, Bd. 1 S. 204 – Über den Charakter der Deutschen S. 138
Trömel-Plötz, Senta: Männersprache – Frauensprache*. Aus: Weiblicher Stil – männlicher Stil S. 324
Weinrich, Harald: *Mit Sprachnormen leben* S. 350
Weizsäcker, Carl Friedrich von: *Technik als Menschheitsproblem* S. 253
Weizsäcker, Richard von: Sich zu vereinen, heißt teilen lernen S. 335
Winckelmann, Johann Joachim: Von der Kunst der Griechen S. 43
Wittstock, Uwe: Die Dichter und ihre Richter S. 244, 247, 248
Wolf, Christa: Die Aktualität der Romantik*. aus: Kultur ist, was gelebt wird. Gespräch mit Frauke Meyer-Gosau S. 82 – Dass die Zeit uns verkennen muss*. Aus: Kein Ort. Nirgends S. 217 – Sprache der Wende S. 334
Württembergische Staatstheater Stuttgart (Hrsg.). Programmbuch Nr. 30 S. 166
Zimmermann, Hans Dieter: Rhetorische Strategien und ihre Mittel*. Aus: Elemente zeitgenössischer Rhetorik S. 332

Register

Analysieren und Erörtern 243 ff.
(nichtpoetischer Texte)
    Argumentationsstruktur 246 f.
    Argumentationstechniken 248 f.
    Assoziation 252
    Denotation 251
    Entfaltung des Themas 246 f.
    Gliederung 255
    Konnotation 252
    Satzbau 249 f.
    Schlüsselbegriff 253 f.
    Sprechhandlung 247
    Textanalyse 243 ff., 254
    Texterörterung (siehe auch dort) 254 ff.
    Textstruktur 246 f.

Arbeitstechniken 246 ff.
(vgl. auch Facharbeit)
    Bibliografieren 240 f.
    Debattieren 241
    Diskussionsleiter 242 f.
    Diskutieren 241 ff.
    Exzerpieren 232
    Facharbeit 227 ff.
    Kurzreferat (vorbereiten, halten) 226 f.
    Paraphrasieren 232
    Plenumsdiskussion 241
    Podiumsdiskussion 241
    Referatthema 227
    Resümieren 232
    Stichwortblatt 226 f.
    Thesenpapier 242
    Zitatnachweis 240
    Zitieren 239

Aufklärung 148

Bildung 22 ff.
    Bildungsphilister 81, 108, 140 ff.

Drama, dramatisch 147 ff., 355
(vgl. auch Gattung)
    Antikes Drama 148, 150 ff., 161
    Aristotelisches Drama 154 f., 185
    Bürgerliches Trauerspiel 149, 174 ff., 370
    Chor 154
    Dialogsituation 189
    Drama der Klassik 27 ff., 149, 156 ff., 213 ff., 272 ff.
    Drama der Moderne 150, 161, 127 ff.
    Drama des Naturalismus 178 ff.
    Drama des Realismus 174 ff.
    Dramaturgie 166 ff.
    Dramenaktualisierung 154, 170 ff.. 178, 187 ff.
    Dramentheorie 148, 154 f., 164 ff., 176 ff., 185 f.
    Einheiten 148, 355
    Episches Theater 150, 185 f., 355
    Figur 149, 278 ff.
    Frauendrama 149, 160, 187 ff.
    Furcht und Mitleid 154 ff.
    Geschlossenes Drama 281 f., 357
    Groteske 150, 358
    Handlung 154 f.
    Katharsis 148 f., 154, 360
    Komödie 148, 178, 361
    Metrum 281, 361
    Mimesis 148. 362
    Offenes Drama 281, 364
    Parabelstück 181ff.
    Publikum 185
    Rezension, Rezensent 171 ff.
    Soziales Drama 149, 174 ff., 178, 368
    Sprache 167 ff., 281 ff.
    Ständeklausel 148 f.. 368
    Stoff 166 ff.
    Szene 271 f., 369
    Theater 166 ff., 185
    Tragikomödie 149, 370
    Tragischer Konflikt 370
    Tragödie 148, 154, 370
    Wirkungstheorie 154 f.

Epik, episch (vgl. auch Gattung) 355
    Epik der Klassik 22 ff.
    Epik des Naturalismus 119 ff., 136 ff.
    Epik des Realismus 115 ff., 128 ff., 134 ff., 143 ff.
    Epik der Romantik 55 ff., 62 ff., 100 f.
    Erzählform 291
    Erzählhaltung 97, 100 f., 291,356
    Erzählstrategie 288, 291
    Erzähltechnik 122 ff., 291
    Erzählung 65 f., 126 ff., 217
    Erzählverhalten 291
    Märchen 55 f., 59
    Novelle 62 ff., 122 ff., 289 ff.
    Perspektive 126, 138, 291, 356
    Sage 73 f.

Epoche 356
    Epochengliederung 85

Erörterung von Problemen und Sachverhalten 258 ff.
    Argument 266 ff.
    Argumentationsprinzip 266
    Argumentationszusammenhang 266 f.
    Begriffsklärung 261
    Dialektische Erörterung 263 ff.
    Gliederung 263 f.
    Hypotaxe 269
    Parataxe 269
    Problemerörterung 262
    Sacherörterung 262
    Sprachliche Mittel 269 f.
    Steigernde Erörterung 263 ff.
    Stoffsammlung 262 f.
    Thema 258
    Themenstellung (untersuchen) 258, 260, 261 f.

Erschließen, Beschreiben, Interpretieren und Erörtern (poetischer Texte) 271 ff.
(siehe auch literarische Erörterung, Problemerörterung, Texterörterung)
    Arbeitsschritte
    – der Untersuchung einer dramatischen Szene 271 ff., 283
    – der Untersuchung einer Novelle 289 ff.
    Aufbau 281
    Darstellungstechnik 136
    Dialog 279 f.
    Erschließen einer dramatischen Szene 271 ff.
    Erschließen einer Novelle 124, 126, 289 ff.
    Erzählform 291
    Erzählhaltung 291, 356
    Erzählrahmen 289
    Erzählstrategie 288 f.
    Erzähltechnik 291, 319
    Erzählverhalten 291, 356
    Erzählte Zeit 291, 357
    Figur 131, 278 ff.
    Figurencharakterisierung 131, 279, 290
    Figurenkonstellation 131, 278, 290
    Figurenrede 279 f.
    Gesprächsverhalten 279 f., 325
    Gliederung 287
    Handlung 277
    Historischer Kontext 277, 293
    Klassisches Drama 156 ff. 272 ff.,
    Kommunikationsstruktur 280
    Motiv 292
    Novelle 122 ff., 288 ff.
    Perspektivierung 291
    Rhetorik 281 f.
    Rhetorische Figuren 142, 282
    Situation 271, 277 f.
    Sprache 281
    Sprachliche Gestaltungsmittel 292
    Stil 281
    Symbol, Symbolik 292
    Szene 271 ff.

Erzählung 65 f., 217 f.

Essay, essayistisch 35

Facharbeit 227 ff.
(vgl. auch Arbeitstechniken)
Arbeitsplan 229
Bibliografieren 240 f.
Einleitung 236 f.
Endfassung 233 f.
Erster Entwurf 232 f.
Exzerpieren 232
Formale Gestaltung 234
Gliederung 233 f.
Inhaltliche Gestaltung 233 f.
Inhaltsübersicht 234 f.
Karteikartensystem 230 f.
Literaturverzeichnis 239 f.
Material sammeln, sichten, vorbereiten 231 f.
Paraphrasieren 232
Resümieren 232
Rohgliederung 232 f.
Schluss 237
Thema 227 f.
Zeitplan 229
Zitatnachweis 240
Zitieren 239

Faust 190 ff.
Faust I/II 191, 199 ff.
Faust-Figur 191, 193
Faustisch 192
Faust Mythos 203
Faust-Parodie 208 ff., 364
Faust-Rezeption 190 ff.
Faust-Stoff 190, 192, 193, 210
Faust-Thematik 191, 207
Faust-Verfilmung 192
Knittelvers 203, 360
Natur 199 ff.
Puppenspiel 199
Teufelspakt 190, 194 ff.
Urfaust 191, 199
Volksbuch 191, 194 ff., 371

Gattung, literarische Form 357
(vgl. auch Drama, Epik, Lyrik)
Autobiografische Schriften 45, 222 f.
Bildungsroman 22 ff., 69 ff., 220 ff.
Brief 8 f., 31 ff., 36 f., 47 ff.
Drama (siehe auch dort) 27 ff., 75 ff., 147 ff., 213 ff., 272 ff.
Erzählung 65 f., 217 f.
Lyrik (siehe auch dort) 13 f., 20 f., 30 ff., 46, 51, 53, 59 ff., 105 ff., 215 f.
Märchen 55 ff., 59
Motiv 363
Novelle (siehe auch dort) 62 ff., 122 f., 224 f., 288 ff.
Roman (siehe auch dort) 22 ff. 69 ff., 134 ff., 220 ff.
Schauspiel 213 ff.
Volkssage 73 f.

Gestaltendes Schreiben 35, 40

Klassik und Romantik 5 ff., 360, 367
(vgl. auch Epoche)
Absolutismus 8
Adel 23 f., 8 f.

Antike 7, 43 ff., 161
Aufklärung 18 f., 40
Autonomie 19, 26 f., 30
Bildung 13 f., 15 f., 22 f.
Bildungsroman 22 ff.
Bürgertum 22 f., 80 f.
Deutschland 12 f., 42, 69 f., 72 f., 77 f.
Epochenproblematik 7
Fantasie 55 ff.
Französische Revolution 6, 36 ff., 40, 42, 66 f.
Freiheit 16 f., 36 f., 41, 50 f., 67
Frühromantik 6
Griechen 43 ff., 147 ff., 161
Griechenland 43 ff.
Harmonie 23, 25, 163
Humanität 6, 13 f., 16, 20 f., 51, 163 f., 166
Idee 47 f., 50, 52
Idealismus 26 f., 30, 145
Italien 45 f.
Klassiker 5, 11 f., 80 f., 83, 147 ff.
Klassische Lyrik 20 f., 46, 51
Klassisches Drama 27 f., 147 ff.
Kulturnation 69 ff.
Kunstauffassung 6, 38, 43 ff., 51 f., 54, 58 ff., 161
Liebe 13 f., 31 f., 50 ff.
Literarisches Leben 11 f.
Märchen 55 ff., 59
Menschenbild 15 f., 20 f., 26 f., 50, 65
Mittelalter 72 f., 362
Moderne 66 ff., 161, 362
Nation 5, 69, 363
Natur 15 f., 20, 43 ff., 47 ff., 51, 53 f., 363
Persönlichkeit 18 f., 22
Pflicht 18 f., 21, 27 f.
Poesie 58 f.
Rom 45
Romantik 55 ff., 66, 82, 367
Romantische Lyrik 35, 59 ff.
Schicksal 13 f.
Schönheit 38, 44
Spätromantik 6
Staat 8 f.
Sturm und Drang 68
Tragik 30, 370
Tragödie (vgl. auch Drama) 27 ff., 370
Unbewusstes 64 ff.
Vaterland 72 f., 76
Vernunft 15 f., 26 f., 37, 50
Volk 70 f., 73 f., 79, 371
Volkslied 73 f.
Volksgeist 69 ff.
Volkspoesie 73 f., 371
Volkssage 73 f.
Wahrheit 21, 38, 52
Weimar 9 f.
Weimarer Klassik 6
Wirkungsgeschichte 5, 7, 78 ff., 162 ff.
Wissenschaft 53 f.

Kunst und Künstlertum 211 ff.
Dichterkult 212 f., 227 f.
Künstlerfiguren 212 f.

Künstlerisches Selbstverständnis 213 ff.
Kunstauffassung 213 ff., 220 ff., 224 f.

Literarische Erörterung 306 ff.
(vgl. auch Erschließen, Beschreiben, Interpretieren und Erörtern; Erörtern von Problemen und Sachverhalten)
Aufbau 309 f.
Ausführung 311 f.
Erschließung der Texte 308 f.
Gliederung 309 ff.
Themaerschließung 307 f.

Literatur der Moderne 101 f., 141, 165, 362
Symbolismus 369

Lyrik, lyrisch (vgl. auch Gattung) 361
Gedankenlyrik 20 f., 51, 59
Klanggestalt 61
Liebeslyrik 13 f., 31 f.
Lyrik der Klassik 20 f., 46, 51
Lyrik des Naturalismus 121 f.
Lyrik des Realismus 105 ff.
Lyrik der Romantik 35, 59 ff.
Lyrisches Ich 34, 36, 54, 62
Metaphorik 111, 361
Politische Lyrik 107
Rhythmus 61, 106, 111, 366
Rollenlyrik 112, 219, 366
Sonett 51
Sprachliche Gestaltungsmittel 22, 36, 47, 62, 219
Stimmung 61, 106, 110, 111
Strophe 61, 106, 369
Symbol, Symbolik 34, 54, 110
Vers 106, 370
Volkslied 73 f.

Methoden der Interpretation 294 ff.
Feministische Literaturinterpretation 299
Geistesgeschichtliche Methode 296
Literatursoziologische Methode 297 f.
Marxistische Methode 298
Produktionsorientierte Methode 295
Positivistische Methode 296
Rezeptionsorientierte Methode 295
Strukturalistische Methode 298 f.
Werk- bzw. formorientierte Methode 295
Werkimmanente Methode 297

Mythos, mythisch, mythologisch 148, 154, 160, 162, 216, 219, 363

Natur
Naturauffassung 112, 119
Naturlyrik 53, 60 f., 105 ff.
Natur und Kunst 43 ff.

Naturalismus (vgl. auch Epoche) 88 f., 121 f.

Programmatik des Naturalismus 136 ff., 145, 178 ff., 364

Novelle (vgl. auch Realismus) 62 ff., 122 ff., 132 f.,289 ff., 364

Parodie 150, 192, 208 ff., 364

Poetik
(vgl. auch Drama, Epik, Lyrik)
  Klassische Poetik 51 f.
  Naturalistische Poetik 119 ff.
  Realistische Poetik 115 ff., 143 ff.
  Romantische Poetik 58 f.

Problemerörterung (siehe Erörtern von Problemen und Sachverhalten)

Realismus, realistische Strömungen (vgl. auch Epoche) 86 ff., 174 ff., 365
  Armut 94 ff., 122
  Atheismus 103
  Biedermeier 86 f., 354
  Bürgerlicher Realismus 88
  Bundestag 99 f.
  Dorfnovelle 87, 122 ff.. 354
  Familienzeitschriften 135
  Gesellschaftsroman 134 ff.
  Gründerzeit 136, 140 ff.
  Historische Novelle 124 ff.
  Industrielle Revolution 86 f., 138
  Journalismus 87, 89 ff.
  Junges Deutschland 87, 99 ff.
  Julirevolution 101
  Kulturkritik 134 ff.,140 ff.
  Märzrevolution 87
  Masse 114
  Materialismus 88, 102 ff., 144, 361
  Nationalismus 138 ff.
  Poetischer Realismus 87, 293
  Positivismus 88, 365
  Psychologisierung 146
  Rahmennovelle 124 ff., 289
  Realismusbegriff 143 ff.
  Reiseliteratur 89 f., 366
  Soziale Frage 122
  Tendenzpoesie 87, 108, 143, 369
  Vormärz 87, 89 f.
  Zeitschrift, Zeitung 89 ff.

Rhetorik 313, 325 ff., 332 f.
  Redesituation 333, 337
  Rhetorische Figuren 282, 372 ff.
  Rhetorische Mittel 332 f., 352
  Rhetorische Strategie 333, 337

Roman (vgl. auch Gattung) 132 f., 134 ff., 366
  Bildungsroman 22 ff., 69 ff., 220 ff.
  Gesellschaftsroman 134 ff.
  Künstlerroman 220 ff.
  Sozialer Roman 136 ff.

Satire 107 f., 367

Schauspiel (siehe Drama)

Sprache und Sprechen 313 ff.
  Funktionen der Sprache 319 ff.
  Gegenwartssprache 345 ff.
  Kommunikation 313 ff.. 319 ff.
  Kommunikationssituation 313 f., 319
  Rechtschreibung 345 f.
  Rede 325 ff., 328 ff.
  Rhetorik 325 ff.
  Sprache der Politik 332 f., 334 f.
  Sprachgeschichte 337 ff., 334 f.
  Sprachkritik 345 ff., 348 ff., 352
  Sprachnorm 350 ff.
  Sprachverfall 348 ff., 350
  Sprachwandel 338, 343 f.
  Sprachwissenschaft 338
  Verständigung 313
  Übersetzen 338 f., 341
  Wörterbuch 339 ff.
  Zeichen 313, 343

Symbolismus 369
(siehe auch Literatur der Moderne)

Texterörterung (vgl. auch Analysieren und Erörtern; Erörtern von Problemen und Sachverhalten) 254 ff.
  Darstellung eines Standpunkts 254
  Gliederung 255
  Grundschema einer Erörterung 255
  Gültigkeit von Argumenten 254
  Prämissen der Argumentation 254
  Tragweite der Argumentation 254
  Vollständigkeit der Argumentation 254

Travestie 210, 370

Textquellen

Hier nicht aufgeführte Texte sind Originalbeiträge der Verfasser.
Die hier aufgeführten Texte sind nicht der neuen Rechtschreibung angepasst.

Seite 8: Piontek, Heinz: Um 1800. In: Piontek, Heinz: Gesammelte Gedichte. Hamburg (Hoffmann & Campe) 1975. S. 176 – *Seite 8/9:* Knebel, Karl Ludwig von: Briefe populairen Inhalts. In: K. L. Knebels literarischer Nachlaß und Briefwechsel. Hrsg. von K. A. Varnhagen v. Ense und Th. Mundt, Bd. 3. Leipzig (Gebr. Reichenbach) 1835. S. 183f. – *Seite 9/10:* Rückert, Joseph: Bemerkungen über Weimar. In: Das klassische Weimar. Texte und Zeugnisse. Hrsg. von Heinrich Pleticha. München (Deutscher Taschenbuch Verlag) 1983. S. 15f. – *Seite 11/12:* Goethe, Johann Wolfgang: Literarischer Sansculottismus. In: Goethe, Johann Wolfgang: Werke. Hamburger Ausgabe. Bd. 12. 5. Aufl. Hamburg (Wegner) 1963. S. 240 ff. – *Seite 12/13:* Benjamin, Walter: Was die Deutschen lasen, während ihre Klassiker schrieben. In: Benjamin, Walter: Gesammelte Schriften. Bd. IV, 2. Frankfurt/Main (Suhrkamp) 1972. S. 1056 ff. – *Seite 13/14:* Goethe, Johann Wolfgang: Warum gabst du uns die tiefen Blicke? In: Goethes Werke. Bd. I: Gedichte und Epen. 4. Aufl. Hamburg (Wegner) 1958. S.122 f. – *Seite 15–18:* Herder, Johann Gottfried: Ideen zu einer Philosophie der Geschichte der Menschheit. In: Herders Werke. Bd. 4. Leipzig und Wien o.J. – *Seite 18/19:* Kant, Immanuel: Werke in 10 Bänden. Bd. 6. Darmstadt 1968 – *Seite 20:* Goethe, Johann Wolfgang: In: Goethes Werke. Bd. I: Gedichte und Epen. 4. Aufl. Hamburg (Wegner) 1958. S. 147 ff. – *Seite 20/21:* Schiller, Friedrich: Die Worte des Wahns. In: Schiller, Friedrich: Sämtliche Werke. Bd. 1. München (Hanser) 1959. S. 215 f. – *Seite 22–24:* Goethe, Johann Wolfgang: Wilhelm Meisters Lehrjahre. In: Goethe, Johann Wolfgang: Werke. Bd. 7. 5. Aufl. Hamburg (Wegner) 1962 – *Seite 24/25:* Holst, Amalia: Über die Bestimmung des Weibes zur höheren Geistesbildung. In: Emanzipation und Literatur. Hrsg. von H. Blinn. Frankfurt (Fischer) 1984. S. 149ff. – *Seite 26/27:* Fichte, Johann Gottlieb: Über die Bestimmung des Menschen. In: Fichte, Johann Gottlieb: Ausgewählte Werke in sechs Bänden. Bd. 1. Darmstadt (Wissenschaftliche Buchgesellschaft) 1962. S. 223ff. – *Seite 27–30:* Schiller, Friedrich: Wallensteins Tod. In: Schiller, Friedrich: Sämtliche Werke. Bd. 2. München (Hanser) 1959. S. 431ff. – *Seite 30:* Hölderlin, Friedrich: Hälfte des Lebens. In: Hölderlin, Friedrich: Werke und Briefe. Bd. 1. Frankfurt/Main (Insel) 1969. S.134f. – *Seite 31:* Susette Gontard an Hölderlin. In: Hölderlin, Friedrich: Werke und Briefe. Bd. 1, a.a.O. S. 967 – *Seite 31/32:* Günderrode, Karoline von: Die eine Klage. In: Günderrode, Karoline von: Der Schatten eines Traums. Gedichte. Prosa. Briefe. Zeugnisse von Zeitgenossen. Hrsg. von Christa Wolf. Darmstadt/Neuwied (Luchterhand) 1979 – *Seite 32/33:* Karoline von Günderrode an Karl Daub. In: Günderrode, Karoline von: Der Schatten eines Traums. Gedichte. Prosa. Briefe. Zeugnisse von Zeitgenossen. Hrsg. von Christa Wolf, a.a.O. – *Seite 33/34:* Heinrich von Kleist an Marie von Kleist. In: Kleist, Heinrich von: Sämtliche Werke und Briefe. München (Hanser) 1965. S. 883f. – *Seite 35:* Eichendorff, Joseph von: Die zwei Gesellen. In: Eichendorff, Joseph von: Werke. München (Hanser) 1966 – *Seite 36/37:* Schiller, Friedrich: Brief an den Herzog von Augustenburg, 13. Juli 1793. In: Schillers Briefe. Bd. 3. Hrsg. von Fritz Jonas. Stuttgart (Deutsche Verlags-Anstalt) 192/96. S. 332 ff. – *Seite 37/38:* Schiller, Friedrich: Ankündigung. Die Horen, eine Monatsschrift. In: Schiller, Friedrich: Sämtliche Werke. Bd. 5. München (Hanser) 1959. S. 870f. – *Seite 39/40:* Laukhard, Friedrich Christian: Zuchtspiegel für Adliche, Paris 1799. In: Theorie der politischen Dichtung. Hrsg. von Peter Stein. München (Nymphenburger Verlagshandlung) 1973. S. 55ff. – *Seite 40/41:* Arndt, Ernst Moritz: Die Folgen der Freiheit. In: Arndt, Ernst Moritz: Erinnerungen aus dem äußeren Leben. Leipzig (Max Hesse Verlag) 1840. S. 310ff. – *Seite 42:* Eckermann, Johann Peter: Gespräche mit Goethe in den letzten Jahren seines Lebens. Zürich (Artemis) o.J. S. 549f. – *Seite 43–45:* Winckelmann, Johann Joachim: Von der Kunst der Griechen. In: Winckelmann, Johann Joachim: Winckelmanns Werke. Berlin (Aufbau) 1969. S. 180ff. – *Seite 45:* Goethe, Johann Wolfgang: Italienische Reise. In: Goethe, Johann Wolfgang: Werke. Bd. 11. 5. Aufl. Hamburg (Wegner) 1962. S.134 f. – *Seite 46:* Goethe, Johann Wolfgang: Römische Elegien V. In: Goethe, Johann Wolfgang: Werke. Bd. 1, a.a.O. S. 160 – *Seite 47/48:* Brief von Schiller an Goethe vom 23. 8. 1794. In: Goethe, Johann Wolfgang/Schiller, Friedrich: Briefwechsel. Hrsg. von Emil Staiger. Frankfurt/Main (S. Fischer) 1961. S. 10ff. – *Seite 48/49:* Brief von Goethe an Schiller vom 27. 8. 1794. In: Goethe, Johann Wolfgang/Schiller, Friedrich: Briefwechsel. Hrsg. von Emil Staiger, a.a.O. S. 10ff. – *Seite 49/50:* Schiller, Friedrich: Über naive und sentimentalische Dichtung. In: Schiller, Friedrich: Sämtliche Werke. Bd. 5. München (Hanser) 1960. S. 694ff. – *Seite 51:* In: Goethe, Johann Wolfgang: Werke. Hamburger Ausgabe. Hamburg (Wegner) ^{6}1962 – *Seite 51/52:* In: Schiller, Friedrich: Sämtliche Werke. Bd. 2. München (Hanser) 1959 – *Seite 53:* Goethe, Johann Wolfgang: Früh, wenn Tal, Gebirg und Garten. In: Goethes Werke. Bd. I: Gedichte und Epen. Hamburger Ausgabe. Hamburg (Wegner) ^{6}1962. S. 391 – *Seite 53/54:* In: Goethe, Johann Wolfgang: Goethes Werk. Weimarer Ausgabe. Bd. III/11. Weimar (Hermann Böhlaus Nachf.) 1900 – *Seite 55–58:* Novalis: Hyazinth und Rosenblütchen. In: Novalis: Werke, Tagebücher und Briefe Friedrich von Hardenbergs. Bd. 1. München und Wien (Hanser) 1978 – *Seite 58/59:* In: Schlegel, Friedrich: Kritische Schriften. Hrsg. von Wolfdietrich Rasch. München (Hanser) 1964. S. 38 f. – *Seite 59:* Novalis: Wenn nicht mehr Zahlen und Figuren. In: Novalis: Werke. Bd. 1. 3. Aufl. München (Beck) 1987. S. 85 – *Seite 60/61:* Brentano, Clemens: Sprich aus der Ferne. In: Brentano, Clemens: Werke. Bd. 1. München (Hanser) 1968. S. 55 f. – *Seite 61:* Eichendorff, Joseph von: Nachtzauber. In: Eichendorff, Joseph von: Werke. München (Hanser) 1966. S. 30 – *Seite 62–64:* Eichendorff, Joseph von: Das Marmorbild. In: Eichendorff, Joseph von: Werke, a.a.O. – *Seite 65/66:* Hoffmann, Ernst Theodor Amadeus: Der Sandmann. In: Hoffmann, E. T. A.: Phantasie und Nachtstücke. München (Winkler) 1960. S. 339 f. – *Seite 66–68:* Emrich, Wilhelm: Romantik und modernes Bewußtsein. In: Emrich, Wilhelm: Geist und Widergeist. Wahrheit und Lüge der Literatur. Studien. Frankfurt/Main (Athenäum) 1965. S. 243 ff. – *Seite 69:* Goethe, Johann Wolfgang/Schiller, Friedrich: Xenien. In: Schiller, Friedrich: Sämtliche Werke. Bd. 1. München (Hanser) 1959. S. 267 – *Seite 69–71:* Hölderlin, Friedrich: Hyperion oder der Eremit in Griechenland. In: Hölderlin, Friedrich: Werke und Briefe. Bd. 1. Frankfurt/Main (Insel) 1969. S. 433 ff. – *Seite 72/73:* Hagen, Friedrich Heinrich von der: Der Nibelungen Lied. In: Die deutsche Literatur. Texte und Zeugnisse. Bd. V/2. Hrsg. von Hans-Egon Hass, München (Beck) 1966. S. 1512 f. – *Seite 73/74:* In: Görres, Joseph: Ausgewählte Werke. Bd. 1. Kempten und München (Kösel) 1911. S. 188 ff. – *Seite 75–77:* Kleist, Heinrich von: Prinz Friedrich von Homburg. In: Kleist, Heinrich von: Sämtliche Werke und Briefe. München (Hanser) 1965. S. 678 ff. – *Seite 77/78:* Heine, Heinrich: Die romantische Schule. In: Heine, Heinrich: Werke. Bd. 4. Frankfurt/Main (Insel) 1968. S. 183 ff. – *Seite 78–80:* Grimm, Herman: Schiller und Goethe. In: Goethe im Urteil seiner Kritiker. Dokumente zur Wirkungsgeschichte Goethes in Deutschland. Teil II. 1832–1870. Hrsg. von Karl Robert Mandelkow. München (Beck) 1977. S. 450 ff. – *Seite 80/81:* Brecht, Bertolt: Gespräch über Klassiker. In: Brecht, Bertolt: Gesammelte Werke. Bd. 15. Frankfurt/Main (Suhrkamp) 1967. S. 177 ff. – *Seite 82:* Wolf, Christa: Kultur ist, was gelebt wird. Gespräch mit Frauke Meyer-Gosau. In: Christa Wolf. Materialienbuch. Hrsg. von Klaus Sauer. Darmstadt und Neuwied (Luchterhand) 1983. S. 69 ff. – *Seite 82–84:* Eibl, Karl: Der ganze Goethe. In: Klassiker Magazin 2. Frankfurt/Main (Deutscher Klassiker Verlag) o. J. S. 78 ff. – *Seite 89–91:* Börne, Ludwig: Schilderungen aus Paris. In: Börne, Ludwig: Gesammelte Schriften. Bd. III. Hamburg (Hoffmann & Campe) 1862 – *Seite 92/93:* Büchner, Georg. Der hessische Landbote (Erste Fassung). In: Büchner, Georg: Sämtliche Werke und Briefe. Hrsg. von Werner R. Lehmann. Bd. II. Hamburg (Wegner) 1971. S. 34 ff. – *Seite 94/95:* Arnim, Bettina von: In der Armenkolonie. In: Enzensberger, Hans-Magnus: Klassenbuch. Bd. I. Darmstadt und Neuwied (Luchterhand) 1980. S. 142 f.; 145 f. – *Seite 95–97:* Dickens, Charles: Oliver Twist. München (Winkler) 1957. S. 5 ff. – *Seite 98:* In: Glassbrenner, Adolf: Berliner Volksleben II. Leipzig (Engelmann) 1847. S. 194. – *Seite 99/100:* Der Beschluß des Bundestages (1835). In: Das Junge Deutschland. Texte und Dokumente. Hrsg. von Jost Hermand. Stuttgart (Reclam) 1966. S. 331 f. – *Seite 100/101:* Schücking, Levin: Rückblicke auf die schöne Literatur seit 1830. In: Das Junge Deutschland. Texte und Dokumente. Hrsg. von Jost Hermand, a.a.O. S. 346 ff. –*Seite 101:* Herwegh, Georg: Die Literatur im Jahre 1840. In: Die deutsche Literatur. Texte und Zeugnisse. Bd. VI. Hrsg. von Benno von Wiese. München (Beck) 1965. S. 340 ff. – *Seite 102–104:* Feuerbach, Ludwig: Vorlesungen über das Wesen der Religion. Stuttgart 1908 – *Seite 105:* Eichendorff, Joseph von: Der Einsiedler. In: Eichendorff, Joseph von: Werke. München (Hanser) 1977. S. 265. Droste-Hülshoff, Annette von: Der Weiher. In: Droste-Hülshoff, Annette von: Werke in einem Band. Hrsg. von Clemens Heselhaus. München (Hanser) 1984. S. 74 – *Seite 106:* Storm, Theodor: Abseits. In: Storm, Theodor: Werke. Bd. 1. Frankfurt/Main (Insel) 1975. S. 475 – *Seite 107:* Herwegh, Georg: Aufruf. In: Gedichte und Prosa. Hrsg. von Peter Hasubek. Stuttgart (Reclam) 1975. S. 13 f. – *Seite 107/108:* Heine, Heinrich: Zur Beruhigung. In: Heine, Heinrich: Sämtliche Werke. Bd. I. Hrsg. von Werner Vordtriede. München 1969. S. 329 f. – *Seite 109:* Keller, Gottfried: Abendlied. In: Keller, Gottfried: Sämtliche Werke und ausgewählte Briefe. Bd. III. Hrsg. von Clemens Heselhaus. München (Hanser) 1958. S. 300 f. Meyer, Conrad Ferdinand: Schwarzschattende Kastanie. In: Meyer, Conrad Ferdinand: Gesammelte Werke. Bd. 4. München (Nymphenburger Verlagshandlung) 1985. S. 9 f. – *Seite 110:* Nietzsche, Friedrich: Vereinsamt. In: Das große deutsche Gedichtbuch. Hrsg. von Karl Otto Conrady. Kronberg (Athenäum) 1977. S. 585 f. – *Seite 111:* Holz, Arno: Erinnerung. In: Die deutsche Literatur. Texte und Zeugnisse. Bd. VII. München (Beck) 1967. S. 95 – *Seite 112/113:* Büchner, Georg: Brief an die Familie vom 28.7.1835. In: Büchner, Georg: Sämtliche Werke und Briefe. Hrsg. von Werner R. Lehmann. Bd. II. Hamburg (Wegner) 1971. S. 443 f. – *Seite 113–115:* Büchner, Georg: Dantons Tod. In: Büchner, Georg: Sämtliche Werke und Briefe. Hrsg. von Werner R. Lehmann. Bd I, a.a.O. S. 26 ff. – *Seite 115/116:* Stifter, Adalbert: Vorrede zu »Bunte Steine«. In: Stifter, Adalbert: Bunte Steine und Erzählungen. München (Winkler) 1951. S. 7 ff. – *Seite 117/118:* In: Stifter, Adalbert: Bunte Steine und Erzählungen, a.a.O. S. 163 ff. – *Seite 119–121:* Holz, Arno: Die Kunst. Ihr Wesen und ihre Gesetze. In: Holz, Arno: Das Werk. Bd. 10. Berlin (Dietz) 1925. S. 76 ff. – *Seite 121/122:* Holz, Arno: Ein Bild. In: Das Buch der Zeit. Lieder eines Modernen. Zürich (Verlag-Magazin) 1886. S. 23 f. – *Seite 122–124:* Gotthelf, Jeremias: Der Besenbinder von Rychiswyl. In: Gotthelf, Jeremias: Erzählungen. Hrsg. von Heinz Helmerking. München (Winkler) 1960. S. 627 ff. – *Seite 124–126:* Meyer, Conrad Ferdinand: Das Amulett. In: Meyer, Conrad Ferdinand: Gesammelte Werke. Bd. 1: Novellen. München (Nymphenburger Verlagshandlung) 1985. S. 3 ff. – *Seite 126/127:* Flaubert, Gustave: Ein schlichtes Herz. In: Flaubert, Gustave: Drei Geschichten. Zürich (Diogenes) 1979. S. 9 ff. – *Seite 127–131:* Storm, Theodor: Hans und Heinz Kirch. In: Storm, Theodor: Sämtliche Werke. Bd. II. München (Winkler) 1982. S. 161 ff. – *Seite 132:* In: Deutscher Novellenschatz. Bd. 1. Hrsg. von Paul Heyse und Hermann Kurz. München (Oldenbourg) 1871. S. 10 ff. – *Seite 132/133*: In: Storm, Theodor: Sämtliche Werke. Bd. 4. Berlin

(Aufbau) 1978. S. 618 f. – *Seite 134–136:* Fontane, Theodor: Frau Jenny Treibel. In: Fontane, Theodor: Sämtliche Werke. Romane, Erzählungen, Gedichte. Bd. 4. Hrsg. von Walter Keitel. München (Hanser) 1963. S. 306 ff. – *Seite 136–138:* In: Kretzer, Max: Meister Timpe. Stuttgart (Reclam) 1976. S. 62 ff. – *Seite 138–140:* Treitschke, Heinrich von: Über den Charakter der Deutschen. In: Treitschke, Heinrich von: Aufsätze, Reden und Briefe. Meersburg (Hendel) 1929. S. 649 ff. – *Seite 140–142:* Nietzsche, Friedrich: Unzeitgemäße Betrachtungen. In: Werke. Bd. 1. Hrsg. von Karl Schlechta. München (Hanser) 1969. S. 137 ff. – *Seite 143/144:* Fontane, Theodor: Unsere lyrische und epische Poesie seit 1848. In: Fontane, Theodor: Sämtliche Werke. Aufsätze, Kritiken, Erinnerungen. Bd. 1. Hrsg. von Jürgen Kolbe. München (Hanser) 1969. S. 236 ff. – *Seite 144/145:* Art.: Realismus 1850. In: Großes Konversationslexikon für die gebildeten Stände. Zweite Abteilung. Bd. 5. Hrsg. von Joseph Meyer. Hildburghausen (Bibliographisches Institut) 1850 – *Seite 145:* Art.: Realismus 1889: In: Neues Konversations-Lexikon. Bd. 13. Hrsg. von Hermann Joseph Meyer. Hildburghausen (Bibliographisches Institut) 1872 – *Seite 150–153:* Sophokles: Antigone. In: Griechische Tragödien. Hrsg. und erl. von Hans Jürgen Meinerts. München (Bertelsmann) o. J. S. 225 ff. – *Seite 154/155:* Aristoteles: Poetik. Übs. und erl. von Olaf Gigon. Stuttgart (Reclam) 1961. S. 30 ff. – *Seite 156–160:* Goethe, Johann Wolfgang: Iphigenie auf Tauris. In: Goethe, Johann Wolfgang: Sämtliche Werke. Bd. 3.1. München (Hanser) 1990. S. 210 ff. – *Seite 161:* Goethe, Johann Wolfgang: Winckelmann und sein Jahrhundert. In: Goethe, Johann Wolfgang: Sämtliche Werke. Bd. 6.2. München (Hanser) 1989. S. 350 f. – *Seite 164–166:* In: Erläuterungen und Dokumente zu Johann Wolfgang Goethe: Iphigenie auf Tauris. Hrsg. von Joachim Augst und Fritz Hackert. Stuttgart (Reclam) 1969. S. 65 – *Seite 166–169:* In: Programmbuch Nr. 30. Hrsg. von den Württembergischen Staatstheatern Stuttgart. Stuttgart: 1978 – *Seite 169–171:* Gespräch mit dem Regisseur Claus Peymann. In: Stuttgarter Nachrichten vom 11. 11. 1977 – *Seite 171/172:* König Thoas kam im Zylinder. In: Die Welt vom 14. 11. 1977 – *Seite 173:* Luft, Friedrich: Diese Iphigenie hockt zwischen Schreibmaschine und Aktenordner. In: Berliner Morgenpost vom 20. 5. 1978 – *Seite 174–176:* Hebbel, Friedrich: Maria Magdalena. In: Hebbel, Friedrich: Werke in zwei Bänden. Bd. 1. Hamburg (Hoffmann & Campe) o. J. S. 249 ff. – *Seite 176–178:* In: Erläuterungen und Dokumente zu Friedrich Hebbel: Maria Magdalena. Hrsg. von Karl Pörnbacher. Stuttgart (Reclam) 1970. S. 47 f.; 83 f. – *Seite 178–180:* Hauptmann, Gerhart: Vor Sonnenaufgang. In: Hauptmann, Gerhart: Sämtliche Werke. Bd. 1. Frankfurt/Main und Berlin (Propyläen) 1962 – *Seite 181–184:* Brecht, Bertolt: Der gute Mensch von Sezuan. In: Große Berliner und Frankfurter Ausgabe. Bd. 6. Berlin und Frankfurt (Aufbau und Suhrkamp) 1989. S. 274 ff. – *Seite 185:* Brecht, Bertolt: Über eine neue Dramatik. In: Brecht, Bertolt: Große Berliner und Frankfurter Ausgabe. Bd. 21. Berlin und Frankfurt (Aufbau und Suhrkamp) 1992. S. 235 f.; 237 f. – *Seite 185/186:* In: Brecht, Bertolt: Große Berliner und Frankfurter Ausgabe. Bd. 24 Berlin und Frankfurt (Aufbau und Suhrkamp) 1991. S. 85 – *Seite 187–189:* Jelinek, Elfriede: Was geschah, nachdem Nora ihren Mann verlassen hatte oder Stützen der Gesellschaft. In: Theaterstücke. Köln (Prometh) 1984. S. 7 ff. – *Seite 193/194:* In: Baron, Frank: Faustus. Geschichte, Sage, Dichtung. München (Winkler) 1982. S. 57 f. – *Seite 194–198:* Historia von D. Johann Fausten. In: Deutsche Volksbücher in drei Bänden. Bd. 3. Hrsg. von Peter Suchsland. Berlin (Aufbau) 1982. S. 15 f.; 24.; 116 ff.; 120 f. – *Seite 199–203:* Goethe, Johann Wolfgang: Faust. Der Tragödie erster Teil. München (Deutscher Taschenbuch Verlag) 1992. S. 17 ff. – *Seite 203/204:* Kühne, Ferdinand Gustav: Faust und kein Ende. In: Zeitung für die elegante Welt vom 14. 8. 1835 – *Seite 204:* Brockerhoff, Ferdinand: Rezension zu »Franz Peter: Die Literatur der Faustsage«. In: Archiv für das Studium der neueren Sprachen und Literaturen 7/12. Hrsg. von Ludwig Herrig. Braunschweig (Westermann) 1853. S. 473 ff. In: Treitschke, Heinrich von: Deutsche Geschichte im 19. Jahrhundert. Bd. 1. Stuttgart 1874 – *Seite 204/205:* In: Spengler, Oswald: Der Untergang des Abendlandes. Bd. 2. München (Beck) 1981. S. 1186 f. – *Seite 205:* Dix, Arthur: Politik als Staatslehre, Staatskunst und Staatswillen. In: Zeitschrift für Politik 1934 – *Seite 205–207:* Mann, Thomas: Deutschland und die Deutschen. In: Reden und Aufsätze II. Frankfurt (S. Fischer) 1965. S. 318 ff. – *Seite 208–210:* Friedell, Egon/Polgar, Alfred: Goethe. Eine Szene. In: Faust-Parodien. Hrsg. von Waltraud Wende-Hohenberger und Karl Riha. Frankfurt (Insel) 1989. S. 218 ff. – *Seite 213–215:* Goethe, Johann Wolfgang: Torquato Tasso. In: Goethe, Johann Wolfgang: Werke. Bd. 5. 5. Aufl. Hamburg (Wegner) 1962. S. 83 ff. – *Seite 215/216:* Hölderlin, Friedrich: An die Parzen. In: Hölderlin, Friedrich: Werke und Briefe. Bd. 1. Frankfurt/Main (Insel) 1969. S. 36 f. – *Seite 216:* Günderrode, Karoline von: Orphisches Lied. In: Günderrode, Karoline von: Sämtliche Werke und ausgewählte Schriften. Bd. 1 Basel und Frankfurt/Main (Stroemfeld/Roter Stern) 1990. S. 334 – *Seite 217:* Wolf, Christa: Kein Ort. Nirgends. Darmstadt und Neuwied (Luchterhand) 1979. S. 106 ff. – *Seite 220–222:* Novalis: Heinrich von Ofterdingen. In: Novalis Werke. 3. Aufl. München (Beck) 1987. S. 144 ff. – *Seite 222/223:* Arnim, Bettina von: Goethe's Briefwechsel mit einem Kinde. In: Arnim, Bettina von: Werke. Bd. 1. Berlin und Weimar (Aufbau) 1986. S. 431 f. – *Seite 224:* Mann, Thomas: Tonio Kröger. In: Sämtliche Erzählungen in zwei Bänden. Bd. 1. Frankfurt/Main (S. Fischer) 1966. S. 327 ff. – *Seite 244–245:* Wittstock, Uwe: Die Dichter und ihre Richter. In: Süddeutsche Zeitung vom 13./14. 10. 1990. Nr. 236 – *Seite 247:* Wittstock, Uwe: Die Dichter und ihre Richter. In: Süddeutsche Zeitung vom 13./14. 10. 1990. Nr. 236 – *Seite 248:* Wittstock, Uwe: Die Dichter und ihre Richter. In: Süddeutsche Zeitung vom 13./14. 10. 1990. Nr. 236 – *Seite 253:* Weizsäcker, Carl Friedrich von: Technik als Menschheitsproblem. Vortrag zur Eröffnung der Ausstellung »Literatur im Industriezeitalter«. Marbach/Neckar. 9. 5. 1987. S. 15 f. – *Seite 256/257:* Jonas, Hans: Das Prinzip Verantwortung. Versuch einer Ethik für die technologische Zivilisation. Frankfurt/Main (Suhrkamp) 1984. S. 26 ff. – *Seite 272–275:* Schiller, Friedrich: Maria Stuart. In: Schiller, Friedrich: Sämtliche Werke. Bd. 2 München (Hanser) 1962. S. 551 f. – *Seite 275/276:* Büchner, Georg: Woyzeck. In:

Büchner, Georg: Werke und Briefe. München 1980 – *Seite 288*: Kleist, Heinrich: Die Marquise von O. Zürich (Diogenes) 1990 – *Seite 300/301*: In: Scherer, Wilhelm: Geschichte der deutschen Literatur, Berlin (Weidmann) 1902 – *Seite 301/302*: In: Korff, Hermann August: Geist der Goethezeit. Versuch einer ideellen Entwicklung der klassisch-romantischen Literaturgeschichte. II. Teil: Klassik. Leipzig (Weber) 1930 – *Seite 303/304*: In: Seidlin, Oskar: Von Goethe zu Thomas Mann. Zwölf Versuche. Göttingen (Vandenhoeck & Ruprecht) 1963 – *Seite 304/305*: In: Bürger, Christa: Tradition und Subjektivität. Frankfurt/Main (Suhrkamp) 1980 – *Seite 315/316*: In: Fallada, Hans: Kleiner Mann – was nun? Reinbek: (Rowohlt) 1980. S. 87 ff. – *Seite 317–319*: In: Andersch, Alfred: Der Vater eines Mörders. Zürich (Diogenes) 1980. S. 41 ff. – *Seite 319–322*: Thun, Friedemann Schulz von: Die Anatomie einer Nachricht. In: Thun, Friedemann, Schulz von: Miteinander reden. Störungen und Klärungen. Allgemeine Psychologie der Kommunikation. Reinbek (Rowohlt) 1981. S. 25 ff. – *Seite 322/323*: Mechtel, Angelika: Netter Nachmittag. In: Mechtel, Angelika: Die Träume der Füchsin. Erzählungen. Frankfurt/Main (Fischer) 1978. S. 174 ff. – *Seite 324*: Trömel-Plötz, Senta: Weiblicher Stil – männlicher Stil. In: Trömel-Plötz, Senta: Gewalt durch Sprache: Die Vergewaltigung von Frauen im Gespräch. Frankfurt/Main (Fischer) 1984. S. 362 ff. – *Seite 326/327*: Breuer, Dieter: Pragmatische Textanalyse. In: Literaturwissenschaft. Eine Einführung für Germanisten. Hrsg. von Dieter Breuer u. a. Frankfurt/Main, Berlin, Wien (Ullstein) 1972. S. 220 ff. – *Seite 328–332*: Shakespeare, William: Julius Caesar. Übersetzt von A. W. Schlegel. In: Shakespeares Werke. Bd. 8. München (Bong) o. J. S. 288 ff. – *Seite 332/333*: Zimmermann, Hans Dieter: Elemente zeitgenössischer Rhetorik. In: Diskussion Deutsch. Heft 4. Frankfurt/Main (Diesterweg) 1971. S. 167 f. – *Seite 334/335*: Wolf, Christa: Sprache der Wende. Rede auf dem Alexanderplatz (4.11.1989). In: Wolf, Christa: Im Dialog. Aktuelle Texte. Frankfurt/Main (Luchterhand) 1990. S. 119 ff. – *Seite 335/336*: Weizsäcker, Richard von: Ansprache beim Staatsakt zum Tag der deutschen Einheit in der Berliner Philharmonie am 3. Oktober 1990. In: Süddeutsche Zeitung vom 5.10.1990 Nr. 228 – *Seite 338/339*: Luther, Martin: Sendbrieff vom Dolmetzschen. In: Luther, Martin: die ganze Heilige Schrift. Hrsg. von H. Volz. München (Deutscher Taschenbuch Verlag) 1974. S. 246 f. – *Seite 339/340*: Grimm, Jacob: Vorrede. In: Grimm, Jacob und Wilhelm: Deutsches Wörterbuch. Bd. 1. Leipzig (Hirzel) 1854. S. 12 ff. – *Seite 341–343*: Herder, Johann Gottfried: Von den Lebensaltern einer Sprache. In: Herder, Johann Gottfried: Sämtliche Werke. Bd. 1 Nachdruck Hildesheim (Olms) 1967. S. 151 ff. – *Seite 343/344*: Polenz, Peter von: Sprachwandel und Sprachgeschichte. In: Polenz, Peter von: Geschichte der deutschen Sprache. 9. Aufl. Berlin und New York (de Gruyter) 1978. S. 5 ff. – *Seite 346–348*: Schosser, Erich: Rede im Bayerischen Landtag zur Debatte »Sprache und Literatur in Bayern«. In: Literatur in Bayern. Nr. 16. Juni 1989. S. 4 ff. – *Seite 348–350*: Sitta, Horst: Defizit oder Entwicklung – Zum Sprachstand von Gymnasialabsolventen und Studenten. In: Deutsche Gegenwartssprache. Tendenzen und Perspektiven. Hrsg. von Gerhard Stickel. Berlin und New York (de Gruyter) 1990. S. 233 ff. – *Seite 350–352*: Weinrich, Harald: Mit Sprachnormen leben. In: Weinrich, Harald: Wege der Sprachkultur. Stuttgart (Deutsche Verlags-Anstalt) 1985. S. 14 ff.

Bildquellen

Umschlagfotos: Links: Erster Absatz eines Briefes von Schiller an Goethe © Stiftung Weimarer Klassik; Mitte: Georg Büchner. Aus: Meese, Arnold. Gebrauchstexte 2. Büchner. München: Oldenbourg 1981; rechts: Theaterzettel zu Gerhart Hauptmanns Drama „Vor Sonnenaufgang" © Schiller-Nationalmuseum/Deutsches Literaturarchiv. Marbach – *Seite 5:* Titelkupfer des „Wunderhorns" © Schiller-Nationalmuseum/Deutsches Literaturarchiv. Marbach; Goethe-Schiller-Denkmal in Weimar © Ernst Schäfer. Weimar – *Seite 7:* Gustav Taubert. Alles liest alles © Berlin Museum. Berlin – *Seite 13:* Titelblatt der Erstausgabe des Noth- und Hülfsbüchleins für Bauersleute © Stiftung Weimarer Klassik – *Seite 31:* Susette Gontard. Plastik von Landolin Ohmacht © Schiller-Nationalmuseum/Deutsches Literaturarchiv. Marbach – *Seite 33:* Heinrich von Kleist. Kreidezeichnung von seiner Braut Wilhelmine von Zenge. Kulturgeschichtliches Bildarchiv HISTORIA-PHOTO © HISTORIA-PHOTO – *Seite 36:* Flugblatt mit Aufruf zum Anschluss an die Französische Revolution © Stiftung Weimarer Klassik – *Seite 43:* Asmus Jakob Carstens. Homer singt den Griechen © Stiftung Weimarer Klassik – *Seite 55:* Caspar David Friedrich. Zwei Männer in Betrachtung des Mondes. Gemäldegalerie Dresden © SÄCHSISCHE LANDESBIBLIOTHEK Abteilung Deutsche Fotothek/Rous – *Seite 69:* Abb. „Zentren der Romantik", aus: dtv-Atlas zur deutschen Literatur © 1983 Deutscher Taschenbuch Verlag. München – *Seite 74:* Louis Katzenstein. Jacob und Wilhelm Grimm bei Dorothea Viehmann, der Märchenfrau aus Niederzwehren bei Kassel ©

Staatliche Museen Kassel. Neue Galerie – *Seite 86:* Adolf Menzel. Das Eisenwalzwerk © Bildarchiv Preussischer Kulturbesitz. Berlin 1993 – *Seite 88:* „Der Denkerclub". Karikatur auf die Unterdrückung der Meinungsfreiheit © Archiv Gerstenberg. Wietze – *Seite 92:* Steckbrief Büchners. Aus: Meese, Arnold. Gebrauchstexte 2. Büchner. München: Oldenbourg 1981; Georg Büchner. Aus: Meese, Arnold. Gebrauchstexte 2. Büchner. a.a.O. – *Seite 97:* Thomas Theodor Heine. „Bitt' schön, wenn der Herr Hund vielleicht nicht alles aufessen kann..." Aus: Hamann/Hermand. Epochen deutscher Kultur von 1870 bis zur Gegenwart. Band II. München: Nymphenburger Verlagshandlung 1972 – *Seite 99:* William Powell Frith. Arme und Reiche. Propyläen Verlag Berlin © M. Newman Ltd. London – *Seite 117:* Adalbert Stifter. Der Sarstein bei Altaussee. Aus: Laaths, Erwin. Geschichte der Weltliteratur © 1953 Droemer Knaur Verlag. München. – *Seite 121:* Max Klinger. Eine Mutter I. Aus dem Zyklus „Dramen". Kupferstich-Kabinett – Staatliche Kunstsammlungen Dresden © SÄCHSISCHE LANDESBIBLIOTHEK Abteilung Deutsche Fotothek/Richter 1993 – *Seite 123*: Jeremias Gotthelf © Süddeutscher Verlag. Bilderdienst – *Seite 125:* Conrad Ferdinand Meyer © Süddeutscher Verlag. Bilderdienst – *Seite 127:* Gustave Flaubert © Süddeutscher Verlag. Bilderdienst – *Seite 128:* Theodor Storm © Süddeutscher Verlag. Bilderdienst – *Seite 134:* Carl Benjamin Schwarz. Der Leipziger Marktplatz. © Stadtgeschichtliches Museum. Leipzig – *Seite 135:* Die Gartenlaube. Illustriertes Familienblatt. Jahrgang 1882 – *Seite 137:* Siemens-Werke Charlottenburg © Bildarchiv Preussischer Kulturbesitz. Berlin 1993 – *Seite 140:* Lorenz Clasen. Germania auf der Wacht am Rhein © Kaiser Wilhelm Museum. Krefeld – *Seite 147:* Markgräfliches Opernhaus. Bayreuth © Oberfränkischer Ansichtskartenverlag. Wolfgang Bouillon. Bayreuth – *Seite 147*: Stadttheater Ingolstadt © Helmut Bauer. Ingolstadt – *Seite 151:* Theater von Epidauros © Süddeutscher Verlag. Bilderdienst – *Seite 162:* Johann Heinrich Wilhelm Tischbein. Lady Hamilton als Iphigenie, ihren Bruder Orest erkennend. Schloss Arolsen © Stiftung des Fürstlichen Hauses Waldeck und Pyrmont – *Seite 167/168:* 2 Bühnenentwürfe der Peymann-Inszenierung der „Iphigenie" in Stuttgart 1977 © Achim Freyer. Berlin – *Seite 170:* Kirsten Dene in der Peymann-Inszenierung von Goethes „Iphigenie auf Tauris" © Gundel Kilian. Wäschenbeuren – *Seite 172:* Iphigenie und Thoas: Kirsten Dene und Bruno Samarovski in Claus Peymanns Inszenierung der „Iphigenie" © Abisag Tüllmann. Frankfurt am Main – *Seite 175:* Titelblatt von Hebbels „Maria Magdalena". Aus: Hebbel, Friedrich. Maria Magdalena. Erläuterungen und Dokumente. Stuttgart: Reclam 1970 – *Seite 177:* Szenenbild einer Inszenierung von Hebbels „Maria Magdalena" © Oda Sternberg. München – *Seite 190:* Rembrandt. Faust in seiner Studierstube © Archiv für Kunst und Geschichte. Berlin – *Seite 192:* Titelblatt „Faust im Zauberkreis". Aus: Baron, Frank. Faustus: Geschichte, Sage, Dichtung. München: Winkler 1982 © Archiv für Kunst und Geschichte. Berlin – *Seite 195:* Titelblatt der Ausgabe des Volksbuches des „Doktor Faust" von 1587. Aus: Suchsland, Peter (Hg.): Deutsche Volksbücher. Band 3 © Aufbau Verlag. Berlin und Weimar 1968 – *Seite 200:* Johann Wolfgang von Goethe. Erscheinung des Erdgeistes. Aus: Goethe, Johann Wolfgang: Faust. Erster und zweiter Teil. 13. Aufl. Umschlagzeichnung © 1992 Deutscher Taschenbuch Verlag. München – *Seite 211:* Arnold Böcklin. Selbstbildnis mit fiedelndem Tod. Nationalgalerie Berlin © Bildarchiv Preussischer Kulturbesitz. Berlin 1993/Foto: Jörg P. Anders – *Seite 216:* F. K. Hiemer. Friedrich Hölderlin © Schiller Nationalmuseum/Deutsches Literaturarchiv. Marbach – *Seite 217:* Karoline von Günderode. Anonymer Kupferstich © Archiv fur Kunst und Geschichte. Berlin – *Seite 221:* Ausschnitt aus Philipp Otto Runges Gemälde „Morgen". Hamburger Kunsthalle © Elke Walford. Hamburg – *Seite 223:* Ludwig Emil Grimm. Bettina von Arnim mit dem Modell des Goethedenkmals. Nach seiner Zeichnung von 1838. Freies Deutsches Hochstift/Frankfurter Goethe Museum. Frankfurt am Main © Ursula Edelmann. Frankfurt am Main – *Seite 294:* li. oben: Kirsten Dene in der Titelrolle der Peymann-Inszenierung, von Goethes „Iphigenie auf Tauris" Gundel Kilian. Wäschenbeuren, li. Mitte: Johann Heinrich Wilhelm Tischbein. Lady Hamilton als Iphigenie © Stiftung Weimarer Klassik, li. unten. Friedrich Wilhelm Facius. Corona Schröter und Goethe als „Iphigenie" und „Orest" in der ersten Aufführung der „Iphigenie auf Tauris" © Stiftung Weimarer Klassik, re. oben. Anselm-Feuerbach, Iphigenie, das Land der Griechen mit der Seele suchend © Staatsgalerie Stuttgart, re. unten. Charlotte von Stein. Selbstbildnis in Graphit © Stiftung Weimarer Klassik.